von Vollard-Bockelberg

Instruktionen des Generalmajors Carl von Schmidt, beauftragt mit Führung der 7. Division, betreffend die Erziehung, Ausbildung, Verwendung und Führung der Reiterei von dem einzelnen Mann und Pferde bis zur Kavalleriedivision

von Vollard-Bockelberg

Instruktionen des Generalmajors Carl von Schmidt, beauftragt mit Führung der 7. Division, betreffend die Erziehung, Ausbildung, Verwendung und Führung der Reiterei von dem einzelnen Mann und Pferde bis zur Kavalleriedivision

ISBN/EAN: 9783743323919

Hergestellt in Europa, USA, Kanada, Australien, Japan

Cover: Foto ©ninafisch / pixelio.de

Manufactured and distributed by brebook publishing software (www.brebook.com)

von Vollard-Bockelberg

Instruktionen des Generalmajors Carl von Schmidt, beauftragt mit Führung der 7. Division, betreffend die Erziehung, Ausbildung, Verwendung und Führung der Reiterei von dem einzelnen Mann und Pferde bis zur Kavalleriedivision

Instruktionen

des

Generalmajors Carl von Schmidt,

beauftragt mit Führung der 7. Division,

betreffend

die Erziehung, Ausbildung, Verwendung und Führung der Reiterei

von dem einzelnen Manne und Pferde bis zur Kavallerie-Division.

Auf Veranlassung Sr. Königlichen Hoheit des General-Feldmarschalls

Prinzen Friedrich Carl von Preußen,

Inspekteur der Kavallerie,

geordnet und in wortgetreuer Wiedergabe der Originalien zusammengestellt durch

von Vollard-Vockelberg,

Rittmeister im 2. Schlesischen Dragoner-Regt. Nr. 8 und Adjutant der 19. Division,

eingeleitet durch

Kaehler,

Major und Kommandeur des 2. Schlesischen Husaren-Regts. Nr. 6.

Mit dem Bildniß des Generals von Schmidt.

Berlin 1876.

Ernst Siegfried Mittler und Sohn,
Königliche Hofbuchhandlung
Kochstraße 69. 70.

Mit Vorbehalt des Uebersetzungsrechts.
Nachdruck verboten.

Inhalts-Verzeichniß.

	Seite
I. Einleitende Gesichtspunkte über die Erziehung, Ausbildung, Verwendung und Führung der Kavallerie im Allgemeinen . .	1
II. Die Eskadron	20
1) Vorbedingungen für die Einstellung in die Eskadron bei Beginn der Frühjahrs-Exerzirperiode mit besonderer Berücksichtigung des Ausbildungsgrades im Reiten	20
2) Grundsätze in Betreff der Gangarten, der in diesen zum Ausdruck kommenden Tempos und der Direktion	40
3) Die wichtigsten Ausbildungsgegenstände, namentlich im Hinblick auf die zusammengestellte Eskadron zu Pferde.	53
a. Das Abtheilungsweise- und Einzeln-Reiten während der Sommerperiode	53
b. Das Abreiten zu Einem	65
c. Die Waffenübungen und das Stechen nach Zielobjekten . .	69
d. Das Einzelgefecht	84
e. Das Springen	93
4) Die Technik des Exerzirens	100
a. Einleitende Gesichtspunkte	100
b. Wesentliche Grundsätze, auf denen die Ausbildung in der Technik des Exerzirens beruht	102
1) Unterweisung der Zugführer und Flügel-Unteroffiziere mit Bezug auf ihre Obliegenheiten	103
2) Hauptanforderungen, welche hiernach an die Zugführer und Flügel-Unteroffiziere zu stellen sind	105
3) Rangirung	107
4) Rottenzahl	107
5) Futterzustand	107
6) Aufstellung der Eskadron	108
7) Erhaltung der Selbstthätigkeit des einzelnen Reiters im Gliede	110

	Seite
8) Das zweite Glied	110
9) Reiten reiner Gangarten	111
10) Tempo ist Richtung, keine Augenrichterei	111
11) Direktion	112
12) Verbesserung vorkommender Fehler	113
13) Inversion	113
14) Stufengang in der Ausbildung	113
15) Ausbildung des Attacken-Galopps	116
16) Fester Zusammenhang der Unterabtheilungen	117
17) Verhältniß der einzelnen Züge zu ihrem Führer	117
18) Kommando-Ertheilung	117
19) Ausführung der Signale	118
20) Gewöhnung an das Kommando von hinter der Front	119
21) Platz des Eskadron-Chefs bei Frontal-Bewegungen	119
22) Beachtung der Pointen seitens des Eskadron-Chefs	119
23) Die zweckmäßigsten Hülfen, ohne zu sprechen und laut zu korrigiren	120
24) Evolutioniren ohne alles Kommando und ohne Signale	120
25) Exerziren in einem Gliede	121
26) Einige Grundsätze in taktischer Beziehung	121
c. Ausführungsbestimmungen und Directiven für die durch das Reglement vorgeschriebenen Bewegungen, die wichtigeren Evolutionen betreffend	122
1) Im Allgemeinen	123
2) Im Besonderen	125
a. Das Ab-, Ein- und Kehrt-Schwenken mit Zügen	125
aa. Kapital-Anforderung	125
bb. Charakteristische Fehler	126
b. Das Hakenschwenken	127
aa. Kapital-Anforderung	127
bb. Charakteristische Fehler	131
c. Die Frontal-Bewegungen	131
aa. Kapital-Anforderung	131
bb. Charakteristische Fehler	134
d. Das Abbrechen mit Zügen aus der Linie	134
aa. Kapital-Anforderung	134
bb. Charakteristische Fehler	136
e. Der Aufmarsch aus Zügen zur Linie	136
aa. Kapital-Anforderung	136
bb. Charakteristische Fehler	138
f. Das Abschwenken mit Zügen halbrechts — halblinks zur Halbkolonne	138
aa. Kapital-Anforderung	139
bb. Charakteristische Fehler	139
g. Der Aufmarsch aus der Halbkolonne zur Linie	140
h. Das Gehen auf Vorberrichtung	140
i. Das Abbrechen mit Zügen zur Halbkolonne	140

	Seite
k. Die Frontal-Bewegungen mit halbrechts und halblinks	140
aa. Kapital-Anforderung	140
bb. Charakteristische Fehler	141
l. Die Schwenkungen in der Eskadrons-Front	141
aa. Kapital-Anforderung	141
bb. Charakteristische Fehler	142
m. Die Eskadrons-Schule	142
aa. Kapital-Anforderung	142
bb. Charakteristische Fehler	143
n. Der Parademarsch in Zügen	144
aa. Kapital-Anforderung	144
bb. Charakteristische Fehler	145
3) Schlußbemerkungen	146
d. Grundsätze für die Attacke, das Handgemenge und das Sammeln	147
e. Anleitung für das Vorführen eines Zuges und einer Eskadron zu Pferde	154
I. Die wichtigsten Grundsätze und Regeln für die Vorstellung eines Zuges zu Pferde	155
II. Die wichtigsten Regeln und Grundsätze über die Vorstellung von Eskadronen im Exerziren zu Pferde	159
1) Im Allgemeinen	159
2) Im Besonderen	161
3) Bezeichnung der Fälle, die bei einer Vorstellung vorkommen können	164
4) Regeln für den Fall, daß der Inipizirende die Art der Vorstellung dem Führer überläßt	165
5) Taktische Uebungen einer oder mehrerer Eskadronen	171
III. Das Regiment	175
1) Einleitende Gesichtspunkte	175
2) Die wesentlichsten Grundsätze und Fundamental-Anforderungen für die Uebungen im Regimentsverbande	176
3) Direktiven für die Ausführung der wichtigeren Bewegungen und Evolutionen	183
a. Die Frontal-Bewegungen	183
b. Die Bewegungen in der Kolonne	185
aa. In Eskadrons-Kolonnen	185
bb. In zusammengezogener Kolonne	186
cc. In der Zugkolonne	186
dd. In der Halbkolonne	187
c. Die Formation der wichtigsten Kolonnen und Uebergänge aus einer derselben in die andere	187
aa. Formation der Eskadrons-Kolonnen	187
1) Aus der zusammengezogenen Kolonne	187
2) Aus der Zugkolonne	188
3) Aus der Halbkolonne in Zügen	188
4) Aus der Marschkolonne	189
bb. Formation der zusammengezogenen Kolonne	189

			Seite
	1) Aus Escadrons-Kolonnen		189
	2) Aus der Zugkolonne		189
	3) Aus der Marschkolonne		189
	cc. Formation der Zugkolonne		190
	1) Aus Escadrons-Kolonnen		190
	2) Aus der zusammengezogenen Kolonne		190
	3) Aus der Halbkolonne in Zügen aus der Linie		191
d.	Das Deployement		191
e.	Die Schwenkungen		193
	aa. Im Allgemeinen		193
	bb. Grundsätze für die Regiments-Schwenkungen in Escadrons-Kolonnen		193
	cc. Kolonnenschwenkung		194
f.	Direktions-Veränderungen bei den Frontal-Bewegungen in Linie und in Escadrons-Kolonnen		195
g.	Die schnellsten Entwickelungen aus der Linie und den wichtigeren Kolonnen behufs Erzielung der größtmöglichen Waffenwirkung in der kürzesten Zeit		196
	ad aa. Aus der zusammengezogenen Kolonne		197
	ad bb. Aus Escadrons-Kolonnen		198
	ad cc. Aus der Linie		199
	ad dd. Aus der Zugkolonne		199
	ad ee. Aus der Halbkolonne in Zügen		203
	4) Uebungen zum Zweck einer rationellen Vorbereitung für die Bewegungen im Treffenverhältnisse		204
IV.	Die größeren taktischen Verbände, Brigade und Division		215
	Allgemein einleitende Gesichtspunkte		215
	1) Ausführungs-Bestimmungen für die taktische Ausbildung, Verwendung und Führung größerer Kavalleriekörper in der Treffengliederung		218
	a. Einleitung		218
	aa. Nothwendige Vorbedingungen für die Verwendbarkeit der Truppen in Treffen		219
	bb. Grundsätze für die Verwendung der Truppen in Treffen		225
	b. Die Ausbildung der Brigade als Treffenglied der Division		236
	c. Gesichtspunkte für die Wechselwirkung und die Beziehungen der verschiedenen Treffen untereinander		237
	aa. Direktiven für die Bestimmung, Aufgabe, Formation und die Bewegungen des 1. Treffens		249
	bb. Direktiven für die Bestimmung, Aufgabe, Formation und die Bewegungen des 2. Treffens		250
	cc. Direktiven für die Bestimmung, Aufgabe, Formation und die Bewegungen des 3. Treffens		259
	dd. Direktiven für die Bestimmung und Aufgaben der Unterstützungs- und Flügel-Escadronen		261
	d. Die Attacke		264

	Seite
e. Verfolgen und Sammeln	268
aa. Verfolgen	268
bb. Sammeln	269
f. Defilee-Uebergänge vorwärts und rückwärts	270
g. Die Verwendung der Artillerie	273
h. Leitende Grundsätze für die Friedensübungen einer Kavalleriedivision in der Treffenverwendung, und konventionelle Bestimmungen in formeller Beziehung	277
1) Anlage der Uebungen	277
2) Befehlsertheilung	279
3) Ertheilung von Signalen	281
4) Gesichtspunkte in konventioneller Beziehung für die Ausführung der Attacke, des Handgemenges, des Verfolgens und des Sammelns	281
5) Formation zum Parademarsch	283
6) Anderweitige, allgemeine Bestimmungen	284
i. Schlußbemerkungen	285
2) Die Kavalleriedivision in der detachirten Verwendung	288
a. Einleitung	288
b. Maßgebende Gesichtspunkte für die kriegerische Verwendung	289
c. Anleitung für die Friedensübungen	295
1) Gesichtspunkte für die Ausbildung des Reiteroffiziers in einer seiner wichtigsten Aufgaben, — der Rekognoscirung	295
2) Direktiven und Instruktionen für die im Frieden als Vorbereitung für die kriegerische Verwendung auszuführenden kriegsmäßigen Vormärsche aus den Garnisonen, resp. vom Uebungsrayon der zusammengezogenen Regimenter nach dem Uebungsterrain der Kavalleriebrigaden und Divisionen	297
3) Schlußbemerkungen	305
V. Das Gefecht zu Fuß	306
1) Allgemeine Gesichtspunkte	306
2) Direktiven für die Ausbildung der Mannschaften im Gebrauche der Schußwaffe auf den Scheibenständen, und Anleitung für die Schießübungen im Terrain, als Vorbereitung für das Gefecht zu Fuß	310
a. Einleitung	310
b. Ausführungsbestimmungen für die Ausbildung im Schießen auf den Scheibenständen	311
c. Anleitung für die Ausführung der Schießübungen im Terrain, als Vorbereitung für das Gefecht zu Fuß	313
3) Anleitung für die Ausbildung im Gefecht zu Fuß, und leitende Grundsätze für die Führung desselben	314
a. Allgemeine Gesichtspunkte für die Ausbildung im Gefecht zu Fuß	314
b. Formation zum Gefecht zu Fuß	317

	Seite
c. Entwickelung einer Schützenlinie	319
d. Feuern einer Schützenlinie	321
e. Bewegungen einer Schützenlinie. Angriff	322
f. Verstärken, Verlängern, Vermindern einer Schützenlinie, Vertheidigung	324
g. Der Unterstützungstrupp	326
h. Sammeln	327
i. Verhalten der Offiziere und Unteroffiziere	327
k. Allgemeine Gesichtspunkte für das Verfahren im Gefecht	328
l. Schlußbemerkungen	331

VI. Der Felddienst und die Feldmanöver ... 332

1) Gesichtspunkte für den bei der Ausbildung zu beobachtenden Stufengang 332
2) Die hauptsächlichsten Grundsätze und Vorschriften für das Verfahren bei Ausübung des Avantgarden-, Vorposten- und Patrouillendienstes 343
    a. Vorwort 343
    b. Im Allgemeinen 343
    c. Im Besonderen und in formeller Beziehung 350
    d. Schlußbemerkungen 357
3) Grundsätze und Hauptregeln für die Theilnahme an Feldmanövern mit gemischten Waffen und in Beziehung auf das Gefecht . . . 358

Anlagen:

A. zu Abschnitt IV., 2, c².
    Marschtableau für die Regimenter der 7. Kavallerie-Brigade zu dem kriegsgemäß auszuführenden Vormarsch von den Garnisonen nach dem Uebungsterrain der kombinirten Kavallerie-Division des IV. Armeekorps bei Jeßnitz und Raguhn.

B. zu Abschnitt IV., 2, c².
    Generalidee (Allgemeine Kriegslage) für den Anmarsch der 1. und 2. Kavallerie-Brigade (7. Kürassiere und 10. Husaren, 7. Dragoner und 16. Ulanen) der kombinirten Kavallerie-Division des IV. Armeekorps nach dem Uebungsterrain der Division bei Jeßnitz und Raguhn 369

C. zu Abschnitt IV., 2, c².
    Spezialauftrag für die 1. und 2. Kavallerie-Brigade (7. Kürassier und 10. Husaren; 7. Dragoner und 16. Ulanen) der kombinirten Kavallerie-Division des IV. Armeekorps (supponirt dem 10. resp. 9. Armeekorps angehörig), sowie Spezialaufträge für das Magdeburgische Kürassier-Regiment Nr. 7, Magdeburgische Husaren-Regiment Nr. 10, Westfälische Dragoner-Regiment Nr. 7, Altmärkische Ulanen-Regiment Nr. 16. 370

Einleitung.

Der Mann, dessen reiterliche Thätigkeit in den nachstehenden Instruktionen zum schriftstellerischen Ausdrucke gekommen ist, hat für seine Waffe eine ganz besonders hohe Bedeutung erlangt. Ihm ist es gelungen, die regenerirende Arbeit, welche hervorragende Reiterführer vor ihm begonnen hatten, unter denen die Feldmarschälle Graf von Wrangel und Prinz Friedrich Carl Königliche Hoheit in erster Linie stehen, wesentlich zu fördern und zu einem bestimmten Abschlusse zu bringen.

In Anerkennung dieser Bedeutung des verewigten Generalmajor von Schmidt haben daher Seine Königliche Hoheit der Prinz Friedrich Carl gewünscht, daß seine Instruktionen der Waffe erhalten und in weitesten Kreisen zugänglich gemacht würden, welchem höchsten Wunsche durch die nachfolgende Zusammenstellung jener Instruktionen Folge und thatsächlicher Ausdruck gegeben sind. Zum vollen Verständnisse derselben dürfte jedoch ein kurzer Rückblick auf die eigene reiterliche Entwickelung ihres Verfassers erforderlich sein, der ihnen somit vorausgestellt wird. —

Im Jahre 1834, dem siebenzehnten seines Lebens, als Sekondelieutenant bei dem 4. Ulanen-Regimente*) in den Heeresdienst getreten, hatte der nachmalige Generalmajor von Schmidt durch ein zweijähriges Kommando zur Lehr-Eskadron, in den Stellungen als Regiments- und Divisions-Adjutant, sowie als Lehrer an der Divisionsschule**) zu Stettin, Gelegenheit gefunden und dieselbe auch mit dem ihn kennzeichnenden Eifer und Nachdrucke ausgenützt, um sich die gründlichsten theoretischen und praktischen Kenntnisse auf allen Gebieten des soldatischen Wissens und Könnens anzueignen. Mit wahrhaft glühender Liebe der Reiterwaffe ergeben, hielt er sich doch jeder Einseitigkeit fern und war im Gegentheile ununterbrochen

---
*) Heute 1. Pommersches Ulanen-Regiment Nr. 4.
**) Die Divisionsschulen hatten denselben Zweck, wie die heutigen Kriegsschulen.

bemüht, sich mit den Eigenthümlichkeiten der Fechtweise und Führung der anderen Waffen, auf das Genaueste vertraut zu machen; die großen Grundsätze der Heeres- und Kriegsführung, wie die Kriegsgeschichte sie uns in den Beispielen der großen Feldherren überliefert, in sich aufzunehmen. Bereits als Regiments-Adjutant hatte ihn sein derzeitiger Kommandeur, Oberst von Plehwe damit beauftragt, das damals viel Aufsehen erregende Reitsystem von Baucher in einer ausführlichen Arbeit zu beurtheilen, daneben eine Reit-Abtheilung nach diesem, eine andere nach dem System Sohr, Plehwe, Hirschfeld, welches sich enge der Reit-Instruktion und den durch die Lehr-Eskadron vertretenen Grundsätzen anschloß, auszubilden. Das Ergebniß, zu welchem er hierbei gelangte, pflegte er selber in die Worte zusammenzufassen: „Das System Baucher's enthält manches Gute, ist aber nur auf die Bahnreiterei anwendbar, gewährt nur die Vorbereitung, die Anwendung fehlt." Ihm erschien nur ein Reitsystem praktisch werthvoll, durch welches dem Reiter wie dem Pferde die Fähigkeit gegeben wird, sich mit der vollen, für den Kriegsdienst erforderlichen Sicherheit und Ausnützung der ganzen Kraft, im Terrain zu bewegen.

General von Hirschfeld zu jener Zeit sein Brigade-, später sein Divisions-Kommandeur, bei dem er längere Zeit Adjutant war, wurde durch diese Arbeiten auf den besonders strebsamen und befähigten jungen Reiteroffizier aufmerksam gemacht, hat ihm dauernd ein warmes Wohlwollen bewahrt und vielfach durch die That bewiesen.

Als später an Stelle der Reitbahnkünstelei die Sportingreiterei sich ein erhöhtes Ansehen erwarb und man vielfach der Ansicht huldigte, daß nur im kühnen Vorwärtsreiten in der ausschließlichen Vorbereitung des Pferdes für höchste Schnelligkeit und zeitweise große Dauer, auch das Wesen der wahren Soldatenreiterei zu suchen sei, äußerte von Schmidt: „Nun schütten sie wieder das Kind mit dem Bade aus."

So auf das Gründlichste und Vielseitigste vorbereitet, trat er im Jahre 1853 im eben vollendeten 36. Lebensjahre, einem Alter, in dem Seydlitz dereinst seine Ernennung zum Generalmajor als „höchst nöthig" bezeichnete, „wenn noch etwas aus ihm werden sollte", die Stellung als Schwadronschef an.

Früh schon war jener glänzendste Führer der preußischen Reiterei das Vorbild geworden, welches der nunmehrige Rittmeister von Schmidt sich gestellt hatte; jetzt bot sich ihm die Gelegenheit, wenn auch in beschränktem Kreise, so doch in selbstständiger, praktischer Thätigkeit, in der auch jener Meister dereinst den Grund zu seiner Größe gelegt hatte, diesem Vorbilde nachzustreben. Er hatte erkannt, daß die preußische Reiterei nach vielen Richtungen hin noch immer nicht den Anforderungen genügte, welche man im Hinblicke auf ihre große Vergangenheit an sie zu stellen berechtigt war, daß ihr andererseits die Vorbedingungen durchaus nicht fehlten, um eine entsprechende Höhe der Leistung wieder zu erlangen, daß es endlich nur darauf ankomme, die in ihr vorhandenen, leider aber vielfach schlummernden vortrefflichen Kräfte in angemessener Weise zu wecken, zu pflegen und weiter zu entwickeln, um sie auf jene Höhe zu führen. Dies Letztere war die Aufgabe, welche er sich innerhalb des ihm eröffneten Wirkungskreises stellte.

„Nur durch die beste Ausbildung von Reiter und Pferd wird die Aufgabe der Reiterei, Schnelligkeit und Ausdauer mit Ordnung zu paaren, lösbar." Diese später von ihm niedergeschriebenen Worte bezeichnen am besten die Ziele und den Inhalt seiner Bestrebungen.

Während an anderer Stelle zu derselben Zeit die großartigere Verwendung der Waffe mit erhöhtem Eifer wieder in das Auge gefaßt und betrieben wurde, arbeitete der Rittmeister von Schmidt im engen Kreise seiner Schwadron, nur von seinen nächsten Vorgesetzten gekannt und beachtet, mit dem gleichen Eifer daran, ihr in einer gründlichen Vorbildung die unentbehrliche Vorbedingung für jene Verwendung zu geben. Die neuen Bestrebungen, vornehmlich angeregt durch den Feldmarschall von Wrangel, den er als seinen kommandirenden General bereits verehren gelernt hatte, bewegten ihn auf das Lebhafteste; mit regster Theilnahme verfolgte er alle Erscheinungen und Ereignisse auf reiterlichem Gebiete, wie zahlreiche Aufzeichnungen aus seinen hinterlassenen Papieren erweisen, ging jedoch dabei in seiner eigenen Entwickelung durchaus eigenartige Wege. Zwischenfälle der verschiedensten Art, der oft übersprudelnde eigene Eifer, die Macht und Schwerfälligkeit alter Gewohnheit, traten ihm auf diesem Wege vielfach hemmend entgegen, beirrten ihn aber nicht, denn unverrückt schwebte ihm als Vorbild vor Augen: „Preußens Reiterei zu des großen Königs Zeit".

Ein „Exerzir-Journal", welches von ihm eigenhändig geführt, während der Jahre 1853 bis 59 jede vorgenommene Uebung nicht nur auf das Eingehendste wiedergiebt, sondern auch die jedesmalige Ausführung derselben rückhaltlos kritisirt, sowohl bezüglich seiner selbst, als der Truppe, gewährt ein höchst anziehendes Bild von den Fortschritten, die er erzielte, wie sich jene Anschauungen allmälig bei ihm bildeten, die er später in höheren Stellungen mit so günstigem Erfolge den Anforderungen zu Grunde legte, welche er an die unter seinem Befehle stehenden Abtheilungen stellte; es beweist ferner, mit welch rastloser Thätigkeit und strenger Selbstprüfung er unverrückt dem Ziele nachstrebte, immer Vollkommeneres zu leisten. „In jedem neuen Arbeitsjahre muß man Fortschritte gegen das vergangene bemerken, sonst hat man falsch und umsonst gearbeitet;" pflegte er als Re=

giments- und Brigade-Kommandeur seinen Schwadronschefs zu sagen. Er hatte es selber erfahren, daß das, was diese Worte fordern, nicht nur erreichbar ist, sondern auch erreicht werden muß, wenn die Reiterei überhaupt etwas leisten soll; denn auf der gründlichen Ausbildung von Mann und Pferd, der sorgfältigen taktischen Durchbildung der Schwadron, beruht im Wesentlichen auch die Leistungsfähigkeit des größten Reiterkörpers, ohne dieselbe vermag auch der geistvollste, begabteste Führer nichts Tüchtiges zu leisten; schreitet jene nicht vorwärts, bleibt auch diese zurück, und allmälig geräth die Waffe in einen Grad von Unfähigkeit, der ihr mit Recht das Vertrauen der anderen Waffen raubt, sie zu einer bloßen Hülfswaffe herabsinken läßt, ihr zuletzt den Glauben an sich selber nimmt. Daher sorgfältigste Beschäftigung mit den grundlegenden Zweigen des Dienstes, bis in die geringsten Einzelnheiten hinein, aber stets im Hinblicke auf ihre eigentlichen Zwecke, die Truppe zu den höchsten Leistungen unter den großartigsten kriegerischen Verhältnissen zu befähigen! Das war die Ueberzeugung, welche der nachmalige Reitergeneral sich als Schwadronschef erworben hatte, die all sein Thun leitete, als er dazu berufen wurde, eine neue Reitertaktik auf den alten bewährten Grundlagen der Vergangenheit neu zu erbauen.

1859 zum Major befördert und 1860 zum etatsmäßigen Stabsoffizier im Regimente ernannt, trat er im Jahre 1862, vornehmlich dazu angeregt durch seinen Brigade-Kommandeur Generalmajor von Gotsch, zum ersten Male mit einer schriftstellerischen Arbeit vor die Oeffentlichkeit.*) In dem Vorworte zu derselben entschuldigt er die Herausgabe seiner, ursprünglich nicht für dieselbe bestimmt gewesenen Aufzeichnungen mit den ihn und sein ganzes Denken und Sein scharf kennzeichnenden Worten:

„Der unverhofft wohlwollende Beifall, der von verschiedenen und einflußreichen Seiten diesen Aufzeichnungen zu Theil wurde, die Aufforderung, dieselben der Oeffentlichkeit zu übergeben, die Erwägung, daß der Baum nicht auf einen Streich fällt, und daß auch der Wassertropfen zuletzt den Stein aushöhlt, sind endlich die Beweggründe gewesen, aus dem Dunkel an das Tageslicht hervorzutreten, um auch ein Scherflein zum allgemeinen Besten beizutragen, in dem Bewußtsein, daß man ein warmes Herz für die Sache hat, in welcher Beziehung man Niemandem nachzustehen glaubt; daß man die Erkenntniß des wirklichen Thatbestandes in sich trägt, daß nicht blos fromme Wünsche, sondern praktische Wirklichkeit klar vor Augen geschwebt haben; daß es nicht nur so sein könnte, sondern eigentlich so sein müßte; und daß eine praktische und wissenschaftliche Einheit, wie dieselbe in

---

*) Auch ein Wort über die Ausbildung der Kavallerie von G. v. E., Stabsoffizier der Kavallerie. Berlin bei Schlesier 1862.

den übrigen Waffen besteht, der wichtigen Angelegenheit auf das Höchste noth thut."

In den einleitenden Sätzen zu der eigentlichen Abhandlung heißt es dann ferner:

„Nicht Sucht zu tadeln und abzusprechen, sondern Liebe und Enthusiasmus für die Waffe, der Drang zu ihrer Verbesserung und Vervollkommnung mitwirken zu können, die durch einen langjährigen Verkehr und eine innige Vertrautheit mit diesen Gegenständen erzeugte Erkenntniß der vorhandenen Mängel, Mißbräuche und Schäden, sowie die durch vieles Nachdenken und praktische Wirksamkeit gefundenen Heilmittel gegen dieselben haben mich dabei geleitet; und nur faktische nicht eingebildete Zustände und Verhältnisse haben meinem Auge dabei vorgeschwebt. Freimüthige Offenheit glaube ich aber als erstes Erforderniß einer solchen Beantwortung zu erkennen. Es kann nur besser werden, wenn die Schäden gründlich aufgedeckt und beim rechten Namen genannt werden. So hoffe ich daher, nicht vergebens darum bitten zu dürfen, mich nicht mit dem Vorwurfe unbegründeter Anmaßung bei Beurtheilung der nachstehenden Aufzeichnungen belasten zu wollen. Bin ich theilweise zu weitläufig, zu weitschweifig geworden, so möge mir dies in Rücksicht auf die Wichtigkeit des Gegenstandes, der mir so sehr am Herzen liegt, in Betracht des weiten Feldes, welches derselbe umfaßt, und der vielen tief in denselben eingreifenden Verhältnisse verziehen werden. Ich bin mir bewußt, nichts Unmögliches, Ideelles verlangt zu haben; doch bitte ich, auch mir das alte Sprichwort zu Gute kommen lassen zu wollen: „la critique est aisée, mais l'art est difficile."

Der Inhalt der hierauf folgenden Seiten wird durch die Ueberschrift bezeichnet:

„Ob und wie ist eine bessere, mehr kriegstüchtige Ausbildung der einzelnen Reiter und insbesondere im Gebrauche der blanken Waffe, Mann gegen Mann zu erreichen?"

Die Beantwortung dieser Fragen, wie sie im weiteren Verlaufe der Abhandlung gegeben wird, entspricht im Wesentlichen dem, was über dieselben Gegenstände in den nachfolgenden hinterlassenen Instruktionen des Generals enthalten ist. Trotzdem bleibt die Lesung der hier besprochenen Flugschrift von hohem Interesse, schon, um daraus zu ersehen, wie damals bereits der General dieselben Ansichten gewonnen hatte, die er später mit so nachhaltigem Erfolge auch in weiteren Kreisen zur Geltung zu bringen wußte. Um das hier von ihm nach der Seite seiner reiterlichen Thätigkeit beabsichtigte Lebensbild zu vervollständigen, dürfte es jedoch erforderlich sein, seinen damaligen Standpunkt näher zu kennzeichnen und wird dies am besten durch seine eigenen Worte geschehen. Er schreibt:

"Die so bedeutende Vervollkommnung der Feuerwaffen hat alle diejenigen Kavalleristen, welche für ihre Waffe begeistert und daher von dem Streben durchdrungen sind, ihr den Rang unter ihren Schwestern zu sichern, der ihr gebührt und den sie stets eingenommen hat, anregen müssen, gleichen Schritt mit den anderen Waffen zu halten und eine erhöhte Leistungsfähigkeit der Kavallerie zu bewirken. Dies war die von außen gegebene Veranlassung; die aus dem Innern der Waffe selbst entspringende Anregung zu jenem Streben war nicht weniger dringender und gewichtiger Art, die vor der technischen Verbesserung der Feuerwaffen längst erkannte Wahrnehmung nämlich, daß selbst bei der kurzen Dienstzeit und dem knapp zugemessenen Futter doch weit höhere Resultate, nicht allein ohne Beeinträchtigung des Materials, sondern gerade entgegengesetzt, mit Verbesserung desselben zu erreichen seien, wie dies bisher der Fall war. Die Ursachen zu den im Ganzen geringen Leistungen werden theils gesehen in dem in die Waffe eingerissenen Schlendrian, in einem Gewohnheitsdienste, der ohne tieferes Nachdenken gethan wird und alles rege Streben ausschließt, in einem rein empirischen Treiben, welches sich nicht klar über Ursache und Wirkungen, über Mittel und Zwecke, über die Ziele ist, die man stets im Auge behalten muß, wenn man nicht auf üble Abwege gerathen will; theils in einer großen Selbstgenügsamkeit und Selbstzufriedenheit vieler Mitglieder unserer Waffe, die nach ihrer Meinung große Erfahrungen gesammelt haben, denen in Bezug auf die Leistungen unserer Waffe nichts zu wünschen übrig bleibt, und die sich daher einer jeden wahren Verbesserung verschließen, besonders, wenn eine solche von unten kommt, und aus einer Abweichung von höheren Instruktionen, oder auch nur aus einer anderen Auslegung derselben hervorgeht; theils in dem Arbeiten der größten Mehrzahl der Eskadronschefs für die Besichtigung, für Liebhabereien des einen oder anderen Vorgesetzten, anstatt einem sich gestellten Ideal der Ausbildung nachzustreben und an die Erreichung desselben Alles zu setzen; vornehmlich aber in dem gänzlichen Mangel eines streng durchdachten, logisch aufgebauten, konsequent festgehaltenen Systems in der Ausbildung von Reiter und Pferd, welches die Wege zu dem einzigen Ziele abkürzt, ebnet, das Material schont und vervollkommnet, viele Arbeit und Mühe, die jetzt vergeblich verpufft, erspart, und Resultate erzielt, von denen der rein empirische, traditionelle Schlendrian, der sich stets auf die kurze Dienstzeit und auf das geringe Futter beruft, wenn ihm seine geringen Erfolge, seine mangelhaften Leistungen vorgehalten werden, keine Ahnung hat. Gerade in diesem Mangel eines guten, tüchtigen, gründlich festgehaltenen, von Stufe zu Stufe so allmälig wie möglich, aber ohne alle Rückschritte, fest und unverrückt das Ziel im Auge haltenden Systems in der Ausbildung, in dem Fehlen jedes festen

Prinzips, werden am meisten die geringen Erfolge, ja, man kann es sich nicht verhehlen, die offenbaren Rückschritte unserer Waffe gesehen. Es fehlt das lebhafte Streben, der Drang, das Höchste zu erreichen, und daher das tiefere Nachdenken. Es ist eben nicht Jedermannes Sache, den Kern und das Wahre der Dinge sofort klar und bestimmt heraus zu erkennen und richtig hervorzuheben."

Die Flugschrift erregte in reiterlichen Kreisen viel Aufsehen. Die rückhaltlose Offenheit, mit welcher der Verfasser die vorhandenen Mängel kennzeichnete, die oft scharfe Weise, mit der er denselben entgegentrat, erweckten ihm zahlreiche Gegner und bereiteten ihm auch einige Ungelegenheiten, da man sehr bald den Schleier der Anonymität lüftete, hinter den er sich, lediglich aus Bescheidenheit, gestellt hatte; die Entwickelung seiner Grundsätze und des Systems, nach dem er dieselben zur Anwendung brachte, die vortrefflichen praktischen Fingerzeige, die er gab, führten ihm viele Verehrer und manche Nachahmer zu, was ihm wohl das Liebste war, die Sache am meisten förderte, der zu dienen auch hier nur sein einziger Zweck gewesen. Die kleine Schrift war wirklich eine That geworden, die, wenn auch nur vereinzelt und in engeren Kreisen, aber doch auf das Ganze fördernd wirkte. Man hörte gar oft in den lebhaften Diskussionen, welche in reiterlichen Kreisen über sie geführt wurden, die Worte fallen: „Der Mann hat Recht."

Die Beförderung zum Kommandeur des Westphälischen Kürassier-Regiments Nr. 4 im August 1863 eröffnete ihm einen erweiterten Wirkungskreis. Die Leitung des Offizierkorps, die Heranbildung der einzelnen Glieder desselben zu tüchtigen Lehrern und Führern war ein Neues, dem er sich mit dem ganzen Feuereifer hingab, der ihn bei Allem beseelte, was er unternahm, der ihn wohl hin und wieder dazu verleiten konnte, seine Forderungen höher zu stellen, als dies unter den gegebenen Verhältnissen räthlich erschien, doch aber Ergebnisse lieferte, die auch hier das Maaß des Gewöhnlichen hinter sich ließen. Keine Schwierigkeit, kein Hemmniß konnte ihn dazu zwingen, das „Ideal" aus dem Auge zu verlieren, dem er nachstrebte, das „System" zu verlassen, welches er hierbei befolgte. Und so gelang es ihm, auch in diesem Wirkungskreise wenn auch nicht Vollkommenes, so doch immer Besseres zu erreichen, sowohl in Bezug auf den ihm unterstellten Truppentheil als auf sich selber. Denn so fest er an dem einmal als richtig Erkannten hielt, so bereit war er auch, Neues, von Anderen Gefundenes, anzuerkennen und anzunehmen, sobald er sich von der Begründung desselben überzeugte. „So alt man auch wird, man lernt immer noch hinzu;" pflegte er zu sagen. Freilich war es nicht immer leicht, ihm diese Ueberzeugung beizubringen, da seine übersprudelnde Lebendigkeit die

Diskussion mit ihm oft erschwerte. In den Anweisungen, die er seinen Schwadronschefs für Ausbildung ihrer Schwadronen im Exerziren gab, treten die Grundsätze scharf hervor, welche er selber bei seiner Thätigkeit in dieser Stellung befolgt hatte, die sich späterhin auch in weiteren Kreisen Anerkennung und Geltung erwerben sollten. So heißt es z. B. in einem Regimentsbefehle vom 27. Mai 1865, dem eine 1858 an seine Schwadron ertheilte Instruktion beigefügt ist, unter anderem:

„Der Exerzirplatz muß nach den geraden und den obliquen Richtungen eingetheilt werden um danach reiten zu können, wenn keine Objekte da sind, nach denen man sich richten kann, was besser ist.

Die Richtung ist erst vorwärts nach den Zugführern, dann rechts nach dem 1. Zuge zu nehmen.

Bei dem Schwenken auf dem Haken hat der schwenkende Flügel seinen Bogen nach vorwärts zu beschreiben, im Tempo zu bleiben und den Zug nach innen zusammenzuhalten, der inwendige den Haken abzurunden und während des Schwenkens vorwärts, mit recht beweglichem Pivot, an den Vorderzug heranzureiten.

Im Galopp und namentlich in der Attacke das zweite Glied, stets zwei Schritte ab vom ersten Gliede, in letzterer Richtung nach der Mitte.

Vor Allem die Richtung im Tempo und dem Abstande von den Zugführern oder dem Vorderzuge suchen, nicht durch das Auge; immer gleichmäßig und egal fortreiten, sowohl in der Front als in der Kolonne. Das Tempo ist die Grundlage, alles Flottiren, Verstärken oder Verkürzen desselben, sowie das ängstliche Richten mit den Augen muß fortfallen, denn das verdirbt Alles.

Es muß scharf in die Signale hineingeritten werden, so wie sie verstanden sind, von allen Reitern gleichzeitig und gleichmäßig. Auf das Signal „Halt" muß Alles stehen, ohne nachzuzobbeln oder zurückzutreten zu lassen.

Das Abschwenken, das Einschwenken, das Hakenschwenken und die Frontalmärsche sind die Fundamentalbewegungen, sie müssen zuerst fest sein und sicher gehen. Das nennt man die Eskadron flüssig machen.

Jede Evolution hat ihre Pointe, wird diese festgehalten und befolgt, so kann die Unordnung niemals groß werden und die Evolution niemals ganz mißglücken. Diese Pointen müssen aufgesucht und festgehalten werden."

Nach gleichen Grundsätzen wurde in entsprechender Weise auch bei den Uebungen im Regimente verfahren. Diese Grundsätze sind alle in der nachfolgenden Zusammenstellung der Instruktionen des Weiteren ausgeführt, wenn ich hier einiger derselben trotzdem Erwähnung that, geschah es nur zum Belage dafür, wie durchaus selbstständig und dabei gleichmäßig der nachmalige General sich zu der an ihm bewunderten Meisterschaft in Führung der Waffe entwickelt hat.

Der Feldzug von 1864 gegen Dänemark, den der Oberstlieutenant von Schmidt mit seinem Regimente bei der kombinirten Kavallerie-Division unter Befehl des Generalmajors Grafen zu Münster-Meinhövel mitmachte, sowie der Feldzug von 1866, an dem das Regiment bei der Mainarmee, in der Division von Goeben Theil nahm, boten ihm keine Gelegenheit zu hervorragenden kriegerischen Leistungen, doch trat seine große Begabung für die Truppenführung bei verschiedenen kleineren Gefechten in einer Weise hervor, die ihm auch nach dieser Richtung die Anerkennung seiner Vorgesetzten erwarb. Er selber aber gewann nach seinen eigenen Aeußerungen, einen klaren Einblick in das Wesen des Krieges, sowie die Ueberzeugung, daß Alles, was er bisher bezüglich der Vorbildung seiner Waffe für ihren eigentlichen Zweck angestrebt hatte, richtig gewesen war; daß ihr auch unter den neueren kriegerischen Verhältnissen ein bedeutendes Feld der Thätigkeit geblieben sei, namentlich auf dem Gebiete des Aufklärungs- und Sicherungsdienstes; daß sie aber noch gar viel an ihrer Ausbildung zu arbeiten habe, wenn sie den mit Recht an sie zu stellenden Anforderungen genügen sollte. Der Mangel einer ausreichenden Vorbildung für die eigentliche Gefechtsverwendung, namentlich auch in größeren Verbänden, machte sich ihm hier in der Praxis zum ersten Male fühlbar. Immer schon hatte ihm das Fridericianische Vorbild auch nach dieser Richtung hin vor Augen geschwebt, die Beseitigung der Mängel jedoch, welche er in den Grundlagen gefunden, seine Thätigkeit bisher vornehmlich in Anspruch genommen; nunmehr wendete er sich, angeregt durch die eigenen Erfahrungen, namentlich aber durch das, was er von anderen Theilen des Kriegsschauplatzes über die Verwendung und Leistungen der Waffe erfuhr, auch diesen Dingen mit erhöhtem Eifer zu.

Bald nach der Rückkehr aus dem Feldzuge wurde der nunmehrige Oberst von Schmidt zum Kommandeur des neu zu bildenden Schleswig-Holsteinschen Husaren-Regiments Nr. 16 ernannt. Hier galt es, nach den meisten Richtungen hin, etwas ganz Neues zu schaffen, die verschiedenen Bestandtheile, aus denen das Regiment gebildet wurde, zu einem Ganzen zusammenzuschmelzen. Es würde zu weit führen, die Thätigkeit, die der Oberst hierbei entwickelte, auch nur in ihren großen Zügen zu schildern. Viele der Instruktionen, welche das nachfolgende Werk bringt, entstammen jener Zeit; namentlich bezüglich der Bewegungen des Regiments in Treffen, der Anwendung der Eskadrons-Kolonnen, des Festhaltens der Direktion und des Tempos, der Sicherheit und Selbstständigkeit der einzelnen Schwadronen, der Ausführung der Attacken.

Ueber letztere heißt es in einem Regiments-Befehle vom 13. April 1868:
„Ich wiederhole also nochmals, vor Allem in der Attacke:

Der rechte und linke Flügel müssen nach innen die Eskadron in der Karriere zusammenhalten, damit dieselbe geschlossen bleibt.

Das zweite Glied muß auf das Entschiedenste abhalten, in der Karriere so scharf als möglich vorwärts mit reiten, damit die Eskadron keine Tiefe erhält.

Geschlossen, ohne Tiefe, so vehement als möglich, und die Zugführer weit vor der Front, sind die Grund-Anforderungen an die Attacke.

Seitwärts-Vorwärts-Bewegungen müssen stets während derselben gemacht werden, sei es im Trabe oder im Galopp."

Er verwerthete hier den reichen Schatz von Erfahrungen in Krieg und Frieden, um aus dem ihm anvertrauten leichten Reiter-Regiment dasjenige zu machen, was ihm als das Musterbild eines solchen vorschwebte.

In die Zeit dieser schöpferischen Arbeit fiel eine Erscheinung auf reiterlichem Gebiete, die auch des Obersten höchste Aufmerksamkeit auf sich lenkte. Der Oberst z. D. von Krane veröffentlichte im Jahre 1870 sein vortreffliches Werk: „Anleitung zur Ausbildung der Kavallerie-Remonten." In ähnlicher Weise, wie der Oberst von Schmidt, von seiner frühesten Dienstzeit an durch Schrift und praktische Thätigkeit bestrebt, die Tüchtigkeit der Waffe zu heben, namentlich auf dem Gebiete der Reit-Ausbildung, hatte auch er eines der bereits 1859 neu gebildeten Dragoner-Regimenter, das 2. Schlesische Nr. 8, errichtet und hierbei überaus befriedigende Ergebnisse erzielt. Der Tag von Nachod hatte erwiesen, daß das Werkzeug, welches er geschaffen, kriegsbrauchbar war. Die gesammte preußische Reiterei sah in ihm einen ihrer hervorragendsten Offiziere und betrauerte sein Scheiden aus ihren Reihen, als körperliche Leiden ihn, noch vor dem Beginne des Feldzuges von 1866, hierzu nöthigten. Doch seine Feder arbeitete weiter für die geliebte Waffe, der er mit dem Schwerte und im Sattel nichts mehr zu sein vermochte. In dem genannten Buche übergab er ihr die Summe seiner so reichen Erfahrung, eines ungewöhnlich ausgebreiteten Wissens, auf allen Gebieten der Reitkunst und Pferdekunde. Die beiden Obersten begegneten sich somit auf einem Gebiete, welches sie in Theorie und Praxis mit gleichem Eifer angebaut hatten, und stimmten in den bei weitem meisten, jedenfalls aber in allen Hauptpunkten vollkommen mit einander überein, denn sie erstrebten beide das Richtige, die Wahrheit: höchste Leistung auf vernunftgemäßer Grundlage, und so mußten sie ja auch zu gleichen Ergebnissen gelangen.

Zur Beurtheilung des Buches aufgefordert, schrieb der Oberst v. Schmidt:

„Die in dem vorliegenden Entwurfe enthaltene umfangreiche, durchdachte, tüchtige Arbeit repräsentirt einen sehr erheblichen Fortschritt in der Reiterei, inmitten der allgemeinen Zerfahrenheit, in der Gesunkenheit der wahren Kampagne-Reiterei, die höchstens noch traditionell im Einzelnen lebt und exekutirt, von der Masse aber als ein überwundener Standpunkt angesehen wird. Es ist außerordentlich erfreulich, endlich einmal in dieser Arbeit wieder ein Zeichen zu erkennen, daß der Durcharbeit des Soldatenpferdes, der Formung desselben nach richtigen Prinzipien, nach den Gesetzen der Anatomie des Pferdes und den Regeln der Mechanik, also der wahren Kampagne-Reiterei, noch ein so hoher Werth beigelegt wird.

Selbst, wenn gar keine Abänderung an dem Entwurfe vorgenommen würde, so würde derselbe jedenfalls eine große Lücke ausfüllen und segensreich wirken, vorausgesetzt, daß mit Energie und Konsequenz dessen Aufrechterhaltung in den Regimentern angestrebt und nach demselben verfahren wird. Der wichtigste Theil desselben würde in meinen Augen der zweite*) sein, in Betracht dessen, daß es bei der mangelnden Erfahrung, bei den auseinandergehenden Ansichten, bei dem Experimentiren und dem vielfach empirischen Verfahren nothwendig ist, eine strikte Vorschrift, eine wirkliche Schablone, ein Kompendium, dem Remonte-Lehrer an die Hand zu geben, welche ihm aufstellt:

1) **allgemeine Gesichtspunkte**, bestimmte Gesetze und Regeln, die bei allen Dressur-Perioden nicht ohne den größten Nachtheil übertreten werden dürfen und stets fest im Auge behalten werden müssen;
2) die präzise Eintheilung der Perioden der Ausbildung;
3) den Zweck jeder einzelnen Periode, das bestimmte Ziel, welches durch eine jede erreicht werden soll;
4) die Mittel, welche zur Erreichung derselben anzuwenden sind, also die einzelnen Lektionen;
5) die Hülfen, welche der Reiter bei denselben zu geben hat, und die Wirkung derselben;
6) die Aneinanderreihung der Lektionen auf verschiedene Art und Weise, je nach der Absicht des Lehrers;
7) die Wirkung, die Erfolge derselben, auf Stellung, Haltung und Gang des Pferdes, auf dessen Formung im Allgemeinen und auf dessen einzelne Theile und Gliedmaßen;

---

*) Der erste Theil des besprochenen Werkes enthält „die Lehre von den Bewegungen des Pferdes", der zweite „die Dressurlehre."

8) die Bezeichnung der Fehler, welche stets bei diesen einzelnen Lektionen, sowohl beim Gange des Pferdes, wie bei den Hülfen des Reiters vorkommen, sich wiederholen, welche daher zu vermeiden und von dem Lehrer stets im Auge zu behalten sind. Die Dinge, auf welche der Lehrer besonders sein Augenmerk bei jeder einzelnen Lektion zu richten und worauf er zu achten hat.

Alles dieses scheint mir unumgänglich nothwendig zu sein, wenn die Instruktion praktischen Erfolg haben soll. Selbst die Mittelmäßigkeit, welche subaltern, ohne tieferes Verständniß, ohne Geist, ohne die Fähigkeit zu haben, mit jedem Reiter in Gedanken mit zu fühlen, mit zu reiten, welche aber nur mit regstem gutem Willen, mit Fleiß und Mühsamkeit verfährt, wird durch ein solches, streng durchdachtes, logisches und systematisches, nach der besten Erfahrung zusammengestelltes Kompendium, wie das vorliegende Werk es giebt, durch eine solche, wenn man dies so nennen will, Schablone, welche ja noch immer dem Lehrer freien Spielraum in vielfacher Beziehung läßt, befähigt und in den Stand gesetzt werden, wie der Unterzeichnete es aus seiner Erfahrung belegen und nachweisen kann, alljährlich Remonte-Abtheilungen gut auszubilden und ein weit besseres Resultat liefern, wie geistig befähigtere, viel bessere Reiter, die ohne alles System, ohne Prinzip verfahren, entweder dasselbe gar nicht kennen, oder sich in Selbstüberhebung darüber fortsetzen, wie dies so vielfach geschieht, und die Reitbahn zur Trainir-Anstalt machen, anstatt zu ferruiren, zu biegen, zu versammeln und die Reiter erst kurz reiten, arbeiten zu lehren, damit sie selbst und ihre Pferde in die Lage gesetzt werden, draußen im Freien auch stark reiten, aber dabei auch wenden zu können.

Der Schematismus, die Schablone ist mir hierbei unter Umständen noch lieber, wie die Willkür, die bloße Empirie, die Alles verdirbt, die Gliedmaßen des Pferdes ruinirt und sie völlig unbrauchbar macht." —

Dieser reiterliche Herzenserguß enthält, neben dem Ausdrucke vollster Uebereinstimmung mit der Arbeit des Obersten von Krane, die Grundsätze, nach denen der Oberst von Schmidt jederzeit die Ausbildung der Remonten geleitet hat.

Mit ganz besonderem Eifer wendete der Letztere seine Aufmerksamkeit auch den Felddienstübungen zu, sowohl den kleineren innerhalb seines Regiments, zu denen er fast stets selber die Aufgaben stellte, wie den größeren in Gemeinschaft mit den anderen Waffen, bei denen er, so oft sich nur die Gelegenheit dazu bot, größere Abtheilungen führte, auch während der Herbstübungen. Neben den eingehendsten mündlichen Kritiken, die er den ihm unterstellten Offizieren gab, befolgte er hier dasselbe System, wie bei seinen dereinstigen Schwadronsübungen, indem er den Verlauf jeder Uebung in seinen Hauptzügen zu Papiere brachte und dabei das Benehmen der verschiedenen Abtheilungen, die Fehler die gemacht worden, und „wie es hätte besser gemacht werden sollen", daneben setzte. Diese Kritik fiel um so schärfer aus, sobald er selber bei der Ausführung betheiligt gewesen war. Durch eine solche schonungslose Selbstkritik wurde er sich vollkommen klar „über die Punkte, auf welche es vornehmlich ankommt", seine Instruktionen wurden immer lehrreicher, sein Regiment immer gewandter, und er selber gewann ein Urtheil und eine Sicherheit bei der Führung gemischter Abtheilungen, die ihm mit vollem Rechte den Namen eines zweiten Katzler eingetragen hat, von dem der Feldmarschall Blücher seiner Zeit rühmte, er sei der beste Avantgarden- und Vorposten-General des preußischen Heeres gewesen.

Seine Leistungen auf diesem Gebiete während des Feldzuges von 1870/71 gehören, wie ich bereits an einer anderen Stelle ausgesprochen habe, der Geschichte an; ihre Wiedergabe verdient eine ganz besondere Darstellung und würde die Grenzen weit überschreiten, welche hier, als in einer bloßen Einleitung zu seinen Instruktionen, einzuhalten sein dürften. Dort auf Frankreichs Gefilden errang er sich die allgemeinste Anerkennung, nicht nur als Reiterführer, sondern auch als General in des Wortes vollster und höchster Bedeutung, und mit ihr die Berechtigung, ein gewichtiges, um nicht zu sagen entscheidendes, Wort mitzusprechen bei der, nach Beendigung des Krieges mit erneuter Lebendigkeit wieder aufgenommenen Arbeit für eine Neugestaltung der Reiterei. Man konnte ihm, wie allen seinen Vorgängern auf diesem Arbeitsgebiete nicht den Vorwurf reiterlicher Einseitigkeit machen, er kannte und verstand das Ganze des Heeresdienstes gründlich, er hatte nach allen Richtungen desselben nicht nur Tüchtiges sondern Hervorragendes geleistet.

Er konnte ferner das Erbe der Männer, die vor ihm dasselbe Feld bebaut hatten, um so unmittelbarer antreten, als er auf den durchaus eigenartigen und selbstständigen Wegen, die er bisher verfolgt hatte, fast durchweg zu denselben Ergebnissen gelangt war wie sie. Auch er fand den Grund für die vorhandenen Mängel in der unzureichenden Gründlichkeit und Einheitlichkeit der Vorbildung, der Unzulänglichkeit der vorhandenen Reglements und Instruktionen, dem Fehlen jeder Uebung sowohl der Führer als der Truppe für die Verwendung in größeren Verbänden, nicht nur auf dem Gefechtsfelde, sondern auch auf dem Gebiete des Aufklärungs- und Sicherungsdienstes; auch er sah eine gründliche Abhülfe für diese Mängel nur in einem Zurückgehen auf die Grundsätze Friedrichs des Großen, in einer entsprechenden Anwendung derselben auf unsere heutigen Verhältnisse, glaubte eine Gewähr für die dauernde Beseitigung jener Mängel nur in einer anderweiten, selbstständigen Organisation der Waffe, einer einheitlichen Leitung derselben durch die Hand eines General-Inspekteurs finden zu können.

Zunächst damit beschäftigt, die ihm gleich nach Beendigung des Feldzuges verliehene 7. Kavallerie-Brigade, nach den alten Grundsätzen und neuesten Erfahrungen, in jeder Richtung zu einer Muster-Brigade heranzubilden, wurde ihm sehr bald, durch das Vertrauen Sr. Majestät des Kaisers und Königs, neben dieser keinen Augenblick ruhenden Thätigkeit, ein weiteres Wirkungsfeld eröffnet. Seine Betheiligung an der im März 1872 in Berlin zusammenberufenen Immediat-Kavallerie-Kommission, seine zweimalige Führung der Kavallerie-Division des IV. Armee-Korps, die Abfassung des Abschnittes V. sind in weitesten Kreisen so hinreichend bekannte Thatsachen, daß es überflüssig erscheint, hier näher auf dieselben einzugehen. Es ist wohl nicht zu viel gesagt, wenn man sie als epochemachend in der Entwickelungsgeschichte der preußischen Reiterei bezeichnet.

Einer anderen Seite seiner Thätigkeitsäußerung dürfte jedoch an dieser Stelle noch besonders Erwähnung zu thun sein, da sie, — früher bereits in gleicher Weise geübt, — auf dem ausgedehnteren Arbeitsfelde, welches er nunmehr anzubauen hatte, ein wesentliches Mittel wurde, um seinen Einfluß auf die ihm unterstellten Regimenter zur Geltung zu bringen. Es sind dies seine Besichtigungen. Er betrachtete dieselben nicht nur als eine ihm gebotene Gelegenheit, um sich von dem Zustande und Ausbildungsgrade der Truppen zu überzeugen, die ihm dabei aufstoßenden Unvollkommenheiten und Mängel zu rügen, sondern auch um dieselben durch Belehrung, Anweisung und Beispiel sofort zu beseitigen. Er verfuhr hierbei nach jeder Richtung auf das Gründlichste, sowohl in Aufsuchung der letzten Ursachen für die bemerkten Mißstände, als auch in der Belehrung des betreffenden Untergebenen, sei er Offizier, Unteroffizier oder Reiter, und ruhte nicht eher als bis derselbe sich nicht nur von seinem Fehler bezw. Irrthume sowie den Gründen desselben überzeugt, sondern auch ein volles Verständniß dafür gewonnen hatte, wie derselbe abzustellen, für alle Folgezeit zu vermeiden sei. Der unglaublich reiche Schatz seiner praktischen Erfahrung gewährte ihm hierbei in jedem vorkommenden Falle die reichsten Mittel und ließ ihn niemals im Stiche, mochte es sich um den einzelnen Reiter oder das einzelne Pferd, um eine Reitabtheilung, eine Schwadron, ein Regiment, eine Brigade handeln, mochte der Beschlag, die Zäumung, die Sattelung, die Pferdepflege zur Sprache kommen, mochte die Gymnastik, der Gebrauch der Waffen, das Scheibenschießen, das Gefecht zu Fuß oder irgend ein anderer Zweig des so reichhaltigen reiterlichen Dienstes den Gegenstand der Erörterung bilden. Der General war in jedem Sattel gerecht, kannte Alles genau und gründlich), hatte jeden Dienstzweig nach allen seinen Beziehungen nicht nur erlernt, sondern auch durchdacht, und wußte ihn daher nicht nur auszuüben, sondern auch Andere in seiner Handhabung zu unterweisen, zu gleicher Vollkommenheit heranzubilden.

Daß seine Besichtigungen somit stets eine beträchtliche Zeit und die volle Kraft und Anspannung der Besichtigten in Anspruch nahmen, daß die Dauer derselben, die Anstrengungen, welche mit ihnen verknüpft waren, manchen Seufzer erpreßten, darf wohl nicht Wunder nehmen, aber ihr Erfolg war ein zu günstiger, als daß diese Beschwerden davor nicht bald in Vergessenheit gerathen wären. Es dürfte wenige seiner ehemaligen Untergebenen geben, die anders als mit den Gefühlen innigsten Dankes an jene oft schweren Stunden zurückdenken, in denen sie nicht nur besichtigt, sondern auf das Gründlichste belehrt wurden.

Mit welcher Gründlichkeit er auch bei der Vorbereitung der von ihm selber geleiteten Uebungen verfuhr, davon geben seine Instruktionen den besten Beweis.

Se. Königliche Hoheit der Prinz Friedrich Carl, der bereits während des Feldzuges den Edelstein erkannt hatte, der in der oft rauh erscheinenden Schale ruhte, ließ dem General bei seinen ferneren Bestrebungen die volle Unterstützung seiner hohen Stellung zu Theil werden, eröffnete ihm den Schatz seiner reichen persönlichen Erfahrung auf reiterlichem Gebiete, den werthvollen Inhalt seiner Sammlungen, in denen der General vieles von ihm selber bereits Geübte, manches Neue fand, welches er zum Besten der Sache verwerthete. Auf ihn übertrug der hohe Herr all die Bestrebungen, Wünsche und Hoffnungen, welche er selber früher der Waffe gewidmet hatte, ihr noch heute entgegenbringt.

So getragen durch das Vertrauen seines Kriegsherrn und seiner Vorgesetzten, durch den Ruf, welchen er sich im letzten Feldzuge selber erworben, begünstigt durch die Stimmung der Zeit, welche die vorhandenen Mängel lebhafter erkannte und fühlte, als dies früher der Fall gewesen war, vor Allem aber ausgerüstet mit ungewöhnlichem eigenem Wissen und Können, gelang es dem General, das von seinen Vorgängern und von ihm selber bisher vergeblich Angestrebte zu allgemeiner Anerkennung zu bringen, den inzwischen gefühlten Bedürfnissen und den Erfahrungen des Krieges entsprechend, um ein bedeutendes Stück weiter, der endlichen Vollendung nahe zu führen. Er hat den abgerissenen Faden kriegerischer Ueberlieferung für die preußische Reiterei von Neuem angeknüpft und dafür gesorgt, daß derselbe so bald nicht wieder verloren gehen kann, wenn er in seinem Sinne weitergesponnen wird; ihn vollkommen zu einem festen Gewebe zu fügen, ist jedoch auch ihm noch nicht gelungen. Zwar hat er der Waffe in dem Abschnitt V. des

Exerzir-Reglements ein sicheres Fundament geschaffen, auf dem sie weiter bauen kann, mit ihm ihr das Bewußtsein gegeben von dem, was sie soll und was sie kann; zwar hat er durch die von ihm geleiteten Reiter-Uebungen gezeigt, wie Führer und Truppe für ihre großen Aufgaben im Heeresdienste vorbereitete und ausgebildet werden müssen; zwar ist es ihm wohl wesentlich mit zu danken, wenn die Reiterei nunmehr in den Besitz eines Reglements gesetzt ist, welches den Anforderungen ihrer kriegerischen Verwendung entspricht. Aber alle diese Dinge sind noch nicht in den vollen Besitz der gesammten Truppe übergegangen, noch nicht das Gemeingut Aller geworden, seine persönliche Anleitung, Erziehung und Führung hat nur einer Minderheit derselben zu Theil werden können, da der Tod ihn zu früh aus seinem segensreichen Wirken hinwegnahm.

Um trotzdem den reichen Schatz seiner praktischen Erfahrungen der preußischen Reiterei als ein bleibendes Erbtheil zu sichern, um denselben Jedem zugänglich zu machen, der daraus Belehrung, Rath und Anregung schöpfen will, und dadurch, soweit der todte Buchstabe dies vermag, sein Wollen, Wissen und Können auf immer größere Kreise zu übertragen, auf daß der von ihm gestreute Same wachse und Frucht trage, das Gebäude preußischer Reitertüchtigkeit und preußischen Reiterruhmes auf dem von ihm gelegten Grundbaue sich immer weiter erhebe, bis zu der einstmaligen Höhe, — sind, wie bereits weiter oben erwähnt, auf Wunsch Seiner Königlichen Hoheit des Prinzen Friedrich Carl auf den folgenden Seiten seiner Instruktionen und Dienstbefehle ihrem Hauptinhalte nach wortgetreu zusammengetragen. Möge sein Segen auf dem Werke ruhen! —

Wie bereits in der vorstehenden Darstellung wiederholt angedeutet wurde und aus den Ueberschriften der nachfolgenden Abschnitte des Näheren ersichtlich ist, reichen diese Instruktionen und Dienstbefehle weit zurück bis in die Zeit, da der General als Schwadronschef seine erziehende Thätigkeit begann. In ihnen allen treten stets dieselben Grundgedanken, je nach dem Wirkungskreise der sich ihm eröffnete, in immer weiterer Entwickelung hervor, und zwar nicht immer in systematischer Folge, sondern je nach dem augenblicklichen Bedürfnisse, in der verschiedenartigsten Anordnung und Ausführung, sehr häufig aber auch in wörtlicher Wiederholung des schon früher bei anderer Gelegenheit und an anderer Stelle Gesagten.

Bei ihrer Veröffentlichung stellte sich daher die Frage, ob dieselben sämmtlich wörtlich, in chronologischer Reihenfolge, oder nur die in ihnen zum Ausdrucke gelangten Erfahrungen, Grundgedanken, Lehren, Anweisungen und Fingerzeige, in systematischer Aneinanderreihung, wiedergegeben werden sollten. Der größeren Uebersichtlichkeit halber, und um die beregten zahlreichen Wiederholungen zu vermeiden, schien es gerathen, das letztere Ver-

fahren zu wählen, da es dabei möglich blieb, die Schreib- und Ausdrucksweise des Generals durchweg beizubehalten und so trotz der Sichtung und
anderweiten Anordnung des vorhanden Stoffes ihn doch ganz selber wieder
zu geben. Dies aber mußte als der Hauptzweck im Auge behalten
werden, denn der General von Schmidt war vor Allem eine Persönlichkeit
aus einem Gusse, in seinem ausgeprägten Charakter, in seiner Ueber-
zeugungstreue wurzelte seine hervorragende Leistungsfähigkeit. Wollte man
seine Ueberlieferungen der Waffe erhalten, in der er mit solcher Hingebung
gedient, für die er so viel geleistet, so durfte an der Aeußerung seiner Ansichten und Ueberzeugungen nichts abgeschliffen oder verändert werden.
In diesem Sinne und nach diesen Grundsätzen ist die Hinterlassenschaft des
hochverehrten unvergeßlichen Generals von seinem langjährigen Adjutanten
und treuen Arbeitsgenossen mit äußerster Sorgfalt zusammengestellt, und
kann das nachstehende Werk daher wohl den Anspruch vollster Originalität
erheben.

Kähler,
Major und Kommandeur des
2. Schlesischen Husaren-Regiments Nr. 6.

I. Einleitende Gesichtspunkte
über
die Erziehung, Ausbildung, Verwendung und Führung der Kavallerie im Allgemeinen.

Zusammengestellt aus den Cirkulairen vom 18. Juli 1871, 21. November 1871, 14. Juni 1872, 17. März 1873, 10. Januar 1874, 5. Juli 1874.

Nur allein von dem lebhaften Streben nach wahrem, lebendigem Fortschritt für unsere Waffe durchdrungen, können wir mit den übrigen Waffen gleichen Schritt halten, in denen sowohl in technischer Beziehung durch die Erfindungen der Neuzeit, wie in intellektueller Beziehung ein so frisches Leben sich geltend macht. Dieser Fortschritt ist ebensowohl nothwendig, wie auch möglich und ausführbar, wenn wir nur richtige Grundsätze befolgen und fest nach denselben verfahren, nicht empirisch in der Luft tappen, sondern ein festes, logisches System in allen Dienstzweigen befolgen. Wir müssen mit klarem Auge die Mängel, die uns noch anhaften, erkennen und sehen, woran es uns fehlt, nicht aber durchdrungen von unserer Vortrefflichkeit sein, wohl gar die Erfolge, die unsere Waffen im letzten Feldzuge theilweise gehabt, zu hoch anschlagen und meinen, es sei ja gut gegangen, es könne uns auch ferner nicht fehlen; in dieser Auffassung würde geradezu der Rückschritt liegen, der eine jede Bewegung zum Besseren erstickt. Gerade die Vorgänge dieses Feldzuges müssen uns die Augen über viele Mängel geöffnet haben und uns auf das Aeußerste anregen, dieselben fortzuschaffen, damit wir leistungsfähiger in den nächsten Feldzug eintreten, mit gutem Gewissen und wohl vorbereitet den kommenden Ereignissen entgegengehen können. Für uns liegt der Fortschritt aber weit weniger in technischen Verbesserungen und Erfindungen, wie in geistiger, intellektueller Richtung; derselbe würde etwa durch die fünf Worte: „Gewandtheit, Beweglichkeit und

Manövrirfähigkeit, Schnelligkeit, Selbstständigkeit und Leichtigkeit" repräsentirt sein. Die größte Gewandtheit des einzelnen Reiters auf seinem Pferde in Führung und Handhabung seiner Waffen; die größte Beweglichkeit und Manövrirfähigkeit der zusammengestellten Truppe nach allen Richtungen ohne Rücksicht darauf, wie sie formirt ist; die höchstmögliche Schnelligkeit derselben; die größte Selbstständigkeit und Unabhängigkeit unserer Waffe von den übrigen bei allen den Aufträgen und Aufgaben, die uns zu Theil werden, und die größte Leichtigkeit, also Erleichterung des Gewichtes, welches das Pferd zu tragen hat.

Die erstbezeichnete Anforderung, die größte Gewandtheit des einzelnen Reiters auf seinem Pferde in Führung und Handhabung seiner Waffe ist in der guten, tüchtigen Reiterei, in der Ausbildung von Mann und Pferd und in der richtigen Zusammenstellung beider begründet.

Die zweite Anforderung, größte Beweglichkeit und Manövrirfähigkeit der zusammengestellten Truppe nach allen Richtungen ohne Rücksicht darauf, wie sie formirt worden ist, beruht in den völlig feststehenden Grundsätzen über die Bewegungen unserer Waffe, in dem richtigen, festen Reiten und Evolutioniren in Linie und in der Kolonne, wobei das Tempo durchaus nicht alterirt werden darf, weder in der Front zwischen dem linken und rechten Flügel, noch in der Kolonne zwischen Tete und Queue; in der festen Einschulung der Zugführer und Flügel-Unteroffiziere, sowohl theoretisch, wie praktisch; in der möglichst häufigen Anwendung der schrägen Direktionen, und in der Ueberwindung der Neigung stets wieder die Normalformation herzustellen. Es kann nicht oft genug in der Inversion geritten werden, und der Führer darf sich niemals scheuen mit seiner Truppe zu derselben überzugehen. Die kürzesten Wege, die einfachsten, leichtesten Evolutionen sind für unsere Waffe die besten, um sie rechtzeitig auf den bestimmten Fleck zu führen; nur das ist kavalleristisch, wir haben keine Zeit zu verlieren, das Wort: „zu spät" ist für uns das Schlimmste, was über uns ausgesprochen werden kann: in demselben liegen große Verluste und das Mißlingen. Wer aber auf dem Exerzirplatz zu spät kommt, sich dort nicht an das: „zu rechter Zeit" gewöhnt hat, der kommt auch auf dem Schlachtfelde zu spät; es muß in Fleisch und Blut bei ihm der Trieb zu rechter Zeit zu kommen übergegangen sein; das erlernt sich nur durch exakte, prompte, schnelle Führung, durch rasche Entschlüsse auf dem Exerzirplatz! — Zu spät aber kommt stets derjenige, welcher nur die senkrechten Direktionen reitet und die schrägen scheut, welcher immer wieder zur Normalformation zurückkehren will und auf diese Weise eine Menge unnöthiger Evolutionen ausführt, anstatt mit Zügen ab-, ein- und kehrtzuschwenken, und die Inversion dadurch zum Gesetz, die Formation in derselben seiner Truppe zur Gewohnheit zu machen. Auch in dieser Hinsicht thut uns ein erheblicher Fortschritt noth.

Die dritte Anforderung, die höchstmögliche Schnelligkeit, findet sich in den von uns zu reitenden Tempos begründet, wie sie durch das Reglement vorgeschrieben sind. Wenn die frühere Normal-Attacke 200 bis 250 Schritt im Galopp vorschrieb, so hatte dies in dem damaligen Infanterie-Gewehr seinen Grund; bei den jetzigen weittragenden Präzisions-Waffen kommen wir jedoch auf 800 bis 1000 Schritt in eine derartige Feuer-Sphäre, welche von uns den langen allongirten Galopp verlangt, wenn wir nicht physisch und moralisch auf das Aeußerste geschwächt an den Feind kommen wollen, wovon das Mißlingen der Attacke die unbedingte Folge ist.

Unsere Reiter und Pferde müssen daher an diesen langen Galopp gewöhnt sein, denselben mit Leichtigkeit und Bequemlichkeit reiten können; die Entfernungen, welche die Kavallerie zum Einhauen auf den Feind zurückzulegen hat, sind jetzt viel länger, als früher, da sie aus dem Feuer zurückgehalten werden muß, um ihr nicht vor der Aktion empfindliche Verluste zu bereiten; außerdem muß sie sich auf die Flanken des Feindes manövriren und somit viel beweglicher und schneller sein, wenn sie ihre Aufgabe noch erfüllen will.

Die vierte Anforderung, die größte Selbstständigkeit und Unabhängigkeit von den übrigen Waffen bei allen den Aufträgen, die der Kavallerie zu Theil werden, also das Wegfallen des so häufig ertönenden Rufes nach Infanterie, der uns zur Hülfswaffe herunterdrückt und uns zum selbstständigen Handeln und Auftreten unfähig macht, findet ihre Hauptbegründung in der Bewaffnung mit einer verbesserten Schußwaffe und in der erhöhten Ausbildung mit derselben, welche in keiner Weise die eigentliche kavalleristische Ausbildung beeinträchtigen kann. Der Kavallerist soll kein berittener Infanterist sein oder werden, aber er muß durchaus im Stande sein, wenn der ihm gewordene Auftrag nicht zu Pferde zu erreichen ist, denselben zu Fuß mit der Schußwaffe auszuführen; er muß ein Dorf, ein Gehölz, ein Defilee, eine Lokalität anzugreifen und zu vertheidigen verstehen; er muß sich sein Kantonnement selbstständig sichern; er muß auch im Stande sein, eine Zeitlang bis zum Eintreffen von Infanterie besonders wichtige Punkte gegen feindliche Angriffe zu halten; dazu gehört aber, daß er mit der Schußwaffe gründlich ausgebildet ist, also treffen gelernt und daß er im Terrain eine gewisse Schulung erhalten hat, damit er nicht, wie im vorigen Feldzuge, bei derartigen Fällen, völlig unvorbereitet auf dem Kampfplatz erscheint. Es muß Grundsatz sein, zu Pferde nur allein die Anwendung des Signalschusses und sonst stets die blanke Waffe, auch bei den Eklaireurs; zu Fuß aber der Angriff mit der Schußwaffe und die Vertheidigung mit derselben.

Dies wird den kavalleristischen Geist, den frischen, wagenden Geist der Initiative, des Handelns nicht schmälern, sondern nur stärken, das Selbstvertrauen und Selbstgefühl der Kavallerie erhöhen und kräftigen, und unserer Waffe eine Zukunft eröffnen, die sich derjenigen der anderen Waffen, die von den neueren technischen Erfindungen so sehr profitiren, dreist an die Seite stellen kann.

Die fünfte Anforderung, die größte Leichtigkeit, also die möglichste Erleichterung des Gewichtes, welches das Pferd zu tragen hat, kann nur durch Vereinfachung und Erleichterung des Materials, des Sattels, Gepäckes und der Ausrüstung erreicht werden; durch wenige Pfunde leichteren Gewichtes wird das Pferd leistungsfähiger, ausdauernder, was nicht genug beherzigt werden kann, da bei der neueren Gefechtstaktik und der Verwendung der Kavallerie durchaus an dasselbe erhöhtere Anforderungen gestellt werden müssen.

Nur richtige Zusammenstellung desselben bei der Ausbildung, gründlichste Durcharbeit, um das erhöhte Gleichgewicht zu erzielen, Erleichterung des zu tragenden Gewichtes und sehr allmälige Steigerung der Ansprüche, Gewöhnung an erhöhte Anstrengungen können darauf hinwirken, eine größere Leistungsfähigkeit desselben zu erzielen.

Bezüglich der ersten und Fundamental-Anforderung, die Erzielung der größten Gewandtheit des einzelnen Reiters auf seinem Pferde in Führung und Handhabung seiner Waffe, kann nicht genugsam darauf der Hauptaccent gelegt werden, daß die gründlichste individuelle Ausbildung des Reiters mit seinem Pferde zur Selbstständigkeit unsere erste Aufgabe ist, nicht aber die oberflächliche Massenausbildung, die eine schwache Tünche über die Truppe zieht, welche nicht Stand hält und bei der geringsten Gelegenheit die Unfähigkeit durchblicken läßt.

Dieses einheitliche Prinzip kann nicht besser charakterisirt werden, als mit der Bezeichnung „körperliche und geistige Gymnastik", beide gemeinschaftlich, gleichmäßig erzielt für den Reiter, und erstere — körperliche Gymnastik — für das Pferd durch Herbeiführung der richtigen Haltung und Stellung, Durchbiegung und Versammlung. — Nächst der erhöhten Gebrauchs- und Leistungsfähigkeit wird dadurch auch ebenso die Konservation und Dauerhaftigkeit des Materials bewirkt werden. Es ist nicht möglich, die körperliche Gewandtheit der uns anvertrauten Mannschaften hoch genug zu treiben; nicht allein, daß sie dadurch bessere Reiter und gewandter in Handhabung ihrer Waffen, geschickter bei Ausführung aller ihrer Dienstobliegenheiten werden — das sind die direkten, materiellen Erfolge — sondern sie lernen dadurch vornehmlich auch fest anfassen, etwas wagen, unternehmen; sie lernen wollen, woraufunmittelbar auch das Können folgt;

sie bekommen in Folge dessen die Herrschaft über ihren Körper, was ihnen im weiteren Verfolge der Ausbildung das Selbstgefühl, das Selbstvertrauen, die Zuversicht giebt, welche unbedingt dem Kavalleristen anerzogen werden muß, wenn er etwas im Ernstfall leisten soll. Dies sind die nicht hoch genug zu schätzenden moralischen Vortheile. —

Was nun zunächst die direkten, materiellen Erfolge dieses Prinzips — die körperliche Gymnastik — betrifft, so muß zur Erzielung des höchstmöglichen Gleichgewichtes, zur Erlangung der größten Leichtigkeit in allen Bewegungen, behufs Verminderung der Gefahr bei jeglichen Unglücksfällen, die körperliche Gewandtheit im höchsten Maße angestrebt und durch alle die vorgeschriebenen Mittel erreicht werden, als da sind: Freiübungen, Voltigiren am Sprungkasten, Voltigirbock, lebenden und laufenden Pferde, Turnen am Sprungseil, Reck, Querbaum und Klettertau, Fechten mit dem Floret und mit dem Haurappier. Natürlich kommt es bei allen diesen Uebungen auf das „Wie", auf die „Art und Weise", wie sie vorgenommen und betrieben werden, an; der Zweck sind nicht Schaustellungen, Glänzen bei Besichtigungen mit hervorragenden Leistungen Einzelner, deren es in der Masse stets geben wird, die eine hervorragende körperliche Gewandtheit haben, sondern der alleinige Zweck muß sein:

„direkte, individuelle Einwirkung auf den Einzelnen, Hebung von dessen Körpergewandtheit, Herstellung des Körpergleichgewichtes, Befähigung seine Kräfte auf die richtige Stelle willkürlich zu übertragen, mithin dadurch Hebung des Niveaus der ganzen Masse, nicht nur Einzelner, denen es leicht wird." —

Diese einzelnen, besonders gut Beanlagten sind sehr zweckmäßig als Vorspringer, Vorvoltigeure, Vorturner zu verwenden; ein jeder Lehrer muß sich einige solche heranbilden; sie tragen zum Gelingen durch Vormachen, Zeigen und Anfassen außerordentlich viel bei; sie sind das Encouragement für die Uebrigen, und es ist unpraktisch, sich ohne diese zu behelfen.

Kann der Lehrer selbst die Uebungen leicht, gewandt und sicher vormachen, um so besser, um so mehr wird seine Instruktion, sein Unterricht sich wirksam erweisen und Erfolge haben. Auf die richtige Wahl der Lehrer kann überhaupt nicht genug Werth gelegt werden. Soll wirklich etwas geleistet werden, so ist es durchaus nothwendig, namentlich rücksichtlich der Unteroffiziere, Lehrer für besondere Spezialitäten auszubilden; für die Dienste als Berittführer, auf dem Flügel zu reiten, Exerziren zu Fuß, müssen natürlich alle Unteroffiziere geeignet sein und ausgebildet werden; dagegen ist es zweckmäßig für die übrigen spezielleren Dienstzweige, wie das Voltigiren, Fechten, den theoretischen Unterricht, als Reitlehrer und Zugführer die Geeignetsten und gerade besonders dafür Befähigten zu bestimmen und auszubilden.

Dem eigentlichen Lehrer muß stets ein Hülfslehrer zur Seite stehen, der durch seine stete Anwesenheit beim Unterricht in die Lage gesetzt wird, den Standpunkt der Abtheilung im Fortschreiten zu kennen, und also zweckmäßig und praktisch im Sinne des eigentlichen Lehrers, als dessen Stellvertreter, den Unterricht weiter zu führen, wenn derselbe abgehalten werden sollte, ihn zu ertheilen; gleichzeitig erhält dieser Hülfslehrer auch seine weitere Ausbildung durch den eigentlichen Lehrer, was ebenfalls von großer Wichtigkeit ist. Auf solche Art wird systematisch, logisch verfahren, und bedenken wir immer, daß bei der Ausbildung die Festhaltung eines bestimmten Systems und Prinzips, auch in wenig energischen, schwächeren Händen, und bei geringerer Begabung und Erkenntniß, selbst bei subalterner Auffassung und Anschauung noch immer weit bessere Resultate zu Wege bringt, wie unlogisches, inkonsequentes Verfahren, der Mangel allen Systems, ein beliebiges Umhertappen nach Laune und Gutdünken bei vieler Begabung, bei sehr guten geistigen Fähigkeiten und in kräftigen energischen Händen. Und gerade das letztbezeichnete Verhältniß wird nicht selten gefunden; man bildet sich ein, es mit der Energie und mit den Fähigkeiten zu zwingen, täuscht sich aber darin sehr. —

Also nochmals: „Richtige und zweckmäßige Auswahl und Heranbildung guter Lehrer, Einführung und Festhaltung der Hülfslehrer, streng systematisches Verfahren beim Unterricht und fester, logischer Aufbau von unten, von der Grundlage auf." Dabei kommt es vor allem darauf an, durch die einfachsten Dinge ein gutes Fundament, welches erste Bedingung ist, zu legen. Die Lehrer müssen nicht allein das zu erstrebende Ziel, nicht allein die Wege und Mittel kennen, wie dasselbe zu erreichen ist, sondern sie müssen auch den ganzen Zusammenhang der Sache, die Ursachen und die Wirkungen, das Warum der Sache vollständig inne haben, denn nur dann können sie richtig und sachgemäß bei ihrem Unterricht im Sinne des Systems einwirken. Nur wenn der Lehrer sich über den Zweck der einzelnen Uebungen und Lektionen ganz klar ist, wird er sie zweckmäßig aneinander reihen, Zwischenübungen und Lektionen zur Erleichterung des Schülers einfügen und so zu dessen erhöhter Ausbildung hinwirken können. Das ist der geringste Anspruch, den die Mannschaften an ihre Lehrer zu stellen haben, daß dieselben ihre Sache aus dem Grunde verstehen und stets vorbereitet zum Unterricht erscheinen, also wissen, was sie vornehmen wollen mit ihren Schülern, was sich an die Unterrichtsstunde logisch und sachgemäß anreiht, was den Schülern gerade noth thut für den Fortschritt, und wie sie dies vornehmen wollen. Nur dann, wenn die Lehrer stets vorbereitet sind, leisten dieselben auch etwas, und nur dann, wenn sie etwas leisten, und ihnen dies zum Bewußtsein kommt, gewinnen sie Interesse an der Sache und thun keinen Frohndienst mehr; und auch dann erst werden sich ihre Leistungen erhöhen.

Schon unser großer König sagt: „Soignez les détails ils ne sont pas sans gloire; c'est le premier pas, qui mène à la victoire."

Beherzigen wir dies stets; nichts sei uns zu klein, um es zu berücksichtigen; wem das Kleine zu klein ist, der wird auch nie das Große erreichen! —

Was nun ferner den zweiten Kardinalpunkt, die geistige Gymnastik betrifft, so sind die Zeiten glücklicherweise vorüber, wo man noch sagen konnte und sich vermaß, es zu sagen: „der dumme einfältige Soldat, der gar nicht denke, sei der beste, denn er gehorche blindlings." Sollte dies Wort wirklich einmal Grund gehabt haben, so hat es doch niemals von der Kavallerie, nicht von unserer Waffe gelten können, denn deren Dienst erfordert viel zu viel Nachdenken und Anwendung der geistigen Fähigkeiten, ebenso sehr bei der Ausbildung, vornehmlich beim Reiten, wie bei der Anwendung, beim Eklaireur-, beim Patrouillen-, beim Avantgardendienst. Wie ist es möglich, daß der Kavallerist, wie es seine Bestimmung ist, das Auge des Feldherrn sein, richtig sehen, richtig melden, richtig schließen kann, wenn er nicht denkt! wie ist es möglich, daß er sein Pferd gut arbeiten kann, wenn er nicht dabei überlegt! —

Aus direkten und indirekten Zwecken und Rücksichten muß es daher unser eifrigstes Bestreben sein, auch die geistige Gymnastik mit unseren Mannschaften zu treiben, sie geistig auch gewandt zu machen und auszubilden, sie zum Nachdenken stets und nachhaltig anzuregen, sie aufzuklären über die verschiedensten mittelbar und unmittelbar in unser Fach schlagenden Gegenstände, ihren Gesichtskreis zu erweitern, ihnen Ursache und Wirkung klarzulegen und ihre Anschauungen zu berichtigen, ihr Urtheil zu bessern und zu klären. Sie werden dadurch überhaupt nicht allein in aller Beziehung geschickter und fähiger zur Ausübung des Dienstes, vornehmlich des Felddienstes und des Reitens werden, denn sie lernen uns verstehen, sie werden zu uns emporgehoben, sie erlangen ein besseres Verständniß für alles und werden daher besser in den Sinn der ihnen ertheilten Anordnungen und Befehle eindringen, was besonders im Felde sehr zur Sprache kommt, sondern eine solche Schule wird sich auch auf ihr ganzes Leben günstig äußern, und dadurch wird das Wort immer wahrer werden, daß die Armee die Bildungsschule für das Volk, die Fortsetzung der Erziehung und Ausbildung für dasselbe in aller Beziehung ist. Wie alle Dienstzweige nach einem gemeinschaftlichen Zusammenhange, zu einem einheitlichen Ziel

hinarbeitend, erfaßt und betrachtet werden müssen, so muß bei allen Dienst=
zweigen dieser geistige Gesichtspunkt auch unausgesetzt im Auge behalten
und berücksichtigt werden, nicht allein bei dem theoretischen Unterricht, der
Instruktion, welche direkt auf den Geist hinarbeitet, sondern auch bei dem
Fußexerziren, den Freiübungen, dem Voltigiren, Fechten und Reiten. Stets
müssen alle diese Dienstzweige mit Frische, geistiger Anregung, mit Leben
und Spannung betrieben werden, stets muß möglichst viel anregende
Abwechselung, welche erfrischt, in dieselben hineingelegt und jede Erschlaffung,
Abspannung durch ertödtende Langeweile, jedes Hinziehen und das bloße
ermüdende Zeittödten, vermieden und gänzlich ausgerottet werden. Durch
die ganze Art und Weise des Dienstbetriebes muß den Mannschaften der=
selbe interessant, anregend und belehrend gemacht werden; dies hängt ganz
allein von der Person des Lehrers und davon ab, ob er mit Leib und
Seele, mit Lust und Liebe bei der Sache ist, oder ob er sich herabwürdigt,
nur Frohndienst zu thun, nur die Zeit hinzubringen, ohne Rücksicht ob er
etwas leistet und hervorbringt. Auf ihn findet so recht das Dichterwort
Anwendung:

    „Wenn ihr's nicht fühlt, ihr werdet's nicht erjagen,
    Wenn es nicht aus der Seele dringt
    Und mit urkräftigem Behagen
    Die Herzen aller Hörer zwingt!"

    Sein ganzes Verfahren und Auftreten wird sich unwillkürlich seiner
ganzen Abtheilung wie elektrisch mittheilen. Das kommißmäßige Treiben,
was sich im todten und stumpfen Betreiben des Dienstes dokumentirt, und
dem es nur um den Namen, nicht um Förderung der guten Sache zu
thun ist, muß gänzlich verbannt werden und an dessen Stelle geistige Frische,
das Streben nach wahrem Fortschritt in aller Beziehung treten; ist dies
vorhanden, so sind wir auf dem besten Wege und alles Weitere wird sich
von selbst finden. —

    Je mehr das Verständniß in dieser Beziehung zunimmt, und die
richtigen, geraden, direkt zum Ziele führenden Wege ohne Ab= und Umwege
eingeschlagen werden, um so mehr wird sich der Dienst vereinfachen, und
eine um so geringere Zeit wird er einnehmen, um so größeren Nutzen und
Erfolg wird er aber haben, und um so mehr wird er die Leiter befriedigen,
da sie günstige Erfolge von ihrer Arbeit sehen. Bei dem allseitigen regen
Streben kommt es mithin vor allem auf das größere Verständniß, auf das
tiefere Eingehen und Eindringen in das Wesen der Sache und auf rechte
feste Konsequenz und strenge Aufrechterhaltung dessen, was als richtig aner=
kannt ist an, dann werden die Resultate auch von Jahr zu Jahr besser
werden.

Es muß stets darauf gehalten werden, daß der Mann es mit seinem Geiste auffaßt; mit Nachdenken und Ueberlegung auf seine Weise antwortet und spricht, und allmälig erst muß derselbe an unsere Ausdrucksweise gewöhnt werden, dann wird auch die Klippe der geisttödtenden Auswendiglernerei vermieden werden, worauf Alles ankommt, denn sonst wird der Sache die Spitze abgebrochen, wie das durch unverständiges Anfassen mit einer jeden, auch der besten Sache geschehen kann.

An der Spitze all' unseres Strebens muß vor allen Dingen die Erreichung der individuellen Einzelnausbildung im Gegensatz zur Massen- und Schnelldressur, welche den Geist ertödtet, stehen; denn allein die erstere bringt dem Königlichen Dienste und den einzelnen Mannschaften Nutzen, und allein diese kann uns befriedigen als Ziel unserer Arbeit, weil sie neben dem Soldaten und Kavalleristen auch den Menschen und dessen Erhebung und Ausbildung zu Höherem im Auge hat. In dieser Beziehung bleibt noch mit am meisten zu thun übrig, weil dies das Schwierigste ist und am meisten Erkenntniß und Erfahrung dazu gehört. Alles stumpfe, unempfängliche, theilnahmlose Wesen muß gänzlich fortfallen; der Kavallerist kann dies am allerwenigsten brauchen; er ist mit demselben völlig unbrauchbar, denn gerade ihm thut Frische, Leben, Thätigkeit, geistige Regsamkeit und Lebendigkeit am allermeisten noth. Wird in diesem Sinne und Geiste überall konsequent gearbeitet, so kann der vortheilhafteste Einfluß auf das ganze geistige Leben unserer Mannschaften nicht ausbleiben, und wie sich der Erfolg der gymnastischen, körperlichen Uebungen unwillkürlich und unbedingt darin zeigen wird, wie der Kavallerist auftritt, geht, sich auf der Straße bewegt, so wird sich in dem aufgeweckten Wesen, in der Frische, in der lebendigen Auffassung, in der Sprache, in der ganzen Manier, in dem Gesichtsausdrucke, ja im Blicke des Mannes sogleich dokumentiren, wenn in aller Beziehung richtig geistig auf ihn eingewirkt worden ist. Mit solchen Mannschaften ist etwas anzufangen, sie verstehen den Vorgesetzten, gehen auf dessen Gedanken und Ideen ein, sie fassen sofort alles an, ihnen wird nichts zuviel, sie wagen alles und sind zu allem entschlossen; es ist ein unbegrenzter guter Wille bei ihnen vorhanden, und diesen zu erziehen, darauf kommt es so recht eigentlich an: denn der Soldat, sei er hoch oder niedrig, darf nichts zurückhalten: er muß alles hergeben und darf sich nichts in der Reserve behalten.

Glaube man ja nicht, daß sich im Ernstfalle schon der frische Geist entwickeln werde in Folge der natürlichen Aufregung wegen der Gefahr. Die Erfahrung hat genugsam gelehrt, daß da, wo nicht der richtige Grund gelegt, wo nicht richtig gearbeitet worden, wo kein Samenkorn im Frieden aus=

gestreut worden, auch im Felde nichts herauskommt und die gestellten Anforderungen nicht erfüllt werden.

Demnächst ist es vor allen Dingen das Pferdematerial, welches mit Anwendung aller zu Gebote stehenden Kräfte an Lehrern und Reitern mit großer Thätigkeit, Umsicht und Sachkenntniß gearbeitet und in die Verfassung gebracht werden muß, die seine Leistungsfähigkeit und Konservation verbürgt. Je größer allerdings der Mangel an erfahrenen, alten Reitlehrern ist, die sich mit dem regsten Interesse der Sache hingeben und deren ganze Freude in einer gut ausgebildeten Abtheilung besteht, um so außerordentlich schwieriger wird diese Aufgabe sein.

Die Erreichung der gründlichsten Durcharbeit aller Pferde ist aber auf das Dringendste geboten, wenn sowohl unsere Schlagfertigkeit, wie das Königliche Material nicht erheblich darunter leiden, wenn unsere Pferde nicht vor der Zeit absorbirt werden und zu Grunde gehen sollen.

Es muß also auf diese gründliche Bearbeitung der Pferde, auf die sichere Befestigung in ihrer Hals- und Kopfstellung, gleichweit entfernt vom Ueberzäumen und Herunterdrücken mit der Nase wie vom stieren Fortstrecken des Halses und Kopfes der Hauptaccent gelegt werden. Vor allem ist hierzu dringend geboten: sorgfältige, gründliche Genickarbeit, Biegsammachung und Weichheit desselben nach allen Seiten, wodurch allein die dem Pferde nach seinem Gebäude erforderliche Kopfstellung vermittelt, wodurch allein das Gleichgewicht erzielt und die Räumigkeit, Sicherheit und Ausdauer in den Gangarten, sowie die Konservation des Pferdes bewirkt werden kann. Es ist daher nicht möglich, zuviel Fleiß und genügende Mühsamkeit auf die Genickbiegung und die davon ressortirende Hals- und Kopfstellung zu verwenden. Ein altes Reitersprüchwort sagt: „Wer den Kopf hat, der hat das Pferd", und dies bezeichnet das Richtige. Hals und Kopf sind das Steuerruder, sie sind die Deichsel, wovon alles abhängt; nur durch die Feststellung des Kopfes und Halses kann der Reiter die Einwirkung auf die Hinterhand erlangen, worauf alles abzielt. Dabei muß sich jedoch das Pferd mit Hals und Kopf selbst tragen, nicht aber schwer und todt in der Hand des Reiters liegen, sondern leicht am Zügel stehen. Dies muß erreicht werden, indem während der ganzen Dressur unausgesetzt, sowohl bei den versammelten wie bei den freieren Gangarten, das Grundfundament wie ein sich durchziehender rother Faden stetig im Auge behalten wird, nämlich: „das Vorwärtsgehen, die Triebkraft, die Gehlust des Pferdes", welche im Laufe der Dressur immer weiter ausgebildet und vervollkommnet werden muß.

Die ganze Arbeit, selbst die Genickbiegung muß von hinten nach vorne, nicht umgekehrt, von vorne nach hinten, bewirkt und gefördert werden. Die

Seitengänge sind auch ein Hauptmittel zur Bearbeitung eines Pferdes, zu dessen Biegsammachung und zur Herbeiführung des Gleichgewichtes; sie sind so zu sagen die Freiübungen des Pferdes, dessen Turnen; doch kommt es bei ihnen lediglich auf deren Qualität, nicht auf deren Quantität an; sie dürfen nicht in langen Reprisen, sondern nur in ganz kurzen, am besten nur auf einer langen Seite der Bahn, gerade vor dem Lehrer, geritten werden. Je länger die Reprise dauert, um so schlechter werden die Seitengänge, um so weniger geben sich die Pferde her und um so ungeschickter, fester und steifer werden die Reiter. Dem Abbrechen, sowohl im Stehen wie im Schritt als im abgekürzten Trabe, ist ein großer Werth sowohl zur Erzielung einer erhöhten Geschicklichkeit des Reiters wie behufs rationeller, gründlicher Bearbeitung des Pferdes beizulegen. Es steht fest, wer diese Lektion in den bezeichneten Gangarten so gut und richtig ausführt, daß sie den davon beabsichtigten Erfolg auf das Pferd hat, daß sie wirklich einwirkt, auch überhaupt reiten und ein Pferd zu bearbeiten vermag.

Wir wollen alle mit unseren Pferden dahin gelangen, die stärksten Gangarten mit Dauer und unter der Möglichkeit zu reiten, die Pferde dabei stets auch noch wenden zu können, d. h. also in der Hand zu behalten. Der Weg dahin führt aber durch das Kurzreiten, durch das Reiten in der Versammlung, durch versammelte Gänge; das wird so viel und oft verkannt und verwechselt. — Die Bahn ist keine Rennbahn, sondern zur Zusammenstellung, Versammlung und richtigen Bearbeitung des Pferdes bestimmt; dies gewährt uns allein die Möglichkeit, dasselbe im Terrain, in allen Gangarten völlig in der Hand zu behalten, Herr desselben zu bleiben, und giebt dem Pferde die Fähigkeit, frei über seine Kräfte und Gliedmaßen zu disponiren und mit Leichtigkeit durch das Gleichgewicht, in welchem es sich unter dem Reiter befindet, alle Unebenheiten des Bodens, alle Terrainschwierigkeiten und Hindernisse zu überwinden.

Man verwechsele also nicht den Zweck, das Ziel mit den Mitteln, die zu demselben führen. Wer stark reitet, stets lange Gänge reiten will bei der Ausbildung, bei der Dressur, der wird erst recht bei der Anwendung im Terrain nicht im Stande sein, diese zu reiten, der wird sein Pferd auf die Zügel getrieben, auf der Vorhand liegen haben, und es wird ihm nicht wendig sein, das Pferd wird auch vor der Zeit ruinirt werden. — Das ausgebildete Pferd des Kavalleristen muß zu jeder Zeit die Möglichkeit zur Versammlung, zur Konzentrirung und Vereinigung seiner Kräfte unter dem Reiter gewähren, ebenso muß es die Entladung der Versammlung jederzeit zulassen, ohne aus der Hand zu gehen oder ungehorsam zu werden. Die neuen, weittragenden Präzisionswaffen stellen an uns und unsere Leistungen sehr erhöhte Anforderungen, das muß uns stets und bei der ganzen Ausbildung von Anfang an schon vor Augen schweben, sonst gelangen wir nicht dazu, diesen Anforderungen zu genügen. Wenn die rangirte Eskadron im starken, allongirten Galopp 2000 Schritte zurücklegen, und dann noch geschlossen, in Ordnung und in Athem zur Attacke sein soll, so müssen die Pferde ganz anders durchgearbeitet, im Gleichgewicht und der Hand ihrer Reiter sein, als wenn, wie bei der früheren Attacke, 200 Schritt Galopp geritten wurde. Man ist aber erfahrungsmäßig nicht in Ordnung, nicht geschlossen, wenn die Pferde diesen langen Jagdgalopp nicht gleichmäßig und ruhig fortgehen, sondern unruhig hin und her changiren, sich werfen, stürmen, die Nebenpferde beunruhigen, wenn die Reiter nicht daran gewöhnt sind, den ruhigen, geschlossenen Sitz während dieses Galopps zu behalten und wenn sie von ihren Pferden geworfen werden, weil diese mit steifem, angespanntem Rücken und hoher Hinterhand fortspringen; die Pferde haben dann keinen Athem, wenn ihnen dieser Galopp unbequem ist, wenn sie heftig werden, hin und her changiren, ohne Haltung fortstürmen; sie sind dann nach ganz kurzer Zeit außer Athem. Es würde ein Trugschluß sein, darauf zu rechnen, daß die unausbleiblichen Strapazen vor dem Feinde, alle Pferde zur Attacke ruhig machen; es ist dies keineswegs der Fall; zum Theil haben sich dort nach den härtesten Anstrengungen bei der Attacke ganz dieselben Verhältnisse, wie auf dem Exerzirplatz herausgestellt: — Unruhe in den Gliedern, ohne jede Geschlossenheit, — daher wenig effektuirt, aber um so mehr Verluste. —

Nur dasjenige, was der Truppe im Frieden zur Gewohnheit geworden, führt sie auch vor dem Feinde aus. Gute, praktische Gewohnheiten ergeben Sicherheit im Handeln und die besten Erfolge; mangelhafte, unpraktische Gewohnheiten machen im Ernstfall unsicher, verursachen große Verluste und haben gewöhnlich ein Fehlschlagen zur Folge.

Dieser lange Galopp muß daher vornehmlich das Ziel und der Zweck unserer Ausbildung sein; dazu gehört jedoch durchaus richtige Zusammenstellung des Pferdes, Haltung, Versammlung, Gleichgewicht, Hals zurückgeschoben am Widerrist und die Nase herangestellt.

Die erweiterte Anwendung dieses langen Galopps, besonders in der Front, ist in Folge der neueren taktischen Verhältnisse und der weittragenden Präzisionswaffen geradezu ein Punkt von der allergrößten Wichtigkeit geworden, der das Wesen der Kavallerie betrifft; denn nur dadurch kann ihr die Rolle gesichert bleiben, welche sie in früheren Feldzügen mit so vielem Erfolge durchgeführt hat und welche sie beanspruchen muß, auch heute in Schlachten und Gefechten zu übernehmen; nur dadurch ist sie im Stande, die Wirkung des schnellfeuernden Hinterladers zu paralysiren, daß sie die Befähigung erlangt, lange Strecken in jeder Gefechtsformation in scharfer Gangart, so schnell als möglich, in völliger Ordnung und ohne den Athem der Pferde aufzubrauchen, zurücklegen zu können.

Die enorme Wirkung des Schnellfeuers innerhalb der Distanz von 800—1000 Schritten muß den Erfolg der Attacke nothwendig in Frage stellen, wenn die schnelle Bewegung nicht die Verluste mindert und den Eindruck erhöht. Jede auf Infanterie attackirende Linie wird sich deshalb im Ernstfalle der Nothwendigkeit fügen, früh in den Galopp zu fallen, wofür auch viele Erfahrungen aus dem letzten Kriege vorliegen, zugleich aber auch dafür, daß in Folge der Angewohnheit und mangelhaften Ausbildung des Frontalgalopps die attackirende Linie sehr auseinander kam und außerordentlich locker wurde. Dies kann nur durch gründliche Vorübung beseitigt werden, denn die andauernden Frontalgalopps erfordern viel Uebung, sonst fallen sie gerade da am lockersten aus, wo Kugeln die Lücken mehren, und von der Ordnung und Kraft vielleicht historische Erfolge abhängen. Daß hierin aber keine zu große Anforderung an unsere Pferde liegt, das bedarf wohl keines weiteren Beweises; ein Frontalgalopp von 600 Schritt und darüber dürfte nach 6 Wochen allmälig fortschreitender Uebung wohl nicht an eine Leistung erinnern.

Es handelt sich mithin nicht um eine neue, erhöhte Anstrengung, sondern nur um die Betonung der jetzt so unumgänglichen Uebung des Galopps in der Frontalbewegung, da die schnellste Bewegung in der unbequemsten Form, der Linie, unvermeidlich und dieselbe doch mit vollster Sicherheit, Athem und kaltem Blute von Reiter und Pferd ausgeführt, und so die Oekonomie der Kräfte gesichert werden muß. Die Ausführbarkeit steht aber durch zu viele Proben und ohne andere Vorbereitung, als gründliche Durcharbeit der Pferde im Winter, verständige Ausbildung des Galopps, Gewöhnung von Mann und Pferd an den langen, geräumigen Sprung, in welchem beide sich wohl fühlen müssen, und allmälige Steigerung der Anforderungen und Leistungen unzweifelhaft fest. Daß aber der Galopp so ausgebildet wird, ist durch die eiserne Nothwendigkeit bedingt, wenn die Kavallerie nicht vom Schlachtfelde verschwinden soll. Keine Bewegung ist wichtiger, aber auch keine schwieriger, keine Uebung deshalb nothwendiger und kein Fortschritt gebotener.

Das alte Reitersprüchwort sagt: „Das Pferd muß im Stalle gehalten werden wie das Auge im Kopfe und so, als wenn es eine Million kostete; dagegen muß es so geritten und gebraucht werden, als wenn es nicht einen Pfennig werth wäre!"

Zur Belegung dieser Ansicht kann hier nur eine Probe für die Anforderungen angeführt werden, welche der große König an seine Kavallerie stellte. In der Instruktion über das Frühjahrs-Exerziren bei den Kürassieren und Dragonern vom 14. Dezember 1754, also nach den Erfahrungen der schlesischen Kriege und wenige Jahre vor den Großthaten des siebenjährigen Krieges, mithin inmitten der Vorbereitungen für den letzteren, die sich so sehr bei der Kavallerie bewährten, befiehlt Se. Majestät unter Anderem:

„Im Frühjahr, und absonderlich die letzten 14 Tage vor der Revue müssen die Pferde in Athem gesetzt werden, indem ich sie in die Läger nicht schonen kann, sondern sie so gebrauchen muß, als wenn es im Feld oder am Tage der Aktion sei. Derowegen muß alle Tage das Regiment, wenn es nicht exerzirt, traben außer die Remontepferde, im Anfange 1000 Schritt, hernach 2000, 3000 bis 4000 Schritt. Wenn die Pferde auf die Art in Athem gesetzt sind, so werden sie bei der Attacke nicht pusten, und nicht umfallen oder krank werden, wenn sie fatiguirt werden. Es ist von der größten Nothwendigkeit, daß ein Kürassier- oder Dragonerpferd im Stande ist, Fatiguen auszustehen, denn am Tage der Aktion supponiret man gegen den Feind eine Attacke von 1200—1500 Schritt zu machen, und die Karriere auf 4—500 Schritt zu geben, da es dann nicht genug ist, daß das erste Treffen vom Feinde geschmissen wird, sondern der Feind verfolgt werden muß, so daß das erste Treffen auf das zweite fällt und selbiges in Konfusion bringt.

Wenn alsdann die Konfusion vom Feinde vollkommen ist und nichts mehr aushält, müssen Eskadronen nachdetachiret werden, welchen das erste Treffen ordentlich in gutem Trabe folgen muß, so lange bis die feindliche Kavallerie von der feindlichen Infanterie völlig getrennt ist und sie nicht mehr zusammen kommen können. Hierauf kann es geschehen, daß die Kavallerie gegen die feindliche Infanterie agiren muß, den Feind in der Flanke oder im Rücken zu fassen, aus welchem leichtlich erhellet, daß die Pferde in Athem sein müssen, auch überdem es bei Menschen und Thieren Alles auf Gewohnheit ankommt."

Dies sind die eigenen Worte des großen Königs. Es ist aber bekannt, daß die Attacken bei den Revuen bis auf 2000 und 3000 Schritt ausgedehnt und häufig unmittelbar danach wiederholt wurden. Diese Revuen begannen aber schon Ende Mai. Solche Anforderungen bereiteten die Leistungen der Kavallerie im siebenjährigen Kriege vor. Wie würden sie gesteigert worden sein, wenn der große König über unser unvergleichliches Kavalleriepferd zu verfügen und das rasante Schnellfeuer der Hinterlader zu respektiren gehabt hätte! —

Nach den Erfahrungen jener Zeit, die noch jetzt völlig maßgebend für uns sind, werden wir sicherlich keinen falschen Weg einschlagen, wenn wir mindestens dieselben Leistungen fordern und dieselben Uebungen vornehmen. —

Trotz alle dem macht sich in neuerer Zeit nicht selten die Ansicht geltend, daß alles jetzt anders verlangt werde, daß alles neu sei und von dem Althergebrachten, wie man es früher erlernt habe, abweiche. Um ganz falschen und irrigen Auffassungen in dieser Beziehung entgegenzutreten, kann hierauf nur erwidert werden, daß es hierbei nur auf den Zeitpunkt ankommt, auf den man sich stellt; es ist alles oder vieles allerdings neu, wenn die kurz und jüngst verflossene Zeit ins Auge gefaßt wird; es ist aber alles ganz alt, wenn man sich, wie oben bereits nachgewiesen, in die Zeitperiode des großen Königs zurückversetzt, und da kann es nur wieder immer von Neuem wiederholt werden, daß, wenn die Kavallerie den Höhepunkt in der Ausbildung wieder erreichen will, den sie unter Friedrich dem Großen einnahm, sie auf die Ueberlieferungen jener Zeit zurückgreifen muß, und zwar in all' und jeder Beziehung, in den Grundsätzen, in der Ausbildung, in der Einzelreiterei, in der Instruktion, in der Organisation, in der Beweglichkeit, Schnelligkeit und Manövrirfähigkeit, in der Taktik, in der Selbstständigkeit und in der Verwendung. —

Ein Jeder, dem seine Waffe am Herzen liegt, und der dahin strebt, daß sie wieder den Rang einnehme, der ihr mit Recht unter dem großen Könige eingeräumt wurde, wird unzweifelhaft an seinem Theil, auf seiner Stelle bestrebt und bemüht sein, jene Ueberlieferungen wieder lebendig werden und in Fleisch und Blut übergehen zu lassen, damit jenes große Ziel erreicht werde; denn nicht technische und taktische Verhältnisse der übrigen Waffen hindern uns daran, sondern wir allein, die wir uns vollständig von jenen Ueberlieferungen im Laufe der Zeit entfernt und uns eingebildet haben, auf unsere Verhältnisse könnten sie keine Anwendung mehr finden.

Als eine fernere Probe zum Beleg für diese Behauptung werden die folgenden Stellen aus dem Reglement für die Husarenregimenter vom 1. Dezember 1743 vielleicht beitragen:

„VI. Titel, II. Art.

Um hierzu desto leichter zu gelangen (nämlich, um aus ihren unterhabenden Leuten tüchtige Husaren zu machen), so müssen die Officiers ihre Leute alle Tage reiten lassen, und ihnen alle Vortheils weisen und beibringen; die neuen Leute müssen die Officiers sehr oft auf den bloßen Pferden mit der Trense reiten lassen, damit sie fest sitzen lernen und einen Schluß zu Pferde bekommen; hernach müssen sie darauf sehen, daß die Husaren die Zügels allezeit kurz führen, damit sie Meister von ihren Pferden sind. Wann die Rekruten eine Zeitlang blos geritten haben, so müssen die Officiers selbige auf dem Sattel, Bügel und Zaum reiten lernen, und ihnen insonderheit weisen, wie sie ihre Pferde kurz wenden, pariren und umdrehen sollen. Se. Königliche Majestät verlangen, daß ein Husar zu Pferde so adroit sein soll, daß er, wenn das Pferd im vollen Laufen ist, mit der Hand von der Erde was aufheben, und einer dem anderen im vollen Jagen die Mütze abnehmen kann. Die Husarenpferde müssen alle auf die Schultern geritten und auf die Kruppen gewandt werden, damit ein Husar sich auf einem Platz wie ein Thaler groß mit seinem Pferde tummeln und wenden kann, wie er will."

„VI. Art.

Die Officiers müssen sich auch alle Mühe geben, daß die Husaren mit dem Säbel wohl umgehen lernen, ihnen deshalb alle Vortheile weisen, wie sie solchen führen sollen, auch ihnen wohl imprimiren, daß sie, wann sie aushauen wollen, sich in dem Sattel heben und so den Hieb von oben herunter im Stehen vollführen. Indem ein solcher Hieb von weit mehrerem Effect ist, als wenn man im Sitzen hauen will."

„VII. Art.

Das Chargiren zu Fuß wird den Husaren darum gelehrt, daß wenn sie in Winterszeiten in den Dörfern kantonniren und attackirt werden möchten, sich allein defendiren sollen; auch eine feindliche Parthei, welche sich auf einem Kirchhof oder sonst favorablen Ort postiret hat, zu Fuß forciren können."

„XVIII. Titel, I. Art.

2c. Daß die Husaren alle Tage ihre Pferde reiten, mit solchen traben und galoppiren sollen, ist Sr. Königlichen Majestät ernstlicher Befehl, und es gereicht solches mehr zur Conservation der Pferde, als daß es ihnen schaden sollte."

„II. Art. 2c.

Und zwar müssen die 3 Officiers bei der Escadron alle Tage ihren District visitiren, um zu sehen, wie die Husaren ihre Pferde in Acht nehmen. Nachgehends die Officieres dem Rittmeister Rapport thun sollen, ob auch die Pferde wohl abgewartet sind, und ob kranke Pferde darunter sind."

NB. „Die Pferde sollen nicht so dick gefuttert werden; denn die Pferde keine Bäuche, aber Mark in den Knochen haben sollen."

„XV. Art.

Alle Tage des Morgends um halb neun Uhr, es mag regnen oder nicht, soll eine Hälfte von der Escadron, und des Nachmittags um 3 oder 4 Uhr die andere Hälfte von der Escadron mit den Pferden zusammenkommen und auf Decke reiten 2c."

„Der Rittmeister muß nicht vor der Escadron, sondern bald vorn, bald hinten und bald an den Seiten reiten. Des Sonntags sollen Nachmittags nach der Predigt geritten werden: denn Se. Majestät es vor die größte Conservation der Pferde halten, wenn selbige alle Tage etwas geritten werden. Weil alsdann die Pferde in dem Athem bleiben, nicht steif auf die Füße und nicht sogar unvermögend dick werden. Welches Se. Königliche Majestät an ihren eigenen Pferden Selbst befunden haben. — Und Sie wollen Pferde haben, welche in Arbeit sind, und prätendiren eben nicht, daß die Pferde sogar dicke sein sollen, wann sie nur gut bei Leibe und in den Stand sind, zu marschiren und Fatigues zu thun."

„II. Titel, XVIII. Art.

Den gemeinen Husaren muß wohl imprimiret werden, daß sie sehr attentif auf das Appellblasen sind, und sich ein Jeder, wenn Appell geblasen wird, auf das Allergeschwindeste bei seiner Escadron einfindet und in sein Glied reitet: wobei, wie schon gesaget, nicht nöthig ist, daß sie rechte Neben- oder Vorderleute haben."

NB. „Se. Königliche Majestät werden zum meisten darauf sehen, daß die Escadrons sich lernen, auf das Geschwindeste zu ralliiren."

„II. Theil, I. Titel, I. Art.

Wann ein Regiment Husaren abgesessen, die Pferde geschlenget, und das Gewehr auf der Schulter haben, so müssen sie so geschwinde wie möglich sich aus die Pferde ziehen 2c."

Hier heißt es alle Augenblicke: „so geschwinde, so hurtig als möglich oder auf das Geschwindeste." Es scheint doch offenbar hiernach, daß es damals weit schneller gegangen ist, denn der energische, konsequente Wille, das Feuer war vorhanden, um diesen Instruktionen die pünktlichste Nachachtung zu verschaffen. Wer aber am schnellsten und am pünktlichsten bei der Hand ist, der wird auch des Feindes Herr werden; es wäre also sehr vortheilhaft, wenn wir uns in aller Beziehung diese Vorschrift zum Muster nähmen, denn wir können nicht rasch genug sein, um unsere Aufgabe zu erfüllen. Aus dem Vorstehenden dürfte wohl hervorgehen, daß das allerdings jetzt vermeintlich Neue doch sehr alt ist, und wie nothwendig es gleichzeitig ist, daß wir dazu zurückkehren, in jenem Sinne verfahren, und daß die aufgestellten und entwickelten Grundsätze überall durchweg zur Geltung gelangen und zum Heile des Königlichen Dienstes ins Leben übertragen werden. Geschieht dies, so wird es sich sehr bald in allen Dienstzweigen, sowohl durch die Art und Weise, wie dieselben ausgeführt, wie durch die Erfolge, die durch sie erzielt werden, sehr sichtbar und klar dokumentiren und dann ist viel erreicht, denn „Erfolge sind die wahre Lebenssonne aller Leistungen!"

Die unumstößliche Festhaltung dieser Gesichtspunkte und Grundsätze wird sich auch vor allem in der Ausbildung unserer Offiziere dokumentiren und belohnen, sie müssen über Alles, über das ganze System der Ausbildung von Reiter und Pferd, über die körperliche und geistige Gymnastik, über die Zusammenstellung und Ausbildung der Eskadronen, über die taktischen Verhältnisse auf das Gründlichste instruirt und orientirt sein; denn nur dann stehen sie auf der Höhe der Situation, können das Ganze des Dienstes übersehen, an ihrem Theil im richtigen Sinne und Geiste einwirken, und wenn sie diese Grundsätze in sich aufgenommen haben, auch einmal dereinst, gestützt auf die gemachten Erfahrungen, mit an dem weiteren Aufbau und Ausbau, an der Vervollkommnung des Ganzen arbeiten.

Der Kardinalpunkt all' unseres Handelns besteht somit darin: „Keine Unthätigkeit, keine Unschlüssigkeit, keine Unsicherheit. — Nach ruhiger, gewissenhafter Ueberlegenheit das Erfaßte mit ganzer Entschiedenheit ausführen, ohne Sorge, ob es auch das Beste sei." — Das minder Gute, ja das ganz Ungerechtfertigte hat noch immer weit mehr Chance auf Erfolg, wenn es nur mit Energie und Entschlossenheit ausgeführt wird, wie das absolut Beste, wenn es matt, ohne Entschiedenheit und Festigkeit angefaßt wird! — Es kommt gar nicht auf das Beste und Vortrefflichste an, sondern nur darauf, wie, in welcher Weise das Erfaßte durchgeführt wird. Zu einem unentschlossenen, unentschiedenen Führer verliert seine Mannschaft alles Vertrauen, und mit vollstem Rechte, denn er wird stets Unglück haben und sie ins Unglück führen.

Das Heil unserer Waffe beruht allein in der entschlossenen Initiative und Offensive; dies muß sich in ihrem ganzen Auftreten kennzeichnen; das Pferd, also die Schnelligkeit und Beweglichkeit, sind unsere Hauptwaffe, demnächst die blanke Waffe. Die Schußwaffe ist zu Pferde nur allein zur Abgabe eines Signalschusses zu verwenden, nicht aber im Flankeurgefecht. — Ein alter kavalleristischer Grundsatz sagt: „Wer zuletzt noch eine geschlossene Abtheilung hat, der bleibt Sieger auf dem Schlachtfelde." Hierin liegt die größte Aufforderung für uns zur höchstmöglichen Ausbildung der Individualität, zur körperlichen und geistigen Gymnastik unserer Mannschaften; der Reiter muß völlig Herr seines Pferdes sein und unbedingt dahin kommen können, wohin er es soll; er muß dies schnell und gewandt vermögen; dazu gehört eine gewisse Biegsamkeit und Gewandtheit des Körpers, lose, thätige lebendige Unterschenkel, und er muß demnächst geistig so regsam, so lebhaften Gedankens, so schnellen Entschlusses und so rascher Ausführung durch alle Uebungen gemacht worden sein, daß er nun auch schnell bei der Hand ist, um seinen Platz richtig zu erkennen und ihn auf das Schnellste einzunehmen und auszufüllen.

Körperliche Gewandtheit und Entwickelung der Intelligenz gehen hierbei erfahrungsmäßig Hand in Hand. Niemals mehr, wie jetzt, war dies eine unabweisliche Nothwendigkeit; schon bei der neuen Taktik der Infanterie gilt als Grundsatz: „Höchstmögliche individuelle Ausbildung zur Selbstständigkeit und Ausbildung der geistigen Fähigkeiten, um auch in der größten Zerstreuung und Unordnung den Einzelnen im Interesse des Ganzen für den allgemeinen einheitlichen Zweck sicher führen zu können und um die Möglichkeit zu besitzen, aus der größten Unordnung schnell wieder in die höchste Ordnung und Geschlossenheit überzugehen."

Ganz dasselbe fordert die neuere Taktik von uns, nur noch im erhöhteren Maße. Es ist ein allgemein anerkannter Erfahrungssatz, daß eine Kavallerie, die nicht auf das Beste und Gründlichste einzeln ausgebildet ist und die keine tüchtigen Führer hat, unfähig und unbrauchbar für ihre Aufgabe ist und nichts effektuirt. — Von keiner anderen Waffe gilt dies so, wie gerade von der unsrigen.

II. Die Eskadron.

1. Vorbedingungen für die Einstellung in die Eskadron bei Beginn der Frühjahrs-Exerzirperiode, mit besonderer Berücksichtigung des erforderlichen Ausbildungsgrades im Reiten.

Zusammengestellt aus den Cirkulairen vom 21. November 1871, 2. März 1872, 14. Juni 1872, 17. März 1873, 9. Juli 1873, 10. Januar 1874, 24. Januar 1875, 23. März 1875.

Einem jeden Eskadronchef wird das anzustrebende Ziel stets vor Augen stehen, alle seine Pferde ohne jede Ausnahme in diejenige Form und Haltung zu bringen, in welcher sich das Kampagnepferd befinden muß und in welcher es allein Gehorsam, Gewandtheit, Dauer, Leistungsfähigkeit, Sicherheit, Räumigkeit der Gangarten hat und sich auf lange Jahre konservirt. Diese spezifische Haltung des gut gearbeiteten Pferdes muß bei jedem Pferde erreicht werden, aber nicht etwa durch Einspannung in diese Form und durch alle möglichen Hülfszügel, sondern durch den möglichst hoch zu entwickelnden Trieb zum Vorwärtsgehen, also durch die lebendigen, thätigen Schenkel, durch die Schubkraft der Hinterbeine und durch die leichte Faust, die nur ansteht, sich nicht am Zügel hält, die durch Abbrechen in allen Gangarten das Genick und die Halsmuskeln von allem Zwange entbindet und befreit, so daß der Kopf sich beizäumt, die Ganaschen sich an den Hals anlegen, und letzterer sich am Widerrist zurückschiebt, wodurch allein die Einwirkung auf die Hinterhand, die Thätigkeit, Biegsamkeit und Nachgiebigkeit der Hanchen erlangt werden kann. In dieser Beziehung kann nicht genug geschehen. — Monstra und Karrikaturen von Pferden, welche nicht die Natur, sondern die Kunst — die Reiterei — hierzu gemacht, müssen völlig verschwinden, denn sie sind geradezu ein Verderb für eine Eskadron. Auf Pferden, die Hals und Kopf so vorstrecken, daß beide die Verlängerung der Rückenwirbelsäule bilden, und die auch nicht die mindeste Versammlung annehmen, kann kein Rekrut reiten lernen und Gefühl bekommen; solche Pferde liegen beim geringsten Anstoßen mit den Vorderbeinen, ohne sich selbst helfen zu können, am Boden; auf solchen Pferden kann kein Reiter im Handgemenge mit Erfolg seine Waffen gebrauchen, und solche Thiere gehen binnen kurzer Zeit zu Grunde, werden verbraucht und struppirt. Pferde ferner, welche die Nase hoch und fast wagerecht tragen, den Hals vorstrecken und herunterfallen lassen, in Folge dessen kaum im Stande sind, die Vorderbeine vom Erdboden zu heben, die gespannt treten und über die kleinsten Steine stolpern, sind unsicher, werden bald auf den Vorderbeinen struppirt, im Rücken und auf den Hinterfesseln angegriffen und reiben sich in diesem Verhältniß im Dienst auf, da ihnen alles doppelt schwer werden muß, und ihre Hinterhand gänzlich intakt ist. Andere Pferde endlich, die stets mit der Nase herunterdrücken, fest auf den Zügeln liegen, sich vom Reiter tragen lassen, also auf dem Kopf und wie auf dem fünften Fuß gehen, ruiniren sich auch in diesem Verhältniß vor der Zeit und werden für den Königlichen Dienst, besonders für das Einzelngefecht, völlig unbrauchbar.

Je mehr diese verunstalteten Pferde verschwinden und nur solche Pferde vorhanden sind, deren Hals am Widerrist zurücksteht, deren Nase beigezäumt ist, die sich selbst mit Hals und Kopf tragen und am Ziel stehen, nicht in den Zügeln liegen, je mehr thätige, lebendige Schenkel bei den Reitern erzielt werden und je mehr also die Hanchen gebogen und die Hinterhand untergeschoben sein wird, um so dienstfähiger, ausdauernder und leistungsfähiger werden die Pferde sein; sie werden dann das Jeu de barre und das Einzelngefecht spielend ausführen, ohne auf den Laden wund und durchgerissen zu werden, der Reiter wird im Stande sein, seine Waffen auf denselben mit Leichtigkeit nach allen Richtungen zu gebrauchen; — sie werden nicht bei der geringsten Gelegenheit stürzen, weil sie sich im Gleichgewicht befinden, und die Hinterhand der Vorhand hilft, wenn die letztere einmal anstößt und stolpert; sie werden keine angelaufenen Sehnen durch die Arbeit bekommen, wie diejenigen Pferde, welche mit hoher, intakter Hinterhand auf der Vorhand gehen, und sie werden sich bis ins hohe Alter hinein zum Nutzen des Dienstes konserviren. Auf solchen Pferden werden auch die Rekruten sehr leicht reiten lernen und einen guten, gestreckten, nur auf sich selbst beruhenden Sitz bekommen, und dadurch werden diese jungen Reiter wieder um so eher befähigt werden, andere junge Pferde, Remonten in derselben Weise zu arbeiten und ihnen eine gleiche Haltung und Form zu geben. Welche unendlichen Vortheile also für unsere Gebrauchs- und Leistungsfähigkeit, für die Hebung der Reiterei und des Pferdezustandes in den Eskadronen, wenn dies erzielt wird! Wohl werth, daß aller Fleiß und alle Thätigkeit darauf verwandt werden! — Wenn hiernach gestrebt wird, so wird und muß es dahin kommen, daß der Eskadronchef bei der jährlichen Ausrangirung im Zweifel ist, welche Pferde er fortgeben soll, da sie fast noch alle ein oder mehrere Jahre mit Vortheil in der Eskadron verwandt werden könnten; so gut und konservirt müssen noch die in Frage kommenden Pferde sein. Aber soll dies erreicht werden, so muß bei den Remonten angefangen und deren Stellung, Haltung auf das Gründlichste befestigt werden; sie können nicht gut genug durchgearbeitet, weich und biegsam genug gemacht, vom Zwange entbunden werden; es kann nicht genug Fleiß und Mühsamkeit auf die Ausbildung derselben verwandt werden, da in ihnen der Fortschritt und die Zukunft der Schwadron liegt. Je besser die Remonten ausgebildet sind, um so länger konserviren sie sich, um so bessere Rekrutenpferde hat die Eskadron, und um so besser und um so früher lernen die jungen Mannschaften reiten. Der Prüfstein nach erfolgter Ausbildung ist: „Alle zur Stelle, keins lahm, alle auf den Gliedmaßen geschont, nicht mit Makeln behaftet, alle gut gestellt, Genick gebogen, Hals zurückgeschoben, regelmäßiger, leichter, entbundener Gang, keine langen, gedehnten, schwerfälligen Tritte." Es ist dies sehr wohl zu erreichen. Nur wenn so verfahren wird, können die Eskadronen mit ihrem Pferdestande und mit ihrer Reiterei in die Höhe kommen; es muß der allergrößeste Werth darauf gelegt werden. — Kopf- und Halsstellung steht mit dem Gange in unmittelbarer Wechselwirkung, und diejenigen Pferde, welche nicht im Genick gebogen und im Halse am Widerrist durch die Schenkel zurückgeschoben worden sind, müssen daher unfehlbar zu Grunde gehen.

Nächstdem müssen alljährlich die älteren Pferde sämmtlich nachgearbeitet werden; die Reiter dürfen nach beendigter Winterarbeit im Frühjahr nicht wieder so heruntersteigen, wie sie im Herbst, als sie das Pferd erhielten, hinaufgestiegen sind; dasselbe muß sich in seinen Formen, in seiner Haltung und dadurch in seinem Gange sichtlich und auffallend verändert haben, nur dann haben Lehrer und Reiter ihre Schuldigkeit gethan und etwas geleistet. Wird das Pferd schöner, freier, entbundener in allen seinen Theilen, dann wird es auch gebrauchs- und leistungsfähiger; beides geht Hand in Hand.

Die Grundlage hierzu kann nur durch die Winterarbeit gelegt werden; denn sie ist die Zeit der Saat, während der Sommerdienst die Zeit der Ernte ist. Hat man in der ersteren angestrengt, unter Befolgung der richtigen Grundsätze gearbeitet, so kommen die Erfolge im Sommer von selbst, so ist es für Führer und Geführte dann eine Lust, das anzuwenden, was Lehrer und Schüler in gemeinsamer, schwerer Arbeit während des Winters vorbereitet haben. Mangel an Thätigkeit im Winterhalbjahr oder unrichtige Grundsätze bei diesem Dienste strafen sich aber im Sommer sehr und lassen sich gar nicht wieder gut machen. Lege man somit den Hauptwerth, den Accent bei unserer Waffe auf den Winterdienst, auf die Zeit der Zurichtung und Vorbereitung, auf die Einzelausbildung von Mann und Pferd, welche nicht individuell genug mit einem einheitlichen Prinzip und logischem System betrieben werden kann. —

Für die Winterarbeit ist es zunächst das Ziel: „Die Pferde in die richtige Haltung, Versammlung und ins Gleichgewicht zu bringen, sie weich, biegsam und dadurch wendsam und gewandt zu machen." Dies ist nur möglich in kurzen Reprisen, kurzen, versammelten, gebogenen Lektionen (keine Ermüdungstheorie), da sich sonst die Reiter anspannen, krampfhaft werden und in Folge dessen die Pferde das Gleiche thun, also das Gegentheil von dem, was erreicht werden soll: „Entbindung von aller Anspannung." — Dann kommt im Frühjahr unter Erhaltung der allein richtigen Haltung und Stellung durch Wiederholung der Winterlektionen die zweite Periode.

Die Uebung im Geradeausreiten mit allmäliger Gewöhnung an erhöhtere Leistungen, das in Athem setzen, weshalb die Reprisen verlängert werden in stufenweiser, systematischer Weise. — Und sodann kommt die dritte Periode der Anwendung des Erzielten in den Exerzir-Uebungen, wobei stets durch vorhergehendes Einzelnreiten im Karree sowohl, wie durch die einzelnen Reiter für sich, die Haltung, Versammlung und Gewandtheit der Pferde erhalten werden muß, wie es das Reglement so richtig vorschreibt; kein Exerziren ohne vorheriges Einzelnreiten, und wenn es nur eine halbe Stunde währt, um das Verhältniß zwischen Reiter und Pferd wieder zu reguliren und herzustellen und die Haltung des Pferdes zu verbessern. — Nichts ist für uns so nothwendig, wie die methodische EinzelnAusbildung, sowohl in materieller, wie moralischer Beziehung; diejenige Reitstunde ist eine verlorene, in welcher die Reiter nicht einzeln geritten haben, und zwar während der übrige Theil der Abtheilung still hält. —

Wenn so verfahren wird, so wird es nicht nöthig sein, in jedem Herbst mit dem Reiten wieder von vorne anzufangen, sondern man wird auf dem im Einzelreiten und in der Arbeit im Sommerhalbjahr Erreichten fortbauen und dadurch im Winterhalbjahr immer mehr erzielen können; es wird sich mithin ein stetiger Fortschritt, sowohl in der Reitfähigkeit der Mannschaften, wie in der Thätigkeit, in der Stellung und Haltung der Pferde dokumentiren, der doch allein dem denkenden, strebsamen, tüchtigen Eskadronchef Befriedigung gewähren kann für seine Thätigkeit. —

Es kommt auch hierbei wieder nur darauf an, mit klarem Auge und offenem Kopfe diejenigen Mängel und Grundfehler beim Reiten, die so verderblich einwirken, richtig zu erkennen und dieselben zu koupiren. — Als ein durchgehender, fast stets auftretender, sich überall wiederholender und auf das Nachtheiligste auf die Arbeit, Brauchbarkeit und Konservation der Pferde einwirkender Kapitalfehler muß vor allen Dingen die Verdrehung der Hüften seitens der meisten Reiter, das Zurücknehmen der linken Schulter, der linken Hüfte, des linken Ellenbogens und des linken Ober- und Unterschenkels bezeichnet werden, während die ganze rechte Seite vorgeschoben wird, und der rechte Unterschenkel schlaff und kraftlos, ohne alle Thätigkeit am Pferde herunterhängt; hierzu tritt dann noch die vorherrschende Neigung der Reiter, die Zügelfaust stets nach der rechten Seite hinüber zu schieben, wodurch der linke Kantarenzügel immer mehr wie der rechte ansteht, und die Nase ganz links genommen wird. Auf solche Art reitet der Reiter nur allein mit dem linken Zügel und dem linken Schenkel, mit ganz links verstellten und verbogenen Pferden; was kann dabei herauskommen als stätische Pferde, die immer links herumgehen und sich nicht rechts wenden lassen, stets nach der linken Schulter sich werfen und abspringen, wenn sie rechts gewandt werden sollen, vor jedem Hinderniß links um kehrt machen. — Unmittelbare Folgen dieser so fehlerhaften Gewohnheiten und schlechten Haltung sind vornehmlich die nachstehend bezeichneten:

1) Die fehlerhafte Kopfstellung, Hirschhälse, stiere Genicke, vorgestreckte Hälse, die herunterbohrenden Nasen, die sich überzäumenden Pferde.

2) Die unreinen, unregelmäßigen Gänge, das unreine Treten, auch in den Seitengängen, welches ein Grundverderb ist.

3) Zuviel Kopfstellung links, und schlechte Kopfstellung und Ganaschenbiegung rechts, besonders auf Kantarenzäumung.

4) Die Pferde sprengen zum Galopp auf der rechten Hand sehr leicht an, gehen aber in demselben auf zwei Hufschlägen (Travers-Galopp), was sehr fehlerhaft ist; sie sind verstellt und haben die Nase links.

5) Sie gehen den falschen, schlechten Travers auf der rechten Hand, auf die linke Schulter geworfen und im Halse am Widerrist gebogen.

6) Sie gehen den Trab auf der rechten Hand sehr unrein und unsicher und fallen leicht aus demselben in den Galopp.

7) Sie weichen sehr schwer dem rechten Schenkel im Travers links.

8) Ihr Trab auf der linken Hand ist viel sicherer, wie auf der rechten Hand, jedoch ohne entschiedenes, richtiges Herangehen an den linken Zügel.

9) Neigung zum Ausfallen der Kruppe auf der linken Hand, Verhalten des linken Hinterfußes und des linken Vorderfußes, also der Linkstrab fehlerhaft; in Folge dessen stets der Linksgalopp unsicher und sehr schwierig; kein Verwahren der Kruppe durch den rechten Unterschenkel, der als inwendiger schon nichts gethan hat und kraftlos geblieben ist und nun erst recht

als auswendiger gar nichts kann. (Gerade dies ist ein sehr verbreiteter Fehler.)

10) Die Pferde stehen vielfach im Gliede halblinks, statt völlig senkrecht zur Frontlinie, wie es nothwendig ist.

11) Die Reiter sind auf diese Art, mit einer solchen Haltung, absolut ganz außer Stande, geradeaus zu reiten, gerade Linien, rechte Winkel zu reiten, wie es doch so nothwendig ist, aber selten so ausgeführt wird.

12) Beim Herangehen nach rechts im Schließen geht immer die Hinterhand voraus, anstatt die Vorhand.

13) Beim Reiten im Karree weichen die Pferde vor dem Rechtswenden zur kurzen Seite stets auf der langen Seite nach auswärts, nach links aus; es wird statt einer geraden Linie eine Schlangenlinie und ein unregelmäßiges Karree geritten.

14) Solche so gerittene Pferde weichen bei jedem Scheuen, bei jedem Hinderniß nach links aus und wollen nicht heran. —

Es muß der Trab auf der rechten Hand eben so sicher und fest sein, wie auf der linken Hand; der Galopp auf der linken Hand muß den Pferden eben so leicht werden, wie auf der rechten Hand, und darf auch bei dem letzteren die Hinterhand nicht in die Bahn gestellt sein, das Pferd nicht auf zwei Hufschlägen galoppiren. Das Schultherein auf der rechten Hand und der Travers auf der linken Hand, ebenso der Renvers links müssen völlig sicher sein; die Pferde müssen richtig links traben und dabei an den linken Zügel herangehen; sie müssen den linken Hinterfuß nach vorne untersetzen und nicht verhalten; die Volten rechts im Galopp müssen nicht zu groß, die Volten im Galopp links nicht zu klein geritten werden; links darf nicht zu viel, rechts nicht zu wenig Stellung genommen werden; der linke Zügel darf als auswendiger nicht zu fest anstehen, der rechte als auswendiger nicht zu wenig wirken. — Wird hierin das Gleichgewicht in den Hülfen hergestellt, wird das Reiten auf einem Zügel und auf einem Schenkel auf der Trense gründlich inhibirt, so ist schon unendlich viel erreicht, und es werden dann auch die vor dem Schenkel nicht vorwärts gehenden, stätischen, bäumenden und dabei ausschlagenden und steigenden Pferde gänzlich fortfallen; dieselben schlagen nur nach dem Schenkel, den sie nicht gewohnt sind, den sie nicht gefühlt haben, der nicht gebraucht worden ist, der ihnen also seitwärts zu viel Freiheit gestattet hat und den sie daher nicht respektiren.

Der Lehrer halte immer gerade auf das Gegentheil, wozu Reiter und Pferd die Neigung haben, und verlange das entschiedene Gegentheil von seinen Mannschaften, selbst wenn dies wiederum ein Fehler sein würde; denn dieser Fehler tritt dann lange noch nicht ein; das Bestreben des Reiters, den Weisungen des Reitlehrers nachzukommen, erzeugt dann nur das

Richtige; er halte also vorherrschend auf den vermehrten Gebrauch des rechten Schenkels und auf Rechtstellung des Pferdes und lasse diejenigen Lektionen vornehmlich reiten, die den rechten Schenkel kräftigen, denselben zu vermehrtem Gebrauche veranlassen, wie rechts Schultherherein, rechts Kontra=Schultherherein, links Travers, links Renvers. Man wird dann stets das Wahre, Richtige, Nothwendige erreichen und sich ein scharfes Auge für die Erkennung dieses Fehlers aneignen. — Wir dürfen nicht mit einem Schenkel und einem Zügel, sondern wir müssen mit beiden Schenkeln und mit beiden Zügeln reiten, das ist das erste Erforderniß, wenn wir im Reiten vorwärts kommen sollen; der eine Schenkel, der auswendige, ist der passive, ruhig liegende, stellende; der andere, der inwendige, ist der anregende, der aktive, der thätige, lebendige, welcher das Pferd vorwärts treibt. Der todte Schenkel nutzt gar nichts, ein loses Kniegelenk, ein lebendiger Unterschenkel sind die Hauptsache. Halten sich die Reiter dann nicht mehr am Zügel, um nicht zu fallen, und reiten sie mit recht lebendigem, thätigem Unterschenkel, was als die unumgängliche Grundlage bezeichnet werden muß, so werden ganz von selbst die stätischen, ungehorsamen, nicht vorwärts gehen wollenden Pferde, deren Triebkraft und Schwungkraft der Hinterbeine nicht entwickelt ist, fortfallen; es werden dann keine klebenden Pferde mehr vorhanden sein, denn alle jene groben Mängel haben ihren gemeinsamen Grund in der gedrückten Gehlust des Pferdes, in dem Mangel an Trieb zum Vorwärtsgehen; und dieser Trieb muß während der ganzen Bearbeitung sowohl in den allerkürzesten und versammeltsten, wie in den allerstärksten Lektionen und Gängen nicht allein immer erhalten, sondern auch noch immer weiter entwickelt (durch Einzelreiten) werden, denn auf ihm beruht alles. Daher so wenig als möglich mit der Faust, so viel als möglich mit lebendigem, thätigen Unterschenkel und mit der Balance, mit richtiger Gewichtsvertheilung bei allen Gelegenheiten, Wendungen ꝛc. reiten. Der Reitlehrer kann nicht genug darauf einwirken, daß nur mit Unterschenkel und Balance unter weicher, anstehender, nachgiebiger Faust die Hülfen gegeben werden.

Wenn ein solches Verhältniß vorhanden ist, so wird dann ferner auch das ewige Zurücktreten der Pferde im Gliede und nach dem Pariren, wo manchmal ganze Eskadronen rückwärts gehen, fortfallen; es ist dies in hohem Grade unkavalleristisch. — Wenn schon beim Reiten im Karree und in der Bahn alle Lehrer die vortreffliche Lektion mit ihren Reitern ausführen, die Pferde im Halten stets um kleine Tritte einen halben oder einen ganzen Schritt im Abbrechen vorzudrücken, so wird diesem widerwärtigen Zurücktreten vorgebeugt, die Pferde werden dann mehr an die Zügel gebracht und die Reiter besser mit den Schenkeln ausgebildet, was für das spätere Reiten im Gliede von der größten Nothwendigkeit ist.

Nächst der rationellen Ausbildung des Pferdes ist es durchaus nothwendig, die nachstehend bezeichneten Hauptgrundsätze unumstößlich aufrecht zu erhalten, da uns sonst Alles nichts helfen kann und wir nichts erreichen werden, wenigstens nur höchst Untergeordnetes:

1) Jeder Mann bekommt sein Pferd bei der Einstellung der Rekruten zugetheilt; er wartet, pflegt und reitet dieses Pferd ein ganzes Jahr bis zur nächsten Ersatzeinstellung; er wechselt mithin sein Pferd nicht bei Beendigung der Winterarbeit, sondern er reitet das Pferd im Frühjahr und Sommer, was er sich im Winter gearbeitet hat, was im erhöhten Grade auf die einzustellenden vorletzten Remonten Anwendung findet; er wartet und pflegt nicht ein anderes Pferd, als was er reitet.

2) Ein jeder Reiter und ein jedes Pferd bleibt in der Reitabtheilung, in welche dieselben beim Beginn der Winterarbeit rangirt sind, unter demselben Reitlehrer, damit dieser letztere dabei betheiligt ist und demselben eine gewisse Verantwortlichkeit für den Erfolg zufällt.

3) Es dürfen keine Rekruten zurückbleiben, sondern alle müssen ein bestimmtes Niveau der Ausbildung erreichen.

4) Alle Remonten ohne Ausnahme müssen ohne Mängel an ihren Gliedmaßen ausgebildet werden und im Frühjahr zur Einstellung in die Eskadron gelangen können unter den Reitern, die sie im Winter gearbeitet haben. Der Tausch von Remonten bei Beginn der Frühjahrs-Exerzirperiode darf nicht stattfinden; sie dürfen keine anderen Reiter erhalten, was das Verderblichste ist; — denn wie ist es möglich, daß ein junges Pferd, welches noch nicht in Stellung, Haltung und im Gange genügend befestigt, was nur erst in der geschlossenen Bahn geritten worden ist, unter einem viel schlechteren Reiter im Freien, unter viel erschwerteren Verhältnissen seine Haltung bewahren, gute frische Gänge gehen und seinen Dienst thun soll!

Wird dies aber trotzdem verlangt, so kann es nur zum Nachtheil des Königlichen Dienstes und zum Nachtheil der Eskadronen ausfallen; denn alles muß auf solche Art mißlingen.

5) Ein Verderb ist das Exerziren mit schwachen Rottenzahlen; es markiren sich dadurch unausgebildete Pferde und Mannschaften, was kein gutes Licht auf die Truppe werfen kann; es ist von dem entschiedensten Nachtheil und eine Verwöhnung

für die Truppe, welche auf diese Weise niemals recht gründlich ausgebildet wird; es darf daher nicht geduldet werden.

Im eigenen Interesse der Escadronen muß dieses Prinzip aber allgemein zum Durchbruch kommen, selbst wenn es auch im Winter etwas mehr Arbeit kostet, da die Reiter besser ausgebildet werden müssen; es belohnt sich dafür aber hundertfach im Sommer. Ein jeder Erfolg ist in Frage gestellt, wenn dies nicht streng aufrecht erhalten wird; es empfiehlt sich daher, durchaus keine Ausnahmen zu machen, denn hinter diesen Ausnahmen versteckt sich nicht selten Mangel an Thätigkeit und Umsicht. — Die einzigen Ausnahmen dürfen plötzliche Abkommandirungen oder längere Erkrankungen sein.

Es ist bei dieser Gelegenheit ferner noch einer anderen wichtigen Angelegenheit Erwähnung zu thun: Man muß überall von dem Bilde der Reiter und Pferde den Eindruck empfangen, daß sie unbedingt zu einander gehören, daß es so zu sagen nicht anders sein könne, als daß gerade dieser Reiter auf dem Pferde sitze, als seien beide wie ein Individuum zusammengewachsen. — Der erfahrene Kavallerist, der sein Auge hierauf geschärft hat, muß diesen Eindruck unbedingt empfangen, denn er kennzeichnet das Verhältniß des Reiters zu seinem Pferde und giebt den Maßstab für die richtige Auswahl des Pferdes für den Reiter seitens des Escadronchefs, welche nicht umsichtig und gründlich genug unter Erwägung aller Verhältnisse, im Herbst, wo derselbe sich seine Escadron rangirt, getroffen werden kann; dies ist allerdings eine große Kunst, auf deren Ausführung unendlich viel beruht und welche der Escadronchef nicht auslernt; sie beruht jedoch auf festen Prinzipien und kann systematisch erlernt werden. Die hierfür maßgebenden Grundsätze sind die folgenden:

Zunächst muß in erster Linie das Gewicht des Reiters in Verbindung mit der Tragkraft des Pferdes (Rücken, starke Nierenpartie, breiter Rumpf) maßgebend sein, sodann Länge des Oberleibes, Länge der Beine des Reiters mit der Berücksichtigung, daß alle Reiter möglichst mit ihrem Oberleibe gleich hoch über dem Pferde sitzen und die Beine (auf Decke) gleich weit unter dem Bauche des Pferdes hervorkommen. — Es darf zum Beispiel kein Reiter mit langem Oberleibe auf ein Pferd mit kurzem Halse und sehr geradem oder gar Karpfenrücken, kein Reiter mit kurzem Oberleibe auf ein Pferd mit hohem Aufsatz oder mit tiefem, eingesatteltem Rücken, kein Reiter mit langen Beinen auf ein schmalgerripptes, hochbeiniges Pferd, und kein Reiter mit kurzen Beinen auf ein breitgeripptes, vollrumpfiges Pferd gesetzt werden. Alles dies beleidigt das Auge nicht allein, sondern beeinträchtigt auch die wahre Reiterei, die richtige, sachgemäße Einwirkung des Reiters auf sein Pferd, auf die alles ankommt. — Die angeführten Fälle sind nur

Extreme, aber an den Extremen werden am besten die Gesetze klar, nach denen verfahren werden muß. Hiernächst kommt neben der Körperlichkeit, dem Gebäude, der Natur von Mann und Pferd, deren Temperament bei der Vertheilung zur Geltung. — Ruhige Reiter auf heftige Pferde und lebhafte Reiter auf ruhige Pferde zu setzen muß Grundsatz sein. — Nächstdem muß natürlich die Reitfähigkeit des Mannes berücksichtigt werden bei der Auswahl des Pferdes für ihn. — Ferner noch in Betracht gezogen muß das Alter des Pferdes werden mit der Anforderung, daß ein älteres Pferd in der Last mehr zu berücksichtigen und zu erleichtern ist, wie ein junges, selbst wenn das erstere einen stärkeren Rücken hat; der Futterzustand wird hierbei nur gewinnen. — Verfährt der Eskadronchef bewußt, rationell nach diesen Prinzipien, so kann es nicht ausbleiben, daß er sich mit der Zeit den natürlichen Takt und das Auge in Bezug auf die Bestimmung des Pferdes für seine Reiter aneignet, um stets das Richtige zu finden und eine gute Wahl zu treffen; man kann aber nicht genug Werth hierauf legen und gehört die ganze Ueberzeugung von der Wichtigkeit der Sache für Ausbildung und schließliches Resultat dazu, sowie Umsicht und Nachdenken, um sich allmälig den praktischen Blick anzueignen, der immer das Richtige treffen läßt.

Wenn, wie bereits hervorgehoben, der Winter die Zeit der Ausbildung und Zurichtung ist, so bildet in diesem Abschnitte wiederum das Reiten auf Decke und Trense die Grundlage alles Reitens, weil es vornehmlich den standhaften, selbstständigen, auf sich allein beruhenden Sitz giebt, und weil die Einwirkung mit dem leichten Trensenmundstück eine direkte, leichte ohne alle Gewalt ist; ebenso weil der Reiter mehr Gefühl durch den Sitz auf der Decke bekommt, wie durch den Sitz auf dem Bocksattel, dessen Konstruktion ihn zum Arbeitssattel weniger geeignet erscheinen läßt, sowohl durch den vom Rücken des Pferdes entfernten Sitz des Reiters, durch die von ihm bedingte hohe Zügelführung, wie durch die langen, festen, unbiegsamen Trachten, welche dem Pferde beim Reiten auf dem Zirkel und in den gebogenen Gängen Schmerz bereiten und daher leicht Widersetzlichkeiten desselben hervorrufen. — Dies Reiten auf Decke und Trense kann mithin nicht weit genug ausgedehnt werden und muß das Hauptresultat der Bearbeitung des Pferdes dadurch erreicht werden; alle versammelten, gebogenen Gänge, einschließlich des abgekürzten Galopps, müssen auf Decke und Trense geritten und vollständig hierdurch erzielt worden sein; kein Reitlehrer darf sich auf die schärfere Kantarenzäumung verlassen, um z. B. den versammelten abgekürzten Galopp, der allerdings nur ein Mittel zum Zweck, zur Biegsamkeit der Hanchen und zur erhöhten Versammlung ist, herbeizuführen. —

Unter normalen Verhältnissen wird es sich daher empfehlen, die einzelnen Perioden während der Winterdressur in der nachstehend bezeichneten Weise inne zu halten:

bis zum 1. Januar Decke und Trense,
bis zum 1. Februar Trense und Sattel,
bis zum 1. März Kantare,

vom 1. März ab Waffen, — nicht früher, wie zu diesem Termin — im März zuweilen mit Gepäck die Waffen können auch stundenweise abgelegt werden.

Wie schon oben der Nachdruck darauf gelegt, muß die Bearbeitung des Pferdes mit der einfachen Trense als die wichtigste und einflußreichste der ganzen Dressur bezeichnet werden; denn die direkte Einwirkung mit dem leichten, nicht so scharf wirkenden Trensenmundstück verstattet dem Reiter eine weit bessere, gründlichere und durchgreifendere Bearbeitung des Genickes und eines jeden einzelnen Theiles des Halses, und dieselbe schließt weit mehr die Gefahr der Ueberzäumung, des Herunterdrückens und der Verstellung des Pferdes, sowie der Anwendung roher Gewalt aus, wie dies bei der Zäumung mit der als Hebel wirkenden Kantare der Fall ist, die auf Grund dessen nicht leicht genug konstruirt werden kann. —

In Folge dessen kann dieser Dressurperiode nicht genug Werth beigelegt werden, denn auf dem durch sie erzielten Resultat in Bezug auf Stellung, Haltung, Beizäumung des Pferdes, sowie Biegsamkeit von dessen Hinterhand und dessen Gleichgewicht und Versammlung beruht unsere Leistungsfähigkeit und Brauchbarkeit während der Sommerperiode. Aus diesem Grunde, und da, wenn nicht geschickt verfahren wird, manche durch die Trense erreichten Erfolge wieder zunichte gemacht werden, ist es praktisch und zweckmäßig, während der ersten Zeit der Bearbeitung mit der Kantare abwechselnd einen Tag um den anderen immer wieder auf der Trense zu reiten, insbesondere mit den verjährigen Remonten, um die auf der Kantare zur Erscheinung gekommenen Verstellungen und Verwerfungen wieder zu beseitigen, und auch in den späteren Perioden und während des Sommers mindestens einen Tag in der Woche wieder mit der einfachen Wassertrense zu arbeiten, was ebenfalls auf das Gefühl und das Maul des Pferdes einen sehr vortheilhaften Einfluß äußern wird. — Im Anschluß hieran muß es als eine ganz vortreffliche Leistung einer Eskadron bezeichnet werden, wenn dieselbe im Stande ist, gerade so mit der Trensenzäumung und auf der Decke zu exerziren, wie dies auf Sattel mit Kantare der Fall ist. — Diejenige Eskadron aber, welche jenes vorstehend bezeichnete Prinzip annimmt und nach demselben verfährt, die also auf das Gründlichste und Sorgfältigste mit der Wassertrense arbeitet und sich nicht auf die Kantare verläßt, sondern die Pferde mit der Trense vollständig durcharbeitet, wird dies auch sehr leicht im Stande sein. —

Damit dieses Prinzip und damit ein durchgreifender Erfolg in der ganzen Reiterei immer mehr zum Durchbruch und zur Geltung komme, kann bei der Trensenarbeit nicht gründlich genug verfahren werden, und müssen diejenigen Pferde und ganzen Abtheilungen, welche Ende Januar noch den Eindruck gewähren, als sei die Trensenarbeit noch nicht durchgekommen und als habe sie den beabsichtigten Erfolg nicht gehabt, noch so lange auf der Trense belassen werden, bis derselbe erreicht ist. — Die etwa auftauchende Sorge, bis zum Frühjahr nicht fertig zu werden, ist eine unbegründete, da durch eine sorgfältige Bearbeitung mit der Trense die folgenden Ausbildungs-Perioden sehr abgekürzt werden können, ohne ihnen dadurch Schaden zu thun. — In die bezeichnete Kategorie würden alle diejenigen Pferde gehören, deren Kopf- und Halsstellung mit Rücksicht auf ihr Gebäude noch nicht vollständig berichtigt ist, deren Genick mithin noch nicht weich und biegsam gemacht ist, die zu hoch mit der Nase stehen oder zu tief mit derselben herunterdrücken; diejenigen Pferde, welche die Stellung rechts noch nicht völlig gut annehmen und sich unten am Widerrist, anstatt oben rechts im Genick biegen, die daher an der rechten Ganasche keine weiche Einbiegung im Halse und keine Hautfalten zeigen, sondern beim Abbrechen rechts die Halsmuskel nach rechts herauswerfen, was ein fast durchgängig hervortretender Fehler ist; diejenigen Pferde, welche den Galopp auf beiden Händen noch nicht ohne Anstrengung versammelt und abgekürzt gehen können, mit Durchbiegung und Untersetzen der Hinterhand, sondern die entweder nur den Mittelgalopp ausführen können, oder den kurzen Galopp mit ungebogener, hoher Hinterhand auf der Vorhand; beides ist gleich übel und der abgekürzte Galopp auf der Kantare hat somit nur geringen Werth; endlich diejenigen Pferde, welche die Volte im Galopp auf beiden Händen einzeln noch nicht ohne jede Schwierigkeit auszuführen im Stande sind. —

Legen wir diesen Maßstab an, und halten wir mit Konsequenz und mit Strenge darauf, daß diese Anforderung auf der Trense erreicht wird, so werden wir auch im Reiten, in der Bearbeitung der Pferde, in ihrer richtigen Zusammenstellung für die Zwecke der Kampagnereiterei vorwärts und in die Höhe kommen, wie dies in manchen anderen Dienstzweigen, wie in der Gymnastik, den Waffengattungen, der taktischen Ausbildung der Eskadronen viel leichter zu erreichen ist, da dies nicht so viel Erfahrung beansprucht. — In der so wichtigen Dienstbranche der Bearbeitung des Pferdes tritt dieser Fortschritt in der Regel am wenigsten hervor, was wohl darin seinen Grund hat, daß hierin das Verständniß am schwierigsten ist, die Anglomanie und der Sport der Kampagnereiterei so vielen Schaden gethan haben, und die guten Reitlehrer, selbst solche, die ein Metier daraus machten und in Folge tüchtiger Leistungen das Beispiel in den Regimentern für die übrigen Offiziere, die sich nach ihnen bildeten, gaben, immer seltener geworden sind. — Und doch thut uns gerade da der Fortschritt am meisten noth, da unsere Brauchbarkeit und Leistungsfähigkeit, die Ausdauer und Konservation unserer Pferde, die Gewandtheit und der Gehorsam derselben, die Sicherheit und Räumigkeit ihrer Gangarten, sowie die Ausbildung unserer Mannschaften im Reiten ganz allein davon abhängen. — Es würde ein großer Irrthum sein, anzunehmen, daß die Räumigkeit und die Ausdauer in den stärkeren Gangarten allein durch ofte und viele Uebung in denselben erreicht werden, daß der starke Trab allein durch den starken Trab, der starke Galopp allein durch den starken Galopp erzielt wird, und daß diese Gangarten daher recht oft und andauernd in der Bahn, im Karree und beim Einzelnreiten in der Dressurperiode geübt werden müssen. Dieser Anschauung kann nur auf das Entschiedenste entgegengetreten werden, und dürfen derartige Theorien und Experimente nicht in der Praxis hervortreten, denn dieser Weg führt zur Unbrauchbarkeit der Waffe und zum vorzeitigen, schnellen Ruin unserer Pferde; dieselben werden dadurch fest auf die Zügel getrieben und liegen in denselben, statt an denselben zu stehen; sie werden stier und fest im Genick, strecken den Hals vor; ihre Hinterhand bleibt in Folge dessen hoch und steif, die Vorderbeine müssen alle Stöße aufnehmen und gehen völlig zu Grunde; außerdem wird aber auch die beabsichtigte Räumigkeit, Sicherheit und Ausdauer in diesen Gangarten nicht durch vielfache Uebung derselben in der Dressurperiode bewirkt; der Weg, um mit Ausdauer und Sicherheit stark im Sommer reiten zu können, führt vielmehr, was nicht oft genug wiederholt werden kann, durch recht versammeltes, kurzes Reiten im Winter, in der Dressurperiode, aber nicht etwa, um die Beine und die Lungen für die erhöhten Anstrengungen des Sommers zu schonen, denn das würde wohl eine sehr verfehlte Schlußfolge sein, sondern um die Pferde zu formen, zusammenzustellen, zu biegen, weich zu machen, ins Gleichgewicht zu bringen, ihre Bewegungen und Gangarten durch Fortschaffung allen Zwanges und aller krampfhaften Anspannung, besonders im Genick und in den Halsmuskeln, zu regeln. Nicht ausruhen sollen sich die Pferde, sondern ihr Gebäude soll für die Zwecke des Reitens mehr ausgebildet, ihre Haltung verbessert, und sie sollen dadurch fähiger und geeigneter gemacht werden, die Anstrengungen, die ihnen ihre eigentliche Verwendung auferlegt und zumuthen muß, besser, ausdauernder und ohne Schaden für ihre Lungen und Gliedmaßen zu ertragen. —

Die Besorgniß, daß der Gang der Pferde durch das versammelte Reiten im Winter untergraben und unterdrückt werden könnte, und dieselben die Gehluſt, den Trieb nach vorwärts, der allerdings die Hauptſache iſt und bleibt und während der ganzen Dreſſur nicht allein erhalten, ſondern auch immer weiter ausgebildet werden muß, verlieren würden, iſt gänzlich unbegründet, vorausgeſetzt, daß mit loſem Kniegelenk und lebendigem Unterſchenkel, und nicht mit den Fäuſten von den Reitern gearbeitet wird, daß daher auch bei den verſammeltſten Gangarten ſtets das treibende Element, alſo der anregende, thätige, lebendige Schenkel die Hauptſache iſt, und die Reiter ſich nicht am Zügel feſthalten, nicht herunterdrücken, nicht rückwärts arbeiten, daß mithin immer die Reiſe von hinten nach vorne und niemals von vorne nach hinten geht. Wenn in dieſer Weiſe verfahren wird, ſo kann Monate lang auf der Trenſe nur in verſammelten Gängen und in Seitengängen gearbeitet werden, die günſtigen Folgen werden ſofort hervortreten, wenn man in den Mitteltrab übergeht; die Pferde werden dann ganz anders die Schultern bewegen und die Kniee ſtrecken, ſie werden die Füße weit höher heben, ihre Tritte werden weit entbundener, freier und elaſtiſcher ſein; ſie werden weit mehr Terrain gewinnen, wenn man ihnen die erforderliche Zügelfreiheit gewährt; denn ſie tragen ſich ſelbſt, ſie liegen nicht in den Zügeln, gehen nicht auf dem fünften Fuß, ſie ſetzen die gebogene Hinterhand weit nach vorne unter den Schwerpunkt und fördern dadurch die Vorhand, welche nun freier aus den Schultern zu treten vermag. Dies wird ſo vielfach nicht eingeſehen und verkannt. — Allerdings muß der verſtändige, aufmerkſame Reitlehrer, wenn er bemerkt, daß unerachtet ſeiner Inſtruktion einige ſeiner Reiter in den verſammelten Gangarten anfangen, mit den Fäuſten zu arbeiten, alſo rückwärts, oder in den Zügeln hängen oder herunterdrücken, ſich an denſelben halten, zeitweiſe wieder in den Mitteltrab und ſtarken Trab übergehen laſſen, um die Gehluſt und die Triebkraft der Pferde wieder herzuſtellen, wenn ſie augenblicklich gehemmt werden; das kann aber das Prinzip nicht alteriren; denn Fehler in der Ausführung werden bei dem beſten Syſtem vorkommen, und dazu iſt der Reitlehrer eben da, daß er dieſelben rechtzeitig erkennt und ihnen konſequent entgegentritt.

Der in Rede ſtehende Fehler läßt ſich auch ſehr leicht in dem ſchlaffen Treten, in den über den Boden fortſchleichenden Tritten der Pferde, in der hohen Hinterhand und geringen Aktion wahrnehmen. — Ebenſo muß das ſogenannte Abtraben der Pferde beim Beginn der Reitſtunde, um ihnen den Stallmuth zu nehmen, als ganz unnöthig und als ein Uebelſtand charakteriſirt werden. —

Die Reitſtunde iſt leider nur kurz, die Zeit koſtbar; fange daher der Reitlehrer ſofort an, zu arbeiten, abzubrechen, die Reiter tiefer in ihre Pferde hinein kommen zu laſſen, laſſe er ſie nicht todt und ſteif, ohne Einwirkung und ohne Thätigkeit auf ihren Pferden hängen, ſondern veranlaſſe er sie alle, die Zeit nach Kräften wahrzunehmen, um ihre Pferde zu biegen und zu versammeln, ein jeder Reiter muß sein Pferd bearbeiten, dressiren: wenn er nur erst dahin gebracht ist, etwas auf dem Pferde zu thun, so wird es dem Lehrer dann schon bald gelingen, ihn auch das Richtige, Gute thun zu lassen, also zweckmäßig einzuwirken; das starre, steife, theilnahmlose, unempfindliche und unempfängliche Wesen, was man häufig findet, ist aber der größte Verderb und muß beseitigt werden; das ganze Streben der Lehrer muß darauf gerichtet sein. — Nichts ist nachtheiliger für die ganze Dressur, als wenn sich der Reiter völlig passiv, womöglich stundenlang im natürlichen Trabe herumtragen läßt; durch diese Ermüdungstheorie wird niemals irgend etwas erreicht werden; dies ist vielmehr nur möglich durch Anwendung des vorher näher dargelegten Prinzipes, was mit Thätigkeit, reger Aktivität, insbesondere mit den Unterschenkeln und kurzen Reprisen, versammelten aber kurzen Lektionen und mit Ausschluß des sogenannten natürlichen Trabes bezeichnet werden kann. — Der natürliche Trab darf nur so lange allein mit den letzten Remonten geritten werden, wie sie den frischen, fördernden Mitteltrab noch nicht im Stande sind zu gehen, also vielleicht drei bis vier Wochen nach ihrem Eintreffen; im Uebrigen gewährt er keinen Nutzen, denn er begünstigt nur die Reiter im schlaffen, todten, unthätigen Wesen, erweckt und befördert nicht die Gehlust des Pferdes, die Triebkraft der Hinterhand und dient ebenso wenig als Vorbereitung zur eigentlichen Bearbeitung, indem sich die Pferde auf diese Weise doch nicht loslassen; was den letzteren Punkt betrifft, so würde der frische, fleißige Mitteltrab als Vorbereitung zur Arbeit immer noch vorzuziehen sein, da derselbe wenigstens die Triebkraft der Hinterhand anregt, so daß die Pferde an die Zügel herangehen; besser ist es jedoch, den Mitteltrab als Produkt, als Resultat der versammelten Gänge erst nach denselben reiten zu lassen; denn dann wird er weit vervollkommneter, entwickelter, räumiger geritten werden. —

Theorien, welche in Rücksicht auf die durch die neueren taktischen Verhältnisse bedingte, so sehr anzustrebende Schnelligkeit, durch die ofte und lange Uebung des starken Galopps in der Reitbahn denselben erzielen, und mithin die Reitbahn zur Rennbahn machen wollen, anstatt daß dieselbe zur Formirung, Versammlung, Biegung und Regulirung der Gänge der Pferde bestimmt ist, sind die Hauptursache zu den vielen Stürzen der Pferde im Terrain. Zahlen sprechen auch hier. — In einer Truppe, wo viel gestürzt wird, da wird schlecht geritten; da werden die Pferde nach unrichtigen Grundsätzen und mangelhaft gearbeitet und nicht richtig zusammengestellt; dies ist ein völlig logischer Schluß. — Wenn Pferde fest auf die Zügel getrieben sind und in denselben liegen, wenn das Genick mithin steif und stier ist, wenn in Folge dessen die Hinterhand ungebogen, intakt und dadurch unfähig ist, sich nach dem Schwerpunkt unterzuschieben, wenn mit einem Worte die Pferde nicht im Gleichgewicht sind, so mangelt dem Pferde die Fähigkeit, wenn es einmal mit den Vorderbeinen, besonders in einer stärkeren Gangart anstößt und strauchelt, was bei einem solchen ungünstigen Verhältniß nicht selten vorkommen wird, sich mit den Hinterbeinen zu helfen, indem es dieselben unterschiebt; aus gleicher Ursache ist auch dem Reiter die Möglichkeit entzogen, dem Pferde bei dieser Gelegenheit durch einen kurzen Arret Hülfe zu leisten; das Thier muß mithin, weil es durch seine fehlerhafte Stellung und Haltung ganz und gar sein Gleichgewicht verliert, auf die Nase fallen und stürzen, und dieser ungünstige Zustand wird in sehr erhöhtem Maße eintreten, wenn eine Truppe, in welcher die Pferde nach diesen Grundsätzen dressirt sind, im starken Galopp in durchnäßten, tiefen Boden geräth; die nicht in das Gleichgewicht gesetzten Pferde werden dann ganz vornüber kippen und allen Halt verlieren, also zu Boden stürzen, wie man das vielfach beobachten kann. Das ist eine traurige Folge jener vorstehend entwickelten fehlerhaften Theorien. Es kann daher von allen denen, die es gut mit der Waffe meinen, nicht genug gegen falsche Prinzipien angekämpft werden.

Das Kampagnepferd muß sich versammeln lassen, und es muß die Versammlung entladen lassen, ohne aus der Haltung und aus der Hand seines Reiters zu kommen; es muß also im Stande sein, die Schwere sowohl auf die gebogene Hinterhand, wie auf die Vorhand zu nehmen; deshalb ist es aber nothwendig, besonders auf der Trense die versammelten, gebogenen Gänge zu reiten und den versammelten, gebogenen Galopp mit untergesetzter Hinterhand zu üben, als ein Mittel, um den Mittel- und starken Galopp mit Haltung und Wendsamkeit reiten zu können. — Der Ausbildung, Entwickelung und Befestigung des letzteren muß ein großer Werth beigelegt werden; derselbe ist sowohl für das Pferd, wie für den Reiter von besonderer Wichtigkeit. — Vor allem muß eine Unterschiebung der Hinterhand, eine entsprechende Biegung der Hanchen stattfinden, und der Reiter muß fest im Sattel mit dem Gesäß, und ruhig mit den Schenkeln sitzen; er darf unter keinen Umständen aus dem Sattel geworfen werden, denn dies macht den Galopp stets zu einem unruhigen. — Der Galopp muß stets, auch wenn er aus dem Schritt kommandirt wird, aus dem abgekürzten Trabe entwickelt werden, auch wenn dies nur wenige Tritte sind; die drei Galopptempos müssen streng von einander unterschieden und festgehalten werden; die Mannschaften müssen sie genau kennen und fühlen. — Der Ausbildung und Kräftigung der Rückenmuskeln des Pferdes, welche durch den Galopp erfolgt, muß ein hervortretender Werth beigelegt werden. — Selbstverständlich darf dieser starke Galopp erst dann geübt werden, wenn die Pferde durch Weichheit im Genick, durch Berichtigung und Befestigung in ihrer Stellung und Haltung sorgfältig und gründlich dazu vorbereitet worden sind, und es bedarf dann nicht des Reitens in langen Reprisen; erst im Terrain, auf gerader Linie, mit Intervallen, werden die Anforderungen an die Dauer sehr allmälig zu steigern sein. —

Der Nutzen und Erfolg einer in dieser Weise betriebenen rationellen und systematischen Winterarbeit der Pferde, unter welcher man fast allein die Trensenarbeit verstehen kann, weil diese die einflußreichste und wichtigste ist, ist unberechenbar, sowohl für die Gebrauchs= und Leistungsfähigkeit, wie für die Konservation der Pferde, besonders ihrer Vorderbeine; dieser Erfolg ist fast höher anzuschlagen, wie die uns neuerdings gewährte Futterzulage, so wünschenswerth dieselbe auch ist; besonders wenn man sich dadurch bestärkt fühlen sollte, die Art des Trainirens fortzusetzen und die rationelle Bearbeitung und Formung des Pferdes in versammelten Gängen hintenanzusetzen.

Nur in dieser Weise aufgefaßt und verstanden ist der Winter für uns die Zeit der Saat und der Sommer die Zeit der Ernte; nur wer im Winter kurz, versammelt arbeitet, abbricht und biegt, kann im Sommer mit Anstand, Haltung und mit der Fähigkeit sein Pferd in der Hand und wendsam zu behalten, frei weg und in starken Gängen reiten.

Was speziell den letzten Theil der Winterarbeit im Monat März — das Reiten mit Waffen — betrifft, so kann nicht entschieden genug der Nachdruck darauf gelegt werden, wie alles darauf ankommt, die Pferde in ihrer Haltnng und Stellung die allein Gehorsam, Gewandtheit, Sicherheit, Ausdauer, Leistungsfähigkeit verbürgt, auch in dieser Periode weiter zu erhalten und zu befestigen und bei den Mannschaften eine individuelle, möglichst hohe Ausbildung als fühlende und denkende Reiter, die ihre Gliedmaßen auf dem Pferde in richtiger Weise gebrauchen, zu bewirken; die zur Disposition stehende Zeit muß daher vornehmlich zur Arbeit der Pferde, zur Verbesserung ihrer Weichheit, Biegsamkeit, Stellung und Versammlung recht umsichtig ausgenutzt werden, dagegen das Reiten mit einer Hand und mit aufgenommenem Gewehr dabei mehr in den Hintergrund treten und demselben nur eine verhältnißmäßig geringe Zeit zugewendet werden; vornehmlich muß dies bei den Ulanen geschehen, da die Führung der Lanze ein erhöhtes Hinderniß für die Bearbeitung des Pferdes ist. — Die auf die letztere verwandte Zeit wird sich doppelt wieder einbringen, wenn alle Mannschaften völlig Herren ihrer Pferde sind und dieselben in guter, fester Haltung haben; denn nur in einem solchen Verhältniß sind sie im Stande, auch von ihren Waffen mit Sicherheit vortheilhaften Gebrauch machen zu können. — Zuerst kommt das möglichst hoch getriebene, gewandte Reiten und dann erst der Waffengebrauch; der letztere ist ohne das erstere nicht denkbar, daher kann dem Reiten und der richtigen Zusammenstellung der Pferde nicht genug Werth beigelegt und demselben nicht genug eingehendes Verständniß und Mühsamkeit zugewendet werden. — Wer gleichzeitig Reiten und Waffengebrauch erreichen will, erreicht gar nichts, wie dies immer der Fall ist, wenn man nicht logisch und systematisch aufbaut und alles durcheinander wirrt. —

Nächst der Vervollständigung der Haltung und Biegsammachung der Pferde wird diese Uebungsperiode vornehmlich der Einzelnreiterei gewidmet werden müssen, da dann mehr Zeit dafür vorhanden ist; und ist es in Rücksicht auf die allmälige Gewöhnung der Pferde vortheilhaft, abwechselnd einen Tag um den anderen in der Bahn und im Freien zu reiten; der übermäßige Stallmuth, welcher so oft unter schwachen Reitern die Quelle von Unarten und üblen Gewohnheiten wird und der in der Frühjahrszeit beim Reiten im Freien sich so sehr geltend macht, wird dadurch gemäßigt; andererseits aber durch das abwechselnde Reiten in der Bahn, auch die Versammlung der Pferde mehr erhalten und gefördert werden, was so nothwendig ist. Auf diese Weise wird diese Uebergangsperiode am zweckmäßigsten den Sommerdienst vorbereiten und einleiten, in welchem die Reitabtheilungen bestehen bleiben und weiterzuführen sind, da nur hierdurch die Thätigkeit der Pferde dauernd erhalten und ein wahrer Fortschritt im Reiten erzielt werden kann, der sich auf das nächste Jahr überträgt, wie dies unbedingt der Fall sein muß. —

Nach Beendigung dieses eigentlichen Winterdienstes, etwa am 1. April, würde nunmehr zum Einzelnreiten im Terrain auf gerader Linie mit rechten Winkeln überzugehen sein, welchem stets eine Bearbeitung der Pferde im Karree vorherzugehen hat. — Dieser Periode des Geradeausreitens, des Reitens von geraden Linien im Terrain ist die eingehendste Sorgfalt zuzuwenden, da diese Uebungen von hohem praktischen Werthe sind und den Beweis liefern, ob die Pferde gleichmäßig auf beiden Schenkeln und beiden Zügeln geritten sind, oder ob immer noch der linke Schenkel und der linke Zügel die vorherrschenden sind; diese Uebungen sind daher der Prüfstein für die sachgemäße, tüchtige Winterausbildung und geben gleichzeitig den Beweis, ob der Reitlehrer ein richtiges Auge und die erforderliche Konsequenz im Unterricht gehabt hat, welche immer das gesteckte Ziel erreicht, oder ob ihm eine oder beide vorgenannten Hauptanforderungen für einen guten Lehrer gefehlt haben.

Nach Erledigung dieser ungefähr 14tägigen Periode würde demnächst das Exerziren der Eskadron zu beginnen haben, und empfiehlt es sich dringend, auch diesem stets eine Bearbeitung im Karree und im Einzelnreiten in kleinen Winter-Reitabtheilungen vorangehen zu lassen. Hierdurch wird nicht allein die Erhaltung, sondern auch die Weiterfortführung und die Vervollkommnung in der Reiterei, welche stets die Grundlage für unsere Brauchbarkeit und Leistungsfähigkeit bleibt, auch im Sommerhalbjahr gefördert werden. — Die Mannschaften werden einen guten, gestreckten Sitz behalten, immer gewandter werden und nicht im Gliede verlodern; die Haltung der Pferde und ihre Gänge werden verbessert und mehr befestigt werden, das richtige Verhältniß zwischen Reiter und Pferd wird erhalten und nicht durch das Exerziren alterirt werden; auf der anderen Seite wird aber das eigentliche Exerziren dadurch nur in hohem Grade gewinnen, da nichts einfacher und leichter ist, wie dies, wenn Reiter und Pferd durchgearbeitet sind und sich in dem normalen Verhältniß befinden; durch das Einzelnreiten und Fortarbeiten im Karree wird mithin dem Exerziren der Eskadron in die Hände gearbeitet und dasselbe nicht geschmälert werden. Es darf mit einem Worte bei dem Uebergange von der Winter-Ausbildungsperiode zur Sommer-Ausbildungsperiode kein Bruch stattfinden, vielmehr eine Weiterfortführung, eine Vervollkommnung in dem im Winter Erlernten im Sommer erfolgen. — Nur durch ein solches Verfahren wird der ganze Pferdebestand einer Eskadron wirklich an Brauchbarkeit und Leistungsfähigkeit gewinnen; Thätigkeit, Ausdauer und Konservation gehen Hand in Hand beim Pferde, und der Fortschritt einer Eskadron, den sicherlich ein jeder Eskadronchef mit allen Kräften herbeizuführen bestrebt ist, charakterisirt und dokumentirt sich vornehmlich in der Thätigkeit, Brauchbarkeit und Leistungsfähigkeit seiner Pferde, die den Beweis davon liefern, wie in der Eskadron geritten, welches System im Reiten befolgt wird, ferner in der Brauchbarkeit, Tüchtigkeit und in dem Ausbildungsgrade ihrer Unteroffiziere, deren Erziehung und Instruktion daher nicht genug Fleiß und Sorgsamkeit zugewendet werden kann.

Beides Angeführte ist allein das Dauernde, Bleibende, Stetige, während alles andere dem häufigen Wechsel unterworfen ist. Wird aber dem Dauernden, Stetigen der größte Fleiß zugewandt, dasselbe auf eine höhere Stufe der Ausbildung gehoben, so wird auch das Wechselnde ganz von selbst dabei gewinnen und alljährlich weiter gefördert werden, wodurch allein das Interesse für den Dienst erhöht werden kann. — Nächst vielen anderen großen Vorzügen wird dies auch noch den Vortheil haben, daß nicht immer im Herbst wieder von vorne angefangen werden muß, sondern auf dem bis dahin Erlernten und Erzielten fortgearbeitet werden kann, und in Folge dessen ein wirklicher Fortschritt in der Reiterei, sowohl in der Reitfähigkeit der Mannschaften, wie in der Thätigkeit der Pferde, in der guten Haltung, richtigen Stellung, Regelmäßigkeit deren Gangarten stattfindet, was auch auf die Konservation der Pferde und die Erhaltung der Gliedmaßen und Gänge derselben, also auf das ganze Pferdematerial einen sehr vortheilhaften Einfluß äußern wird. — Hierzu gehört aber vor allen Dingen, wie bereits mehrfach ausdrücklich hervorgehoben, daß nach Beendigung der Winterausbildung kein Pferd vertauscht wird, sondern ein jeder Reiter unbedingt das Pferd behält, welches er im Winter geritten und gearbeitet hat; was auch sehr wohl durch den dann stets zunehmenden Fortschritt in der Reiterei und in der Durcharbeit der Pferde gelingen wird, nicht allein bei den vorjährigen Remonten, sondern auch bei allen anderen Pferden; denn eine solche Tauscherei beeinträchtigt und erschwert in erheblichem Grade sowohl das Reiten selbst, die Haltung der Pferde, wie auch die taktische Ausbildung der Eskadronen und die Waffenübungen, verlängert also die Wege, anstatt sie zu verkürzen, und ist daher in hohem Grade unpraktisch. — Selbstverständlich darf der Eskadronchef nicht, wenn ein Reiter mit seinem Pferde nicht mehr fertig werden kann, sich verritten hat, sofort einen Wechsel vornehmen, der naturgemäß dann viele andere Wechsel zur Folge hat, sondern er muß dann den allerdings etwas mühsameren Weg einschlagen, den betreffenden Reiter zu anderen Hülfen zu veranlassen, ihm seine fehlerhaften Gewohnheiten, die nachtheilig auf das Pferd einwirken, abzugewöhnen und ihn körperlich gewandter zu machen; das bis dahin widerstrebende Pferd wird dann ganz von selbst ein anderes werden, sich fügen, willig und gehorsam werden. Sowohl dies, wie die Belassung eines jeden Pferdes an den Reiter, der dasselbe im Winter geritten hat, wie auch die Einzelbearbeitung von Reiter und Pferd ebenfalls im Sommerhalbjahr vor einem jeden Exerziren ist sehr wohl zu erreichen, wie die Erfahrung gelehrt hat, und wird derjenige Eskadronchef, welcher sich dies zum Gesetz macht und daran unverrückt festhält, wenn er es nur einigermaßen versteht, selbst den allergrößten Vortheil davon haben, indem sich ein sehr erhöhtes Verständniß für das Reiten in seiner Eskadron ausbilden, die Reitfähigkeit seiner Mannschaften und die Thätigkeit und Brauchbarkeit seiner Pferde unendlich wachsen, und sein Pferdematerial sich von Jahr zu Jahr verbessern und heben wird. — Auch bei unserer dreijährigen Dienstzeit, die allerdings unsere Arbeit nicht unwesentlich erschwert, ist es, wenn man nur ein richtiges Verfahren einschlägt, doch möglich, alljährlich weiter zu kommen und einen erheblichen Fortschritt in der Ausbildung zu erzielen, und nur allein ein solcher kann für den denkenden strebsamen Eskadronchef von Interesse sein, im Gegensatz von der mechanischen, unaufhörlichen Dressur alle Jahre, bei der man vorher weiß, daß man nicht weiter wie auf einen gewissen Punkt kommt und niemals über denselben hinaus. —

2. Grundsätze in Betreff der Gangarten, der in diesen zum Ausdruck kommenden Tempos und der Direktion.

Zusammengestellt aus den Cirkulairen vom 18. Juli 1871, 14. Juni 1872, 31. Juli 1872, 17. März 1873, 9. Juli 1873, 10. Januar 1874, 26. April 1874, 19. Juni 1875, 14. Juli 1875.

Das Tempo ist die Grundlage in Allem, sowohl im Bearbeiten, im Ausbilden der Pferde während der Dressur, wie zur Erhaltung der Ordnung in den Abtheilungen, Zügen und größeren Verbänden; sowohl die Distanz, wie die Richtung im Gliede muß allein durch dasselbe erhalten werden.

Die für die verschiedenen Gangarten vorgeschriebenen Tempos müssen unverrückt nach den Festsetzungen des Reglements ohne alle Variationen und Nüancen für alle Evolutionen gleichmäßig geritten und in allen Gangarten streng festgehalten werden. Eine jede Augenrichterei muß in der Bewegung vollständig unterbleiben, die Richtung darf dabei nur mit dem Tempo, also mit dem Gefühl gehalten werden; wo festes gleichmäßiges Tempo geritten wird, da sieht man nur Linien, wo dies nicht der Fall ist und man sich nur mit den Augen richten will, da sieht man nur einzelne Reiter und ein ewiges Stutzen und Vorprallen, was die Pferde ruinirt und zu Grunde richtet. — Nur im Stillhalten darf die Richtung mit den Augen genommen werden, aber auch mehr vorwärts, durch den Abstand, durch senkrechtes Geradestellen der Pferde, als wie seitwärts nach den Flügeln. — Diejenige Truppe reitet am schlechtesten, in welcher häufige Variationen im Tempo vorkommen nur um Fehler zu verbessern, wodurch die Fehler aber nur immer größere Dimensionen annehmen. — In der Linie darf das Tempo nicht verkürzt, in der Kolonne dasselbe nicht verstärkt werden, wie dies wohl häufig geschieht; es giebt nur ein Trabtempo, dasjenige von 300 Schritt in der Minute und nur ein Galopptempo, dasjenige von 500 Schritt in der Minute. Ein gegenseitiges Ueberbieten im Tempo zwischen verschiedenen Abtheilungen in größeren Verbänden darf unter keinen Umständen stattfinden, und ist es nothwendig, die Tempos auf den Uebungsplätzen nach der Sekundenuhr mit Hülfe der auf den Grenzen aufgestellten Markirpfähle genau zu reguliren; ebenso sind die Tempos behufs vermeintlicher Redressirung von Fehlern unter keinen Umständen zu verlassen, zu verkürzen oder zu verstärken, da die begangenen Fehler dadurch nur um so größer werden und sich fortpflanzen. Nur durch feste Beibehaltung des Tempos übertragen sie sich nicht auf andere Abtheilungen und nehmen keine größeren Dimensionen an, worauf es allein ankommt. Nur das giebt eine feste Grundlage für unsere Bewegungen. — Demnächst darf die sichere Festhaltung des Tempos und die Präzision aller Bewegungen nicht durch eine schlaffe, lasche, langsame und verspätete Ausführung der Signale seitens der Mannschaften, besonders in der Kolonne, durch das viel zu späte Hineinreiten in die Signale beeinträchtigt werden; die hinteren Züge warten gewöhnlich auf die vorderen, anstatt sofort selbstständig anzureiten, sowie sie das Signal verstanden haben; dadurch entsteht der Wechsel des Tempos, das sich unaufhörlich wiederholende Nacheilen und Stutzen; jedes präzise Evolutioniren, sowie exakte, frische, schnelle Bewegungen sind dabei ganz unmöglich; es kann dabei niemals der richtige Moment wahrgenommen werden; alle Bewegungen werden schleppend und schwerfällig. Erscheint es durchaus nothwendig, Fehler auf der Stelle zu redressiren, so geschieht dies stets im Trabe und niemals im Schritt. —

Die drei Tempos im Trabe und die drei Tempos im Galopp müssen völlig spezifisch werden, das heißt sie müssen in allen Abtheilungen und Gliedern von sämmtlichen Mannschaften völlig gleichmäßig geritten werden; man muß es den Reitern ansehen, daß sie diese Tempos fühlen und daß sie ihnen zur zweiten Natur geworden sind. — Fühlen und Führen sind überhaupt diejenigen Dinge, die wir unseren Reitern lehren und beibringen müssen mit allen Kräften, denn darin liegt „Reiten." — Das Verlassen des Tempos nach dem Vorderreiter, das Halten der Distanz in ängstlicher Weise mit den Augen, anstatt mit dem Gefühl, mit dem festen Tempo, mit dem gleichmäßigen Vorwärtsreiten ist ein Grund- und Kapitalfehler, welcher gänzlich ausgerottet werden muß; dadurch allein, wenn dieses Prinzip festgehalten und konsequent durchgeführt wird, werden die Reiter selbstständig und unabhängig von den Fehlern der Uebrigen und den in den Abtheilungen und Eskadronen vorkommenden, unvermeidlichen Schwankungen, die nur dadurch, daß die Reiter fest im Tempo werden, sich nicht propagiren und kein Anlaß zu groben Unordnungen werden.

Für die sichere, feste und ordnungsmäßige Ausführung unserer Hauptbewegung, der Frontalmärsche, in welcher Beziehung uns ein erhöhter Ausbildungsgrad noch sehr noth thut, gehört vor allen Dingen unbeirrtes, gleichmäßiges, egales Geradeausreiten ohne alle Augenrichterei, mithin Direktionhalten und die Fähigkeit, eine neue Direktion schnell nach dem Säbel und dem Pferde des Eskadronchefs und der Zugführer aufzunehmen und festzuhalten, sowie festes, gleichmäßiges Tempo, was jeder einzelne Reiter fühlen muß.

Dies sind die Fundamental-Anforderungen für die Frontalbewegungen, auf denen unsere Wirksamkeit beruht und welche daher nicht genug kultivirt werden können.

Der Gegensatz hierzu ist die Augenrichterei, welche nicht genug ausgerottet werden kann, da sie der Verderb für die Ruhe und Ordnung aller unserer Bewegungen, besonders der Frontalbewegungen mit langen Fronten ist.

Demnächst ist das Reiten reiner Gangarten eine Hauptbedingung für das richtige Reiten und die Konservation der Pferde; unreine Gangarten sind der übelste Fehler und müssen auf das Aeußerste verurtheilt werden, da sie die Pferde vor der Zeit ruiniren und die Reiter ganz unnöthig angreifen; es kann daher nur als eine grobe Unordnung bezeichnet werden und dokumentirt außerdem einen Mangel an Reitfähigkeit.

Im Schritt muß durchaus reiner Schritt geritten und nicht gezackelt und getrippelt werden, kein Reiter darf geworfen werden; hierauf ist mit größter Strenge zu halten. Der für die Konservation der Pferde und Schonung der Reiter so nothwendige reine Schritt ist sehr wohl zu erreichen, wenn bei allen Evolutionen stets auf denselben gehalten wird; dies bezieht sich auf die Märsche nach dem Exerzirplatz und zurück, sowie auf die Märsche zu den Herbstübungen; es darf durchaus kein Nachtraben oder Nachjagen stattfinden; es empfiehlt sich hierbei, daß der Eskadronchef stets anders abmarschiren läßt, also stets mit den Zügen, ohne Rücksicht auf ihre Reihenfolge, hierin wechselt, um den Schritt in der Eskadron zu egalisiren und die letztere einzumarschiren.

In der Kolonne zu Dreien müssen die Abmärsche in sich fest zusammenhalten, also geschlossen reiten; es muß reiner, freier Schritt geritten werden; ein ängstliches Dichtaufreiten darf nicht stattfinden, die Queue darf nicht nacheilen. Nächst der mangelhaften und nicht gründlichen Durcharbeit der Pferde entsteht das Zackeln im Schritt vornehmlich dadurch, daß die Pferde nicht mit den Schenkeln entschieden an die Zügel herangetrieben werden und die Reiter sich gehen lassen. — Auf das Signal „Halt!" hat alles festzustehen und nicht heranzugehen, wie man so häufig wahrnehmen kann; wo jeder Reiter steht, ist gleichgültig; er hat nur festzustehen.

Auf Märschen oder Ordonnanzritten kann den Mannschaften gestattet, auch gelehrt werden, leicht zu traben, oder, wie dies auch genannt wird, englisch zu traben, sich nur einmal werfen zu lassen, um dem Pferde dadurch eine Erleichterung zu gewähren; doch darf dies niemals beim Exerziren oder bei der Bearbeitung der Pferde geduldet werden.

Der Galopp muß ruhig, nicht stoßend entwickelt werden; dann wird er auch ruhig geritten und die Pferde werden, ohne hin und her zu changiren, ihn lange aushalten können. Beim Exerziren darf selbstverständlich nur dasjenige Galopptempo in Zügen und in Linie geritten werden, welches auch beim Parademarsch im Galopp in Eskadronsfronten angenommen wird; dieses Galopptempo muß gewohnheitsmäßig stets geritten und nicht blos bei gewissen Veranlassungen angenommen werden; dasselbe darf z. B. beim Parademarsch im Galopp nicht etwa nur vom ersten Point ab für die kurze Strecke des Vorbeimarsches an dem Vorgesetzten geritten werden; es hat dann nicht allein gar keinen Werth, sondern es mißlingt dann auch stets der Vorbeimarsch. — Selbstverständlich soll dadurch nicht die allmälige Gewinnung dieses Tempos, die reitermäßige Entwickelung des starken Galopps ausgeschlossen und inhibirt werden, vielmehr ist diese allmälige Entwickelung und Verstärkung durchaus festzuhalten. Ist das Tempo aber gewonnen, so ist dasselbe völlig gleichmäßig und egal fortzureiten; die Augen können dabei zur Unterstützung des Tempos rechts und links gehen, sind aber niemals nur nach einer Seite zu nehmen, mit Ausnahme des Vorbeireitens vor dem Vorgesetzten.

Das „in Athemsetzen" der Pferde muß in sehr allmäliger Steigerung und völlig systematisch in den Eskadronen betrieben werden, um die Pferde zu befähigen, größere Strecken in schärferen Gangarten zurückzulegen, ohne dadurch an der zum Chok nöthigen Kraft einzubüßen. Es muß hierbei mit dem Trabe begonnen und täglich die Dauer der Uebung in dieser Gangart mehr ausgedehnt werden, wenn auch nur um 50 Schritt. Wenn das entsprechende Resultat im Trabe erreicht ist, so wird zum Galopp übergegangen und in dieser Gangart mit Vorsicht ebenso verfahren, wie im Trabe. Es kommt alles darauf an, daß die Pferde ihren Sprung ruhig und gleichmäßig machen, nicht hastig und heftig springen, nicht changiren von einer Hand auf die andere, nicht ihren Reiter im Sattel werfen; denn hierdurch werden nicht allein die Glieder auseinander geworfen und die Geschlossenheit der Linie geht verloren, sondern alles dies erschwert den Pferden auch die Uebung, mattet sie vor der Zeit ab und nimmt ihnen in ihrer Aufgeregtheit und Unruhe den Athem, der ihnen am nothwendigsten ist. — Der Sprung muß flach über den Erdboden weggehen und ohne hohe Aktion sein. — Die Reiter müssen still sitzen, das Gesäß fest in den Sattel drücken, sich nicht werfen lassen, die Unterschenkel ruhig am Pferde halten, damit die letzteren weder durch den Sitz, noch durch den Schenkelhang in irgend einer Weise beunruhigt und alterirt werden, sie müssen ferner mit dem Oberleibe der Bewegung des Pferdes gut folgen, dasselbe leicht am Zügel behalten durch Annehmen und Nachgeben mit der Hand, und sich bemühen, dasselbe im völlig gleichmäßigen, langen Sprunge zu erhalten. Nach einigen Uebungen werden die Reiter es dann erreichen, daß die Pferde sich nicht mehr aufregen und ereifern und ohne große Erhitzung ruhig ihren Sprung vollführen im Gleichgewicht, ohne auf die Zügel gewaltsam zu drücken. Reiter und Pferd müssen gleichmäßig hierbei lernen, um Athem, Ruhe, kaltes Blut und natürliche, freie, ungezwungene Haltung zu bekommen; man muß es ihnen ansehen, daß dieser lange Galopp ihnen leicht und angenehm ist, daß sie eine Gewohnheitshaltung dabei angenommen haben. — Sehr allmäliges, völlig systematisches Vorgehen ist hierbei vor allen Dingen geboten; ein Uebertreiben, eine plötzlich gesteigerte Anforderung bringt gerade das Gegentheil von dem, was man beabsichtigt, hervor; anstatt die Kräfte der Pferde zu steigern, würden dieselben dadurch ermattet und erschlafft werden, und Mangel an Freßluft ebenfalls davon die Folge sein — also ein Zurückkommen der Pferde, wogegen bei verständiger und mäßiger Steigerung die Freßluft immer rege bleiben und sich sogar bei schlechten Fressern durch Beruhigung ihrer Bewegungen steigern wird. — Der Galopp in Linie muß völlig sicher, fest, gleichmäßig ruhig und geschlossen geritten und ausgebildet werden, was am besten und zweckmäßigsten aus dem Galopp in Zügen durch Einschwenken und Weiterreiten im Galopp geschieht. — Die zweiten Glieder dürfen dem ersten Gliede nicht zu nahe auf sein, was ebenfalls dazu beiträgt, den Galopp unruhig zu machen; es kann daher nicht strenge genug darauf gehalten werden, daß die zweiten Glieder abbleiben.

Nur durch die Festhaltung dieser Grundsätze wird es gelingen, den starken Galopp in Linie gerade so ruhig, sicher, fest und geschlossen zu reiten, wie in Zügen, und auf den ersten, in Linie, kommt es vornehmlich an. — Kein Zugführer, kein Escadronchef darf zur Karriere übergehen lassen und das „Marsch, Marsch!" kommandiren, wenn derselbe sich nicht überzeugt hat, daß der lange, verstärkte Galopp ein völlig ruhiger und fester, und die Front daher völlig geschlossen war; die Karriere wird dann stets auch mit Ordnung und Geschlossenheit geritten werden und eine rapide, vehemente sein, während sie, wenn der Galopp ein unruhiger, aufgeregter, heftiger war, stets schlecht ausfällt, niemals geschlossen, gerichtet und vehement geritten wird. — Auch darf niemals in die Karriere übergegangen werden, wenn der Galopp ein so stürmischer und allongirter wird, daß der Halt verloren geht, und die Besorgniß entsteht, daß der Uebergang in die Karriere unwillkürlich erfolgen werde. — Ueberhaupt kann in Rücksicht auf unsere jungen Reiter nicht genug empfohlen werden, immer darauf Bedacht zu nehmen, daß wenn stärkere Gangarten — Karriere und starke Galopps — geritten werden, stets wieder die Haltung hergestellt, die Herrschaft der Reiter über ihre Pferde wieder erprobt und aufrecht erhalten wird. Hierzu dient, daß nachdem die Karriere einzeln geritten worden, die Reiter nicht in das Glied hinein stürmen, sondern mindestens 100 bis 150 Schritt hinter dem aufmarschirenden Gliede ihre Pferde ein für alle Male bei einem aufgestellten Offizier oder Unteroffizier in den Trab setzen und so in das Glied einrücken, daß ferner, wenn Attacken bis zur Karriere gemacht worden, welche letztere stets mit lauter Stimme zu kommandiren und durch die Trompeter nur nachzublasen ist, sofort an demselben Tage noch eine Attacke nur bis zum starken Galopp auszuführen und sodann in den Trab überzugehen ist. — Auf diese Weise wird es unbedingt gelingen, die allerstärksten Gangarten mit Ordnung und Haltung reiten zu können, dieselben immer weiter auszubilden, und doch dadurch die jungen Reiter nicht in der Herrschaft über ihre Pferde zu beeinträchtigen, sie ihnen nicht aus der Hand gehen zu lassen, sondern sie vielmehr immer mehr in der Herrschaft über dieselben zu befestigen. — Wird dies nicht im Auge behalten, so ergeben sich daraus nur die mangelhaftesten Resultate, während die strenge Beobachtung dieser Prinzipien die vortrefflichsten Erfolge aufzuweisen hat. —

Wenn in diesem Sinne verfahren wird, so werden die Pferde auch angemessen vorbereitet in die Periode der größeren Uebungen eintreten und durch dieselben nicht außergewöhnlich in Anspruch genommen werden, wenn sie auch größere Entfernungen zu den Uebungsplätzen zurückzulegen haben, und auf dem Platze selbst die Schnelligkeit der Bewegungen und deren größere Ausdehnung erhöhte Anforderungen an die Kräfte stellen. — Wir werden es dann auch erreichen, während der Attacke 600 bis 800 Schritt im starken Galopp mit Ruhe und Ordnung zurückzulegen, ohne daß wir Gefahr laufen, wie dies wohl leider öfter vorkommt, daß die Eskadronen gegen den Willen ihres Führers und gegen den Willen der Reiter in die Karriere übergehen, was nur darin seinen Grund hat, wenn der Galopp im Gliede bei der Attacke ein hastiger, heftiger, unruhiger, ungleichmäßiger ist, die Glieder dadurch auseinandergeworfen werden und dieselben überhaupt aufhören, so daß sich in der Karriere sechs, acht, auch wohl gar zehn Glieder bilden, was der größte Fehler für den Chok ist. Das hört sofort auf, sowie der lange Attackengalopp den Reitern und Pferden bequem, natürlich und daher völlig ruhig ist; beim „Marsch! Marsch!" werden dann niemals mehr wie zwei Glieder in der Entfernung von etwa drei Schritten hintereinander vorhanden sein, was ebenfalls als eine Fundamental-Anforderung für den Chok bezeichnet und erreicht werden muß, aber nur durch Herbeiführung und gründliche Ausbildung dieses langen Galopps erreicht werden kann, wie ich es schon in einer kleinen Denkschrift vor nun beinahe 10 Jahren[*]) ausge-

---

[*]) Auch ein Wort über die Ausbildung der Kavallerie von S. v. C., Stabsoffizier der Kavallerie (Pseudonym) als Manuskript gedruckt. Berlin bei J. Schlesier 1862.

sprochen habe. — Der Chef, die Karriere ist nur dann gut und erfüllt nur kann die nothwendigerweise an dieselbe zu stellenden Anforderungen der Geschlossenheit und des Verbleibens in zwei Gliedern, wenn der vorhergehende Attackengalopp ein langer, räumiger, ruhiger und gleichmäßiger war. Hat man diesen erzielt, so ist das Geschlossenbleiben und die Festhaltung der beiden Glieder, sowie das Abbleiben des zweiten Gliedes vom ersten um gute zwei Schritte, noch besser drei Schritte, sehr leicht zu erreichen und muß unbedingt erreicht werden. —

Es muß bei dieser Gelegenheit noch eines vielfach verbreiteten Fehlers Erwähnung gethan werden. Beim Hinausgehen im Frühjahr ins Freie, ins Terrain, wird häufig der Galopp geraume Zeit, die sich oft bis zu drei Wochen ausdehnt, mit Aengstlichkeit vermieden, in der Sorge, die Pferde unruhig und heftig zu machen; — dies ist unzweckmäßig und kann daher nicht gebilligt werden. — Wenn der abgekürzte und der Mittelgalopp in der Reitbahn und auf den Reitplätzen im Laufe des Winters gründlich ausgebildet worden sind, so kann der Galopp auch vom ersten Tage ab im Frühjahr auf gerader Linie, wenn der Trab auf diese Weise geübt worden, geritten werden, ebenso mit Intervallen von mindestens einer Pferdelänge in Front; es muß aber dabei, ebensowenig wie beim Reiten im Karree, gelitten werden, daß die Reiter ihre Pferde ansprengen lassen, wie die letzteren wollen, oder daß sie ihre Pferde zum Galopp stoßen, sondern der Galopp muß stets von den Reitern aus dem abgekürzten Trabe mit ruhigen Hülfen sachgemäß entwickelt werden auf dem Fuße, wo dies der Reiter beabsichtigt; dann wird der Galopp auch ein ruhiger sein, und die Pferde werden sich an das Galoppiren neben einander sehr bald gewöhnen. — Eine gute Hülfe ist, stets nach dem Galopp wieder in den Trab übergehen und wenigstens noch eine kurze Strecke traben zu lassen, wobei der Uebergang dadurch mehr zu sichern ist, daß die Reiter ihre Pferde durchpariren. Es bleibt dann nur übrig, den Attackengalopp von 500 Schritt in der Minute, wie vorstehend näher detaillirt, weiter auszubilden, was ebenfalls zuerst im großen Karree und dann auf gerader Linie, einzeln, sodann mit Intervallen und zuletzt im geschlossenen Gliede zu geschehen hat, wenn die vorhergehenden Perioden den Erfolg erreicht haben, diesen gestreckten Galopp zu einem ruhigen, gleichmäßigen, bei welchem das Pferd weich am Zügel bleibt, zu machen. Wer den Galopp scheut und vermeidet, der wird ihn mit Sicherheit unruhig haben. —

Die wirkliche wahre Technik des Exerzirens beruht auf ganz bestimmten Prinzipien und Gesetzen und sie ist sehr nothwendig, da durch sie allein die Einwirkung des Zufalls auf die Bewegungen ausgeschlossen, die Steigerung und Propagirung jedes kleinen Fehlers und seine Einwirkung auf das Ganze verhütet, und an dessen Stelle Sicherheit und Festigkeit gesetzt wird. — An die Stelle der Ermüdungstheorie müssen Prinzipien, Gesetze treten, welche Ordnung, Sicherheit, und Festigkeit der Evolutionen verbürgen; diese Gesetze müssen daher erkannt, instruirt und befolgt werden; an die Spitze derselben sind die Fundamental-Prinzipien für alle unsere Bewegungen zu stellen: „Tempo und Direktion", die das Wesen des ganzen Reglements bilden und dasselbe vollständig durchdringen müssen.

Das regulirte, völlig gleichmäßige, feste Tempo muß für alle Bewegungen einzeln und im Gliede zur unumstößlichen Grundlage gemacht werden; davon müssen Richtung, Distanz und Fühlung ganz allein abhängen; diese müssen sich aus dem Tempo, aus der gleichmäßigen Kadenz von selbst ergeben. Tempo, Kadenz ist die Zurücklegung derselben Entfernungen in denselben Zeiträumen in beruhigten, taktmäßigen, kadenzirten Tritten der Pferde. Es kommt aber vor allen Dingen darauf an, dies praktisch ins Leben, in die Evolutionen zu übertragen, und Jedes und Alles zu vermeiden, was dies nur irgend beeinträchtigen kann, nicht aber blos in der Theorie mit Worten das Tempo zu verlangen und in der Praxis bei einer jeden Gelegenheit davon abzuweichen; man hört so unendlich viel und oft vom Tempo reden, und doch wird es so selten angewandt und in der Wirklichkeit durchgeführt. — Dies Tempo muß vom ersten bis zum letzten Reiter in der Kolonne und vom rechten Flügelmann bis zum linken in der Front gleichmäßig, ohne Stutzen, ohne Prallen und ohne Nacheilen ruhig fortgeritten werden. Diejenige Truppe, in welcher das Tempo am meisten wechselt, bei den Evolutionen variirt, führt ihre Bewegungen am mangelhaftesten aus und wird am meisten ihre Pferde angreifen. — Man muß es sowohl bei den Evolutionen wie beim Abreiten zu Einem einem jeden Reiter sofort ansehen, daß er weiß, er reitet sein Tempo unbeirrt um alles andere fort; das ist die wahre Haltung, welche Sicherheit und Festigkeit giebt. —

Unsere Evolutionen bestehen in:
    a. Frontalbewegungen, und
    b. Bewegungen in der Kolonne.

ad a. Praktisch nun das Tempo, den Grundsatz des Tempos auf die Frontal-Evolutionen angewandt, würde die nachstehenden Prinzipien ergeben: Die Richtung und das Tempo gehen von den Zugführern aus, denen ihre Züge auf zwei Schritte Entfernung zu folgen haben. Nun würde, wenn die Richtung mit den Augen gehalten werden sollte, dieselbe allein von den Zugführern des ersten und zweiten Zuges bei Augen rechts, und den Zugführern des dritten und vierten Zuges bei Augen links, abhängen. Dies würde aber ein vollständiges Unding sein, denn wäre dies der Fall, so würde bei dem weiten Auseinanderliegen dieser beiden Punkte, bei der Beweglichkeit und Schnelligkeit des Pferdes, bei dem Wechsel der Bodenbeschaffenheit, bald hart, bald weich, bald tief, bald hoch, Berg und Thal 2c. ein ewiges Fluktuiren des auswendigen Flügels, des unterhalb befindlichen, der sich zu richten hat, die Folge davon sein; und ein so unkavalleristisches Verfahren liegt nicht im Sinne und Geiste des Exerzir-Reglements. So lange auf unserem Erdboden, der so wechselvoll ist, geritten wird, wird es absolut unmöglich sein, zwei Reiter so einzureiten, daß sich eine ganze Front permanent mit den Augen nach denselben in allen Gangarten richten kann. Es würden die Bemühungen hierauf eine wahre Vergeudung an Zeit und Kräften sein, und selbst wenn es erreicht würde, wenn es zu erreichen wäre, welcher Nutzen könnte daraus erwachsen, wenn sich an zwei Individualitäten allein die Ausbildung und die Ausführung der so wichtigen Frontalbewegungen eines ganzen Regiments knüpfte! Wie kann von zwei Persönlichkeiten das Ganze abhängen, und doch gehen die Bestrebungen häufig darauf hinaus, für den ersten und zweiten Zugführer des Regiments sichere Persönlichkeiten auf Tempo gehenden Pferden zu erlangen. Das ist in meinen Augen gänzlich indifferent; diese beiden Zugführer sind nicht nothwendiger und brauchen nicht zuverlässiger und besser zu sein, wie die übrigen, wenn nur die Prinzipien fest aufrecht erhalten werden. Die Personen sind wandelbar, wechselvoll, die Prinzipien sind bleibend, feststehend. Denn nicht, daß der zweite Zugführer einmal etwas vor dem ersten vorkommt oder hinter demselben zurückbleibt, oder daß der erste sein Tempo verläßt, vorgeht oder zurückbleibt, ist von Wichtigkeit, es ist das nicht einmal ein Fehler; es kann nicht anders sein; aber daß der dritte, der dies beurtheilen kann, es nachmacht, entweder gleich nacheilt, wenn der zweite vorkommt, oder anhält, wenn der zweite Zugführer stutzt, und ebenso wie der dritte auch der vierte, das ist der Fehler, der angefaßt und mit aller Kraft inhibirt werden muß; erst bei diesem wird es ein Fehler; sie müssen fest in ihrer Kadenz, im Tempo bleiben; thun sie das, dann wird der zweite Zugführer schon inne werden, daß er vorgekommen oder zurückgeblieben ist, und er wird sein Tempo danach korrigiren, wogegen, wenn sie ihm alles gleich nachmachen, er niemals merken wird, daß er sein Tempo nicht sicher gehalten hat, herausgekommen ist und variirt hat. — Das ist also das allein Richtige, den dritten und vierten Zugführer bei einem solchen unrichtigen Verfahren anzufassen. Das kommt aber davon her, wenn ein Sichrichten mit den Augen stattfindet und in jedem Augenblick ängstlich auf scharfe Richtung gehalten wird. — Die Kommandos: „Augen rechts!" „Augen links!" bedeuten nur „Fühlung rechts!" „Fühlung links!" und nicht die

Richtung mit den Augen dahin, was den Mannschaften ausdrücklich instruirt werden muß. —

Die Köpfe und Augen sind geradeaus nach dem Führer zu gerichtet, wobei die Augen zuweilen und abwechselnd nach beiden Seiten geworfen werden können, um dem Gefühl des Tempos zu Hülfe zu kommen. Es ist deshalb nicht zweckmäßig und gut, wenn die Eskadronchefs am sogenannten Richtungsflügel in dessen Verlängerung reiten, um die Richtung zu kontroliren, denn dadurch organisiren sie die Augenrichterei, also Unruhe, Unordnung und ein stetes, unaufhörliches Drängen nach diesem Flügel, dem gewöhnlich die Flügel-Unteroffiziere nachgeben, wodurch ein zu enges Reiten im ersten Zuge, ein Gedränge dort, und ein zu lockeres Reiten im vierten Zuge, ein Flattern desselben stattfindet, wie man es häufig wahrnehmen kann. Dort, wo dies geschieht, ist niemals Richtung vorhanden und es wird auch sehr unruhig geritten werden. Es muß den Mannschaften das „Feldgebeu" vom Richtungsflügel her eingeimpft werden und nicht das Drängen dahin, wie es faktisch geschieht. Jeder Zugführer hat seine Direktion zu halten, also völlig geradeaus zu reiten und sein gleichmäßiges Tempo fortzureiten; der zweite und auch der erste sehen öfters links, der dritte und vierte öfters rechts, aber nur um ihrem Gefühl des Tempos zu Hülfe zu kommen, im Uebrigen sehen sie geradeaus und können auch abwechselnd nach der entgegengesetzten Seite sehen; die Zugführer des zweiten und dritten Zuges sind es, nach denen sich die äußeren in ihrem Tempo richten müssen. Auf diese Art wird ein paralleles, gleichmäßiges Vorwärtsbewegen in allen Gangarten erreicht werden, wodurch Ruhe, Sicherheit und Ordnung entsteht; kleine, unbedeutende Schwankungen, die im Bodenwechsel des Terrains oder in Unaufmerksamkeit, mangelhafter Ausbildung junger Mannschaften oder überhaupt in menschlicher Unvollkommenheit begründet sind, und die niemals ganz beseitigt werden können, werden dann ohne allen Einfluß auf das Ganze sein; diese Fehler werden sich niemals weiter fortpflanzen und propagiren wie beim Augenrichten, sondern sie werden bei dem Einzelnen stecken bleiben, der sie dann sofort bemerken und sie korrigiren wird. Man wird nicht vom Zufall abhängen, sondern an dessen Stelle wird Sicherheit treten. Dies liegt allein im Prinzip und System. — Um keinen Preis darf ein Vorgehen und ein Zurückbleiben, ein Nacheilen und Stutzen des vierten Zuges, ein Fluktuiren desselben, was stets mit einem Werfen rechts und links verbunden ist, stattfinden; der vierte Zug und im Regiment die fünfte Eskadren müssen ganz das Tempo wie der erste Zug und die erste Eskadren, ohne alle Variationen ruhig fortreiten. — Dazu gehört aber, daß nicht die Richtung nach dem ersten und zweiten Zugführer mit den Augen genommen, sondern allein so verfahren wird, wie es vorstehend angegeben worden ist. — Findet das Erstere statt, so ist davon die unmittelbare Folge, wie dies gewöhnlich stattfindet, daß die Front im Vorgehen eine Halbrechts=Schwenkung, im Zurückgehen eine Halblinks=Schwenkung macht und die dritte, vierte und fünfte Eskadron trotz scharfen Zureitens nicht mitkommen können, sondern stets mit halbrechts resp. halblinks herangehen müssen, um nur im Regimentsverbande zu bleiben und nicht halbe und ganze Schwadronsbreiten Intervalle zu bekommen; — und daß beim Halt nach der Frontalbewegung stets eine ganz andere Front vorhanden ist wie beim Anreiten vor derselben: beide sind niemals parallel. Ganz in gleicher Weise fängt es schon in Schwadronen an, nur daß es da noch nicht so auffällig ist wie im Regiment: auch die Schwadronen haben beim Halt fast niemals die Parallelfront mit der Basis, welche beim Anreiten stattfand, sondern fast stets eine Schwenkung ausgeführt, im Vorgehen rechts, im Zurückgehen links. —

Durch die neue Vorschrift des Reglements, daß alle und jede Richtung, also Fühlung nach der Mitte genommen wird, sei es im Zuge, sei es in der Eskadron, sei es im Regiment, reduziren sich allerdings die fehlerhaften Folgen der Augenrichterei auf die Hälfte, können also im Zuge und in der Eskadron nicht so ausarten wie bisher, da die Front, welche bestimmend und maßgebend einwirkt, nur halb so groß wie früher ist, demunerachtet können sie aber noch genügend nachtheilig, und besonders im Regiment, hervortreten, wo ganze Eskadronen die Richtung (Fühlung) nach einer Seite haben: vornehmlich werden sie sich hier in dem Abfallen der Flügel, in dem Zurück=bleiben derselben und im Verdrängen der Mitte äußern, wie dieser Fehler auch schon bisher bei der Attacke, wo die Richtung nach der Mitte bereits stattfand, hervorgetreten ist. — Die allerwichtigste unserer Bewegungen wird mithin nach den unrichtigsten Grundsätzen ausgeführt. — Wird so verfahren, wie es vorstehend empfohlen, macht der dritte Zugführer nicht die kleinen Abweichungen des Tempos, die der zweite Zugführer begeht, nach, sondern bleibt er fest, thut dies im Regiment ebenfalls nicht die zweite Eskadron, geht sie der ersten nicht nach, wenn deren linker Flügel voreilt, oder hält sie nicht mit an, wenn deren linker Flügel stutzt, wird nicht blos rechts, sondern auch links in die Front hinein, aber nur zur Unterstützung des Tempogefühles, gesehen, so wird sich alles sehr leicht reguliren, und es muß ein ganz paralleles Vorgehen der Front mit der Fundamental=Aufstellung erfolgen, was Ruhe, Festigkeit, Sicherheit, Geschlossenheit, Vertrauen und Schonung der Pferde erzeugt, denn nichts greift die Pferde mehr an, wie ein fortwährendes Wechseln und Verlassen des Tempos. — Nur bei einer Evolution, beim Parademarsch im Trabe und Galopp wird temporair auf ganz kurze Zeit ein Richten mit den Augen stattfinden müssen; dies ist jedoch eine Ausnahme, die nichts schadet; außerdem ist das gleichmäßige, feste Tempo dabei doch die Hauptsache, und eine Schwadron, die wie vorstehend angegeben, eingeritten und festgemacht ist, bei der wird dies gar keine Schwierigkeiten haben, indem ja der zweite Zugführer daran gewöhnt ist, sein Tempo nach den anderen, vornehmlich dem dritten und vierten zu reguliren, und sich nicht für unfehlbar zu halten, da ihm Niemand etwas nachmacht; er muß auch bei diesen Parademärschen im Trabe und Galopp öfters links sehen, ehe er an den Vorgesetzten, vor dem der Vorbeimarsch stattfindet, herankommt. Nichts ist nachtheiliger, wie das leider oft eingeführte Winken des ersten Zugführers mit dem Säbel an den zweiten vor und zurück, um ihn einzurichten, da der letztere dann niemals zum selbstständigen Reiten kommt, auch dies den ersten Zugführer viel zu sehr abzieht von nöthigeren Dingen; derselbe halte nur sein eigenes, gleichmäßiges Tempo in allen Gangarten fest, ebenso seine feste Direktion geradeaus und kümmere sich um niemand anderes; der zweite sehe öfter einmal links und verbessere sich dann allmälig, wenn er an den übrigen sieht, daß er vorgeeilt oder zurückgeblieben ist. Hierbei wird sich die feste Sicherheit in den Frontalbewegungen einstellen, was sonst gewöhnlich nur Zufall ist, wenn eine solche gelingt. — Dies wäre die praktische Anwendung des Tempos auf die Frontalbewegungen.*)

ad b. Die praktische Anwendung des Tempos auf die Bewegung in der Kolonne:

Ebenso wie bei den Frontalbewegungen die größten Verstöße gegen die Grundlage, die im Tempo liegt, vorkommen, so in ganz gleicher Weise bei den Bewegungen in der Kolonne. — Hier ist das Schwenken auf dem Haken der Stein des Anstoßes. Niemals wird in dem Haken nach einwärts hinein, sondern stets nach auswärts hinaus geritten vor dem Schwenkungspunkt, so daß schon bei einem Regiment dies Zugbreiten beträgt, und zwar beim Linksschwenken nach rechts, beim Rechtsschwenken nach links. Es liegt dies einmal in einer sehr häßlichen und nachtheiligen alten kavalleristischen Gewohnheit, stets vor dem Rechtswenden nach links und vor dem Linkswenden unmittelbar vorher nach rechts heraus zu gehen und einen Bogen zu machen; nächstdem aber vornehmlich daran, daß der Flügel-Unteroffizier am Schwenkungspunkt nicht genug nach vorwärts mitgeht, um den Haken hinter sich für den nächsten Zug frei zu machen; dadurch wird dieser bei der großen Tiefe von sieben Schritten (ohne Zugführer), die ein jeder Zug

---

*) Diese Direktiven sind zum Theil vor Emanation des Exerzir-Reglements vom 9. Januar 1873 ertheilt worden; dieselben finden daher zur Zeit, wo die Richtung nach der Mitte zum Gesetz geworden ist, analoge, sinngemäße Anwendung.

hat, und bei der sehr kleinen Distanz, die er nur haben darf, bewogen und genöthigt, um nur reiten zu können, sich den Platz nach außen zu suchen; alles stellt also beim Linksschwenken die Pferde halbrechts, beim Rechtsschwenken die Pferde halblinks, anstatt es umgekehrt zu machen und beim Schwenken vorschriftsmäßig nach innen, nach dem Pivot, dem Schwenkungspunkt heranzuhalten. Was ist nun die Folge davon? Ein erhebliches Verlieren von Terrain, ein Abkommen vom Vorderzuge auf das Kommando „Gradaus"; in Folge dessen ein Verlassen des Tempos, ein Nacheilen, um nur schnell wieder die Distanz zum Einschwenken zu erlangen; dies nimmt solche Dimensionen an, daß die letzten Züge bei einem Regiment und bei einer Brigade zuweilen den stärksten Galopp und Karriere reiten müssen, um nur wieder heranzukommen; bei einer solchen Ausführung der einfachsten Evolutionen gehen Ruhe und Ordnung verloren, die Pferde werden ruinirt und nach dem Einschwenken ist dann die geschlossene Linie, worauf es doch vornehmlich ankommt, in der neuen Direktion dennoch nicht hergestellt, das Vorgehen zur Attake findet in Folge dessen locker, unruhig und ohne Ordnung statt, wodurch schon der Grund zum Mißlingen derselben gelegt ist. — Dann geht es gewöhnlich mit Vorwürfen über den ersten Zugführer her, weil dieser vermeintlich nicht gleichmäßiges Tempo geritten hat, und doch ist dieser völlig unschuldig daran, denn selbst kleine Schwankungen, die er im Tempo gemacht haben könnte, können nicht von solchem Einfluß sein und derartige Folgen nach sich ziehen; der Grund liegt allein darin, daß die Schwadronen und die Regimenter nicht gelernt haben, nach richtigen Grundsätzen auf dem Haken zu schwenken, eine so wichtige Fundamental-Evolution nicht ausführen können, auf welche sich so viele andere basiren, und die so oft vorkommt. — Bei einer einzelnen Eskadron mit ihren vier Zügen hat dies nicht soviel zu sagen, wenn sie auch diese Evolution falsch ausführt; der Fehler propagirt sich nicht so ins Unendliche, wie bei einem Regiment und einer Brigade. Ich habe es noch selten gesehen, daß diese wichtige Evolution richtig, ruhig und mit Haltung so ausgeführt wurde, daß der letzte Zug eines Regiments und einer Brigade dasselbe ruhige, feste Tempo wie der Tetenzug geritten hätte, was unbedingt zu fordern und leicht zu erreichen ist, wenn die hierbei maßgebenden Prinzipien sicher festgehalten werden. Es ist eine Angst, ein Jagen, ein Verlassen des Tempos nach dem Schwenken auf dem Haken, um nur bei dem Signal „Front!" richtige Einschwenkdistanz zu haben und geschlossen zu stehen; wenn alle Züge gelernt hätten, nach richtigen Prinzipien auf dem Haken zu schwenken, so würde dies eine Kleinigkeit und kein Kunststück sein.

Die Fundamental-Anforderungen für eine gute Richtung durch das Tempo, durch die Gleichmäßigkeit der Fortbewegung und durch das Geradeausreiten, die senkrechte Fortbewegung zur Front, also durch die Direktion, wozu unbedingtes Geradeausreiten gehört, müssen mit der größten Sorgfalt und Konsequenz einzeln ausgebildet werden. — Hiermit muß schon bei den Uebungen zu Fuß, deren Hauptzweck überhaupt ist, die Bewegungen zu Pferde angemessen vorzubereiten und die richtigen Grundsätze für dieselben einzuprägen, begonnen werden. — Sehr oft sieht man da aber ein Abweichen von der geraden Linie nach rechts, wodurch das Drängen und Herangehen dahin schon den jungen Mannschaften zur Gewohnheit wird, anstatt daß die rechten Flügel-Unteroffiziere eher dazu angehalten werden müssen, nach links etwas in die Front hineinzuhalten, damit die Mannschaften das Gegentheil vom Drängen nach dem Richtungsflügel, das „Feldgeben", lernen. Wie soll es da zu Pferde gehen?! — Fast immer sieht man da nur Bewegungen in Abtheilungen auf den senkrechten, geraden Direktionen, anstatt prinzipiell stets die schrägen, obliquen zu wählen, weil sie weit besser auf das Geradeausgehen wirken. Fast stets hängen die linken Flügel zurück, wie auch zu Pferde beim Parademarsch, wofür der alleinige Grund in dem Richten mit den Augen liegt. — Alle Mannschaften müssen unbeirrt gleichmäßig fortmarschiren, resp. reiten, und nur, wenn sie in die Nähe des Vorgesetzten kommen, haben sie die Köpfe nach demselben zu richten und denselben anzusehen, nicht aber in das Glied hinein; geschieht dies so, dann wird sogleich der verhaltene Schritt beim Parademarsch, das Abfallen und Zurückhängen der linken Flügel fortfallen. — Mit der Einprägung dieser festen Grundsätze muß aber, wie bereits hervorgehoben, schon zu Fuß begonnen werden, wenn wir zu Pferde vorwärtskommen und Sicherheit und Festigkeit in unseren Bewegungen eintreten sollen. — Alles dies wird durch die unausgesetzte, konsequente Durchführung und Festhaltung der vorstehend bezeichneten Fundamental-Anforderungen, die sich in den Worten „Tempo und Direktion" charakterisiren, erreicht werden.

---

3. Die wichtigsten Ausbildungsgegenstände namentlich im Hinblicke auf die zusammengestellte Eskadron zu Pferde.
a. Das Abtheilungsweise- und Einzelnreiten während der Sommerperiode.

Zusammengestellt aus den Cirkulairen vom 13. April 1868, 18. Juli 1871, 21. November 1871, 14. Juni 1872, 17. März 1873, 26. April 1874, 23. März 1875

Es muß als feststehende Regel gelten, daß vor jedem Exerziren in Abtheilungen und Einzeln geritten wird, um die Arbeit der Pferde zu verbessern; denn dies Nachhelfen und Nacharbeiten der Pferde darf nach Beendigung des Winterdienstes nicht abgeschlossen werden und brach liegen bis dasselbe im nächsten Herbst wieder aufgenommen wird, sondern jetzt fängt es erst recht an; das Verhältniß des Reiters zu seinem Pferde bleibt unter allen Umständen immer die Hauptsache; dasselbe muß immer mehr verbessert werden, was nur durch die Verbesserung der Haltung und Stellung des Pferdes möglich ist; die Abtheilungen und einzelnen Reiter müssen nicht auf demselben Standpunkte stehen bleiben, sondern durch ihre Lehrer weiter geführt und zu erhöhter Ausbildung gebracht werden. Zu dem Behufe ist die Einzelnausbildung durch regelmäßiges Reiten im Karree, gründliches Arbeiten der Pferde und Herstellung der Haltung derselben, wenn sie durch scharfes Reiten verloren gegangen, immer weiter zu entwickeln und zu vervollkommnen. — Je schärfer der Eskadronchef im Terrain, auf gerader Linie reiten läßt, um so mehr muß derselbe darauf bedacht sein, die gute Haltung seiner Pferde unter ihren Reitern, und das richtige Reiterverhältniß im Gleichgewicht immer wieder herbeizuführen, zu erhalten und herzustellen, denn sonst wird derselbe bald am Ende sein mit dem Maul und mit den Vorderbeinen seiner Pferde, dieselben also ruiniren. Am schärfsten und am anhaltendsten kann nur derjenige reiten, sowohl im Terrain auf gerader Linie, als beim Exerziren, welcher die am besten durchgearbeiteten Pferde hat und sie sich auch erhält.

Das Exerzir-Reglement vom 9. Januar 1873 schreibt auch auf Seite 44 diese Weiterführung in der Einzelnausbildung während der Sommerperiode jetzt ausdrücklich vor, und nur hierdurch allein ist ein Fortschritt in der Reiterei, in der Durcharbeit der Pferde bei den Eskadronen möglich; es erfolgt kein Bruch, kein jähes Absetzen, sondern ein Weiterfortführen zu erhöhten Leistungen, auf welchen beim Beginn der nächsten Winterperiode mit größerer Aussicht auf Erfolg weiter fortgebaut werden kann; es wird hierdurch auch möglich werden, die ersten Reitklassen, meistentheils der Verderb für die Eskadronen, welche ein gesichertes Privilegium auf Ungeschicklichkeit, Schwerfälligkeit und Einfalt haben, immer mehr auf ein Minimum zusammenschrumpfen zu lassen, in den Reitern selbst den Drang hervorzurufen, es bei ihnen zur Ehrensache werden zu lassen, in der zweiten Reitklasse zu reiten. Es ist dies keine Illusion, sondern sehr wohl ausführbar, wenn die Sache richtig gehandhabt wird. Bei diesem Einzelnarbeiten treten drei bestimmte Abschnitte des Unterrichts sehr deutlich hervor:

1) Reiten im Karree in versammelten Gängen mit angefaßter Trense zur Herstellung der Weichheit, Biegsamkeit, Versammlung und des Gleichgewichtes, als Vorbereitung der Pferde.

2) Loslassen der Trense, Reiten mit einer Hand, in lebhafteren Gängen mit Waffenübungen, Hauen und Stechen nach Figuren, als Anwendung.

3) Einzelnreiten vor der Front der aufmarschirten Abtheilung oder an der im Karree auf Gliederdistanz haltenden Abtheilung mit Springen über die Hindernisse.

Der Eskadronchef darf kein Exerziren beginnen, ohne diese Uebungen in Reitabtheilungen vorgenommen zu haben, wobei derselbe seine Bestimmung an die Reitlehrer ertheilen muß, welche Uebungen dieselben vornehmlich vorzunehmen, welche sich mithin als besonders nothwendig herausgestellt haben. — Es muß als unumgängliche Anforderung hingestellt werden, daß keine Reitstunde vorübergehen darf, in der nicht ein jeder Reiter mindestens einmal für sich einzeln geritten hat, an der Abtheilung vorbei wenn sie hält, ihr entgegen, durch sie hindurch, oder vor ihrer Front, wenn sie aufmarschirt ist, Volten in den Ecken des Karrees u. s. w. — Es muß stets auf individuelle Einzelnausbildung hingearbeitet werden, niemals auf Massendressur auf kommißmäßige Weise. — Es darf nicht eher geruht werden, bis ein jeder Reiter alles, was er will und was er soll, einzeln für sich mit seinem Pferde nach Gefallen, in guter Haltung ausführen kann, sowohl allein, wie bei und an der Abtheilung. — Ist der Trieb zum Vorwärtsgehen vor dem thätigen, lebendigen Unterschenkel entwickelt und ausgebildet durch die Dressur, so wird sich dies von selbst als Erfolg ergeben. — Formung des Pferdes, Entbindung alles Zwanges, keine Einzwängungen in Formen, Entwickelung seiner Gänge, Ausbildung derselben durch Entbindung von allen krampfhaften Anspannungen und Widerstrebungen, und Herstellung des Gleichgewichtes — nicht aber todte Abrichterei — das muß das Ziel unserer Arbeit sein. Es giebt ein untrügliches Kennzeichen hierin für den Fortschritt der Arbeit, das ist, wenn die Pferde schöner werden, wenn sie dem Auge wohlgefälligere Formen und Gänge annehmen und degagirter treten. —

Daß dieselben ohne Hülfszügel gearbeitet werden müssen ist selbstverständlich, da die letzteren nur täuschen und das Reiten und Arbeiten ohne alle Hülfszügel die Reitfähigkeit in hohem Grade fördert. Der Hülfszügel nutzt nur etwas in der Hand eines sehr geschickten Reiters; der ungeschickte zieht sich fest, erzeugt dadurch das Gegentheil von dem was bewirkt werden soll, — Anspannung in den Genick- und Halsmuskeln, — und nutzt derselbe daher nicht allein gar nichts, sondern er schadet dann nur. —

Um nun durch das Reiten in kleineren Abtheilungen und einzeln das richtige Reitverhältniß der Pferde, die so nothwendige Haltung und Stellung derselben fortdauernd zu erhalten und weiter zu befestigen, ist es demnächst vor allem nothwendig, zwei Dinge beim Reiter stets im Auge zu behalten, das ist

1) eine getragene Faust, die sich nicht fest am Zügel hält und die nicht herunterdrückt, die ruhig, stet und weich ansteht, und die der Reiter nicht braucht, um nicht vom Pferde herunterzufallen, und

2) thätige, lebendige Schenkel, lose Kniegelenke.

Beide Anforderungen müssen durchaus erreicht werden, wenn wir in der Arbeit und Thätigkeit der Pferde vorwärts kommen sollen. Das sich am Zügel halten und das Herunterdrücken der Fäuste ist mit dem größten Nachtheile verbunden, denn durch das letztere wird keineswegs etwa die Beizäumung bewirkt, sondern gerade das Gegentheil davon. — Um den sich am Zügel haltenden oder herunterdrückenden Fäusten entschieden entgegenzuarbeiten, dienen besonders die Freiübungen im Gange, das Tragen der inwendigen Faust, sowie der auswendigen, die abführende Bewegung mit der inwendigen Faust, das Herunterstreichen am Halse einigemale mit der inwendigen, mit der auswendigen Faust, mit beiden Händen. — Wird dies richtig angewandt, so kann es durchaus nicht ausbleiben, daß jener üble Fehler völlig fortfällt, und die Reiter einen standhaften, auf sich selbst beruhenden Sitz bekommen, der nicht nöthig hat, sich mit den Fäusten am Zügel festzuhalten, um nicht vom Pferde zu fallen; dann werden die Pferde auch im Genick nachgeben, wenn der Unterschenkel thätig und lebendig arbeitet, und man wird dann gar nicht von Genickbiegung zu sprechen haben, sie wird sich ganz von selbst finden. — Ferner muß auch der höchst üble Fehler, der so überaus nachtheilig einwirkt, die ganze linke Seite, linke Schulter, linke Hüfte, linken Ober- und Unterschenkel zu weit zurückzunehmen und die rechte Seite vorzubringen, wodurch der rechte Unterschenkel viel zu wenig gebraucht wird, was, da dieser Fehler auf der rechten und und linken Hand derselbe bleibt, doppelt nachtheilig wirkt, ganz beseitigt werden. — Wo dies erreicht wird, da werden sich demnächst die günstigsten Folgen für die Reiterei, für die Thätigkeit und den Gehorsam der Pferde in auffallendem Grade zeigen; die Pferde werden dann bessere Stellungen und bessere Genickbiegungen halten, da sie an der rechten Ganasche nachgeben, was der zu scharf anstehende auswendige, linke Zügel sonst verhinderte, sie werden sicher auf der rechten Hand traben und nicht so leicht in den Galopp fallen, weil der rechte Schenkel seine entschiedene Wirksamkeit äußert, sie werden sicher links galoppiren, weil der rechte Zügel und rechte Schenkel als auswendige Hülfen ihre Wirksamkeit äußern, sie werden auf der linken Hand auch wirklich links traben, weil sie nicht durch das feste, krampfhafte Hinter dem Gurt liegen des linken, inwendigen Schenkels und das mangelhafte Gegenhalten des rechten, als auswendign, mit der Kruppe ausfallen, sondern links in ihrer ganzen Länge gestellt sind und durch den thätigen, lebendigen linken Schenkel, der also nicht seitwärts drückend wirkt, an das Mundstück herangetrieben werden, wodurch der linke Vorder- und Hinterfuß etwas vorgreifen müssen. Ein untrügliches und sehr sichtbares Kennzeichen hierfür ist, wenn die Trense gerade im Maule des Pferdes liegt und nicht auf der linken Seite mehr hervorkommt, was oft bis über das Glied hinaus geschieht; eine weitere Folge dieses Fehlers, wenn derselbe stark vertreten, und der dadurch bewirkten scharfen Einspannung der Pferde besteht darin, daß sie vollständig krampfhaft oder stumpf fortgehen oder Sätze machen und ihnen das Blut zu Kopfe steigt, weil der linke Zügel, als auswendiger, wie eine Eisenstange liegt. — Zuerst muß der inwendige Zügel seine Wirkung äußern, um die Stellung zu nehmen; dann, wenn das Pferd der Wirkung nachgegeben hat, spannt der auswendige sich allmälig an, doch nicht mit stärkerer Wirkung, wie der inwendige; das muß Gesetz sein, sonst entstehen verbogene, verstellte Pferde. Auf diesem großen Uebelstande beruht es auch, daß die Pferde vielfach das Schulterherein rechts und das Travers links entweder vollständig verweigern oder sich doch mangelhaft dazu hergeben, und daß diese wichtigsten Seitengänge oft sehr mangelhaft geritten werden. — Viel trägt hierzu außerdem noch der fehlerhafte Sitz bei, und doch verlangt man das Hergeben des Pferdes zum Seitengange, obgleich der Reiter mit seinem Körper oft gerade das Entgegengesetzte von dem thut, was das Pferd machen soll; natürlich weigert sich das Pferd. — Giebt es etwas Widersinnigeres? — Lasse der Lehrer daher Halt machen, wenn ein Pferd sich nicht hergiebt, setze er im Stillstehen seine Reiter zurecht, bringe er sie in die richtige Front, die das Pferd annehmen soll, — mit ihren Hüften und Schultern, — lasse er den Seitengang nur eine kurze Strecke reiten, damit seine Reiter nicht wieder in den alten Fehler zurückfallen, und alle Pferde werden sich willig hergeben. —

Werden diese Grundsätze befolgt, so wird der Königliche Dienst und werden die Eskadronen den Nutzen und Vortheil davon haben, und die stätischen ungehorsamen, mit steifer, hoher Hinterhand und niedriger Vorhand fortgehenden Pferde, die sich die Vorderbeine ruiniren und Sehnenanschwellungen bekommen, werden fortfallen. Es kann dies im Interesse unserer Leistungsfähigkeit und Ausdauer nicht genug beherzigt werden, und muß ich wiederholt den Accent darauf legen. Mit so gearbeiteten Pferden wird das Exerziren in den Eskadronen, und werden alle Waffenübungen, das Jeu de barre und das Einzelngefecht sehr leicht zu erreichende Kleinigkeiten sein; die Vorbedingung muß nur vorhanden sein, d. h. das Verhältniß des Reiters zu seinem Pferde muß nach den vorstehenden Grundsätzen geregelt sein. —

Das Einzelreiten aus dem Gliede heraus, in geraden Linien, vor der Abtheilung ist nicht eine Folge unausgesetzter Uebungen, wiewohl irrthümlich geglaubt wird, weil die Pferde viel im Gliede gehen, sondern es ist nur eine Folge guter Reiterei, richtiger Einwirkung auf das Pferd, der Entwickelung des Triebes zum rücksichtslosen Vorwärtsgehen, den so viele Reiter nicht entwickeln, sondern durch ihre Faust unterdrücken, weil sie sich am Zügel halten. — Die Pferde, die nicht aus dem Gliede heraus, d. h. nicht vorwärts gehen wollen, sind zum großen Theile seitwärts in einem falschen Rechts-Travers verbogen worden; sie gehen daher nicht an das Mundstück dreist heran, weichen mit der linken Schulter nach links, mit der Hinterhand bei jeder Gelegenheit nach rechts aus, Vorhand und Hinterhand sind nicht gerade vor und hinter dem Reiter eingerichtet, was der erste Grundsatz ist; sie sind daher stätisch, ungehorsam, gehen nicht dahin, wohin sie sollen, schlagen nach dem rechten Schenkel, weil sie denselben gar nicht gewohnt sind, und steigen, wenn sie an die Zügel herangetrieben werden. — Es giebt wohl hin und wieder noch eine Anzahl derartiger Pferde, die in Folge dieser Ursache nicht aus dem Gliede heraus, nicht vorwärts gehen, was das erste Erforderniß ist, und die in Folge dessen auch nicht geradeaus gehen, wenn sie einzeln geritten werden, weil sie nicht zwischen Schenkel und Zügel eingeschlossen sind, sondern stets mit der Hinterhand nach der rechten Seite ausweichen können. — Dieser Fehler wird schon beim Reiten im Karree deutlich auffallen, wenn die Reiter den rechten Schenkel vom Knie ab senkrecht herunterfallen lassen oder ihn auch wohl nach vorne verstrecken, so daß er ohne jede Einwirkung auf das Pferd bleibt. — Wird nun ewig hinter einander im Karree hergeritten, so meint man, es gehe ja vortrefflich, und höchstens verunglückt der Linksgalopp; beim Einzelreiten tritt jedoch sofort der Nachtheil eines solchen fehlerhaften Sitzes in die Erscheinung; es treten sofort die Weigerungen und Widersetzlichkeiten ein.

Es hat daher das Karreereiten, wenn die Lehrer nicht sehen und die Augen aufmachen, was dort, wo dieser Fehler noch häufig auftritt, nicht in hinreichendem Maße geschehen sein kann, sehr geringen Werth, und alles Einzelreiten, wo auch der unerfahrenste Lehrer durch die Widersetzlichkeiten, die sich herausstellen, auf die Fehler der Reiter hingeführt und gestoßen wird, einen sehr erhöhten Werth. — Die Lehrer müssen daher durch die Eskadronchefs konsequent darauf hingewiesen werden, worauf es vornehmlich ankommt, damit sie darauf ihr Augenmerk richten; sie müssen dazu angehalten werden, einen jeden Verstoß, einen jeden Ungehorsam, den das Pferd begeht, sofort im Reiter, in dessen Sitz, Körperhaltung, Führung und Angewohnheit zu suchen, denn von dort geht er immer aus; wird er dort richtig erkannt und beseitigt, so fällt er ganz von selbst beim Pferde fort; schaffen wir also die Ursache fort, dann fällt die Wirkung von selbst fort; thun wir dies nicht, sondern arbeiten wir auf das Pferd los, so bessern wir gar nichts, sondern ruiniren das Pferd blos. Das Stätischsein der Pferde, ihre Weigerung vorwärts aus dem Gliede herauszugehen, muß daher im Karree durch richtige Einwirkung beseitigt werden, nicht aber durch unendliche Wiederholung des Herausreitens aus dem Gliede, was eine reine Zeitvergeudung ist und gar keine Gewehr giebt, daß das Pferd nun auch wirklich immer vorwärts geht. — Beseitige man das Uebel beim Reiter, das Pferd wird dann von selbst folgen; lehre man also den Reiter den entschiedenen Gebrauch des rechten Unterschenkels, und leide der Lehrer nicht, daß der linke Unterschenkel immer weit hinter dem Gurt seitwärts drückend liegt. —

Bei solchen Pferden, die durch nicht rationelle, falsche Behandlung bereits einen sehr hohen, hartnäckigen Grad von Stätischsein angenommen haben, bei denen dies bereits psychisch geworden ist, wird die Abstellung dieser üblen Angewohnheiten (stets linksum kehrt zu machen, sich auf die linke Schulter zu werfen, nicht vor dem rechten Schenkel zu weichen, nach demselben zu schlagen, nicht rücksichtslos aus dem Gliede vorwärtsgehen zu wollen, sondern wenn dies verlangt wird, zurückzutreten oder sich im Gliede quer zu stellen, mit der Vorhand nach links, mit der Hinterhand nach rechts, wodurch ein Drängen im Gliede und Verletzungen der Nebenleute und Pferde die unmittelbare Folge sind) allerdings viel schwieriger sein und viel mehr Mühe erfordern; jedoch sind diese Angewohnheiten keineswegs unausrottbar, wie wohl häufig angenommen wird, trotz des Geselligkeitstriebes, der den Pferden innewohnt.

Der Gehorsam des Pferdes muß größer sein als alle seine Triebe, auch größer als der Geselligkeitstrieb. Es muß nur auch hier unbedingt Gesetz sein, seinen Willen durchzusetzen, das Geschäft nicht aufzugeben, wenn das Pferd sich z. B. standhaft weigert, aus dem Gliede herauszugehen, sonst wird der Fehler immer größer und das Pferd das nächstemal erst recht nicht folgen.

Was nun im Besonderen das Reiten im Karree betrifft, so gilt als feststehende Regel, daß in Reitabtheilungen wie im Winter geritten wird; es können dabei mehrere Abtheilungen eines Lehrers vereinigt werden, so daß die Abtheilungen etwa 18 bis 20 Pferde stark sind; es dürfen aber nicht eine jede Reitklasse, sowie die sämmtlichen Rekruten, in einer Abtheilung zusammengestellt, unter einem Lehrer reiten; denn das würde der ganzen Maßregel wiederum die Spitze abbrechen; ein Lehrer kann so große Abtheilungen gar nicht übersehen, noch weit weniger ihnen guten Unterricht ertheilen, welcher individuell wirken soll; das Reiten in großen Abtheilungen kostet den Pferden unverhältnißmäßig viele Kräfte und einen erhöhten Aufwand von Zeit, da eine jede Lektion naturgemäß weit länger dauert, wie solche in kleinen Abtheilungen; diese Maßregel ist daher eine sehr unpraktische, unzweckmäßige, die gar keinen Nutzen hat. — Die Abtheilungen werden aus der in Front aufmarschirten Eskadron durch die Kommandos der Eskadronchefs in nachfolgender Weise vorschriftsmäßig formirt:

„Rekruten vorwärts — Marsch!" oder „Trab!" oder „Galopp — Marsch!"

„Erste Reitklasse vorwärts — Marsch!" oder „Trab!" oder „Galopp — Marsch!"

Ebenso zweite Reitklasse, ebenso vorjährige Remonten.

Auf das Ausführungskommando „Marsch!" oder „Trab!" reiten die sämmtlichen Mannschaften der in den obigen Kommandos bezeichneten Ausbildungsklassen im ersten Gliede in der befohlenen Gangart vor und formiren sich so schnell als möglich in ihre Reitabtheilungen;*) die Mannschaften des zweiten Gliedes aus dem ersten und zweiten Zuge reiten in der befohlenen Gangart, nachdem sie sich aus dem Gliede zurückgezogen haben, um den rechten Flügel der Eskadron, diejenigen aus dem zweiten Gliede des dritten und vierten Zuges um den linken Flügel der Eskadron herum und begeben sich zu ihren Reitabtheilungen, wo sie möglichst schnell in die Rangirung rücken; die betreffenden Lehrer rücken mit ihren Abtheilungen vor, rangiren dieselben und stellen sich vor denselben auf, bis der Eskadronchef den Befehl zum Abrücken giebt, worauf sie die erforderlichen Kommandos ertheilen und im Trabe dorthin rücken, wo sie das Karree formiren wollen; ebenso dürfen sie niemals sich im Schritt wieder zur Formation der Eskadron begeben, ebenso wenig die Züge, wenn die Eskadron zusammengezogen wird, sondern stets im Trabe. — Die Formation der Reitabtheilungen erfolgt 30 Schritte vor der Mitte der Eskadron, und muß dies formiren, wenn die Mannschaften erst näher damit bekannt sind, stets im Trabe und Galopp geübt werden.

Die Karrees sind nach denselben Dimensionen, wie die bedeckten Reitbahnen, d. h. mit zwei langen und zwei kurzen Seiten auf möglichst ebenem Boden so zu formiren, daß die Queue ungefähr vier bis fünf Pferdelängen von der Tete entfernt ist bei Abtheilungen von 16 bis 20 Pferden; bei kleineren Abtheilungen kann dies mehr betragen, damit lange Linien für das Reiten vorhanden sind. — Die Karrees dürfen keine Quadrate sein und müssen sorgfältig formirt werden; es ist streng darauf zu halten, daß die Reiter stets denselben Hufschlag beibehalten und daß derselbe, wie auch

---

*) Jede der Ausbildungsklassen einer Schwadron wie Rekruten, Remonten ꝛc. ist in Reitabtheilungen nicht über 20 Pferde zu zerlegen.

beim Abreiten zu Einem so schmal als möglich ist; ferner muß auf ordentliches Ausreiten der Ecken und Vermeidung eines oftmals vorkommenden Kavalleristenfehlers, vor der Ecke nach auswärts herauszuwenden, geachtet werden; geschieht dies nicht, so verliert das Reiten im Karree sehr an Nutzen und Werth; es muß so geritten werden, als wenn die Bande vorhanden wäre.

Beim Travers darf die Vorhand nicht über den Hufschlag nach außen hinausgehen, beim Renvers und Schulterherein die Hinterhand nicht über den Hufschlag nach außen, also nach rückwärts hinaustreten, sondern bei ersterem Seitengange muß die Vorhand auf dem Hufschlage gehen, bei den beiden letzteren Seitengängen dagegen die Hinterhand, worauf die Lehrer streng halten müssen, ebenso wie auf das Halten großer Distanzen. — Hauptziel ist immer die individuelle Einzeln-Ausbildung, nicht Massendressur, und die erstere kann nur durch größere Distanzen wenigstens angebahnt werden.

Die Mannschaften müssen angehalten werden, nicht ihre Distanz mit den Augen zu halten, sondern nur mit dem Tempo; sie müssen das Tempo fühlen und festhalten lernen und dadurch die Distanz im Karree; — sie müssen selbstständiger und unabhängiger von ihrem Vordermann werden und demselben nicht instinktiv blos immer alles nachmachen; eilt derselbe, verstärkt er sein Tempo, so dürfen sie ihm nicht nacheilen; wird er kürzer, so dürfen sie nicht auch verhalten, jedes selbstständige Reiten hört sonst auf, alles schwebt dann in der Luft und macht sich abhängig von den Fehlern Einzelner, die sich bis auf das Aeußerste fortpflanzen.

Nur im Tempo liegt der Halt und die Festigkeit, nicht in der Distanz, die mit den Augen gehalten wird; es muß vielmehr die Distanz eine Folge des gleichmäßigen Tempos sein, ebenso wie die Richtung nur durch das gleichmäßige Tempo im Gliede gehalten werden muß; es ist daher sehr unrichtig, immer den Reitern zuzurufen: „Halten Sie Distanz!" denn dadurch wird ihnen das Reiten nach dem Vordermann mit den Augen geradezu eingeimpft; es muß ihnen zugerufen werden: „Halten Sie Ihr Tempo fest, unbeirrt um die Distanz!" und ist einmal einer zu weit abgekommen, so rufe man ihm zu: „Reiten Sie das nächstemal früher ab, aber bleiben Sie jetzt in Ihrem Tempo!" — dann wird sich alles reguliren und es wird besser werden. — Im Tempo liegt Ruhe, Ordnung und Sicherheit, im Augenrichten Unruhe, Unordnung, Unsicherheit; das kann nicht genug beherzigt und schon den Rekruten eingeimpft werden.

Die Reiter müssen ganz genau den Mitteltrab, den Mittelgalopp, den starken Galopp kennen und diese Tempos unbeirrt um alles andere selbstständig reiten und unbeirrt festhalten, dann werden wir Halt und Sicherheit gewinnen und auch das Abreiten zu Einem in allen Gangarten wird besser werden. Hiermit, und das betrifft einen Hauptgrundsatz, muß aber beim Reiten im Karree mit den Rekruten schon angefangen werden, ebenso müssen dieselben lernen, sich auf das Schnellste wieder zu rangiren, wenn sie durch das Einzelreiten absichtlich gänzlich durcheinander gebracht worden sind; sie dürfen dann nicht alle auf einen Haufen reiten, sondern, sich nach der Tete richtend, auf dem kürzesten Wege direkt nach ihrer Stelle. — Das Befolgen der Signale, das rechtzeitige Hineinreiten in dieselben muß im Karree auf das Präziseste eingeübt werden, da dies dort am zweckmäßigsten erreicht wird.

Die Eintheilung des Reitens im Karree würde ein für alle Male in nachstehender Weise vorzunehmen sein:

1) Reiten mit eingestecktem Gewehr (fortgestellter Lanze) und angefaßter Trense. — Arbeit des Pferdes, Herstellung und Weiterförderung der Biegsamkeit desselben, besonders in dessen Genick und Hanchen — dadurch dessen Versammlung — daher: Abbrechen, Wendungen auf der Vor- und Hinterhand, Seitengänge, versammelte Gänge, abgekürzter Trab, abgekürzter Galopp.

2) Gewehr aufnehmen — (Lanzen anfassen) Reiten mit einer Hand; — freiere Gänge, Mitteltrab, Mittelgalopp, starker Trab, starker Galopp. — Waffen-Uebungen; — am besten Hieb und Stich von jedem Reiter einzeln beim Vorbeireiten vor dem Lehrer, wo derselbe dies am besten beaufsichtigen kann, — in allen Gangarten, in allen Auslagen. — Hieb und Stich zur Erde zuerst im Stehen und im Schritt einzuüben, um den Mannschaften das Herunterbeugen des Oberkörpers dicht neben dem Pferdehalse beizubringen, ohne die Absätze in die Höhe zu ziehen und dadurch die Pferde mit den Sporen zu beunruhigen. — Jeder Reiter muß im Galopp die Erde treffen. —

Wie bereits an anderer Stelle hervorgehoben, muß es Grundsatz sein, in einer jeden Reitstunde einzeln zu reiten, da nur dadurch die Nachtheile der Abtheilungs-Reiterei paralysirt werden können. Das Reiten nur in der Abtheilung verdummt die Mannschaften, schläfert sie ein, während das selbstständige Einzelreiten sie anregt, aufweckt, findiger und gewandter macht; alle Fehler, die sie begehen, treten außerdem hierbei doppelt hervor, geben also dem Lehrer Gelegenheit zum besseren Unterricht, zur direkteren, gründlicheren Instruktion; namentlich das Reiten der Remonten in der Abtheilung bietet gar keine Gewähr dafür, daß sie vor dem Schenkel vorwärts gehen, worauf doch alles ankommt; dies wird erst durch das Einzelreiten mit und gegen die Abtheilung herbeigeführt und kommt auch erst dann zur Erscheinung. — Es kann daher nicht konsequent und streng genug darauf gehalten werden, daß dies auch wirklich geschieht; es werden dann auch sehr bald die Uebenden Pferde völlig fortfallen. — Es hängt hiermit eng zusammen, daß der Kavallerist im Stande sein muß, aus der größten Unordnung schnell wieder zur höchsten Ordnung überzugehen, sei es im Karree, sei es im Gliede. — In diesem Einzelnreiten muß selbstverständlich ein progressives Vorschreiten beobachtet werden, wie etwa zuerst: Volten in den freien Ecken im Trabe, wobei die Ecken gründlich auszureiten, und an der haltenden Abtheilung vorbei, nicht hinten an die Queue heran, — auch eine Volte an der haltenden Abtheilung, — sodann als Fortschritt: eine Volte, aus der Volte changirt, Volte auf der anderen Hand, aus der Volten changirt, Volte in den freien Ecken; sodann zwei Reiter gegen einander mit Volten in den freien Ecken, wenn die vorher bezeichneten Uebungen recht gut gehen; sodann Volten im Galopp mit Hauen der Hiebe und Ausführen der Stiche nach dem Innern der Volte hinein, wie wenn ein feindlicher Reiter umkreist würde. — Je öfter dieses Einzelnreiten geschieht, um so besser, denn dies wirkt mehr ein, wie mehrere Stunden Reiten in der Abtheilung. — Ein solches Einzelnreiten ist auch weit instruktiver, wie das Auseinanderreiten der ganzen Abtheilung, was so gut wie gar keinen Nutzen hat. —

Es würde nun als nächste Periode der Einzelnreiterei das Reiten auf gerader Linie im Terrain folgen; es ist dies ein sehr wichtiger Abschnitt als Vorbereitung für das Exerziren und zur Vervollständigung der Ausbildung der Pferde, die fast stets bis dahin im Karree geritten worden sind. Ziel und Zweck desselben ist, die Mannschaften zu befähigen, in sicherem, gleichmäßigen, festen Tempo in allen Gangarten ihre Pferde auf völlig gerader Linie in wechselndem Terrain zu führen und zu reiten. — Mittel hierzu sind:

1) Sie recht oft aus dem Gliede auf ein fernes, ihnen gestelltes point de vue, einen Kirchthurm, Baum, Haus, Hinderniß losreiten zu lassen, zu welchem sie den Weg ohne die mindesten Seitenabweichungen und Schlangenlinien schnurgeradeaus zurücklegen müssen, womit natürlich im Trabe zu beginnen ist, um es später in der Karriere ausführen zu können; auf dem Rückwege zur Abtheilung oder Schwadron lasse man die Reiter stets in kürzeren Gangarten (Trab oder Schritt) reiten, da die Pferde dann gewöhnlich eilen werden, und jenes nach dem Grundsatze, daß die Reiter stets das Gegentheil thun müssen von dem, wozu ihre Pferde eine fehlerhafte Neigung haben, ein Mittel ist, die Herrschaft derselben über die letzteren zu befestigen.

2) Die Reiter einzeln aus dem Gliede auf sich selbst zureiten lassen, völlig senkrecht und geradeaus in allen Gangarten, Trab, rechts (links) Galopp, wobei man seine Aufstellung aber entfernt von der Abtheilung nehmen muß. — Die Reiter müssen stets Auskunft geben können, ob sie richtig

galoppirt haben (rechts, links), wie es ihnen befohlen war. — Man lasse sich bei dieser Gelegenheit Meldungen erstatten und halte dabei darauf, daß der Reiter entschieden auf den Vorgesetzten losreitet, gut durchparirt, sein Pferd demnächst ruhig und gerade hinstellt, ohne daß dasselbe hin und her quengelt und daß derselbe dann mit rechtsum kehrt in kürzerer Gangart wieder zurückreitet.

3) Das Reiten in geöffneten Gliedern mit Intervallen von ein bis zwei Pferdelängen zwischen den einzelnen Reitern.

4) Möglichst wenig auf den geraden senkrechten Linien des Exerzirplatzes reiten, sondern auf den schrägen, obliquen, auf der Diagonale.

5) Einzelnreiten vor der auf schräger Front zu den Grenzen des Exerzirplatzes aufgestellten Abtheilung, in rechten Winkeln senkrecht von derselben fort, parallel mit derselben; zuerst auf Kommando, dann ohne Kommando; zunächst mit einem Reiter, demnächst mit zweien (einer rechts, einer links Galopp!) z. B. mit einem Reiter: „Senkrecht aus dem Gliede verreiten im Rechtsgalopp, etwa 100 Schritt, — „rechtsum — Marsch!" „Gradeaus" — 50 Schritt — „rechtsum — Marsch!" „Gradeaus" — 100 Schritt — „rechtsum — Marsch!" „Gradeaus" — vor der Front der haltenden Abtheilung entlang reiten; an deren linken Flügel angekommen: „Volte — (nach rechts) Marsch!" — nach einer kurzen Strecke „rechtsum — Marsch!" „Gradeaus" (also wieder senkrecht fort) — „Trab" — „links um — Marsch!" — „Gradeaus" — „linksum — Marsch!" — „Gradeaus" und Einrücken von hinten. — In derselben Weise ist entsprechend im Links-Galopp zu verfahren und bei zwei Reitern, die sich rechts ausweichen. —

Der Lehrer lasse niemals die einzelnen Reiter hinter der Front der Abtheilung, sondern stets vor der Front derselben reiten und nach vorne wenden. Hinter der Front, um die Abtheilung herum, gehen die Pferde alle ganz von selbst, und man thue immer gerade das Gegentheil von dem, wozu die Pferde eine fehlerhafte Neigung haben, und auch die Reiter; das ist der beste Fingerzeig. — Bei diesem Einzelnreiten vor der Front wird vorherrschend der Fehler begangen, daß die Reiter meistentheils große Kreise reiten, anstatt rechte Winkel, auch wenn ihnen das letztere ausdrücklich befohlen ist, und beim Reiten parallel mit ihrer Abtheilung stets näher an dieselbe herankommen, anstatt gerade das Gegentheil zu thun und weiter von derselben abzuhalten, also bei „rechtsum" mehr nach links zu halten und bei „linksum" mehr nach rechts zu halten. — Das liegt aber darin, daß die Reiter stets allein mit den Zügeln wenden wollen, die Pferde herumziehen und dann in der Wendung stecken bleiben, also dieselbe zu weit herum ausführen. — Es ist nur nöthig, mit Konsequenz hierauf zu halten, um diesen Fehler abzustellen. —

Nur wenn das unausgesetzte Bestreben darauf gerichtet wird, das Verhältniß der Reiter zu ihren Pferden, die Haltung und Thätigkeit der letzteren, die Herrschaft der Reiter über ihre Pferde, die Gewandtheit beider nicht allein zu erhalten und zu befestigen, sondern auch durch Arbeiten im Karree und Einzelnreiten vor jedem Exerziren noch zu erhöhen und dasjenige, was durch die Weiterausbildung erreicht worden, weiter zu fördern, wie dies vorgeschrieben ist, werden die taktischen Uebungen auch gedeihen, und wird die Konservation der Pferde auf den Beinen und ihr Futterzustand gleichzeitig bewahrt werden können. — Dieses so durchaus nothwendige Einzelnreiten und Weiterarbeiten der Pferde muß aber in solcher Weise erfolgen, daß es auch wirklich etwas nutzt, und nicht, wie es so oft geschieht, daß man dasjenige mit den Pferden übt, was sie schon von selbst gehen, was ihnen und daher auch den Reitern leicht wird. — Es muß vielmehr stets, wie bereits wiederholt betont wurde, das gerade Gegentheil von dem verlangt und geübt werden, was die Pferde gern thun und was die Reiter ohne Mühe ausführen können, wie: vor der Abtheilung abwenden, nicht um dieselbe herumreiten, von der Abtheilung in stärkeren Gangarten abreiten, auf dieselbe zu in kürzeren u. s. w., weil nur dies die Herrschaft der Reiter über ihre Pferde befestigt und deren unbedingten Gehorsam erhöht. — Man muß es sich selbst und den Thieren nicht gar zu leicht machen, denn das nutzt nichts. — Das Einzelnreiten als Erfolg der individuellen Ausbildung von Reiter und Pferd muß den Mannschaften vollkommen zur Gewohnheit werden. —

b. Das Abreiten zu Einem.
Zusammengestellt aus den Cirkulairen vom 14. Juni 1872, 17. März 1873, 9. Juli 1873, 14. Juli 1875.

Das Abreiten zu Einem muß der unmittelbare Erfolg und der Prüfstein für die Reiterei, für die Arbeit der Pferde sein und nicht einer großen und unausgesetzten Uebung unterliegen, wenn es auch in jeder Beziehung vortheilhaft ist, täglich einmal zu Einem, in dieser oder jener Gangart, mit und ohne Hieb und Stich abreiten zu lassen. Man kontrolirt dadurch die Haltung von Reiter und Pferd am besten und frischt die Aufmerksamkeit, die Spannung auf. Grundsatz ist hierbei wieder: das Tempo unverrückt festhalten (nicht die Distanz), sowie die gerade Linie, den Vordermann halten, wozu es vortheilhaft ist, stets zwei Points rechts und links etwa vier bis sechs Pferdelängen von dem Vorgesetzten, vor dem abgeritten wird, aufzustellen, deren Pferde die Abreitenden zu streifen haben;

die Abreitenden müssen den Vorgesetzten mit einer leichten Drehung des Kopfes ansehen, wenn ohne Waffenübungen abgeritten wird. — Reitet ein Mann eine falsche Gangart, so muß er ruhig mitreiten, nicht zurückbleiben, um nicht die ganze Eskadron auseinander zu reißen. —

Die Eskadronchefs salutiren stets, wenn sie ihre Eskadron vorbeiführen (bei Vorstellungen), auch wenn dieselbe mit Hieb und Stich abreitet. — Dasselbe gilt für Führer einzelner Züge. — Wird rechts abgeritten, so reiten vor demselben die Trompeter ab; wird links abgeritten, so folgen die Trompeter an der Queue der Eskadron. —

Wird mit Hieb und Stich oder mit einer Auslage abgeritten, so haben die Trompeter das Signal der Gangart zu blasen, in welcher das Abreiten befohlen ist. — Die Mannschaften sind auf das Strengste anzuhalten, daß sie stets nur den Stich oder Hieb ausführen, der befohlen worden ist; es macht einen sehr schlechten Eindruck in Bezug auf Spannung, Appell, wenn die Mannschaften beliebige Hiebe und Stiche machen, die nicht befohlen waren. —

Beim Abreiten im Galopp muß stets aus dem Trabe der Galopp entwickelt werden; die Mannschaften müssen drei Pferdelängen geradeaus auf Gliederdistanz im Schritt reiten, dann anderthalb Pferdelänge im Trabe Distanz nehmen und erst allmälig ihren Galopp auf gerader Linie entwickeln; dann werden sie ihn sicher haben und ruhig reiten; anstatt dessen wird von ihnen öfters beim Rechtsabreiten halblinks und beim Linksabreiten halbrechts geritten, um in den richtigen Galopp zu kommen, was geradezu das Nachtheiligste und Unzweckmäßigste ist und durchaus inhibirt werden muß. — Es ist sehr vortheilhaft, nach dem Vorbeireiten im Galopp, nachdem der Vorgesetzte etwa um acht Pferdelängen passirt ist, bei einem aufgestellten Unteroffizier die Pferde in den Trab setzen zu lassen, weil dies wieder eine gute Reitübung für die Mannschaften ist und die Pferde beruhigt. — Wenn sehr viel falscher Galopp, besonders beim Linksabreiten rechts Galopp geritten wird, so beweist dies, daß im wirklichen Reiten noch geringe Fortschritte gemacht sind. — Wenn der rechte Schenkel keine Kraft hat und nicht zur Anwendung gelangt, also als auswendiger nicht hinter dem Gurt liegt und die Hinterhand verwahrt, wenn die Nase durch erhöhte Anwendung des linken Zügels zu viel links genommen wird und der linke Schenkel seitwärts drückend hinter dem Gurt liegt, anstatt das Pferd anzuregen und gegen den linken Zügel zu treiben, so muß unfehlbar das Pferd mit der Nase links, rechts Galopp gehen, was sich beim Abreiten zu Einem im Galopp links zeigt.

Ganz falsch ist es, wie schon erwähnt, wenn bei diesem Abreiten zu Einem im Linksgalopp die Reiter mit halbrechts aus dem Gliede heraus=

reiten und von den ausgestellten Points in Folge dessen zu weit abbleiben, also nicht geradeaus reiten.

Gerade das Gegentheil davon muß geschehen; die Reiter müssen eher etwas halblinks aus dem Gliede herausreiten und den rechten Zügel und rechten Schenkel mehr zur Wirksamkeit bringen, wodurch die Pferde richtig links anspringen werden, und die gerade Linie, dicht an den Points entlang, von ihnen gehalten werden wird. Dies muß instruirt und streng darauf gehalten werden. —

Das Abreiten zu Einem in der Karriere muß in der allerschnellsten Gangart ausgeführt werden; dazu ist es aber erforderlich, die Karriere durch fleißige Uebung auszubilden, denn die Pferde müssen sie erst lernen, sie müssen eingelaufen werden; man muß den Eindruck davon empfangen, daß dieselben hergeben, was sie haben, und so schnell laufen wie sie können; die Kadenz kann außerordentlich durch richtige und zweckentsprechende Einwirkung gesteigert werden; Mittel hierzu sind: die faulen, langsamen Pferde mit schnellen zusammenzustellen und sie unmittelbar hinter denselben oder neben denselben laufen zu lassen, um sie anzuregen; oft hindern blos die Reiter durch ihren fehlerhaften Sitz die Pferde am schnellen Laufen oder dadurch, daß dieselben mit dem Oberleibe nicht in die schnelle Bewegung des Pferdes eingehen, es demselben nicht leicht, sondern schwer machen und sich am Zügel festhalten. Es ist daher für die Reiter ebenso nothwendig, daß die Karriere nach Möglichkeit ausgebildet werde, wie für die Pferde; die Karriere muß wie die Windsbraut so schnell sein, und muß täglich eine solche geritten werden, was den Pferden sehr zuträglich ist und auf den Geist, die Frische, das Leben der Mannschaften sehr vortheilhaft einwirkt; sie müssen täglich dreister und schneidiger reiten und sich stets freuen, wenn sie eine recht entschiedene Karriere machen können. — Das Laufen auf schnurgerader Linie und mit nicht zu großer Distanz muß angestrebt und zu dem Zwecke auch mit Ausführung einer Wendung (besonders nach rechts bei einem aufgestellten Point, um denselben herum) in der Karriere abgelaufen werden: die Balance wirkt hierbei wieder am meisten; — ein Vorbeilaufen der hinteren Reiter bei ihren Vordermännern darf nicht gelitten werden, ohne daß die Karriere hierdurch geschmälert wird, ebenso dürfen nicht zwei oder drei Reiter dem Vorgesetzten zusammen vorbeilaufen; es ist dies eine grobe Unordnung; der Mann bildet sich ein, in der Karriere brauche er keine Ordnung zu halten, es sei dies nicht möglich. — Das darf demselben gar nicht zugebilligt werden. — Der Fehler liegt daran, daß der Hintermann zu früh sein Pferd laufen läßt, wahrscheinlich nicht mehr halten kann; während derselbe, da er das Pferd seines Vordermannes sehr wohl kennt und weiß, ob dasselbe schlaff ist und matt läuft, oder schnell

5*

und vehement ist, danach sein Abreiten und den Uebergang in die Karriere einrichten muß.

Sollen Stiche und Hiebe beim Abreiten ausgeführt werden, so muß dies mit der größten Vehemenz und Kraft, mit starkem Hineinlegen des Oberleibes in dieselben geschehen, und zwar nicht zu spät, sondern gerade vor dem Vorgesetzten, vor dem abgeritten wird. — Der Hieb zur Erde ist mit Anlegen der linken Schulter an den Hals des Pferdes systematisch im Stehen, Schritt, Trab, Galopp und in der Karriere einzuüben; ein jeder Reiter muß dabei die Erde treffen. — Die Auslage vorwärts ist nicht rechts vor der Schulter, sondern mit der rechten Hand vor dem Gesicht zu nehmen, und zum Hiebe zur Erde ist kurz und schnell mit einem Ruck an die linke Schulter zu gehen. — Der Stich mit beiden Händen vorwärts bei den Ulanen muß wagerecht, nicht die Spitze in die Luft, dicht neben dem linken Pferdeohr, mit viel Holz hinter der rechten Hand, unter möglichst weitem Vorlegen des Oberleibes in den Stich hinein, so daß sich der Reiter ganz vornüber legt, so kräftig als möglich, ohne Vorgehen der linken Faust zur Ausführung kommen. — Im Allgemeinen geschieht dieses Hineinlegen in Hieb und Stich sehr wenig, und sind die Mannschaften sehr wenig biegsam mit dem Oberkörper, was doch so nothwendig für die Balance und für den Waffengebrauch ist; zu dem Zweck empfehlen sich die betreffenden Freiübungen, um mehr Gewandtheit und Biegsamkeit zu erzielen. Der Zwang und die Steifigkeit des Oberleibes in den Hüften muß gänzlich fortfallen. — Die Hauptanforderungen, die somit an ein gutes Ablaufen in der Karriere gestellt werden müssen, sind, nochmals zusammengefaßt: 1) Volle Karriere, so stark als irgend sein kann; 2) Geradeauslaufen; 3) nicht dem Vordermann vorbeilaufen und 4) ein kräftiger Hieb oder Stich mit 5) lautem Hurrah! — Diejenigen, die matt „Hurrah!" rufen, wie Schwindsüchtige, können auch nicht eine scharfe Karriere reiten; sie haben kein Herz, keine Kourage; deshalb ist das „Hurrahrufen" zur Uebung beim Ablaufen zu Einem zu empfehlen.

Da wir mit jungen Reitern zu rechnen haben, und es unser Bestreben sein muß, ihnen stets wieder die Herrschaft über ihr Pferd zu verschaffen, so müssen wir uns nach der Decke strecken und Hülfen anwenden, die bei alten Reitern weniger erforderlich sein würden; man kann demunerachtet doch sehr wohl die vorgesteckten Ziele erreichen; mit Rücksicht hierauf kann nicht genug empfohlen werden, immer darauf Bedacht zu nehmen, daß wenn stärkere Gangarten — Karriere und starke Galopps — geritten worden, stets wieder die Haltung hergestellt, die Herrschaft der Reiter über ihre Pferde wieder erprobt und aufrecht erhalten werde. — Hierzu dient die bereits bei der Besprechung des Abreitens im Galopp gegebene Hülfe, daß nachdem die Karrieren einzeln geritten worden, die Reiter nicht in das Glied hineinstürmen, sondern mindestens 100 bis 150 Schritt hinter dem aufmarschirenden Gliede ihre Pferde ein und alle Male bei einem aufgestellten Offizier oder Unteroffizier in den Trab setzen und so in das Glied einrücken; ferner ist es aus demselben Grunde zweckmäßig, jedesmal nach dem Abreiten in der Karriere noch im Trabe oder Galopp abreiten zu lassen, um Ruhe und Sicherheit wieder herzustellen, damit die Pferde den Mannschaften nicht aus der Hand gehen; ich spreche es aber nochmals ausdrücklich aus, die Karriere darf deshalb nicht gescheut und vermieden werden, sondern sie muß, sowie das Springen, **täglich** geübt werden, sei es zu Einem, zu Dreien, in Gliedern oder in Zügen.

---

c. Die Waffenübungen und das Stechen nach Zielobjekten.
Zusammengestellt aus den Cirkulairen vom 21. November 1871, 14. Juni 1872, 17. März 1873, 9. Juli 1873, 10. Januar 1874, 26. April 1874, 21. April 1875.

Ich habe wiederholentlich darauf hingewiesen, wie sehr wir noch im Gebrauche der Waffe zurück sind. Die Waffenübungen bedürfen durchaus noch einer erhöhteren Ausbildung, wenn wir darin den Anforderungen an die Gewandtheit unserer Mannschaften, wie den direkten, unmittelbaren Ansprüchen, welche das Gefecht an uns stellt, genügen wollen.

Als Grundlage, um dies zu erreichen, dient vor allem das Fechten, welches aus vielfachen Rücksichten eine höchst nothwendige Uebung für den Kavalleristen ist; einmal ist es ein außerordentliches Mittel zur Erzielung allgemeiner Körpergewandtheit und Leichtigkeit, sodann giebt es dem Kavalleristen die Waffe zum wirklichen Gebrauch in die Hand, was nicht oft genug geschehen kann; nächstdem lehrt es ihn, die Absichten des Gegners aus seinen Bewegungen und aus seinem Auge zu erkennen; es lehrt ihn, des Gegners Blößen zu erkennen und sie schnell benutzen; es wirkt dahin, Thatkraft, Entschlossenheit, schnellen Entschluß zu erziehen und zu entwickeln und ist daher schon aus diesen Rücksichten ein vortreffliches Ausbildungsmittel; durch die große Komplizirtheit der Uebungen, besonders beim Stoßfechten, wirkt es außerdem noch auf erhöhte Spannung und Intelligenz der Mannschaften. Das Stoßfechten muß aus dem Grunde dem Schlagen mit dem Rappier und dem Säbel oder Pallasch vorangehen, da vornehmlich durch das erstere die erforderliche größere Gewandtheit, Leichtigkeit und Biegsamkeit des Körpers erzielt wird, und das Schlagen mit Rappier, Säbel und Pallasch, wenn das Stoßfechten nicht vorhergegangen, leicht in rohes Einhauen auf einander ausartet, was keinen Zweck hat. — Ich weiß wohl, daß wir im Handgemenge nicht fechten, sondern Schwadronshiebe mit dem ganzen Arm aus Schulter- und Ellenbogengelenk hauen, und daß die besten Paraden und Deckungen recht viele und hageldicht fallende kräftige und scharfe Hiebe und namentlich Stiche sind; demunerachtet wird derjenige Kavallerist doch dem Gegner im Handgemenge überlegen sein, der Fechten gelernt hat, vorausgesetzt, daß er ein guter Reiter ist; ich darf nur an die Thatsache erinnern, daß die französische Kavallerie von 1813, 1814, 1815 zum größten Theil auf ungearbeiteten Bauern- und Postpferden beritten, dabei von Natur schwache Reiter und mangelhaft ausgebildet, diese großen Mängel sehr ersetzte durch ausgezeichnetes Fechten, was von jeher außerordentlich in der französischen Kavallerie kultivirt worden ist, und wodurch dieselbe in den Stand gesetzt wurde, wiederholentlich der weit besseren russischen und preußischen Kavallerie mit Erfolg die Spitze zu bieten, wie mehrfache Gefechte, selbst Liebertwolkwitz, darthun; ich glaube, daß Aehnliches auch aus der letzten Kampagne nachzuweisen wäre, so selten auch wirkliche Kavalleriegefechte in Folge der entschiedenen Abneigung der französischen Kavallerie gegen dieselben vorgekommen sind. — Wir haben somit alle Veranlassung, uns eine recht gründliche und erhöhte Ausbildung im Gebrauche der Waffen anzueignen. — Die Grundlage hierzu muß im Laufe des Winters durch das Fechten und die Waffenübungen zu Fuß, die nicht nachhaltig und systematisch genug betrieben werden können, gelegt werden, denn, wenn dies geschehen, so bedarf es nur kurzer Uebung zu Pferde, welchem die Uebung der Hiebe und Stiche auf dem Voltigirpferde rationell, und nach allen Erfahrungen mit ersichtlichem Erfolge, vorangehen muß, um sowohl Gewandtheit, wie Kraft bei Ausführung der Hiebe und Stiche im Sitzen zu erzielen, besonders wenn darauf gehalten wird, daß der Reiter dabei fest in die Bügel tritt, was schon dadurch unwillkürlich eintreten wird, wenn möglichst auf ein scharfes Hineinlegen in die Hiebe und Stiche und auf die größte Beweglichkeit und Biegsamkeit der Reiter in den Hüften mit dem Oberleibe hineingewirkt wird. — Dies hängt ganz nahe mit dem Reiten auf der Balance, mit richtiger Gewichtsvertheilung zusammen. Eine große Mehrzahl unserer Reiter bemüht sich, die Wendungen mit den Zügeln auszuführen, weshalb sie auch sehr häufig verunglücken, besonders wenn die Balance entgegengesetzt gegeben wird und also mit der Zügelwendung nicht übereinstimmt. — Viele sitzen mit dem Oberkörper in den Hüften starr, steif und unbeweglich, was eine vollständige Verkennung der Vorschriften dokumentirt; die Mittelpostur allein soll möglichst ruhig, stet und unverrückt gehalten werden, nicht aber die Oberpostur, deren Drehung, Neigung und Biegung durch die Rücksicht auf die Einwirkung auf das Pferd, auf das Reiten, auf die Wendungen, sowie auf den Gebrauch der Waffen unbedingt erforderlich ist, indem dies die leichteste, am entscheidendsten einwirkende, niemals fehlschlagende Hülfe ist. — Die Mannschaften können daher nicht beweglich genug in den Hüften gemacht werden, was in das Kapitel von der Biegsamkeit, Gewandtheit, den Freiübungen hineinschlägt. — Schon zu Fuß muß das stete Augenmerk darauf gerichtet sein, daß die Mannschaften sich so weit als möglich in die Hieb- und Stichlage hineinlegen; es ist dies sowohl in direkter Beziehung behufs wirklichen Erreichens des Gegners mit der Waffe, wie in indirekter Beziehung zur Erzielung erhöhterer Gewandtheit und vermehrter Biegsamkeit der Mannschaften in den Hüften, wo sie vielfach so sehr, auch für die Zwecke des Reitens, fehlt, durchaus geboten. — Gerade das Lüften des Gesäßes, verbunden mit einer leichten Erhebung in den Bügeln, also der Gegenhalt in denselben als Aequivalent für den Erdboden; ist für das kräftige Ausführen der Hiebe und Stiche unumgänglich nothwendig. — Je weniger alles dies gemeinhin seitens der Mannschaften geschieht, und je schwerer ihnen dies wird, um so mehr ist es unsere Pflicht, diese Anforderungen zu erreichen, um ihre Gewandtheit und Biegsamkeit zu erhöhen, ihre natürliche Steifigkeit und Unbeweglichkeit zu beseitigen. — Wenn wir in dieser Beziehung noch zurück sind, so liegt es daran, daß schon bei den Rekruten in der ersten Periode ihrer Ausbildung die Ausführung der Wendungen nicht systematisch eingeübt und dieselbe nicht allein auf der Balance und den Schenkeln mit bloßer leichter, wiederholter Andeutung durch den inwendigen Zügel und entsprechendem Gegenhalten des auswendigen Zügels basirt, sowie, daß den Wendungen im Stillstehen und in der Bewegung überhaupt nicht genug Werth beigelegt wird. — Der Zweck der Wendung ist: 1) die Gewandtheit des Pferdes für den Kampagnegebrauch, welcher durch die Wichtigkeit des Waffengebrauchs bedingt ist, zu erzielen, und 2) als wichtige Lektionen zur systematischen Ausbildung des Remontepferdes beizutragen; denn sie wirken belehrend für Schenkel- und Zügelsprache, fördernd zur Haltung und Konservirung des Pferdes und bildend für Gefühl und Verständniß des Reiters. — Sie müssen daher mit möglichster Beschränkung aller mechanischen Einwirkung, besonders der Zügel, hauptsächlich mit Gewichtshülfen ausgeführt werden, da der sich in die Wendung neigende Oberkörper gewaltigen Einfluß auf das Pferd ausübt; von ihm hängt Größe, Enge, Weite, rasche oder langsame Wendung ab. — Richtige Gewichtsvertheilung, also Balance, ist die allererste und vornehmlichste Grundlage alles Reitens, sowohl für das Festsitzen auf dem Pferde, wie für die rationelle Einwirkung und für die Bearbeitung desselben. — Die beste Anleitung und die ausgiebigste Vorübung für die Wendungen finden Reiter und Pferd in den Seitengängen, besonders im Schultherein, wobei richtige Gewichtsvertheilung zur unbedingten Nothwendigkeit wird. Schon die Wahrnehmung, daß beim Reiten mit einer Hand auf der Kantare die Zügelhülfen uns bei den Wendungen vollständig im Stich lassen, wovon wir uns täglich bei ungeschickten Reitern überzeugen können, muß uns die Wichtigkeit der Gewichtshülfen, also die Neigung des Oberkörpers in die Wendung hinein, wozu möglichste Biegsamkeit in den Hüften gehört, klar machen und uns daher darauf hinweisen, dieselben so viel als möglich zu kultiviren. — Geschieht dies, so wird es uns gelingen, auch den ungeschicktesten Reiter mit Leichtigkeit dahin zu bringen, seine Volten auf beiden Händen im Galopp im nahen Umkreisen von Figuren unter Ausführung von kräftigen Hieben und Stichen nach denselben auszuführen, was ich als das Minimum der Ausbildung der Mannschaften bezeichnen muß; wir dürfen nicht eher ruhen, bis diese Fundamental-Anforderung für den Kavalleristen erreicht ist. —

Zu diesem Zwecke ist es erforderlich, wie bei allen anderen Dienstzweigen, rationell zu Werke zu gehen und während des Winterhalbjahres einen systematischen Stufengang in der Ausbildung zu beobachten, dann werden uns die Erfolge im Sommer in der Gewandtheit der einzelnen Reiter recht schlagend entgegentreten.

Das Fechten muß mit Lust und Liebe und dem gehörigen Verständniß betrieben und auf die ganze Eskadron in diesem Sinne eingewirkt werden. So schwierig besonders das Stoßfechten zu Anfang bei dem Mangel an ausgebildeten Lehrern erscheint, so wird sich bei recht regem Interesse zur Sache dieselbe schon finden, und die Erkenntniß von dem, worauf es ankommt, und der richtige Blick, der die Fehler erkennt, sich allmälig einstellen. Um in den Besitz wirklich geschulter, umsichtiger, konsequenter Lehrer in diesem Dienstzweige zu gelangen, muß seitens der Regimenter systematisch verfahren werden, wie ich es angerathen habe; die Offiziere und Unteroffiziere, welche bei der Central-Turnanstalt ausgebildet sind, müssen sofort mit der Ausbildung von mehreren Unteroffizieren, von einer jeden Eskadron etwa zwei bis drei, die in einer Abtheilung zu vereinigen, beauftragt werden, und diese müssen dann demnächst das Erlernte an ihre Eskadronen weiter geben; der Kursus für diesen Unterricht, die Heranbildung von Lehrern, würde ungefähr drei Monate währen; wird so verfahren, so werden wir auch weiter kommen.

Es ist nicht zweckmäßig, die Fechtklassen nach Jahrgängen zu rangiren, also alle Mannschaften, die im zweiten Jahre dienen, in die erste Fechtklasse zu setzen, vielmehr muß sich das nach dem erlangten Ausbildungsgrade und nach der Qualifikation ganz allein richten, damit nicht eine an und für sich zweckmäßige und nützliche Maßregel in das gerade Gegentheil davon umschlägt. Die Fechtabtheilungen müssen anfänglich möglichst klein formirt werden, etwa zu sechs Mann, damit die individuelle Ausbildung des einzelnen Mannes dadurch erzielt werde. Derjenige Eskadronchef, der dies unterläßt wegen Mangels an Lehrkräften, der würde sich selbst das Urtheil dadurch sprechen; denn wenn von ihm richtig und rationell verfahren wird, so hat er diese Lehrkräfte immer, wie dies die „Allgemeinen Gesichtspunkte, Abschnitt I. der Instruktion für die Waffenübungen der Kavallerie vom Jahre 1873 Seite 5", fordern. — Gewandte, umsichtige, tüchtige Gefreite, wenn sie nur gründlich ausgebildet, sind immer dazu vorhanden; sogar die befähigteren vorjährigen Rekruten können dazu mit verwandt werden, sowohl bei den Waffenübungen, wie bei der Gymnastik, wenn sie nur richtig angeleitet und ihnen die Gesichtspunkte klar gemacht, die Pointen präzise bezeichnet werden, auf welche es bei einer jeden einzelnen Uebung vornehmlich ankommt. Auf diese Weise werden ebenfalls die erforderlichen Lehrer erzogen, die Kräfte richtig verwerthet werden, und es wird niemals der Mangel an Lehrkräften obwalten, über welchen öfter geklagt wird; auch werden hierdurch die Unteroffiziere mehr von ihrem überhäuften Dienst entlastet werden, was zu ihrer Konservation nothwendig ist. — Der Fechtunterricht würde in der Woche mindestens an zwei Tagen, jedesmal eine Stunde, abgehalten werden müssen; bei den Rekruten würde erst in der letzten Periode der Winterausbildung damit zu beginnen sein. — Für die weitere Ausbildung im Fechten sind selbstverständlich Florets und Rappiere erforderlich, doch können anfänglich sehr wohl die Vorübungen, „die Auslage", „das Ausfallen", „das Appelltreten", „die Wendungen", „das Vorwärts- und Rückwärts-Wechseln", „die Passade", „ein, zwei Schritt vorwärts- und rückwärtstreten", lauter Uebungen, die so außerordentlich auf Körperhaltung und Gleichgewicht wirken, in kleinen Abtheilungen mit der Front nach dem Lehrer, wie die Freiübungen (nicht gegeneinander) mit hölzernen Rappieren geübt werden; die Mannschaften erhalten dann später, wohl vorbereitet, das eiserne Floret und Rappier in die Hand und können dann Mann gegen Mann in der Schule weiter fortgebildet und bald zum Kontrafechten übergeführt werden, was die Hauptsache bleibt. — Das Stechen mit dem Floret muß dem Schlagen mit dem Rappier stets vorangehen, weil das erstere mehr auf die Geschicklichkeit in der Handhabung der Waffe und auf Körpergewandtheit einwirkt, auch das Faustgelenk dadurch loser und beweglicher wird, was der Fechter mit dem Rappier höchst nothwendig braucht.

Im Stoßfechten müssen daher alle Mannschaften ausgebildet werden, weil dies das beste Mittel ist, sie gewandt zu machen und das bloße rohe gewaltsame Darauflosschlagen, ohne alle Geschicklichkeit und Kunst, zu beseitigen,

denn es verbindet den Nutzen der Freiübungen mit demjenigen der Waffen=
übungen gegen einen Gegner.

Für den Unterricht würde das kleine Instruktionsbuch von Strantz,*)
von welchem jede Eskadron eigentlich einige Exemplare besitzen muß, zu
Grunde zu legen und langsam, aber um so sicherer vorzuschreiten sein; schon
die Vorübungen ohne Floret müssen recht gründlich genommen, und muß
besonders ein guter, langer Ausfall erzielt werden. — Beim Stoßen mit
Floret ist streng darauf zu halten, daß der Stich stets von oben nach unten
auf die Brust des Gegners fällt, niemals von unten nach oben in steifer
Weise.

Bei dem Fechten mit dem Haurappier kommt es ebenso vor allem auf
eine gute Grundlage an und die ist:

1) eine gute Auslage, ganz ähnlich wie der Ausfall mit dem Floret,
der linke Fuß mit der Spitze nach der linken Seite, der rechte Fuß im
rechten Winkel zu dem linken weit vorgesetzt, das rechte Knie gekrümmt,
das linke Bein ausgestreckt, die Schwere auf dem rechten Fuß ruhend, den
Oberleib weit vorgebeugt, die rechte Hand vor dem Gesicht, die linke auf
den Rücken gelegt;

2) ein sicherer, guter, leichter Hieb, nur aus dem Faustgelenk, ohne
Biegung des Ellenbogengelenkes mit Durchfallen der Klingenspitze nach dem
Körper des Gegners.

Ferner ist darauf zu halten, daß die Gegner sich nicht zu nahe treten,
was der durchgehende Grundfehler ist; hierzu ist ihnen zu lehren und ein=
zuüben:

„Normal=Mensur, verkürzte, verlängerte Mensur, außerhalb der Men=
sur." — Der Lehrer hat es dann ganz in seiner Hand und sehr leicht,
stets wieder schnell die richtige Mensur nehmen zu lassen.

Für das Schlagen mit dem Rappier sind keine Kommandos vorgeschrie=
ben, und da auf die Form sehr wenig ankommt, so würden dabei die ein=
fachen Bezeichnungen „Kopf=, Brust=, Seiten=, Bauchhieb" anzuwenden sein;
außer diesen geraden Hieben sind auch die schrägen: „Schulter=, Achsel=, tiefe
Brust=, Hüfthiebe" einzuüben; wie dieselben genannt werden, ist gleichgültig;
wenn sie nur gut geschlagen und die Mannschaften gewandt mit der Waffe
werden; mit demselben Recht können diese Hiebe „Prim, Quart, Terz,
Second, hohe Quart, hohe Terz, niedere Quart, niedere Terz" heißen. Nach
den einfachen Hieben kommen in der Schule die einfachen langen Nachhiebe,

---

*) Seit Erlaß dieses Befehles ist im Verlage von E. H. Schröber in Berlin im
Januar 1872 eine „Praktische Anleitung zum Unterricht im Stoßfechten" erschienen,
welche in allen Hauptpunkten mit der hier genannten übereinstimmt.

wobei der Gegner denselben Hieb nachhaut, der angeschlagen ist; sodann die komplizirten Nachhiebe, wobei ein anderer Hieb, wie der angeschlagene, nachgehauen wird; sodann die kurzen Nachhiebe, einfache und komplizirte in derselben Weise, wie die langen Nachhiebe; sodann die Doppelhiebe, wobei jeder zwei Hiebe nacheinander schlägt; hiernächst die Finten, wobei der erste Hieb nur angezogen, angedeutet, und der zweite erst geschlagen wird; hiernächst das Kontraschlagen, Hieb um Hieb, und erst bei weiterer Ausbildung nach Gefallen der Gegner mit Anwendung der ganzen Schule und aller erlaubten Mittel.

Es ist sehr vortheilhaft, um das Erzielen reiner, guter Hiebe auf den betreffenden Linien herbeizuführen, um das Faustgelenk richtig drehen zu lassen und das Durchfallen der Klingenspitze beim Hiebe zu befestigen, nach einer hölzernen, mit Eisenblech beschlagenen Scheibe schlagen zu lassen, in welcher sich abgerundete Einschnitte für die Hiebe befinden nach Art der nebenstehenden Zeichnung.

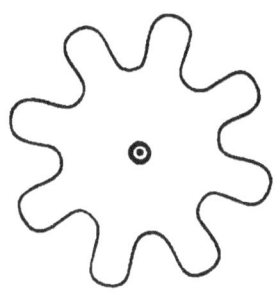

Da diese Scheibe vornehmlich den Zweck hat, auf die richtige und gewandte Drehung des Faustgelenkes hinzuwirken, worauf das Hauen scharfer Hiebe beruht, so ist es keineswegs nothwendig, den Hieb mit voller Armkraft auszuführen, denn sonst ist das Eisenblech bald durchgeschlagen und man haut sich im Holz fest. —

Für die möglichst kräftige Ausführung der Hiebe mit dem Säbel oder Pallasch ist die volle Schwungkraft des rechten Armes in Verbindung mit dem Oberkörper unumgänglich erforderlich; vor allem ist das völlige Loslassen des Schultergelenkes, wie auch des Ellenbogen- und Faustgelenkes herbeizuführen; gemeinhin wird das erstere von den Mannschaften stets festgehalten; so lange dies geschieht, sind keine vollkommen kräftige Hiebe möglich; ebensowenig kräftige, lange Stiche, und auf beide kommt es für das Handgemenge an, um den Mannschaften sowohl das Uebergewicht über ihre Gegner zu verschaffen, als sie vor ihnen zu schützen. Für die Ausführung scharfer Hiebe ist neben der richtigen, gewandten Drehung des rechten Faustgelenkes die nicht krampfhafte, nicht zu feste Umfassung des Säbelgriffes nothwendig. — Um dem Herausfliegen des Säbels aus der Hand vorzubeugen, was bei einem kräftigen Hiebe, besonders wenn das Zielobjekt verfehlt wird, sehr leicht möglich ist, und um die Mannschaften auf ihre Obliegenheiten für den Ernstfall hinzuweisen, ist es zweckmäßig, ein für alle Male bei Ausführung aller Hiebe und Stiche, sowohl nach den

Zielobjekten, wie bei den Vorübungen, den Faustriemen um das rechte Handgelenk zu schlingen. — Um der Hand mehr Festigkeit am Säbelgefäß zu geben, muß ferner der Zeigefinger bei Hieb und Stich durch die Lederöse des Säbelgefäßes gesteckt werden. Die Lederöse ist zu nichts weiter vorhanden, als daß der Zeigefinger durchgesteckt werden soll bei den Hieben und Stichen; sie muß daher auch bei den Uebungen dazu benutzt werden, damit sich die Mannschaften für den Ernstfall daran gewöhnen und dabei im Stande sind, völlig kräftige, scharfe Hiebe und möglichst lange, kräftige Stiche auszuführen.

Die Hiebe müssen scharf und kräftig fallen, und wenn zwanzig hintereinander ausgeführt werden, sie müssen sämmtlich pfeifen; die Stiche müssen so lang als möglich, ebenso mit voller Kraft gemacht werden; für Stiche und Hiebe ist erste Anforderung, volles Nachgeben, ungeschmälertes Loslassen und Beweglichkeit des rechten Schultergelenkes; der Stich muß fest auf der Brust angesetzt, und sodann die Klinge mit rapider Gewalt, so daß dieselbe zittert, herausgeschleudert werden, was nur durch große Uebung zu erreichen ist. Der Stich ist ganz besonders zu kultiviren, da ein Stich mehr effektuirt wie viele Hiebe, und der Feind dadurch sofort außer Gefecht gesetzt wird, unsere Mannschaften aber, uneracht aller Schulung und Einwirkung doch im Gefechte schwer dazu zu bringen sind, auf den Feind zu stechen, weil ihnen dies nun einmal außer ihrer Gewohnheit ist, worüber wohl allerseits Erfahrungen vorliegen, die benutzt werden müssen. — Ein Hieb und ein Stich muß genügen, den Gegner außer Gefecht zu setzen; das will sehr geübt sein, um die Geschicklichkeit und die Armkraft des Mannes zur Entwickelung zu bringen.

Bei der Auslage links muß die linke Schulter möglichst zurückgenommen werden, um die rechte Faust so weit als möglich in die Richtung der Auslage bringen zu können.

Bei der Auslage rückwärts muß der Mann daran gewöhnt werden, der linke Hand (mit den Zügeln) vor der Mitte des Leibes stehen zu lassen und sich gewandt in den Hüften zu biegen; die rechte Hand muß dabei über der Kruppe des Pferdes stehen.

Bei den Deckungen sind die Klingen etwas steiler zu stellen, damit die Deckungen ihren Zweck auch erfüllen, den Hieb des Gegners aufzufangen; bleibt die Klinge schräge, wie in der Auslage stehen, so wird der Hieb vom Gegner durchgehauen.

Die richtige Kombinirung der Hiebe, Stiche und Deckungen aus den verschiedenen Auslagen seitens des Lehrers wird sehr zur Gewandtheit der Mannschaften beitragen.

Ein jeder Mann muß im Stande sein, mindestens 20 bis 30 Hiebe hintereinander mit voller Kraft zu hauen (rechts, links, Doppelhiebe), und stets müssen dieselben scharf fallen, was hauptsächlich am Ansetzen und Drehen des Säbels im Faustgelenk liegt. —

In alle Auslagen müssen sich die Mannschaften soweit als irgend möglich hineinlegen durch Vorbringen des Oberleibes und Biegung in den Hüften nach der Seite der Auslage, wobei alle Steifigkeit verschwinden muß. —

Es steht dem nichts entgegen, analog der Fechtschule mit dem Rappier, auch den Schulter= und Achselhieb mit dem Säbel und Pallasch üben zu lassen, also die schrägen Hiebe ebenso wie die wagerechten und den senk= rechten Kopfhieb. —

Das Auge, die Gewandtheit und Geschicklichkeit der Mannschaften wird durch das Kontrafechten mit Floret und Rappier, wobei nur das Hand= gelenk gebraucht werden darf, geübt; durch das Fechten mit dem Säbel hin= gegen soll die Armkraft ausgebildet werden. — Da aber beim Kontrafechten mit dem Säbel die größte Vorsicht geboten ist, um schwere Beschädigungen der Mannschaften zu verhüten, so ist diese Uebung vornehmlich in der Art auszuführen, daß die beiden Gegner soweit von einander abgestellt werden, daß auch beim weitesten Vorlegen ihre Klingen sich in der Auslage nicht berühren können; es ist dies eine vortreffliche Uebung, sobald die Hiebe und Stiche vollständig gut eingeübt worden sind; denn die Mannschaften lernen gleichzeitig hierbei nach dem Auge des Gegners sehen, dessen Absichten er= spähen, ihnen begegnen und zuvorkommen. —

Um gründliche Erfolge zu erzielen, ist der folgende Stufengang zu beobachten: Anfangs darf nur einer der beiden Gegner hauen und stechen, der vom Lehrer bezeichnet wird; der andere deckt sich nur. — Wenn hier= durch erreicht ist, daß der sich Deckende schon in dem Auge seines Gegners dessen Absichten erkannt und sich rechtzeitig deckt, so wird zum Kontraschlagen und =Stechen, Hieb um Hieb und Stich um Stich übergegangen; d. h. daß ein Jeder nur einen Hieb oder Stich macht, und dann der Gegner folgt, also dies abwechselnd, in regelmäßiger Weise geschieht; und endlich kann zum dritten Grade vorgeschritten werden, wobei ein Jeder stechen und hauen kann, wenn er will, sowie er eine Blöße des Gegners wahrnimmt.

Wenn hierbei anfangs die Gegner die Front gegen einander haben, so wird demnächst auch dazu übergegangen, den einen rechts= oder linksum machen zu lassen, und aus dieser Stellung das Kontra=Hiebehauen zu üben; ebenfalls auch so, daß beide Gegner sich die Seite zukehren. — Hierdurch werden die Vortheile und Ziele des Fechtens mit denen des Hiebehauens ver= einigt und miteinander verbunden.

In Betreff der Waffenübungen mit der Lanze kommt es hauptsächlich auf die nachstehend bezeichneten Punkte an:

Die Lanze ist schon beim Fällen derselben so hoch wie möglich unter dem rechten Arm zu nehmen, da dieselbe nur dann unter demselben eine feste Lage hat; sie muß ganz ohne die rechte Hand dort festgehalten werden können; der Armriemen ist stets bis an die Lanzenflagge vorzuschieben, weil derselbe sonst durch Festhaken am Sattelzeug und der Ausrüstung bei den Stichen und Umgängen hinderlich sein würde. —

Um die Lanze wieder schnell an Ort in den Schuh bringen zu können, ist es zweckmäßig, sie (zu Pferde) an die rechte Schulter zu legen, wodurch sie mehr Halt bekömmt und leichter in den Schuh zu bringen ist. —

Bei den wagerechten Stichen muß die Spitze stets ein wenig tiefer wie das Schuhende gehalten werden, wenn sich die Lanze in der Stichlage befindet, damit der Stich nicht in die Luft geht. Bei den Stichen ist vor allen Dingen das rechte Schultergelenk vollständig loszulassen, da nur dann der Stich so lang als möglich, bohrend und mit vollster Kraft ausgeführt werden kann. — Die Mannschaften müssen den Oberleib so weit als möglich in den Stich hineinlegen. —

Bei den Stichen links und rechts rückwärts muß die Lanze nur wenig von der wagerechten Haltung abweichen. — Bei der Stichlage rechts rückwärts ruht die Lanze auf der rechten Hüfte, vom rechten Ellenbogen fest bedrückt; bei der Stichlage links rückwärts ruht die Lanze im linken Ellenbogengelenk und läuft über den linken Unterarm. Die Spitze muß bei allen Stichen stets sicher dahin stechen, wohin sie bei der Stichlage zeigte; sie darf nicht nach oben oder unten, oder seitwärts hin und her schwanken. Die Stichlagen müssen besonders sicher und fest regulirt werden; ist dies gründlich geschehen und wird durch fortgesetzte anhaltende Uebung der Stich „vorwärts" gut ausgeführt, so gehen die übrigen Stiche ganz von selbst. — Die Umgänge müssen möglichst schnell ausgeführt werden. Die linke Faust darf bei den Stichen nicht steigen. Der „Stich mit beiden Händen vorwärts" ist auf das Sorgfältigste und Gründlichste einzuüben; die linke Faust darf beim Stich nicht vorgehen; die Lanzenspitze darf dabei nicht in die Höhe gehen; die linke Schulter muß vor, die rechte zurückgenommen, die Lanze beim Stich hoch unter dem rechten Arm aufgenommen werden. Hinter der rechten Hand muß der Reiter mindestens einen starken Fuß Holz nehmen. — Ein weites Vorgehen des Oberleibes, also Biegung in den Hüften, ist bei diesem Stich besonders geboten.

Die Stiche sind in jeder beliebigen Reihenfolge zu üben, und ist nicht eine bestimmte dabei zu beobachten. Stiche und Deckungen sind zu kombiniren und aus den Deckungen ist schnell in jeden beliebigen Stich über=

zugehen. Es müssen auch die Stiche mit dem Lanzenschuhe unmittelbar nach einem Stich mit der Spitze in der entgegengesetzten Richtung geübt werden. Auch anderweitige Uebungen, wie das polnische und russische Decken, können mit der Lanze vorgenommen werden, um eine möglichst erhöhte Gewandtheit der Mannschaften in der Handhabung der Lanze zu erzielen.

Nachdem die Rekruten zu Fuß in den Hieben fest und sicher sind, ist es zweckmäßig, dieselben im Sitzen auf dem Voltigirpferde mit angesetztem Kopf und Hals und aufgelegtem Sattel in den Hieben und Stichen zu üben, um die Waffenübungen auf dem lebenden Pferde vorzubereiten; einmal, weil der Hieb im Sitzen ein ganz anderes Ding, wie im Stehen auf dem Erdboden ist, und dann auch, damit die Mannschaften sich gewöhnen, hoch zu hauen, um den Kopf des Pferdes nicht zu berühren. So vortheilhaft ich die Einübung der Hiebe und Stiche in dieser Weise auf dem Voltigirpferde halte und auch seit längerer Zeit schon empfohlen habe, um dem Mann die für die Ausführung der Hiebe und Stiche erforderliche Haltung und Geschicklichkeit zu Pferde beizubringen, um ihn zu lehren, die Zügelfaust bei den Hieben und Stichen ruhig zu halten und bei denselben auf den Kopf des Pferdes Rücksicht zu nehmen, so wenigen Nutzen hat nach meiner Ueberzeugung das Kontraschlagen auf zwei sich gegenüberstehenden Voltigirpferden; wenigstens stehen die dafür aufzuwendenden Kosten nicht im richtigen Verhältniß zu dem davon erhofften Nutzen. Das Kontraschlagen mit den Säbeln befördert überhaupt die Gewandtheit nicht in dem Maße, wie diese durch das Fechten mit dem Floret und Rappier erreicht wird; die Handhabung des Säbels profitirt aber dann ganz von selbst durch das, was hierdurch erreicht worden ist. —

Was die Zielobjekte betrifft, nach denen zu Pferde im Vorbeireiten und Umkreisen zu stechen und zu hauen ist, so bemerke ich, wie ich nur das Stechen und Hauen nach ausgestopften menschlichen Figuren, die mit alten Uniformen bekleidet sind; und nicht nach Strohköpfen zu sehen wünsche, welche letzteren ein fortwährendes Wiederaufsetzen, eine Verwendung von Mannschaften zu Fuß, die besser zu Pferde erscheinen, also einen weitläufigen Apparat erfordern, und bei denen in Folge dessen eine unaufhörliche Unruhe stattfindet, die durch natürliche Figuren, die theils auf die Erde zu legen, theils an einem galgenartigen Gestell so zu befestigen und mit den Beinen am Pfahl anzubinden sind, daß dieselben nicht hin und her schwanken, daß die Reiter sich im Vorbeireiten in scharfer Gangart die Knie nicht stoßen und verletzen und dreist vorbereiten können, vermieden wird. — Die ausgestopften menschlichen Figuren haben außerdem noch den Vortheil, daß die

Pferde sich an dieselben gewöhnen und in Folge dessen auch dreist an lebende Menschen herangehen. —

Wie schon ausdrücklich hervorgehoben worden ist, muß ein jeder Reiter bei Beendigung des Winterdienstes auf beiden Händen seine Volte im Galopp im Umkreisen einer Figur so reiten können, daß er dieselbe leicht und öfter mit Hieb und Stich trifft. — Dies ist das Mindeste, was erreicht werden muß; ein geringeres Resultat würde die aufgewandte Mühe und Zeit nicht lohnen und darthun, daß die Uebung nicht richtig angeordnet worden ist. —

Als Vorübung für die Waffenübungen im Freien müssen schon in den Reitbahnen und auf den Reitplätzen in den Ecken derselben während des Monats März (besonders in der zweiten Hälfte desselben), welcher für die Waffenübungen mit bestimmt ist, ausgestopfte Figuren aufgestellt werden, an welche sich die Pferde beim Vorbeigehen gewöhnen, und nach welchen von den Reitern beim Einzelnreiten im Umkreisen derselben zu hauen und zu stechen ist; geht dies mit den einzelnen Reitern völlig sicher, so muß dazu übergegangen werden, dies von zwei Reitern, die sich ausbiegen, aus= führen zu lassen, während der übrige Theil der Abtheilung parallel der kurzen Bahnseite hält, und die die Waffenübungen ausführenden Reiter gleichzeitig die Front entlang reiten, also vor der Front bleiben, und je nachdem sie auf der rechten oder linken Hand reiten, die Front vom rechten nach dem linken, oder vom linken nach dem rechten Flügel herunterreiten; haben sie dieselbe passirt, so wenden sie wieder nach vorne, um auf dem Hufschlage weiter zu reiten und sodann die Waffenübungen zu wiederholen. —

Bei dieser Gelegenheit bemerke ich, wie ich es nicht für zweckmäßig halte, die jungen Remonten im Winterhalbjahr im Freien reiten zu lassen, um die erforderliche Zeit für die Waffenübungen in der Bahn zu gewinnen; denn dies würde auf ein bloßes Bewegen derselben im ersten Winter hin= auszielen, während die wirkliche Dressur und Ausbildung derselben gleich= mäßig auf die zur Disposition stehenden 1½ Jahre vertheilt werden muß. Wenn die Remonten nicht sobald als möglich in die ihrem Gebäude ent= sprechende, allein richtige Haltung des Kampagnepferdes mit Hals und Kopf und dadurch ins Gleichgewicht gebracht werden, sondern schwer in der Hand liegen, auf die Zügel drücken, herunterbohren, so ruiniren sie sich schon im ersten Winter die Vorderbeine vollständig und werden struppirt in die Eskadron eingestellt, anstatt, daß sie täglich durch die Bearbeitung besser, brauchbarer und leistungsfähiger werden müssen. —

Auch die erste Reitklasse muß gerade so wie die zweite ihre Pferde arbeiten lernen, damit deren Haltung, Stellung und Versammlung ver= bessert wird, und sie dadurch dienstbrauchbarer und gewandter werden; es ist daher auch für diese erste Reitklasse durchaus erforderlich, daß sie ab=

wechselnd in der Bahn reitet. — Uebrigens muß ich es aussprechen, daß der etwaige Grund, weshalb die jungen Remonten und die erste Reitklasse nicht in der Bahn reiten sollen, um nämlich die erforderliche Zeit für die Waffenübungen zu gewinnen, in meinen Augen ein völlig hinfälliger ist; denn vor dem Monat März ist es durchaus nicht nothwendig, zu den Waffenübungen überzugehen. Zuerst kommt das Reiten, die Bearbeitung der Pferde so gründlich als möglich, ihre Weichmachung, Durchbiegung, Versammlung, auf welcher ihre vollständige Vereinigung mit dem Reiter beruht; und ist dies geschehen, dann kann erst mit Nutzen zu den Waffenübungen übergegangen werden; so ist es rationell und methodisch; ein früheres Uebergehen würde zum größten Nachtheil sein; hat man sein Pferd weich in der Hand, so kann man Alles, ist dies nicht der Fall, so nutzt einem die Waffe gar nichts, daher fange man mit dem Pferde an und treibe dessen Bearbeitung gründlich und mit Verständniß. Nur durch die gründlichste Bearbeitung unserer Pferde und durch die völlig rationell und systematisch betriebene Ausbildung der Mannschaften in der Handhabung ihrer Waffe während des Winterhalbjahres werden wir allein dahin gelangen, daß der Fortschritt in Betreff der Waffenübungen im Sommer überall in der Weise hervortritt, daß alle Mannschaften die Zielobjekte sowohl im Vorbeireiten in allen Gangarten, wie im Umkreisen im Galopp mit weitem Hineinlegen in Stich und Hieb, wie dies die Vorschrift und wie es allein naturgemäß ist, auch wirklich treffen, worauf es allein ankommt; denn was nützen der Schuß, Stich und Hieb, wenn sie nicht treffen! —

Wir müssen es daher zum Ziele unserer Bestrebungen machen, daß unsere Reiter in allen Gangarten die Figuren und Gegenstände, die als Zielobjekte aufgestellt sind, mit Stich und Hieb treffen. — Es darf nicht vorkommen, daß in stärkeren Gangarten ein großer Theil die Zielobjekte gar nicht trifft, wie es wohl manchmal geschieht. — Der Hauptfehler liegt aber dann vielfach in der Indolenz unserer Mannschaften, die wir daher überwinden müssen; man muß bei jedem Manne den entschiedenen Willen erzeugen, das Zielobjekt auf der Seite oder auf der Erde mit kräftigem Stich resp. Hieb zu treffen, was sich schon in seiner ganzen Haltung, in seinem Hineinlegen in den Stich, in dem festen ins Auge fassen des Zielobjektes sofort klar kennzeichnen muß; die Pferde werden dann von selbst dahin gehen, wohin der Reiter sich legt, wohin er die Balance legt, was die beste und leichteste Hülfe ist, die er im Winter in der Bahn gelernt haben muß. — Theilnahmlosigkeit und Unempfänglichkeit in dieser Beziehung ist das Schlimmste, was der Soldat und was der Kavallerist insbesondere zeigen kann; Spannung, die regste Aufmerksamkeit und das entschiedenste Bestreben, den gestellten Anforderungen zu genügen, gehen noch vor der Intelligenz, die wir ebenfalls entwickeln wollen, und die sich erst auf der Anspannung aufbauen kann. — Anstatt, besonders bei schnelleren Gangarten, wo der Moment zum Stechen und Treffen so klein ist, sich früh in die Positur zu setzen, um stechen zu können, also die Stichlage anzunehmen, sieht man häufig Mannschaften mit aufgesetztem Säbel resp. Pallasch oder mit der Auslage vorwärts bis dicht vor die Figur reiten, und ihr Stich fällt dann natürlich zu spät, ebenso ist es beim Stich zur Erde nach einer liegenden Figur in der Karriere; fast alle Stiche erfolgen dann erst hinter derselben. — Es darf unter keinen Umständen geduldet werden, daß Mannschaften, welche die hängende Figur umkreisen sollen, an derselben vorüber reiten, ohne den befohlenen Hieb oder Stich gegen dieselbe zu führen, wohl in der Meinung, dies nicht ausführen zu können, denn ein solches Benehmen gefährdet die Disziplin, wie alles schlechte Reiten; der Reiter gewöhnt sich daran, dasjenige nicht auszuführen, was ihm befohlen wird. Die Eskadronchefs müssen mit wahrem Raffinement Uebungen ersinnen, die einem jeden Reiter besondere Obliegenheiten und Ausführungen zutheilen, dabei wird Intelligenz, Gewandtheit und Disziplin gedeihen; ein Jeder von ihnen muß sicher sein, daß seine Reiter das ihnen Befohlene auch ausführen. — Daß die auf der Erde liegende Figur auch selbst in der Karriere wirklich getroffen wird von allen Reitern ist nicht allein deshalb nothwendig, um möglichste Körpergewandtheit zu erzielen, sondern es hat auch den direkten Nutzen, die Mannschaften zu befähigen, den feindlichen Infanteristen, der sich gewöhnlich zur Erde wirft, auch wirklich zu treffen. Wie überhaupt ein jeder Stich weit wirksamer ist, wie der Hieb, da durch den ersteren der Gegner gewöhnlich sofort außer Gefecht gesetzt wird, während gemeinhin zu diesem Zweck mehrere Hiebe erforderlich sind, bei deren Wiederholung der Reiter im Handgemenge schon durch andere Gegner außer Gefecht gesetzt sein kann, und es daher dringend erforderlich ist, die Mannschaften nach Zielobjekten mehr stechen, wie hauen zu lassen, so findet dies in erhöhtem Grade bei dem Stiche zur Erde statt. Derselbe muß daher aus den vielfachsten Gründen, die zum Theil auch in der Vorwärtsbewegung des Pferdes liegen, dem Hiebe zur Erde vorgezogen werden, sowohl in Bezug auf die Wahrscheinlichkeit des Treffens, wie in Bezug auf seine Wirksamkeit. — Demungeachtet ist auch der Hieb zur Erde fleißig zu üben, um eine erhöhtere Gewandtheit der Reiter zur Entwickelung zu bringen. — Für die Ausführung der Hiebe und Stiche nach Figuren im Vorbeireiten und Umkreisen, sowohl zur Seite, wie nach der Erde, ist, wie schon gesagt, das frühe Hineingehen in die betreffende Auslage und Stichlage durchaus nothwendig, und weise ich erneut in bestimmter Weise darauf hin, in Rücksicht auf die rasche Bewegung des Pferdes in den schnelleren Gangarten, da sonst unsere Mannschaften, die von Natur zum größten Theil langsam sind, niemals die Zielobjekte treffen, worauf es doch allein ankommt. Auf die dadurch bedingte, etwas größere Kraftanstrengung kann es dabei gar nicht ankommen. Der allgemeine durchgehende Fehler ist, daß die Mannschaften viel zu spät an Auslage, Stich und Hieb denken; das Pferd ist dann in schneller Gangart bei dem Zielobjekt vorüber und die Reiter stechen und hauen in die Luft. Das ist die Gewohnheit, die Regel, von welcher wir uns täglich überzeugen können. An deren Stelle muß durch nachhaltige Einwirkung die bessere Gewohnheit treten, früh in die Auslage zu gehen und das Ziel aufs Korn zu nehmen, wodurch die Reiter auf das Treffen hingewiesen werden und nur allein treffen können. Die Mannschaften denken stets viel zu spät an das, was ihnen obliegt; sie müssen frisch von Gedanken und schnell bei der Hand sein. —

Soll von einem Gliede oder einer bestimmten Nummer das Zielobjekt umkreist werden, was stets in kleinen Volten zu geschehen hat, um recht oft treffen zu können, während das andere Glied und die anderen Nummern nur vorbeireiten, so muß dies auch ganz unbedingt geschehen; kann der Reiter es nicht im Galopp ausführen, stürmt ihm das Pferd fort, so hat er dasselbe zu pariren und sodann im Schritt oder Trabe zu wenden und die Figur zu umkreisen; er darf aber unter keinen Umständen die Sache aufgeben und fortreiten, weil er vermeintlich das Befohlene nicht auszuführen vermag; dies darf den Mannschaften gar nicht zugebilligt und durchgelassen werden. — Ein jeder Reiter muß unbedingt das Zielobjekt in jeder Gangart, auch in der stärksten, mit Hieb und Stich treffen; darauf muß er eingeübt werden. — Bei einer rationellen Ausbildung des räumigen, gestreckten Galoppsprunges, bei welchem sich das Pferd vollkommen in der Hand seines Reiters befindet, und der nur durch Handenbiegung, also durch den abgekürzten Galopp erreicht werden kann, wird es auch sehr leicht zu ermöglichen sein, der Anforderung zu genügen, nach den Figuren im starken Galopp stechen und dieselben von allen Reitern treffen zu lassen, worauf es doch allein ankommen kann. — Der Stich „mit beiden Händen vorwärts" in der Karriere muß bei den Ulanen ganz besonders sorgfältig ausgebildet werden. Die Hauptanforderungen, die an diesen Stich zu stellen, sind die folgenden:

1) wagerecht, nicht die Spitze in die Höhe schnellend,
2) dicht beim linken Pferdeohr vorbei, also vorwärts, wozu es nothwendig ist, daß sich
3) der Reiter ganz auf die rechte Lende herum setzt,

6*

4) sich so weit als irgend möglich in den Stich mit dem Oberkörper vorlegt,

5) viel Holz hinter die rechte Hand nimmt, damit er die Lanze beim Stich im Gleichgewicht behält und sie ihm vorne nicht überkippt und in die Erde geht,

6) die linke Hand beim Stiche nicht mit vorgehen läßt. — Es muß dies gründlich eingeübt werden.

Nächst dem Reiten, mit dem sie nahe zusammenhängt, ist die geschickte Handhabung der Waffen für den Kavalleristen die Hauptanforderung, auf welche nicht genug Werth gelegt werden kann, da wir, wie ich schon öfter bemerkt habe, im Allgemeinen hinter unseren bisherigen Gegnern in dieser Beziehung zurückstehen und dies zu unserem Nachtheil erfahren haben; die Ursache liegt aber darin, daß bisher zu geringer Werth auf die Waffen=übungen gelegt worden ist und dieselben ohne genügendes Interesse und ohne Verständniß betrieben wurden. —

---

d. Das Einzelngefecht.

Zusammengestellt aus den Cirkulairen vom 17. Juli 1865, 14. Juni 1872, 17. März 1873, 9. Juli 1873.

Der Zweck des Einzelngefechtes ist:

1) den Reiter möglichst gewandt in der Anwendung des durch die Ausbildung im Reiten Erlernten,

2) im Gebrauche seiner Waffe zu machen und

3) dadurch seine Selbstständigkeit, sein Selbstgefühl als Reiter und Kavallerist zu erhöhen, zu stärken und möglichst weit zu entwickeln.

Dieses Ziel und diesen Zweck muß die Uebung stets vor Augen haben und sich daher fern von aller Touren= und Quadrillenreiterei, von allem Schematismus und aller bloßen Form halten, die den Reiter einengt, in seinem Willen beschränkt und nicht zur Entwickelung seiner geistigen und körperlichen Fähigkeiten kommen läßt. Andererseits darf die Uebung auch wieder nicht in ein rohes, gewaltsames Jagen ausarten, welches die Pferde ruinirt, sie im Maule verreißt und weder auf deren Gewandtheit, noch auf die Geschicklichkeit der Reiter hinwirkt. — Es müssen daher allgemeine Gesichtspunkte aufgestellt werden, gewisse Anleitungen und Instruktionen vorhergehen, um diese Uebung, wenn sie das Material nicht unverhältniß=mäßig angreifen und ihren Zweck erfüllen soll, so belehrend und instruktiv wie möglich für die Mannschaften zu machen. — Somit tritt an uns die Anforderung heran, das Einzelngefecht noch in hohem Maße zu kultiviren, und muß ich erneut den Accent darauf legen, um es immer wieder den Mannschaften zur Erscheinung zu bringen und vor die Augen zu führen, daß der gewandte Reiter auf seinem gut gerittenen, wendigen Pferde dem ungeschickten Reiter auf stierem, unwendbarem Pferde unendlich überlegen ist, woran sich die Aufforderung und das Bestreben knüpfen muß, dieselbe Gewandtheit und Reitfähigkeit wie der gute Reiter zu erlangen, um mit Vortheil im Ernstfalle von seiner Waffe gegen den Feind Gebrauch machen zu können, um nicht dessen Beute zu werden.

Machen wir uns immer wieder von Neuem hierbei klar, daß nur mit gut gearbeiteten Pferden, d. h. mit solchen Pferden, denen durch die Dressur die allein richtige Form gegeben worden, die sich im richtigen Reitverhältniß befinden, deren Genick nach vorne und nach der Seite von allem Zwange entbunden, und bei denen durch diese Entbindung und Weichheit die unfehlbare Einwirkung auf die Hanchen, auf die Hinterhand vorhanden ist, diese Uebung mit Nutzen und Erfolg vorgenommen werden kann; denn durch dieselbe wird angespannten, im Genick und in den Hanchen steif gemachten, unversammelten Pferden nimmermehr die unumgänglich erforderliche Weichheit, Biegsamkeit, Versammlung und die daraus entstehende Gewandtheit gegeben werden können; solche Pferde werden nur stierer und steifer dadurch werden, ihr Maul wird durch die scharfen Wendungen und ihre Flanken werden durch die Spornstöße, welche sie bei denselben erhalten, außerordentlich leiden; ebenso sind Reiter dazu erforderlich, welche wenigstens gelernt haben, vorherrschend mit lebendigem inwendigen Schenkel und mit der Balance zu reiten, die sich nicht auf die Zügel verlassen und ihre Pferde herumziehen wollen. Dies beides muß vorhergegangen sein, wenn nicht bedeutende Nachtheile die Folge von dieser Uebung, wenigstens, wenn sie im Galopp ausgeführt wird, sein sollen. — Vor allem kommt es also auf gut gerittene, biegsame Pferde und auf biegsame, gewandte Reiter an, das ist die Quintessenz, die Pointe. — Uebt man mit stieren, ungebogenen Pferden dieses Gefecht, wobei die Pferde herumgerissen und gestoßen werden, so müssen dieselben unfehlbar zu Grunde gehen und die Mäuler und Laden werden zu Schanden gerissen, wund und schwer verletzt. — Unser Bestreben muß es daher sein, alle Pferde so zu arbeiten, daß sie ohne Schaden dieses Einzelngefecht ausführen können, wie es im Ernstfalle beim Handgemenge von ihnen verlangt wird. Es ist dies das ceterum censeo, auf welches ich immer wieder als etwas noch lange nicht Erreichtes zurückkommen muß.

Das Einzelngefecht soll die Spitze und die Anwendung aller Reit- und Waffenübungen sein und also nur diese zur Erscheinung bringen; es darf nicht geübt werden, um gut zu gehen, denn das würde ganz fehlerhaft sein. — Es giebt für diese wichtige Uebung keine zweckmäßigere Vorübung, wie das sogenannte jeu de barre oder jeu de rose, da durch dasselbe die höchstmögliche Körpergewandtheit des Reiters ausgebildet wird und es, richtig geleitet, außerordentlich das Selbstgefühl und Selbstvertrauen des Kavalleristen entwickelt, worauf alles ankommt und welches der moralische Zweck aller Uebungen sein muß. Es gehören aber Reiter und gut gerittene Pferde dazu; bilden wir daher solche aus! — Ausdrücklich bemerke ich aber, daß diese Uebung nur die Spitze und Krone der erzielten Einzelausbildung von Pferd und Reiter sein muß; ist diese richtig betrieben und in Folge dessen wohl gelungen, sind daher Pferd und Reiter gewandt, so bedarf es gar keiner Vorübung des jeu de barre. Ist dagegen die Einzelausbildung eine mangelhafte, sind Pferde und Reiter stier, schwerfällig, steif, so nützt auch keine Uebung des jeu de barre, sie schadet dann nur, und die Pferde werden, ohne an Gewandtheit zu gewinnen, im Maul verrissen, wund und verletzt und auf den Beinen angegriffen. — Die Durcharbeit des Pferdes durch richtige Stellung, Hinterhandbiegung und Gleichgewicht bleibt immer die Hauptsache und das einzige Mittel, um alle jene Uebungen, die nur die Probe auf das Rechenexempel sind, spielend zu erreichen.

Beim jeu de barre sowohl wie beim Einzelgefecht tritt nun der unendliche Vortheil schlagend hervor, wenn die Mannschaften gelernt haben, mit der Balance, also mit Gewichtshülfen ihre Wendungen auszuführen und wenn sie in den Hüften biegsam gemacht sind, wenn sie gelernt haben, sich zu bücken, zur Seite zu legen, sich schnell zu wenden, dicht an den Hals des Pferdes zu legen, also fast auf dem letzteren zu verschwinden; denn das alles brauchen sie nothwendig, um dem Gegner zu entgehen oder ihm beizukommen. Es leuchtet ein, wenn durch diese Uebung die Gewandtheit von Reiter und Pferd anschaulich gemacht und weiter ausgebildet worden ist, der Gebrauch der Waffe gegeneinander eigentlich Nebensache ist, da, wenn die Reiter, wie es geschehen muß, auch mit hölzernen Rappieren und mit Pufflanzen bewaffnet sind, doch ein gewaltsames Daraufloshauen und Stechen bei den Uebungen nicht Zweck der Sache sein kann, es vielmehr nur auf Erzielung der höchstmöglichen Gewandtheit ankommt. Diese Uebung muß aber ebenfalls ausgeführt werden, und zwar als Folge und gegründet auf das jeu de barre, was aber nur als Prüfstein der Einzelausbildung von Reiter und Pferd und um deren Gewandtheit, besonders die des Reiters, zu erhöhen, angesehen werden muß und nicht als Mittel zum Zweck oder als Selbstzweck, um damit Produktionen zu machen. — Die Eskadronchefs und Reitlehrer werden hierdurch auch das beste Mittel in die Hand bekommen, um ihren Reitern zu zeigen und sie deutlich zu belehren, wo es ihren Pferden und ihnen selbst noch besonders fehlt, und wo also noch nachgeholfen werden muß. Denn dies Nachhelfen und Nacharbeiten der Pferde darf, worauf ich nicht oft genug zurückkommen kann und was ich schon wiederholt dargelegt habe, nicht abgeschlossen werden und brach liegen, bis dasselbe im nächsten Herbst wieder aufgenommen wird, sondern die Einzelnausbildung muß vielmehr durch regelmäßiges Reiten im Karree, gründliches Arbeiten der Pferde und Herstellung der Haltung derselben, wenn sie durch scharfes Reiten verloren gegangen, immer wiederhergestellt, im Ganzen weitergeführt und vervollkommnet werden.

Bei dieser Gelegenheit empfehle ich besonders die weitere Ausbildung der Rekruten im Reiten, in den Seitengängen, damit sie arbeiten, thätig einwirken lernen auf ihre Pferde und das beste Mittel in die Hand bekommen, um auf deren Stellung, Haltung, Genickbiegung, Biegung der Hinterhand und Versammlung hinzuwirken, mithin ihre Pferde korrigiren lernen, worauf alles ankommt. Es muß frühzeitig damit begonnen werden, damit sie etwas lernen und fortschreiten, sonst bleibt alles gewöhnliche und untergeordnete Arbeit.

Die Ausführung der Uebung des jeu de barre erfolgt am zweckmäßigsten in einem von der Eskadron, in einem Gliede, mit kleinen Intervallen, eingeschlossenen viereckigen Raum, in welchem sich womöglich eine Barriere oder ein anderes Hinderniß befinden muß; es reitet ein Mann gegen zwei oder drei; die Einübung von Touren darf dabei keinenfalls stattfinden, sondern es muß der Wirklichkeit durch freies Reiten so nahe als möglich gekommen werden, und nur allgemeine Gesichtspunkte, Direktiven, sind den Mannschaften zu geben, wie sie später beim wirklichen Gefecht am besten ihres Gegners Herr werden; als: Abgewinnen der linken Seite mit dem Säbel, der rechten Seite mit der Lanze, den Feind nach sich ziehen; kurz kehrt machen und ihn dann, wenn er schnell folgt, auflaufen lassen 2c. Alle diese kleinen Hülfsgriffe lernen die Leute aber am besten praktisch durch die Uebung des jeu de barre, wodurch sie sehr gewandt werden und sich biegen und wenden lernen mit dem Oberleibe, um dem Gegner zu entgehen, wo sie sich die Schleife oder ein Tuch von der linken oder rechten Schulter wirklich holen, also dem Gegner die betreffende Seite abgewinnen müssen. Ist hierdurch der beabsichtigte Erfolg erzielt, so geht das Einzelngefecht ganz von selbst, denn Reiter und Pferd sind dann so gewandt gemacht, daß der erstere seine Waffen mit Vortheil gegen den Gegner wird gebrauchen können, und daß dadurch das Verreißen der Pferde im Maule vermieden wird, was so viele Nachtheile für das Reiten mit sich führt, besonders durch verletzte Kinnladen. — Das Wenden mit den Zügeln muß hierbei ganz fortfallen und an dessen Stelle das mit der Balance und mit den Schenkeln treten.

Was nun das Einzelngefecht im Besonderen betrifft, so ist dasselbe mit sämmtlichen Mannschaften auf den Kasernenhöfen und Reitplätzen zuerst zu Fuß, dann zu Pferde im Schritt und im Trabe und, wenn die ersteren dadurch vorbereitet und vollständig sicher gemacht worden, erst im Galopp einzuüben. — Das Einzelngefecht des Kavalleristen kann entweder im Vorgehen, also im Verfolgen, im Zurückgehen, also im Verfolgtwerden, oder auf der Stelle stattfinden. — Die vorstehend bezeichneten drei Arten sollen mit einander verbunden werden und wird hierzu das Nachstehende bestimmt:

Erstens: Eine Abtheilung ist in zwei Gliedern hinter einander aufgestellt; die Mannschaften des ersten Gliedes erhalten Nr. 1, diejenigen des zweiten Gliedes Nr. 2; es gilt als Grundsatz, daß im Vorgehen, also wenn sich die Mannschaften von der Abtheilung entfernen, die Nr. 1 stets der Verfolgte, Nr. 2 der Verfolger ist; dagegen im Zurückgehen, wenn sich die Mannschaften wieder der Abtheilung nähern, die Nr. 2 der Verfolgte und Nr. 1 der Verfolger ist. Nr. 1 hat sich also als ein feindlicher Eclaireur anzusehen, der in der Verfolgung bis in die Nähe der aufgestellten Abtheilung gekommen ist und sich nun wieder vor der Uebermacht nach seinem Trupp abzieht, was Nr. 2, der beim Zurückgehen in der Nähe seiner eigenen Abtheilung wieder angekommen ist und Front gemacht hat, zu hindern und Nr. 1 von seinem Trupp abzuschneiden sucht; er wird sich hierbei der Eigenthümlichkeit des mit dem Säbel oder der Lanze bewaffneten Reiters nach bemühen, ihm die linke resp. rechte Seite abzugewinnen, ihn also auf seine rechte resp. linke Hand zu bekommen, da er nur dann von seiner Waffe den besten Gebrauch zu machen im Stande ist.

Auf das Kommando: „Zum Einzelngefecht vorwärts — Marsch!" (oder Trab! oder Galopp — Marsch!) reitet Nr. 1 aus dem Gliede heraus senkrecht in der kommandirten Gangart vor und legt sich (bei den mit Säbel oder Pallasch Bewaffneten) in die Auslage rückwärts; Nr. 2 reitet demselben bis auf die Stelle nach, wo Nr. 1 bisher stand, und folgt ihm dann auf eine Pferdelänge in derselben Gangart mit der Auslage vorwärts, etwas von der geraden Linie abweichend und halb links reitend, um Nr. 1 auf seine rechte Seite zu bekommen und in der linken Seite zu fassen; dies sucht Nr. 1 zu verhindern und geht daher, wenn es Nr. 2, welcher sich in etwas verstärkter Gangart bewegt, während Nr. 1 das Tempo ruhig behält, gelungen ist, etwas die linke Flanke zu gewinnen, aus der Auslage rückwärts in diejenige linksseitwärts über, um die Hiebe von Nr. 2 zu pariren und ihm einen Stich oder Hieb beizubringen. Bei der Auslage rückwärts wird Nr. 1 etwas von der geraden Linie nach rechts abgewichen sein, um sich besser gegen Nr. 2 decken zu können, während nun bei der

Auslage links eine Abweichung von der geraden Linie nach links die Folge sein wird, um Nr. 2 abzuhalten, die Flanke vollständig zu gewinnen und ihm einen Stich oder Hieb zu geben.

Gelingt es nun der Nr. 2 vollständig, in die linke Flanke von Nr. 1 zu gelangen, so erfolgt das Kommando: „Auf der Stelle!" Hierauf macht Nr. 1 halt, dreht sein Pferd schnell auf der Vorhand so, daß er stets die gerade Front der ihn umkreisenden Nr. 2 zugekehrt hat, deckt sich gegen denselben durch die Auslage vorwärts, so daß die Säbel stets einander zugekehrt sind, und sucht Nr. 2 einen Stich beizubringen.

Nr. 2 geht in die Volte rechts über, umkreist Nr. 1, hat Auslage rechts und sucht eine Blöße, welche sich derselbe giebt, durch Anbringung eines Stiches oder Hiebes zu benutzen. Dies Umkreisen kann nun so lange stattfinden, wie man will; geendet wird dasselbe durch das Kommando: „Im Vorgehen!" welches ertheilt wird, wenn sich Nr. 2 zwischen Nr. 1 und der aufgestellten Abtheilung befindet; hierauf macht Nr. 1 rechtsum kehrt und setzt die frühere Bewegung in moderirter Gangart fort, während sich Nr. 2 wiederum bemüht, der Nr. 1 die linke Seite in verstärkter Gangart, wie vorher, abzugewinnen; oder das Umkreisen wird geendet durch das Kommando: „Im Zurückgehen!" dies wird ertheilt, wenn Nr. 2 an dem Punkte der Volte angelangt ist, wo er die Front nach der Abtheilung hat, dann bleibt derselbe geradeaus in der Richtung nach der Abtheilung, wird der Verfolgte und Nr. 1 wird der Verfolger, der die Funktion von Nr. 2 übernimmt und sich bemüht, in verstärkter Gangart die linke Flanke von Nr. 2 zu gewinnen. —

Auch aus dieser Bewegung im Zurückgehen kann das Kommando: „Auf der Stelle!" erfolgen, worauf Nr. 2 parirt und schnell die Front gegen Nr. 1 nimmt, welcher ihn in der Volte rechts umkreist; beide haben die Klingen, Nr. 1 in der Auslage rechts, Nr. 2 in der Auslage vorwärts aufeinander gerichtet und suchen sich Stiche und Hiebe beizubringen. — Aus diesem Gefecht auf der Stelle kann nun nach Gefallen des Lehrers durch das Kommando: „Im Zurückgehen!" zum Gefecht im Zurückgehen, wobei die Nr. 2 stets der Verfolgte, also vor, Nr. 1 der Verfolger, also etwas zurück ist, oder zum Gefecht „Im Vorgehen!" wobei die Nr. 1 stets der Verfolgte, also vor, Nr. 2 der Verfolger, also etwas zurück ist, übergegangen werden. — Es kann auch aus dem Gefecht im Vor- und Zurückgehen: „Eskadron kehrt — Marsch!" kommandirt werden; hierauf macht jeder Reiter dahin die Kehrtwendung, wohin er die Auslage hatte, also beim Vorgehen Nr. 1, der die Auslage links hatte, linksum kehrt; Nr. 2, der die Auslage rechts hatte, rechtsum kehrt; aus dem Gefecht im Vorgehen wird dann ein Gefecht im Zurückgehen; ebenso umgekehrt, aus dem Gefecht im

Zurückgehen ein Gefecht im Vorgehen auf das Kommando: „Eskadron kehrt — Marsch!" — Geendet wird das Gefecht durch das Kommando: „Eingerückt Marsch — Marsch!", welches beim Gefecht im Zurückgehen ertheilt wird, worauf beide Reiter in die Karriere übergehen, während Nr. 1 als Verfolger bemüht ist, Nr. 2 einen Stich oder Hieb beizubringen. — 20 Schritte von der Abtheilung machen beide Reiter von selbst halt; Nr. 1 mit Vordermann auf Nr. 2, setzt sich auf Gliederdistanz; beide setzen den Säbel auf die Lende; ist dies geschehen, so avertirt Nr. 1: „Marsch!" beide reiten im Schritt an nach dem linken Flügel der Abtheilung zu und machen, dort angelangt, ein jeder für sich linksum kehrt, wodurch sie wieder in das Glied einrücken. —

Zweitens: Dies Gefecht kann auch in der Weise geübt werden, daß zwei Abtheilungen einander gegenüber im Abstande von 3 bis 400 Schritten aufgestellt werden; in diesem Falle ist allen Mannschaften der einen Abtheilung Nr. 1 und allen Mannschaften der anderen Abtheilung Nr. 2 zuzutheilen. Auf das Kommando: „Zum Einzelngefecht vorwärts — Marsch!" (Trab, Galopp — Marsch!) setzt sich von jeder Abtheilung ein Mann in der befohlenen Gangart in Bewegung; sie reiten auf einander zu; ein jeder bemüht sich (bei den mit Säbel Bewaffneten) auf des Gegners linke Seite zu kommen und ihm einen Stich oder Hieb rechts beizubringen; hierdurch entsteht entweder ein gegenseitiges Umkreisen, oder das oben bezeichnete Gefecht auf der Stelle, wobei entweder Nr. 1 oder Nr. 2 halt macht und die andere Nummer der Umkreisende wird; das Umkreisen wird wie vorhin beendet durch das Kommando: „Im Vorgehen!" oder: „Im Zurückgehen!", worauf im ersteren Falle stets auf die Abtheilung zu geritten wird, welcher Nr. 1 zugetheilt ist, im letzteren Falle stets auf die Abtheilung, welcher Nr. 2 angehört. Im Uebrigen wird dieses Gefecht gerade so geübt, wie bei der erst bezeichneten Art, wo die Mannschaften aus ein und derselben Abtheilung herausritten, und das erste Glied Nr. 1, das zweite Glied Nr. 2 hatte.

Es ist nur hierbei zu berücksichtigen, daß Nr. 1 nicht in der Verfolgung zu nahe an die feindliche Abtheilung Nr. 2, und umgekehrt Nr. 2 in der Verfolgung nicht zu nahe an die feindliche Abtheilung Nr. 1 herankommen darf. In diesem Falle wird das Kommando: „Eskadron kehrt — Marsch!" ertheilt, worauf aus dem Verfolgten der Verfolger wird.

Es muß auch hier abgewechselt werden mit
1) dem Gefecht im Vorgehen,
2) auf der Stelle,
3) im Zurückgehen. —

Geendet wird dies Gefecht mit dem Kommando: „Halt! Front!"

worauf beide Reiter pariren und die Front gegen einander nehmen, die Spitzen der Säbel auf einander gerichtet; hierauf wird: „Eingerückt! Marsch!" kommandirt, worauf beide Reiter rechtsum kehrt machen und im Galopp zu ihrer Abtheilung einrücken. — Bei den Ulanen werden diese Uebungen in entsprechender Weise mit Berücksichtigung dessen, daß die rechte Seite die schwächere ist, und daher die Reiter das Bestreben haben müssen, die rechte Seite ihres Gegners zu gewinnen, ausgeführt. —

Es ist sehr zweckmäßig, auch das Gefecht der Lanze gegen mehrere Säbel zur Erscheinung zu bringen.

Der mit der Lanze bewaffnete Reiter muß das Bestreben haben, seine Gegner zu trennen und sie auf seine linke Seite zu bekommen suchen, weil dort seine Stiche die kräftigsten sind.

Das Gefecht zu Pferde ist mit hölzernen Haurappieren und Rohr=Stechrappieren, bei den Ulanen mit Pufflanzen zu üben, und sind die Abtheilungen ad 1 so, Front gegen die Hindernisse, oder ad 2, Front gegeneinander aufzustellen, daß die Hindernisse, Barriere oder Graben, zwischen ihnen liegen, und daher die Fechtenden die Hindernisse während des Gefechtes überspringen müssen. —

Diejenigen Mannschaften, welche sich bei der Uebung im Galopp als die gewandtesten Reiter, als die geschicktesten in Handhabung des Säbels und der Lanze herausgestellt haben und die in den Sinn der ganzen Uebung völlig eingegangen sind, ist dann weiterer Spielraum zu lassen. Doch ist hiermit nicht zu früh vorzugehen; die gründliche Schule muß vorhergegangen sein, um sie erst zu dieser Höhe der Ausbildung zu fördern. Ist dies jedoch erreicht, so können bei diesen Mannschaften dann die Kommandos ganz fortfallen, und kann ihnen überlassen werden, wie sie reiten und welche Hiebe und Stiche sie anwenden wollen, um Herr des Gegners zu werden, welches die Pointe der ganzen Sache ist. —

Wenn nun hierbei auch keine Schablone gegeben werden darf und keine Touren geritten werden sollen, so müssen den Mannschaften doch allgemeine Regeln, Direktiven, Verhaltungsmaßregeln, welche durch die Erfahrung erprobt sind, ertheilt werden, um dies Gefecht der Wirklichkeit so nahe als möglich zu bringen und vermittelst derselben es den Mannschaften leichter gelingen wird, ihren Gegner zu überwinden, d. h. ihm die schwache Seite abzugewinnen und ihm dort einen Stich beizubringen. Zu diesen allgemeinen Regeln würden gehören: Abgewinnung der linken Seite des Gegners (bei den mit Säbel und Pallasch bewaffneten Reitern) der rechten Seite des Gegners (bei den Ulanen); Verführen des Gegners zum Verfolgen, dann schnell „kurz kehrt" und ihn auflaufen lassen, wenn derselbe seines Pferdes nicht ganz Herr ist; Ausnutzung der eigenen Gewandtheit durch kurze Wendungen, und Benutzung der Schwerfälligkeit des Gegners; bei mehreren Gegnern: Trennung derselben herbeizuführen suchen, Finten dadurch machen, daß man den einen bedroht, auf denselben losreitet und durch eine kurze, entschlossene Wendung dem anderen beikommt und ihm einen Stich versetzt. — Hierin muß noch weit mehr geschehen; es wird hierbei noch viel zu wenig die Gewandtheit der Reiter entwickelt, und die Uebung artet zu sehr in ein bloßes wildes Jagen aus, was keinen Nutzen hat; man findet meist immer nur einzelne wenige Paare, die schon einen gewissen Grad von Gewandtheit und Geschicklichkeit erreicht haben, und hat es den Anschein, als wenn diese von selbst, aus sich heraus, unbewußt das Richtige gefunden, während es sehr wohl möglich ist, durch praktische Fingerzeige und Verhaltungsmaßregeln bei dem größten Theile der Mannschaften einen höheren und entsprechenden Grad von Gewandtheit in dieser so überaus wichtigen Uebung zu entwickeln. Es kommt vornehmlich auf kurze, schnelle Wendungen zur richtigen Zeit an, damit der Gegner nicht die gefährdete Seite gewinnen kann, ebenso darauf, aus dem Verfolgten der Verfolger zu werden und den Gegner vor sich zu bekommen, wozu eine Kurzkehrt=Wendung besonders geeignet ist. Das schnelle Davonreiten kann nicht ganz ausgeschlossen werden, ist aber nur äußerstenfalls, wenn alle anderen Mittel erschöpft sind, zur Anwendung zu bringen.

Als den Kardinalpunkt des vorstehenden Abschnittes bezeichne ich nochmals die Ausführung des jeu de barre, als den Prüfstein für die Einzelausbildung des Reiters und Pferdes und als die zweckmäßigste Vorübung für das Einzelngefecht. — Wird beides aber mit stieren, im Genick nicht gebogenen, im Halse nicht richtig gestellten Pferden geübt, so werden, wie nicht oft genug betont werden kann, nicht allein die Mäuler und Laden der Pferde zerrissen und wund gemacht, sondern dieselben gehen auch noch auf den Vorderbeinen zu Grunde. So wichtig ich daher auch beide Uebungen erachte, so müssen dieselben doch mit der erforderlichen Rücksicht und Vorsicht betrieben, als die Quintessenz der ganzen Ausbildung betrachtet werden und sich unmittelbar aus derselben ergeben, mithin ohne viele Uebung doch gut ausgeführt werden können. Ist es nöthig, sie viel zu üben, dann ist dies der Beweis, daß die Pferde nicht genügend durchgearbeitet und in die allein richtige Haltung gebracht worden sind; für die Reiter kommt hierbei das Wenden mit der Balance und mit den Schenkeln ohne alle Zügel, das Zusammenschmelzen mit seinem Pferde ganz besonders zur Sprache, ebenso das Biegen und Bücken mit dem Oberleibe, rechts, links, seitwärts, vorwärts u. s. w., also seine Körpergewandtheit, was der Kavallerist so nothwendig sowohl als Reiter, wie zum Gebrauche seiner Waffen haben muß, und worauf nicht genug hingewirkt werden kann, im Gegensatz zu aller

Steifigkeit, Starrheit, zu aller todten, angespannten, krampfhaften Form, die zu Fuß wie zu Pferde noch immer mehr fortfallen muß. —

Es ist vortheilhaft, die ganze Eskadron bei diesen beiden Uebungen zusehen und dadurch an denselben Theil nehmen zu lassen, damit es einem jeden Reiter immer mehr zur Anschauung und zum Bewußtsein kommt, wie überlegen der gewandte Reiter seinem Gegner ist, und daß der steife, ungelenkige Reiter auf stierem, ungebogenem Pferde unfehlbar die Beute seines Feindes wird und daher Freiheit und Leben verlieren muß; es wird dies immer mehr die Mannschaften dazu anregen, ihren besseren, gewandteren Kameraden nachzueifern. Um diesen Zweck zu erreichen, wird eine richtige, wohlüberlegte Zusammenstellung der Kämpfenden außerordentlich beitragen. —

e. Das Springen.

Zusammengestellt aus den Cirkulairen vom 21. November 1871, 14. Juni 1872, 16. Mai 1873, 10. Januar 1874.

Das Springen der Pferde im geschlossenen Gliede und einzeln muß zum Gegenstand der sorgfältigsten Uebung gemacht werden, denn diese Angelegenheit ist von so großer Wichtigkeit, nicht allein für das sichere und ruhige Nehmen von Hindernissen im geschlossenen Gliede bei unseren Bewegungen, ohne daß eine Lockerung der Ordnung hierdurch eintritt, sondern was noch weit mehr werth ist, für die dadurch zu erzielende Ausbildung und Erziehung unserer Mannschaften zu dreisten und entschiedenen Reitern. —

Ich muß daher den Wunsch aussprechen, daß diese Sache mit ganzem Nachdrucke ins Auge gefaßt und nach richtigen Grundsätzen, die ich in Nachstehendem näher darlegen will, verfahren wird. Werden diese Grundsätze gewissenhaft befolgt, so wird auch das Nehmen der Hindernisse nicht den mindesten nachtheiligen Einfluß auf die Gliedmaßen der Pferde haben, dieselben nicht angreifen und in erhöhtem Grade abnutzen; die Sprünge werden vielmehr weich, ruhig, nicht höher wie nöthig ist, nicht angespannt und krampfhaft ausgeführt werden; es wird dann auch keine Weigerung der Pferde, den Sprung auszuführen, vorkommen und es wird mithin nicht vor dem Sprunge ein Kampf des Reiters mit seinem Pferde stattfinden, in Folge dessen stets der Sprung ein angespannter und krampfhafter wird, der den Reiter eben dadurch aus dem Sattel wirft und dem Pferde beim Herunterkommen Schmerzen im Maul und im Rücken verursacht, welche wieder die Ursache dazu sind, daß das Pferd in der Erinnerung an dieselben das nächste Mal den Sprung wiederum verweigert. Man kommt mithin durch diesen Kampf und durch Gewalt nicht vorwärts, sondern nur rückwärts und muß rationeller verfahren, um Sicherheit des Sprunges zu erzielen und dem Pferde volles Vertrauen einzuflößen. Bei Beachtung dieser Grundsätze wird es nächstdem erreicht werden, daß die Pferde nicht zum Nehmen des Hindernisses haltungslos und gewaltsam an dasselbe heranstürmen, was eben so fehlerhaft, sowohl für das einzelne Pferd, wie für das Reiten im Gliede ist; denn bei diesem haltungslosen Heranstürmen an die Hindernisse wird nicht allein die Ordnung in den Gliedern beeinträchtigt, sondern die Pferde fehlen dabei auch sehr leicht in Bezug auf den richtigen Absprung und fallen dann über das Hinderniß, wodurch das Springen für die nachfolgenden Glieder und Züge unmöglich gemacht, großer Aufenthalt verursacht und die Ordnung vollständig aufgehoben wird. Endlich wird auch bei rationeller, systematischer Einübung des Springens der grobe, so häufig vorkommende Fehler vermieden, daß die Pferde das Hinderniß nicht senkrecht, sondern schräge nehmen, was ebenfalls häufig die Ursache zum Stürzen mit dem Pferde ist, da der Sprung dadurch stets ein unsicherer wird, und was nächstdem für das Springen im geschlossenen Gliede ein Hauptfehler ist, da dadurch ein Pferd das andere am Springen hindert und ausdrängt. Ich habe bemerkt, daß viele Pferde sich angewöhnt haben, halb links zu springen, was ihnen durchaus abgewöhnt werden muß, am besten dadurch, daß anfänglich eine Zeitlang gerade entgegengesetzt, halb rechts, mit ihnen gesprungen wird.

In Vorstehendem sind von mir die hauptsächlichsten der vorkommenden Fehler angegeben worden und bezeichne ich nunmehr die positiven Anforderungen, welche an das Springen der Pferde zu stellen sind.

1) Der Sprung muß völlig sicher sein, das Pferd muß sich nicht weigern, denselben auszuführen, es muß dreist und entschieden, mit vollem Vertrauen an das Hinderniß herangehen, ohne daß der ängstliche Reiter es daran hindert. Da mithin dessen Nerven erst daran gewöhnt und dagegen abgestumpft werden müssen, so ist es vortheilhaft und zweckmäßig, um dies herbeizuführen, mehrere Mannschaften zusammen im Galopp in den Springgärten einzuspringen; sodann ist aber streng festzuhalten, daß ohne Heranstürmen der Pferde an die Hindernisse der Sprung ausgeführt wird.

2) Das Pferd muß senkrecht an das Hinderniß herangehen.

3) Das Pferd muß nicht haltungslos an das Hinderniß heranstürmen, sondern dabei in der Hand des Reiters und in seiner ruhigen Gangart verbleiben.

4) Der Sprung muß ein weicher, gelassener, ruhiger, nicht ein krampfhafter und angestrengter sein und nicht höher und weiter ausgeführt werden, wie das Hinderniß dies nothwendig macht; ein solcher schont das Pferd, der krampfhafte ruinirt die Gliedmaßen.

Als erste Anforderung muß ich hinstellen, daß das Springen ohne alle Gewaltmittel, vor allen Dingen ohne die Bahnpeitsche, eingeübt wird, da diese Gewaltmittel der größte Verderb sind und nur bewirken, daß dem Pferde alles Vertrauen genommen, dasselbe in Angst und Furcht gesetzt wird und voller Zwang und krampfhafter Anspannung ist, welche letzteren gerade beseitigt werden sollen. Diese Mittel sind auch keineswegs geeignet, den Pferden die durchaus erforderliche Sicherheit im Nehmen der Hindernisse zu geben und bei ihnen die Passion zum Springen zu entwickeln, worauf es allein ankommt. — Das eine Mal werden sie an das Hinderniß voller Angst heranstürmen und krampfhaft viel zu hoch oder zu weit springen, oder auch wohl über dasselbe stürzen, das andere Mal werden sie vor dem Hinderniß kehrt machen.

Als Hülfsmittel ist äußerstenfalls zur Korrigirung der Pferde die Longe anzuwenden.

Zuerst muß die Scheuheit der Pferde vor den Hindernissen auch bei dem Reiten in der Reitbahn durch ruhige, gelassene und freundliche Behandlung überwunden werden; sie müssen anfänglich wiederholentlich ohne Reiter an die Hindernisse herangeführt, und hinüber gelassen werden; man muß sie sodann unter dem Reiter zuerst im Schritt, sodann im Trabe über die an die Erde gelegte Stange ruhig hinübergehen lassen, und wenn sie hierin sowohl in der Abtheilung mit Distanz hinter einander, wie einzeln auf beiden Händen ganz sicher sind, dann sind erst die Anforderungen ganz allmälig zu steigern, also zuerst ganz niedrige Sprünge in der Abtheilung mit Distanz auf beiden Händen, sodann einzeln und so allmälig immer etwas höher im Trabe auszuführen. Es muß als Grundsatz festgehalten werden, die Pferde stets auf Trense im Trabe, auf beiden Händen, zuerst in der Abtheilung, sodann erst einzeln einzuspringen. Es ist dabei auf die Gewohnheiten der Pferde im Sprunge und vor demselben ein genaues Augenmerk zu richten und vornehmlich nicht zu dulden, daß dieselben auf der rechten Hand die Hinterhand vor dem Sprunge in die Bahn hineinstellen, auf der linken Hand den Hufschlag verlassen und mit der Vorhand nach der Bahn hineingehen; diese Fehler kommen am häufigsten vor und bewirken später, wenn außerhalb der Bahn gesprungen wird, daß die Pferde schräg springen oder sich auch gänzlich weigern, die Hindernisse zu nehmen. Auf der rechten Hand muß mithin der Reiter den rechten Schenkel schärfer und lebhafter gebrauchen, auf der linken Hand den rechten Zügel fester vor dem Hinderniß anstehen lassen, um jene Fehler zu koupiren. Hierdurch wird es auch erreicht werden, daß die Pferde im Anlaufe bleiben und die Geschicklichkeit und Gewandtheit sich aneignen, den richtigen Absprung für das Hinderniß zu nehmen, worauf so viel ankommt. Dies wird dann jedenfalls stattfinden, wenn der Lehrer mit äußerster Strenge darauf hält, daß die Reiter nur treibende Hülfen mit dem inwendigen Schenkel geben und die Pferde dadurch fest am Zügel behalten; keinesfalls aber ihren Pferden mit den Zügeln irgend eine hebende Hülfe ertheilen, vielmehr die Fäuste nur ruhig anstehen lassen, damit die Pferde Anlehnung an das Gebiß behalten. Nächstdem halte der Lehrer auf das Strengste darauf, daß von den kleinsten und niedrigsten Sprüngen an schon der Reiter einen festeren Schluß mit den Oberschenkeln und Knieen, wie beim gewöhnlichen Reiten nehme, fest und weich hinten heruntersitze, damit er nicht beim Sprunge aus dem Sattel in die Höhe geworfen werde, sondern fest in demselben verbleibe; hierin wird ebenfalls sehr viel gefehlt und dadurch auch das unwillkürliche Reißen mit den Zügeln herbeigeführt, was nur eine Folge des aus dem Sattel Geworfenwerdens der Reiter ist und so oft auch solche Pferde vom Sprunge abschreckt, welche anfänglich sehr willig und sicher sprangen. Unter keinen Umständen darf geduldet werden, daß der Reiter vorne überfällt mit dem Oberleibe, oder heruntersieht, was schon gleichbedeutend mit ersterem ist. Ist so zuerst in der mit Distanz reitenden Abtheilung auf beiden Händen im Trabe der Sprung ausgeführt, und sodann derselbe bei der auf Glieder= distanz haltenden Abtheilung von den einzelnen Reitern auf beiden Hän= den, sowohl in der Richtung der Abtheilung, wie auch gegen dieselbe unter Festhaltung der oben bezeichneten Grundsätze auf dem Hufschlage geübt worden, so sind die Pferde genügend für das Springen im Freien ohne Seitenbande vorbereitet. Selbstverständlich muß das Springen vorher wäh= rend des Winters in jeder einzelnen Periode, sowohl auf Decke, wie auf Sattel und Trense, als auf Sattel mit Kantare und mit Waffen in dieser Weise geübt worden sein und stets in der Gangart, welche geritten wird, so daß also kein Heranrasen an die Hindernisse stattfindet und die Pferde dabei dem Reiter nicht aus der Hand gehen.

Im Freien springe man anfänglich nur dann mit den Pferden, wenn sie im Karree bereits gearbeitet, also sicher in der Hand und ohne Stall= muth sind, und lasse sie auch zuerst ohne Reiter an der Hand das Hinderniß nehmen, wobei nur darauf zu achten ist, daß die Führer das Pferd während oder nach dem Sprunge nicht im Maule reißen; man lasse die Pferde dabei stets über die Mitte des Hindernisses und senkrecht über dasselbe springen, und halte auch strenge darauf, daß dies geschieht, wenn der Reiter sodann wieder im Sattel sitzt. Biegt einmal das Pferd aus Ungeschicklichkeit des Reiters nach links aus, so lasse man den Reiter auf der rechten Hand auf dem Zirkel im lebhaften Trabe vor dem Sprunge reiten, analog umgekehrt; also stets die entgegengesetzte Wendung von derjenigen Seite, wohin das Pferd vor dem Hinderniß ausgebogen ist; zum Sprunge lasse man aber das Pferd sodann aus dem Zirkel senkrecht im Trabe an das Hinderniß mit einem angemessenen Anlauf herangehen. Man gehe aber immer von dem Gesichtspunkte aus, daß der Reiter allein das Hinderniß zum Sprunge ist; daß er das Pferd von demselben entweder durch Aengstlichkeit, wie es meistentheils der Fall ist, oder durch seinen fehlerhaften Sitz oder durch fehlerhafte Hülfen abhält, vorne überfallen mit dem Oberleibe, Heruntersehen, Rucken an den Zügeln spielen hierbei die Hauptrolle. Sind die Fehler beim Reiter beseitigt, so findet sich das Springen der Pferde von selbst; vor allen Dingen müssen dieselben am Zügel Anlehnung haben, und also mit Gesäß und Schenkeln entschieden vorgedrückt werden.

Erst wenn alle Pferde im Springen einzeln völlig sicher gemacht sind und die gestellten Anforderungen erfüllen, ist der Zeitpunkt gekommen, mit dem Springen im geschlossenen Gliede zu beginnen. Zuerst lasse man in Abmärschen zu Dreien springen, sodann in Abmärschen zu Sechsen und sodann erst im einfachen Gliede des Zuges. Man halte darauf, daß das Glied sich zum Sprunge ein wenig nach rechts und links öffnet und also nicht zu eng geritten wird, die Flügel-Unteroffiziere resp. Flügelleute daher etwas nach rechts und links Feld geben; man dulde unter keinen Umständen, daß Pferde aus dem Gliede heraus und mit Gewalt vorstürmen; alle Pferde des Gliedes müssen im ruhigen Mitteltrabe verbleiben; die Hindernisse müssen so lang sein, daß die Glieder, auch wenn sie sich öffnen und etwas lockerer geritten wird, doch vollkommen Platz haben und alle Pferde das Hinderniß nehmen können. Sind die einzelnen Glieder hierin ganz fest gemacht, dann springe man erst in einzelnen Zügen zu zwei Gliedern. Das zweite Glied hat hierbei in dem ursprünglichen Tempo zu verbleiben, während das erste kurz vor dem Hinderniß auf das Kommando des Zugführers: „Block" oder „Barriere" oder „Graben" ꝛc. für den Sprung ein etwas beschleunigteres Tempo anzunehmen hat, ohne daß fortgestürmt werden darf; es wird hierdurch der erforderliche Raum und Abstand für den Sprung des zweiten Gliedes gewonnen werden; das entschiedene Vorwärtsreiten zum Sprunge seitens des ersten Gliedes entspricht auch mehr dem Wesen des Sprunges, wie das bisherige Anhalten des zweiten Gliedes auf das Kommando: „Barriere, Graben" ꝛc., um den Abstand zu erhalten. — Gleich nach dem Sprunge geht auch das erste Glied wieder in die frühere Kadenz über.

Wenn einzeln und in Gliedern volle Sicherheit zum Sprunge erzielt ist, so wird das Nehmen der Hindernisse von den einzelnen Zügen sehr bald auf diese Weise sicher eingeübt sein; es kann dann in der Zugkolonne in ganzer Eskadron gesprungen werden. Die ersten Glieder haben hierbei nur soweit auf das Kommando der Zugführer: „Barriere" ꝛc. vorzureiten, als das davor reitende zweite Glied des Vorderzuges dies gestattet. Hierdurch wird es erreicht werden, daß die Distanz zwischen den einzelnen Abtheilungen (Zügen, Eskadronen) und die taktische Ordnung nicht verloren geht und doch die erforderliche Freiheit zum Sprunge gewonnen wird. Der Maßstab für das gute Nehmen der Hindernisse seitens der Eskadronen und Regimenter ist, wenn die betreffende Abtheilung nach dem Nehmen eines oder mehrerer Hindernisse, bei völliger Geschlossenheit, mit derselben Ruhe weiter reitet und die taktischen Bewegungen mit derselben Präzision wie vorher ausführt, also uneractet der Hindernisse stets evolutionsfähig bleibt.

Dies muß einem Jeden von uns als sehr wohl zu erreichendes Ziel vor Augen stehen. Werden die Pferde auf solche Weise richtig und rationell eingesprungen, so wird auch das Stürzen derselben und die Beschädigung der Reiter in Folge dessen ganz fortfallen; denn man kann dreist annehmen, daß dort, wo viele stürzen und viele Unglücksfälle vorkommen, nicht in der von mir bezeichneten und schon öfter mündlich detaillirten Weise, sondern unrichtig verfahren und Gewalt angewandt wird. Viele meinen wohl, und man hört recht oft solche Behauptung: „wenn nur die Pferde herübergehen, wie, das ist gleichgültig!" Es kommt aber sehr viel weniger darauf an, daß sie einmal hinübergehen, sondern darauf, daß sie stets mit Sicherheit und Leichtigkeit den Sprung weich und elastisch ausführen, und wie sie denselben ausführen, daß sie also völlig Herr ihrer Gliedmaßen bleiben, dieselben finden und sich den Sprung selbst abmessen können, daß sie also im sicheren Gange, im ruhigen, festen Tempo und im Gleichgewicht bleiben und durch den Reiter hierin nicht irritirt werden.

Es muß, um etwas Festes, Sicheres bei der Masse zu erreichen, um dieselbe zu Leistungen zu erziehen, stets systematisch aufgebaut und rationell verfahren werden, sonst bleibt die Sache Stückwerk und man ist dem Zufall preisgegeben. Hierauf kann ich nicht genug hinweisen.

Wenn ich auch nicht der Ansicht bin, daß es zweckmäßig ist, an einem Tage mehr wie zweimal zu springen, so muß ich mich doch dahin aussprechen, daß täglich mit den Pferden gesprungen werden muß, sei es einzeln oder im Gliede, um den Reitern und Pferden hierin die ausreichendste Uebung zu verschaffen und ihnen dies zur Gewohnheit werden zu lassen.

Im Allgemeinen wird bei den Uebungen weit mehr über Block, Barriere, Hecken und Hürden, wie über Gräben gesprungen, obgleich das letztere in Rücksicht auf die Anwendung im Terrain viel wichtiger ist, da Gräben weit häufiger vorkommen, wie Barrieren und Hecken. Es liegt dies wohl daran, weil sich künstliche Gräben bei häufigem Springen sehr schwer halten, die Ränder abgetreten werden und der Sprung dadurch unsicher wird; demungeachtet muß das Springen über Gräben ebenso zum Gegenstande fortdauernder Uebung gemacht werden, wie das Springen über Barrieren, und empfehle ich in dieser Beziehung, die Ränder der Gräben mit Faschinen zu futtern und über dieselben dann eine Lage Erde zu schütten, damit sich die Gräben besser konserviren und die Ränder nicht einstürzen.

Feste Hindernisse von mehr als drei Fuß Höhe und Gräben von mehr als sechs Fuß Breite in geschlossener Ordnung und zur Uebung wiederholt zu nehmen, empfiehlt sich in Rücksicht auf das Pferdematerial nicht, doch muß ich mich entschieden gegen die zu niedrigen Hindernisse aussprechen, über welche die Pferde nur fortsteigen und nicht springen; diese sind gar keine Uebung weder für die Pferde, noch für die Reiter, und gerade für die letzteren und ihre Nerven soll es eine Uebung sein. Sehr gut springen die Pferde Mauern, und empfehle ich deren Aufrichtung; zu ihrer Erhaltung und um die Pferde vor Verletzungen an den Füßen durch die scharfen Kanten der Mauern zu schützen, ist es vortheilhaft, auf der oberen Fläche der Mauer ein abgerundetes Brett zu befestigen; dasselbe verhindert das Abbröckeln der Steine und also den allmäligen Zerfall der Mauer. Wenn die Hindernisse ausreichend lang für eine starke Zugfront, also 20 bis 22 Schritte lang sind, so ist es durchaus nicht erforderlich, an den Enden derselben Seitentheile in Winkeln anzubringen, die das Ausbrechen der Pferde verhindern sollen; es kommt mir das wie ein Armuthszeugniß vor; äußere Mittel sollen also bewirken, was die Reiter zu leisten nicht im Stande sind, was man ihnen niemals zugestehen darf. Es ist sehr zweckmäßig, auch ein Hinderniß auf der Mitte des Exerzirplatzes zu errichten, damit während der Evolutionen, sei es von der ganzen Abtheilung, sei es nur von einzelnen Theilen derselben, über dasselbe gesprungen wird und die Mannschaften sich daran gewöhnen, schnell wieder die Ordnung festzustellen, wie dies beim Reiten im Terrain vorkommt. Die Sicherheit der Evolutionen und deren prompte, exakte Ausführung wird in keiner Weise dadurch beeinträchtigt, wie ich aus Erfahrung weiß, das dreiste, entschlossene Reiten aber dadurch befördert und der Exerzirplatz wird dadurch um etwas dem Reiten im Terrain näher gebracht, was ich als einen Gewinn bezeichnen muß.

Endlich muß ich noch die Errichtung und Herstellung von Kletterhindernissen, aus Wällen mit steilen Rändern, oder sehr breiten Gräben, oder tiefen Gräben mit steilen Rändern bestehend, auf das Angelegentlichste empfehlen, da das Durchklettern und Ueberklettern von Hindernissen eine vortreffliche Uebung für Reiter und Pferd ist, solche im Terrain vielfach vorkommen, und es daher sehr nothwendig ist, daß die Thiere sich daran gewöhnen und die erforderliche Geschicklichkeit, Ruhe und Gelassenheit beim Durchreiten derselben erlangt haben; außerdem kostet ihnen dieses Durchklettern nicht einen so großen Aufwand von Kräften, wie das Ueberspringen derselben. Für die Reiter ist diese Uebung ebenso nothwendig, wie für die Pferde, damit sie dabei die erforderliche Unterweisung erhalten und sich die nöthige Gewandtheit in der Führung ihrer Pferde und in der Verlegung ihrer Balance bei dieser Gelegenheit aneignen, da sie selbst meistentheils am Fallen ihrer Pferde dadurch die Schuld tragen, daß ihnen die richtige Balance mangelt, sie in Folge dessen sich an den Zügel halten und die Pferde aus dem Gleichgewicht bringen. Der Reiter muß es lernen, beim schrägen Herunterreiten steiler Abfälle oder Abhänge den Oberleib zurückzulegen, beim in die Höhe reiten derselben den Oberleib vorzulegen, die Zügel nachzugeben und in die Mähnen zu fassen, das Pferd ruhig zu führen, dasselbe in keiner Weise im Gange zu irritiren und ihm durch richtige Verlegung der Balance mit dem Oberleibe die Ueberschreitung und das Durchreiten schwieriger Terrainstrecken so leicht als möglich zu machen.

Im Sinne dieser Anleitung muß bei der Einübung des Springers seitens der Eskadronen systematisch verfahren werden, damit diese für unsere Leistungsfähigkeit so wichtige Uebung stets weiter ausgebildet und ein möglichst hoher Grad von Gewandtheit und Sicherheit darin erzielt werde, ohne daß dadurch die Gliedmaßen der Pferde angegriffen und Unglücksfälle für die Reiter herbeigeführt werden. —

4. Die Technik des Exerzirens.
a. Einleitende Gesichtspunkte.
Zusammengestellt aus den Cirkulairen vom 14. Juni 1872, 26. April 1874.

Die taktische Ausbildung der Eskadronen kann nicht systematisch und rationell genug gefördert und mit frischem, kavalleristischem Geiste, alle Theile anregend und belebend, mit wahrer Würze und mit dem regsten Interesse betrieben werden. Nur die regste Passion, verbunden mit systematischem Aufbau kann etwas schaffen und zu Wege bringen, was die Arbeit und das Ansehen lohnt. Dieser Grundsatz gilt vor allen Dingen von unserer Waffe. — Wer's nicht ehrlich und nobel treibt, lieber weit von dem Handwerk bleibt! —

Die Eskadronen sind die taktische Einheit, der Grundstein, das Fundament, auf dem die Ordnung, Sicherheit und Festigkeit des Ganzen beruht; diesen Gesichtspunkt müssen dieselben bei der Ausbildung stets vor

Augen behalten; sie müssen bei derselben unausgesetzt im Hinblick darauf verfahren, daß sie im Regiment, in der Brigade und noch größeren Massen gerade so und nicht anders zu reiten haben, wie in der einzelnen Eskadron. Dies wird nur dann der Fall sein, wenn die festen Grundsätze, auf denen die Ausbildung in der Technik des Exerzirens beruht, sowie die Direktiven für die Bewegungen im Allgemeinen und für die einzelnen Evolutionen, wie sie in dem Abschnitt 4 b. und c. dieser Zusammenstellung*) wiedergegeben sind, strikte und gewissenhaft befolgt werden; nur wenn die dort aufgestellten Grundsätze beobachtet werden, sind die Eskadronen reif und geeignet für das Reiten in großen Massen, ohne bei jeder Gelegenheit ihr gleichmäßiges, festes Tempo verlassen, ihre Direktion, die sie angenommen, aufgeben und gegen die ersten Prinzipien für die Bewegungen unserer Waffe schwer verstoßen zu müssen, um Fehler zu korrigiren. Die Eskadronen sind häufig nicht so ausgebildet, in Folge dessen treten beim Reiten im Regiment die übelsten Fehler hervor, worüber dann die allgemeinste Verwunderung entsteht, da ja — wie man meint — die Eskadronen vorzüglich ausgebildet waren. — Es war dies aber in Wahrheit nicht der Fall; nur dem Laien, demjenigen, der nicht in die Tiefe geht, erschien dies so, weil nicht allein kleine, sondern sogar große Verstöße gegen die Mechanik der Bewegungen bei einer einzelnen Eskadron für den oberflächlichen Beurtheiler wenig hervortreten, indem sie ohne bedeutende Veränderung des Tempos, ohne erhebliches Verlassen der Direktion schnell wieder beseitigt und redressirt sind. — Dieselben Verstöße und Fehler, in denen die Eskadronen dann erzogen, die ihnen zur Gewohnheit und zweiten Natur geworden und die ihnen außerordentlich schwer, nur mit Aufbietung der größten Konsequenz und Energie wieder abzugewöhnen sind, tragen sich aber bei den Bewegungen im Regiment, in der Brigade und noch größeren Verbänden auf diese über, pflanzen sich fort, propagiren sich und nehmen dadurch solche Dimensionen an, daß die größten Unordnungen daraus entstehen. In dieser Beziehung will ich nur eine Hauptevolution, den Alignementstrab und Galopp mit Schwenken auf dem Haken erwähnen, wobei die Tete unbeirrt das ruhigste, gleichmäßigste Tempo fortreitet, während die Queue sich in den rasendsten Gangarten bewegen muß. In ähnlicher Weise verhält es sich mit den übrigen Evolutionen. Es muß also mit eiserner Konsequenz, ohne in einen todten Schematismus auszuarten, auf die Anforderungen jener Grundsätze und Direktiven gehalten werden; nur dann werden die Eska-

---

*) In dem Original sind die bezüglichen Cirkulaire bezeichnet, um die es sich im vorliegenden Falle handelt, und deren Inhalt in den Abschnitten 4 b. und c. zu II. zusammengestellt und geordnet ist.

dronen so ausgebildet sein, daß sie im Regiment und in größeren Massen ganz so, wie für sich allein, unbeirrt durch alle die anderen, reiten können, ohne daß eine Emanzipation ihrerseits eintritt. —

Vornehmlich ist hierzu erforderlich, daß die Flügel-Unteroffiziere, der Rahmen, theoretisch im Zimmer und dann praktisch auf dem Felde, nach diesen Direktiven gründlich instruirt und ausgebildet sind. Selbstverständlich findet dies auch auf die Offiziere, die Zugführer, volle Anwendung, da dieselben als Lehrer aufzutreten und das Beispiel zu geben haben, daher auf das Gründlichste und Genaueste orientirt sein müssen.

Hierdurch wird viel Zeit, Mühe und Pferdefleisch erspart werden, denn die rohe Empirie führt viel langsamer zum Ziel, wie verständiges, systematisches Verfahren. Ein Jeder muß wissen, was er zu thun hat, dann wird er es auch leichter ausführen können; das erstere kann man ihn in der Stube lehren; es ist unzweckmäßig, es anders zu machen. —

Der hierdurch zu erzielende Fortschritt muß überall in der Weise hervortreten, daß keine Eskadron gegen die Grundsätze für das Hakenschwenken, für die Frontalbewegungen, für das Abbrechen, für das Aufmarschiren mit Zügen, für die Bewegungen in der Halbkolonne, für das Schwenken aus dem Stillstehen und in der Bewegung, kurz gegen die Grundsätze und Fundamentalprinzipien, wie sie in dem bezeichneten Abschnitte*) aufgestellt sind, fehlt und verstößt, was · sehr leicht erreicht werden kann, wenn ein jeder Eskadronchef sie sich durch Selbststudium und Unterricht an seine Untergebenen vollständig zu eigen macht. Halbheit kann niemals befriedigen, wir müssen völlig fest und sicher in diesen Grundsätzen werden. Nur allein darin liegt die Sicherheit und Festigkeit; übt man ohne Grundsätze ein, so schwebt man in der Luft, ist vom Zufall abhängig, und das darf nicht sein.

---

b. **Wesentliche Grundsätze, auf denen die Ausbildung in der Technik des Exerzirens beruht.**

Zusammengestellt aus den Cirkulairen vom 21. September 1867, 13. April 1868, 14. Juni 1872, 31. Juli 1872, 9. Juli 1873, 26. April 1874, 23. März 1875, und aus verschiedenen im Nachlasse vorgefundenen Manuskripten und Aufzeichnungen, aus den Jahren 1850 bis 1870 herrührend.

Beim Exerziren der Eskadron muß man eine fest zusammengeschweißte Einheit bemerken, lebhafte, sichere, gleichmäßige Tempos, stets dieselben bei allen Evolutionen, sichere und schnelle Aufnahme der Direktion, in Folge

---

*) Abschnitt 4 c zu II.

dessen alles Drängen und Werfen sofort aufhört, sowie Festhaltung der Grundsätze für jede einzelne Evolution; das ist der erste Anspruch, der an die Bewegungen einer Eskadron gestellt werden muß. —

Das Einzelnreiten hat seine volle Berechtigung, aber das Exerziren ebenfalls; alles zu seiner Zeit und wohin es gehört. — Nächst der Einzelnausbildung von Reiter und Pferd handelt es sich daher um die Zusammenschweißung der einzelnen Reiter zu einer Einheit — der Eskadron. Es steht erfahrungsmäßig fest, daß es unverhältnißmäßig viel schwerer ist, mehr Einsicht, Verständniß, Erfahrung und Sachkenntniß, auch viel mehr Zeit erfordert, gute Reiter auszubilden und Remonten gründlich durchzuarbeiten, als eine Eskadron zusammenzuschweißen, sie im Evolutioniren, Exerziren und in den reglementsmäßigen Bewegungen auszubilden. Derjenige Eskadronchef, der dies versteht, der die richtigen Grundsätze dabei befolgt und konsequent an denselben festhält, wird dadurch selbst eine mangelhafte Einzelnausbildung von Reiter und Pferd zu übertragen im Stande sein und in wenigen Wochen seine Eskadron gut ausgebildet haben. Befolgt er die kavalleristischen Grundsätze, zu welchen ich vor allem die nachstehend näher bezeichneten rechne, so wird ihm dies sehr leicht gelingen.

1. **Unterweisung der Zugführer und Flügel-Unteroffiziere mit Bezug auf ihre Obliegenheiten.**

Der Eskadronchef muß schon vor der Exerzirperiode seine Zugführer und Flügel-Unteroffiziere theoretisch völlig sicher in ihren Obliegenheiten gemacht haben, sodann praktisch bei den Pferde-Evolutionen zu Fuß als Vorbereitung zum Exerziren zu Pferde; der Rahmen muß völlig in Ordnung sein, sonst kann es nicht gehen.

Die Pferde-Evolutionen zu Fuß können, wenn sie richtig betrieben werden, die Praxis zu Pferde sehr erleichtern und abkürzen, besonders wenn die Uebungen, welche man an demselben Tage zu Pferde ausführen will oder den Tag darauf, kurz vorher, an demselben Tage oder den Tag vorher zu Fuß durchgemacht werden, wodurch sie sich dem Gedächtniß der Mannschaften einprägen. Es kommt dabei nur darauf an, daß ein jeder Mann weiß, wohin er gehört; — die Instruktion muß stets das Verfahren zu Pferde, also das Reiten im Auge haben; — die Mannschaften müssen dabei stets wie zu Pferde rangirt sein, also sich auf der Stelle befinden, wo sie in der Rangirung zu Pferde reiten; und nicht etwa in der Fußrangirung, wobei jeder der beiden Züge der Kürze wegen noch einmal getheilt wird, um vier Züge zu erlangen, wie ich dies schon bemerkt habe; das hat keinen Sinn und Zweck. Das zweite Glied ist drei Schritte vom ersten zurückzunehmen, um den Abstand zu Pferde zu markiren; der langsame

Schritt bedeutet den Schritt, der Geschwindschritt den Trab und Galopp; die Säbelscheide wird beim Marsch wie bei „Rührt Euch!" getragen, auf „Halt!" angefaßt. —

Auch die Unteroffiziere auf den Flügeln sind durch diese Pferde-Evolutionen zu Fuß auf leichte Art sicher zu machen, besonders was das Abschwenken, Einschwenken, Kehrtschwenken, Hakenschwenken, also die Fundamental-Evolutionen anbelangt. —

Eine größere Ausdehnung ist aber diesen Pferde-Evolutionen zu Fuß nicht zu geben, als Unteroffiziere und Mannschaften gründlich auf die Evolutionen zu Pferde vorzubereiten und sie mit ihren Obliegenheiten bekannt zu machen, sie sind blos Mittel zum Zweck, und keinenfalls als Schaustücke, als wirkliches Exerziren, etwa wie das Exerziren zu Fuß, zu betrachten und anzusehen. —

Die Flügel-Unteroffiziere müssen auf Befragen Rede und Antwort geben können, was sie bei jeder Evolution als rechter und linker Flügel-Unteroffizier zu thun, sie müssen genau wissen was sie beim Ab-, Ein-, Haken-, Kehrtschwenken, beim Abbrechen in Zügen, beim Aufmarsch, beim Abschwenken zur Halbkolonne zu thun haben; und sie müssen, da das bloße Wissen und die Ausführung zwei verschiedene Dinge sind, nun auch beim Exerziren hierin streng geschult werden. — Von den Zugführern und Flügel-Unteroffizieren hängt alles allein ab; die Mannschaften finden sich ganz von selbst, wenn die ersteren sicher in ihren Obliegenheiten sind, fest und sicher reiten. Die Eskadronchefs müssen daher bei jeder Evolution ihren Blick stets zuerst dahin richten, wo die sogenannte Pointe derselben liegt, von wo das Gelingen derselben allein abhängt; dann werden sie die groben Fehler ihrer Unteroffiziere sofort bemerken und korrigiren können und dadurch ihre Eskadron fest in die Hand bekommen; sie werden ihre Aufmerksamkeit dann nicht zersplittern und auf untergeordnete Dinge richten, die später beseitigt werden können, oder sich auch ganz von selbst beseitigen, wenn die Unteroffiziere nur erst sicher eingeschult sind. —

In einer Eskadron, bei der die Zugführer und Flügel-Unteroffiziere nach diesen Grundsätzen fest eingeschult sind, kommt dies sogleich bei den ersten Bewegungen schlagend zur Erscheinung; eine solche Eskadron reitet ganz anders, wie diejenige, bei der dies nicht geschehen ist; fest und sicher reitet dieselbe ungestört in ihren Tempos fort, die niemals wechseln und variiren und durch keine Evolution alterirt werden; schnell und sicher nimmt dieselbe ihre Direktionen sofort ohne zu schwanken auf; auch die widrigsten Zufälle wird sie durch ihre Sicherheit und Festigkeit, die in der Schulung des Rahmens liegt, überwinden, und die Ordnung wird äußerstenfalls nur vorübergehend für einen Moment gestört werden; sie wird stets die kürzesten Wege einschlagen, die am schnellsten zum Ziele führen.

2. **Hauptanforderungen, welche hiernach an die Zugführer und Flügel=Unteroffiziere zu stellen sind.**

a. Die Zugführer dürfen niemals für ihre eigene Person früher etwas ausführen, ehe sie nicht das betreffende Ausführungskommando gegeben haben, denn sie verleiten ihren Zug zu einer vorzeitigen Ausführung, wie beim Hakenschwenken, beim Aufmarsch ꝛc. Bei letzterem muß der Zug=führer, wenn derselbe aus dem Stehen ausgeführt wird, mit seinem Zuge zusammen einen Moment pariren, dann erst in die Richtung gehen und von dort „Richt — Euch!" kommandiren. Die Zugführer müssen die Avertissementskommandos von den Ausführungskommandos trennen, nicht in einem Athem beide geben, die ersteren recht ruhig, gelassen ertheilen, die letzteren recht kurz, accentuirt, rapid ausstoßen; denn nur das giebt Ruhe bei der schnellsten Ausführung. —

b. Es schadet gar nichts, wenn einmal ein Pferd eines Zugführers in den Galopp fällt; es wäre sehr engherzig, hiervon alles abhängig machen zu wollen; aber darauf halte man, daß er einen egalen, gleich=mäßigen Galopp im Tempo mitreitet, nicht vorsprengt und dann wieder zurückbleibt, den Zug aufhält und in Unordnung bringt; er muß gleich=mäßigen Sprung fortreiten; dann wird er am allerersten wieder sein Pferd in den Trab setzen können. Sind die Leute daran gewöhnt, schon von der Bahn, von der Einzelreiterei her, ihr Tempo zu fühlen, sich nicht heraus=bringen zu lassen, dasselbe nicht durch die Augen zu halten, so wird den Zugführern niemals aufgeritten werden, und deren Pferde werden ruhig und völlig sicher vor der Front gehen. Wo die Richtung mit den Augen statt=findet, bleiben auch die Reiter niemals ihre zwei Schritte vom Zugführer ab, denn sie reiten kein gleichmäßiges Tempo.

c. Beim Ab=, Ein= und Kehrtschwenken, sei es aus dem Schritt, Trab oder Galopp müssen die inwendigen Flügel=Unteroffiziere fest wie die Mauern halten, also pariren und sich gar nicht an ihren Zug kehren, wohin er reitet; die auswendigen Flügel=Unteroffiziere haben beim Schwenken unverrückt ihr früheres Tempo festzuhalten, dasselbe ebensowenig zu verstärken, als zu verkürzen; sie sind diejenigen, welche auf das Kommando „Gradaus!" nach der Schwenkung das Tempo angeben, dasselbe aus der früheren Evolution in die folgende mitnehmen, konserviren und übertragen müssen, damit alles im Fluß, im unverrückten Tempo ver=bleibt, das letztere also nicht wechselt.

d. Die Obliegenheiten der Flügel-Unteroffiziere beim Hakenschwenken sind die folgenden: die inwendigen Flügel-Unteroffiziere dürfen nicht kürzer werden, nicht verhalten, wenn sie sich dem Schwenkungspunkte nähern, sondern müssen dreist auf denselben zureiten bis das Kommando „Marsch!" zum Schwenken seitens des Zugführers erfolgt, wenn sie dabei auch dicht an den Vorderzug herankommen; auf dies Kommando „Marsch!" verkürzen sie die bisherige Gangart, sehen vorwärts und nicht in den Zug hinein und runden den Haken im Vorwärtsreiten nach innen ab, damit derselbe frei für den nächstfolgenden Zug wird, und der letztere nicht nach auswärts hinaus zu reiten braucht, um für die Schwenkung den nöthigen Raum und Platz zu gewinnen. Die Hakenschwenkung wird also in der Bewegung nach vorwärts und nicht mit Festhalten des inwendigen Flügels ausgeführt. — Die auswendigen Flügel-Unteroffiziere haben ihr bisheriges Tempo ganz unverrückt festzuhalten und dasselbe nicht zu verstärken; sie müssen ihren Zug nach innen zusammenhalten, also ihren Bogen nicht größer nach auswendig, sondern eher kleiner, abkürzend nach innen beschreiben und ihr Pferd etwa auf die dritte Rotte vom Vorderzuge stellen. —

e. Der rechte Flügel-Unteroffizier der Eskadron kann nicht fest und sicher genug im Geradeausreiten gemacht werden; er darf unter keinen Umständen rechts fortgehen, damit der Eskadron nicht das Rechtsherandrängen dadurch geflissentlich eingeimpft wird; eher muß er etwas links gehen, damit die Mannschaften lernen Feldgeben nach links; ebenso muß der linke Flügel-Unteroffizier des ersten Zuges für das Reiten in der Inversion, im Geradeausreiten und nicht links Fortgehen, ganz fest sein, damit die Mannschaften sich nicht in der Inversion das links Herandrängen angewöhnen. —

f. Die Flügel-Unteroffiziere müssen es wissen und es dann auch so ausführen, daß bei „halbrechts und halblinks" nicht zu viel seitwärts, sondern mehr vorwärts, wie seitwärts geritten wird.

g. In den Grundsätzen unserer Haupt-Evolution, der Frontal-Bewegung, müssen die Flügel-Unteroffiziere völlig sicher sein; sie müssen wissen; daß dieselbe beruht:

1) auf dem festen sicheren Tempo,
2) auf der Festhaltung der Direktion, also dem Geradeausreiten,
3) auf dem ruhigen Reiten Bügel an Bügel, ohne ängstlich den Nebenmann festhalten zu wollen,
4) darauf, daß nicht mit den Augen die Richtung gehalten wird; weder permanent nach der Richtungsseite, noch nach der entgegengesetzten mit Verdrehung des Kopfes, sondern, daß alle Reiter

geradeaus sehen und nur, um ihrem Gefühl des Tempos mehr und besser zu Hülfe zu kommen, zuweilen rechts und links sehen, um sich zu korrigiren.

3. Rangirung.

Eine gute, umsichtige Rangirung ist die höchste Nothwendigkeit; sie trägt mit ein großes Theil an einem günstigen Erfolge und muß daher höchst sorgfältig geregelt und eine ganz feste, nicht wechselnde, variirende sein; ein Jeder muß stets auf seiner bestimmten Stelle reiten und nicht täglich auf einer anderen, wie es unachtsame Wachtmeister machen, die Fünfe gerade sein lassen und die da meinen, es gehe auch so, es komme auf Eins heraus. Das darf von den Eskadronchefs keinenfalls gelitten werden. Gute, sichere, feste Flügel-Unteroffiziere, die da wissen, worauf es ankommt, geben den Zügen den Halt, ebenso tüchtige, gewandte, sichere, energische, gut sitzende Flügelleute des zweiten Gliedes, welche dasselbe in Ordnung halten, gut beim Ab-, Ein- und Kehrtschwenken nach auswärts herüber halten, um den Platz für den Nebenzug frei zu machen; dieselben müssen mit guten, auch möglichst gut aussehenden, nicht zackelnden Pferden beritten sein. Außerdem ist darauf zu halten, daß die Mannschaften möglichst genau nach der Größe rangirt sind, da es nicht gleichgültig ist, abgesehen von dem schlechten Aussehen, wenn ein großer Mann neben einem kleinen reitet. — Blinde Rotten dürfen nur auf dem linken Flügel, nicht auf dem rechten im zweiten Gliede vorhanden sein.

4. Rottenzahl.

Es ist mit höchstmöglicher Rottenzahl, also mit zwölf Rotten der Zug zu exerziren. Was nicht auf dem champ de bataille anwesend ist, schlägt nicht mit, kommt nicht in Betracht; unser champ de bataille ist jetzt der Exerzirplatz; hohe Etats und schwache Rottenzahlen sind Gegensätze und beweisen unausgebildete Mannschaften und undressirte Pferde, also Truppen, die sich nicht in Ordnung und nicht in guter Verfassung befinden, und diesen Vorwurf will doch gewiß keiner von uns auf sich laden! —

5. Futterzustand.

Der gute Futterzustand muß erhalten werden, wie derselbe vor Beginn der Exerzirperiode ist. Selbst wenn die Eskadronen noch so gut, prompt, präzise und sicher ihre Bewegungen und Evolutionen ausführen, und die Pferde sind herunter gekommen und mager, so kann das erstere denselben gar nicht gebührend angerechnet und anerkannt, sondern nur das letztere scharf getadelt werden; wenn die Eskadronen also vollkommen zufrieden stellen wollen, so müssen sie auf alle Art und Weise den guten Futterzustand zu erhalten suchen, ohne dabei in ihren Leistungen nachzulassen. Dies stelle ich an die Spitze als unumgängliche Anforderung. —

6. Aufstellung der Eskadron.

Die Richtung beruht allein darauf, daß die Pferde gerade und senkrecht zur Frontlinie gestellt, lose Fühlung vom Nebenmanne genommen wird, daß das erste Glied zwei volle Schritte vom Zugführer, das zweite Glied einen Schritt vom ersten, die schließenden Unteroffiziere einen Schritt vom zweiten Gliede Abstand nehmen. Wird die Aufstellung so genommen, dann werden alle vier Linien, Zugführer, erstes Glied, zweites Glied, schließende Unteroffiziere auch parallel stehen. — Erster und Hauptgrundsatz muß es bei unserer Waffe sein, in Linie auf der Stelle stets die Richtung im Allgemeinen zuerst nach vorwärts, d. h. durch den Abstand von zwei Schritten von den Zugführern, die sich vorher scharf einzurichten und dann fest still zu halten haben, zu nehmen und niemals rechts oder links; einmal, damit die Aufstellung des ersten Gliedes stets parallel mit derjenigen der Zugführer wird, was beim Richten rechts oder links mit den Augen niemals der Fall ist, sodann aus prinzipiell-kavalleristischen, moralischen Rücksichten, da alles bei unserer Waffe vom Zugführer ausgeht, und die Mannschaften dazu erzogen und daran gewöhnt werden müssen, ihm unbedingt nachzureiten, wohin derselbe ihnen vorangeht. Die Richtung des ersten Gliedes geht daher ganz allein von der Zugführerlinie aus; diese letztere wird zuerst scharf eingerichtet; steht diese, dann folgt das erste Glied durch den Abstand von zwei Schritten; die Augen sind vorwärts, wie fast immer; die Mitten der Züge und mit ihnen auch deren Flügel stellen sich vollständig zwei Schritte von ihren Zugführern ab,*) erst wenn dies geschehen, was an sich eigentlich schon genügend ist, wird die feinere, schärfere Richtung, d. h. das genaue Ausrichten der einzelnen Mannschaften, die etwa noch nicht richtig stehen sollten, vermittelst der Augen nach dem Richtungsflügel bewirkt; die allgemeine Richtung darf aber dadurch durchaus nicht wieder alterirt werden. Unter keinen Umständen dürfen die Zugführer nach der Eskadron ausgerichtet werden, sondern stets entgegengesetzt. Hierauf folgt das zweite Glied, welches sich ebenfalls nicht durch die Augen nach dem Richtungsflügel, sondern dadurch, daß es einen guten Schritt Abstand vom ersten Gliede nimmt, also ebenfalls vorwärts zu richten hat; ist dies geschehen, dann können die Augen zur Aufnahme der genaueren, feineren Richtung einen Augenblick

---

*) Die hier für die Richtung gegebenen Grundsätze entstammen einer Zeit, die lange vor der liegt, in welcher dieselben allgemeinere Geltung und theilweise auch Aufnahme in das Reglement fanden.

nach dem Richtungsflügel geworfen werden. In gleicher Weise geschieht es von den schließenden Unteroffizieren. Hierdurch wird ohne alle Mühe und sehr schnell erreicht werden, daß sämmtliche Linien parallel mit ihrem richtigen Abstande stehen, was sonst niemals der Fall ist. —

Sehr häufig tritt der Fehler hervor, daß die Pferde nicht senkrecht, sondern halblinks zur Frontlinie stehen, und daß die Reiter bei ihrer schlechten Gewohnheit, die ihnen zur zweiten Natur geworden ist, vielfach ganz außer Stande sind, dies zu korrigiren. Bei einem solchen Verhältniß kann die Richtung niemals eine scharfe sein, und es wird eine unendliche Zeit kosten, bis sie aufgenommen ist. Das lange Richten ist aber der Krebsschaden der Kavallerie und kann nicht genug verpönt werden; es liegt allein am fehlerhaften Prinzip. Ein jeder Eskadronchef muß daher, ehe er einrichtet, stets zuerst von vorne das Geradestellen der Pferde und den Abstand von den Zugführern kontroliren, welche beide Anforderungen die Hauptsache sind. Einer der schlimmsten Fehler bei der Aufstellung ist ferner das unwillkürliche Zurücktreten der Pferde, also ein Beweis dafür, daß weniger mit den Schenkeln und vorherrschend mit den Zügeln geritten wird; als ein Mittel dagegen empfehle ich, daß sofort nach dem Pariren: „Rührt Euch!" „Zügel nachgeben!" „Pferde klopfen und streicheln!" kommandirt wird.

Bei der Parade-Aufstellung muß ein jeder Reiter den Vorgesetzten, der die Front herunter reitet, mit den Augen erwarten und ihn mit in die Höhe genommenem Kopfe frei ansehen, dabei sein gerade und völlig senkrecht zur Frontlinie gestelltes Pferd fest still halten, nicht zurücktreten und nicht ruhen lassen, wie dies so vielfach geschieht, sondern er muß dasselbe herandrücken und dem Vorgesetzten durch eine leichte Drehung des Kopfes beim Herumreiten der Front folgen. Weniger als dies kann man doch von den Mannschaften nicht beanspruchen; es ist daher eine bloße Unaufmerksamkeit und Theilnahmlosigkeit, wenn dies nicht geschieht, und die Reiter bei dieser Gelegenheit geradeaus sehen. — Die Haltung der Säbel- und Pallaschklingen muß genau regulirt sein, die Klingen müssen scharf stehen; die rechte Faust soll eine Hand breit tiefer wie die Biegung des Schenkels aufgesetzt werden. — Die Ulanen müssen nicht nach der Lanze hängen und dieselbe gerade halten. Die Lanze ist der Regulator für den guten Sitz.

Wenn die Eskadron mit vorgezogenen Chargen aufgestellt ist,*) so

---

*) Dies Vorziehen der Chargen fand in der Zeit vor Ausgabe des Reglements von 1812 bei den Spezial-Revuen statt und finden sich noch in dem Reglement von 1796 die bezüglichen Bestimmungen. Der General hatte diese Form bei seiner Brigade eingeführt, um auf diese Weise die Haltung der einzelnen Mannschaften und die Geradestellung der Pferde genauer und gründlicher prüfen zu können.

hält der Eskadronchef auf dem rechten Flügel der Offiziere, zwei Pferde=
längen vor den Unteroffizieren, woselbst er den Inspizirenden erwartet, um
ihm die Meldung zu erstatten und die Detailberechnung zu übergeben. —
Diejenigen Gefreiten, welche als Flügel=Unteroffiziere oder schließende Unter=
offiziere sich in der Front befinden, gehören auf den linken Flügel der
Unteroffiziere, welche zwei Pferdelängen vor dem rechten Flügel des ersten
Gliedes, parallel zu demselben, aufgestellt sind. — Beide Glieder der Eska=
dron müssen völlig parallel zu einander stehen, das zweite Glied mit zwei
Pferdelängen Abstand von dem ersten entfernt, die rechten Flügel beider
Glieder in allen Zügen genau auf Vordermann.

7. Erhaltung der Selbstthätigkeit des einzelnen Reiters im Gliede.

Beim Exerziren muß strenge darauf gehalten werden, daß die Mann=
schaften im Gliede immer selbstständige Reiter bleiben, sich nicht blos auf
ihren Pferden tragen lassen, sondern auf dieselben einwirken; besonders gilt
dies für das zweite Glied, wo sich die trägeren, einfältigeren und nachlässi=
geren Mannschaften, aus welchen dies Glied gewöhnlich besteht, sehr oft
blos rechts und links willen= und gedankenlos hin= und herschieben lassen,
anstatt zu reiten. Es giebt manche Mittel, um das wirkliche Reiten auch
im Gliede unter den Mannschaften zu erhalten; ein sehr gutes und probates
ist, aus dem Galopp, wie beim Reiten im Karree, auf gerader Linie vom
Rechts= zum Linksgalopp zu changiren, aber auch dann streng darauf zu
halten, daß alle Pferde sich auf dem richtigen Fuße befinden.

8. Das zweite Glied.

Die Wachtmeister müssen die spezielle Beaufsichtigung des zweiten
Gliedes haben und auf das Strengste darauf halten, daß dasselbe unter allen
Umständen einen guten Schritt Abstand vom ersten Gliede hält, nicht auf=
reitet, sich nicht auf dasselbe auflehnt, sondern selbstständig reitet und daß
die Mannschaften gerade sitzen. Im Galopp hat das zweite Glied zwei
Schritte, bei den Ulanen mit gefällten Lanzen drei Schritte abzubleiben.
Der Wachtmeister der Eskadron ist hierfür verantwortlich und muß derselbe
zu diesem Zweck hinter dem zweiten Gliede hin= und herreiten und die
unaufmerksamen, nachlässigen Mannschaften scharf im Auge behalten und
anregen, dieselben auch nach Umständen dem Eskadronchef melden. Ein
Aufliegen des zweiten Gliedes auf das erste ist eine grobe Unordnung,
zeugt von Mangel an Konsequenz seitens des Führers und macht ein
sicheres, ruhiges Evolutioniren, sowie die exakte, feste Ausführung der
Frontalbewegungen, der wichtigsten von allen, unmöglich, ist auch die Ver=

anlassung dazu, daß die Pferde durch Aufreiten unbrauchbar gemacht werden, was niemals vorkommen darf.

Sehr zweckmäßig ist es, oft zur Uebung, um das selbstständige Reiten und Abbleiben des zweiten Gliedes vom ersten zu bewirken, dasselbe mit ein bis zwei Pferdelängen Distanz vom ersten reiten und so Evolutionen in Front ausführen zu lassen. Der Wachtmeister bewegt sich dann auf und ab vor dem zweiten Gliede und hält es in Ordnung. — Bei den Ulanen muß dies nicht nur mit angefaßter, sondern auch mit gefällter Lanze geübt werden.

Ein unumgängliches Erforderniß ist ferner, daß der Eskadronchef gleich von Anfang an auf ein scharfes Herüberhalten des zweiten Gliedes nach dem herumschwenkenden Flügel beim Schwenken mit Zügen, besonders beim Kehrtschwenken, hält; dies muß mit halb rechts resp. halb links in der Richtung auf den dritten Vordermann geschehen, nicht etwa durch Schließen und Drängen. Ohne diese Maßregel ist kein ordnungsmäßiges Evolutioniren möglich, da das zweite Glied sonst jedes Hineinkommen des ersten Gliedes in die Front hindert, weil die Pferde desselben sich quer vorstellen. Ein Rückwärts-Ausdrängen von Mannschaften des zweiten Gliedes bei diesem Herüberhalten darf durchaus nicht stattfinden, da dies nur eine grobe Nachlässigkeit der betreffenden Reiter ist, die nicht selbstständig reiten, sondern sich todt und willenlos durch die Nebenreiter blos schieben lassen. Jedes Ausdrängen von Reitern muß an diesen selbst gestraft werden.

9. Reiten reiner Gangarten.

Das Trippeln und Zackeln der Pferde im Schritt muß durchaus abgestellt werden; es ist eine Unordnung und dokumentirt einen Mangel an Reitfähigkeit; denn unreine Gangarten ist der übelste Fehler beim Reiten und ruinirt sowohl Pferde wie Reiter. Kein Reiter darf im Schritt geworfen werden.

10. Tempo ist Richtung, keine Augenrichterei.

Vor allen Dingen ist die Festhaltung des Tempos in allen Gangarten unbedingtes Erforderniß; es darf nur ein Tempo ohne alle Variationen in jeder Gangart geritten werden, sowohl in der Linie, wie in der Zugkolonne, wie in der Kolonne zu Dreien und zu Zweien. Je mehr eine Eskadron in den Tempos wechselt, um so schlechter reitet sie. Eine jede Augenrichterei muß in der Bewegung vollständig unterbleiben; durch die gleichmäßigen, egal fortgerittenen Tempos und durch lose Fühlung wird allein die Richtung gehalten; um keinen Preis durch die Augen nach einer Seite hin; wo die Richtung mit dem Tempo, also mit dem Gefühl gehalten; wo festes, gleich=

mäßiges Tempo geritten wird, da sieht man nur Linien, wo dies nicht der Fall ist und man sich nur mit den Augen richten will, da sieht man nur einzelne Reiter und ein ewiges Stutzen und Vorprellen, was die Pferde ruinirt und zu Grunde richtet. Die Augen müssen möglichst geradeaus bleiben und können nur zur Hülfe, als Unterstützung beim Festhalten des Tempos abwechselnd zuweilen nach rechts und nach links gehen, niemals aber nach einer Seite allein; die Kommandos: „Augen rechts!" (links) bedeuten nur, daß dahin die Fühlung genommen werden soll. Die Richtung des ersten Gliedes wird, wie bei der ersten Aufstellung durch zwei Schritte Abstand von den Zugführern, die des zweiten Gliedes durch einen guten Schritt Abstand vom ersten Gliede genommen, also stets vorwärts, niemals von einem Flügel.

11. Direktion.

Wo man kein Objekt, wie vor dem Feinde oder beim Feldmanöver, vor sich hat, auf das man zureitet, das man attakirt, ist es durchaus erforderlich, daß die Eskadronchefs, Zugführer, Flügel=Unteroffiziere und selbst alle Mannschaften auf dem Platze, auf dem exerzirt, evolutionirt werden soll, genau orientirt werden, d. h. daß der Platz nach seinen Dimensionen festgestellt wird — größte Länge, Breite, rechten Winkel, die Seiten, mit denen parallel fortzureiten —, daß mithin die vier geraden Direktionen nach den Hauptrichtungen des Platzes, die gewöhnlich parallel, resp. senkrecht gegen die Furchen gehen, und die vier obliquen, schrägen Diagonal= Richtungen und Direktionen, welche sich nach den ersteren ergeben, festgestellt werden; ist dies geschehen, so müssen in diesen acht Direktionen außerhalb des Platzes gelegene, entfernte Gegenstände, Objekte, wie Thürme, Windmühlen, Ortschaften, Häuser, Höhen ꝛc. bestimmt werden, auf welche die ganze Front unabänderlich losreitet, die als Objekte stets festgehalten werden; der Eskadronchef und alle Zugführer müssen genau dorthin ihre Pferde stellen und über das Kopfstück ihres Pferdes mit dem Säbel dahin zeigen, besonders wenn eine neue Direktion genommen wird oder dieselbe ins Schwanken geräth, unsicher wird, um sie wieder herzustellen und zu befestigen; alles Werfen und Drängen der Mannschaften wird dann von selbst aufhören. Nur auf solche Weise ist es möglich, mit Sicherheit und Festigkeit zu evolutioniren und exakte, präzise und sichere Bewegungen zu erzielen; außerdem wird hierdurch aber auch die Truppe dazu erzogen werden, unter allen Umständen stets schnell neue Direktionen aufzunehmen und sie festzuhalten, worauf für die Ordnung so unendlich viel ankommt, das ist ein Erfahrungssatz.

Die schrägen Fronten auf der Diagonale sind bei den Uebungen vorherrschend anzunehmen; es ist von der Diagonal- zur Diagonal-Direktion überzugehen; die schrägen Fronten müssen mithin nicht die Ausnahmen, sondern die Regel sein, weil die Truppe weit besser und sicherer durch dieselben ausgebildet wird, wie durch die Bewegungen auf den geraden Fronten; geht es auf den schrägen, besonders beim Wechsel von schräger zu schräger Direktion, so geht es auf den geraden ganz von selbst; es liegt daher im eigenen Interesse der Eskadronen, mehr auf den schrägen Linien, wie auf den geraden zu reiten, abgesehen davon, daß dies die Eskadronen überaus beweglicher und manövrirfähiger machen wird. Die schrägen Direktionen repräsentiren die nächsten Wege; die geraden, senkrechten, die rechten Winkel, die Umwege.

12. Verbesserung vorkommender Fehler.

Alle Fehler, die vorkommen, müssen ganz allmälig und nicht plötzlich verbessert werden; besonders das Herangehen nach der Fühlungsseite, wenn die Fühlung einmal verloren gegangen ist; hierauf kann nicht streng genug gehalten werden. Im Tempo darf bei der Verbesserung der Fehler nicht gewechselt werden. Die Eskadron reitet am schlechtesten, in welcher recht häufige Variationen im Tempo vorkommen, nur um Fehler zu verbessern, wodurch die Fehler aber immer größere Dimensionen annehmen.

13. Inversion.

Das Reiten in der Inversion muß nicht Ausnahme, sondern Regel sein und zur Gewohnheit werden, denn die unbeschränkte und ausgedehnte Anwendung der Inversion ist durchaus nothwendig, um die größte Beweglichkeit und Manövrirfähigkeit zu erzielen. Der Ausdruck und der Begriff der Inversion müssen vollständig verschwinden, soweit muß in der Anwendung der Inversion gegangen werden. Führer und Truppe müssen sich in derselben wohl fühlen, wie man sich in einem bequemen Kleide wohl fühlt, und es nicht scheuen, sie bei jeder Gelegenheit anzunehmen. — In der Inversion muß attakirt, in der Inversion muß Parademarsch gemacht werden, gerade so häufig, wie in der Normalformation.

14. Stufengang in der Ausbildung.

Die taktische Ausbildung der Eskadron, auf der so vieles beruht, muß in rationeller, streng systematischer Weise erfolgen; nicht allein, daß durch ein solches methodisches Verfahren nur allein ein fester Grund gelegt und etwas Tüchtiges, Ganzes, Festes geschaffen werden kann, so kann auch dadurch nur der kavalleristische Geist, welcher auf Frische, Leben, Beweglichkeit, Schnelligkeit beruht, entwickelt und gefördert werden.

Wo soll der kavalleristische Geist in einer Eskadron zum Beispiel herkommen, wenn der Chef gleich beim Beginn der taktischen Ausbildung sich mit derselben auf der Stelle in den Wendungen zu Dreien und in der Eskadronschule herumkrängelt, anstatt die Eskadron nach rechts und links, nach vorwärts und rückwärts, mit Frontveränderungen erst vor allen Dingen flüssig und beweglich zu machen und mithin durch Abschwenken, Einschwenken, Hakenschwenken, Kehrtschwenken mit Zügen und darauf folgenden Frontalbewegungen Leben, Frische und Bewegung in sie hineinzubringen.

Der Eskadronchef muß fließend lange Linien fortreiten, räumige Bewegungen ausführen, die Evolutionen nicht kurz aufeinander folgen lassen; das ist kavalleristisch!

In den ersten Exerzirtagen wird daher die Hauptaufgabe der Eskadron-Chefs, wenn sie ihre Eskadron nach dem Glieder- und zugweisen Reiten zusammengestellt haben, um dieselbe, wie vorstehend betont, nach allen Richtungen hin flüssig und beweglich zu machen, darin bestehen, die nachstehend bezeichneten Uebungen vorzunehmen: Abschwenken nach einer Flanke mit Zügen im Trabe, — Geradeaus — eine ganze Strecke forttraben, — Hakenschwenken, — forttraben, — Einschwenken, — Geradeaus im Trabe in Front eine ganze Strecke, — dann erst Schritt zum Ausruhen der Pferde; — dann nach der anderen Flanke abschwenken, — forttraben, — Hakenschwenken, — forttraben, — Einschwenken, — Geradeaus in Front forttraben und Schritt; — das sind zwei Alignementstrabe; dann ebenso die beiden anderen Alignementstrabe mit Einschwenken nach außen, also: mit Zügen rechtsschwenken, — auf dem Haken rechts schwenken, — links einschwenken; und: mit Zügen links schwenken, — auf dem Haken links schwenken und rechts einschwenken. — Das Befestigen im Abschwenken, Hakenschwenken und Einschwenken in dieser Weise nach allen Fronten mit unmittelbar darauf folgender längerer Frontalbewegung ohne anzuhalten, sowie im rechts und links um Kehrtschwenken mit unmittelbar darauf folgender Frontal- und Inversionsbewegung im Trabe muß rationell das erste sein, was vorgenommen wird. Ist dies sicher gemacht, so ist schon sehr viel erreicht, die Eskadron gewissermaßen schon zusammengeschweißt, und das kann bei richtiger, theoretischer Instruktion der Unteroffiziere und bei vorhergegangener Vorübung durch Pferde-Evolutionen in wenigen Exerzirtagen geschehen sein; aber nur keine Krängelei auf der Stelle, kein Brechen der Front zu Dreien und in Wendungen; keine Aengstlichkeit bei den Frontalbewegungen, die mit langer Vorbereitung durch mündliche Instruktionen, vielleicht gar aus dem Stillhalten begonnen werden; dadurch wird alles verdorben; den Mannschaften muß eine jede Frontalbewegung so einfach, leicht, bequem und ohne alle Schwierigkeit erscheinen, wie das Reiten in Zügen, zu Dreien oder zu Einem; das geschieht am besten, wenn man kein Aufhebens von derselben macht, wenn man den Mannschaften nicht einbildet, daß dieselbe irgend eine Schwierigkeit verursacht, wenn man die oben ausgesprochenen praktischen Grundsätze für dieselbe zur Geltung bringt und wenn man unmittelbar nach einem Trabe oder Galopp in der Flanke mit Zügen einschwenkt und sofort in derselben Gangart die Frontalbewegung weiter fortsetzt, wenn dieselbe aber unruhig werden sollte, wieder mit Zügen die Front bricht, in eine Flanke abschwenkt und so weiter fortgeht. — Nur kein Schritt nach einem Einschwenken von einer Flankenbewegung im Trabe oder im Galopp, sondern geradeaus in derselben Gangart und dann später erst Schritt! — Diese Evolutionen sind die hauptsächlichsten, welche vorkommen; die für dieselben geltenden festen Grundsätze können daher den Eskadronen nicht sicher genug eingeimpft werden; das Schwenken der Züge mit festem oder beweglichem Drehpunkt muß gerade zu Anfang auf das Gründlichste eingeübt, und die Flügel-Unteroffiziere müssen in ihren desfallsigen Obliegenheiten so befestigt werden, daß kein Verstoß gegen die obwaltenden Funtamental-Anforderungen vorkommt; denn ein Uebersehen, ein leichtfertiges Hinfortgehen darüber ist später gar nicht wieder gut zu machen, da die Sache zur Gewohnheit wird und wie alle Gewohnheiten dann weit schwerer zu beseitigen ist, wie die Einübung des Richtigen; auch gewöhnen sich die Züge selbst dann so an diese Art und Weise, daß von ihnen die größten Fehler begangen werden, sie z. B. anstatt nach dem inwendigen Flügel bei der Schwenkung heranzuhalten, nach dem auswendigen Flügel hinübergehen, wenn der inwendige Flügel-Unteroffizier beim Ab-, Ein- und Kehrtschwenken nicht unverrückt feststeht auf seiner Stelle, sondern einen Bogen reitet. Auf diesen Evolutionen beruht es, daß der Eskadronchef unter allen Umständen seine Eskadron fest in der Hand behält, was die Hauptsache ist, und daß dieselbe ihm nicht ohne Halt hin und her flattert, daß sie im Stande ist, alle Bewegungen exakt und präzise auf sein Kommando oder Signal auszuführen.

Ebenso beruht auf der gründlichen, sichern Einübung des Hakenschwenkens die Erhaltung des Tempos, also der Grundlage für die Sicherheit aller Bewegungen in der Kolonne, für die Ruhe und Ordnung der Truppe, und es muß ihr daher der größte Werth beigelegt werden.

Nach diesen vorstehend aufgeführten, zuerst einzuübenden Evolutionen würde rationell das Abbrechen mit Zügen aus der Front und aus der Inversion, und der Aufmarsch aus Zügen zur Linie folgen. — Hiernach würde das Abschwenken mit Zügen halbrechts und halblinks, das Setzen auf Vorderrichtung, das Abbrechen zur Halbkolonne, was nicht fest genug eingeritten werden kann, und wobei, wie immer, die Flügel-Unteroffiziere die Hauptaufgabe haben, kommen; demnächst die Frontalbewegungen mit halbrechts und halblinks und mit Schwenkungen in der Eskadronfront.

Dann ist die Eskadronschule zum Gegenstand der Uebung zu machen mit Schwenken auf dem Haken im Karree, — bei rechtsum mit linksschwenken auf dem Haken, bei linksum mit rechtsschwenken auf dem Haken. — Hierzu gehört das Abbrechen zu Dreien aus Zügen und der Aufmarsch aus Dreien zu Zügen. — Endlich zu allerletzt kommt das Setzen in Zugkolonne aus der Front auf der Stelle. — Dies würde ungefähr der rationelle Gang der Ausbildung sein, woran sich die verschiedenen Attacken schließen. Letztere ist die Quintessenz, die Krone, der Prüfstein der ganzen Ausbildung.

15. Ausbildung des Attackengalopps.

Die Anforderungen an das Leistungsvermögen der Pferde müssen ganz allmälig gesteigert, und die Pferde in Athem gesetzt und an größere Ausdauer in den stärkeren Gangarten gewöhnt werden. Feste, allmälige Einübung des allongirten Attackengalopps in Linie auf weite Entfernungen mit Schwenken der Linie, am besten zuerst gliederweise, um das selbstständige Reiten des zweiten Gliedes zu erzielen, ist ein unbedingtes Erforderniß. Es muß eine Gewohnheitshaltung in diesem langen, gleichmäßigen, ruhigen Sprunge bei Reitern und Pferden eintreten, derselbe muß ihnen zur zweiten Natur werden, und der Führer muß die volle Sicherheit gewinnen, daß seine Eskadron nicht ohne sein Kommando unwillkürlich fortrollt, ihm aus der Hand und in die Karriere übergeht; es ist dies eine der wichtigsten Anforderungen! — Wenn der Galoppsprung ein ruhiger, gleichmäßiger, flacher über dem Erdboden ist, so wird die Front auch stets völlig geschlossen sein, was die Hauptsache ist; es dürfen keine Pferde in der Front unruhig werden, hin und her changiren, hohe Sprünge machen, denn solche Pferde werfen die Front auseinander, machen andere Pferde mit unruhig und halten nicht aus, weil sie Kräfte vergeuden und den Athem verlieren. Der Galopp in Zügen ist gewöhnlich gut, in Linie sehr mangelhaft, vornehmlich weil die Direktion nicht festgehalten, rechts und links gegangen wird, und die Bewegung in dieser Formation eine ungewohntere ist; sie muß daher eine gewohnte werden, weil dies zu nothwendig ist, und sie muß durch Einschwenken aus der Zugkolonne im Galopp herbeigeführt werden, da dies das beste Mittel ist, Ruhe und Sicherheit darin zu erzielen.

Der Chok im Marsch-Marsch ist nur ein Produkt dieses Galopps und und wird stets geschlossen, rapide, in zwei Gliedern und nicht in zehn stattfinden, wenn der Galopp ein ruhiger, räumiger, sicherer war. — Allerdings ist dieser Galopp vorherrschend auf der rationellen Durcharbeit und richtigen Haltung und Zusammenstellung der Pferde im Winterhalbjahr basirt, und die Reiter müssen gelernt haben, in demselben, ohne sich werfen zu lassen, ruhig im Sattel und mit den Schenkeln zu sitzen und ruhig zu athmen, um ihr Pferd nicht zu irritiren und im Sprunge zu beunruhigen. — Es kann nicht in Abrede gestellt werden, daß lange Bewegungen in dieser Gangart in Linie durch den rasirenden Schuß der Hinterlader, wenn wir anders unsere Wirksamkeit auf dem Schlachtfelde behaupten wollen, eine Nothwendigkeit geworden sind. —

16. Fester Zusammenhang der Unterabtheilungen.

In gebrochenen Fronten müssen alle Züge in sich, alle Abmärsche in sich fest zusammenhalten als geschlossene Einheiten; ein jeder Zugführer muß in seinem Zuge, ein jeder Unterofficier in seinem Abmarsch, also ein Jeder in seinem Kreise ohne Eintreten eines höheren Vorgesetzten sofort aus eigener Bewegung eine jede Unordnung, die eingetreten ist, schon im Entstehen auf das Schnellste beseitigen; kein Fehler darf sich fortpflanzen und größere Dimensionen annehmen, sondern er muß rechtzeitig seitens der hinteren oder Seitenabtheilungen, wenn sie einen solchen vorne oder nach dem Richtungsflügel erkennen, koupirt werden, wozu die Chargen konsequent zu erziehen sind, und worauf nicht streng genug gehalten werden kann. Der Eskadronchef muß stets mit Berücksichtigung dessen seine Eskadron evolutioniren lassen, als wenn er im Regiment im größeren Verbande exerzirte, wo alle Fehler sich sofort weiter fortpflanzen und größere Dimensionen annehmen. —

17. Verhältniß der einzelnen Züge zu ihrem Führer.

Der Eskadronchef halte unabänderlich darauf, daß die Züge ihren Führern auf zwei Schritte nachreiten und deren Kommandos strikte und genau befolgen, dieselben nicht verbessern wollen; es ist weit besser, daß der Zugführer einmal einen Fehler macht, und sein Zug ihm Ordre parirt und nachreitet, als daß der Zug sein Kommando nicht befolgt und den Fehler korrigirt. Es ist dies eine Kapitalsache, die für die Bewegungen, wie aus moralischen Rücksichten von hoher Wichtigkeit ist. —

18. Kommando-Ertheilung.

Die Art und Weise der Ertheilung der Kommandos ist von großer Wichtigkeit und von erheblichem Einfluß für die Ausführung. — Das Ausführungskommando muß getrennt vom Avertissementskommando, nicht zu nahe auf dasselbe folgend, ertheilt werden; das letztere ruhig, um der Truppe die Ruhe mitzutheilen, das Ausführungskommando dagegen mit Nerv und Entschiedenheit, kurz accentuirt, um die schnelle, prompte Ausführung herbeizuführen. Schon durch die richtige Accentuirung, durch die Art und Weise, wie kommandirt wird, muß der Truppe die Art und Weise der Ausführung angedeutet werden. Vor nichts hat sich der Führer mehr zu hüten, wie vor dem Angewöhnen bestimmter Worte bei seiner Instruktion oder bei seinen Zurufen an die Reiter; sie hören sich dieselben überdrüssig, werden sie so gewöhnt, daß sie gar keine Wirkung mehr haben und also ganz unnütz verhallen. Wenn die so nothwendige Ruhe bei der größten Schnelligkeit, z. B. blos durch den Zuruf: „Ruhe" zu erzielen wäre, so würde es sehr leicht sein, sie herbeizuführen; es gehören aber andere Faktoren dazu, um dieses so dringend erforderliche Produkt zu erreichen.

19. Ausführung der Signale.

Es muß von Anfang an auf die strikte, schnelle Ausführung der Signale streng gehalten werden, ohne daß ein Stoßen der Pferde erfolgt. Die Signale dürfen nicht übereilt, sondern müssen ruhig und deutlich geblasen werden. Dieselben müssen sofort von allen Mannschaften, sowie sie verstanden werden, also schon beim zweiten, dritten Ton der Trompete gleichzeitig, sowohl in Linie, wie in der Zugkolonne, als in der Kolonne zu Dreien und zu Zweien ausgeführt werden, und hat ein jeder Reiter dann seine Hülfe für die geblasene Gangart zu geben. Die Eskadronen müssen also in die Signale, wie man sich ausdrückt, hineinreiten und nicht das Ende derselben erst abwarten, wodurch etwas außerordentlich Schleppendes, Träges, Langsames in die Bewegungen hineinkommt, die sich im Gegensatze hierzu durch Frische, Entschiedenheit und Beweglichkeit auszeichnen müssen. Die letzten Abmärsche, die letzten Züge haben stets zuerst anzureiten, nach vorwärts zu schieben, sich nicht ziehen zu lassen und nicht zu warten, bis vorne angeritten wird; die Signale sind daher stets in der Richtung auf die Queue der Kolonne zu geben, nicht nach der Tete zu, und muß der Blick des Eskadronchefs nach der Queue gerichtet sein, um diese zu kontroliren. Wird dieser Grundsatz festgehalten, so wird auch alles im Tempo sein, von der Tete bis zur Queue, und die letzten werden nicht nachzueilen brauchen. In der Kolonne zu Zweien, Dreien, rechts- und linksum, sowie bei der Eskadronschule, beim Abbrechen zu Dreien und Zweien darf der letzte Abmarsch auch nicht ein Atom stärkeres Tempo, wie die Tete reiten, auch wenn mehrere Male auf dem Haken geschwenkt ist. Durch das Tempo muß alles dicht aufbleiben; es darf weder ein Nacheilen, noch ein Prellen und Stutzen stattfinden. Dies ist aber nur dann möglich, wenn ein jeder Reiter daran gewöhnt ist: 1) sofort lebendig und nicht schläfrig in das Signal hineinzureiten, 2) nicht auswärts aus dem Haken herauszureiten, sondern den Haken nach innen abzurunden, wie es Vorschrift ist, und 3) das Tempo zu fühlen und dasselbe in keiner Weise zu alteriren. Dies muß sowohl im Trabe, wie im Galopp beobachtet werden. Nichts ist aber für das Tempo verderblicher, als wenn auf ein Signal die letzten Abmärsche oder der letzte Zug warten, bis die vorderen Abmärsche oder Züge angeritten sind und später wie diese anreiten. Auf das Signal „Halt!" muß alles feststehen; ob die Front geschlossen oder gerichtet dabei ist, ist ganz gleichgültig; nur stehen muß alles fest, bis auf das Kommando „Richt Euch!", was nicht sofort darauf gegeben werden darf, um die Mannschaften erst sicher zu machen. Am besten geschieht dies Einreiten nach Signalen im Karree auf Gliederdistanz, wo jeder einzelne Reiter mehr sichtbar ist und daher mit dem Anreiten besser kontrolirt werden kann.

20. Gewöhnung an das Kommando von hinter der Front.

Nachdem der Eskadronchef seine Eskadron einexerzirt hat, indem dieselbe ihm die Front zugekehrt hatte, muß er sie nun auch einexerziren, wenn sie in der Inversion zurückgeht und er sich hinter ihr befindet, die Mannschaften ihm mithin den Rücken zukehren, wobei ein Verstehen und Ausführen des Kommandos weit schwieriger ist; er muß aus der Inversion, bei der er sich hinter der Eskadron befindet, mit Zügen ab- und wieder einschwenken, auch die Eskadron Frontalschwenkungen und Bewegungen ausführen lassen, damit sich die Leute an das Kommando von hinten gewöhnen. —

21. Platz des Eskadronchefs bei Frontal-Bewegungen.

Reitet die Eskadron in Front, in Linie, so reite der Eskadronchef niemals in der Verlängerung des Richtungsflügels mit, sondern bleibe er vor der Front auf seiner Stelle, um von da aus das Geradeausreiten zu kontroliren, oder reite er in der Verlängerung des linken Flügels (äußeren)*) mit, um von dort aus das Tempo zu kontroliren. —

22. Beachtung der Pointen seitens des Eskadronchefs.

Eine jede Evolution hat ihre ganz bestimmte Pointe, auf welche es vornehmlich und wesentlich ankommt; auf diese, auf nichts anderes, muß der Eskadronchef, wie bereits weiter oben erwähnt, bei jeder Evolution seine volle Aufmerksamkeit richten; das andere findet sich dann ganz von selbst.

---

*) Diese Ausführungsbestimmungen sind ertheilt worden, bevor die Richtung nach der Mitte durch das Reglement angeordnet war.

Diese Pointe beruht vornehmlich auf dem Verhalten der Flügel-Unteroffiziere und Zugführer; z. B. beim Schwenken in der ganzen Eskadron aus der Bewegung im Trabe muß der Eskadronchef zuerst nach dem Flügel-Unteroffizier am Pivot sehen, ob er im freien Schritt nach vorwärts seinen Bogen beschreibt, ohne in das Glied hineinzusehen, und sodann auf den Flügel-Unteroffizier des herumgehenden Flügels, ob derselbe unverrückt in seinem fließenden Trabtempo bleibt und dasselbe nicht verstärkt; oder: beim Schwenken auf dem Haken im Trabe muß der Eskadronchef auf den Flügel-Unteroffizier des inwendigen Flügels des Tetenzuges sein Hauptaugenmerk richten, ob derselbe im abgekürzten Trabe seinen Bogen nach vorwärts beschreibt, ohne in das Glied hinein, sondern vorwärts zu sehen, um den Schwenkungspunkt für den nächsten Zug frei zu machen, damit kein Stutzen in die Kolonne kommt, dieselbe vielmehr im fließenden Tempo bleibt; demnächst darauf, daß auch kein Zug nach auswärts mit halb rechts, resp. links hinaus geht, wie es vielfach geschieht, sondern daß alle Züge nach innen, nach dem Schwenkungspunkt halten, und die auswendigen herumschwenkenden Flügel-Unteroffiziere ihre Direktion auf die dritte Rotte des Vorderzuges nach innen, vom herumschwenkenden Flügel gerechnet, nehmen. —

23. Die zweckmäßigsten Hülfen, ohne zu sprechen und laut zu korrigiren.

Gleich von Anfang an ist bei dem Exerziren streng darauf zu halten, daß nicht gesprochen und korrigirt wird, weil dies nachher, wenn es einmal eingerissen und angewöhnt ist, sehr schwer wieder abgestellt werden kann. Das Sprechen und Korrigiren nutzt auch gar nichts, sondern wirkt nur nachtheilig auf die Ausführung ein, zieht die Aufmerksamkeit vom Kommando ab und macht außerdem einen sehr schlechten Eindruck; es darf und muß nur allein das Kommando zu hören sein. Zugführer und Flügel-Unteroffiziere wirken und helfen am besten durch die Art und Weise ihres eigenen Reitens, durch das Tempo und die Direktion, die sie angeben, sowie durch das einfache Zeigen mit der Säbelklinge über das Kopfstück ihres Pferdes fort, besonders wenn eine neue Direktion angenommen wird und schnell aufgenommen werden soll. Ein solches stilles, bestimmtes Verfahren, an welches die Truppe gewöhnt werden muß, nutzt mehr wie Sprechen, Korrigiren, Instruiren und Zurufen; sehen sich die Zugführer um und korrigiren sie, so verlassen sie die Direktion, geben also dem Zuge eine falsche Direktion an; ebenso verlassen sie dann gewöhnlich das Tempo. —

24. Evolutionen ohne alles Kommando und ohne Signale.

Auf das Angelegentlichste empfehle ich die Ausbildung und Kultivirung des Evolutionirens ohne Kommando und Signal, das Reiten auf Richtungsobjekte nach dem Säbel des Eskadronchefs und nach der Direktion seines Pferdes, sowohl in Linie wie in Zugkolonne. Es ist dies eine ganz vortreffliche Uebung, welche die Aufmerksamkeit und Spannung der Mannschaften außerordentlich schärft, sowie zur Erzielung der Sicherheit und Festigkeit im Direktionsreiten wesentlich beiträgt. Je einfacher und leichter der Bewegungsapparat ist, je stiller es bei demselben zugeht, um so besser ist es. Unser vieles Geblase und Nachkommandiren in den Regimentern erschwert die Bewegungen und macht uns immer schwerfälliger, es muß auf ein Minimum zurückgeführt werden. —

25. Exerziren in einem Gliede.

Für den späteren Verlauf des Exerzirens empfehle ich ein öfteres Exerziren der Eskadronen in einem Gliede. Dies Evolutioniren trägt sehr dazu bei, um das zweite Glied zum selbstständigen Reiten, zur größeren Aufmerksamkeit und Spannung zu veranlassen und ist außerdem eine höchst wichtige Uebung, weil der Ernstfall dies nothwendig macht, wie viele Vorgänge beweisen. —

Die Annahme der Formation in einem Gliede, welche natürlich aus vier in acht Zügen erfolgt, muß mit Ruhe, Ordnung und ohne jedes laute, unangenehme auffallende Wesen geschehen. Bei der Ausführung trabt das erste Glied vor, macht Halt; das zweite Glied schwenkt mit Zügen rechts oder links, trabt geradeaus, schwenkt ein und rückt in das Alignement ein; oder das erste Glied schwenkt von der Stelle mit Zügen im Trabe rechts oder links, trabt geradeaus fort, schwenkt ein, macht Halt und das zweite Glied rückt in das Alignement ein. Zugführer, Flügel- und schließende Unteroffiziere vertheilen sich nach vorher ergangener Bestimmung möglichst gleichmäßig auf die einzelnen Züge.

Alle Bewegungen in einem Gliede, welche den Evolutionen in zwei Gliedern zu Gute kommen, müssen fest und sicher ausgeführt werden.

26. Einige Grundsätze in taktischer Beziehung.

1. Es empfiehlt sich bei jedem Exerziren und Betreten des Platzes die Entwickelung aus dem Defilee, den Aufmarsch aus der Marschkolonne zu Dreien in Züge und aus der Zugkolonne zur Linie zu üben; es kann dies nicht schnell genug geschehen.

2. So selten als möglich muß, wenn dies nicht in Folge des Terrains durchaus nothwendig ist, die Front in rechts- und linksum gebrochen werden; vielmehr sind möglichst alle Bewegungen, insbesondere vor dem Feinde und beim Manövriren in geschlossenen Zügen auszuführen.

3. Es ist zu üben: Aus der Marschkolonne zu Dreien, entweder „**Rechts Front!**" oder „**Links Front!**" worauf alle Abmärsche so in sich nach der Seite schwenken, als wenn kommandirt wäre: „Zu Dreien rechts" oder „zu Dreien links schwenkt". Ist die Schwenkung vollführt, so schließen im Vorwärtsreiten alle Abmärsche nach der Mitte zusammen, um die geschlossene Front zu bilden. — Der Eskadronchef läßt dazu das Signal Trab geben. Ob dabei die Eskadron die Inversion formirt oder die Normalformation annimmt, ist gleichgültig. — Hauptsächlich kommt es darauf an, daß nach Formation der Front in der Flanke schnell die Direktion, welche der Eskadronchef mit dem Säbel und seinem Pferde angiebt, aufgenommen wird.

Dies würden ungefähr die Hauptgrundsätze sein, nach welchen der Eskadronchef beim Exerziren seiner Eskadron zu verfahren hat. Befolgt er dieselben, kennt er die Pointen einer jeden Evolution,*) hält er konsequent auf dieselben, so wird er seine Eskadron sicher und fest machen, nicht von zufälligen Einflüssen abhängen, wenn dieselben auch einmal nachtheilig einwirken, und stets ein achtungswerthes Resultat erzielen, während durch unklares, ertödtendes Eindrillen blos eine gewohnheitsmäßige Routine ohne festen Halt erzielt wird, die bei den geringsten nachtheiligen Einflüssen umschlägt, da alles in der Luft schwebt. An die Stelle des sogenannten Gutabschneidens oder Unglückhabens bei einer Besichtigung muß feste, unumstößliche Sicherheit der Bewegungen treten. —

---

c. **Ausführungsbestimmungen und Direktiven für die durch das Reglement vorgeschriebenen Bewegungen, die wichtigeren Evolutionen betreffend.**

Zusammengestellt aus den Cirkulairen vom 21. September 1867, 13. April 1868, 14. Juni 1872, 31. Juli 1872, 17. August 1872, 17. März 1873, 9. Juli 1873, 23. März 1875, 2. Mai 1875, 14. Juli 1875, und aus verschiedenen im Nachlaße vorgefundenen Manuskripten und Aufzeichnungen, aus den Jahren 1850 bis 1870 herrührend.

Da ich mich davon überzeugt habe, daß vielfach bei den Bewegungen und Evolutionen die Grundsätze und Prinzipien außer Acht gelassen werden, auf denen allein die sichere, feste und ruhige Ausführung derselben beruht, die richtige und wahre Technik des Exerzirens auch sehr in Vergessenheit gerathen ist, und ich den Wunsch hege, dieselbe wieder aufzufrischen, damit

---

*) Die Pointen, um die es sich handelt, sind in dem nächstfolgenden Abschnitte unter II., 4, c, zusammengestellt.

hierdurch dem Einzelnen die Arbeit erleichtert, der Truppe viel Mühe und Anstrengung erspart, und ein günstiges Resultat erzielt werde, so lasse ich nachstehend einen Auszug aus den Ausführungsbestimmungen, den Direktiven für die reglementsmäßigen Evolutionen in der Absicht folgen, daß jene Grundsätze zur Geltung kommen und praktisch durchgeführt werden, was vornehmlich für das Hakenschwenken, die Frontalbewegungen, das Abbrechen mit Zügen und den Aufmarsch aus der Zugkolonne gilt. Ich muß wünschen, daß insbesondere die Herren Eskadronchefs diesen Auszug aus den Direktiven für die Ausbildung ihrer Eskadronen zum Grunde legen, damit ein festes Prinzip, mehr System und dadurch mehr Sicherheit und Festigkeit in diesen so wichtigen Ausbildungszweig, — das Exerziren zu Pferde, die Bewegungen der Eskadron, — hineinkommt und dem Zufall so wenig wie möglich Spielraum gelassen werde. —

Das Reglement kann nur nackte, todte Formen geben; um so nothwendiger sind daher derartige Ausführungsbestimmungen, welche im kavalleristischen Geiste die durch das Reglement gegebenen Formen auffassen und verarbeiten; um so mehr tritt das Bedürfniß nach solchen hervor; sind sie nur noch traditionell, so fallen sie leicht der Vergessenheit anheim; es ist daher zweckmäßiger, sie als Instruktion wieder aufzufrischen und Allen in das Gedächtniß zurückzurufen.

1. Im Allgemeinen.

Es existiren ganz bestimmte, feste Gesetze für die Ausführung der Bewegungen und Evolutionen; nach diesen muß streng verfahren werden; es muß ein jeder Führer sich völlig bewußt sein, worauf die technische Ausführung einer jeden Evolution beruht; es darf nicht durch die bloße Gewohnheit, durch ewiges Wiederholen, durch Eindrillen und Einschläfern, durch unausgesetzte Einübung eine mechanische Gewohnheitsroutine in der Truppe erzeugt werden, sondern es muß auf rationelle Weise durch Festhaltung und Eindringen in die Formen und in die verschiedenen Bewegungen und Evolutionen des Reglements prinzipiell und systematisch eingewirkt und der Rahmen, Zugführer und Flügel-Unteroffiziere, theoretisch und praktisch gründlich ausgebildet werden, wodurch allein Sicherheit und Festigkeit erzielt werden kann, und das Uebrige sich dann ganz von selbst findet.

Die wirkliche, wahre Technik des Exerzirens beruht auf ganz bestimmten Prinzipien und Gesetzen und sie ist so nothwendig, da durch sie allein die Einwirkung des Zufalles auf die Bewegungen ausgeschlossen, die Steigerung und Propagirung jedes kleinen Fehlers und seine Einwirkung auf das Ganze verhütet, und an dessen Stelle Sicherheit und Festigkeit gesetzt wird. — An die Stelle der Ermüdungstheorie müssen diese Prinzipien, Gesetze treten, welche Ordnung, Sicherheit und Festigkeit der Evolutionen verbürgen; diese Gesetze müssen daher erkannt, instruirt und befolgt werden; an die Spitze derselben sind die Fundamental-Prinzipien für alle unsere Bewegungen zu stellen: „Tempo und Direktion", die das Wesen des ganzen Reglements bilden und dasselbe vollständig durchdringen müssen.

Die nackten Formen, die das Reglement nur geben kann, müssen im kavalleristischen Sinne richtig erkannt, von kavalleristischem Geiste beseelt und belebt, durchwebt, ihnen muß die Seele eingehaucht und dadurch das Reglement vergeistigt werden; geschieht dies, so kann man mit einem jeden Reglement sehr wohl fertig werden, auch wenn es das mangelhafteste wäre; es ist ja nur das Gewand, das Kleid, an das man sich allein gewöhnen, was einem bequem werden muß; hat der kavalleristische Geist die todte Form durchdrungen, so wird auch diese ihren Zweck erfüllen und nicht mehr nachtheilig auf das Wesen der Waffe einwirken.

Nicht daß Fehler und Verstöße beim Exerziren vorkommen, ist zu rügen, denn wie wären diese wohl völlig zu vermeiden und zu beseitigen, sondern allein das: wenn Verstöße gegen die allein wahren und richtigen Grundprinzipien gemacht werden, was stets der Fall ist, wenn die Fehler nicht bei dem Einzelnen völlig stecken bleiben, sondern sich auf das Ganze fortpflanzen und natürlich dann wachsen, sich propagiren; dann bleibt unsere ganze Uebung rein dem Zufall preisgegeben, niemals wird dann eine Sicherheit vorhanden sein. Diese Grundprinzipien müssen alle mit unnachsichtlicher Konsequenz strikte festgehalten, im Auge behalten und praktisch ins Leben übertragen werden. — Jede Abweichung, jedes Nachgeben straft sich stets hart.

Eine jede Evolution hat ihre Pointe, d. h. eine Kapital-Anforderung, auf die es hauptsächlich bei ihrer Ausführung ankommt, bei deren Befolgung die Evolution niemals mißglücken, niemals Unordnung einreißen kann; sie kann dann höchstens nicht proper, nicht elegant ausgeführt werden, z. B. die scharfe Richtung im Zuge, in der Eskadron kann mangeln, aber ganz mißglücken, umschmeißen kann sie nicht die betreffende Evolution. — Diese Pointen müssen erkannt werden und niemals darf ein Verstoß gegen dieselben vorkommen; vornehmlich anfangs muß nur auf die Pointen, die auf den Zugführern und Flügel-Unteroffizieren beruhen, das Augenmerk gerichtet werden, diese müssen erst ganz fest und sicher zur Gewohnheit und in Fleisch und Blut übergegangen sein; erst wenn dies geschehen, muß den Neben-Anforderungen, welche außerdem eine jede Evolution hat, Beachtung geschenkt werden, denn ein Fehlen gegen dieselben schadet weit weniger und pflanzt sich auch nicht weiter fort, während dies bei dem Fehlen gegen die Pointe stets der Fall ist und daher doppelten Nachtheil mit sich führt.

Eine jede Evolution hat nächstdem ihren ganz charakteristischen Fehler, ihren Hauptfehler, welcher sich in eigenthümlicher Weise stets wiederholt, wenn ihm nicht entschieden entgegengetreten und derselbe nicht durch den Führer gleich von Anfang an in richtiger Voraussicht seines Eintretens koupirt wird. Diese charakteristischen Hauptfehler müssen nebst den ihnen zu Grunde liegenden Ursachen schon den Zugführern und Flügel-Unteroffi= zieren behufs deren Vermeidung genau mitgetheilt; es müssen ihnen die entsprechenden Hülfen, wodurch denselben im voraus vorgebeugt werden kann, dargelegt werden, damit sich jene stets wiederkehrenden Hauptfehler nicht einbürgern können; denn es ist weit schwerer, nachtheilige Gewohn= heiten auszurotten, als Gutes, Richtiges einzuüben.

Durch Beachtung dieser Grundsätze und der nachstehend für die Aus= führung der einzelnen reglementsmäßigen Evolutionen ertheilten Direktiven, durch rationelles, systematisches, allen Fehlern vorbeugendes Verfahren wird man mit weniger Aufwand von Zeit und Kräften weit früher zum Ziele gelangen und dasselbe sicher haben, nicht abhängig von zufälligen, augen= blicklichen Einflüssen sein.

2. Im Besonderen.
a. Das Ab-, Ein- und Achtschwenken mit Zügen.
aa. Kapital-Anforderung.

Die inwendigen Flügel-Unteroffiziere haben fest wie die Mauern zu halten, zu pariren, sich auf der Mittelhand zu drehen und sich gar nicht an ihren Zug zu kehren. Die auswendigen Flügel-Unteroffiziere halten un= verrückt ihr früheres Tempo fest, verstärken es so wenig, als wie sie es verkürzen; sie sind diejenigen, welche auf das Kommando „Gradaus!" nach der Schwenkung das Tempo angeben, dasselbe aus der früheren Evo= lution in die folgende mitnehmen, konserviren und übertragen, damit alles im Fluß, im unverrückten Tempo verbleibt, das letztere nicht wechselt.

Die gleichmäßig herumschwenkenden Flügel müssen stets mit dem Signal oder Kommando: Trab, resp. Galopp rechtzeitig aufgenommen werden; dieselben dürfen mithin nicht zum Stehen, zum Pariren kommen, weil dies unkavalleristisch ist, den gleichmäßigen Fluß der Bewegungen beeinträchtigt, und die Pferde durch das häufige Pariren angegriffen, unverhältnißmäßig ermüdet und ruinirt werden. Nach jedem Einschwenken zur Front muß prinzipiell noch stets eine, wenn auch noch so kleine Strecke im Trabe oder Galopp vorgegangen werden, um die Angriffsbewegungen nach der Ent= wickelung zu markiren; es giebt dies weit mehr Frische, Leben und propres Exerziren. Nur zur Befestigung und Uebung ist es zweckmäßig, zuweilen einmal abschwenken zu lassen, ohne den Flügel mit Trab aufzunehmen, um zu prüfen, ob die Reiter, wenn sie im rechten Winkel herumgeschwenkt sind, von selbst Halt machen, nicht überschwenken; es darf das Weiterreiten im Trabe nicht zur Gewohnheit werden, sondern man muß die Leute immer in der Hand behalten. —

Es ist mit Strenge darauf zu halten, daß die zweiten Glieder nicht schließen, sondern halbrechts, resp. halblinks auf den dritten Vordermann herüber halten, damit kein Drängen stattfindet, der nächste Zug hereinkommen kann und kein Reiter ausgedrängt wird. —

Beim Abschwenken aus der Front im Stillhalten müssen die herumschwenkenden Flügel-Unteroffiziere zuerst geradeaus vorreiten, damit sie erst in ein frisches Tempo hineinkommen, und ist dies der Fall, dann dürfen sie erst die Schwenkung beginnen. — Geschieht dies nicht, so bleibt das Tempo stets ein sehr mattes, und die Evolution macht einen schlechten Eindruck. —

Ein Helfen der Pivotflügel-Unteroffiziere beim Einschwenken, wenn einmal die Distanz verloren gegangen ist, darf durchaus nicht stattfinden; dieselben haben vielmehr in allen Gangarten zu pariren und ihr Pferd auf der Mittelhand zu drehen; der Zug muß an sie heranbleiben; es ist viel besser, daß einmal eine kleine Lücke vorkommt, die im Vorwärtsgehen wieder zugemacht werden kann, als daß die festen Grundsätze für das Evolutioniren verletzt werden. —

Die Zugführer haben den Bogen, den der Zug reitet, nicht mitzureiten, sonst werden sie abgedrängt; sie müssen kurz die entsprechende Wendung ausführen und an der Front ihres Zuges entlang reiten. —

Nach dem Rechtsum-Kehrtschwenken zur Retraite oder zur Front sind die Reiter streng anzuweisen, nicht die Halblinks-Stellung, die sie während der Schwenkung hatten, beizubehalten, sondern nach der Kehrtschwenkung den rechten Schenkel sofort fest heranzulegen, um nicht links heran zum auswendigen Flügel zu drängen, was sonst stets erfolgt; alles muß die Pferde sofort wieder senkrecht zur Frontlinie stellen und lieber abwärts, nach dem Pivotflügel, wie nach dem herumschwenkenden die Direction behalten. Die Aufnahme der neuen Front, der neuen Direktion von jedem Reiter, so schnell als möglich, ist eine der größten Hauptsachen. —

bb. Charakteristische Fehler.

1) Beim Ab-, Ein- und Kehrtschwenken werden von den inwendigen Flügel-Unteroffizieren große Bogen geritten.
2) Die auswendigen Flügel-Unteroffiziere verlassen das Tempo.

3) Das Signal wird zu spät aufgenommen und nach Vollendung der Schwenkung wird überschwenkt.
4) Die zweiten Glieder schließen oder traversiren, anstatt herüberzuhalten.
5) Die Schwenkung aus dem Stillhalten beim Abschwenken aus der Front wird seitens der auswendigen Flügel-Unteroffiziere sofort begonnen.
6) Die Pivotflügel-Unteroffiziere wollen beim Einschwenken zur Front, wenn die Distanz verloren gegangen ist, helfen.
7) Die Zugführer beschreiben einen Bogen anstatt nur die Wendung auszuführen.
8) Der mangelhafte Gebrauch des betreffenden (inwendigen) Schenkels nach erfolgter Ausführung einer Umkehrtschwenkung; diesem Fehler muß mit allem Nachdrucke entgegengearbeitet werden, denn auf dem richtigen, kräftigen Gebrauche des betreffenden inwendigen Schenkels beruht die schnelle Aufnahme der richtigen Direktion.

b. Das Hakenschwenken.
aa. Kapital-Anforderung.

Alles hängt von dem inneren Flügel-Unteroffizier des Tetenzuges ab; derselbe hat wegen der großen Tiefe eines jeden Zuges und in Rücksicht auf den ihm so nahe folgenden nächsten Zug den Schwenkungspunkt möglichst früh dadurch ganz frei zu machen, daß er einen Bogen nach vorwärts beschreibt; er darf, wenn die Schwenkung im Trabe ausgeführt wird, nicht in den Schritt fallen, sondern er muß abgekürzten Trab reiten; er darf nicht in den Zug hineinsehen, sondern muß nach vorne auf seinen Bogen sehen, um diesen regelrecht und vorschriftsmäßig auszureiten; sein Hineinsehen in den Zug, wie dies stets bei ungeschulten Unteroffizieren geschieht, nutzt demselben gar nichts, vielmehr wird derselbe dadurch nur veranlaßt, dahin zu reiten, wohin er sieht, was eben nicht stattfinden darf und der übelste Fehler ist. —

Der auswendige, herumschwenkende Flügel-Unteroffizier bleibt fest in seinem bisherigen Tempo und verstärkt dasselbe nicht; er hält nach innen, nach dem Schwenkungspunkt heran und den Zug dahin zusammen, wodurch alle Schwenkungen, sowohl in der Richtung, wie ganzen Ausführung, besser ausfallen.

Der Zugführer hat sich nach dem äußeren Flügel umzusehen, um rechtzeitig, d. h. wenn der äußere Flügel im Begriff steht, die Schwenkung zu vollenden, das Kommando: „Gradaus!" zu geben, worauf der inwendige

Flügel-Unteroffizier sein früheres Tempo wieder aufnimmt; keinenfalls darf ein Ueberschwenken des Zuges stattfinden.

Der Zugführer des nächsten Zuges kommandirt sogleich, nachdem der des Tetenzuges das „**Marsch!**" zum Schwenken kommandirt hat: „**Schwenkt!**", bleibt aber für seine Person völlig geradeaus im Tempo, um seinen Zug nicht zum vorzeitigen Schwenken zu verleiten, und ist streng darauf zu halten, daß der inwendige Flügel, ohne auch nur im mindesten zu stutzen, sein Tempo beibehält, bis das Kommando: „**Marsch!**" des Zugführers zum Schwenken erfolgt; es ist dies zu ertheilen, wenn der inwendige Flügel-Unteroffizier noch 5 bis 6 Schritte vom Schwenkungspunkte entfernt ist; hierauf fällt der inwendige Flügel-Unteroffizier in den abgekürzten Trab (resp. verkürzt die betreffende Gangart, die geritten wird), und wird dabei für einige Zeit während der Schwenkung dicht an den Vorderzug herankommen; er beschreibt, fest geradeaus und nicht in den Zug hineinsehend, seinen Bogen nach vorwärts, bis das Kommando: „**Gradaus!**" erfolgt, worauf derselbe, wenn er seinen Bogen richtig ausgeritten und während des größten Theils der Schwenkung dem Vorderzuge dicht aufgewesen ist, seine Distanz zum Einschwenken wieder richtig gewonnen haben wird.

Der auswendige Flügel-Unteroffizier hält während der Schwenkung nach innen, nach dem Schwenkungspunkt durch Abrunden des zu beschreibenden Bogens den Zug in sich zusammen und muß zu dem Zweck, unter genauer Festhaltung seines früheren Tempos, ungefähr Vordermann auf die dritte oder vierte Rotte vom auswendigen Flügel des Vorderzuges nehmen; er darf durchaus nicht Vordermann auf den auswendigen Flügel-Unteroffizier des Vorderzuges halten wollen, wie dies fast immer geschieht; sein Bogen wird dann viel zu groß; er verliert Terrain, Distanz und in Folge dessen das Tempo, was das Nachtheiligste ist.

Die folgenden Züge verfahren analog. —

Wenn die Hakenschwenkung nach diesen Grundsätzen ausgeführt wird, so wird kein Stutzen in den hinteren Zügen der Kolonne vor dem Schwenkungspunkt vorkommen, und werden dieselben auch nicht veranlaßt werden, nach außen auszubiegen, was der Krebsschaden dieser Evolution ist; denn nach innen muß der Bogen in der Schwenkung beschrieben werden, um den Weg abzukürzen und den gleichmäßigen Fluß in der Kolonne zu erhalten, der weder durch Verkürzung vor dem Schwenken, noch durch Nacheilen nach der Schwenkung, was ganz nahe zusammenhängt und ein und dieselbe Ursache hat, unterbrochen werden darf. Das Kriterium der Bewegung in der Kolonne ist, daß wenn zwanzig oder vierzig Züge oder noch mehr hintereinander auf dem Haken schwenken, das

Tempo der Queue und der Tete bei Festhaltung der vorschriftsmäßigen Distanz zum Einschwenken stets ganz dasselbe und gleichmäßig bleiben muß; durch Befolgung des richtigen Prinzips und Systems ist dies sehr leicht zu erreichen.

Von großer Wichtigkeit ist es nächstdem, daß nach Ausführung der Hakenschwenkung, welche im rechten und halben rechten Winkel zu üben ist, vom Tetenzuge völlig geradeaus geritten wird. Ein Fehler in dieser Beziehung bestraft sich, wie bei allen kavalleristischen Bewegungen, stets erst in der nächsten oder auch der nächstfolgenden Evolution und kostet dann nicht selten durch Gegeneinanderstoßen Gliedmaßen oder Leben von Reitern und Pferden.

Rekapitulirt sind die Grundlagen für diese wichtige, so oft vorkommende Evolution die folgenden:

1) Die Züge dürfen nicht eher schwenken, bis das Kommando: „Marsch!" der Zugführer erfolgt; das Kommando: „Schwenkt" und „Marsch" müssen weit getrennt werden, um Ruhe, Sicherheit und Festigkeit zu erlangen.

2) Der Zugführer muß den Zug selbst nicht zum früheren Schwenken dadurch verführen, daß er für seine Person früher anfängt zu schwenken, ehe er Marsch kommandirt hat.

3) Der Zugführer muß das Kommando: „Marsch!" zur Schwenkung schon 5 bis 6 Schritte vor dem Schwenkungspunkte geben, damit die durchaus erforderliche richtige Abrundung durch den inwendigen Flügel-Unteroffizier erfolgen kann. Das Kommando: „Gradaus!" darf nicht zu spät erfolgen, damit nicht überschwenkt wird; es muß kommandirt werden, wenn der auswendige Flügel noch nicht vollständig herumgeschwenkt ist bis zum rechten Winkel.

4) Der inwendige Flügel-Unteroffizier muß seinen Bogen im frischen Vorwärtsreiten (beim Trabe im abgekürzten Trabe): so groß nach vorwärts beschreiben, daß der Schwenkungspunkt hinter ihm völlig frei wird für den folgenden Zug, und derselbe nicht durch Zurückhalten nach außen hinausgedrängt wird, wie dies gewöhnlich geschieht, in Folge dessen beim Linksschwenken auf dem Haken gewöhnlich alle Pferde halbrechts und beim Rechtsschwenken auf dem Haken alle Pferde halblinks stehen. Der Bogen muß von dem inwendigen Flügel-Unteroffizier beim Linksschwenken nach links vorwärts mit links gestelltem Pferde und unter vorherrschendem Gebrauch des linken Schenkels, beim Rechtsschwenken nach rechts vorwärts mit rechts gestelltem Pferde unter Anlegen des rechten Schenkels beschrieben werden. Der nachfolgende Zug muß dicht

an den vorhergehenden mit seinem inwendigen Flügel herankommen; auf das Kommando: „Gradaus!" ist bei richtigem Ausreiten des Hakens Vordermann und Distanz wieder vorhanden, und das frühere Tempo wird wieder aufgenommen.

5) Der auswendige Flügel-Unteroffizier verbleibt fest und sicher während der Schwenkung, wie dies für eine jede Schwenkung Grundsatz sein muß, in seinem früheren Tempo, hält nach innen den Zug nach dem Schwenkungspunkte zusammen und richtet sein Pferd auf die dritte, vierte Rotte des Vorderzuges, vom auswendigen Flügel an gerechnet, um den Bogen so klein als möglich zu machen.

6) Der inwendige Flügel-Unteroffizier muß durchaus während der Schwenkung völlig geradeaus und nicht in den Zug hineinsehen, weil ihn dies von seinen persönlichen Obliegenheiten abzieht und ihn zum Reiten nach außen bringt, was gerade der Hauptfehler ist, der durchaus vermieden werden muß; ebenso darf er seinen Vordermann auf den inwendigen Flügel-Unteroffizier des Vorderzuges nicht zu früh wieder zu gewinnen suchen, erst nachdem die Schwenkung ausgeführt und „Gradaus!" kommandirt ist.

Täuschen wir uns aber darüber nicht; es gehört die allergrößte Konsequenz dazu, um diese Bewegung in der bezeichneten Weise einzuüben, weil sie so den Gewohnheiten, die wir angenommen haben, geradezu auf das Entschiedenste widerstrebt; nur durch die gründlich systematische Einübung und durch konsequentes Beharren bei den aufgestellten Grundsätzen, durch abwechselndes Aufstellen in der Nähe des Hakens und auf der auswendigen Seite der Schwenkung wird es gelingen, Festigkeit und Sicherheit der Unteroffiziere hierin zu erzielen, worauf es ankommt. Nächstdem genügt es nicht, das Hakenschwenken rechts und links einzuüben, sondern man muß alle vier Arten des Alignementstrabes üben und in demselben die Flügel-Unteroffiziere schulen und befestigen; nämlich in der rechts abmarschirten Zugkolonne die Tete links schwenken und die Tete rechts schwenken, ebenso in der links abmarschirten Zugkolonne die Tete rechts schwenken und die Tete links schwenken. Dies muß das Allererste sein, worin der Eskadronchef seine Eskadron befestigt; geht dies sicher, so hat er schon viel gewonnen; nach dem jedesmaligen Hakenschwenken läßt er zur Front einschwenken, nimmt stets die Flügel rechtzeitig mit dem Signal „Trab!" auf, so daß alles im Fluß bleibt, und die gleichzeitig herumkommenden äußeren Flügel das feste Tempo angeben; der Frontaltrab wird dann spielend gehen. Von allen Evolutionen müssen diese beiden als die Fundamentalbewegungen angesehen werden: Hakenschwenken und Frontalbewegungen. — Sie müssen erst sicher und fest sein, ehe etwas anderes geübt wird, da ihre Ausführung die entschiedenste Einwirkung auf alle anderen Evolutionen hat, indem die Eskadron dadurch sicher im Tempo und in der Direktion gemacht wird, auch dadurch auf die leichteste Weise die vier geraden und die vier obliquen Direktionen des Platzes festgelegt und eingeritten werden, also auf diese Weise die Orientirung auf dem Platze am einfachsten und besten erfolgt.

bb. Charakteristische Fehler.

1) Das zu späte Kommandiren des „Marsch!" der Zugführer zum Schwenken.
2) Das Hineinsehen der inwendigen Flügel-Unteroffiziere in ihren Zug anstatt geradeaus.
3) Das unmittelbar hieraus folgende zu kurze Reiten dieser inwendigen Flügel-Unteroffiziere während des Schwenkens im Haken; also das fehlerhafte Ausreiten des Bogens seitens derselben.
4) Die Abneigung dieser inwendigen Flügel-Unteroffiziere, dicht an das zweite Glied des Vorderzuges während der Schwenkung im Haken heran zu reiten, wodurch der folgende Zug aufgehalten und veranlaßt wird, mit halb rechts resp. halb links nach außen zu reiten.
5) Das so fehlerhafte Bestreben der auswendigen Flügel-Unteroffiziere, möglichst weit nach außen zu reiten und also einen sehr großen Bogen zu beschreiben, um recht früh wieder ihren Vordermann auf den Vorzug zu gewinnen.

c. Die Frontalbewegungen.
aa. Kapital-Anforderung.

Die Pointe beim Reiten in Linie besteht darin, daß dieselbe völlig parallel mit der ersten Aufstellung vorwärts geht und daß im Vorwärtsgehen keine Halbrechtsschwenkung, im Zurückgehen keine Halblinksschwenkung entsteht; dieser fast immer vorkommende grobe Fehler, wobei der linke Flügel hin- und herschwankt, bald vorgeht, bald zurück ist, bald rechts heran geht, bald einen Stoß von rechts bekommt, also nicht sein ganz gleichmäßiges Tempo mit dem rechten Flügel reitet, liegt in der nicht genug zu verurtheilenden Augenrichterei des dritten und vierten Zugführers nach dem ersten und zweiten; alle Zugführer müssen geradeaus sehen und gleichmäßiges Tempo fortreiten; der zweite muß dem Gefühl des Tempos durch abwechselndes Linkssehen, und der dritte dem Gefühl des Tempos durch abwechselndes Rechtssehen etwas zu Hülfe kommen, dann werden niemals Schwankungen entstehen und beide Flügel werden stets das gleichmäßige, egale Tempo fortreiten. — Das Kriterium für die Frontalbewegung und ihr Prüfstein kennzeichnet sich in dem völlig gleichmäßigen Tempo des rechten und linken Flügels, ohne daß die Linie auseinander kommt, wenn dieselbe auch noch so ausgedehnt ist.

Ganz dieselben Grundsätze wie für die Richtung der Linie auf der Stelle sind für die Richtung derselben in der Bewegung maßgebend; dieselbe geht allein von den Zugführern aus und beruht nur auf dem gleichmäßigen Tempo und auf der losen, sanften Fühlung, nicht auf den Augen rechts oder links, gerade wie sie zu Fuß auf dem gleichmäßigen Schritt und Tritt und auf der losen Fühlung beruht; nur mit dem Unterschiede, daß, da die Tempos zu Pferde so sehr verschiedenartig genommen werden können, und ein so weiter Spielraum zwischen ihnen liegt, der Grundsatz des gleichmäßigen Tempos noch weit mehr und strenger wie zu Fuß fest aufrecht gehalten werden muß und die Augen noch weit mehr in den Hintergrund treten. Der Reiter sieht stets in der Bewegung geradeaus, folgt seinem Zugführer auf zwei Schritte und nicht näher, bemüht sich sein Tempo ruhig und gleichmäßig fortzureiten, wozu ihm das Gefühl in der Bahn und beim Einzelnreiten beigebracht sein muß und wirft nur zuweilen die Augen rechts oder links, abwechselnd nach beiden Seiten, um dem Gefühl dadurch etwas zu Hülfe zu kommen, das Tempo zu reguliren. Sieht derselbe zu oft oder gar unausgesetzt nach einer Seite, so wird unwillkürlich ein Reiten, ein Drängen dahin entstehen, was das Nachtheiligste ist. Wie im Stillhalten das Geradestellen der Pferde, so ist in der Bewegung das Geradeausreiten die Hauptsache, und dies ist nur durch Geradeaussehen, durch die Richtung vorwärts nach den Zugführern zu erreichen. — Wenn kommandirt wird: „Augen rechts!" oder „Augen links!" so bedeutet das nur, dahin, wo die Augen kommandirt sind, wird die Fühlung genommen, und dem Druck von dort her muß nachgegeben werden, nicht aber, daß die Mannschaften sich dahin richten sollen. Hieraus folgt, daß der Eskadronchef fast niemals in der Verlängerung der Flügel mitreiten und von dort die Richtung kontroliren und korrigiren darf, sondern, daß dies vielmehr von vorn, vor der Mitte der Eskadron geschehen muß, wie das bereits weiter oben betont wurde, damit das Augenrichten nicht der letzteren eingeimpft und anerzogen wird. —

Es giebt keine anderen Grundsätze für die Richtung der Kavallerie als die folgenden:
1) Aufnahme der Richtung stets nach den Zugführern, sowohl im Stillhalten, wie bei allen Bewegungen.
2) Unverbrüchliches Festhalten des Tempos und der Direktion.

3) Geradeausstellen der Pferde im Stillhalten und Geradeausreiten mit Geradeaussehen in der Bewegung.

4) Lose, sanfte Fühlung, die nur sehr allmälig wiedergenommen werden muß, wenn sie einmal verloren gegangen; überhaupt sehr allmälige Verbesserung der entstandenen Fehler.

Da die Bewegung in Linie das eigentliche Lebenselement der Kavallerie ist, indem dieselbe nur in dieser Formation zur Wirksamkeit auf den Feind durch die Attacke gelangt, so ist die strikte Festhaltung dieser Prinzipien, auf denen diese Bewegung beruht, um so wichtiger und nothwendiger; nur dadurch wird es möglich sein, lange Linien in den stärksten Gangarten ohne Schwankungen, mit Ruhe, Ordnung und Sicherheit schnell vorwärts zu bewegen und an den Feind zu bringen. Vor allem gehört hierzu:

Die schnellste und sicherste Aufnahme der Direktion, gleichmäßig von allen Theilen in der ganzen Front. Es wird im Ernstfall sehr oft erforderlich sein, die Direktion zu wechseln, je nach den Bewegungen des Feindes, nach der Terraingestaltung, nach den eigenen Absichten, aus taktischen Rücksichten, um den Feind zu überflügeln; es ist daher durchaus nothwendig, daß die Kavallerie mit der äußersten Konsequenz an die schnellste Aufnahme der Direktion gewöhnt wird, denn sonst wird die größte Unruhe und Unordnung die unmittelbare Folge davon sein. Das kann nur durch recht häufige Uebung hierin, zu Fuß, wie zu Pferde, mit strikter Festhaltung der vorstehend bezeichneten Grundsätze, die hier zur vollsten Geltung gelangen müssen, durch recht vieles, fast ununterbrochenes Reiten auf der Diagonale, Annahme der schrägen Fronten, Schwenkungen halbrechts und halblinks, sowie von der Diagonale zur Diagonale geschehen; schon zu Fuß in Abtheilungen und in Zügen muß in dieser Weise damit begonnen werden, um richtig und angemessen die Bewegungen zu Pferde vorzubereiten. Die geraden Fronten müssen nur ausnahmsweise angenommen werden und die schrägen zur Gewohnheit werden. Die Reiter müssen auf das Konsequenteste daran gewöhnt werden, ohne Gegendrängen dem Druck vom Richtungsflügel*) nachzugeben, und nicht, daß, wie es leider so vielfach geschieht, der Richtungsflügel dem Druck der Eskadron nachgiebt, um nur kein Gedränge hervorzurufen. Dazu ist es eine sehr zweckmäßige Hülfe, daß man den Richtungs-

---

*) Diese Direktiven sind zum Theil vor Einführung des Reglements vom 9. Januar 1873, nach welchem die Richtung in Linie nach der Mitte bestimmt ist, ertheilt worden, finden jedoch auch jetzt noch sinngemäße Anwendung, da die Verstöße, um die es sich hier handelt, charakteristisch sind und oft wiederkehren, auch bei dem Grundsatz der Richtung und Fühlung nach der Mitte, wenn die Fehler auch nicht in dem Maße auftreten, wie früher bei der Richtung und Fühlung nur nach einem Flügel.

flügel, z. B. den rechten Flügel=Unteroffizier zuweilen etwas links in die Front hinein halten läßt, damit die Reiter sich daran gewöhnen, diesem Druck allmälig nachzugeben; in gleicher Weise beim Reiten in der Inversion den linken Flügel=Unteroffizier des ersten Zuges etwas nach rechts, damit von dort nachgegeben wird, die Reiter sich nicht willenlos dahin schieben, sondern wirklich selbstständige Reiter bleiben, den betreffenden Schenkel vorherrschend heranlegen und abwärts von diesem Flügel halten. Unter keinen Umständen darf der Unteroffizier des Richtungsflügels nachgeben, also in Frontalbewegung vorwärts nicht nach rechts, in der Bewegung rückwärts, in der Inversion, nicht nach links, wie es gewöhnlich der Fall ist.

bb. **Charakteristische Fehler.**

1) Das Kontroliren der Richtung durch den Eskadronchef vom Flügel aus, anstatt von vorne vor der Mitte, wodurch die Augenrichterei, das Verlassen des Tempos und der Direktion eingeimpft und anerzogen wird. —

2) Die Neigung des dritten und vierten Zugführers, sich nach dem ersten und zweiten einzurichten, wodurch die Augenrichterei organisirt, das Verlassen des Tempos und die Aufgabe der richtigen Direktion die unmittelbaren Folgen sind.

3) Daß die Reiter nicht vorzugsweise geradeaus sehen und ihrem Zugführer auf zwei Schritt Distanz folgen.

4) Das Ausführen einer Halbrechtsschwenkung im Vorwärtsgehen, einer Halblinksschwenkung im Zurückgehen, in Folge dessen beim Halt nach der Frontalbewegung stets eine ganz andere Front vorhanden ist, wie beim Anreiten vor derselben; beide sind niemals parallel. —

5) Das Vorgehen, Zurückbleiben, Nacheilen, Stutzen, Fluktuiren, Flattern und lockere Reiten des vierten Zuges, was stets mit einem Werfen rechts und links verbunden ist; das zu enge Reiten und Drängen im ersten Zuge. —

6) Das in Folge dessen stattfindende Nachgeben des rechten Flügel=Unteroffiziers nach rechts beim Vorgehen, und das Nachgeben des linken Flügel=Unteroffiziers des ersten Zuges nach links beim Zurückgehen. —

d. **Das Abbrechen mit Zügen aus der Linie.**

aa. **Kapital=Anforderung.**

Die Pointe beim Abbrechen mit Zügen aus der Front ist die folgende: die Eskadron befand sich z. B. in Linie im Trabe; es wird mit Zügen rechts abgebrochen; — der erste Zug bleibt im Trabe geradeaus, der zweite, dritte und vierte Zug machen Halt; der zweite Zug kommandirt: „Halb rechts Trab", sowie das zweite Glied des ersten Zuges das erste des zweiten Zuges passirt; der Zug trabt zuerst geradeaus an und zieht sich ganz allmälig vorwärts=seitwärts so hinter den Flügelzug, Rotte für Rotte, daß er seine vorschriftsmäßige Einschwenkdistanz gleichzeitig mit dem Vordermann auf den Flügelzug erreicht, worauf der Zugführer „Gradaus" kommandirt. — Bis dahin muß der rechte Flügel=Unteroffizier des dritten Zuges Vordermann auf den linken Flügel=Unteroffizier des zweiten Zuges halten und bis auf einen Schritt an das zweite Glied des zweiten Zuges heranbleiben; in gleicher Weise folgt der vierte Zug dem dritten; der rechte Flügel=Unteroffizier des vierten Zuges hält Vordermann auf den linken Flügel=Unteroffizier des dritten und bleibt bis auf einen Schritt an das zweite Glied des dritten Zuges heran. —

Erst wenn der Zugführer des zweiten Zuges „Gradaus" an seinen Zug kommandirt, darf der rechte Flügel=Unteroffizier des dritten Zuges den Vordermann auf den linken Flügel=Unteroffizier des zweiten Zuges verlassen und sich allmälig, ohne die bisherige Direktion halbrechts zu verändern, vorwärts=seitwärts, so hinter den zweiten Zug schieben, daß er Vordermann und Distanz zusammen gewinnt.

Ganz in derselben Weise darf der rechte Flügel=Unteroffizier des vierten Zuges erst dann den Vordermann auf den linken Flügel=Unteroffizier des dritten Zuges verlassen, wenn der Zugführer des dritten Zuges „Gradaus" kommandirt; erst dann schiebt er sich ganz allmälig, Rotte für Rotte, im Vorwärts=Seitwärtsreiten so hinter den dritten Zug, daß er zu gleicher Zeit die Einschwenkdistanz und den Vordermann erreicht. —

In gleicher Weise müssen beim Linksabbrechen mit Zügen die linken Flügel=Unteroffiziere der Hinterzüge genauen Vordermann auf den rechten Flügel=Unteroffizier ihres Vorderzuges bis zu dem Augenblick behalten, wo dieser Vorderzug „Gradaus" kommandirt; auch müssen sie bis zu diesem Augenblick auf Gliederdistanz an ihn heranbleiben. — Erst von jenem Augenblick ab muß sich die Distanz durch allmäliges Schieben hinter den Vorderzug vergrößern, bis sie vollständig hergestellt ist, wenn der Zugführer „Gradaus" kommandirt.

Die hinteren Züge gewinnen mithin successive im gleichmäßigen Vorwärts=Seitwärtsreiten ihren Vordermann und ihre Distanz vom Vorderzuge und nicht gleichzeitig, wie man es so oft unrichtiger Weise sieht. Nur dadurch wird aber ein regelmäßiges und gleichmäßiges Vorwärts=Seitwärtsreiten in den Zügen erreicht werden, und eine völlig regelmäßige, nicht vom

Zufall abhängende Ausführung dieser so häufig vorkommenden Evolution stattfinden. —

Die Züge dürfen nächstdem bei dieser Evolution nicht halbrechts oder halblinks schwenken, sondern die Reiter müssen halbseitwärts Knie hinter Knie, die Pferdenase auf den halben Hals des Nebenpferdes gerichtet, reiten, und ein jeder Zug muß in seiner Front parallel mit derjenigen des Flügel=zuges, der geradeaus geritten ist, bleiben.

bb. Charakteristische Fehler.

1) Die betreffenden Flügel=Unteroffiziere (beim Rechtsabbrechen die rechten, beim Linksabbrechen die linken) verlassen zu früh ihren Vordermann auf den Flügel=Unteroffizier des Vorderzuges, ehe von dem letzteren „Geradeaus" kommandirt ist. —
2) Zwei Züge setzen sich gleichzeitig hinter den Vorderzug und kom=mandiren zu gleicher Zeit „Geradeaus", anstatt daß dies successive erfolgen muß.
3) Die Züge schwenken halbrechts oder halblinks, anstatt halbrechts oder halblinks zu reiten, was gewöhnlich seinen Grund darin hat, daß
4) die betreffenden Flügel viel zu scharf halbrechts, resp. halblinks stellen, also mehr seitwärts als vorwärts gehen. —

e. Der Aufmarsch aus Zügen zur Linie.

aa. Kapital=Anforderung.

Alle Aufmärsche müssen so erfolgen, daß nicht die mindeste Zeit ver=loren geht, um die Front so schnell als möglich herzustellen. Beim Even=tail=Aufmarsch mit halbrechts und halblinks dürfen also die Züge nicht zu weit seitwärts gehen, da hierdurch Raum und Zeit verloren gehen. Es muß vorwärts=seitwärts geritten werden.

Beim Aufmarsch links müssen alle linken Flügel=Unteroffiziere des zweiten, dritten und vierten Zuges so lange genauen Vordermann auf ein=ander, auf den linken Flügel=Unteroffizier des Vorderzuges behalten, bis für den Vorderzug das Kommando: „Gradaus" zum Einrücken in die Linie erfolgt. Erst dann schiebt sich der folgende Zug allmälig Rotte für Rotte vorwärts=seitwärts heraus und darf derselbe nur eine Zugbreite geradeaus gehen, um in die Linie einzurücken. —

In gleicher Weise müssen beim Aufmarsch rechts die rechten Flügel=Unteroffiziere des zweiten und ersten Zuges auf den des dritten Zuges Vordermann halten, bis der dritte Zug durch das Kommando: „Gradaus!" abfällt; erst dann darf die Ueberflügelung eintreten; der rechte Flügel=Unteroffizier des ersten Zuges behält nun wieder so lange Vordermann auf denjenigen des zweiten Zuges, bis für diesen Zug „Gradaus" kommandirt wird. Hierdurch wird es erreicht werden, daß alle Züge sich gleichmäßig vorwärts=seitwärts nach der Front hinziehen, daß dieselbe auf dem kürzesten Wege so schnell als möglich erreicht wird, worauf es hauptsächlich ankommt, ein jeder Zug nur eine Zugbreite geradeaus zu gehen hat und kein Incin=anderschieben der Züge, einmal ein zu scharfes Seitwärtsschieben, dann wieder ein Vorwärtsziehen, wie es besonders bei dieser Bewegung im Regiment so oft vorkommt, stattfindet. —

Die Züge müssen übrigens als nächste Anforderung die Front schon im Trabe durchreiten, noch mehr aber im Galopp, um sich dann in dieselbe aufnehmen zu lassen, da der Uebergang in die kürzere Gangart mit Zeit= und Raumverlust verbunden ist, und ein Nachschleppen der aufmarschirten Züge durchaus vermieden werden muß. Die aufmarschirten Züge müssen dann aber abwärts der Front, abwärts des Zuges, der die Basis bildete und geradeaus blieb, halten, da durch das Durchreiten der Front sehr leicht eine Schwenkung und ein Hindrängen nach dem Richtungsflügel erfolgt. —

Die Züge dürfen nicht halbrechts, resp. halblinks beim Aufmarsch schwenken, sondern halbrechts resp. halblinks reiten und parallel mit dem Tetenzug, der Basis, in die Linie rücken.

Soll die Linie auf der Stelle durch Aufmarsch formirt werden, so muß stets seitens der Zugführer, wenn sie in die Front hineinkommen, beim zweiten Gliede des bereits in das Alignement eingerückten und stehenden Zuges „Halt" kommandirt werden, aber unter keinen Umständen früher; der Zugführer parirt auf dieses Kommando mit, damit alles feststeht; sodann rückt derselbe nach kurzem Halt zur Aufnahme der Richtung in das Alignement, und ist dies geschehen, so kommandirt er: „Augen rechts (links)" Richt Euch! worauf ihm der Zug in das Alignement nachrückt und zwei Schritte von ihm abbleibt. — Diese Kommandos dürfen nicht pro forma gegeben werden; d. h. sie werden ertheilt, um auch wirklich ausgeführt zu werden. —

Die Aufmärsche im Galopp müssen in stärkerem Tempo ausgeführt werden, wie dies meistentheils geritten wird, und sind die Züge dabei unter keinen Umständen zu weit seitwärts zu führen, da dadurch die Herstellung der Linie verzögert wird, und viel zu weit geradeaus geritten werden muß; es liegt dieser Hauptfehler an den auswendigen Flügel=Unteroffizieren, welche den Vorderzug zu früh debordiren, weil sie fürchten, nicht genug Platz zum Geradeausreiten zu gewinnen, anstatt daß sie Vordermann zu halten und diesen erst zu verlassen haben, wenn der Vorderzug „Gradaus" kommandirt. Um allen Mißverständnissen vorzubeugen, empfiehlt es sich, daß auch bei einer einzelnen Eskadron, die sich nicht im Regimentsverbande befindet, die Bestimmung des Exerzir-Reglements (Seite 126 und 127 § 50 a.) Anwendung findet, daß auf das Signal: „Eskadrons-Kolonnen formirt!" stets aus der Linie mit Zügen rechts abgebrochen wird, und daß auf das Signal: „Aufmarsch zur Eskadron oder Deployiren!" stets links aufmarschirt wird, ohne Rücksicht darauf, ob dadurch die Eskadron sich in der Inversion oder in der Grundformation befindet. — Nach dem Kommando kann selbstverständlich aus der Linie sowohl rechts wie links mit Zügen abgebrochen, wie aus der Zugkolonne rechts wie links zur Linie aufmarschirt werden. —

bb. Charakteristische Fehler.

1) Die auswendigen Flügel-Unteroffiziere halten nicht lange genug Vordermann aufeinander, bis der Vorderzug „Gradaus" kommandirt hat.
2) Die Züge überflügeln sich so, daß die hinteren viel zu weit seitwärts und dann erst vorwärts in die Linie gehen, also große Umwege machen.
3) Das Drängen nach dem Richtungsflügel seitens der aufmarschirten Züg beim Durchreiten der Front, anstatt abwärts zu halten, wodurch leicht eine Schwenkung entsteht.
4) Das Halbrechts- oder Halblinks-Schwenken der Züge beim Aufmarsch anstatt halbrechts resp. halblinks zu reiten.
5) Das in der Regel zu kurze Tempo bei den Aufmärschen im Galopp.

f. Das Abschwenken mit Zügen halbrechts — halblinks zur Halbkolonne.

Es ist erforderlich, die Halbkolonne und das Reiten in derselben gründlich und viel zu üben, da sie ein Hauptmittel zum Manövriren ist, zur Täuschung des Feindes, zur Gewinnung von dessen Flanke sehr erheblich beiträgt, aber die Truppe dann auch völlig sicher in dieser Formation, besonders in größerer Masse, sein muß, weil sie sonst leicht in Unordnung geräth, und bekanntlich propagiren sich die Fehler beim Reiten in größeren Massen außerordentlich.

Die Eskadronen müssen daher sicher und fest hierin eingeritten, die inwendigen Flügel-Unteroffiziere, auf die es vornehmlich ankommt, müssen in ihren Obliegenheiten bei dieser Formation völlig befestigt sein, dann wird man in derselben in der Brigade so reiten können, wie in der Eskadron, ohne befürchten zu dürfen, daß sich durch Zusammenschiebungen Unordnungen erzeugen. Dazu ist es aber nothwendig, diese Evolutionen ganz systematisch im Schritt, demnächst im Trabe, anfänglich stets auf den geraden Direktionen einzuüben und einzureiten; dann werden sie auch ihren sehr vortheilhaften Zweck, die Ueberflügelung des Feindes im Vorwärtsreiten, erfüllen. Der Führer hat sich beim Einreiten, um die erforderliche Uebersicht zu gewinnen, am zweckmäßigsten auf die auswendige Seite seiner Eskadron zu begeben.

aa. Kapital=Anforderung.

Beim Abschwenken mit Zügen halbrechts wird nur halb soweit herum= geschwenkt, wie mit Zügen rechts, also die Diagonalrichtung genommen; es muß daher das Kommando „Gradaus!" resp. das Signal „Trab" oder „Galopp" frühzeitig erfolgen, damit nicht zu weit herumgeschwenkt wird von den Zügen. Die linken Flügel=Unteroffiziere müssen dabei die Distanz vom linken Flügel=Unteroffizier des Vorderzuges halten und links fort in völlig gleicher Höhe mit demselben fortreiten, unter keinen Umständen aber zurückbleiben, damit beim Einschwenken die alte Front, aus welcher abge= schwenkt wurde, ganz unverändert wieder vorhanden ist. Die rechten Flügel= Unteroffiziere bleiben bei zwölf Rotten per Zug zwei Schritte nur vom Vorderzuge ab und reiten auf die dritte Rotte vom linken Flügel des Vorderzuges Vordermann; bei elf Rotten per Zug aber auf die zweite Rotte Vordermann. Die Zugführer reiten neben dem zweiten Gliede des Vorder= zuges.

Beim Abschwenken mit Zügen halblinks tritt das analoge Verfahren ein; die rechten Flügel=Unteroffiziere der Züge haben die Einschwenkdistanz von dem rechten Flügel=Unteroffizier ihres Vorderzuges zu halten und rechts fort in gleicher Höhe mit demselben fortzureiten, unter keinen Umständen aber zurückzubleiben, wie dies meistentheils der Fall ist, wodurch ein In= einanderschieben der Halbkolonne, besonders im Regiment, und die größte Unordnung hervorgerufen wird. Alle rechten Flügel=Unteroffiziere müssen völlig in gleicher Höhe bleiben, so daß beim Einschwenken wieder die frühere Front und Direktion hergestellt ist. Die linken Flügel=Unteroffiziere bleiben bei elf Rotten nur einen Schritt vom Vorderzuge ab (zwei Schritte bei zwölf Rotten) und halten bei elf Rotten auf die zweite Rotte vom rechten Flügel des Vorderzuges Vordermann (bei zwölf Rotten auf die dritte Rotte).

bb. Charakteristische Fehler.

1) Das zu weite Gehen nach seitwärts, anstatt mehr nach vorwärts.
2) Das Zurückbleiben der Züge hinter der ursprünglichen Front, und dieses wirkt am nachtheiligsten ein; seltener kommt das Vorquellen über die ursprüngliche Front vor, meistentheils nur dann, wenn

zuviel nach seitwärts herumgeschwenkt ist, was vermieden werden muß.

3) Das Zurückbleiben der inwendigen Flügel-Unteroffiziere, wobei der folgende immer den Fehler des vor ihm reitenden weiter fortpflanzt und vergrößert, wodurch die Annahme einer ganz veränderten Front beim Einschwenken erfolgt.

4) Das zu weite Herumschwenken des Flügelzuges, der die Direktion angiebt, nach der Seite, in Folge dessen ein darüber Hinausquellen der übrigen über die ursprüngliche Form entsteht.

g. Der Aufmarsch aus der Halbkolonne zur Linie.

Die für den Aufmarsch aus der Zugkolonne sub c. dargelegten Grundsätze finden hier volle Anwendung. Der dort bezeichnete Fehler des zu weiten seitwärts Fortgehens der aufmarschirenden Züge macht sich beim Aufmarsch aus der Halbkolonne, bei welchem die Züge fast stets viel zu weit seitwärts geführt werden und dann erst wieder nach der entgegengesetzten Seite herangehen müssen, in erhöhtem Maße geltend.

h. Das Gehen auf Vorderrichtung.

Die hinteren Züge dürfen nicht zuviel halbrechts resp. halblinks reiten, sondern mehr geradeaus. Zum Uebrigen finden die für das Abbrechen mit Zügen aus der Linie sub d gegebenen Ausführungsbestimmungen unter Berücksichtigung der einzelnen Verschiedenheiten, z. B. daß die hinteren Züge nicht halten bleiben, analoge Anwendung.

i. Das Abbrechen mit Zügen zur Halbkolonne.

Beim Abbrechen mit Zügen links dürfen die rechten Flügel-Unteroffiziere auf „Gradaus!" nicht zurückhängen; beim Abbrechen mit Zügen rechts dürfen die linken Flügel-Unteroffiziere nicht zurückhängen, sondern die letzteren müssen auf „Gradaus" gut in gleicher Höhe mit den rechten Flügel-Unteroffizieren mitreiten, indem sonst beim Einschwenken ganz falsche Fronten entstehen. Der bezeichnete Fehler kommt sehr häufig und fast immer vor, wenn nicht mit Strenge auf das Gegentheil gehalten wird.

Der Vordermann und Abstand wird bei dieser Evolution ganz in gleicher Weise wie beim Abschwenken mit Zügen halbrechts resp. halblinks (siehe sub f.) genommen. — Die Grundsätze für das Abbrechen mit Zügen aus der Linie (siehe sub d) sind auch hier die maßgebenden.

k. Die Frontalbewegungen mit halbrechts und halblinks.

aa. Kapital-Anforderung.

Beim Halbrechtsreiten muß auf das Kommando „Marsch" alles sogleich halbrechts stellen, nicht blos der Flügel. — Die Reiter Knie hinter Knie; — die Pferdenase des eigenen Pferdes auf den halben Pferdehals des Nebenpferdes gestellt. Der rechte Flügel=Unteroffizier hat nur wenig halbrechts, mehr vorwärts zu reiten und dann auch so zu bleiben. (Kein Wechsel der Direktion.)

Ebenso halblinks; — der linke Flügel=Unteroffizier der Eskadron darf nicht zu viel halblinks reiten, muß aber dann fest in dieser Direktion bleiben, sonst entsteht ein Stocken und Werfen in der Schwadron. — Jeder Reiter muß auf das Kommando: „Halbrechts (halblinks) — Marsch! diese Direktion sofort annehmen, aber im Tempo bleiben, dasselbe durchaus nicht verlassen, bei halbrechts den rechten Schenkel, bei halblinks den linken Schenkel hinter den Gurt legen.

Es muß ein gleichmäßiges Halbrechts=, Halblinksreiten sein, nicht einmal mehr, stärker, dann wieder weniger nach einem Rückstoß.

bb. Charakteristische Fehler.

1) Die nicht gleichmäßige Annahme der befohlenen Direktion von allen Reitern.
2) Das zu scharfe seitwärts Fortgehen des Flügels, anstatt mehr vorwärts=seitwärts zu halten.
3) Die Ausführung einer Schwenkung halbrechts, halblinks, anstatt halbrechts, halblinks zu reiten.

l. Die Schwenkungen in der Eskadronfront.

aa. Kapital=Anforderung.

Beim Schwenken in der ganzen Eskadron in der Bewegung gelten dieselben Grundsätze wie für das Hakenschwenken in Zügen, nur daß der inwendige Flügel=Unteroffizier nicht abgekürzten Trab (resp. abgekürzten Galopp), sondern freien Schritt zu reiten hat.

Der Zugführer des herumschwenkenden Flügels darf für seine Person nicht ganz in seinem früheren Tempo bleiben, da derselbe noch einen halben Zug nach auswärts über sich hat, der auch herumschwenkt und der im Tempo zu bleiben hat; bliebe mithin der Zugführer im Tempo, so würde derselbe zu weit abkommen oder seinen Zug mitreißen; er muß daher etwas kürzer werden.

Der Zugführer des inwendigen Flügels am Schwenkungspunkt muß gut mitgehen im Haken, da schon sein Flügel=Unteroffizier, der eine halbe Zugbreite unter ihm reitet, einen Bogen vorwärts reiten soll. Ginge der Zugführer nun nicht mit, so würde der Unteroffizier vorgehen, und der Zug um den Zugführer einen förmlichen Bogen beschreiben, was durchaus nicht stattfinden darf; es ist dies ein sehr häufiger Fehler.

Beim Schwenken aus der Bewegung ist die Hauptsache, daß der inwendige Flügel-Unteroffizier wie in Zügen einen sehr starken Bogen nach vorwärts beschreibt, geradeaus sieht, bei der Schwenkung rechts, sein Pferd rechts stellt, bei der Schwenkung links dasselbe links stellt. Je mehr er mitgeht, um so besser wird die Schwenkung; — nur bei der Schwenkung von der Stelle soll er feststehen.

Der auswendige Flügel-Unteroffizier hat nach dem Kommando „Marsch!" zur Schwenkung noch ein bis zwei Pferdelängen völlig geradeaus zu reiten, ehe derselbe die Schwenkung beginnt, da dieselbe nur dann gut ausgeführt werden kann. Er muß fest in seinem bisherigen Tempo bleiben, ohne stärker zu werden und ohne in die Front hineinzusehen.

Der Führer muß sein Kommando „Gradaus"! mindestens eine Pferdelänge vorher geben, ehe der auswendige Flügel herum ist, sei es zum rechten Winkel, sei es, — wie beim Halbrechts- und Halblinksschwenken, — zur Diagonale.

bb. Charakteristische Fehler.

1) Das zu starke Reiten des auswendigen Zugführers, das zu kurze des inwendigen.
2) Das Feststehen des inwendigen Flügel-Unteroffiziers, der das Pivot bildet, auf der Stelle bei der Schwenkung aus der Bewegung, anstatt daß derselbe im freien Schritt nach vorwärts im Bogen sich zu bewegen hat.
3) Das Hineinsehen des inwendigen Flügel-Unteroffiziers ins Glied und das Drängen dahin beim Linksschwenken mit halbrechts gestelltem Pferde, beim Rechtsschwenken mit halblinks gestelltem Pferde.
4) Die Verstärkung des Tempos seitens des auswendigen Flügel-Unteroffiziers.

m. Die Escadronschule.
aa. Kapital-Anforderung.

Vor einer jeden Wendung zu Dreien muß stets erst parirt werden, ehe die Wendung im Schritt ausgeführt wird; dies findet vornehmlich Anwenwendung, wenn die Escadron sich vor der Wendung im Trabe oder im Galopp befand; es ist dies zur ruhigen, sicheren Ausführung der Wendung durchaus nothwendig; denn sonst findet ein Hineinreiten der Abmärsche in einander statt. Nach Ausführung der Wendung muß alles völlig ruhig auf der Stelle halten bleiben, und dürfen sich bei rechtsum die Nr. 1 und bei

linksum die Nr. 3 nicht nach Ausführung der Wendung nach vorwärts be=
wegen, wie dies meistentheils der Fall ist.

Die Eskadronschule muß exakt, proper und rein ausgeführt werden; die
einzelnen Abmärsche müssen fest in sich zusammen halten, man darf keine
einzelnen Reiter umherirren sehen, die ihre Plätze suchen. —

Beim Abbrechen zu Zweien ist darauf zu halten, daß die Nr. 1 resp.
Nr. 3 des ersten Gliedes rechtzeitig mitreiten; geschieht dies nicht, so kommt die
Eskadron auseinander, und die letzten Abmärsche reiten ein viel stärkeres
Tempo als die Tete, was ein Hauptfehler ist, da der erste Grundsatz unserer
Waffe, — einheitliches Tempo, — dadurch verletzt wird.

Beim Setzen aus Zweien zu Dreien und aus Dreien in rechts= und
linksum haben die Abmärsche streng ihre Distanz vom Vorderabmarsch zu
halten und erst dann an ihn heranzureiten, wenn derselbe Schritt reitet
(resp. steht), nicht aber gleichzeitig heranzukommen, wodurch ebenfalls das
Tempo alterirt wird. Der letzte Abmarsch muß dabei stets mit dem Signal
„Trab" aufgenommen werden; ebenso beim Aufrücken der Züge, der letzte
Zug mit dem Signal „Trab". — Die Eskadronchefs müssen hierin gewandt
sein, und auch hier gilt das Wort: „nicht zu spät!" Man muß beim
Kleinen damit anfangen, um dann das Größere in gleicher Weise leisten zu
können; nichts ist in dieser Beziehung zu unbedeutend, als daß es nicht be=
rücksichtigt werden müßte. —

Bei diesen tiefen Kolonnen tritt so recht das verspätete Anreiten der
Queue auf die Signale in die Erscheinung; dieselbe darf durchaus nicht auf
das Anreiten der Tete warten, da dadurch stets ein Nacheilen und Stutzen,
also ein Wechsel des Tempos entsteht, was unter allen Umständen bei Queue
und Tete egal, mithin fließend sein muß.

Beim Schwenken auf dem Haken muß der Teten=Abmarsch im Haken
gut nach vorwärts gehen, um denselben für die nächsten Abmärsche frei zu
machen; die letzteren haben sonst keinen Platz und müssen sich denselben
durch nach Außengehen erst verschaffen. —

Die Eskadronchefs müssen ihre Kommandos immer von neben der Mitte
der Eskadron her ertheilen, wo sie von allen gehört werden. Kommandos
und Signale sind überhaupt stets in der Richtung nach der Queue zu geben,
um diese vornehmlich zum Anreiten zu bringen; es macht nichts einen un=
militairischeren, lascheren Eindruck, wie das Abbleiben und dann wieder
Nacheilen der Queue.

bb. Charakteristische Fehler.

1) Die Verkürzung des Tempos in der Eskadronschule in Abmärschen
zu Dreien und Zweien; dasselbe darf niemals kürzer genommen

werden, wie in Zügen und in Front; es muß immer dasselbe bleiben.

2) Das verspätete Ausführen der Signale, besonders seitens der Queue, die immer erst auf das Anreiten der Tete wartet. —
3) Das Nacheilen und Stutzen, der Wechsel des Tempos.
4) Das zu späte Anreiten der Nr. 1 resp. 3 des ersten Gliedes beim Abbrechen zu Zweien, in Folge dessen
5) das Auseinanderkommen der Eskadron, die Verstärkung des Tempos seitens der letzten Abmärsche.
6) Die Aufgabe der Distanz der einzelnen Abmärsche vom Vorderabmarsch beim Setzen aus Zweien zu Dreien und aus Dreien in rechts= (links=) um; das gleichzeitige Herankommen mehrerer Abmärsche.
7) Das fehlerhafte Schwenken auf dem Haken; das Herausgehen aus demselben mit halbrechts (halblinks), anstatt den Haken abzurunden. —
8) Das Zurücktretenlassen der Pferde bei den Wendungen durch die sich auf der Stelle drehenden Nummern, was durchaus nicht gelitten werden darf; die Mannschaften haben sich vielmehr auf der Mittelhand zu drehen und müssen dies mit den Schenkeln ohne Zurücktreten des Pferdes ausführen, da sonst die Wendung schlecht ausgeführt und der nächste Abmarsch in Unordnung gebracht wird.

u. Der Paradenmarsch in Zügen.
aa. Kapital=Anforderung.

Der Parademarsch im Schritt, welcher niemals zu Anfang, sondern stets zuletzt beim Beschluß des Exerzirens geübt werden muß, ist sowohl in Ansehung der Haltung der Mannschaften, wie der Pferde, eine Folge, ein Ausfluß der guten Ausbildung und Ausarbeitung von Mann und Pferd, also der guten Einzelnreiterei; nur in dieser Eigenschaft hat er Werth.

Das Abschwenken mit Zügen zum Parademarsch muß sehr munter und schnell von dem linken Flügel geschehen; dazu ist erforderlich, daß die linken Flügel=Unteroffiziere zuerst schnurgeradeaus reiten und dann erst den Bogen nach rechts beschreiben; schwenken sie gleich, so kommen sie nicht in das Tempo hinein, und es sieht matt aus.

Die Paradedistanz ist richtig zu nehmen; bei elf Rotten beträgt sie 13 Schritte vom Schweif der Pferde des Vorderzuges bis zur Pferdenase des ersten Gliedes des Hinterzuges; das Augenmaß der Zugführer, die nicht weiter wie zwei Schritte von der Front ihres Zuges sein dürfen, muß sich hierauf ausbilden.

Die Eskadronchefs bleiben nur vier Schritte von dem Zugführer des ersten Zuges; gewöhnlich reiten sie viel zu nahe an die Vorder-Eskadron heran, wo sie dann den Eindruck machen, als wären sie schließende Offiziere derselben, was nicht sein darf und sehr schlecht aussieht.

Die rechten Flügel des zweiten Gliedes in allen Zügen sind mit ausgesuchten, tüchtigen Mannschaften und gut aussehenden Pferden zu besetzen. Pferd und Reiter müssen ein gutes Bild geben.

Vor allen Dingen muß ganz reiner Schritt geritten werden, ohne nach rechts zu drängen. Kein Reiter darf mit seinem Pferde zackeln, trippeln, sich im Sattel werfen lassen, ohne daß dabei kurzer, verhaltener Schritt geritten wird; der Schritt muß ein freier, räumiger sein, wie er bei einem durchgearbeiteten Pferde als Endresultat der Dressur wird: dies ist die Hauptsache; nächstdem die Haltung der Reiter, die frei, ungezwungen, ganz natürlich, — die Köpfe frei aus dem Halse herausgenommen, die Rücken gerade und durchgebogen, — sein muß; alles Verschrobene, Zwanghafte muß fortfallen.

Die Richtung darf nicht mit den Augen genommen werden, denn dann wird sie aus Aengstlichkeit immer schlecht, und die Mannschaften kommen aus dem Stutzen, Prellen, Nacheilen nicht heraus; sie muß vielmehr durch den egalen, gleichmäßigen Schritt und durch die lose Fühlung erhalten werden, und nur beim Vorbeireiten beim ersten Point müssen alle Mannschaften die Köpfe nach dem Vorgesetzten, der die Parade abnimmt, wenden und ihn frei ansehen; ein plötzliches Anhalten, Stutzen, wenn der Nebenmann etwas zurückbleibt, oder ein Vorprellen, wenn der Nebenmann etwas vorgeht, darf nicht vorkommen; es müssen niemals die Fehler anderer nachgemacht werden. — Die Ruhe, der reine Schritt und die Richtung werden sehr befördert, wenn während des Parademarsches die Mannschaften etwas lockerer reiten und also etwas losere Fühlung nehmen. Wo mit den Augen ängstlich die Richtung genommen wird, fallen die linken Flügel stets schräge ab und der Schritt wird unwillkürlich ein verhaltener; zwei üble Fehler, die durch freies, fließendes, frisches Fortreiten vermieden werden.

Das zweite Glied richtet sich ganz allein durch seinen Abstand vom ersten Gliede um einen Schritt und muß dasselbe auch auf dem linken Flügel dem ersten Gliede auf einen Schritt folgen; richtet es sich mit den Augen, so ist der linke Flügel stets zu weit vom ersten Gliede entfernt und reitet dasselbe daher nicht parallel mit dem letzteren.

bb. **Charakteristische Fehler.**

1) Das matte Herumschwenken der linken Flügel beim Abschwenken aus der Linie mit Zügen zum Parademarsch.

2) Die unrichtige Paradedistanz zwischen den einzelnen Zügen.
3) Das zu weite Vorreiten des Eskadronchefs zu nahe an die Vorder-Eskadron heran.
4) Der unreine, zackelnde, nicht räumige Schritt.
5) Die Augenrichterei, in Folge dessen ein Verlassen des Tempos, ein ewiges Stutzen, Prellen und Nacheilen, ein Drängen nach rechts, ein Abfallen der linken Flügel, hauptsächlich desjenigen der zweiten Glieder.

3. Schlußbemerkungen.

Ich habe in Vorstehendem diese festen Grundsätze und dieses System für die Einübung der Evolutionen, die Direktiven und Ausführungsbestimmungen für die verschiedenen Bewegungen der Eskadronen gegeben, weil ich mich davon überzeugt, daß der Wille zwar gut ist, aber vieles nicht verstanden wird, die Ansichten völlig in der Luft schweben und die richtige Schule fehlt. Da nun diese aber zu allem gehört, nur ein festes System etwas Ordentliches zu Tage fördert, was der Beachtung werth ist, so habe ich jene Grundsätze aufgeschrieben in der Absicht, damit dem Königlichen Dienste Nutzen zu bringen und dem Einzelnen eine Hülfe und Unterstützung zu gewähren; ich empfehle daher, die Ausführung dieser Grundsätze zu sichern und zu überwachen; — es genügt nicht, daß man solche Instruktion einmal durchliest; damit ist es nicht gethan, sondern die Herren Eskadronchefs müssen sich Auszüge daraus machen, wie ich es auch gethan habe, und die Sache ins Leben übertragen.

Manchen wird vielleicht der Methodismus, der in jenen Direktiven herrscht, abschrecken; er wird dieselben vielleicht für pedantisch erklären; darüber läßt sich nicht rechten. — Wenn der Methodismus den Geist nicht erstickt, so schadet er nichts, er erzielt dann wenigstens gewissenhafte, geschickte Handwerker (man wird mir den Ausdruck verzeihen und nicht mißdeuten, denn in gewisser Beziehung sind wir es ja alle, und vornehmlich in den unteren Durchgangsstufen noch mehr), und diese sind es, die den Sieg erfechten, nicht die genialen Köpfe allein. — Die Genialität wird allerdings gleichfalls im Felde gebraucht, aber anderswo, als bei der Truppe im Gefecht; und auch da, wo ihr Platz ist, kann sie nicht ganz des Methodismus entbehren, denn der rechte Methodismus ist der Vater der Ordnung, und diese der Grundpfeiler des ganzen militairischen Handelns, vornehmlich aber bei den Bewegungen unserer Waffe, die dessen bei ihrem flüchtigen Element am allerwenigsten entbehren kann. — Dies also zur Entgegnung für die etwa Besorgten, welche fürchten, daß der Geist in der straffen Form, die ich vorgeschrieben, untergehen möchte; — es ist übrigens weit mehr Geist und Wesen in diesen Formen, wie sie glauben!

d. Grundsätze für die Attacke, das Handgemenge und das Sammeln.

Zusammengestellt aus den Cirkularen vom 14. Juni 1872, 31. Juli 1872, 17. März 1873, 12. Mai 1873, 9. Juli 1873, 26. April 1874 und aus Manuskripten, herrührend aus den Jahren 1850—1870.

Das eigentliche Lebenselement für unsere Waffe, die Sphäre ihrer Thätigkeit, ihrer entschiedenen Einwirkung auf den Feind ist die Attacke. — In ihr gipfelt sich die ganze Ausbildung, und mit vollstem Recht ist sie als der Probirstein, als der Maßstab für die erstere anzusehen; sie muß die größte Ruhe, Sicherheit, Geschlossenheit und Ordnung mit der größten Vehemenz und Rapidität vereinigen; die Reiter müssen die geblasenen Gangarten sicher reiten, und es dürfen einzelne Pferde durch ihr Hin- und Herwerfen, Galoppiren im Trabe, Changiren im Galopp die Glieder nicht locker machen und auseinanderwerfen.

Die Attacke kann nur dann in ihrer Spitze, der Karriere, vollkommen gelingen, wenn die Eskadron im Stande ist, mit Haltung, Ruhe und Sicherheit den langen Jagdgalopp zu reiten, ohne dabei unaufhaltsam fortzurollen und wegzustürmen, ihrem Führer aus der Hand zu kommen und zur Karriere überzugehen, ohne daß derselbe es beabsichtigt und ehe er das Kommando hierzu gegeben hat. —

Nur dann, wenn die Einzeln-Ausbildung von Reiter und Pferd, wenn die Uebungen im geschlossenen Gliede, im Exerziren diesen langen Galopp in Gleichgewicht mit Haltung und in der Hand der Reiter zum Resultat gehabt, wird die Attacke gut ausfallen, d. h. die sämmtlichen Reiter werden im geschlossenen Gliede, in der Karriere gleichzeitig an den Feind gelangen. —

Das Kriterium der Attacke ist:
1) Größte Geschlossenheit, festes Zusammenhalten nach der Mitte von beiden Flügeln, kein Auseinanderspritzen rechts oder links. — Geschlossen bleiben heißt aber nicht: sich drücken und pressen, denn dies giebt nur zu Unordnungen und Ausdrängen, also zur Vermehrung der Glieder die Veranlassung. — Die beiden Flügel-Unteroffiziere müssen streng angehalten werden, nicht nach auswärts zu gehen, sondern nach innen die Eskadron zusammenzuhalten.

2) Keine Tiefe, also das entschiedenste Mitreiten des zweiten Gliedes; Niemand darf zurückbleiben. —

3) Daß die Glieder in der Karriere vollständig zu erkennen sind, und zwar:
    a. die Offizierlinie, die Zugführer weit vor der Front;
    b. das erste Glied;
    c. das zweite Glied, zwei bis drei Schritt vom ersten entfernt;
    d. die schließenden Unteroffiziere.

Unter keinen Umständen dürfen sechs, acht, auch wohl gar zehn Glieder sichtbar sein und die Tiefe der Eskadron immer größer werden; hierauf ist mit Strenge zu halten. —

4) Der allongirte Galopp, 600 bis 800 Schritte ruhig und gleichmäßig, ohne Stürmen, die Pferde in der Hand. —

5) Die rapideste, schnellste, entschiedenste, kräftigste Karriere auf mindestens 120 bis 150 Schritte.

Die Pferde müssen daher gut zu Einem eingelaufen sein, wodurch die Karriere vehement und kräftig wird; gut wird dieselbe auch nur dann sein, wenn der lange Galopp, der auf das Aeußerste kultivirt werden muß, gut, gleichmäßig, nicht stürmisch und unruhig ist. —

Nächstdem kommt es darauf an, die nachstehend bezeichneten Fundamental-Anforderungen und Grundsätze zu beachten:

1) Der Führer muß vor der Attacke stets den Feind rekognoszirt haben.

2) Der Führer hat, ohne einen besonderen Befehl abzuwarten, im günstigen Augenblick zu attackiren; **er darf sich niemals vom Feinde angreifen lassen oder ihn stehenden Fußes erwarten, sondern er muß denselben vielmehr stets zuerst angreifen.** —

3) Während des Vorgehens zur Attacke sind stets Eklaireurs vorzunehmen, die das Terrain zu rekognosziren und die besten Wege zu zeigen haben; kurz vor dem Zusammenstoß mit dem Feinde müssen dieselben jedoch rechtzeitig die Front völlig frei machen und sich auf die Flügel der Eskadron oder in die Flanke des Gegners begeben.

In der Kavallerie Friedrichs des Großen hatte der Eskadronchef das Recht, jeden Flankeur, der auf die Front losgeritten kam, über den Haufen zu stechen; ein Beweis, wie unumgänglich nothwendig dies damals für das Gefecht erachtet wurde, damit keine Unordnung in die Glieder hineinkomme. —

Außerdem sagt der große König wörtlich in einer seiner Instruktionen: „Zehn Mann in Flanke und Rücken wirken mehr wie hundert in der Front." —

4) Es muß so oft als möglich in der Inversion attackirt werden, damit sich die Mannschaften daran gewöhnen, damit sie gar nichts Besonderes darin finden, und ihnen diese Formation zur zweiten Natur wird. — Kein Eskadronchef darf sich besinnen, zur Inversion einzuschwenken, wenn der Feind in jener Direktion erscheint.

5) Während der Attacke im Trabe und Galopp muß stets evolutionirt und möglichst eine andere Direktion angenommen werden, sowohl zu dem Zweck, um sich auf die Flanke des Feindes zu manövriren, ihn möglichst zu umfassen, als auch, um seinen Bewegungen stets mit Erfolg und Gewandtheit entgegentreten zu können. Keine Attacke darf in der Direktion beendet werden, in welcher sie angesetzt werden ist. Unsere heutigen taktischen Verhältnisse machen dies zum unbedingten Erforderniß, und die Eskadronen können in jedem Augenblick nicht beweglich genug sein.

Es muß daher Grundsatz sein, während der Attacke im Trabe und Galopp stets Frontveränderungen, Rechts-, Links-, Halbrechts-, Halblinksschwenkungen vorzunehmen, oder aus der Front mit Zügen halbrechts oder halblinks schwenken, demnächst entweder wieder einschwenken oder auf Vorderrichtung gehen und dann einschwenken zu lassen, um die Attacke in schräger Direktion fortzusetzen. Ein gerades Vorgehen muß eine Ausnahme, eine Seltenheit sein; das gleichzeitige Vorwärts- und Seitwärtsgehen muß als Regel gelten und kann nicht streng genug festgehalten werden.

6) Die richtige Eintheilung der Attacke ist eine große Hauptsache; die Pferde müssen in vollem Athem und mit ganzer Kraft an den Feind kommen; man muß im Stande sein, mit ihnen dann noch den fliehenden Feind verfolgen zu können, oder aber einem intakten Feinde nach Verjagung dessen, auf den ursprünglich attackirt worden, noch entgegenzutreten. — Grundsatz muß daher sein, erst die stärkere Gangart anzunehmen, wenn man sich überzeugt, daß der Feind nicht mehr in der kürzeren Gangart zu erreichen, oder wenn man sich demselben so weit genähert hat, um ihn durch die Vehemenz des Choks niederzurennen, oder wenn man endlich bei Attacken auf Infanterie in die wirksamste Feuersphäre gelangt.

Für die Friedensübungen gilt als Norm, daß im Schritt angeritten, gleich darauf in den Trab, welcher etwa 1000 Schritt lang sein muß, übergegangen und dann in den Galopp gesetzt wird. Letzterer währt 600 Schritte; bei der Attacke auf Infanterie 800 Schritte; die Karriere, der „Marsch-Marsch!" 120 bis 150 Schritte.

Die Attacke würde hiernach die nachstehend berechnete Zeit erfordern:

```
1000 Schritte Trab   = 3 Minuten 20 Sekunden
 600    "    Galopp  = 1 Minute  12    "
 150    "    Karriere = —     "   9    "
```
Summa 1750 Schritte   = 4 Minuten 41 Sekunden;
auf Infanterie dagegen:
```
 800 Schritte Trab    = 2 Minuten 40 Sekunden,
 800    "    Galopp   = 1 Minute  36    "
 150    "    Karriere = —     "   9    "
```
Summa 1750 Schritte und nur 4 Minuten 25 Sekunden.

Dies würden die jetzigen Normal-Attacken sein, in welchen der Trab die größte Strecke einnimmt. —

Kleine Abweichungen und Variationen werden durch das Terrain, die Verhältnisse u. s. w. vielfach geboten sein.

Eine sehr gute Uebung besteht darin, daß der Vorgesetzte auf sich zu attakiren läßt; die Mitte der Eskadron muß dann gerade auf ihn stoßen; verändert derselbe während der Attacke öfters seinen Standpunkt, so kommt es darauf an, die Attacke mit Bezug auf das bewegliche Objekt richtig einzutheilen und durch Frontveränderungen die richtige Direktion anzunehmen, damit die Karriere zur rechten Zeit und an der rechten Stelle erfolgt.

7) Um die Anforderungen an das Leistungsvermögen der Pferde allmälig zu steigern, um sie allmälig immer mehr in Athem zu bringen, ist es erforderlich, längere Strecken, sei es in Kolonne oder in Linie, im Trabe und im Galopp mit Schwenkungen und im Evolutioniren zurückzulegen. —

Friedrich der Große verlangte von seiner Kavallerie, daß sie nach Zurücklegung einer Entfernung von 2000 Schritten im starken Galopp noch 200 Schritte in der Karriere attakiren sollte und hat dies bei seinen Spezialrevüen ausführen lassen.

Eine allmälige Steigerung ist hierzu erforderlich, um die Pferde im Futterzustande nicht herunterkommen zu lassen. — Die beste Art ist, längere Strecken an den Grenzen des Exerzirplatzes im Trabe und im Galopp zurückzulegen, dann einzuschwenken und sogleich in einer dieser Gangarten mit Schwenkungen über den Platz weiter zu gehen; man hat hierbei am einfachsten den Maßstab des allmäligen Vorschreitens.

Der Ausbildung des langen, allongirten Galopps kann überhaupt, wie immer wieder betont werden muß, nicht genug Aufmerksamkeit, Sorgfalt und Sachkenntniß zugewendet werden; allerdings ist derselbe aber nur ein Resultat der Versammlung und Biegung, des kurzen versammelten Galopps mit beigezäumter Nase und gebogener Hinterhand: ist dieser nicht vorhergegangen, so wird er stets rollend, stürmend, haltungslos, nicht im Gleichgewicht sein, und ein Theil der Pferde wird durchgehen.

Im starken Galopp empfiehlt es sich bei den Vorübungen Schwenkungen in der Front auszuführen, um der Reiter und Pferde vollständig Herr und sicher zu werden, und erst, wenn Alle ruhig sind, und die Front sich gleichmäßig fortbewegt, ist das Kommando: „Marsch=Marsch!", welches recht laut und energisch ertheilt werden muß, zu geben.

8) Da die Attacke die wichtigste Lebensäußerung unserer Waffe und gleichzeitig der Prüfstein für ihre ganze Ausbildung ist, auf sie daher nicht genug Werth gelegt werden kann, so darf dieselbe nicht vermieden, wohl gar blos bei der Besichtigung gemacht werden, um sich die Pferde nur ruhig zu erhalten, sondern sie muß vielmehr auf das Sorgfältigste und Gründlichste geübt werden. Nur dadurch kann die Attacke zur Vollkommenheit ausgebildet werden, daß dieselbe zum Gegenstande fortwährender Uebung gemacht wird; ich muß entschieden der Ansicht entgegentreten, die sich wohl öfter geltend gemacht hat, als gingen die Attacken am besten, die früher niemals geübt worden sind. Solche Attacken fallen stets schlecht aus.

Das beste Hülfsmittel bei jungen Reitern nach der Attacke, nachdem die Karriere geritten worden, die Ruhe und Sicherheit wieder herzustellen, ist, unmittelbar nachher nur bis zum Galopp zu attackiren; ebenso wie nach dem Abreiten zu Einem in der Karriere sogleich darauf im Trabe oder Galopp abgeritten werden muß. —

Hätten wir altgediente Mannschaften, so wären alle diese Vorsichtsmaßregeln nicht nöthig; bei unseren jungen Mannschaften muß jedoch alles darauf abzielen, daß dieselben selbst bei Erzielung der größten Schnelligkeit doch stets ihre Pferde sicher in der Hand behalten.

Um der Pferde ganz sicher zu werden, empfiehlt es sich, täglich nach anderen Richtungen zu attackiren; geschieht dies stets nach derselben Richtung, so kennen die Pferde schon die Stelle, wo der Galopp und die Karriere anfangen und werden sie jedesmal unruhiger.

Aus demselben Grunde, um der Pferde und Reiter ganz Herr zu bleiben, ist es daher auch zweckmäßig, die Attacke nicht immer bis zum Marsch=Marsch! auszuführen, sondern nur bis zum Galopp, demnächst aber sofort in dieser Gangart Frontveränderungen vorzunehmen und dann in den Trab überzugehen. —

Ueberhaupt darf weder in Zügen, Gliedern, noch in der ganzen Eskadron die Karriere geritten werden, ohne daß der Führer die Ueberzeugung gewonnen, daß alle Pferde den langen Jagdgalopp ruhig, ohne Hin= und Herwerfen und Changiren gehen; dies muß festgehalten werden; sonst macht man sich wilde, unruhige, heftige Pferde, besonders wenn sie mangelhaft gebogen und nicht durchgeritten sind.

9) Eine Uebung der Schwärm-Attacke darf nur äußerst selten stattfinden, da sie nicht schwierig auszuführen und durch dieselbe die geschlossene Attacke, welche das Fundament unserer Wirksamkeit ist und daher auch das Ziel unserer Ausbildung sein muß, in ihrer gründlichen und tüchtigen Ausführung beeinträchtigt wird. —

Die Schwärm-Attacke gewinnt nur durch die Uebung des Ralliirens nach derselben an Werth; diese Uebung wird aber ebenso durch die Markirung des Handgemenges nach der geschlossenen Attacke herbeigeführt, so daß die Schwärm-Attacke hierzu mithin nicht erforderlich ist; außerdem ist die Ralliirung nach der Schwärm-Attacke mit dem Signal „Halt" sehr leicht. — Die Schwärm-Attacke dagegen, welche einen verstellten Rückzug bezweckt, um den Feind zur Verfolgung in aufgelöster Ordnung zu verleiten, würde zuweilen zum Gegenstand der Uebung zu machen sein, da es hier auf den unbedingten Appell der Mannschaften, die Gewandtheit der Pferde und das schnellste Ralliiren zum geschlossenen Gliede nach dem Signal „Front!" ankommt.

Auf das während des Vorgehens zu gebende Signal „Appell!" oder „Retraite!" haben die Reiter für sich linksum kehrt zu machen und in aufgelöster Ordnung in der Karriere zurückzugehen; auf das darauf folgende Signal „Front" macht alles für sich wieder schleunigst linksum Front und schließt zusammen, worauf sofort die geschlossene Attacke zu folgen hat.

Dieses Verfahren ist schon wiederholt im Ernstfall vor dem Feinde zu dessen Verderben, sowohl 1806, 1814 wie 1866 von preußischer Kavallerie beobachtet worden.

10) Der schwächste Augenblick der Kavallerie ist unmittelbar nach vollführter Attacke; derselbe kann nicht schnell genug beseitigt, die Ordnung Ruhe, Geschlossenheit nicht rasch genug wieder hergestellt werden, um im Stande zu sein, allen Eventualitäten die Spitze zu bieten.

Keine Uebung ist daher nothwendiger als die Einübung des schnellsten Ralliirens aus der größten Unordnung und Zerstreuung, in jeder beliebigen Direktion, sowohl in Linie, wie in Zugkolonne, im Vorgehen auf das Signal „Ruf" und demnächstigen Evolutioniren in unrangirter, nur ralliirter Eskadron. — Das Auseinandergehen und das schnellste Zusammenschließen muß den Eskadronen völlig zur Gewohnheit werden. — Wer die letzte geschlossene Truppe in der Hand hat, behauptet das Feld. Der große König sagt, „es muß den Leuten imprimirt werden, daß ein Dragoner gar nichts effektuirt, dagegen eine Eskadron sehr vieles bewirken kann." —

Um die Mannschaften an die schnellste Ralliirung unausgesetzt zu gewöhnen, um aus der höchsten Unordnung, die durch das Handgemenge nach der Attacke und durch die Schwärm-Attacke herbeigeführt wird, sofort wieder in die größte Ordnung übergehen zu können, ist es nothwendig, nach der Karriere in den Trab und dann sofort ohne Halt in die Markirung des Handgemenges übergehen zu lassen, wobei die Mannschaften nach allen Seiten auseinander zu reiten und beliebige Hiebe und Stiche auszuführen haben. Auf das Signal „Ruf" sammelt sich die Eskadron in schnellster Karriere hinter ihrem Chef, der mit dem Säbel und durch die Richtung, in welcher er im Vorwärtsreiten sein Pferd stellt, die anzunehmende Direktion bestimmt andeutet. Bei der Ralliirung kommt es nur darauf an, daß jeder Reiter sich in seinem Zuge und in seinem Gliede befindet, um sofort geschlossene Glieder zu bilden, damit die Eskadron zu allen Evolutionen wieder bereit und fähig ist; es ist dabei nicht nothwendig, daß die Mannschaften auf ihrer Stelle reiten, wohin sie rangirt sind; sie brauchen also nicht ihre richtigen Nebenleute zu haben.

Dies ist recht oft, natürlich anfänglich im Trabe und im Galopp, und erst später im Fanfaregalopp und in der Karriere zu üben.

Nach den Vorübungen geschieht das Sammeln aber stets so schnell als möglich in der Karriere und im Vorwärtsgehen, niemals im Stillstehen; das Signal „Trab" gilt dann für dies Vorgehen allein und nicht für das Sammeln auf das Signal „Ruf" in der Karriere. In dieser Weise ist es unbedingt festzuhalten.

Das Ralliiren der Eskadron nach der Attake muß in jeder beliebigen Direktion, mit Ausnahme von rückwärts, und meistentheils in der halben oder ganzen Flanke im Vorwärtsgehen geübt werden; die Ralliirung in einer stumpfwinkeligen Flanke ausführen zu lassen, ist unnatürlich, denn man kann den Feind nicht überall supponiren; und sobald eine Attake gemacht ist, muß der Eskadronchef schon beim Vorführen seiner Eskadron nach einer Gefechtsidee verfahren, nach der er weiter führt, und mithin nur eine Front, eine rechtwinkelige und eine dazwischen liegende spitzwinkelige Flanke annehmen.

Wie schon erwähnt, ist das Ralliiren nicht allein in Front, sondern auch in Eskadronskolonnen auf das dazu zu ertheilende Signal, welches dem Signal „Eskadronsruf" folgt, zu üben. — Befand sich die Eskadron bei der Attake in der Inversion, so muß das Ralliiren auch wiederum in der Inversion erfolgen, was gleichfalls zu üben ist.

Eine anerkannte Autorität unserer Waffe sagt: „Diejenige Kavallerie behält das Feld und erringt stets den Sieg, welche im Stande ist, sich am schnellsten wieder zu ralliiren und zu sammeln."

Wir müssen also unseren Mannschaften dies Ralliiren, Sammeln und Rangiren aus der größten Zerstreuung einimpfen, zur zweiten Natur machen, damit sie sich naturgemäß daran gewöhnen, unwillkürlich wieder ihre Stell im geschlossenen Gliede zu finden; es gehört dazu der unbedingte Appell der Mannschaften auf das Signal, selbst mitten im Gewühl des Gefechtes, sowie die erforderliche Orientirung und die nothwendige Geschicklichkeit und Gewandtheit mit ihrem Pferde, damit sie auch schnell mit demselben das= jenige ausführen können, was sie wollen.

Der moralische Impuls, die Disziplin müssen im Ernstfalle das Weitere thun; die Grundlage dazu kann aber nur durch die vorstehend empfohlene Uebung, welche eigentlich täglich vorzunehmen ist, gelegt werden. Dies muß zur Gewohnheit geworden und in Fleisch und Blut übergegangen sein, und ist eine der allerwichtigsten Uebungen, die vorgenommen werden können.

e. Anleitung für das Vorführen eines Zuges und einer Eskadron zu Pferde.

Zusammengestellt aus den Cirkulairen vom 14. Juni 1872, 31. Juli 1872, 12. Mai 1873, 9. Juli 1873 und aus Erlassen früheren Datums.

Die nachfolgenden Anleitungen, welche von mir in einem früheren Dienstverhältnisse für die Vorstellung von Zügen und Eskadronen entworfen worden sind, enthalten nicht nur eine Rekapitulirung der in dieser Beziehung ertheilten höheren und reglementarischen Vorschriften, sondern sie entwickeln auch meine Anschauungen über die Ausbildung, Führung und Vorstellung unserer Waffe, wie ich sie in meiner Dienstzeit unter dem Kommando tüchtiger Kavallerieführer gewonnen habe und wie sie in unserer Waffe größtentheils auch traditionell bestehen; es leitete mich bei der Aufzeichnung dieser Grundsätze die Absicht, einen festeren Halt zu geben, der sich auch in seinen Folgen insofern bewährt hat, da er dazu beigetragen, die Ansichten über Führung und Vorstellung von Zügen und Eskadronen vielfach mehr zu klären und dadurch eine größere Sicherheit und Bestimmtheit in Bezug auf diesen wichtigen Punkt anzubahnen.

Mein lebhafter Wunsch ist es, daß die in diesen Anleitungen ent= haltenen Grundsätze zum Nutzen unserer Waffe sowohl, sowie zum Vortheil von deren Führern eingehend berücksichtigt werden, vor allem aber darauf gehalten werde, daß Frische, Leben und Beweglichkeit, entschiedenes, energisches Wesen, Orientirung und Voraussicht, sowie endlich das lebhafte Bestreben bei der Führung stets sichtbar hervortrete, immer zur rechten Zeit, also nie= mals zu spät mit der Truppe auf dem bestimmten Punkt und Ort anzu= langen, mithin stets die kürzesten Wege einzuschlagen und die einfachsten Evolutionen zu wählen, um dieselben zu erreichen.

Höchste Schnelligkeit und größte Ordnung, welche gleichbedeutend mit Ruhe ist, müssen vereinigt sein; die erstere muß so hoch wie möglich getrieben werden, ohne die letztere dadurch zu verletzen und zu beeinträchtigen, wozu Führung und Kommando so außerordentlich beitragen und einwirken. Nur bei Genügung dieser Anforderungen wird unsere Waffe die Aufgaben, welche in immer höherem Grade an sie herantreten und gestellt werden müssen, erfüllen können.

I. Die wichtigsten Grundsätze und Regeln für die Vorstellung eines Zuges zu Pferde.

1) Die Zugführer haben bei einer Vorstellung ihres Zuges die nachfolgenden Bewegungen und Evolutionen zu zeigen:

Die sogenannte Eskadronsschule, also die halben Wendungen zu Dreien; das Abbrechen zu Dreien aus den Abmärschen in rechts= (links=) um, und zu Zweien aus den Abmärschen zu Dreien; die Kehrt=Wendung zu Einem aus den Abmärschen zu Zweien; die Kehrt=Schwenkung aus den Abmärschen zu Dreien; die Kehrt=Wendung aus rechts= (resp. links=) um; das Setzen aus Dreien in die Abmärsche in rechts= resp. linksum; halbrechts und halblinks, in den Abmärschen zu Dreien und in rechts= (links=) um; die Aufmärsche aus Dreien zur Front und aus rechts= (links=) um zur Front; die Kehrt=Wendung aus der Front und die Front=Wendung.

Sodann die Frontalbewegungen in der senkrechten Direktion und in schräger Direktion auf der Diagonale; die Frontalbewegungen mit halbrechts und halblinks; die Schwenkungen rechts, links, halbrechts und halblinks, rechtsum kehrt und linksum kehrt; die Schwenkungen von der Diagonale wieder zur Diagonale; das Halten aus dem Trabe und das Antraben von der Stelle.

Demnächst die Frontalbewegungen im Galopp in ähnlicher Weise wie im Trabe, in gerader und schräger Direktion (auf der Diagonale). Aus dem Galopp „Trab", aus dem Galopp „Halt". — Diese Evolutionen müssen durch den Führer mit Ueberlegung und Nachdenken richtig eingetheilt und mit Verständniß fließend aneinander gereiht werden.

Derselbe darf z. B. die Eskadronsschule auf der einen Hand nicht gerade so zeigen, wie auf der anderen; ist auf der einen Hand zu Einem Kehrt gemacht worden, so muß der Führer auf der anderen zu Dreien rechtsum Kehrt schwenken lassen; hat derselbe auf der einen Hand aus den Abmärschen zu Dreien aufmarschiren lassen, so muß dies auf der anderen Hand aus den Abmärschen in rechts= oder linksum ausgeführt werden. Wenn die Eskadronsschule auf der rechten Hand gezeigt wird, so muß der Zugführer die

Tete stets links auf dem Haken schwenken lassen; analog entgegengesetzt wenn die Eskadronsschule auf der linken Hand ausgeführt wird. Es darf nicht mehrere Male hintereinander in Front rechts oder links geschwenkt werden, sondern der Führer muß abwechselnd rechts und links, halbrechts und halblinks, rechtsum kehrt, linksum kehrt schwenken, abwechselnd auf gerader Linie und auf der Diagonale Bewegungen ausführen lassen, mit einem Worte, er darf keine Bewegungen zweimal auf derselben Hand zeigen, und er muß Abwechselung, Variationen in seine Vorstellung hineinlegen, wodurch dieselbe interessanter wird, und dem Inspizirenden Gedanken, Ideen, Einsicht und Ueberlegung des Führers, und sorgfältige, gründliche Vorbereitung desselben entgegentreten wird. Das Schablonenmäßige, Mechanische muß gänzlich fortfallen. —

2) Wenn dem Führer freie Bewegung gelassen wird, so darf er nichts zeigen, was nicht vorher geübt worden ist, und dessen exakter, prompter Ausführung er daher nicht ganz sicher ist. —

3) Keine Evolutionen dürfen im Schritt gezeigt, sondern müssen vielmehr mindestens im Trabe ausgeführt werden. Es empfiehlt sich, eine allmälige Steigerung der Anforderungen sichtbar hervortreten zu lassen. Von den kürzeren Gangarten muß also zu den stärkeren Gangarten übergegangen werden, vom Trabe zum Galopp und nicht umgekehrt; ebenso von dem Reiten auf gerader Linie, senkrechter Direktion, zum Reiten in schräger Direktion auf der Diagonale, welche letztere überhaupt vornehmlich gezeigt werden muß, ebenso wie der Uebergang, die Schwenkung, von der Diagonale zur Diagonale. —

4) Der Führer darf nicht an seinem Zuge kleben, er darf demselben nicht zu nahe sein, sondern er muß sich in entsprechend weiter Entfernung (eher zu weit, wie zu nahe) von demselben befinden, wo er von allen Mannschaften seines Zuges gesehen, und sein Kommando besser gehört und verstanden wird. Er muß sich stets vor der Mitte seines Zuges befinden, und besonders bei windigem Wetter darauf bedacht sein, daß alle Mannschaften, also Tete und Queue gleichzeitig, sein Kommando hören und also auch so ausführen können.

5) Es macht einen guten Eindruck, wenn der Führer sich schnell und mit Gewandtheit vor der Front bewegt, und nicht unnütz, ohne Zweck, wild hin- und hersprengt, sondern mit Haltung, Sicherheit und Festigkeit reitet; es muß immer die Absicht zu erkennen sein, weshalb er schnell reitet; ist es nicht anders nothwendig, so reitet derselbe vor der Mitte dieselben Tempos, welche sein Zug reitet. —

6) Die Art und Weise, wie der Führer seine Kommandos giebt, trägt außerordentlich viel zum Gelingen oder Mißlingen der Vorstellung bei. Das

Ausführungs-Kommando muß vom Avertissements-Kommando gehörig getrennt werden, es muß sich eine Zwischenpause zwischen beiden Kommandos befinden; das Avertissements-Kommando ist ruhig, gelassen, nicht kurz, schnell und hastig auszusprechen; beides giebt der Truppe die Ruhe und Sicherheit, selbst bei den allerschnellsten Bewegungen. Das Ausführungs-Kommando dagegen ist mit Nerv und Energie, kurz, accentuirt und entschieden zu ertheilen; wenn dies geschieht, so kann der Führer auch der präzisen, exakten, frischen Ausführung sicher sein; alle Kommandos müssen so laut ertheilt werden, daß ein jeder Mann des Zuges sie hört. —

Der Führer darf sich weder bei einer Vorstellung, noch bei anderen Gelegenheiten, wo er allein ist, im Kommando gehen lassen; er muß niemals lasch, halblaut, ohne Accent kommandiren, denn die Ausführung hält dann gleichen Schritt mit der Vernachlässigung, die im Kommando liegt, und das verwöhnt und demoralisirt die Truppe. —

7) Die Kommandos müssen ganz präzise zur rechten Zeit erfolgen. Beim Schwenken des Zuges z. B. muß der Führer das Kommando: „Gradaus!" nicht zu spät ertheilen, welches der gewöhnliche Fehler ist; er hat vielmehr den herumschwenkenden Flügel mit dem Kommando: „Gradaus!" aufzunehmen, damit derselbe nicht zum Stutzen oder Halten kommt, damit nicht zuweit herumgeschwenkt, sondern in der richtigen Direktion, welche angenommen werden soll, weiter geritten wird, und die Bewegung im Fluß bleibt.

Beim Aufrücken der Abmärsche, wenn aus Zweien zu Dreien, oder wenn aus Dreien in rechts- oder linksum gesetzt wird, darf der Führer den Queue-Abmarsch nicht zum Schritt reiten kommen lassen, sondern er muß sein Kommando: „Trab!" so ertheilen, daß dieser Abmarsch im Trabe bleibt, und der Zug sich in den Trab setzt, wenn der erstere im Begriff steht, aufzurücken; der letzte Abmarsch ist also mit dem Kommando: „Trab" aufzunehmen. —

Blick und Stimme des Kommandirenden haben sich bei den Kommandos stets dahin zu richten, wo derselbe aus Erfahrung weiß, daß das Kommando gewöhnlich nicht präzise und schnell ausgeführt wird, sondern wo man sich Zeit läßt und abwartet, was gewöhnlich die Queue, sowohl beim Uebergehen in stärkere Gangarten, wie in schwächere Gangarten trifft. Dieser so nachtheilig einwirkende Fehler kann durch das, in richtiger Direktion accentuirt gegebene Kommando leicht koupirt werden.

8) Die Kommandos: „Eskadron vorwärs!" und „Eskadron kehrt!" müssen als Avertissements-Kommandos stets zusammenhängend ohne Anhalten gegeben werden; ebenso „Abgesessen!" und „Aufgesessen!"; die Ausführung der letzteren hat jedoch von den Mannschaften

nach den vorschriftsmäßigen Tempos zu erfolgen. Das Kommando: „Richt Euch!" verlangt eine verschiedenartige Accentuirung, je nachdem auf dasselbe angerückt oder im Stillhalten die schärfere Richtung aufgenommen werden soll. Soll in ein neues Alignement eingerückt werden, so wird „Richt — Euch!" mit einer Zwischenpause kommandirt; soll die Richtung dagegen auf der Stelle aufgenommen werden, so ist nur „Richt Euch!" ohne Anhalten dazwischen zu kommandiren. — Die Kommandos: „Stillgesessen!" „Richt Euch!" gehören nicht unmittelbar zu einander, wie sie gewöhnlich ertheilt werden; ein jedes verlangt seine besondere Ausführung. Auf das Kommando: „Stillgesessen!" ist nur stille zu sitzen, und haben die Mannschaften ihre Pferde gerade und senkrecht zur Frontlinie zu stellen, was die unumgängliche Vorbedingung für die Aufnahme der Richtung ist; auf das Kommando: „Richt Euch!" sind die vorschriftsmäßigen Abstände, zwei Schritte des ersten Gliedes von dem Zugführer, ein Schritt des zweiten Gliedes vom ersten zu nehmen.

9) Der Zugführer muß die Vorstellung stets mit einer Vorwärts=bewegung im Trabe beginnen und sodann erst die Wendung zur Eskadrons=schule folgen lassen; ebenso hat derselbe die Vorstellung mit einer Frontal=bewegung im Trabe oder im Galopp zu schließen.

10) Der zur Disposition stehende Platz muß richtig eingetheilt wer=den, und muß der Führer stets auf demselben orientirt sein und sich so ein=richten, daß er zu einer jeden Evolution immer freie Bahn, also frei Feld und Raum vor sich hat. Er darf nicht Halt machen und die Vorstellung beendigen, wenn sich kurz vor ihm die Grenze des Platzes befindet, so daß nicht mehr weiter geritten werden kann.

11) Die Evolutionen dürfen nicht schnell und übereilt auf einander folgen, sondern es muß eine jede Evolution erst zur Entwickelung, zur Erscheinung, zum vollen Austrage gelangen. Der Führer muß lange Linien reiten, die Evolutionen auslaufen, räumig reiten lassen; dieselben dürfen nicht unmittel=bar in einander übergehen oder gar sich einander unterbrechen, so daß schon die nächstfolgende anfängt, ehe noch die vorhergehende beendigt ist, woran gemeinhin mangelhafte Eintheilung des Platzes, Mangel an Voraussicht und Orientirung, und daher Mangel an Raum die Schuld trägt. Einen solchen Vorwurf darf der Führer einer, wenn auch der schwächsten Kavallerie=Ab=theilung nicht auf sich laden; er muß stets richtig orientirt sein, weit voraus sehen und niemals zu spät etwas thun, denn das ist ganz unkavalleristisch, und von früh an soll er bestrebt sein, diesen schlimmsten Fehler unserer Waffe zu vermeiden. Die ganze Vorstellung muß den anregenden Eindruck der Frische, Lebendigkeit und Beweglichkeit machen.

Bemüht sich der Zugführer, beim Exerziren und beim Vorführen seines Zuges diese Grundregeln zu beobachten, so wird derselbe seinen Zug in günstiger Weise vorstellen, dessen Ausbildung in das beste Licht stellen und einen vortheilhaften Eindruck verursachen; demnächst sich auch in rationeller Weise dazu vorbereiten, größere Abtheilungen, also eine Eskadron, führen zu lernen; er wird sich dann unbedingt die Routine aneignen, die für den Führer einer Kavallerie-Abtheilung erforderlich ist.

II. Die wichtigsten Regeln und Grundsätze über die Vorstellung von Eskadronen im Exerziren zu Pferde.

1. Im Allgemeinen.

Wenn eine Eskadron gründlich ausgebildet worden, so wird jeder Sachverständige dies auf den ersten Blick erkennen; er wird sofort wahrnehmen, daß:

a. Die Kommandos und Signale von allen Reitern an der Queue und an der Tete gleichmäßig und auf das Schnellste befolgt werden; daß in die Signale hineingeritten wird, daß alles auf das Signal „Halt" feststeht, ohne zurückzutreten.

b. Die Gangarten geritten werden, die kommandirt und geblasen werden, was ihm beweist, daß die Reiter wirklich auch im Gliede ihre Pferde noch reiten und in ihrer Gewalt haben.

c. Beim Ab-, Ein- und Kehrtschwenken die inwendigen Flügel-Unteroffiziere ohne Rücksicht, aus welcher Gangart dies geschieht, sei es auch aus dem stärksten Galopp, fest wie die Mauern stehen, ohne sich an ihren Zug zu kehren, und daß die auswendigen Flügel-Unteroffiziere unverrückt in dem bisherigen Tempo bleiben.

d. Die richtigen Grundsätze über die wichtige Bewegung des Schwenkens auf dem Haken beobachtet worden sind, wozu vornehmlich gehört, daß in der Kolonne bei dieser Evolution nicht die mindeste Stockung, das geringste Stocken bemerkbar ist, und nicht auswärts aus dem Haken, sondern inwärts in denselben hineingehalten wird, um kein Terrain, nicht die Distanz zu verlieren und dadurch nicht das Fundament, das gleichmäßige Tempo, aufgeben zu müssen.

e. Alle Schwenkungen in der Bewegung, sei es in Zügen oder in der Eskadron, mit beweglichem Pivot im großen Bogen nach vorne gemacht werden.

f. Die Kommandos der Zugführer von ihren Zügen streng respektirt werden, ohne Rücksicht darauf, ob der Zug hierdurch einen Fehler macht oder nicht, was ein Hauptfundament ist.

g. Das gleichmäßige, egale, frische Tempo allen Evolutionen unumstößlich zum Grunde gelegt ist, und dieser wichtige Grundsatz für die Bewegungen der Kavallerie in keiner Beziehung, sei es in der Kolonne, sei es in Frontalbewegungen, sei es, daß die Distanz in der Kolonne, sei es, daß die Richtung in der Front momentan für kurze Zeit einmal verloren geht, außer Augen gesetzt ist, da nur dadurch Sicherheit, Festigkeit und Unabhängigkeit vom Zufall und von störenden äußeren Einflüssen für die Truppe erreicht werden, und das kostbare Pferdematerial erhalten und geschont werden kann. Wo am meisten hiervon abgewichen, am meisten hiergegen verstoßen wird, da wird auch am schlechtesten geritten und exerzirt.

h. Der Eskadron die Gewandtheit und Geschicklichkeit anerzirt und eingeübt ist, sofort nach jeder Evolution sogleich die neue Direktion schnell und fest wieder aufzunehmen und festzuhalten, sei es in der senkrechten, sei es auf der Diagonale, sei es bei der Retraite oder auf das Signal: „Front!", sei es bei der Brechung der Front in der Halbkolonne, sei es beim Abbrechen in derselben.

i. Die Flügel-Unteroffiziere fest eingeritten und sicher sind in Bezug auf ihre Obliegenheiten beim Abbrechen in Zügen und beim Aufmarsch aus denselben zur Eskadron.

k. Die richtigen Grundsätze über alle Frontalbewegungen beobachtet und streng festgehalten worden sind, daß nicht mit den Augen die Richtung gehalten wird, daß nicht der dritte Zugführer die Schwankungen zwischen dem ersten und zweiten nach dem Flügel mitmacht.

l. Das zweite Glied unter allen Umständen einen guten Schritt vom ersten abbleibt, sich niemals auf das erste auflehnt, demselben aufreitet, sondern selbstständig wie das erste reitet und im Galopp mindestens zwei bis drei gute Schritte abbleibt.

Ich sage, wenn ein Sachverständiger die Beobachtung und strikte Festhaltung dieser Fundamental-Anforderungen bei einer Eskadron erkennt, so wird derselbe sofort die Ueberzeugung gewinnen, daß die Eskadron gründlich durch ihren Chef einexerzirt, zusammengeschweißt und ausgebildet worden ist; es kommt dann nur noch darauf an, diese gründliche und gute Ausbildung auch durch eine richtige Vorführung der Eskadron möglichst geltend zu machen und zur Erscheinung zu bringen; denn es kann selbst bei einer sicher und gründlich ausgebildeten Eskadron vieles, wenn auch nicht alles, da sie dann eben zu fest geworden, durch den Vorführenden verdorben werden, während andererseits wiederum durch eine gewandte Vorführung mancher

Mangel in der Ausbildung, in den Grundlagen, besonders für einen nicht Sachverständigen, zugedeckt und verwischt werden kann. —

Außerordentlich viel wird davon abhängen, wie der Führer sich selbst vor der Front bewegt, ob derselbe schnell und flott reitet, ohne wild und haltungslos hin und her zu jagen, ob derselbe sein Pferd in der Hand hat, dasselbe schnell und gewandt ist. — Weiter, ob derselbe auf der richtigen Stelle seine Kommandos ertheilt, von wo sie von allen Reitern gleichzeitig gehört werden, ob derselbe die Avertissementskommandos ruhig und gelassen giebt, nicht übereilt ausstößt und dadurch seine Reiter in Unruhe bringt, ob derselbe das Ausführungskommando dann nicht zu schnell folgen läßt und dasselbe kurz, energisch, mit Nerv und accentuirt giebt, wodurch die Ausführung in gleicher Weise erfolgen wird; oder ob die Ertheilung des letzteren langsam, gedehnt und schlaff erfolgt, in Folge dessen eine schlaffe und schläfrige Ausführung nicht ausbleiben kann. —

Dies sind Anforderungen an das Verhalten des Führers, wie sie schon jedes einfache Exerziren erfordert; strengt derselbe sich an, ist er mit ganzer Seele, mit vollem Interesse bei der Sache, legt er Würze und Geist hinein, und bemüht er sich, das Mögliche zu erreichen, so wird er angespannte Aufmerksamkeit, Hingebung, Interesse, die regste Thätigkeit und den lebhaftesten Eifer bei seinen Mannschaften hervorrufen, und das Ganze wird gedeihen; es wird überall das Bestreben hervortreten, auch den höchsten Anforderungen zu genügen. —

Selbstverständlich wird einem jeden Eskadronchef, der die ihm untergebene Eskadron mit Sachkenntniß, Mühsamkeit und Gründlichkeit ausgebildet hat, auch sehr am Herzen liegen, dieselbe möglichst günstig zu präsentiren, vorzustellen und ihre Vorzüge hervortreten zu lassen, und dies wird derselbe unbedingt erreichen, wenn er die Grundsätze, auf denen das Vorführen einer Eskadron beruht, beobachtet. —

Diese Grundsätze und Regeln sind

2. im Besonderen

die folgenden:

a. Der Eskadronchef sei stets eingedenk und halte sich vor Augen, daß der Führer bei unserer Waffe alles ist, und sein Reiten, seine Bewegungen, seine Direktion, seine Haltung den entschiedensten Einfluß auf seine Truppe und auf deren Produzirung, also auch auf deren Beurtheilung haben. — Oft wird von den Führern ihre Aufgabe verkannt; sie meinen, wenn sie nur schnell reiten und hin und her jagen, so genügten sie den Anforderungen und machten einen guten Eindruck. Dies ist aber keineswegs der Fall, sondern es bringt nur Unruhe in die Truppe hinein. Frisch, lebendig und flott zu reiten ist allerdings für den Führer durchaus erforderlich, aber nur immer, um sich nach der richtigen Stelle zu begeben; wo seine Anwesenheit nothwendig oder vorgeschrieben ist; kein Galoppsprung darf unnütz gemacht werden; sein Reiten muß den Eindruck fester Haltung, der Sicherheit und Festigkeit und doch der Frische und Lebendigkeit machen. — Bei den Frontalschwenkungen der Eskadron hat der Führer in der Karriere in die neue Front zu reiten und mit der Front nach der Eskadron das Kommando: „Gradaus!" oder „Halt!" zu ertheilen. Ebenso muß derselbe beim Deployement in der Karriere vorreiten und mit der Front gegen die Eskadron das Kommando: „Halt!" ertheilen. — Niemals darf der Führer an seiner Eskadron kleben, derselben zu nahe sein, sondern er muß sich in weiter Entfernung von derselben befinden. —

b) Das richtige, vorschriftsmäßige Kommando muß uns zur zweiten Natur werden, so daß wir gar kein falsches geben können; die Accentuirung muß richtig, ohne alle Künstelei erfolgen; in die Avertissementskommandos ist die Ruhe, in die Ausführungskommandos, die von den ersteren gehörig zu trennen, ist der Nerv, die entschiedene, schnelle Ausführung hineinzulegen.

Regimentssignale, welche von den Eskadronchefs nachkommandirt werden, dürfen bei Besichtigung einer Eskadron nicht geblasen werden.

Im Uebrigen muß der Eskadronchef das Signal stets rechtzeitig geben lassen, und ist es weit einfacher und militairischer, sich die Form anzugewöhnen: „Signal!" worauf der Trompeter die Trompete an den Mund nimmt und dann: „Trab!" oder „Galopp!" als: „Blasen Sie rc." oder gar: „Wenn der Zug, der Abmarsch dorthin kommt, so blasen Sie Trab". — Der Ort, die Zeit, wann das Signal erfolgt, ist lediglich Sache des Führers, nicht des Trompeters.

c) Niemals darf mehr als das Kommando und das Signal bei einer Besichtigung zu hören sein; alles Sprechen in der Truppe selbst muß streng untersagt werden.

d) Der Vorführende hat den Säbel oder Degen stets mit der Spitze nach oben, das Gefäß möglichst auf der rechten Lende zu halten. — Beim Paradenmarsch und beim Abreiten zu Einem salutirt derselbe beim ersten Point vor dem Vorgesetzten, reitet demselben in der gerittenen Gangart ruhig bis auf zwei Pferdelängen vorüber und reitet dann erst im Galopp heraus an dessen rechte Seite. Gewöhnlich geschieht das Herausreiten zu früh; der Vorführende muß aber den Inspizirenden erst vollständig passirt haben, ehe er herausreitet.

Reiten mehrere Abtheilungen zu Einem ab, so reitet der Eskadronchef nur mit der ersten Abtheilung an deren Tete und salutirt beim ersten Point; mit den folgenden Abtheilungen reitet er nicht mit ab.

Soll die Eskadron zu Einem behufs Ausführung von Stichen und Hieben abreiten, so hat der Eskadronchef ebenfalls zu salutiren. Wird rechts abgeritten so reiten vor demselben die Trompeter; beim Links=Abreiten folgen die letzteren an der Queue der Eskadron.

e. Die Aufstellung der Eskadron zur Besichtigung muß in der Nähe des Ortes sein, wo der Inspizirende den Platz betritt, wenigstens darf diese Aufstellung nicht an dem entgegengesetzten Ende des Platzes genommen werden; die Front der Eskadron muß möglichst dahin gerichtet sein, von wo der Inspizirende kommt, und ist darauf zu sehen, daß sich vor der Front völlig freies Feld, eine Rennbahn, ein Attackenfeld befindet.

f. Das Einrichten der Eskadron auf der Stelle hat so selten als möglich stattzufinden; das lange und ofte Richten ist der Tod für unsere Waffe; es darf nur gerichtet werden, wenn aus dem Stehen aufmarschirt ist. — Alles steht auf Kommando und Signal „Halt!" zieht nicht zurück und geht nicht rechts heran. Geradestellen der Pferde heißt richten, dann geht die Richtung sehr schnell, wenn dies gründlich geschehen; — dann der richtige Abstand von den Zugführern, also vorwärts. —

g. Die Kommandos: „Stillgesessen!" „Richt Euch!" dürfen nicht unmittelbar auf einander ertheilt werden, als wenn sie zu einander gehörten, wie dies gewöhnlich geschieht. — Ein jedes Kommando beansprucht seinen Erfolg und seine besonderen Obliegenheiten. Auf das Kommando „Stillgesessen!" ist nur still zu sitzen und sind die Pferde gerade, senk= recht zur Frontlinie zu stellen, da ohne dies keine Richtung möglich ist. — Auf das Kommando: „Richt Euch!" ist die genauere Richtung, die Ab= stände von den Zugführern und vom ersten Gliede aufzunehmen. Nach dem Reglement ist das Kommando: „Richt Euch!" zu verschiedenen Zwecken und in verschiedener Art zu ertheilen, entweder ungetrennt: „Richt Euch!" oder getrennt: „Richt — Euch!" wenn dazu angeritten werden soll.

Die Kommandos: „Abgesessen!" „Aufgesessen!" werden ungetrennt ertheilt, von den Mannschaften aber mit den vorgeschriebenen Tempos aus= geführt. —

Das Kommando trägt unendlich viel zum Gelingen bei; der Führer muß sich auch im gewöhnlichen Dienst, ganz abgesehen von einer Inspizirung, niemals im Kommando vor der Truppe gehen lassen, sich darin vernach= lässigen, d. h. halblaut und ohne Accent kommandiren, sonst kann er nicht erwarten und beanspruchen, daß die Truppe, welche er kommandirt, seine

Kommandos exakt und präzise ausführt, sondern sie vernachlässigt sich dann auch in der Ausführung, und das giebt eine schlechte Erziehung derselben und sehr üble Gewohnheiten. —

h. Nach einem Aufmarsch von der Stelle ist niemals das Kommando „Richt Euch!" seitens des Eskadronchefs zu ertheilen; denn dasselbe ist bereits von den Zugführern gegeben worden, und die Richtung in der Eskadron muß daher auch ohne dasselbe genau vorhanden sein, da jeder Zug für sich in die Linie gerückt ist. —

i. Sowohl beim Aufrücken der Züge auf Einschwenkedistanz, wie beim Aufrücken der Abmärsche zu Dreien und in Rechts- oder Linksum hat der Führer stets den letzten Zug, resp. den letzten Abmarsch mit dem Signal: „Trab!" aufzunehmen, d. h. derselbe darf nicht erst in den Schritt fallen, sondern muß im Trabe verbleiben. —

k. Die Eskadron soll möglichst im Fluß bleiben, daher dürfen beim Ab-, Ein- und Kehrtschwenken die herumschwenkenden Flügel nicht zum Pariren kommen, sondern müssen stets in der Bewegung bleiben, also mit dem Kommando: „Gradaus!" oder dem entsprechenden Signal rechtzeitig aufgenommen werden; sie sind insbesondere auch dazu da, die Tempos sicher und fest zu halten, welche die inwendigen Flügel auf „Gradaus!" wieder von ihnen aufzunehmen haben. —

l. Der Führer hat stets seine Kommandos in der Kolonne in der Richtung dahin zu geben und ebenso die Signale dahin blasen zu lassen, wo dieselben erfahrungsmäßig nicht sofort ausgeführt werden, also in der Richtung nach der Queue, z. B. beim Antraben in der Kolonne zu Dreien, zu Zweien oder in Rechts- und Linksum, ebenso beim Uebergang zum Schritt.

3) Bei einer Vorstellung können nun zwei Fälle vorkommen; entweder der inspizirende Vorgesetzte überläßt dem Führer ganz, welche Evolutionen derselbe zeigen will, oder derselbe bestimmt, was er zu sehen wünscht. — Für den letzteren Fall würden vornehmlich die vorstehend sub 2 aufgeführten Grundsätze gelten; der Führer würde nur, wenn der Inspizirende ganze Kategorien von Evolutionen bezeichnet, welche er sehen will, wie z. B.

alles Ab-, Ein-, Kehrt- und Hakenschwenken,
alles Abbrechen und Aufmarschiren,
alle Frontalbewegungen,
die Bewegungen in der Halbkolonne auf den Diagonalen,
die Eskadronsschule,

eine richtige Eintheilung zu beobachten, nichts auszulassen und sich so einzurichten haben, daß er von den Grenzen des Platzes stets so weit entfernt bleibt, daß er dadurch nicht zu unwillkürlichen, stets dann kränkelnden, unkavalleristischen, sich hinziehenden Bewegungen gezwungen wird; ein Gleiches hat der Führer im erhöhten Grade zu beobachten, wenn der Inspizirende ihm vollständig die Art der Vorstellung überläßt. Diese letztere soll nun vornehmlich hier ins Auge gefaßt werden und gelten für dieselbe außer den unter 2. aufgestellten Grundsätze noch:

4. Die nachstehend bezeichneten Regeln:

a. Man muß stets Gedanken, Ideen in die Vorstellung hineinlegen, mit Ueberlegung reiten lassen und gut vorbereitet zu derselben erscheinen. Es ist durchaus erforderlich, sich vorher genau schlüssig gemacht zu haben und klar zu sein, was man zeigen will, und wie, in welcher Art und Weise, in welcher Reihenfolge man dies vorführen will, um den Ausbildungsgrad der zu präsentirenden Truppe auf die vortheilhafteste Weise zur Erscheinung zu bringen. Der Führer darf dies nicht von einer höheren augenblicklichen Eingebung, Inspiration auf dem Platze erwarten, wie dies wohl öfters in sorgloser Weise geschieht; nur demjenigen, der gründlich in seiner Truppe steckt, der sich richtig vorbereitet hat, rationell und gründlich verfährt, kommt auch, wenn er schon oft so verfahren ist, im richtigen Augenblick eine gute Eingebung. — Vor allem zuerst Grundsätze befolgen, dann entwickelt sich die Routine von selbst. Nichts darf mechanisch, schablonenmäßig, ohne Nachdenken, ohne Grund und ohne Absicht ausgeführt werden, sondern alles muß wohl überlegt geschehen.

b. Das Vorführen der Eskadron darf in der Regel dreiviertel Stunden nicht übersteigen. —

c. Man muß nichts ausführen lassen und bei einer Inspizirung von der Truppe verlangen, dessen guter Ausführung man nicht ganz sicher ist; — wenn man freie Wahl hat, ist dies eine Grundregel. —

d. In den Evolutionen, die gezeigt werden, muß eine Steigerung vom Leichteren zum Schwereren, vom Einfachen zum Zusammengesetzteren, von den langsameren Tempos und Gangarten zu den schnelleren sichtbar sein; es darf nicht gleich im Galopp losgeritten werden, sondern von den Evolutionen im Trabe geht man zu denen im Galopp und später erst zu denen im stärkeren Galopp über; man steigert seine Ansprüche an die Truppe. —

e. Der Eskadronchef hat möglichst viele reglementarische Bewegungen, nach Möglichkeit alle, dem Inspizirenden zu zeigen, so daß derselbe nicht in die Lage versetzt wird, noch Evolutionen besonders zu fordern.

f. Kontremärsche, die überhaupt nicht kavalleristisch sind, dürfen selbstverständlich gar nicht vorkommen, ebenso darf aus der Front keine Kehrtwendung zu Dreien ausgeführt werden.

g. Die Kommandos: „Halt!" und „Richt Euch!" insbesondere aber das letztere, sind so selten als möglich zu ertheilen; nur äußersten Falles, wenn es wegen Herstellung der nothwendigen Ordnung durchaus erforderlich ist, kann ausgerichtet werden, wobei aber nicht die einzelnen Leute herauszurufen sind 2c., sondern nur die Züge.

h. Wiederholungen müssen bei den Evolutionen vermieden werden; man muß nichts doppelt auf derselben Hand ausführen lassen; z. B. ist es nicht entsprechend, zweimal den Alignementstrab nach derselben Flanke zu machen; ist er nach der einen Flanke im Trabe ausgeführt, so empfiehlt es sich, ihn nach der anderen Flanke im Galopp zu machen; — man legt Abwechselung hinein, Würze, Ideen, man raffinirt darauf, die guten Seiten, die gute Ausbildung der Eskadron zur Erscheinung zu bringen. —

i. Vor allen Dingen muß der Führer räumige Gänge, lange Linien über einen bedeutenden Theil des Platzes, der ihm zu Gebote steht, reiten und jede Evolution erst zum vollen Austrage, zur Erscheinung kommen lassen, ehe zu einer anderen übergegangen wird; er lasse mithin die Evolutionen nicht zu schnell auf einander folgen, drehe und krängele sich nicht auf einer Stelle herum, oder lasse wohl gar eine Evolution durch die andere unterbrechen; hierdurch entstehen stets sehr unsaubere, unexakte Bewegungen; und abgesehen davon, daß es der Truppe auf diese Weise viel schwerer gemacht wird, so vertragen dies auch nur sehr gut ausgebildete Eskadronen und es ist nicht kavalleristisch.

Man muß sich so einrichten, daß man stets Terrain vor sich hat und nicht immer mit demselben am Ende ist, sich an der Grenze des Platzes befindet. Von unserer Waffe muß das freie Feld, wo es vorhanden ist, auch im weitesten Maße und vollem Umfange benutzt werden. Keine Evolution darf unmittelbar in eine andere übergehen, oder schon in ihrer Ausführung durch eine andere unterbrochen werden, vielleicht aus dem Grunde, weil der Platz fehlt und verloren gegangen ist; dies darf dem Führer nicht passiren; er muß voraussehen und gut orientirt sein, auch richtig beurtheilen, wie viel Raum er zu einer Evolution gebraucht; z. B. beim Abbrechen mit Zügen, für welche Evolution viel Raum vor der Front vorhanden sein muß, darf er nicht während dessen, daß die hinteren Züge noch nicht ihren Vordermann genommen und sich noch nicht ins Alignement gesetzt haben, den Tetenzug schon schwenken lassen; denn nicht allein, daß der Führer dadurch Mangel an Voraussicht zeigt, so werden dergleichen Evolutionen, die zusammenlaufen, auch stets malproper. Der Führer muß sich seinen Platz richtig eintheilen und zu einer jeden Evolution stets freie Bahn vor sich haben, sonst kommt die Eskadron auch niemals in die frischen Tempos hinein und macht wohl gar deshalb Kontremärsche,*) die gar nicht vorkommen dürfen; so z. B. eine Eskadron befindet sich am Ende des Platzes und soll zu Einem abreiten; da liegt nun nicht der mindeste Grund vor, den weitläufigen Kontremarsch in rechtsum zu machen, um die Normalformation in der entgegengesetzten Front herzustellen, sondern man schwenkt einfach mit Zügen rechts- oder linksum kehrt zur Inversion und reitet dann zu Einem ab. Das ist die Anwendung des Grundsatzes, stets die kürzesten Wege einzuschlagen und die einfachsten Evolutionen zu wählen, ohne Rücksicht auf die Formation; dies kann nicht genug festgehalten werden, dann werden wir auch nicht den Vorwurf des „zu spät" auf uns laden. —

k. Wie schon erwähnt, darf bei dem Vorführen der Eskadron eine rationelle Anordnung nicht fehlen. Es empfiehlt sich, mit einer Vorwärtsbewegung im Trabe zu beginnen (eine kürzere Gangart wie Trab darf überhaupt nicht geritten werden; will man es einmal thun, um die Pferde verschnaufen zu lassen, so ist die erste und einzige Gelegenheit hierzu bei der Retraite nach dem Kehrtschwenken, da dies allein der Wirklichkeit angemessen ist und man vom Feinde abwärts im Schritt zurückgeht), sodann nach einer Seite mit Zügen abzuschwenken, auf dem Haken zu schwenken, einzuschwenken und vorzugehen; darauf nach der anderen Seite im Trabe abzuschwenken, auf dem Haken nach einer anderen Richtung (nach außen, wenn es zuerst nach innen geschah) zu schwenken, wieder einzuschwenken und vorzugehen, darauf zum Abbrechen mit Zügen überzugehen, sodann zu den Aufmärschen in die Front; hieran würden sich die Schwadronsschwenkungen in Front, das Abschwenken und Abbrechen zur Halbkolonne, alles noch im Trabe, anschließen, worauf zum Galopp überzugehen wäre; in dieser Gangart würden eine Anzahl der vorstehend bezeichneten Bewegungen zu zeigen sein, vor allem das Abbrechen und die Aufmärsche in schnellster Gangart. Demnächst würde der Uebergang zur Attacke folgen und somit die dem Exerziren von vornherein zu Grunde gelegte Gefechtsidee zu vollem Ausdrucke gelangen, nach welcher sodann mit Festhaltung einer Front und einer Flanke evolutionirt wird. Während der Attacke ist stets zu evolutioniren, d. h. auf des Feindes Flanke zu manövriren. Nach jeder Attacke ist stets das Handgemenge und das Sammeln in einer anderen Front zu zeigen.

Dies würde ungefähr das Arrangement für eine Vorstellung sein, wobei dem Geist und der Idee eines jeden Führers noch voller Spielraum in Bezug auf die Anordnung des Details und die Aneinanderreihung der Evolutionen gelassen wird. — Nur voraussehen muß er; er muß sich seinen Raum eintheilen und niemals darf ihm der Platz fehlen.

---

*) Diese Direktiven sind zum Theil vor Emanirung des Exerzir-Reglements vom 9. Januar 1873 ertheilt worden.

Auf kleinen, schmalen Plätzen ist eine Vorstellung natürlich schwieriger, als auf solchen Plätzen, die auskömmlichen Raum zu räumigen Bewegungen bieten, welche dem Wesen unserer Waffe allein entsprechen.

Da empfiehlt es sich dann, wenn man sich in der Nähe der Grenze des Platzes befindet, Aufmärsche zur Inversion zu machen und wenn der letzte Zug soeben in die Front einrückt, das Signal „Front!" ertheilen und vorgehen zu lassen, wodurch man den ganzen Raum des Platzes wieder vor sich hat und zu anderen Bewegungen übergehen kann, oder nach rückwärts in Halbkolonne abzubrechen und dann „Front", wodurch man sich wieder auf der Diagonale nach vorwärts befindet.

Es ist das besser, als die eintönigen, sich ewig wiederholenden Schwenkungen auf dem Haken, bei denen dann Armuth des Geistes und Mangel an Umsicht dem Führer zum Vorwurf gemacht wird und nicht mit Unrecht. Ueberhaupt kann der Führer nicht genug darauf raffiniren, schnelle, plötzliche, überraschende Front= und Direktions=Veränderungen, sowie unerwartete Entwickelungen in der Flanke vorzunehmen, welche die Gewandtheit und Manövrirfähigkeit seiner Truppe in das beste Licht stellen und dem Wesen unserer Waffe am meisten entsprechen. — Dies muß eine der Hauptaufgaben des Führers sein.

Zur schnellen Entwickelung in der Flanke würden unter anderen die nachfolgenden Evolutionen gehören:

aa. Das Abbrechen aus der Inversion links oder rechts in der Halbkolonne mit Signal „Front!", worauf die Züge dreiviertel links= resp. rechtsum kehrt zur schrägen (Diagonal=) Front einschwenken.

bb. Der Aufmarsch zur Inversion mit Signal „Front!"

cc. Alle Bewegungen in Halbkolonne, die entweder durch Abschwenken oder durch Abbrechen gebildet sind, in Verbindung mit dem Nehmen der Vorderrichtung.

l. Soweit dies möglich, ist in den Evolutionen Graben und Barriere als Defilee zu benutzen und das Gehen über dieselben in das Exerziren einzulegen. Sollte dies nach der Lage der Hindernisse nicht gut ausführbar sein, so muß das Springen bis zum Schluß des Exerzirens bleiben; zu zeigen ist dasselbe aber jedenfalls.

m. Der Führer muß sich stets, auch bei Ausführung aller Elementar- und reglementarischen Evolutionen, als im Gefechtsverhältniß befindlich, betrachten und danach seine Bewegungen einrichten; er hat daher den Maßstab anzulegen, daß er die Beweglichkeit, Gewandtheit und Manövrirfähigkeit seiner Eskadron für das Gefecht zeigen soll. Hieraus folgt, daß die Eskadronsschule nur auf ausdrücklichen Befehl des Inspizirenden gezeigt werden

— 169 —

darf. — Diesem Gesichtspunkte entsprechen dann noch weitere Anforderungen.

n. Eine Seite muß als Frontseite und eine danebenliegende als Flanke, beide als vom Feinde bedroht, angenommen werden; von der entgegengesetzten Flanke darf höchstens, im äußersten Falle, die halbe (also die Diagonal=Richtung) mit als bedroht hinzugezogen werden; hierdurch erhält man eine Hauptfront und drei Seitenfronten; von den letzteren liegen die beiden nächsten auf der Diagonale im stumpfen Winkel gegen die Hauptfront und die dritte im rechten Winkel gegen die Hauptfront. Mit

Rücksicht hierauf muß der Führer stets formirt sein und seine Bewegungen einrichten.

o. Eine Flankenbewegung mit vorgenommenen Flankeuren, wobei dieselben in einem großen Bogen die neue Front, welche die Eskadron angenommen hat, aufnehmen, ist niemals auszuführen; da eine solche Bewegung ganz unnatürlich ist. — Soll eine solche Flankenbewegung oder vielmehr ein solcher Aufmarsch der Eskadron in der Flanke zur Ausführung gelangen, während die Eskadron Flankeure in der bisherigen Front vorgenommen hatte, so werden neue Flankeure in die anzunehmende Front vorausgeschickt, und die alten zu dem vierten Zuge eingezogen, der dann in die Eskadron einrückt.

p. Es ist nicht entsprechend und unnatürlich, wenn man beim Gefechtsverhältniß, welches bei der Inspizirung angenommen wird, den zurückgerufenen vierten Zug, der entweder Flankeure vorgehabt oder ausgefallen ist und den Feind verfolgt hat, mit der stehenden Eskadron erwartet; demselben muß vielmehr stets seitens der Eskadron zur Aufnahme entgegengegangen und streng darauf gehalten werden, daß derselbe mit seinen Flankeuren so schnell als möglich durch scharfes Seitwärtsgehen die Front frei macht, um nicht Unordnung in die Eskadron hineinzubringen. — Die Flankeure und der Zug müssen daher recht weit seitwärts gehen, wie dies auch jetzt das Reglement*) vorschreibt, denn es ist weit zweckmäßiger, daß der

---

*) Reglement vom 9. Januar 1873.

vierte Zug und alle Detachirten, anstatt auf die Front der Eskadron los-
zujagen und dadurch doppelte Wege und viele unnütze Evolutionen zu
machen, mit dem Seitwärtsgehen und Platzmachen für die Frontal-Attacke
eine Bedrohung der feindlichen Flanke verbinden, dieselbe eventuell gleichzeitig mit der Eskadron attackiren, was sehr leicht von denjelben ausgeführt
werden kann und viel energischer auf den Feind einwirkt, wie die Verstärkung der eigentlichen Angriffsfront durch den vierten Zug und die Detachirten.

q. Nach der Attacke müssen Evolutionen folgen, welche auf der Wirklichkeit begründet sind; entweder ist der Feind geworfen, dann wird derselbe
entweder durch Flankeure oder durch Ausfallen des vierten Zuges, oder aber
durch die ganze Eskadron, nachdem sich dieselbe auf das Signal „Eskadronsruf" schnell ralliirt hat, verfolgt; oder die Attacke hat nicht reüssirt, dann
muß unverweilt auf der senkrechten Linie zur Frontlinie zurückgegangen und
entweder durch noch intakte Abtheilungen, die den verfolgenden Feind in der
Flanke attackiren, oder durch schwärmende Flankeure, die ein lebhaftes Feuer
auf den Feind unterhalten, der Rückzug gedeckt werden, oder sind jene intakten Abtheilungen, Reserven, Soutiens nicht vorhanden, so müssen, um
den Feind aufzuhalten, nach einiger Zeit, wenn eine Strecke in Front zurückgegangen worden, im Zurückgehen Flankeure vorgenommen werden, die
anzuweisen sind, lebhaft zu feuern und der Eskadron im entsprechenden Abstande zu folgen. — Ganz ungerechtfertigt ist es aber, nach der Attacke in
eine Flanke abzuschwenken und auf dem Haken nach rückwärts oder vorwärts
zu schwenken, oder sonstige derartige Evolutionen auszuführen, welche der
Wirklichkeit des Krieges, des Gefechtes schnurstracks entgegen und daher
ganz unnatürlich sind, auch ein völlig falsches Bild geben.

Alle Bewegungen aber nach der Attacke und vornehmlich bei derselben müssen
der wirklichen Kriegslage entsprechen und der Ausdruck eines Gefechtsver-
hältnisses sein. Dies muß bei einer Vorstellung hervortreten.

Nach vollständiger Ausbildung der Eskadron ist stets mit einer Supposition, die sich jeder Führer für sich macht, zu exerziren, um mit reger
Phantasie die wechselvolle Wirklichkeit der Kriegslage zu ersetzen. Die Supposition muß sich dann nicht mehr blos darauf beschränken, daß der Feind
in der Front und in einer rechtwinkligen und in der dazwischen liegenden
schrägen Flanke angenommen wird, in Folge dessen nur zwei rechtwinkelige
Fronten und die dazwischen liegende Diagonalfront angenommen werden
dürften, sondern die Supposition muß weiter gehen, etwa in der Weise
z. B.: der Feind erscheint in der Front; der Feind wird verstärkt; er macht
eine Flankenbewegung; er bedroht den Rücken; er macht einen verstellten

Rückzug, um nach sich zu locken und in die Flanken-Attacke hineinzuziehen u. s. w.

Es müssen dann mit einem Worte wirkliche Kriegslagen, natürliche Verhältnisse angenommen und danach die Bewegungen des Exerzirens in völlig einfacher, natürlicher Weise, wie sie die Wirklichkeit erfordert, für die allerverschiedensten Lagen und Verhältnisse eingerichtet werden. — Es ist für den Führer durchaus nothwendig, sich in alle diese Lagen und Verhältnisse hineinzudenken und sich seine Position und dasjenige zu vergegenwärtigen, was er zweckentsprechend mit seiner Eskadron zu thun hat, um derselben unter allen Umständen gerecht zu werden und sich zu behaupten.

Wenn die Eskadronchefs in diesem Sinne verfahren, so wird die kriegsgemäße Ausbildung ihrer Eskadronen sehr dadurch gefördert werden, und sie werden bei Befolgung dieser Grundsätze für die Vorstellung der unterhabenen Eskadronen, sowohl ihren Fleiß und die Mühe, die sie auf die Ausbildung verwandt haben, belohnt sehen, als auch diese Ausbildung dann auf die günstigste und vortheilhafteste Weise zur Erscheinung kommen lassen, woran ihnen doch vor allem gelegen sein muß.

Nur aus der gewissenhaften Befolgung rationeller, fester Grundsätze entwickelt sich eine gute Routine; nur dadurch, daß man sich richtige Prinzipien zu eigen macht und systematisch verfährt, gewinnt man auch die Fähigkeit, unwillkürlich, fast unbewußt, im richtigen Sinne zu verfahren und im gegebenen Augenblicke mit raschem Entschluß ohne lange Ueberlegung das Entsprechende zu treffen. Daher zuerst Schule, System und darauf gegründet: eigene Verarbeitung, in Fleisch und Blut übergehen der Prinzipien und selbstständige, eigenthümliche Anwendung und Uebertragung derselben in die Praxis.

5. Taktische Uebungen einer oder mehrerer Eskadronen.

Zusammengestellt aus den Cirkulairen vom 14. Juni 1872, 12. Mai 1873, 12. September 1873, 3. Juli 1875.

Die taktische Ausbildung der Eskadron zerfällt in drei Perioden.

Die erste dieser Perioden umfaßt die rein reglementarische Ausbildung. —

Die zweite ist die Beschränkung der Bewegungen durch Annahme der Front und Flanke, also höchstens dreier Fronten, und die Annäherung an

Gefechtsverhältnisse, besonders bei der Attacke, wie dies für die Vorstellung der Eskadronen vorgeschrieben worden ist. —

Die dritte Periode endlich besteht in der Annahme einer Supposition nach einer wirklichen Kriegslage, nach naturgemäßen Gefechtsverhältnissen, durch welche alle eigenen Bewegungen bedingt werden, und diese ist für Führer und Mannschaften die instruktivste und belehrendste. —

Analog dem müssen den Eskadronchefs im letzten Theile der Frühjahrs-Exerzirperiode auf dem Platze bestimmte Aufträge ertheilt werden, entweder einem jeden einzeln besonders oder zweien entsprechende, welche sie gegeneinander führen, oder mehreren endlich verschiedene zu einem bestimmten Zweck, zur gegenseitigen Unterstützung und zum Eingreifen in das Gefecht anderer Eskadronen gegen die denselben feindlich gegenüberstehenden.

Dies würde die dritte Periode der Ausbildung der Eskadronen bilden. —

1) Was nun im ersteren Falle die Aufgaben an die Eskadronchefs anbelangt, bei welchen der Feind supponirt werden muß, so gehört allerdings stets einige Phantasie dazu, um sich in die Gefechtslage hineinzuversetzen, wenn die Aufgaben auch noch so einfach als möglich gestellt werden, was entschieden geschehen muß. — Es kann dabei immer nur der Feind, niemals das Terrain supponirt werden, wie wohl öfters gemeint wird; das Terrain muß stets so genommen werden, wie es in der Wirklichkeit ist. —

2) Im zweiten Falle, das Gefecht zweier Eskadronen gegeneinander betreffend, würde die Ausführung zum Beispiel etwa die folgende sein:

Es werden zwei Eskadronen in möglichst großer Entfernung von einander in den äußersten sich diametral gegenüberliegenden Ecken des Exerzirplatzes, entweder in Front auf dem Platze selbst oder in der Marschkolonne auf den zu dem letzteren führenden Wegen aufgestellt. Aus dieser Enfernung haben dieselben ohne Aufgabe ihrer Rückzugslinie, die in der senkrechten Direktion rückwärts zur ursprünglichen Aufstellung und in den beiden zunächst befindlichen schrägen Direktionen liegt, anzureiten, gegen einander zu evolutioniren und zu manövriren, um sich die Flanke abzugewinnen und dieselbe sodann zu attackiren. — Jeder Führer muß dabei bestrebt sein, durch sein eigenes Handeln dem Gegner dessen Bewegungen zu diktiren und sich die letzteren nicht von ihm vorschreiben zu lassen. —

Grundsatz muß es ferner sein, daß in einer Entfernung von 500 Schritten vom Gegner die Front nicht mehr gebrochen werden kann. —

Bei der Attacke werden zwei Linien höchst selten so aufeinander stoßen, daß sich deren Flügel gerade decken; es wird mithin in den meisten Fällen eine Ueberflügelung stattfinden, und ist es dann die Pflicht eines jeden Zugführers, wenn er dies voraussieht, event. aus eigener Initiative, seinen Zug so zu führen, daß derselbe keinen Luftstoß macht, sondern Flanke und Rücken des Gegners umfaßt; denn 10 Mann in der Flanke nützen mehr als 100 in der Front! —

3) Bei der Ertheilung verschiedener Aufträge an mehrere (in der Regel zwei) Eskadronen zu einem bestimmten Zweck, zur gegenseitigen Unterstützung gegen eine oder zwei andere Eskadronen finden die vorstehend unter 2. enthaltenen Grundsätze im Allgemeinen völlige Anwendung. — Eine Eskadron würde in diesem Falle der anderen als zweites Treffen auf Treffendistanz von 250—300 Schritt zu folgen haben, entweder debordirend oder gerade hinter der Front des ersten Treffens, aber nicht näher heran, damit man nicht unwillkürlich in das Gefecht des ersten Treffens verwickelt wird. — Ist das erste Treffen noch nicht im Gefecht, so begleitet das zweite Treffen dessen Bewegungen; ist das erste dagegen im Gefecht, so unterstützt das zweite Treffen das erste entweder mit einem Theil seiner Kräfte, um den Sieg durch Anfall des Feindes in Flanke und Rücken zu entscheiden, oder es hält sich zur Aufnahme des ersten Treffens bereit und attaquirt den das erste Treffen verfolgenden Feind in die Flanke; niemals darf aber das zweite Treffen, wenn kein drittes vorhanden ist, vollständig in das Gefecht des ersten Treffens hineingeworfen werden, denn sonst verfehlt es seinen Zweck, dem ersten Treffen den erforderlichen Halt zu geben.

Hiernach muß im Allgemeinen verfahren und die Situation richtig aufgefaßt werden; die Beurtheilung der Führer ist unbedingt hiervon abhängig.

Recht häufig müssen derartige Gefechtsübungen mehrerer Eskadronen gegeneinander vorgenommen werden; die Eskadronchefs haben sich dabei stets zu vergegenwärtigen, daß eine jede Bewegung der Truppe eine Idee, einen Gedanken des Führers repräsentirt; entweder einen richtigen oder falschen, einen entschlossenen oder unschlüssigen, wodurch man dokumentirt, daß man eigentlich nicht recht weiß, was man thun soll. Das ist das Schlimmste für den Kavallerieführer, lieber ruhig stehen bleiben, als hin- und herrücken, vor- und zurückgehen, unschlüssige und unentschiedene Bewegungen ausführen.

Nächstdem empfehle ich bei Gelegenheit dieser taktischen Uebungen recht oft die schnelle Entwickelung aus dem Defilee zur Ausführung zu bringen; es muß uns dies zur zweiten Natur geworden sein; die Wege, welche auf die Exerzirplätze führen, bieten hierzu die beste Gelegenheit. Jeder Zug muß sofort entwickelt werden ohne alles Säumen, so wie die Breite des Terrains dies gestattet, jede Eskadron in Front, sobald das Terrain es irgend zuläßt.

Dies muß täglich geübt werden und mit der größten Schnelligkeit, damit sich die größte Ordnung hierbei mit der größten Schnelligkeit verbindet. Beide Ziele halten sich bei unserer Waffe die Waage, die Ordnung und die Schnelligkeit; muß von einem nachgegeben werden, dann muß es von der Schnelligkeit geschehen, um unbedingt die höchste Ordnung zu erhalten; wünschenswerth bleibt es allerdings immer, auch bei der **höchsten Schnelligkeit die größte Ordnung** zu erhalten. Das sicherste Mittel hierfür ist die stete Wahl der **einfachsten Formen** und **der kürzesten Wege**. Jenes sind die Formen, welche aus jeder Formation und unter allen Verhältnissen am raschesten den Uebergang aus den verschiedenen Kolonnen zur Linie und umgekehrt ermöglichen, dieses sind die Wege, welche ohne jeden Umweg auf den Punkt führen, der erreicht werden soll, also auf den schrägen Linien auf den Diagonalen und nie auf den rechten Winkeln. Diejenige Eskadron, die dies leistet, ist am besten ausgebildet.

III. Das Regiment.

1. Einleitende Gesichtspunkte.

Zusammengestellt aus den Cirkulairen vom 9. Juli 1873, 3. Juli 1874, 3. August 1874, 3. Juli 1875.

Damit die eigentliche Regiments-Uebung entsprechend vorbereitet, weniger für dieselbe zu thun bleibt, eine gewisse Sicherheit sowohl im Evolutioniren mehrerer unter einem Kommando vereinigter Eskadronen, wie auch in der Führung der letzteren seitens der Eskadronchefs im Regimentsverbande schon vor Beginn der Regiments-Uebungen erzielt wird, auch die Pferde später weniger angegriffen zu werden brauchen; um in einem möglichst guten Zustande zu den größeren Herbstübungen einzutreffen, empfehle ich angelegentlichst, unter normalen Verhältnissen schon im Monat Juli mindestens einmal in jeder Woche mit den in einer Garnison vereinigt stehenden Eskadronen, wenn dies irgend ausführbar ist, im Regiment zu exerziren.

Es wird dadurch möglich werden, die Eskadronchefs schon vor Beginn des Regiments-Exerzirens völlig sicher im Regiment zu machen und sie gründlich in ihren Obliegenheiten bei Führung der Eskadronen im Regimentsverbande zu befestigen, was fürs Erste vor allen Dingen die Hauptsache und Fundamental-Anforderung bleibt. Das eigentliche Regiments-Exerziren muß dann vorherrschend auf die Erzielung der höchstmöglichsten Gewandheit der Führer, auf die Herbeiführung ihres schnellen Verständnisses, ihrer raschen Entschlußfassung bei außergewöhnlichen Vorkommnissen und nicht reglementsmäßigen Bewegungen, sowie auf Herbeiführung der gesteigertsten Beweglichkeit, Manövrirfähigkeit und Schnelligkeit der Truppe verwandt werden.

Hierzu ist es erforderlich, daß stets ohne Ausgabe irgend welcher Disposition exerzirt und evolutionirt wird, so daß also einem jeden der Unterführer dasjenige, was geübt und ausgeführt werden soll, völlig unbekannt bleibt. In diesem Sinne würde auch bei der Vorstellung der Regimenter zu verfahren, weder eine mündliche oder schriftliche Disposition zu erlassen, noch auch dasjenige, was produzirt werden soll, vorher ein oder mehrere Male durchzuexerziren sein. Niemand darf wissen, was kommt; einem Jeden muß alles neu sein.

Es muß ohne jede Vorbereitung aus dem Sattel kommandirt und allein nach Kommando und Signal geritten werden; kommt dann in Folge Mißverständnisses oder unrichtig verstandener Kommandos und Signale einmal ein Fehler vor, so hat dies gar nichts zu sagen und ist es wenigstens weit besser, als wenn ein schon wiederholentlich durchexerzirter Lesezettel abermals mechanisch wiederholt wird. Erfolgt die Beseitigung des Fehlers recht schnell und geschickt durch den Betreffenden, so liefert derselbe noch außerdem ein günstiges Bild für die Gewandtheit und Manövrirfähigkeit der Truppen und für die Umsicht und den schnellen Entschluß ihres Führers und kann also unter Umständen die Veranlassung zu einem recht günstigen Eindruck Beider sein.

2. Die wesentlichsten Grundsätze und Fundamental-Anforderungen für die Uebungen im Regimentsverbande.

Zusammengestellt aus den Cirkulairen vom 22. Juli 1872, 17. August 1872, 9. Juli 1873, 14. Juli 1873, 22. Juli 1873, 25. Juni 1874, 20. August 1874, 3. Juli 1875.

a. Als ein unbedingtes Erforderniß stelle ich hin, daß vor allem die Eskadron als die selbstständige, taktische Einheit unbeirrt und unverrückt festgehalten und nicht auf eine ängstliche Beobachtung der Intervallen zwischen den Eskadronen gehalten wird. Das Regiment darf nicht mit seinen fünf Eskadronen wie eine Eskadron mit ihren vier Zügen reiten wollen; die Eskadronen sind in sich fest geschlossene Einheiten. — Es ist dies eine Grundregel, welcher nicht genug Werth beigelegt werden kann. Je selbstständiger und fester die Eskadronen in sich auch im Regimentsverbande reiten, um so sicherer und ruhiger, mit um so größerer Ordnung wird das Regiment seine Bewegungen, vornehmlich die Hauptbewegung in entwickelter Front ausführen; es darf kein Schwanken und Flattern der Eskadronen, kein Ausweichen oder Herangehen derselben stattfinden, sondern es muß von denselben unbeirrt um alles andere sicher und fest geradeaus geritten und eine jede neue Direktion schnell und sicher aufgenommen werden.

Dazu ist erforderlich, daß die Eskadron stets durch ihren Chef mit fester Hand geführt wird, und daß die Flügel-Unteroffiziere unter keinen Umständen zur Erhaltung der Intervallen von selbst an die Neben-Eskadron herangehen, resp. Feld geben, weil dies die Eskadron auseinander reißt; dieselben müssen vielmehr unbeirrt um das Größer- und Kleinerwerden der Intervallen allein ihr Tempo und ihre Direktion beibehalten und diese nach ihren Zugführern regeln. —

Der Eskadronchef kommandirt in diskreter Weise im Regimentsverbande, wenn derselbe zur Erhaltung des größeren Verbandes glaubt, an die Neben-Eskadron herangehen zu müssen, was nicht in eine ängstliche Aufrechterhaltung der vorgeschriebenen Intervallen ausarten darf. Ist die allgemeine Direktion richtig von jeder Eskadron aufgenommen worden, so wird ein Seitwärts-ziehen derselben nicht nothwendig werden; auf eine schnelle, präzise Aufnahme der Direktionen kommt es mithin vornehmlich an.

Nur bei fester Aufrechterhaltung dieser Grundsätze ist das Reiten in größeren Massen im koupirten Terrain mit Ordnung möglich. —

Auch beim Stehen auf der Stelle ist es nicht kavalleristisch, die zu groß gewordenen Intervallen durch Herangehen mit rechts- oder linksum, resp. halbrechts und halblinks zu korrigiren; es geschieht dies am zweckmäßigsten beim Vor- oder Zurückgehen durch Seitwärtsgehen auf Kommando des Eskadronchefs.

In der Parade-Aufstellung dürfen die Intervallen selbstverständlich zwischen den Eskadronen nicht größer als sechs Schritte sein.

b. Demnächst empfehle ich besonders für die Frontalbewegungen das selbstständige Reiten des zweiten Gliedes, dessen gehöriges Abbleiben vom ersten Gliede, zwei gute Schritte im Galapp, bei den Ulanen drei Schritte mit gefällten Lanzen. — Es muß hierauf mit der allergrößten Strenge gehalten, und die Wachtmeister müssen persönlich hierfür verantwortlich gemacht werden. — Wird dies aus dem Auge gesetzt, so geht bei den Frontalbewegungen alle Ruhe, Ordnung und Sicherheit verloren; an der Erfüllung dieser Grundbedingung bleibt oft manches zu wünschen übrig.

c. Als ein Haupterforderniß stelle ich ferner an die Spitze, daß von den Eskadronen bei allen Bewegungen unter Annahme der schrägen, obliquen Direktionen stets die allerkürzesten Wege, die einfachsten Evolutionen gewählt werden, um in direktester Weise auf den bestimmten Ort zu gelangen, ohne Rücksicht, ob das Regiment, die Eskadron in der Inversion oder in der Normal-Aufstellung formirt ist; die letztere Erwägung darf niemals entscheidend einwirken, sondern nur die Erhaltung der festen Ordnung. Die Schnelligkeit muß so hoch getrieben werden, wie dies ohne Gefährdung der Ordnung nur irgend möglich ist. Unter Aufrechthaltung dieser Grundsätze kann es uns allein gelingen, den Vorwurf des „zu spät", welches der allerschlimmste für unsere Leistungen ist, von uns fern zu halten.

Hierzu gehört, daß die Eskadronen, wenn irgend eine andere Aufstellung befohlen wird, worin dieselben recht oft geübt werden müssen, alle unnützen Bewegungen vermeiden, nicht vor und zurück, nicht hin- und herrücken, was ganz unkavalleristisch ist, sondern die einfachsten Evolutionen wählen, um so schnell als möglich in die festgesetzte Formation und Aufstellung zu gehen.

Zum Beispiel: Wenn Eskadronen nach rückwärts das Alignement zu nehmen haben, so dürfen dieselben nicht weit durch die Front hindurch reiten und sodann wieder vorgehen, sondern sie müssen nach dem Kehrtschwenken nicht weiter vorzugehen, sondern nur „Halt! Richt — Euch! zu kommandiren brauchen. Dies sind Lizenzen, die man sich nicht erlauben darf, die unkavalleristisch sind und unnöthig aufhalten, Zeit vergeuden und Mangel an Präzision, Exaktität zeigen; oder wenn nach Beendigung der Uebungen neue Aufstellungen zum Parademarsch ɪc. befohlen werden, so müssen dieselben so schnell als möglich genommen werden. Es macht nichts einen nachtheiligeren Eindruck, als wenn Kavallerie sich bei solchen Gelegenheiten lange umherträngelt und nicht zum Zweck kommen kann.

Ein jeder Führer muß sich auf das Schnellste orientiren und dann rasch, ohne Besinnen seinen Entschluß fassen, welchem die Ausführung auf dem Fuße zu folgen hat. Wir können diese Anforderungen nicht in zu hohem Maße an unsere Führer stellen, denn Beweglichkeit und Schnelligkeit ist unser Lebenselement, durch welches wir allein Erfolge zu erreichen im Stande sind.

Ich rekapitulire ausdrücklich die vorstehenden drei Punkte:
1) Das strikteste Festhalten der Eskadron als taktische Einheit zur Erhaltung der Festigkeit und Sicherheit in unserer Hauptbewegung in entwickelter Front, auf welche der Accent gelegt werden muß.
2) Das gehörige Abbleiben des zweiten Gliedes vom ersten, besonders im Galopp zwei gute Schritte, und dessen entschiedenes Mitreiten bei der Attacke in der Karriere.
3) Das gewissenhafteste Vermeiden aller unnützen Bewegungen, des Hin- und Herrückens, des unpräzisen, unexakten Reitens bei den Evolutionen. — Kürzeste Wege und einfachste Evolutionen.

d. Nichts ist nothwendiger, als daß bei allen Uebungen auf das Unabänderlichste und Festeste das gleichmäßige, egale Tempo und die feste Direktion ohne alles und jedes Schwanken als Grundprinzipien für die Ordnung und Sicherheit der Bewegungen unbeugsam aufrecht erhalten werden. — Ich werde nicht müde, darauf immer wieder von Neuem hinzuweisen. —

Kommen kleine Verstöße vor, so werden dieselben bei Festhaltung des Tempos niemals sehr groß werden, sich nicht weiter fortpflanzen und auf andere Eskadronen übertragen, wodurch sie größere Dimensionen annehmen. —

Behufs Aufnahme und Festhaltung der Direktion müssen seitens der Regimentskommandeure beim Vor- und Zurückgehen die Objekte stets laut bezeichnet werden, auf welche zugeritten werden soll; ebenso ist diejenige Eskadron zu bezeichnen, nach welcher bei der Formation in Eskadronskolonnen die Direktion und der Abstand genommen werden soll. Dies darf nicht unterlassen werden, da durch diese beiden Hülfen viele Kommandos erspart und Unordnungen vermieden werden. — Der bezeichneten Eskadron wird, je nachdem es das Terrain oder der Feind nothwendig machen, eine andere Direktion gegeben, und die übrigen nehmen ohne alles Kommando und Avertissement diese Direktion von selbst auf und bemessen hiernach ihre Intervallen. —

Ferner ist es nicht richtig, sehr unpraktisch und unzweckmäßig, wenn der Eskadronchef einer Flügel-Eskadron, die im Halten ein neues Alignement angeben soll, in welches die übrigen Eskadronen erst allmälig einrücken, dadurch helfen will, daß er den zweiten Zugführer vom Richtungsflügel vornimmt und dadurch dem Regiment eine Halbrechts- (resp. Halblinks-) Schwenkung oktroyirt; er fehlt hierdurch gegen den wichtigen Grundsatz der Festhaltung der Direktion und reißt das Regiment auseinander, da auf diese Weise alle Eskadronen zu große Intervallen bekommen, resp. durch Halbrechts- oder Halblinksgehen auseinander kommen. — Es darf dieses daher durchaus nicht stattfinden. Will der Eskadronchef helfen, so muß er beide Zugführer vom Richtungsflügel vornehmen.

e. Die Inversion ist dadurch zum Gesetz erhoben, daß auf das Signal: „Front!" aus der Kolonne stets nach der feindlichen Seite, wo sich bei den Friedensübungen der Führer befindet, ohne Rücksicht auf die Normalformation eingeschwenkt wird. Die Truppe wird hierdurch nicht allein manövrirfähiger, sondern es werden auch alle Mißverständnisse und Irrthümer ausgeschlossen. — Das Signal „Front!" bedeutet also nicht mehr: Herstellung der Normalformation. —

f. Es ist wünschenswerth, daß die Eskadronen im Regiment stets möglichst alle gleichmäßig abmarschirt sind.

Ist einmal aus irgend einer Veranlassung ein ungleichmäßiger Abmarsch vorgekommen, wie das bei Detachirungen sehr leicht möglich ist, so müssen die betreffenden Eskadronchefs dies sogleich bemerken und umsichtig und mit Intelligenz bei einer der folgenden Evolutionen ganz unbemerkt auf die einfachste Weise den gleichmäßigen Abmarsch mit den übrigen Eskadronen bewerkstelligen. Ein Gegeneinanderreiten kann allerdings durch den ungleichmäßigen Abmarsch der Eskadronen beim Aufmarsch niemals stattfinden, da in Eskadronskolonnen stets ohne Rücksicht auf den Abmarsch nach links, oder wenn mit Zügen halbrechts resp. halblinks abgeschwenkt war, nach derjenigen Seite, nach welcher die Bewegung stattfand, aufmarschirt wird. —

g. Es ist festzuhalten, daß bei Entwickelungen ein für alle Male stets zuerst in Eskadronen und dann im Regiment aufmarschirt wird, damit, sobald als irgend möglich eine Front, wenn auch nur in Echelons, formirt ist. —

h. Die Einwirkung der höheren und niederen Führer auf ihre Truppe, sei es zur Ausführung neuer Bewegungen, von Direktions-Veränderungen, Tetenschwenken 2c., sei es um Fehler zu koupiren, dieselben nicht weiter tragen zu lassen, sei es um unrichtige Direktionen zu verbessern, muß sich so schnell als möglich äußern; dieselbe kann gar nicht rasch genug eintreten und sich geltend machen.

i. Für den Fall, daß die Regimentskommandeure nur kurze Befehle zu ertheilen haben, ist es praktisch und zweckmäßiger, hierzu die Eskadronchefs nicht zusammen zu rufen, sondern durch laute Avertissements vor der Front die Angelegenheit zu erledigen; dies geht weit schneller.

k. Um Mißverständnisse zu vermeiden und so viel als irgend möglich die für die Aktion so nothwendigen Abkürzungen in der Instruktion und Befehlsertheilung eintreten zu lassen, ist eine gewisse Terminologie, technische Bezeichnung, für sehr häufig vorkommende Formationen, für die Anwendung bestimmter Ausdrücke nothwendig.

Ich bezeichne die wichtigsten dieser technischen Bezeichnungen in Nachstehendem:

a. **Flankendeckung**: nach außen, um den von dort in unsere Flanke attackirenden Feind abzuweisen.

b. **Flankenangriff**: nach innen, um den Feind zu umfassen, der uns in der Front angreift.

c. **Rechte Flanke, linke Flanke**: stets die eigene, nicht die des Feindes.

d. **Eskadronskolonnen**: Strahlen, — die Eskadronen in Zugkolonne, — nebeneinander — auseinandergezogen.

e. **Zusammengezogene Kolonne**: die Eskadronen in Zugkolonne, — nebeneinander, — nicht auseinandergezogen.

f. **Zugkolonne**: Das Regiment in Zugkolonne.

g. **Regimentskolonne**: Die Eskadronen hintereinander:
   aa. geöffnet: mit Einschwenkedistanz;
   bb. geschlossen: mit Zugdistanz.

Die Eskadronskolonnen und die zusammengezogene Kolonne werden fast immer nur zur Anwendung kommen und nicht die Regimentskolonne; wir müssen uns aber vergegenwärtigen, daß die zusammengezogene Kolonne eine nach der Flanke abgeschwenkte geschlossene Regimentskolonne ist.

l. Durchaus nothwendig ist es nun aber, daß diese technischen Ausdrücke von uns allen kurz und präzise gebraucht werden, damit sich unsere Untergebenen, besonders die Trompeter, an dieselben gewöhnen und Mißverständnisse, die Unordnungen nach sich ziehen, vermieden werden. Es heißt z. B. „Zugkolonne" und „Eskadronskolonnen"; sagt man aber „Eskadronszugkolonne", so führt man selbst Mißverständnisse herbei; der Ausdruck „Zug" muß unbedingt bei den Eskadronskolonnen wegbleiben. Es kommen gerade hierin häufig Verstöße vor. Wir können in unseren Bezeichnungen nicht exakt genug sein.

m. Die Kommandos müssen möglichst vermieden werden, wenn die Ausführung der betreffenden Bewegungen durch Signale bewirkt werden kann. Im Interesse der Schleunigkeit der Ausführung und des richtigen Verständnisses muß die ausgedehnteste Anwendung der uns zu Gebote stehenden Signale seitens der Führer stattfinden.

n. Die Trompeter, welche signalisiren, sind anzuweisen, daß sie nicht abwärts von den Truppentheilen, denen sie die Signale zublasen, das Schallstück ihrer Trompete halten, sondern daß sie in die Truppentheile hineinblasen; ist das Signal nicht verstanden worden, so müssen sie dasselbe sogleich aus eigener Bewegung noch einmal wiederholen. Ein schnelles Nachblasen der übrigen Trompeter bei den Eskadronchefs muß folgen. Die auf den Flügeln der Eskadron reitenden Trompeter blasen diejenigen Signale, welche Evolutionen bezwecken, nicht nach, um die dadurch entstehende Schwerfälligkeit in den Bewegungen zu vermeiden.

Wird ein Eskadronssignal geblasen, so haben nur die Trompeter der betreffenden Eskadron, keine anderen, dasselbe nachzublasen.

o. Das Signal „Aufrücken!" wird für das Zusammenziehen der Eskadronskolonnen zur zusammengezogenen Kolonne angewandt, weil diese Evolution bei der jetzt in den Vordergrund getretenen Taktik mit Eskadronskolonnen sehr vielfach vorkommt; ein Signal für diese Bewegung wünschenswerth ist, die Einführung eines neuen Signals hierdurch vermieden wird, und Mißverständnisse in Folge der doppelten Bedeutung des Signals, welche außerdem eine sehr gleichartige ist, nicht vorkommen können.

Analog dem empfiehlt es sich, auch für die Formation der zusammengezogenen Kolonne aus der Zugkolonne das Aufrückesignal ertheilen zu lassen.

p. Wenn Bewegungen mit der zusammengezogenen Kolonne seitwärts und rückwärts ausgeführt werden und es wird das Signal „Front!" geblasen, so wird stets, ganz analog wie in Eskadronskolonnen, nach dem Feinde resp. nach dem Führer, von welchem das Signal „Front!" ertheilt worden, zur zusammengezogenen Kolonne eingeschwenkt.

q. Für den Fall, daß aus der Linie mit Eskadrons abgeschwenkt worden ist, darf aus der dadurch herbeigeführten geöffneten Regimentskolonne niemals auf das Signal „Front!" mit ganzen Eskadrons zur Linie wieder eingeschwenkt werden; es ist vielmehr auf dieses Signal stets zur Grund- und Fundamentalformation, den Eskadronskolonnen, nach dem Feinde, resp. nach dem Führer, von welchem das Signal „Front!" ausgegangen, einzuschwenken, ohne Rücksicht darauf, ob die geöffnete Regimentskolonne vorher durch Abschwenken mit ganzen Eskadrons aus der Linie formirt war oder nicht.

r. Wenn ein Alignementstrab oder Galopp nicht bis auf den letzten Zug ausgeführt, sondern inmitten durch das Signal „Front!" unterbrochen wird, ehe alle Züge auf dem Haken geschwenkt haben, weil die schnelle Formirung der Linie in der neuen Front durchaus nothwendig geworden, so muß das Signal „Front!" um jedes Mißverständniß nach Möglichkeit zu verhüten, analog der Vorschrift, daß auf dieses Signal stets nach dem Führer, von dem dasselbe ausgeht, resp. nach dem Feinde eingeschwenkt werden soll, vor demjenigen Theil des Regiments gegeben werden, der bereits auf dem Haken geschwenkt, der mithin nach dem Einschwenken die neue Direktion, welche angenommen werden soll, hat, damit der übrige Theil des Regiments, der die Schwenkung auf dem Haken noch nicht ausgeführt, dadurch auf die Direktion hingewiesen wird, in welche er aufmarschiren soll.

s. Die Verfolgung des geworfenen Feindes nach der Attacke durch die Flügel-Eskadronen auf das Signal: Fanfaro! ist nunmehr reglementarisch geworden.*)

Die zur Verfolgung vorgehenden Eskadronen haben sich nicht vor dem ganzen Regiment auszubreiten, sondern gehen nur wie eine einzelne Eskadron geradeaus in aufgelöster Ordnung vor.

t. Vor allen Dingen empfehle ich viele Bewegungen auf der Diago-

---

*) Durch Abschnitt V. des Neuabdrucks des Exerzir-Reglements für die Kavallerie vom 9. Januar 1873; Allerhöchst genehmigt den 4. Juni 1874.

nale, auf der schrägen Linie, das Reiten nach einer Trompete, derjenigen des Regiments, die Bewegungen in zwei Treffen, in einem Gliede und in der Halbkolonne, welche nicht gründlich und exakt genug eingeritten werden können. Alles dies nimmt schon vollständig die disponible Zeit in Anspruch, wenn die vollste, so nothwendige Sicherheit erreicht werden soll; es muß daher alles Ueberflüssige und Nachtheilige wegbleiben und verbannt werden, wie z. B. das Deployiren auf der Stelle, das Auseinander- und Zusammenziehen auf der Stelle, die Regimentsschwenkungen nach einer Flügel-Eskadron, das zug- und eskadronsweise Einschwenken und das Flankiren. —

Dagegen muß die Uebung des Handgemenges nach der Attacke, analog dem Ernstfall, um die bei dem letzteren nicht zu vermeidende völlige Auflösung der Ordnung herbeizuführen, recht oft erfolgen, damit sodann die dringend nothwendige, recht häufige Uebung des schnellsten Ralliirens in jeder beliebigen Direktion vorwärts oder seitwärts nach den dieselbe angebenden Führern stattfinden kann. — Die Ralliirung des Regiments nach dem Handgemenge oder nach der Schwärmattacke erfolgt am zweckmäßigsten durch das Regimentssignal in der Direktion, welche der Regimentskommandeur reitet und mit dem Säbel anzeigt; damit dieser Ort deutlicher und auffallender markirt wird, ist es wünschenswerth, daß die Standarte mit zwei Unteroffizieren dorthin genommen wird und sich also hinter dem Regimentskommandeur befindet. Die Eskadronchefs lassen dann außerdem die Signale ihrer Eskadronen blasen, um ihren Mannschaften dadurch die Stelle bestimmter anzudeuten, wohin sie sich schnell zu begeben haben. —

Ist in der Inversion attakirt worden, so muß auch in der Inversion wieder ralliirt werden; dies muß festgehalten werden.

---

3. Direktiven für die Ausführung der wichtigeren Bewegungen und Evolutionen.

Zusammengestellt aus den Cirkulairen vom 22. Juli 1872, 31. Juli 1872, 17. August 1872, 9. Juli 1873, 22. Juli 1873, 3. Juli 1874, 23. Juli 1874, 3. August 1874, 19. Juni 1875.

a. Die Frontalbewegungen.

Für dieselben gelten die nachfolgenden Grundsätze: Es ist streng festzuhalten, daß eine jede Eskadron für sich völlig geradeaus reitet, als wenn sie sich gar nicht im Regimentsverbande befände, daß also die rechten resp.

linken Flügel-Unteroffiziere auf das Bestimmteste angewiesen werden, sich ihre points do vues, auf welche sie nach der vom Eskadronchef angegebenen Direktion zureiten, zu wählen und sich nicht dadurch, daß vielleicht augenblicklich einmal die Intervalle größer oder kleiner als sechs Schritte wird, oder auch gänzlich verschwindet, davon abbringen zu lassen; die Intervalle ist eben dazu da, daß sie auf- und zugeht, und daß die Neben-Eskadron nicht von den unvermeidlichen Fluktuationen, die in der anderen Eskadron nach rechts und links vorkommen, berührt wird. — Die fünf Eskadronen des Regiments reiten nicht, wie die vier Züge einer Eskadron, nebeneinander, sondern sie sind selbstständige taktische Körper. Wird einmal die Intervalle dauernd größer, oder wirft sich die Neben-Eskadron nach der Richtungsseite so auf die unterhalb von ihr reitende Eskadron, daß die Intervalle nicht mehr ausreicht, so hat der betreffende Eskadronchef durch etwas Halbrechts- oder Halblinksgehen die erforderliche Hülfe zu geben, doch ja nicht zu früh, da gewöhnlich nach solchen Wellen sogleich wieder die Gegenwelle kommt und dann der Fehler sich auf die andere Eskadron verpflanzt hat, was gerade die Intervalle verhüten soll.

Das können aber überhaupt nur große Ausnahmefälle sein, welche bei gut eingerittenen Eskadronen, die sicher geradeaus reiten und die bei Frontalbewegungen nach vorwärts nicht eine Rechtsschwenkung und bei Rückwärtsbewegungen nicht unwillkürlich eine Linksschwenkung ausführen, gar nicht vorkommen dürfen. Ein solches, so häufig vorkommendes Rechts- resp. Linksschwenken des Regiments wird am besten dadurch inhibirt, daß auch bei allen Frontalbewegungen des Regiments die Richtung, wie in der Attacke, stets nach der Mitte,*) mithin nach der als dritte vom rechten Flügel reitenden Eskadron genommen wird; alle Fehler, die vorkommen, vermindern sich dadurch, da die Front halb so lang ist, auf die Hälfte.

Auf die Frontalbewegungen des Regiments findet noch in weit höherrem Grade wie bei der einzelnen Eskadron die unumgängliche Anforderung der parallelen Fortbewegung statt, wenn diese wichtigste aller Bewegungen der Kavallerie, in welcher die Attacke auf den Feind, also das eigentliche Lebenselement unserer Waffe liegt, mit Ruhe, Ordnung und fester Sicherheit auch in den stärksten Gangarten ausgeführt werden soll. Je länger die Linie, um so schwieriger ist natürlich die Bewegung, und kann dieselbe nur durch feste Befolgung der maßgebenden, richtigen Grundsätze zur guten Ausführung gelangen; in erster Linie steht hierbei das selbstständige, sichere Reiten der einzelnen Eskadronen, und die Beschränkung der Ab-

---

*) Ist jetzt durch das Reglement vom 9. Januar 1873 bestimmt. Diese Direktiven sind bereits früher ertheilt worden.

weichung derselben hiervon auf das äußerste Maß nur insoweit, als dies im Interesse der Ordnung des Ganzen unumgänglich nothwendig ist.

Es ist besser, daß die Intervallen einmal zu groß werden, als daß die Eskadronen in sich auseinander kommen, locker, unruhig werden und dadurch in Unordnung kommen; die Festigkeit und Sicherheit der letzteren in sich, ihr geschlossenes Reiten steht obenan und darf unter keinen Umständen beeinträchtigt werden.

Findet ein ungleichmäßiges Reiten der Eskadronen unter sich statt, so wird es dem Regimentskommandeur ein Leichtes sein, hierin die Einheit herzustellen.

Ebensowenig wie die Fluktuationen einer Eskadron sich nach rechts und links den Neben=Eskadronen mittheilen dürfen, ebensowenig darf dies bei den etwa vorkommenden Wellenbewegungen nach vorwärts und rückwärts der Fall sein; die Neben=Eskadron muß unbeirrt um diese Wellenbewegungen in ihrem ruhigen Tempo vorwärts reiten, ohne dieselben mitzumachen; die Folge hiervon wird sein, daß beide Flügel eines Regiments in völlig gleichmäßigem Tempo bleiben, keine unwillkürliche Schwenkung ausgeführt werden wird, und daß das Regiment nach Zurücklegung einer Vorwärtsbewegung von tausend Schritten noch völlig parallel zu der Aufstellung beim Beginn dieser Vorwärtsbewegung stehen wird.

Wie schon hervorgehoben, sind die Frontalbewegungen aber unser Lebensnerv; in ihnen gipfelt sich unsere Einwirkung auf den Feind; auf ihre Ausbildung, besonders im Galopp, muß daher der größte Fleiß und unausgesetzte Sorgfalt verwandt werden.

Erhöhte Schnelligkeit bei Erhaltung der größten Ruhe und Ordnung ist das anzustrebende Ziel, und keine Eskadron darf im verstärkten Galopp fortrollen und die Besorgniß aufkommen lassen, ihrem Führer aus der Hand zu gehen; keine darf ohne das Kommando oder Signal in die Karriere übergehen wider den Willen ihres Führers.

b. Die Bewegungen in der Kolonne.

aa. In Eskadronskolonnen.

Die Eskadronskolonnen gewähren große Vortheile; sie gewähren dem Eskadronchef die Möglichkeit, seine Eskadron unter allen Umständen fest in der Hand zu behalten und die Ordnung stets zu erhalten, die in der Linie dadurch, daß Unordnungen sich leichter von einer Eskadron der Neben=Eskadron mittheilen, mehr gefährdet ist.

Diese Formation fügt sich allen Terraingestaltungen sehr leicht an, alles gangbare Terrain kann leicht benutzt, alles ungangbare durch kleine Umwege leicht vermieden werden; die Eskadronen nähern sich einander etwas, und ist das Hinderniß umgangen, so wird die vorschriftsmäßige Intervalle zum Aufmarsch wieder genommen; es ist stets Raum und Platz vorhanden; die Verluste beim Vorgehen im feindlichen Feuer sind nicht so groß wie in Linie, so daß es gerathen und erforderlich ist, beim Vorgehen zur Attacke so lange wie möglich in Eskadronskolonnen zu bleiben; Frontveränderungen sind in dieser Formation viel leichter auszuführen wie in Linie; dieselbe gewährt auch den Raum zum Durchgehen geworfener Eskadronen, wenn es auch nicht gerathen erscheint, dies zur Anwendung zu bringen, da der Feind zu leicht mit den Geworfenen zusammen in die Intervallen gelangt.

bb. **In zusammengezogener Kolonne.**

Die zusammengezogene Kolonne ist bei ihrer Geschlossenheit die geeignetste zum Manövriren, da die Tete nur entsprechend gedreht und richtig dirigirt zu werden braucht.

Den Bewegungen in dieser Kolonne ist deshalb so großer Werth beizulegen, weil dieselben erstensmal sehr oft in der Wirklichkeit vorkommen, und weil sie außerdem das Hauptmittel sind, um im Regiment das Tempo der Eskadronen zu egalisiren, das erstere nach allen Seiten beweglich und flüssig, manövrirfähig zu machen, sowie die acht verschiedenen Direktionen auf den Exerzirplätzen (die vier geraden und die vier obliquen), worauf so viel ankommt, festzulegen und sicher zu machen.

Das Traben mit Zügen in das Alignement, des Hakenschwenken, ist wohl auch ein Mittel, um jene drei Zwecke zu erreichen, aber erst das hierauf folgende, nächste, weil es schwerer und weniger durchgreifend ist, wie die Bewegungen in der zusammengezogenen Kolonne, welche gleichbedeutend mit der nach einer Flanke abgeschwenkten geschlossenen Regimentskolonne ist; in der Zugkolonne ist das Regiment zu lang auseinander gezogen, und kommen daher Schwankungen im Tempo, wenn das bezeichnete Hauptmittel vorher nicht angewandt worden ist, sehr leicht vor; ebenso Wechsel und Abweichungen von der Direktion, die beim Alignementstrabe und Galopp so nachtheilig auf die nachfolgenden Frontalbewegungen einwirken.

cc. **In der Zugkolonne.**

Diese Kolonne empfiehlt sich zu Seitwärtsbewegungen, die mit Frontveränderungen verbunden sind; hauptsächlich daher z. B. für das in Eskadronskolonnen formirte zweite Treffen. Nach dem Uebergang aus der letzteren Formation in die Zugkolonne läßt der Führer die Tete entsprechend dirigiren, event. auf dem Haken schwenken, den Alignementstrab oder Galopp ausführen, nach dessen Vollendung einschwenken und zur Attacke vorgehen.

Hierbei wird es häufig vorkommen und ist gar nicht zu vermeiden, daß die Linie in der Inversion formirt ist, zu derselben einschwenken und in derselben attackiren muß, was zum Gegenstand der öfteren Uebung zu machen ist. Z. B.:

Die Eskadronskolonnen waren rechts abmarschirt; es wird nothwendig, die rechte Flanke des Feindes zu bedrohen, weshalb der Flankenmarsch links ausgeführt werden muß; die Eskadronstetten schwenken daher links, in Folge dessen sich alle ersten Züge der Eskadronen an der Tete befinden, und beim Einschwenken zur Linie alle vierten Züge auf dem rechten Flügel. Derselbe Fall tritt ein, wenn die Eskadronskolonnen links abmarschirt waren, und der Alignementstrab oder Galopp rechts zur Bedrohung der feindlichen linken Flanke nothwendig wird; es sind dann alle vierten Züge an der Tete und beim Einschwenken zur Linie auf dem rechten Flügel.

Da die Zugkolonne sehr beweglich, und es leicht ist, der Tete eine entsprechende Direktion zu geben, so wird diese Formation, welche die schnelle Ausführung eines Flankenmarsches gestattet, im Ernstfall häufig vorkommen. —

dd. In der Halbkolonne.

Die Bewegungen in der Halbkolonne in Zügen und in Eskadronen sind ein Hauptmittel, um Vorwärts- Seitwärtsbewegungen vorzunehmen und sich auf die Flanke des Feindes zu dirigiren; ich empfehle dieselben daher der ganz besonderen Beachtung; sie müssen mit der größten Gründlichkeit eingeritten sein und dürfen keine Schwankungen darin vorkommen.

---

c. Die Formation der wichtigsten Kolonnen und Uebergänge aus einer derselben in die andere.

aa. Formation der Eskadronskolonnen.

1. Aus der zusammengezogenen Kolonne.

Sollen aus der mit Zügen abgeschwenkten, geschlossenen Regimentskolonne oder aus der zusammengezogenen Kolonne Eskadronskolonnen formirt werden in der Bewegung, so läßt der Regimentskommandeur das Avertissement: „Eskadronskolonnen formiren!" oder das betreffende Signal erfolgen. — Die Eskadronchefs geben sofort die nöthigen Kommandos.

Die Richtungs-Eskadron, also, falls nicht eine andere bezeichnet ist, die dritte Eskadron, geht im Trabe so lange vor, bis auf jeder Seite je eine Eskadron ihre Intervalle genommen hat und mit "Gradaus!" zum Einrücken in das Alignement vorgeht, worauf der Chef der Richtungs-Eskadron "Schritt!" kommandirt. Die übrigen Eskadronen gehen im Trabe mit halbrechts (halblinks) fort, bis sie ihre Intervalle haben und rücken dann mit "Gradaus!" in das Alignement. Wird von einer der Flügel-Eskadronen auseinandergezogen (was ausdrücklich zu kommandiren ist), so kommandirt der Chef derselben "Schritt!" sobald die nächste Eskadron mit "Gradaus!" in die Linie vorrückt.

Auf der Stelle geschieht das Auseinanderziehen in analoger Weise durch Abschwenken links und rechts der ihre Intervalle von der Richtungs-Eskadron nehmenden Eskadronen oder, soll dies von einer anderen Eskadron geschehen, von der durch das Kommando bezeichneten auf die obigen Kommandos des Regimentskommandeurs, worauf sogleich die Eskadronchefs nachkommandiren und die Ausführung unverzüglich erfolgt. Die Richtungs-Eskadron oder die Eskadron, von welcher das Auseinanderziehen erfolgt, geht gleichzeitig auf das Kommando ihres Chefs eine Zugbreite und vier Schritte im Trabe vor und macht "Halt!" — Die übrigen Eskadronen schwenken, sowie sie ihre Intervalle genommen haben, mit Zügen nach der betreffenden Seite Front! und machen sofort nach dem Frontschwenken Halt!

2. Aus der Zugkolonne.

Soll aus der Zugkolonne in Eskadronskolonnen aufmarschirt werden, so ertheilt der Regimentskommandeur das Avertissement: "Eskadronskolonnen formiren!" oder läßt das betreffende Signal geben.

Der Eskadronchef der Tete avertirt: "Gradaus!" rückt in der bisherigen Gangart, oder wenn der Aufmarsch aus dem Halten geschieht, im Trabe um eine Eskadronsbreite vor und geht in den Schritt über resp. kommandirt wieder: "Halt!" Die übrigen Eskadronchefs avertiren: "Die Tete halblinks (halbrechts) schwenken!" und führen die Eskadron auf ihren Platz im Regiment, indem sie, sobald der Tetenzug die nöthige Intervalle von der vorderen Eskadron genommen hat, avertiren: "Die Tete halbrechts (halblinks) schwenken!" und demnächst: "Eskadron — Schritt! (Halt!)" kommandiren.

3. Aus der Halbkolonne in Zügen.

Auf das betreffende Signal setzen sich sämmtliche Eskadronen in der Vorwärtsbewegung in sich auf Vorderrichtung. Die Tetenzüge behalten die ursprüngliche Direktion inne. — Die Eskadron des betreffenden Flügels rückt um eine Eskadronsbreite vor und bleibt dann halten oder nimmt die nächstkürzere Gangart an; die anderen Eskadronen rücken allmälig in das Alignement ein und nehmen ihre Intervalle auf.

4. Aus der Marschkolonne.

Wird das Signal oder Avertissement: „Eskadronskolonnen formiren!" gegeben, wenn das Regiment sich in der Marschkolonne zu Dreien befindet, so marschiren die einzelnen Eskadronen auf die Kommandos ihrer Chefs zunächst in Zugkolonne auf und rücken dann auf ihren Platz im Regiment.

bb. Formation der zusammengezogenen Kolonne.

1. Aus Eskadronskolonnen.

Zum Zusammenziehen der Eskadronskolonnen avertirt der Regimentskommandeur sowohl in der Bewegung wie auf der Stelle: „Regiment — zusammengezogen!" oder er läßt das Aufrückesignal geben, beziehungsweise: „An die nte Eskadron zusammengezogen!" worauf das Zusammenziehen ganz analog dem Auseinanderziehen erfolgt. — Auf der Stelle erfolgt das Zusammenziehen durch Schwenkung mit Zügen, Aufrücken und Frontschwenken. —

2. Aus der Zugkolonne.

Soll aus der Zugkolonne in die zusammengezogene Kolonne aufmarschirt werden, so avertirt der Regimentskommandeur: „Eskadronsteten vorgezogen!" oder er läßt das Aufrückesignal geben. — Der Eskadronchef der Tete avertirt: „Gradaus!" rückt in der bisherigen Gangart, oder wenn der Aufmarsch aus dem Halten geschieht, im Trabe um eine Eskadronsbreite vor und geht in den Schritt über, resp. kommandirt wieder: „Halt!" Die übrigen Eskadronchefs kommandiren: „Halblinks (halbrechts) — Marsch! (Trab!)"; dann: „Gradaus!" wenn sie sechs Schritte Intervalle von der vorderen Eskadron genommen haben und führen ihre Eskadron in gleiche Höhe mit der Teten-Eskadron vor. —

3. Aus der Marschkolonne.

Die Formation erfolgt in derselben Weise, wie zu Eskadronskolonnen, und zwar auf das Avertissement: „Eskadronsteten vorgezogen!" oder auf das Aufrückesignal.

cc. Formation der Zugkolonne.

1. Aus Eskadronskolonnen.

a. Soll aus Eskadronskolonnen die Zugkolonne formirt werden, ohne vorher mit Zügen seitwärts zu schwenken, so avertirt der Regimentskommandeur: „Regiment — mit Eskadronsteten rechts (links) schwenken!" und soll eine Flügel-Eskadron geradeaus bleiben: „Regiment — die erste (nte) Eskadron gradaus — mit Eskadronsteten rechts (links) schwenken!" Die Eskadronchefs geben darauf die entsprechenden Avertissements und die Zugführer die Kommandos.

b. Um das hierdurch unvermeidliche Reiten des rechten Winkels zu vermeiden, und um die schräge Direktion nach innen behufs Angriffs auf die feindliche Flanke zu gewinnen, empfiehlt sich besonders die Ausführung der nachstehend bezeichneten Bewegung als zweckmäßiger, wie die vorstehende ad a.

aa. Avertissement des Regimentskommandeurs: „Mit Eskadronsteten halbrechts (halblinks) schwenken!" worauf die Eskadronchefs die erforderlichen Avertissements geben; demnächst seitens des Regiments Ausführungssignal, um die nothwendige Präzision dieser Evolution und die gleichzeitige Abgabe der Ausführungskommandos durch die Eskadronchefs zum Schwenken der Eskadronsteten auf dem Haken halbrechts (resp. halblinks) herbeizuführen und zu ermöglichen. Hierauf Signal: „Zugkolonne formirt!" nachdem jede Eskadron für sich die Schwenkung ein Achtel auf dem Haken ausgeführt, oder dieselbe bald vollendet hat. Die Eskadron der Tete (des Flügels, nach welchem die Achtelschwenkung der Eskadronsteten ausgeführt worden) bleibt in der neuen Direktion, während die übrigen Eskadronen im Vorwärtsreiten mit Abschrägung des Hakens Vordermann gewinnen; oder:

bb. Signal: „Mit Zügen halbrechts (halblinks) schwenken!" zur Halbkolonne, demnächst Ausführungssignal und Signal: „Zur Formation der Zugkolonne!" nachdem die Eskadronchefs die erforderlichen Ausführungskommandos ertheilt haben. Die Eskadronen gehen hierauf im Vorwärtsreiten in der Direktion der Tete in sich auf Vorderrichtung und begeben sich in derselben Weise, wie vorstehend ad aa. in das durch den Tetenzug der betreffenden Teten- (Flügel-) Eskadron bezeichnete Alignement auf Vordermann.

2. Aus der zusammengezogenen Kolonne.

Soll aus der nach einer Flanke mit Zügen abgeschwenkten geschlossenen Regimentskolonne oder aus der zusammengezogenen Kolonne die Zugkolonne formirt werden, so kommandirt der Regimentskommandeur: „Regiment —

mit Eskadronen rechts (links) brecht ab — Marsch! (Trab! — Galopp! — Marsch!)"; der Chef der auf dem rechten (linken) Flügel befindlichen Eskadron avertirt: „Gradaus!" und wiederholt, falls das Abbrechen aus dem Halten geschieht, das Ausführungskommando des Regimentskommandeurs. Die übrigen Eskadronchefs kommandiren erforderlichenfalls: „Halt!" demnächst: „Halbrechts (halblinks) — Trab! (Galopp! — Marsch!)" —

3. Aus der Halbkolonne in Zügen aus der Linie.

Diese Formation erfolgt auf das Signal: „Zugkolonne formiren!" in der Direktion der Tete. — Die Eskadronen gehen in sich auf Vorderrichtung. — Die Eskadron des betreffenden Flügels bleibt in der ursprünglichen Direktion ihres Tetenzuges; die folgenden Eskadronen gewinnen Vordermann, indem sie im Vorwärtsreiten den Haken möglichst abschrägen, um kein Terrain zu verlieren.

---

d. Das Deployement.

In Betracht dessen, daß es niemals auf die Herstellung der Normalformation, sondern nur stets auf die möglichst schnellste Entwickelung nach der betreffenden Direktion zur möglichst ausgedehnten Front ankommt, ohne Rücksicht darauf, ob dadurch die Inversion herbeigeführt wird, welche der Truppe zur Gewohnheit werden muß und niemals gescheut werden darf; in Betracht dessen, daß das Deployiren nicht gut entbehrt werden kann, weil dasselbe nicht allein die Entwickelung aus der geschlossenen Regimentskolonne, sondern auch aus der jetzt viel häufiger zur Anwendung kommenden zusammengezogenen Kolonne vermittelt, welche letztere nur als eine nach der Flanke abgeschwenkte geschlossene Regimentskolonne anzusehen ist; in Betracht dessen, daß das Deployement aus der Bewegung aus der zusammengezogenen Kolonne, wenn der Tete derselben zuvor die richtige Direktion durch Schwenken gegeben worden ist, ein sehr einfaches, zweckmäßiges und zur Ueberraschung des Feindes beitragendes Mittel zur Entwickelung ist, welches auch in der Treffentaktik, geschickt und umsichtig angewendet, von dem günstigsten Erfolge sein kann; ferner in Berücksichtigung dessen, daß bereits durch Allerhöchste Sanktion*) das Einschwenken nach

---

*) § 64 ad 7 Abschnitt V. des Neuabdrucks des Exerzir-Reglements für die Kavallerie vom 9. Januar 1873. — Neubearbeitung zur versuchsweisen Einführung. Allerhöchst genehmigt den 4. Juni 1874.

dem Feinde (bei den Friedens-Uebungen nach dem Führer) auf das Signal: „Front!" ohne Rücksicht darauf, ob dadurch die Normalformation oder die Inversion entsteht, eingeführt, und daher eine analoge Anwendung auf das Deployement gestattet ist, um die schnellere Entwickelung und die Beweglichkeit und Manövrirfähigkeit der Truppe nach Möglichkeit zu befördern, wird hierdurch das Folgende bestimmt:

„Wird aus der zusammengezogenen Kolonne oder aus der nach einer Flanke abgeschwenkten geschlossenen Regimentskolonne, wenn sich dieselbe in der Bewegung befindet, das Signal zum Deployiren gegeben, so schwenkt stets sofort diejenige Eskadron, die sich auf der Seite des Führers, demselben zunächst befindet, nach demselben ein, ohne Rücksicht darauf, ob sie dadurch die Normalformation herstellt oder die Inversion herbeiführt. — Die übrigen Eskadronen bleiben so lange geradeaus, bis eine jede den erforderlichen Raum zum Einschwenken gewonnen hat, um in das Alignement der zuerst eingeschwenkten einrücken, oder derselben als Echelon zur Attacke folgen zu können."

Es ist selbstverständlich, daß die Eskadronen in der Reihenfolge einschwenken und die Front formiren, wie sie dem Führer, der das Signal zum Deployiren ertheilen ließ, zunächst waren, so daß also die Eskadron zuletzt einschwenkt, welche dem Führer am entferntesten in der Kolonne sich befand.

Hieraus erhellt, daß das Deployement aus der Tiefe bei diesem Deployement in der Bewegung seitwärts ganz fortfällt, vielmehr hintenweg deployirt und vorneweg attackirt wird.

Wird dies stritte festgehalten, so ist ein Mißverständniß, ein Irrthum, und mithin eine Unordnung gar nicht möglich; die Sache wird hierdurch außerordentlich vereinfacht und die Entwickelung beschleunigt.

Alle übrigen Bestimmungen des Reglements*) über das Deployement werden hierdurch in keiner Weise alterirt, sondern bleiben unverändert in Kraft; mithin kann aus dem Stehen auch aus der Tiefe deployirt werden. Dies kommt jedoch bei der Anwendung in der Treffentaktik überhaupt nicht vor und wird daher hier gar nicht in Betracht gezogen, wenn es auch zweckmäßig wäre, daß auch dort das Deployement aus der Tiefe fiele, weil dasselbe nur die Herstellung zur Normalformation zum Zweck hat.

Ich empfehle nach den vorstehend gegebenen Direktiven zu verfahren, da hierin nur eine konsequente Durchführung der schon sanktionirten Vorschrift über die Formirung der Linie auf das Signal: „Front!" liegt.

Beim Deployiren ist die Pointe, daß die seitwärts fortgehenden Eska-

---

*) Seite 122 bis 124 des Reglements vom 9. Januar 1873.

dronen nicht nach der Front hindrängen, sondern parallel mit derselben seitwärts fortgehen. — Sämmtliche Tetenzüge der seitwärts fortgehenden Eskadronen müssen gerichtet bleiben, bis die Eskadron, welche zunächst deployirt, zum Hineingehen in die Front abfällt. — Ein nicht vollständiges Herumschwenken der Tetenzüge zum rechten Winkel und ein Herandrängen derselben zur Front hat zur Folge, daß die deployirenden Eskadronen stets in falscher Front mit vorgenommenem auswendigen Flügel in die Linie rücken, das Deployement mithin ganz unrichtig ausgeführt wird und verunglückt.

c. Die Schwenkungen.*)

aa. Im Allgemeinen.

Es empfiehlt sich nicht, eine Regimentsschwenkung in Eskadronskolonnen oder gar in Linie auszuführen; besonders ist das letztere gar nicht gerathen und sehr unpraktisch. — Es ist viel besser, anstatt dieser Regimentsschwenkungen bei schnellen Direktionsveränderungen im Angesicht des Feindes die Eskadronsteten in der betreffenden Direktion schwenken, oder aus der Linie zur Halbkolonne abschwenken und dann in Eskadronen aufmarschiren zu lassen; sodann Echelon-Attacke oder, wenn dazu noch Zeit, Aufmarsch im Regiment mit Eskadronen. Die Eskadronen müssen aber immer zuerst formirt werden.

bb. Für den Fall, daß eine Schwenkung des Regimentes in Eskadronskolonnen ausgeführt werden soll, so gelten hierfür die nachstehend bezeichneten Grundsätze.

Ganz in derselben Weise wie bei der Schwenkung des Regimentes in Linie, müssen die Eskadronen die kürzesten Wege einschlagen, um die Schwenkung auszuführen; sie dürfen keinen großen Bogen beschreiben, welche weit ausholen und die Evolution schleppend und langweilig machen; dazu ist es erforderlich, daß zwischen den beiden Schwenkungen, welche die Eskadronskolonnen bei einer Viertelschwenkung auszuführen haben, nur eine kurze Strecke geradeaus geritten wird; daß mithin die Schwenkungen schnell nach einander kommandirt werden; ebenso daß bei der Achtelschwenkung kurz nach dem Geradeausvorgehen bereits die Achtelschwenkung erfolgt; hierdurch werden die Bogen möglichst abgeflacht werden. — Ebenso darf bei einer Rückwärtsschwenkung, nach welcher, wenn kein besonderes Avertissement

---

*) Die wichtige Evolution des Schwenkens der Zugkolonne auf dem Haken ist hier nicht besonders berührt worden, da die für dieselbe maßgebenden Grundsätze und Kapital-Anforderungen bereits an anderer Stelle eingehend niedergelegt worden sind. Siehe Abschnitt II. 2 und II. 4 c. dieser Zusammenstellung.

erfolgt, die Front der Escadronskolonnen wieder hergestellt wird, von den auf die Pivot-Escadron folgenden übrigen Escadrons nicht weit durch das Alignement durchgegangen werden, sondern nur sehr wenig, worauf das Frontschwenken erfolgt, und die Escadronen dann, ohne noch weiter vergehen zu dürfen, stehen müssen. Wird das Frontschwenken der Pivot-Escadron nicht verlangt, so muß dies nach dem Reglement besonders avertirt werden.

cc. **Kolonnenschwenkung.**

Die Schwenkungen der geschlossenen Regimentskolonne sowohl vorwärts, wie rückwärts, wie mit der nach den Flanken abgeschwenkten geschlossenen Regimentskolonne, welche gleichbedeutend mit der zusammengezogenen Kolonne ist, in welcher jetzt vorzugsweise manövrirt wird, werden deshalb häufig so mangelhaft ausgeführt, weil der inwendige (Pivot-) Flügel nicht genug nach vorwärts mitgeht und seinen Bogen beschreibt, damit die nachfolgenden Escadronen (resp. Züge) Platz zum Vorwärtsreiten erhalten; dieselben müssen sich dann in Folge dessen übermäßig seitwärts (halbrechts resp. halblinks) schieben; nächstdem verstärken auch die äußeren Flügel, die herumgehenden, ihre Tempos während des Schwenkens gewöhnlich in sehr erheblicher Weise, wodurch sie gegen einen Hauptgrundsatz für die Schwenkungen fehlen, nach welchem die herumschwenkenden Flügel stets ihr Tempo unverrückt festzuhalten haben.

Die Kapital-Anforderung für die Schwenkungen der Kolonne ist daher die folgende:

Der das Pivot bildende Flügel-Unteroffizier der Teten-Escadron (resp. des Tetenzuges der inneren Escadron) muß, ohne in die Front hineinzusehen, also im Vorwärtssehen, im frischen, muntern Schritt seinen Bogen während der Schwenkung nach vorwärts beschreiben und bei der Schwenkung rechts nicht mit halblinks und bei der Schwenkung links nicht mit halbrechts in seine Escadron (resp. in den Zug) hineinreiten; auf sein richtiges Reiten kommt vornehmlich die gute Ausführung der ganzen Evolution an. — Die inwendigen Flügel der hinteren Escadronen (resp. Züge) werden dann im Halbrechts- resp. Halblinks-Reiten dicht an die vordere Escadron (resp. Zug) herankommen. — Die auswendigen Flügel-Unteroffiziere haben ihr Tempo während der Schwenkung unverrückt festzuhalten. Wird hierauf mit Strenge gehalten, so wird die Kolonnenschwenkung gut und mit Ordnung zur Ausführung gelangen; das Regiment wird dann während der Schwenkung die Fächerform annehmen, d. h. die inneren (Pivot-) Flügel werden nahe aneinander herankommen, während die äußeren, herumschwenkenden Flügel ihren früheren Abstand von einer Zugbreite und sechs

Schritte (resp. die Zugdistanz bei der Schwenkung in der zusammengezogenen Kolonne) behalten. Die inwendigen Flügel gewinnen diesen Abstand unwillkürlich dadurch wieder, daß die Schwenkungen der Eskadronen (resp. Züge) successive ausgeführt werden.

Wenn in der zusammengezogenen Kolonne mit der Tete geschwenkt wird, so hat der Regimentskommandeur das Kommando: „Gradaus!" zu zu ertheilen, wenn die Schwenkung soweit ausgeführt ist, wie er dies für erforderlich für die anzunehmende Direktion erachtet; denn es muß dies in der Hand des höheren Führers liegen, da nur er zu beurtheilen vermag, wie weit die Drehung der Kolonne für die nächstfolgende Bewegung oder Entwickelung nothwendig ist.

---

f. Direktionsveränderungen bei den Frontalbewegungen in Linie und in Eskadronskolonnen.

Bei den Frontalbewegungen sowohl in Linie wie in Eskadronskolonnen muß die höchste Sicherheit in allen Direktionsveränderungen erreicht werden.

Die kleinen Direktionsveränderungen dürfen niemals durch die schwerfälligen Regimentsschwenkungen ausgeführt werden, weder in Eskadronskolonnen noch in entwickelter Linie, sondern aus beiden Formationen sind sie durch die Richtungs= (besser Fühlungs=) Eskadron, welcher durch den Regimentskommandeur so laut als möglich, damit alle Eskadronchefs es hören, das Direktions=Objekt (Thurm, Haus, Baum ꝛc.) bezeichnet wird, zu bewirken. Die unterhalb der Richtungs=Eskadron befindlichen Eskadronen haben durch Verkürzung der Gangart (z. B. zum Schritt aus dem Trabe) die oberhalb derselben befindlichen, durch Verstärkung der Gangart (z. B. zum Galopp aus dem Trabe) die neue Direktion schnell aufzunehmen und alle ihre Aufmarsch=Intervallen mit möglichster Schnelligkeit und Gewandtheit (in Eskadronskolonnen) wieder herzustellen.

Bedeutendere Direktionsveränderungen werden durch Abschwenken mit Zügen zur Halbkolonne oder durch das Tetenschwenken der Eskadronskolonnen (ein Achtel) und sofortigem Aufmarsch auf das Deployirsignal zuvörderst stets erst in Eskadronen und sodann im Regiment, wenn noch soviel Zeit vorhanden, ausgeführt. Ist Gefahr im Verzuge, so erfolgt sofort nach dem Aufmarsch in Eskadronen die Echelon=Attacke in Eskadronen. — Die Eskadronen müssen darin geübt sein, bei der Echelon=Attacke die Direktion der Teten=Eskadron sicher aufzunehmen, wenn dieselbe in Rücksicht auf den Feind etwa eine nochmals veränderte Direktion annehmen muß.

Es ist im vorliegenden Falle nicht erforderlich, zuerst das Signal: „Aufmarsch in Eskadrons" und demnächst: „Aufmarsch im Regiment" (Deployiren) blasen zu lassen; das letztere Signal genügt vielmehr; es bedeutet ein für alle Male: „Formation der Eskadronen, demnächst Formation des Regiments."*)

Wenn aus Eskadronskolonnen die Teten schwenken sollen, so müssen die Eskadronchefs mit dem Ausführungskommando so lange warten, bis vom Regiment das Ausführungssignal ertheilt ist, was sofort erfolgen muß, wenn die Eskadronchefs das Tetenschwenken avertirt haben; es ist nur hierdurch erfahrungsmäßig ein präzises Evolutioniren möglich.

Es darf keine Uebung vorübergehen, bei welcher nicht diese beiden Bewegungen — kleinere und größere Direktionsveränderungen — zur Ausführung kommen. — Alle diese Mittel, die Front zu verändern, müssen vielfach zur Anwendung gelangen, um hierin Routine herbeizuführen, denn im Ernstfalle müssen sie ausgeführt werden, entweder aus eigener Initiative, um den Feind zu überflügeln und zu umfassen, oder weil ein gewandter Feind uns dazu nöthigt.

Geringe Echelonnirungen der geordneten und festgeschlossenen Eskadronen bleiben praktisch ohne jeden Nachtheil; ein Schwanken und Drängen des ganzen Regiments dagegen hemmt die Vehemenz des Angriffs und löst die Linien oft kurz vor dem Zusammenstoß in Rotten auf, was fast stets dort der Fall ist, wo die Eskadron nicht als festgeschlossene taktische Einheit streng festgehalten wird.

---

g. Die schnellsten Entwickelungen aus der Linie und den wichtigeren Kolonnen behufs Erzielung der größtmöglichen Waffenwirkung in der kürzesten Zeit.

Die taktischen Formen, welche später bei der Treffentaktik in größeren Verbänden zur Anwendung kommen, reduziren sich auf:

aa. Die zusammengezogene Kolonne, welche bei ihrer Geschlossenheit die geeignetste zum Manövriren ist, da die Tete nur entsprechend gedreht zu werden braucht;

---

*) In dieser Weise hat es der verstorbene General auf seiner letzten Inspizirungsreise in Preußen und Pommern im August 1875 stets ausführen lassen und die Ertheilung nur des einen, des Deployirsignals, für zweckmäßiger bezeichnet, als die Abgabe der beiden Signale „zur Formation der Eskadrons, demnächst zur Formation des Regiments" nach einander, wie derselbe es früher für seine Brigade angeordnet hatte.

bb. die Eskadronskolonnen, zur Gefechtsbereitschaft;
cc. die Linie, als Form des Angriffs zur Attacke;
dd. die Zugkolonne, die zweckmäßigste und einfachste Form, um noch im Angesicht des Feindes Seitenbewegungen und Direktionsveränderungen vorzunehmen, da die Linie schnell wieder formirt ist.
ee. die Halbkolonne in Zügen und in Eskadronen, um Vorwärtsseitwärts-Bewegungen vorzunehmen und sich auf die Flanke des Feindes zu dirigiren.

Es kommt nun vornehmlich auf die möglichst geschickten, einfachsten und kürzesten Uebergänge aus jeder dieser Formen in die andere und zur Entwickelung in der Linie mit Direktionswechsel nach der halben und nach der ganzen Flanke, nach innen und nach außen, an. Diese Uebergänge werden durch die nachfolgenden Evolutionen vermittelt:

ad aa. Aus der zusammengezogenen Kolonne:

Zur Linie:

1) Richtiges Ansetzen der Kolonne durch Schwenken der Tete und Deployiren zur Entwickelung nach der Flanke (schnell und einfach).
2) Drehung der Tete direkt nach dem Objekt; Auseinanderziehen von der Mitte oder von einem Flügel und Aufmarsch (zeitraubender wie ad 1).
3) Abbrechen mit Eskadronen (Anhängen) zur Formirung der Zugkolonne mit Dirigiren oder Schwenken der Tete und Einschwenken zur Linie (einfach und zweckmäßig).
4) Die dringendste Nothwendigkeit liegt vor, dem Feinde sofort eine möglichst große Front entgegenzustellen, entweder in der Direktion der Tete oder nach erfolgter Drehung der letzteren nach dem Objekt. — Ausführung: „Aufmarsch der beiden Flügel-Eskadronen nach außen rechts und links; — beide Flügel-Eskadronen zur Flanken-Attacke auf den Feind; — sofortiger Aufmarsch der beiden nächstfolgenden Flügel-Eskadronen nach außen rechts und links. — Hierdurch sind alle Eskadronen bis auf die mittelste entwickelt."

Siehe nachfolgende Zeichnung:

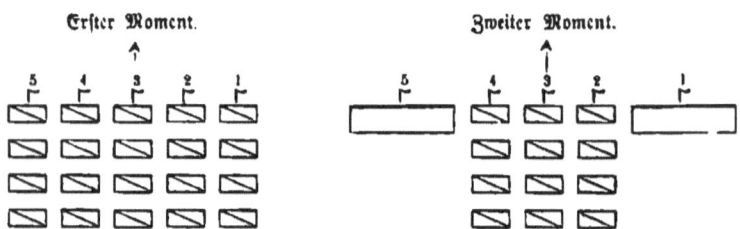

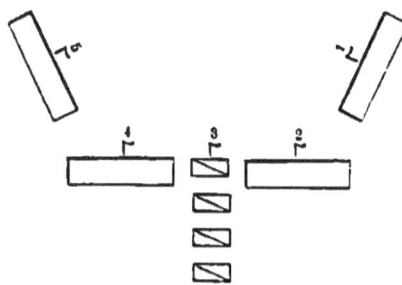

ad bb. Aus Eskadronskolonnen:

Zur Veränderung der Direktion:
1) Kleinere Direktionsveränderungen nach der Richtungs-Eskadron nach vorwärts, halbseitwärts; event. Aufmarsch.
2) Die Teten ein Achtel schwenken und Signal: „Formation der Eskadronskolonnen!" worauf sich alle Eskadrons= kolonnen in der neuen Direktion wieder aligniren und ihre Intervallen wieder nehmen; event. Aufmarsch.
3) Mit Zügen ein Achtel schwenken zur Halbkolonne und Signal: „Formation der Eskadronskolonnen!" worauf die Es= kadronen zuerst in sich auf Vorderrichtung gehen und sodann die Intervallen und das Alignement in der neuen Direktion wieder aufnehmen; event. Aufmarsch.

Zur Linie in der halben Flanke:
1) Schwenken der Eskadronsteten ein Achtel und Signal: „De= ployiren!" worauf der Aufmarsch in Eskadronen und dem= nächst im Regiment erfolgt.
2) Abschwenken mit Zügen zur Halbkolonne und Signal: „De= ployiren!" worauf zuerst die Eskadronen, demnächst das Regi= ment formirt wird.

Zur Zugkolonne:
1) Schwenken der Eskadronsteten ein Viertel; Dirigirung des Tetenzuges; Schwenken auf dem Haken und Einschwenken zur Linie.
2) Schwenken der Eskadronsteten ein Achtel und Signal: „Zug= kolonne formirt!" um sich auf der schrägen Linie zu formiren und Einschwenken zur Linie.
3) Abschwenken mit Zügen zur Halbkolonne und Signal: „Zug= kolonne formirt!" wie ad 2.

Zur Linie in der ganzen Flanke.

Die dringendste Nothwendigkeit erfordert es, sich sofort in der senkrechten, rechten oder linken Flanke zu formiren. — Ausführung:

„Diejenige Eskadron, welche die nächste nach der bedrohten Flanke, schwenkt sofort mit Zügen dorthin ein und bildet die Front. Die beiden derselben zunächst befindlichen Eskadronen werden mit Teten= schwenkungen und Aufmarsch im stärksten Galopp in das Alignement neben der bedrohten Flügel=Eskadron geführt. — Die beiden letzten Eskadronen schwenken wie die bedrohte ein und marschiren nach der entgegengesetzten Seite auf, ebenfalls im stärksten Galopp. —

Siehe nachfolgende Zeichnung:

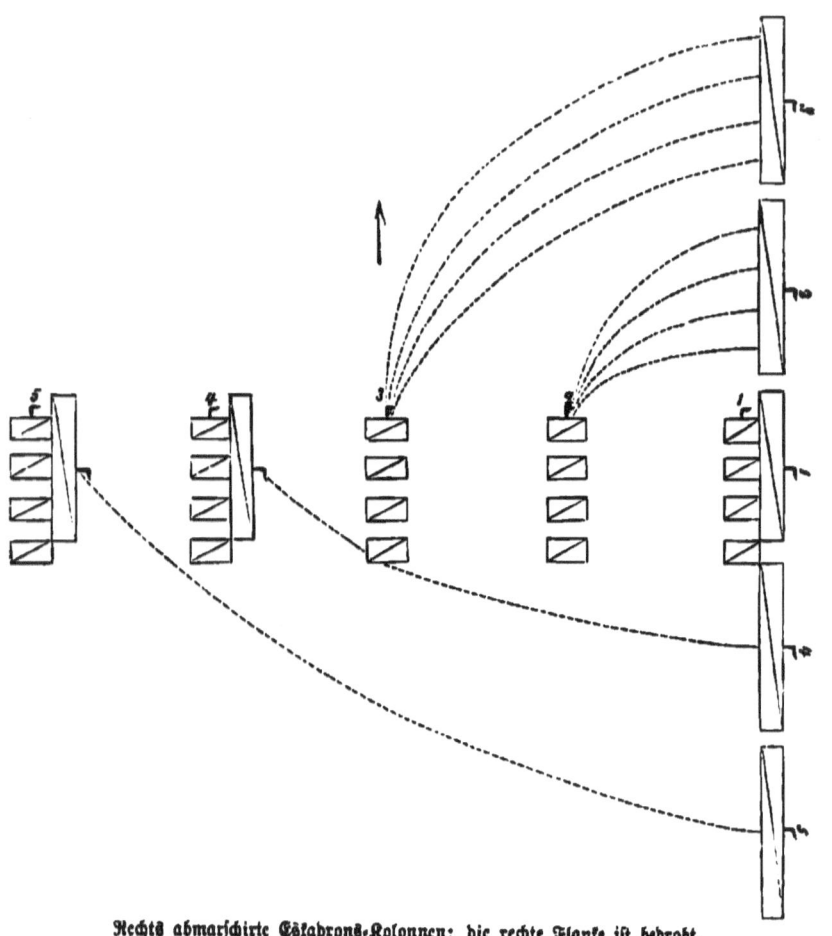

Rechts abmarschirte Eskadrons-Kolonnen; die rechte Flanke ist bedroht.

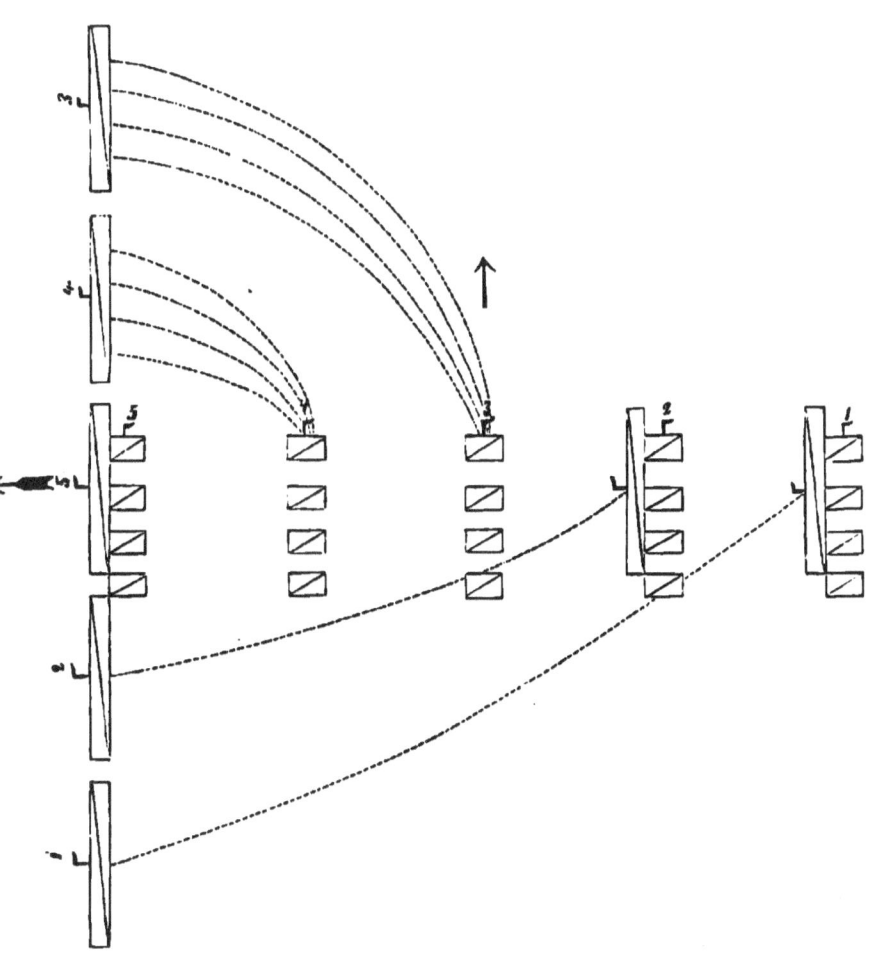

Rechts abmarschirte Escadrons-Kolonnen; die linke Flanke ist bedroht.

ad cc. Aus der Linie.
1) Kleinere Direktions-Veränderungen nach der Richtungs-Eskadron.
2) Abschwenken mit Zügen ein Achtel zur Halbkolonne und Signal: „Deployiren!" — Formation der Eskadronen, demnächst des Regiments. Dies ist die leichteste und einfachste Weise, die schräge Direktion nach außen zu gewinnen.
3) Abschwenken mit Zügen ein Achtel zur Halbkolonne und Signal: „Formation der Zugkolonne!" deren Tete dirigirt wird. Leichteste Art, um die schräge Direktion nach innen zu gewinnen.

ad dd. Aus der Zugkolonne:

In Eskadronskolonnen:
1) Auf das Signal: „Eskadronskolonnen formirt!" worauf diese in der Direktion der Tete formirt werden.
2) Durch Schwenken der Eskadronsteten ein Viertel.
3) Schwenken der Eskadronsteten ein Achtel und Signal: „Formation der Eskadronskolonnen!" worauf die Eskadronen in der schrägen Direktion das Alignement aufnehmen und sich auf die richtige Intervalle setzen.
4) Abschwenken mit Zügen ein Achtel und Signal: „Eskadronskolonnen formirt!" in der schrägen Direktion, worauf alle Eskadronen in sich auf Vorderrichtung gehen und unter Aufnahme der richtigen Intervallen in das Alignement rücken.

Zur Linie in der schrägen Direktion nach vorwärts:
Abschwenken mit Zügen ein Achtel zur Halbkolonne und Signal: „Deployiren!" worauf zuerst die Eskadronen und darauf das Regiment formirt werden.

In die zusammengezogene Kolonne:
Auf das Signal: „Zum Aufrücken!" worauf die Formation in der Direktion der Tete erfolgt.

Zur Zugkolonne in der schrägen Direktion:
Abschwenken mit Zügen ein Achtel zur Halbkolonne und Signal: „Zugkolonne formirt!" worauf die Eskadronen in sich auf Vorderrichtung gehen und sich demnächst im Vorwärtsreiten mit Abschrägung des Hakens in das neue Alignement begeben.

Zur Linie mit Schwenken auf dem Haken nach innen und außen ein Viertel oder ein Achtel, kombinirt mit Aufmarsch derjenigen Eskadronen, welche noch nicht auf dem Haken geschwenkt hatten.

Ausführung: Derjenige Theil, welcher schon auf dem Haken geschwenkt hatte, schwenkt auf das Signal „Front!" mit Zügen ein und geht sofort zur Attacke vor; der noch hinter dem Haken befindliche Theil des Regiments marschirt auf die Kommandos seiner Chefs ruhig im Regiment auf und wird durch den etatsmäßigen Stabsoffizier nach Vollendung des Aufmarsches als zweites Echelon zur Attacke dem ersten nachgeführt. — Leicht ist dieser Aufmarsch, wenn der Tetenzug nach außen geschwenkt hatte, schwieriger dagegen ist derselbe, wenn der Alignementstrab oder Galopp nach innen erfolgt, weil der Aufmarsch dann abwärts des Feindes erfolgt und nach Ausführung desselben Front geschwenkt werden muß. —

ad ee. Aus der Halbkolonne in Zügen:

Zur Linie in der schrägen Direktion:
Auf das Signal „Deployiren!" worauf die Eskadronen, demnächst das Regiment formirt wird.

Zu Eskadronskolonnen:
Auf das betreffende Signal, worauf die Eskadronen sich in sich auf Vorderrichtung setzen und sich demnächst aligniren und die richtigen Intervallen nehmen.

Zur Zugkolonne:
Auf das betreffende Signal in der Direktion der Tete.

Zur Entwickelung in der entgegengesetzten Flanke in Linie:
Abschwenken mit Zügen ein Viertel zur entgegengesetzten Halbkolonne; — Formation der Eskadronen — Formation des Regiments auf das Deployirsignal.

Auf diese Weise werden auf die schnellste und einfachste Art und ohne alle Unsicherheit und Mißverständnisse alle möglichen Direktionsveränderungen aus den verschiedensten Formationen, und die Entwickelungen zur Linie bewirkt werden; daß bei allen diesen Uebergängen, und Entwickelungen die Inversion unter keinen Umständen gescheut, und die Herstellung der Normalformation niemals der Inversion vorgezogen werden darf, ist selbstverständlich. Wie die allerkürzesten Wege, welche in den schrägen Linien repräsentirt sind, eingeschlagen werden müssen, so darf auch nicht die mindeste Zeit zur Herstellung der Front, der Linie, durch Ausführung von Evolutionen verloren gehen, die nur die Herbeiführung der Normalformation bezwecken selbst wenn die Eskadronen dadurch verschiedenartig und ungleichmäßig formirt sein sollten.

Das Reglement giebt wie gesagt nur Formen, dies reicht aber vor dem Feinde nicht aus, man muß darin geübt sein, diese oder entsprechende Formen in der verschiedenartigsten Aneinanderreihung den Verhältnissen anzupassen. Ich bin bemüht gewesen, die wechselvolle Wirklichkeit des Krieges mir vor Augen zu stellen, mich in das Gefecht, in die Beziehungen desselben lebhaft hinein zu denken und hiernach aus den verschiedenen Formationen die kürzesten und einfachsten Evolutionen anzugeben, um auf die schnellste Weise auf den bedrohten Punkt in möglichst ausgedehnter Entwickelung zu gelangen; ob dies in der Inversion oder Normalformation stattfindet, ist, wie schon gesagt, gleichgültig; ebenso ob mit einer durch das Reglement vorgeschriebenen Evolution oder nicht.

Die Hauptsache bleibt für uns:
1) So schnell als möglich in der richtigen Direktion und
2) mit größter Ordnung auf die richtige Stelle zu gelangen, wo wir des Erfolges gewiß sind.

Die Erkenntniß dieser wichtigen Stelle und des richtigen Momentes ist hierzu vor allem nöthig; nächstdem der schnelle Entschluß, die rapideste Ausführung und die genaueste Kenntniß von der Technik der Führung, welche durch feste Kommandos und Signale unterstützt, uns dazu befähigen wird, die anvertrauten Truppen mit Sicherheit, in Ordnung, in Athem, mit der erforderlichen Ruhe, in der zweckmäßigsten, wirksamsten Direktion an den Feind zu bringen.

Wir werden durch Befolgung dieser Grundsätze stets früher und rascher zum Gefecht entwickelt auf dem Fleck sein wie der Feind, und darauf kommt es an. — Die Routine hierin sollen uns die Uebungen geben.

---

4. Uebungen zum Zweck einer rationellen Vorbereitung für die Bewegungen im Treffenverhältniß.

Zusammengestellt aus den Cirkulairen vom 17. August 1872, 14. Juli 1873, 25. Juni 1874, 3. August 1874, 20. August 1874.

Es empfiehlt sich, während der Periode des Regiments-Exerzirens, nachdem die reglementsmäßigen Formen sicher und fest eingeübt worden sind, auch die nachstehend aufgeführten, zum Theil nicht reglementarischen Evolutionen und Manövrirbewegungen zu üben. Ich halte dieselben theils deshalb für sehr zweckmäßig und vortheilhaft, weil sie die Führer außerordentlich üben und die Eskadronen gewandter, manövrirfähiger und beweglicher machen, theils weil sie auch ganz unmittelbar bei der Treffentaktik Anwendung finden und daher bei den Uebungen im Divisionsverbande gebraucht werden.

Wenn schon vor Beginn der eigentlichen Regiments-Uebungen, wie ich es empfohlen,*) die Befestigung der Eskadronen in den reglementarischen Formen im Verbande des Regiments erreicht worden ist, so wird sich die Zeit zur Uebung jener Manövrirbewegungen, welche von direktem und erheblichem Nutzen für die Truppen sind, finden.

Es sind dies:

a. Diejenigen Evolutionen, welche vor allem die Regimenter für die Treffentaktik brauchen, um sich aus einer jeden Formation so schnell als möglich nach einer jeden Direktion hin zur höchstmöglichen Waffenwirkung in Linie entwickeln zu können; hierher gehören:

aa. die kleinen Direktionsveränderungen in Eskadronskolonnen und in Linie nach der Richtungs-Eskadron;

bb. die größeren Direktionsveränderungen in Eskadronskolonnen und in der Linie durch Tetenschwenken der Eskadronskolonnen und Alignirung derselben, sowie durch Abschwenken zur Halbkolonne und Aufmarsch zu Eskadronen und zum Regiment;

cc. die Entwickelungen aus der zusammengezogenen Kolonne durch Abbrechen der Eskadronen, oder nach der Flanke durch Deployiren aus der Bewegung, oder durch Auseinanderziehen zu Eskadronskolonnen;

dd. die Formirung der Zugkolonne aus Eskadronskolonnen, nachdem die Teten ein Achtel geschwenkt haben; die Bewegungen in der Zugkolonne; die Entwickelungen aus derselben durch Aufmarsch zu Eskadronen und sodann zum Regiment, durch Hakenschwenken mit Einschwenken, sowohl wenn alle Züge bereits den Haken passirt haben, wie wenn dies von einem Theile noch nicht geschehen ist, der mithin aufmarschiren und nicht einschwenken muß;

ee. die Formirung der Eskadronskolonnen und der zusammengezogenen Kolonne aus der Zugkolonne, also mit einem Worte alle diejenigen Uebergänge und Entwickelungen, die unter 3 g. dieses Abschnittes III. (das Regiment) speziell angegeben sind.

---

*) Siehe Abschnitt III. ad 1 dieser Zusammenstellung.

b. Aufstellung der Regimenter in der Marschkolonne zu Dreien rechts oder links abmarschirt im Defilee, zum Debouchiren auf den Platz bereit. Nach dem Debouchiren erfolgt sofort die Entwickelung, und das Exerziren schließt sich an.

c. Evolutioniren nur nach dem Kommando und Signal des Regimentskommandeurs ohne Nachkommandiren der Eskadronchefs und der Zugführer, ohne Nachblasen der Trompeter bei den Eskadrons. — Die Eskadronchefs und Zugführer zeigen mit dem Säbel die Direktion, welche geritten werden soll, und geben mit ihren Pferden das Tempo an.

d. Exerziren in einem Gliede, in zwei Regimentern ohne alle Vorbereitung. — Auf Kommando schwenkt das erste Glied mit Zügen rechts (links) und wird im Trabe soweit seitwärts geführt, daß das zweite Glied frei wird; hierauf Kommando zum Einschwenken des ersten Gliedes und „Halt!" das zweite Glied „Richt — Euch!" Demnächst werden schnell die Kommandoverhältnisse für Regimenter, Eskadronen und Züge regulirt und festgestellt, wobei es natürlich sehr zweckmäßig ist, die Eskadronchefs auf beide Regimenter zu vertheilen, ebenso die übrigen Offiziere bei den Zügen. — Es ist dies eine sehr vortheilhafte Uebung für die Ausbildung der Offiziere und zur Bewirkung des selbstständigen Reitens seitens des zweiten Gliedes.

e. Vornahme der einzelnen Eskadronen auf die Eskadronssignale, um dieselben nach Signalen evolutioniren zu lassen.

f. Rangirung des Regiments in ganz veränderter Reihenfolge der Eskadronen und so exerziren; — jede Eskadron auf einer anderen Stelle; z. B. vierte, dritte, erste, fünfte, zweite Eskadron.

g. Ausführung der Echelon-Attacke sowohl vom rechten, wie vom linken Flügel mit Veränderung der Front und Direktion des Teten-Echelons, dem die anderen zu folgen und die neue Direktion aufzunehmen haben. — Die Direktion kann sowohl nach innen, wie nach außen verändert werden. — Das Erstere ist viel schwerer für die folgenden Echelons, aber zur Schärfung der Aufmerksamkeit und zur Ausbildung der Eskadronchefs in der gewandten Führung ihrer Eskadrons sehr vortheilhaft.

h. Das Sammeln und Ralliiren des Regiments nach Markirung des Handgemenges aus der größten Zerstreuung und Unordnung auf das Regimentssignal hinter dem Regimentskommandeur auf das allerschnellste. — Der Chef der dritten Eskadron setzt sich hinter den Regimentskommandeur und läßt sein Eskadronssignal geben, die Eskadron rangirt sich hinter ihm; rechts von ihr die zweite und sodann die erste Eskadron; links von ihr die vierte und sodann die fünfte Eskadron; — alle auf die Signale ihrer Eskadronchefs (Eskadronschef) hinter denselben. War in der Inversion attackirt, so wird auch in der Inversion ralliirt.

Dieses Ralliiren muß stets in einer Nebenfront von der ursprünglichen, im Vorgehen, wobei die Eskadronen sich zu aligniren haben, erfolgen; öfters auch in Eskadronskolonnen, zu welchem Zweck nach dem Regimentssignal das Signal: „Eskadronskolonnen formiren!" zu ertheilen ist.

i. Der verstellte Rückzug aus einer ganz kurzen Schwärm=Attacke, um den Feind durch übereilte Verfolgung auseinander, in Unordnung zu bringen, nach sich zu locken auf das Signal: „Retraite!" welches schon das Aviso geben soll, daß das Signal: „Front!" folgen wird; denn sonst würde das Signal: „Appell!" hierfür ertheilt werden; es kommt hierbei nicht auf das Rückwärtssammeln an, sondern auf schnellstes Front=machen von jedem einzelnen Manne, auf das darauf folgende Signal: „Front", sowie auf das schleunigste Ralliiren im Vorgehen, damit man dem locker gewordenen, auseinander gerissenen Feind in überraschender Weise in geschlossener Front entgegen tritt und ihn hierdurch unfehlbar wirft. — Dies ist sehr wichtig zu üben.

k. Retraite des Regiments. — Abbrechen nach rückwärts mit Zügen in der Halbkolonne; nach Ausführung dieser Bewegung „Front!" und Attacke in der dadurch gewonnenen schrägen Direktion. War in der Halbkolonne rechts abgebrochen, so wird mit Zügen dreiviertel rechts zur Formirung der geschlossenen Front herumgeschwenkt; war in der Halbkolonne links abgebrochen, so wird auf das Signal: „Front!" mit Zügen dreiviertel links herumgeschwenkt, um die geschlossene Front in der schrägen Direktion zu bilden.

Diese Uebung würde mehr dazu dienen, um Führer auszubilden und die Truppe manöverirfähiger zu machen, als wirklich vor dem Feinde zur An=wendung gelangen.

l. Aus der Front: Abschwenken mit Zügen rechts oder links, die rechten oder linken Flügelzüge der Eskadronen umkehrt; man behält auf diese Weise die Truppe beim Zurückgehen im feindlichen Feuer besser in der Hand, als durch Umkehrtschwenken der ganzen Linie und dem=nächstiger Formation der Eskadronskolonnen.

m. Vorgehen in zusammengezogener Kolonne. — Das Regi=ment erhält heftiges Infanteriefeuer in der Front. Der Führer bemerkt die rechte (linke) Flanke des Feindes, die frei auf der Ebene steht und nicht angelehnt ist, und entschließt sich daher schnell, dieselbe zu attackiren.

Ausführung hierzu: Mit Zügen umkehrt, zuerst Schritt, dann eine stärkere Gangart und Signal: „Zugkolonne formirt!" — Befindet sich die Kolonne außerhalb des feindlichen Feuers die Tete rechts= (links=)

schwenken auf dem Haken und geradeaus; darauf die Tete noch einmal rechts= (links=) schwenken auf dem Haken und forttraben oder galoppiren, bis man die feindliche Flanke neben sich hat; demnächst Einschwenken der beiden ersten Eskadronen als erstes Echelon; sofort Galopp und Attacke auf die Flanke des Feindes. — Die nächstfolgenden Eskadronen schwenken nicht mit ein, sondern bleiben in Zugkolonne in der früheren Direktion geradeaus hinter den beiden attackirenden Eskadronen, schwenken dann auch zusammen mit Zügen ein, wenn sie ungefähr Vordermann auf jene haben und folgen denselben zur Attacke als zweites Echelon.

In derselben Weise verfährt die letzte Eskadron, welche in der bis= herigen Direktion geradeaus verbleibt, dann mit Zügen einschwenkt, ebenfalls sofort zur Attacke übergeht und den anderen als drittes Echelon auf Vor= dermann folgt. — Hierdurch bilden sich drei Treffen hintereinander auf die schmale feindliche Flanke, die in derselben Direktion attackiren oder, falls sich ihnen beim Feinde besondere Attacken=Objekte darbieten, wie abgesonderte Knäule oder Schützenlinien, diese attackiren resp. sich der feindlichen Kavallerie entgegenwerfen, wenn dieselbe ihrer angegriffenen Infanterie zur Hülfe eilt. —

Auf das bloße Avertissement zu dieser Attacke in Echelons seitens des Regimentskommandeurs, z. B.: „Attacke nach rechts (links) in Eche= lons hintereinander zu zwei Eskadronen!" müssen die Unterführer sofort orientirt sein und genau wissen, was sie zu thun haben, ohne daß es noch besonderer langer Instruktionen bedarf, die hier nicht ertheilt werden können. — Die Führung des ersten Echelons übernimmt ohne weiteres der etatsmäßige Stabsoffizier und läßt zur Front einschwenken; die Führung des zweiten Echelons erhält der älteste Eskadronchef der betreffenden beiden Eskadronen. — Es kommt hierbei hauptsächlich darauf an, die Eskadronen des zweiten und dritten Echelons zu avertiren, daß sie nicht mit dem ersten gleichzeitig einschwenken, sowie darauf, die Tetenzüge der hinteren Echelons in der bisherigen Direktion festzuhalten.

Diese Attacke auf Infanterie mit mehreren Echelons hintereinander in kurz auf einander folgenden Stößen ist durchaus nothwendig, denn eine Linie vermag wohl den Feind zu überreiten; sie kann es aber nicht verhindern, daß die feindlichen Schützen, die sich niedergeworfen, wieder aufstehen und in ihren Rücken feuern. Um dies zu verhindern, und um die Niederlage voll= ständig zu machen, dienen die hinteren Echelons.

v. In ähnlicher Weise das Verfahren, wenn man sich bereits in Eskadronskolonnen befindet, wie dies meistentheils der Fall sein wird.

Entweder ist der Feind vorher gut rekognoszirt und sein freistehender Flügel ist entdeckt worden, dann die Teten links= (rechts=) schwenken; Aligne= mentstrab oder Galopp mit Schwenken auf dem Haken oder

der Feind ist nicht gut rekognoszirt gewesen; man erhält heftiges Feuer in der Front und hat dabei den freistehenden feindlichen Flügel entdeckt, dann Zurückgehen erst im Schritt, die Teten schwenken rechts (links) — Geradeaus — Schwenken auf dem Haken rechts (links) — Forttraben oder Galoppiren in Zugkolonne bis in die Höhe der feindlichen Flanke und Einschwenken des ersten Echelons zur Attacke. Im Uebrigen ganz in der Weise wie vorstehend ad m.

o. **Uebung der Attacke auf Artillerie.** Zur Demonstration und behufs Ablockung des Feuers müssen mehrere Züge oder eine Eskadron in der Front in der Schwärmattacke, und die übrigen Eskadronen zur geschlossenen Attacke in der Flanke verwandt werden. Die Hauptsache ist, daß beide Attacken gleichzeitig erfolgen und daß die Flankenattacke womöglich aus verdeckter Aufstellung ausgeführt wird, ebenso, daß die betreffende Flankenbewegung vom Feinde unbemerkt erfolgt, das Terrain also hierzu in zweckmäßiger Weise benutzt wird.

p. Wenn das Regiment durch den Alignementstrab oder Galopp eine neue Direktion annehmen will, wie dies so häufig vorkommt, und wofür der Alignementstrab resp. Galopp die einfachste Evolution ist, so wird es in den meisten Fällen erforderlich sein, diesen Aufmarsch nach dem Feinde zu decken. Zu dem Zweck wird die erste Eskadron, welche den Haken passirt hat, in die neue Front hineingeworfen; sie hat hierzu die folgenden Evolutionen auszuführen: z. B. das Regiment soll sich in der rechten Flanke nach vorwärts formiren: „mit Zügen rechts schwenkt, der erste Zug der Eskadron des rechten Flügels geradeaus" und „Trab"; — sowie die Flügel-Eskadron vollständig auf dem Haken geschwenkt hat, Avertissement an sie „Vorgehen zur Deckung der Flanke!" Hierauf Kommando des Eskadronchefs: „mit Zügen halblinks (halbrechts) schwenkt Marsch! Gradaus! Wenn in angemessener Entfernung auf dieser schrägen Direktion vorgegangen, „mit Zügen halblinks (halbrechts) schwenken, Marsch, Halt!" — Oder die erste (Flügel-) Eskadron wird bereits aus der ersten Aufstellung befehligt, die neue Front zu decken; dann die erste Eskadron: „Trab, Eskadron halblinks (halbrechts) schwenkt, Marsch!" und Vorgehen sogleich in geschlossener Front in der neuen Direktion. — (In analoger Weise geschieht es in der linken Flanke durch die betreffende Eskadron.) Das erst bezeichnete Verfahren ist vorzuziehen; der Alignementstrab kann nach innen und nach außen ausgeführt werden, je nachdem dies durch die feindliche Bewegung nothwendig erscheint. Die Evolutionen der zur Deckung der Frontveränderungen vorgenommenen Eskadronen bleiben dieselben; d. h. stets die kürzesten Wege auf der Diagonale in der Halbkolonne.

q. **Vorgehen des Regiments zur Linienattacke.** — Im Galopp: „Halt!" — Fünfte Eskadron zum Flankiren vornehmen auf den Eskadronsruf und das darauf folgende Signal: Flankeur vor! — Retraite des Regiments im Trabe und Signal „Appell!" an die fünfte Eskadron, um den Feind nach sich zu locken. — Aus der Retraite die erste und zweite Eskadron mit Zügen links schwenken, die Tete halblinks schwenken, Galopp — Marsch! „Front!" an diese beiden Eskadronen und gleichzeitig an die die Retraite fortsetzenden drei übrigen Eskadronen. — Konzentrische Attacke auf den in Unordnung verfolgenden Feind. —

Die fünfte Eskadron, welche zum Flankiren vorgenommen und demnächst durch das Signal „Appell!" zurückgerufen worden war, hat im vorliegenden Falle die Front des Regiments so schnell als möglich frei machend, entweder nach rechts oder links durch Abschwenken mit Zügen fortzugehen; darauf läßt dieselbe die Tete halbrechts, resp. halblinks schwenken und dirigirt sich auf die Flanke des Feindes, der gleichzeitig mit dem Regiment attackirt und möglichst umfaßt wird. Ob der Eskadronchef rechts oder links ausweicht, hängt nicht von der Nummer seiner Eskadron, sondern vielmehr von der Gefechtslage, dem Terrain und der Formation des Feindes ab; dort, wo er glaubt, daß seine Flanken-Attacke am wirksamsten sein wird, und er selbst nicht in der Flanke durch den Feind gefaßt werden kann, muß er hinreiten.

r. **Ausbildung der einzelnen Eskadronen beim Vorgehen des Regiments zur Attacke, zum Flanken-Angriff und zur Flankendeckung.** — Beim Flanken-Angriff muß die betreffende Eskadron nicht in Halbkolonne am Flügel des Regiments kleben, sondern vorwärts-seitwärts fortgehen, um eine Rennbahn, ein Attackenfeld vor sich zu bekommen. Zur Flankendeckung kann die betreffende Eskadron am Flügel des Regiments bis zum „Marsch-Marsch!" verbleiben, worauf sie einschwenkt und ebenfalls im Marsch-Marsch seitwärts-vorwärts herausgeht; auf das Kommando: „Halt!" muß sie entweder in der Verlängerung der Regimentsfront oder noch etwas weiter vorstehen; sie darf aber unter keinen Umständen dahinter stehen. — Die Flanken-Angriffe müssen weit schneller und gewandter, wie dies oft geschieht, ausgeführt werden. — Die einfachste Ausführung dieser beiden Evolutionen ist die folgende:

Für die Eskadron des rechten Flügels zum Flanken-Angriff:
Aus der Linie: In der Halbkolonne mit Zügen rechts abbrechen im Galopp; — Vorgehen; — zur Front einschwenken und Attacke. —
Oder: Mit Zügen halbrechts schwenken; — im Galopp auf

Vorderrichtung gehen, — fortgaloppiren; — richtige Dirigirung der Tete; — Einschwenken zur Front und Attacke. —

Aus Eskadronskolonnen: Schwenken des Tetenzuges auf dem Haken halbrechts; — Alignementsgalopp mit richtiger Dirigirung der Tete; — Einschwenken zur Front und Attacke. — Oder:

Abschwenken mit Zügen halbrechts zur Halbkolonne; — im Galopp auf Vorderrichtung; — Einschwenken zur Front und Attacke. —

Für die Eskadron des rechten Flügels zur Flankendeckung:

Aus der Linie: In der Halbkolonne mit Zügen links abbrechen im Galopp; — Einschwenken zur Front nach außen; — Vorgehen im Galopp und Attacke; —

Aus Eskadronskolonnen: Abschwenken mit Zügen halbrechts zur Halbkolonne; — Vorwärts-Seitwärtsgehen im Galopp; — Aufmarsch nach rechts und Attacke. — Oder:

Die Tete halbrechts schwenken auf dem Haken; — Alignementsgalopp mit richtiger Dirigirung des Tetenzuges; — Aufmarsch mit Zügen im stärksten Galopp rechts oder links, je nachdem es mit Rücksicht auf den Feind erforderlich ist, und Attacke. —

Das Verfahren für die linke Flügel-Eskadron würde ein entsprechendes sein. —

s. Die Ausbildung der sämmtlichen Eskadronen des Regiments als Flügel- und Unterstützungs-Eskadronen.

t. Die Verfolgung des geworfenen Feindes seitens der Flügel-Eskadronen auf das betreffende Signal ist zum Gegenstand der Uebung zu machen. —

u. Das erste Treffen attackirt, die feindliche Linie verlängert sich; ein Regiment als zweites Treffen soll als Echelon attackiren:

aa. Aus Eskadronskolonnen zur parallelen Front:

Tetenschwenkung der Eskadronen zur Formirung der Zugkolonne, Einschwenken; — Attacke in gerader Front.

Zur schrägen Front, welche auf alle Fälle vorzuziehen, um flankirend zu wirken:

Achtelschwenken der Eskadronsteten; Formirung der Zugkolonne nach dem Signal; — Einschwenken; — Attacke. —

bb. Aus der zusammengezogenen Kolonne:

Zur parallelen Front: Rechtwinkeliges Schwenken der Kolonnentete; — Deployement oder Abbrechen mit Eskadronen zur Zugkolonne; — Einschwenken; — Attacke.

Zur schrägen Front behufs Flankirung des Feindes, was sehr vorzuziehen: Achtelschwenkung der Kolonnentete; — Abbrechen mit Eskadronen; richtiges Dirigiren des Tetenzuges; — Einschwenken; — Attacke in schräger Front.

v. Evolutionen eines Regiments als erstes Treffen, um bei einer allgemeinen Frontveränderung nach der Flanke, die ein zweites und drittes Treffen bereits bewirkt hat, sich in das zweite resp. dritte Treffen zu setzen. — Die kürzeste und einfachste Bewegung hierzu ist:

Aus der Linie Kehrtschwenken mit Zügen, Abbrechen nach rückwärts zu Eskadronskolonnen; — zusammengezogen;

Schwenken der zusammengezogenen Kolonne nach der neuen Front in der Inversion.

w. Ein Regiment geht als zweites oder drittes Treffen zum Flanken=Angriff vor; es wird durch das Erscheinen der feindlichen Reserven genöthigt, sofort zur Flankendeckung überzugehen, während es sich in der Zugkolonne befindet; entweder:

Aufmarsch zu Eskadronen, Aufmarsch zur Regimentsfront, nachdem vorher die Eskadronsteten entsprechend gedreht, resp. zur Halbkolonne abgeschwenkt worden ist; oder:

Schwenken des Tetenzuges, Dirigirung desselben so, daß die Flanke des Feindes bedroht wird; — Alignementstrab oder Galopp, event. mit Aufmarsch der letzten Eskadronen, die noch nicht den Haken passirt haben; — Einschwenken zur Front, event. mit Echelon-Attacke der letzten Eskadronen; — oder:

Formation der Eskadronskolonnen auf das betreffende Signal in der Direktion der Tete oder, nachdem event. vorher die Eskadronsteten entsprechend gedreht worden sind, in der schrägen Direktion; — Aufmarsch und Attacke.

x. Das erste Treffen wird geworfen; ein Regiment als zweites Treffen soll dasselbe aufnehmen und degagiren; es befindet sich in Eskadronskolonnen. — Ausführung: Die Teten links (rechts) schwenken; — die Tete der Flügel=Eskadron halbrechts (halblinks) schwenken; Alignementsgalopp; — sowie der letzte Zug den Haken passirt, einschwenken mit Zügen rechts (links) und Attacke auf den das erste Treffen verfolgenden Feind in dessen rechte (linke) Flanke, um das erste Treffen zu degagiren. — Diese Bewegung muß mit der größten Schnelligkeit erfolgen, damit die Attacke nicht zu spät kommt, sondern unmittelbar in der Direktion hinter dem zurückjagenden ersten Treffen; es empfiehlt sich daher vornehmlich, mit Echelons in Eskadronen dem verfolgenden Feinde in die Flanke zu fallen;

die Entwickelung der ganzen Linie in einer Front wird nicht immer abgewartet werden können; das schadet aber nichts; es kommt hierbei gar nicht auf große lange Fronten an, sondern auf schleuniges Eingreifen einer geschlossenen, intakten Abtheilung in den aufgelösten Feind. — Dies wird am besten dadurch erreicht, daß sofort diejenigen Eskadronen, die den Haken passirt haben, einschwenken und zur Attacke vorgehen, oder daß derjenige Theil, der den Haken noch nicht passirt hat nach außen aufmarschirt, Front schwenkt und als zweites Echelon dem ersten folgt.

γ. Recht häufige Uebung der Formation zum Gefecht zu Fuß von mehreren Eskadronen so schnell als möglich, um die hierin durchaus erforderliche Gewandtheit und Routine zu erzielen.

Ich stelle nun ganz anheim, außer den vorstehenden, auch noch andere Bewegungen, wie sie der Ernstfall unbedingt von uns fordert, zu üben, um Führer und Truppe möglichst beweglich, gewandt und selbstständig zu machen, die ersteren vornehmlich in ihren Entschlüssen, damit sie im Stande sind, in einem jeden an sie herantretenden außergewöhnlichen Falle auf das Schnellste ihre Partie zu nehmen; nur muß bei diesen außergewöhnlichen Bewegungen als unumstößlicher, fester Grundsatz gelten, daß der Zeitgewinn bei Herstellung einer Front ganz allein die Richtung giebt; mithin das gewohnheitsmäßige Festhalten an der Normalformation vollständig beseitigt wird. — Wenn in der ersten Periode des Regiments-Exerzirens, wie schon an anderer Stelle betont, die Form, die Schulung und Befestigung im Reglement die Hauptaufgabe ist, so muß in der zweiten Periode das wahre kavalleristische Wesen, der Geist, die Erziehung der kavalleristischen Eigenschaften, das Element der bewegende Motor der ganzen Uebung sein.

Hierzu gehört vor allem, worauf nicht oft genug der Accent gelegt werden kann, auch die Herbeiführung der höchsten Sicherheit in allen Frontalbewegungen, weil diese die Grundbedingung für das Lebenselement unserer Waffe, die Attacke, sind. Wir können uns nicht genug in der Front bewegen, um in dieser unbequemen Form, auch in den stärkeren Gangarten, besonders im Galopp, die nothwendige Sicherheit zu erreichen, was sehr wohl möglich ist, wenn der Galopp nur richtig ausgebildet ist und die aufgestellten Grundsätze über die Frontalbewegung strikte beobachtet werden, eine jede Augenrichterei mithin aufhört und das gleichmäßige Tempo die Grundlage bildet. —

Nirgends ist die Forderung der exakten Ausführung, nirgends der Hinweis auf die Unterstützung des Geistes durch die Form, nirgends die Verwendung der verhältnißmäßig geringen Zeit und Futterkraft zur Vorarbeit durch zahlreiche Frontgalopps mehr am Platze, als für die Attacke. Was wir an Zeit und Kraft für überflüssige Bewegungen verschwenden, müssen wir der Attacke und den so zahlreichen, nothwendigen Front- und Einzeln-Uebungen entziehen. Legen wir diesen Maßstab nicht scharf an unsere Thätigkeit, so bleiben wir, wie bisher vortrefflich in allem, worin Genügendes selbst mangelhaft ausgebildete Kavallerie leistete, unsicher aber im Hauptziel alles Exerzirens, in der Attacke, mit ihren erhöhten, aber vollkommen erreichbaren Ansprüchen. — Das dreiste, völlig geschlossene, zweigliedrige Reiten, ohne alle Konzession, muß im starken Galopp und in der Karriere zur Gewohnheit werden, denn dies ist bis zum Einbruch die unabweisbare Vorbedingung und die Hauptanforderung an die Attacke. —

Ebenso muß die bis zur vollkommenen Sicherheit gesteigerte Uebung der Attacke in der Zuginversion durchaus gefordert werden; es ist dies das ceterum censeo! — Zur Uebung empfehle ich hierzu das vom Regimentskommandeur zu ertheilende Kommando: „Eskadronchefs durch!" worauf sich dieselben vor die bedrohte Front zu setzen haben, wohin sich der Regimentskommandeur gleichzeitig begiebt. —

Wird überall in diesem Sinne und Geiste verfahren, so wird es den Regimentern gelingen, die als Ziel gesteckten Aufgaben in vollem Maße zu erreichen, die kavalleristische Ausbildung erheblich zu fördern, die für die Führer unumgänglich nothwendigen kavalleristischen Eigenschaften zur Entwickelung zu bringen und in Folge dessen recht gründlich und tüchtig vorbereitet zu den Kavalleriedivisions-Uebungen zu erscheinen. —

IV. Die größeren taktischen Verbände, Brigade und Division.

Allgemein einleitende Gesichtspunkte.
Zusammengestellt aus den Cirkularen vom 22. Juli 1873, 19. Juni 1875.

Die Aufgaben, die einer Kavalleriedivision zufallen, zerfallen in zwei Theile.

Im ersteren Falle handelt es sich um die Verwendung einer Kavalleriedivision als selbstständiger Truppenkörper im rangirten Gefecht in unmittelbarer Verbindung mit den übrigen Waffen, also in der Schlacht. —

Die Aktion einer solchen Kavalleriedivision wird gewöhnlich auf einem Flügel der Schlachtordnung stattfinden, wohin sie in mehreren getrennten Kolonnen, deren präzise Vereinigung und schnelle Entwickelung oft schwierig ist, daher vielfach zum Gegenstand der Uebung gemacht werden muß, vorzugehen hat.

Die Formen, in denen dies geschieht, müssen die einfachsten und dem Terrain angepaßt sein. — Die Treffentaktik wird hierbei im ausgedehntesten Maße zur Entwickelung gelangen. — Diese Art der Bestimmung unserer Waffe ist mit dem Ausdruck „Entscheidungstaktik" zu bezeichnen.

Die zweite Art der Bestimmung einer Kavalleriedivision gehört in das Gebiet der detachirten Verwendung, wo sie als alleinstehender, detachirter, selbstständiger Truppenkörper aufzutreten hat; es fällt dies unter die Bezeichnung: „Detachementstaktik".

Wie bei der Entscheidungstaktik die einheitliche Masse und deren konzentrische Bewegung gegen einen bestimmten Punkt in den Vordergrund tritt, so bei der Detachementstaktik die Bewegung in mehreren getrennten Einheiten. Um denselben eine größere Selbstständigkeit zu verleihen, wird hier an jede dieser Einheiten (Brigaden) gewöhnlich die Zutheilung einer reitenden Batterie stattfinden, während bei der Entscheidungstaktik, bei der Verwendung der Kavalleriedivision in der Schlacht, die sämmtlichen reitenden Batterien sich vereinigt in der Hand des Kommandeurs der Kavalleriedivision befinden, mithin nicht den Unterabtheilungen (Treffen) zugetheilt sind. — In diese Richtung fällt die Aufgabe der Kavalleriedivision an der Tete der Armee zur Aufklärung und Verschleierung, zur Vertreibung der feindlichen Kavallerie, zur Durchbrechung des von dieser gezogenen Schleiers, um die Märsche und Bewegungen des Feindes zu erforschen und aus denselben auf seine Absichten zu schließen; ebenso gehört hierzu die Verwendung der selbstständigen Kavalleriedivision für besondere Aufträge; ingleichen schlagen in diese Richtung die außergewöhnlichen Unternehmungen in Flanke und Rücken des Feindes, um seine Verbindungen zu unterbrechen und abzuschneiden. —

Die dritte Seite der Verwendung unserer Waffe endlich, als Divisionskavallerie bei Infanteriedivisionen, gehört nicht zu den Aufgaben einer Kavalleriedivision, da zu diesem Dienst nur kleinere Abtheilungen, höchstens Regimenter, gelangen; derselbe kommt bei den Manövern der Infanteriedivisionen zur Uebung.

Es liegt nun in meiner Absicht, bei den Uebungen der Kavalleriedivisionen den Fortschritt, welcher durch die Erweiterung der Eskadronskolonnentaktik und durch die Beschleunigung der Attacken, vermöge der Verlängerung des Galopps auf 600 bis 800 Schritte, angebahnt ist, zur Erscheinung zu bringen; aber nicht allein dies; ich gehe weiter und habe das Bestreben, einen noch viel weiteren Fortschritt für unsere Waffe durch die Anwendung, durch die That vorzubereiten, denn ich halte denselben für durchaus nothwendig, wenn wir inmitten der auf technischem Gebiet so außerordentlich vorgeschrittenen und noch vorschreitenden Schwesterwaffen unseren ebenbürtigen Rang behaupten wollen; ich halte diesen gleichen Schritt mit dem Fortschritt der übrigen Waffen bei uns aber auch sehr wohl ausführbar und keineswegs für unmöglich, wie leider sogar aus unserer eigenen Mitte noch behauptet worden ist. —

Ich wünsche daher bei den Kavalleriedivisions-Uebungen nach Möglichkeit folgende Eigenschaften ins Leben treten zu sehen:

1) Eine größere Schnelligkeit der Bewegungen überhaupt, ohne daß die Ordnung, welche die Grundbasis alles militairischen Handelns bleibt, und welche in unserer Waffe durch die Ruhe, durch die Festhaltung des Tempos, und durch die schnelle Aufnahme, sowie sichere Festhaltung der Direktion repräsentirt ist, auch nur im geringsten dadurch beeinträchtigt wird. —

2) Eine größere Beweglichkeit und Manövrirfähigkeit durch schnellste Entwickelung nach allen Richtungen hin, was durch unbedenkliche, rücksichtslose Annahme der Inversion bei allen Gelegenheiten herbeigeführt wird und bedingt ist. — Die Inversion muß zur Gewohnheit, zum Gesetz werden, kein Ausnahmezustand mehr sein, nicht mehr gescheut und vermieden werden. —

Die erfolgte Aufhebung und Streichung*) der verschiedenen Kontremärsche weist schon darauf hin und bahnt die Durchführung dieses Prinzipes an; es muß aber hierin noch viel weiter gegangen werden, wenn unsere Taktik dabei gewinnen und größere Beweglichkeit und Manövrirfähigkeit hergestellt werden soll. — Die Treffentaktik bietet vielfache Gelegenheit, ja die Nothwendigkeit zur Annahme der Inversion, wenn der Führer seine Truppe auf dem kürzesten Wege, mit den einfachsten Evolutionen, auf die schnellste Weise nach dem bedrohten Punkte hinführen will.

3) Eine größere Selbstständigkeit und Unabhängigkeit unserer Waffe durch Bewaffnung mit einem guten, sicher treffenden und weittragenden Feuergewehr, und durch zweckentsprechende Ausbildung mit demselben und im Gefecht zu Fuß im Terrain, damit wir hierdurch in den Stand gesetzt werden, alle Aufträge, welche es nicht möglich ist, zu Pferde auszuführen, doch unter allen Umständen zu effektuiren. Eine Einbuße an dem wahren Reitergeiste ist hierdurch unter keinen Umständen zu befürchten, denn dieser Reitergeist kann nur dadurch gewinnen, daß die Waffe unter jeder Bedingung ihre Absicht durchsetzt, nicht aber dadurch, daß Reiter-Abtheilungen zu Pferde bleiben und vor jedem besetzten Dorfe, Defilee u. s. w. das Feld räumen und zurückgehen, was jenen Geist untergraben muß. Ich gehe soweit, zu behaupten, daß wenn unsere Waffe nicht lernt und befähigt ist, unter Umständen mit Geschick zu Fuß zu fechten, sie den Aufgaben der heutigen Kriegführung nicht gewachsen und der Opfer nicht werth ist, welche der Staat für sie bringt. — Wirksame Diversionen in Rücken und Flanken des Feindes sind nicht ausführbar, wenn die Kavallerie nicht im Stande ist, selbst regimenterweise mit der Feuerwaffe zu kämpfen, sowohl offensiv, wie defensiv, beim Angriff von Lokalitäten, wie bei der Vertheidigung ihrer Kantonnements. — Ihre Thatkraft und Unternehmungslust, auf welche alles ankommt, wird unendlich dadurch befördert und gehoben werden. —

Diese drei Aufgaben schweben mir vor, und ich werde nach Kräften bemüht sein, sie zu verwirklichen; ich halte mich dabei der allseitigsten und bereitwilligsten Unterstützung versichert, denn ich setze als selbstverständlich

---

*) Durch das Reglement vom 9. Januar 1873.

voraus, daß es uns allen um den wahren Fortschritt in unserer Waffe, welcher wir mit vollster Passion und wahrer Hingebung ergeben sind, zu thun ist, daß wir diesen Fortschritt mit allen Kräften anstreben, und daß wir unsere Waffe **unter keinen Umständen** zur Hülfswaffe, zum Anhängsel, welches bei den großen Entscheidungen auf kein Gewicht mehr Anspruch macht, herabsinken lassen wollen.

---

1. Ausführungs-Bestimmungen für die taktische Ausbildung, Verwendung und Führung größerer Kavalleriekörper in der Treffengliederung.

a. Einleitung.

Entnommen aus dem Cirkulair vom 19. Juni 1875.

Der dringende Wunsch, den ich habe, nach Möglichkeit die Uebungen der Kavalleriedivisionen rationell vorzubereiten, indem sie nur dadurch gelingen, nutzbringend für uns alle, für Truppen und Führer werden, und so den Zweck erfüllen können, für welchen diese Uebungen bestimmt sind, ist die Veranlassung zu den nachstehenden Aufzeichnungen, welche das umgänglich nothwendige Verständniß zwischen den Führern anbahnen, und die Truppentheile auf diejenigen Formen und Bewegungen hinweisen sollen, welche sie fähig machen, den Anforderungen der Treffentaktik, wie sie der Allerhöchst sanktionirte Abschnitt V.*) zum Exerzir-Reglement vorschreibt, zu genügen. — Werden nun durch diese meine Aufzeichnungen auch ganz bestimmte, spezielle Bewegungen und Evolutionen bezeichnet, um einen direkten Zweck zu erfüllen, so habe ich die Ueberzeugung, daß durch die Einübung dieser Formen und Bewegungen, die Beweglichkeit, Schnelligkeit und Manövrirfähigkeit der Truppentheile auch im Allgemeinen im hohen Grade gesteigert, also gerade der Zweck erfüllt werden wird, welcher schon den Regiments-Uebungen zum Grunde liegt. Ich bin weit davon entfernt, hierdurch eine unumstößliche Schablone geben zu wollen, welche die Thätigkeit der einzelnen Führer einengt und beschränkt, vielmehr bleibt es denselben vollständig überlassen, nach Gefallen diejenigen Bewegungen und Evolutionen

---

*) Abschnitt V. des Neuabdrucks des Exerzir-Reglements für die Kavallerie vom 9. Januar 1873; Allerhöchst genehmigt den 4. Juni 1874.

zur Anwendung zu bringen, welche sie für einen jeden einzelnen, speziellen Fall als die zweckmäßigsten und vortheilhaftesten erachten. In dieser Beziehung mache ich nur den Anspruch, daß die Truppe unter Festhaltung der unumstößlichsten Ordnung — als Hauptanforderung — aus einer jeden Form nach einer jeden Direktion hin zur höchstmöglichsten Waffenwirkung, also zur Linie, so schnell als möglich von denselben entwickelt wird. Hierzu ist die höchste Einfachheit der zur Anwendung kommenden Bewegungen und Evolutionen, und die größte Sicherheit in deren Ausführung, der Ausschluß eines jeden Irrthums, eines jeden Mißverständnisses unumgänglich erforderlich. — Erfüllen die zur Anwendung kommenden Bewegungen und Evolutionen diese Anforderung, so werden sie mir stets genehm sein, auch wenn sie nicht von mir vorgeschlagen worden; bei der Neuheit der Sache, und bei dem jetzigen Standpunkt der Treffentaktik hat sich mir jedoch durch die gemachten Wahrnehmungen und Erfahrungen die Nothwendigkeit aufgedrängt, gewisse, ganz bestimmte Fingerzeige zu geben, um erst ein Fundament zu legen, auf dem dann ein Jeder weiter fortbauen kann.

Ich schicke ferner ausdrücklich voraus, daß der neu emanirte, unterm 4. Juni 1874 Allerhöchst genehmigte Abschnitt V. des Exerzir-Reglements in allen Beziehungen die Grundlage und Basis für die Divisions-Uebungen bildet, und daß die nachstehenden Aufzeichnungen und Hinweise nur als eine weitere Ausführung der dort aufgestellten Grundsätze anzusehen sind; es sind die für die praktische Ausführung derselben unumgänglich erforderlichen Detailbestimmungen, welche den Sinn und Geist des Abschnittes V. ins Leben übertragen sollen; der Natur der Sache nach können derartige Detailvorschriften nicht in eine allgemein gehaltene Instruktion aufgenommen werden. —

aa. **Nothwendige Vorbedingungen für die Verwendbarkeit der Truppen in Treffen.**

Zusammengestellt aus den Cirkulairen vom 22. Juli 1872, 12. September 1873, 19. Juni 1875.

1) Unter unverbrüchlicher Festhaltung der Ordnung müssen die Schnelligkeit und Manövrirfähigkeit, die Gewandtheit und Beweglichkeit so hoch als möglich getrieben werden sein, denn nur durch diese Eigenschaften können wir das uns verloren gegangene Terrain wieder erobern, und uns auf gleicher Stufe mit den durch die technische Vervollkommnung ihrer Feuerwaffen und ihre erhöhte individuelle Ausbildung so sehr aufwärts gestiegenen übrigen Waffen erhalten. — Nach dem Urtheil aller Zeitgenossen von Fach war die Kavallerie des großen Königs noch bei

weitem gefährlicher durch die Schnelligkeit und Gewandtheit, mit welcher sie manövrirte und attakirte, als wie durch ihre Bravour. — Sehr natürlich! denn durch diese Eigenschaften, welche, verbunden mit der Initiative ihrer Führer, sie stets weit früher wie den Feind auf den entscheidenden Punkt, in der richtigen Direktion eintreffen ließen, und ihr die Ueberflügelung desselben sicherten, mußte auch der geringste Reiter brav werden; denn er hatte den Sieg als gewiß vor Augen.

2) Die Truppe muß sowohl in Eskadronen, wie in Regimentern die vollkommenste Sicherheit und Ruhe der Bewegungen beim Reiten des langen, gestreckten Galopps in der Front, in Linie gewonnen haben, und dabei völlig geschlossen, in zwei Gliedern gerichtet, bleiben; es ist dies die nothwendige Vorbedingung für die geschlossene, energische Attacke, welche allein Erfolg verspricht.

Nicht allein, daß es nothwendig ist, so schnell als möglich über die gefährlichste Feuersphäre hinaus und an den Feind zu kommen, um nicht physisch und moralisch in einer, den Erfolg in Frage stellenden Weise geschwächt zu werden, so ressortirt auch der geschlossene, kräftige Chok, die Karriere allein von der Sicherheit und Ruhe der Truppe während des vorhergehenden Attackengalopps. — Der Galopp darf kein stürmischer sein, die Pferde dürfen nicht in Heftigkeit und Aufregung von einem Fuße auf den anderen changiren, sie müssen sich im Gleichgewichte erhalten, die Truppe muß dabei völlig in der Hand ihres Führers bleiben, und darf nicht unwillkürlich, ohne dessen Kommando, resp. Signal in die Karriere übergehen.

Der lange, gleichmäßige, allongirte, ruhige Galoppsprung im Gleichgewicht muß daher mit der größten Konsequenz erzielt worden sein, als das Hauptmittel, um unsere Schnelligkeit und die Ausdauer in derselben zu steigern; dies ist durchaus erforderlich, wenn wir den Anforderungen, welche das Schlachtfeld jetzt an uns stellt, gerecht werden wollen; denn in der wirksamen Feuersphäre kann nur der lange Galopp geritten werden, wenn wir nicht dezimirt an den Feind kommen und wenn wir die durchaus nothwendige feste Geschlossenheit in der Linie bewahren wollen. — Die Ausbildung dieser Gangart, dieses Tempos, welches in der Zugkolonne gewöhnlich nicht übel, in der Linie, in Front dagegen meistentheils sehr mangelhaft und ohne Haltung geritten wird, findet jedoch nicht erst im Sommerhalbjahr bei der Anwendung statt, vielmehr muß die Grundlage dazu durch die richtige Zusammenstellung des Pferdes, durch dessen Genickbiegung, durch die Erzielung des normalen Aufrichtungsgrades, durch die davon abhängige Hanchenbiegung und Herstellung des Gleichgewichts während der Bahnreiterei im Winterhalbjahr, also durch die versammelten Gangarten gelegt worden sein. Nur wenn dies Verhältniß erreicht ist, wird der Galopp den Pferden für ihre Lungen und Gliedmaßen keinen Schaden bringen und seinen Zweck erfüllen, d. h. mit Ausdauer und mit Ordnung im Gliede, in der Linie geritten werden können. Zuerst ist die gründlichste Durcharbeit der Pferde, sodann die Gewöhnung derselben an diesen Galopp, und die stetige, ganz allmälige Steigerung der Anforderungen in demselben erforderlich, um Ruhe, Sicherheit, Gleichmäßigkeit und Räumigkeit des Sprunges, Ausdauer in demselben zu erzielen, um die Pferde in Athem zu setzen und an erhöhte Leistungen zu gewöhnen, damit sie bei der Karriere und im Handgemenge noch in voller Kraft sind. Athem und Kraft gehen Hand in Hand; auf den ersteren kommt es vornehmlich an, die letztere ist von ersterem abhängig. Nur wenn dies erreicht ist, wird auch der Chok, das „Marsch=Marsch!" gleichmäßig, energisch, vehement und rapide sein, wobei die Glieder geschlossen und gerichtet bleiben; denn die entschiedene und mit Ordnung ge= rittene Karriere ist nur eine unmittelbare Folge des vorher= gehenden langen Galopps.

Bei Pferden mit steifem Genick, vorgestrecktem Halse und steifer Hanche, intakter, hoher Hinterhand wird dies niemals möglich sein; es wird dann niemals der lange, flache, ruhige, gleichmäßige Sprung erzielt werden. Dies ist in neuerer Zeit so oft verkannt und die im Abschnitt V.*) enthaltene Vor= schrift so vielfach mißverstanden, auch die Anforderungen an die Pferde zu deren größtem Nachtheile in irrationeller und unsystematischer Weise oft so sehr übertrieben worden, daß ich mich für verpflichtet halte, darauf hinzuweisen und vor diesen Abwegen zu warnen. Nur wo recht gründlich und syste= matisch die Winterarbeit der Pferde betrieben worden und die letzteren durch dieselbe die richtige Haltung und Biegung, Stellung und Versammlung er= halten, in die ihrem Gebäude angemessenen Formen gebracht worden sind, kann der lange Galopp, in welchem Pferde wie Reiter eine Gewohnheits= haltung annehmen und ruhig athmen lernen müssen, ohne Schaden für die Lungen, Magen und Gliedmaßen der Pferde auf längere Distanzen zur Ausführung gelangen. Die Steigerung der Anforderungen muß, wie schon oben gesagt, ganz allmälig und systematisch geschehen; Gradmesser dafür ist die Freßlust; durch eine einzige Uebertreibung, welche die Freßlust aufhebt, kann sehr viel verdorben und ein nicht wieder gut zu machender Rückschritt hervorgerufen werden.

3) Auf die Ausbildung der Attacke, als des Lebenselements unserer Waffe und als Prüfsteins unserer ganzen Ausbildung kann nicht genug Sorgfalt und Fleiß verwendet werden; ihre Aus=

---

*) Abschnitt V. des Neuabdruckes des Exerzir=Reglements für die Kavallerie vom 9. Januar 1873.

führung bestimmt den Werth der Truppe. — Hauptanforderungen an dieselbe sind:

„Die größte Geschlossenheit, keine Tiefe, kein Zurückbleiben einzelner Mannschaften des zweiten Gliedes, Festhalten der beiden Glieder, die Zugführer weit vor der Front, die Karriere nicht länger als 100 bis 150 Schritt, und etwas moderirt nach der möglichst entwickelten Schnelligkeit der schwächeren Pferde, damit die Geschlossenheit gewahrt bleibt; der allongirte Galopp 600 bis 800 Schritte lang in ruhigem, gleichmäßigen Sprunge ohne Unruhe und ohne Stürmen, flach über den Boden fort."

Nur diejenigen Attacken können als gelungen angenommen werden, welche diese Anforderungen erfüllen, während alle anderen, besonders die nach beiden Seiten auseinandergehenden, lockeren Attacken stets als mißlungen betrachtet werden müssen.

Die geschlossene, rapide Attacke ohne Tiefe muß uns aber auf den Uebungsplätzen zur Gewohnheit werden, denn nur dann werden wir sie auch so im Ernstfalle ausführen. Als erster Grundsatz muß uns gelten, daß nur dasjenige, was im Frieden der Truppe zur Gewohnheit geworden, ihr in Fleisch und Blut übergegangen ist, auch vor dem Feinde, auf dem Schlachtfelde zur Ausführung gelangt, und nichts anderes; daher müssen wir auf den Uebungsplätzen nur gute und richtige Gewohnheiten annehmen und der Truppe beibringen.

4) Das Reiten in der größeren Masse darf unter keinen Umständen die Beweglichkeit, Schnelligkeit und Manövrirfähigkeit beeinträchtigen; die Brigaden und Treffen müssen sich ganz wie einzelne Eskadronen auf das Schnellste und Sicherste bewegen, was sehr wohl ausführbar ist, wenn nur die richtigen Prinzipien aufrecht erhalten und zur anderen Natur werden; diese beruhen auf dem gleichmäßigen, sicheren, unbeirrten Fortreiten ohne alles Stutzen und Nacheilen, also auf dem Tempo, demnächst auf dem Festhalten der Direktion, und der schnellsten, sichersten Annahme einer jeden veränderten Direktion, und endlich **auf dem selbstständigen, sicheren Reiten der Eskadron, als der taktischen Einheit,** unbeirrt von den Neben-Eskadronen und deren augenblicklichen Schwankungen, mithin auf der festen Führung ihres Chefs. Es können sich dann niemals Fehler fortpflanzen und größere Dimensionen annehmen, wie dies so vielfach der Fall ist; sie bleiben dann vielmehr dort, wo sie gemacht werden, stecken.

Sehr erschwert wird der oben bezeichnete Anspruch an die Beweglichkeit und Schnelligkeit der größeren Massen durch das viele Nachblasen und Aufnehmen der von oben ertheilten Signale, welches eine geraume Zeit in Anspruch nimmt, dadurch eine große Schwerfälligkeit zur Folge hat, und außerdem zur größeren Sicherheit der Bewegungen durchaus nicht beiträgt.

Es muß daher schon in den Regimentern öfter nur nach einer Trompete, derjenigen des Regiments, evolutionirt werden, ohne Nachblasen aller übrigen Trompeter, wie dies dann auch in Brigaden geschehen muß, wo nur die Trompeter bei den Regimentskommandeuren die Signale nachzublasen haben. Die Beweglichkeit wird hierunter nicht leiden, aber die Aufmerksamkeit und Spannung der Truppe sehr erhöht werden.

Ebenso beruht die Ordnung und Festigkeit der Truppe beim Reiten in großen Massen, ein Anspruch, der allen anderen vorangestellt werden muß, vornehmlich auf dem selbstständigen, sicheren Reiten der Eskadronen. —

So nothwendig die Uebungen im Divisionsverbande sind, um die Waffe für ihr Auftreten im Gefecht in zweckmäßiger Weise vorzubereiten, und ihr Gewohnheiten zu lehren, die ihr für den Ernstfall erhöhtere Erfolge sichern, wie diejenigen, welcher sie sich in den letzten Feldzügen zu erfreuen hatte, damit sie ein brauchbares, schneidiges Instrument in der Hand der höchsten Führer sei, und man sich wieder daran gewöhne, auch mit Kavalleriedivisionen in der Schlacht zu rechnen, so wäre es doch besser, auf diese Uebungen zu verzichten, wenn die Ordnung, die Festigkeit, die Sicherheit in der Truppe dabei verloren gingen. Bei richtiger Erkennung und Erfassung der Pointe findet dies aber keinenfalls statt.

Diese Pointe ist, was nicht oft genug wiederholt werden kann, die Selbstständigkeit der taktischen Einheit, der Eskadron, ihr unbeirrtes Reiten um die etwaigen Schwankungen der Neben-Eskadronen, und ihre unausgesetzte, feste Führung durch ihren Chef, der sie stets sicher in der Hand behalten muß. Dieser Anspruch muß im vollsten Maße an denselben gestellt werden; er darf nicht willenlos den anderen Eskadronen nachreiten oder sich von denselben hin- und herschieben lassen, sondern er muß schon voraussehen und kommandiren; er muß ein denkender, schnell entschlossener Führer sein; nur um ein Beispiel anzuführen: er darf nicht, wenn sich seine Eskadron in der Zugkolonne befindet, und in den Vorder-Eskadronen Pferde gestürzt sind, falls er seitwärts nur irgend Platz zum Ausbiegen hat, über die gestürzten Mannschaften und Pferde fortreiten und dadurch die Unordnung in seiner eigenen Eskadron organisiren, sondern er muß seine Eskadron schnell seitwärts führen, um die feste Ordnung in ihr zu erhalten, kurz, er muß selbstständig und umsichtig verfahren, ohne sich dadurch vom Regiment zu emanzipiren.

Die Eskadron muß unter allen Verhältnissen in sich fest geschlossen zusammenhalten; es darf unter keinen Umständen ein unwillkürliches

Schwenken und dadurch ein Abbröckeln der einzelnen Rotten, ein Schwärmen entstehen, wie man dies so häufig wahrnehmen kann. Allerdings muß dabei vorausgesetzt werden, daß die Eskadron für sich nach richtigen Grundsätzen ausgebildet worden ist, was hauptsächlich auf den beiden Schlagworten: „Tempo und Direktion" beruht. —

Gleichmäßiges, egales Fortreiten in den verschiedenen Gangarten ohne alle Augenrichterei, und die schnellste Aufnahme der Direktionen nach dem Säbel und nach dem Pferde des Eskadronchefs und der Zugführer sind die Fundamental-Vorbedingungen für die ordnungsmäßige Ausführung aller unserer Bewegungen, was nicht konsequent genug festgehalten werden kann. —

Die Tempos der verschiedenen Gangarten müssen, um diese Bedingung zu erfüllen, unverrückt nach den Festsetzungen des Reglements geritten werden, ohne ein Ueberbieten zwischen den einzelnen Regimentern. Diese Tempos müssen vorher bei den Regiments-Uebungen nach der Sekunden-Uhr mit Hülfe der auf den Grenzen der Exerzirplätze aufgestellten Markirpfähle regulirt worden sein. — Wenn die Regimenter dann nur richtig auf dem Haken schwenken gelernt haben, so werden auch Tete und Queue der Kolonne, selbst wenn achtzig Züge hinter einander reiten, ganz dasselbe Tempo reiten, und die Queue wird nicht Karriere zu reiten brauchen, um die Distanz zu halten, während der Tetenzug seinen ruhigen Tempotrab fortreitet. — Da der Wechsel des Tempos in den Kolonnen, der so verderblich auf die Pferde und auf die Ordnung wirkt, und der die Präzision aller Bewegungen hemmt, hauptsächlich durch das schlaffe, lasche, langsame und viel zu späte Ausführen der Signale seitens der Mannschaften, durch das verspätete Hineinreiten in die Signale beeinträchtigt wird, so müssen den Mannschaften gute Gewohnheiten in dieser Beziehung anerzogen worden sein, sonst ist ein präzises Evolutioniren, und sind exakte, frische, schnelle Bewegungen in größeren Massen ganz unmöglich; dabei kann auch niemals der Moment rechtzeitig wahrgenommen werden; alle Bewegungen werden dann schleppend und langweilig. —

Aus demselben Grunde müssen ebenfalls die Eskadronen im Direktionsreiten ohne alles Kommando ihrer Chefs eingeübt worden sein; sie müssen gewohnt sein, die Direktionen so rasch und so präzise wie möglich aufzunehmen.

5) Es muß so viel Reiterei in den Regimentern vorhanden sein, daß möglichst kein Stürzen vorkommt; kurze Zügel und angespannte Aufmerksamkeit wirken allerdings sehr darauf hin, aber noch viel mehr das durch Genickbiegung, richtige Haltung und gebogene Hinterhand bedingte Gleichgewicht des Pferdes; denn ein Pferd, dessen Hinterhand

nicht intakt, steif, todt, ungebogen, sondern die gebogen, thätig, biegsam ist, hilft sich ganz von selbst, ohne Zuthun des Reiters, wenn es einmal mit den Vorderbeinen anstößt und stolpert.

6) Die Uebung des Handgemenges nach der Attacke, analog dem Ernstfall, um die bei dem letzteren nicht zu vermeidende völlige Auflösung der Ordnung herbeizuführen, damit sodann die so dringend nothwendige, recht häufige Uebung des schnellsten Ralliirens erfolgen kann, muß den Mannschaften völlig zur Gewohnheit geworden sein. —

Dieses Ralliiren in jeder beliebigen Direktion, besonders nach vorwärts, und das darauf folgende Evolutioniren mit unrangirter Eskadron muß schon von der Eskadron ab zum Gegenstand der unabläßigsten Uebung gemacht werden; es kann hierauf nicht genug Werth gelegt werden; es ist dies auch eine der Pointen; denn, wem es gelingt, die letzte geschlossene Abtheilung in der Hand zu haben, der behauptet das Feld. — Die Mannschaften müssen daher mit der größten Konsequenz und Nachhaltigkeit daran gewöhnt werden, aus der äußersten Zerstreuung sich wieder zusammenzuschließen und die geschlossenen Glieder zu formiren.

7) Um den an sie zu stellenden Anforderungen in jeder Beziehung genügen zu können, müssen ferner sämmtliche Eskadronen in ihren Obliegenheiten als Flügel- und Unterstützungs-Eskadronen gründlich ausgebildet worden sein. —

bb. **Grundsätze für die Verwendung der Truppen in Treffen.**
Zusammengestellt aus den Cirkulairen vom 22. Juli 1872, 17. August 1872, 22. Juli 1873, 12. September 1873, 25. Juni 1874, 22. Juli 1874, 19. Juni 1875.

1) Der Hauptzweck der Divisions-Uebungen besteht in der Führung verschiedener Treffen unter einheitlicher Leitung zu einer bestimmten, festgestellten Aufgabe; in der Anbahnung des schnellen Verständnisses der Führer unter sich und dem Kommandirenden, was nur durch öftere Uebung zu erreichen möglich ist.

2) Das ganze Prinzip der Treffentaktik begründet sich auf der Gliederung nach der Tiefe, auf der gegenseitigen, nachhaltigen Unterstützung von rückwärts, auf der konzentrischen, einheitlichen, energischen Wirkung der Massen (Treffen) auf den entscheidenden Punkt. — Keine Ausdehnung in die Breite, keine exzentrische, divergirende Wirkung der einzelnen Theile, wenn sie nicht ausdrücklich durch die Umstände bedingt und zur Nothwendigkeit wird. — Keine vollständige Verausgabung aller Kräfte, sondern stets noch einen intakten Theil des Ganzen zur eventuellen Verwendung fest in der Hand! —

3) Die taktische Ordnung darf niemals durch das Manövriren im Terrain beeinträchtigt werden; es muß das eifrigste Bestreben der Führer darauf gerichtet sein, die großen Massen vollkommen ebenso beweglich und so schnell zu erhalten, wie es die einzelnen Eskadronen sind; die größeren Truppenkörper, Regimenter und Brigaden, dürfen unter keinen Umständen schwerfällig werden, an Beweglichkeit einbüßen; ihre Bewegungen dürfen nicht schleppend werden, sondern müssen ebenso schnell und lebendig, frisch und frei bleiben, wie diejenigen der kleineren Abtheilungen.

4) Eine unumstößlich festzuhaltende Bedingung für die Uebung in größeren Massen ist, daß die Eskadron unbedingt als die taktische Einheit in jeder Beziehung respektirt, und daß unter keinen Umständen gegen dieses feste Grundprinzip verstoßen wird. Es ist dies das Hauptmittel, um, wie schon weiter oben gesagt und als unumgänglich erforderliche Vorbedingung bezeichnet worden ist, die Beweglichkeit und Schnelligkeit der Massen mit der festen Ordnung und Sicherheit der Bewegungen, besonders in der Hauptform, der Linie, vereint zu erhalten. In der Selbstständigkeit der taktischen Einheit, der Eskadron, beruht der einzige, feste Halt, der selbst bei den größten Massen und bei der reißendsten Schnelligkeit in den Bewegungen es ermöglicht, die Festigkeit, Sicherheit und die Ordnung in der Truppe aufrecht zu erhalten. Keineswegs soll hiermit der Emanzipation der einzelnen Eskadron das Wort geredet werden, denn wo würde da die konzentrische einheitliche Wirkung bleiben! sondern nur der Accent soll darauf gelegt werden, daß der Eskadronchef auch im größeren Truppenverbande, im Regiment und in der Brigade, stets seine Eskadron führt, fest in der Hand behält und für ihre Geschlossenheit und Ordnung verantwortlich bleibt. Kein Flügel-Unteroffizier darf daher von selbst ohne Weiteres, ohne das Kommando seines Eskadronchefs, an die Neben-Eskadron herangehen, um die etwa verloren gegangene Intervalle zu verbessern, und zu dem Behuf seine ursprüngliche Direktion verlassen; sondern derselbe hat unausgesetzt streng seine Direktion beizubehalten und unbeirrt fest geradeaus zu reiten, ohne Rücksicht darauf, ob die Intervalle noch so groß oder zu klein wird; — das ist die Pointe. Will der Eskadronchef die zu groß gewordene Intervalle verbessern, so hat derselbe die betreffenden Kommandos mit halber Stimme zu ertheilen und die Direktion mit dem Säbel anzudeuten, wie dies bei einer solchen Veränderung der Direktion die sämmtlichen Zugführer ebenfalls thun müssen. — Auf diese Weise wird keine Auflösung in Atome eintreten. — Je größer die Massen sind, in welchen geritten wird, und wir müssen in solchen mit der vollkommensten Sicherheit und Ordnung reiten können, wenn wir unsere volle Wirksamkeit in der Schlacht behaupten wollen, um so mehr muß dieser unumstößliche

Grundsatz festgehalten werden. — Ein Eskadronchef, der diesem Anspruch unter solchen Umständen nicht genügt, erfüllt seine Aufgabe nicht. —

Je mehr die Truppe daran gewöhnt und darauf eingeritten ist, auf das Schnellste, mit Sicherheit eine jede beliebige Direktion aufzunehmen und festzuhalten, was nächst dem sicheren Tempo die Hauptsache bleibt, um so weniger werden auch Intervallen verloren gehen, denn dieser Fehler ist nur eine Folge der divergirenden Direktionen. Gehen die Intervallen aber verloren, so ist es kein Unglück, und viel weniger nachtheilig, als wenn dadurch die Auflösung, die Lockerheit in den Eskadronen hervorgerufen wird. —

5) Es kann nicht genug festgehalten werden, daß die Ordnung der Truppe, nächst der Festhaltung des Tempos, der Direktion und der Selbstständigkeit der Eskadronen auf der allmäligen Verbesserung der durch die Terrain- und andere Verhältnisse entstandenen Unregelmäßigkeiten und Fehler beruht, welche von einem jeden einzelnen Führer bis zum Zugführer und Unteroffizier herunter ohne weiteres, ohne Eintreten des höheren Führers, schnell in derem Kreise selbstständig beseitigt werden müssen. In dieser Weise muß die Truppe erzogen sein.

6) Die Einwirkung der höheren und niederen Führer auf ihre Truppe, sei es zur Ausführung neuer Bewegungen, von Direktionsveränderungen, Tetenschwenken u. s. w., sei es, um Fehler zu koupiren, dieselben nicht weiter fortpflanzen zu lassen, sei es, um unrichtige Direktionen zu berichtigen, muß sich überhaupt so schnell als irgend möglich äußern; dieselbe kann gar nicht rasch genug eintreten und sich geltend machen.

Es kommt nur darauf an, daß schnell gesehen und dann auf der richtigen Stelle angefaßt wird, um der Sache auf die rascheste Weise Herr zu werden; gewöhnlich ist es die Tete, welche richtig dirigirt werden muß. — Also vor allem: rascher Blick, recht schneller Entschluß, rapideste Ausführung, und recht feste, sichere Kommandos und Signale, damit die Truppe mit Ruhe, Sicherheit und Ordnung, in Athem, in der zweckmäßigsten, wirksamsten Direktion an den Feind gebracht wird. —

7) Für den Fall, daß Mißverständnisse, Irrthümer vorkommen, darf die Korrigirung niemals im Schritt erfolgen, sondern mindestens stets im Trabe; besser ist es natürlich, daß sie gar nicht vorkommen, und daß sowohl der Oberführer durch deutliche Avertissements und Bestellungen, wie die Unterführer durch richtiges Verständniß und Eingehen auf die mitgetheilten Ideen nach Möglichkeit hierzu beitragen. — Ebenso ist es von höchster Wichtigkeit, daß die Bestellungen von Aufträgen und Meldungen durch die Adjutanten und Ordonnanz-Offiziere auf das Sorgfältigste geübt, und die ersteren präzise und richtig ausgeführt werden,

um das gegenseitige Verständniß zwischen Führer und Truppe zu sichern, weil hierauf vieles ankommt. —

Es muß alles daran gesetzt werden, daß Mißverständnisse und Irrthümer nicht vorkommen, da sie stets die Schuld am Mißlingen, am mangelhaften Eingreifen, an verunglückten Situationen tragen.

8) Damit die wichtigen Momente nicht verpaßt werden, müssen die Treffenführer vor allen Dingen, aber auch die niederen Führer, wenn dieselben selbstständig auftreten, stets das Ganze, die übrigen Treffen, den Gang des Gefechtes auf das Angespannteste im Auge behalten und sich nicht um ihre Truppe, um deren Details bekümmern; nur dann werden sie nach den Umständen sofort eingreifen können. — Es muß das schnellste Verständniß, der rascheste Entschluß und die schnellste Ausführung beansprucht werden, wenn uns dadurch nicht der Vorwurf des „trop tard" erwachsen soll. — Diese Anforderungen, welche die Führung betreffen, werden aber durch das viele Bekümmern um die Truppe beeinträchtigt und hintenan gesetzt.

9) Es muß der Truppe ganz gleichgültig sein, ob sie sich in der Inversion oder in der Normalformation befindet, und ob sie auch in der Inversion attackirt. Beide Formen haben völlig gleiche Berechtigung, und es darf unter keinen Umständen ein Zaudern stattfinden, um die Entwickelung zur Inversion eintreten zu lassen, wenn die Linie dadurch schneller formirt wird; es ist völlig gleichgültig, ob der vierte Zug einer Eskadron auf dem rechten oder linken Flügel sich befindet, ob die erste Eskadron in der Mitte oder auf dem linken Flügel, die dritte oder fünfte auf dem rechten Flügel steht. Unter keinen Umständen dürfen lange, zeitraubende, weitläufige Bewegungen zu dem Zweck ausgeführt werden, um nur wieder nach der bedrohten Front die Normalformation zu gewinnen, sondern es muß nach den Umständen einfach zur Inversion mit Zügen eingeschwenkt werden, um die Linie gegen den Feind herzustellen; z. B. darf nicht aus der zusammengezogenen Kolonne aus der Tiefe deployirt werden, oder ein zugweises Einschwenken aus der Zugkolonne stattfinden, um nur wieder zur Normalstellung formirt zu sein.

Derartige Bewegungen dürfen vor dem Feinde gar nicht vorkommen, also auch nicht auf den Uebungsplätzen.

Sowohl Führer als Truppen müssen sich an die Formation in der Inversion und an die Bewegungen in derselben, wie an ein gut und bequem sitzendes Gewand völlig gewöhnen; Niemandem darf sie etwas Ungewohntes sein. — Dies wird aber nur dadurch erreicht, wenn die Truppe sich recht häufig in der Inversion befindet und in derselben bewegt; nur dann wird ihr das Gewand zur Gewohnheit und völlig bequem werden, worauf es ankommt, um aller Unordnung vorzubeugen.

Wünschenswerth ist es, daß die Eskadronen möglichst gleichmäßig abmarschirt sind, damit nicht etwa einmal in einander hineingeritten wird. Die von Detachirungen in den Regimentsverband zurückkehrenden Eskadronen müssen hierauf ihr Augenmerk richten. — Werden jedoch nur die Festsetzungen des Reglements streng festgehalten, daß nämlich aus Eskadronskolonnen auf das Signal „Deployiren!" oder „Eskadrons formiren!" stets links aufmarschirt wird, ohne Rücksicht, ob dadurch die Inversion entsteht, so kann demunerachtet aus dem ungleichmäßigen Abmarsch der Eskadronen eine Unordnung nicht eintreten.

10) Ebenso darf alles Hin- und Herrücken und sich kreuzen der Eskadronen durchaus nicht stattfinden, da dies ganz unkavalleristisch ist, und, wie schon betont, völlig gleichgültig, in welcher Reihenfolge die Eskadronen neben einander stehen, wenn sie nur fest in sich geschlossen und in Ordnung sind; dies muß aber unbedingt der Fall sein. —

In gleicher Weise hat auch ein Korrigiren der Intervallen auf der Stelle gänzlich zu unterbleiben; ist eine Eskadron einmal sehr abgekommen, so hat sie das im Vor- oder Zurückgehen auf das betreffende Kommando ihres Chefs auszugleichen. —

11) Es kommt darauf an, früher fertig, früher zur Stelle zu sein, wie der Gegner. Zur Wirkung des Choks und der Waffen kommt dann noch der moralische Eindruck der Ueberraschung; es kann uns dann der Erfolg nicht fehlen. Wir müssen daher an die größte Schnelligkeit gewöhnt sein; wir können nicht schnell genug unseren Entschluß fassen und ihn ausführen, nicht schnell genug reiten; wir müssen vollkommen Herr der Technik der Bewegungen unserer Waffe sein, so daß wir im Stande sind, die letztere durch Signal und Kommando so schnell als möglich mit den einfachsten Evolutionen in der entscheidenden Direktion auf den richtigen Punkt zu bringen, welcher stets Rücken und Flanken des Feindes ist. —

Bei dem unserer Waffe eigenthümlichen, persönlichen Element, welches dem Führer eine ganz besondere Stellung anweist, und ihm eine erhöhte Bedeutung beilegt, bei dem Umstande, daß er die Truppe nicht blos leitet, sondern direkt führt, spielt die Handhabung der Waffentechnik, das richtige Eingreifen und völlige Beherrschen der durch das Reglement gegebenen taktischen Formen eine sehr wichtige Rolle. —

Die Aufgabe besteht also, wie schon gesagt, darin, die Truppe auf dem allerkürzesten Wege mit den einfachsten Evolutionen auf den entscheidenden Punkt in der den günstigsten Erfolg verbürgenden Direktion zur größtmöglichsten Waffenwirkung an den Feind zu führen. Dies ist der Anspruch, der an den Führer unbedingt gestellt werden muß; ein jeder Führer muß sich hiernach alle nach den Erfahrungen vorkommenden Hauptfälle klar machen, und die Truppe ohne das geringste Zögern diejenigen Bewegungen ausführen lassen, welche direkt zum Ziele führen. Entschluß und Ausführung müssen zusammenfallen.

Das so oft bei den Uebungen der Kavallerie hervortretende Reiten in rechten Winkeln muß ganz fortfallen; es darf kein weites Ausholen, kein Vor- und Zurück-, kein Rechts- und Linksgehen stattfinden, um auf einen bestimmten Fleck, sei es zur Gefechtswirkung, sei es, um in eine Aufstellung zu gelangen; es müssen anstatt dessen die schrägen Direktionen, als die nächsten und kürzesten Wege, unter rücksichtsloser Anwendung der Inversion, eingeschlagen werden; es müssen die Halbkolonnen, sowohl in Eskadronen, wie in Regimentern und ganzen Treffen in ausgedehntestem Maße zu den Bewegungen angewandt werden, denn diese repräsentiren eben die nächsten Wege, die schrägen Linien, und durch sie wird es nur möglich, sich vorwärts-seitwärts zu bewegen und auf die Umfassung der feindlichen Flanke zu manövriren. Geschieht dies, so werden wir niemals den schlimmsten Vorwurf für unsere Waffe, des „zu spät" auf uns laden, und darauf kommt es an. —

Alle in dieser Beziehung nothwendigen Evolutionen beruhen vornehmlich auf einer geschickten Kombination der Eskadronskolonnen und der zusammengezogenen Kolonne mit der Zugkolonne, der Halbkolonne in Eskadronskolonnen mit der Linie und der Halbkolonne in Linie mit der Zugkolonne, kurz auf einer richtigen Anwendung der einfachsten und kürzesten Uebergänge aus jeder der hauptsächlichst vorkommenden einzelnen taktischen Formen (der zusammengezogenen Kolonne, den Eskadronskolonnen, der Linie, der Zugkolonne, der Halbkolonne in Zügen) in die andere und zur Entwickelung in der Linie.

*) Die Evolutionen, welche diese Uebergänge vermitteln, sind bereits im Abschnitt III. dieser Zusammenstellung (das Regiment) unter 3 g. eingehend dargelegt worden; es wird daher auf dieselben, ohne sie hier besonders zu wiederholen, ausdrücklich hingewiesen, und soll an dieser Stelle nur noch einiger, in dieses Gebiet schlagender Kapital-Anforderungen Erwähnung geschehen.

a. Die einfache Zugkolonne ist die beste Formation für alle Seitenbewegungen in der Nähe des Feindes, für verdeckte Flankenmärsche, für massirte Stellungen in Defileen, wenn die letzteren durch die Verhältnisse durchaus geboten sind; dann aber ohne Distanz, dicht aufgeschlossen.

---

*) Anmerkung des Zusammenstellers.

b. Bei allen Gelegenheiten wird stets zuerst aus der Marschkolonne in Züge, sodann erst in Eskadronen und demnächst erst im Regiment aufmarschirt; ein unmittelbarer Aufmarsch aus Zügen zum Regiment auf das Deployirsignal ist völlig ausgeschlossen. Ist Gefahr im Verzuge, wie beispielsweise beim Degagiren eines geworfenen Treffens, so kann ausnahmsweise mit Echelons in Eskadronen attackirt werden; die Regel bleibt aber, daß die Attacke so viel als möglich in entwickelter Regimentsfront erfolgt; ist noch so viel Zeit vorhanden, daß sich das zweite Regiment mit dem vorderen aligniren kann, so ist die Attacke in der Brigade, als Treffen, auszuführen; ist nicht so viel Zeit vorhanden, so erfolgt die Attacke echelonweise in Regimentern.

c. Alle Entwickelungen sind in der Regel in der Bewegung und nicht auf der Stelle auszuführen, wie z. B. das Auseinanderziehen aus der zusammengezogenen Kolonne zu Eskadronskolonnen, das Deployiren aus der zusammengezogenen Kolonne u. s. w. In den allerseltensten Fällen wird ein Grund vorhanden sein, dies auf der Stelle auszuführen; es ist überdies auch nicht kavalleristisch. —

d. Nach rückwärts wird aus der Linie zu Eskadronskolonnen, wie auch zu anderen Formationen, niemals, auch auf das betreffende Signal nicht, wenn sich die Linie im Trabe befand, im Galopp abgebrochen, sondern nur stets im Trabe, da dies sonst leicht Veranlassung zu den größten Unordnungen geben kann.

Um in Eskadronskolonnen zurückzugehen, empfiehlt es sich zur Vermeidung des Signals „Retraite!" mit Zügen abschwenken und die betreffenden Flügelzüge in den Eskadronen kehrtschwenken zu lassen, da hierdurch das Abbrechen mit Zügen nach rückwärts vermieden wird, und man die Truppe stets fest in der Hand behält. —

e. Sind aus der zusammengezogenen Kolonne Bewegungen nach der Seite oder rückwärts ausgeführt worden, so wird auf das Signal „Front!" in analoger Bedeutung desselben für die Zugkolonne und für die Eskadronskolonnen stets wieder nach der feindlichen Seite (wo sich der Führer befindet) eingeschwenkt, und die zusammengezogene Kolonne formirt.

f. Das Deployiren aus der zusammengezogenen Kolonne in der Bewegung auf das Signal „zum Deployiren!" findet in analoger Anwendung des Signals „Front!" in der Weise statt, daß auf dies Signal sofort der Eskadronchef derjenigen Flügel-Eskadron, welcher sich dem Führer, der das Signal ertheilen ließ, zunächst befindet, nach dem Feinde (dem Führer) einschwenken läßt; die übrigen Eskadronen folgen, sowie sie den erforderlichen Raum zum Einschwenken gewonnen haben, in derjenigen Reihenfolge, wie sie dem Feinde (dem Führer) zunächst sind.

Das ganz unzweckmäßige und unpraktische Deployement aus der Tiefe fällt hierdurch gänzlich fort, und die Eskadronchefs können somit niemals mehr unsicher sein, ob, wann und wohin sie einzuschwenken und die Linie zu formiren haben. —

Jede Unsicherheit, jedes Mißverständniß und jeder Irrthum, sowie alles Zaudern, welches die unmittelbare Folge davon ist, muß aber im Gefecht fortfallen, da nur die Thatkraft dadurch gelähmt wird. --

Dieses Deployement aus der Bewegung ist ein vortreffliches Mittel, um sich aus der zusammengezogenen Kolonne nach einer Flanke, die plötzlich bedroht wird, schnell zu entwickeln, nachdem zuvor durch entsprechende Schwenkung der Tete die erforderliche Drehung bewirkt worden ist, um nach dem Deployiren dann die richtige Direktion zu haben. —

g. Das Signal „Aufrücken!" erfolgt für das Zusammenziehen der Eskadronskolonnen zur zusammengezogenen Kolonne; ebenso empfiehlt es sich, dies Signal auch anzuwenden, wenn aus der Zugkolonne oder aus der Marschkolonne zu Dreien oder zu Zweien die zusammengezogene Kolonne hergestellt werden soll, also statt des Kommandos „Teten vorgezogen!" — Selbstverständlich hat sich dabei, was prinzipiell festzuhalten, eine jede Eskadron aus der Marschkolonne zuerst in sich in Zugkolonne zu formiren, sowie der Platz hierzu vorhanden, worauf sie dann auf ihre Stelle im Regimentsverbande zu führen ist. —

h. Für die Tetenschwenkungen der Eskadronskolonnen, sei es ein Viertel oder Achtel, ist es erforderlich, das Ausführungssignal in Anwendung zu bringen, um eine größere, für die folgende Formation sehr nöthige und unerläßliche Präzision zu erreichen. — Bei einer Ungleichmäßigkeit dieser Bewegung, die ohne Ausführungssignal gar nicht vermieden werden kann, ist ein Schwanken der Kolonne unvermeidlich. —

12) Der Fridericianische Grundsatz muß mit der entschiedensten Konsequenz festgehalten werden, daß der Angriff unter allen Verhältnissen auf die schwache Seite des Gegners, auf dessen Flanken dirigirt wird, daß möglichst Front und Flanke der feindlichen Kavallerie stets zugleich attackirt werden, wenn möglich auch deren Rücken. Der große König hat es vielfach ausgesprochen: Drei Mann im Rücken thuen mehr, wie funfzig en fronto! —

Während der Attacke muß daher stets evolutionirt und gegen die Flanke des Feindes manövrirt werden, zu welchem Zweck Vorwärts-seitwärts-Bewegungen in Halbkolonne auszuführen, Direktionsveränderungen vorzunehmen sind; der Chok ist stets in einer von der ursprünglichen abweichenden Direktion auszuführen. Dies muß die Regel und der Truppe zur anderen Natur geworden sein.

In allen diesen Bewegungen feiern dann Beweglichkeit und Manövrir=
fähigkeit, Schnelligkeit und taktische Ausbildung der Truppe, Entschlossenheit
und Umsicht der Führer ihren Triumph.

Was unsere Väter konnten, das werden wir doch auch vermögen mit
unserem viel besseren Material; wir müssen nur von unseren schlechten
Gewohnheiten zurückkommen und uns etwas zumuthen! —

Wenn aber niemals anders als in gerader Front attakirt, die Attacke
auch nur stets in derselben Direktion, wie sie beim Beginn derselben ange=
setzt werden, ausgeführt wird; wenn es sogar für zu gefährlich und für
eine Unmöglichkeit erklärt wird, es anders vor dem Feinde zu machen, und
in Folge dessen bei den Friedensübungen niemals die Direktion in der
Attacke gewechselt, niemals in der Attacke evolutionirt, und dieselbe immer
starr und steif nur geradeaus geritten wird; wenn es ferner für zu schwierig
und als fast unausführbar bezeichnet wird, mit sechs bis acht Eskadronen
um den Flügel des ersten Treffens vorzubrechen und sich auf des Feindes
Flanken und Rücken zu werfen, während der große König diese Bewegung
meistentheils bei seinen Revuen mit 15 Eskadronen ausführen ließ, und
dieselbe mit unglaublicher Schnelligkeit, bewundernswerther Vehemenz und
unglaublicher Ordnung gelang, wie der Augenzeuge Guibert berichtet, so
kann ich nur sagen, daß wir uns selbst ein Armuthszeugniß ausstellen und
mit diesen Ansichten und Gewohnheiten nicht einen Schritt weiter vorwärts
kommen werden.

Von der Kavallerie Friedrich des Großen sagen erfahrene, sachkundige
Ausländer, daß ihr erstes Treffen sich sofort beim Anreiten stark seitwärts
vorwärts gezogen und auf diese Weise den Feind schon immer überflügelt
habe, wenn es zum Chok selbst gekommen sei. Das zweite Treffen sei
meistentheils in schräger Front, das erste Treffen debordirend vorgegangen
und habe sich im Augenblick des Choks auf Flanken und Rücken des
Feindes mit ungeheurer Vehemenz gestürzt.

Dies bezeichnet genügend den Geist, in dem damals die Treffen ver=
fuhren; dieser Geist war die Grundbedingung zu ihren großen Leistungen;
auf die speziellen, taktischen Hülfsmittel, die von ihnen angewandt wurden,
kommt es nicht an: sie brauchten diese, wir wenden jene und andere an;
verfahren wir aber in ihrem Geiste, und dazu gehört, daß wir schon von
der Eskadron an bis zur Brigade hinauf es uns zum festen Gesetz machen,
während der Attacke stets zu evolutioniren und keine Attacke in der ursprüng=
lichen Direktion auszuführen. Nichts darf uns zu schwer erscheinen, was
wir nicht ausführen könnten; je schwieriger, um so besser, damit wir uns
an die Ueberwindung von Schwierigkeiten gewöhnen, uns gegen dieselben
abstumpfen; wir werden dann im Ernstfall vor nichts mehr zurückschrecken,

und vergegenwärtigen wir uns stets, daß der Soldat erzogen werden muß, und daß nur dasjenige vor dem Feinde ausgeführt werden kann, was uns in Fleisch und Blut übergegangen ist.

Der Führer, welcher davor zurückschreckt, im Angesichte des Feindes mit seiner Truppe zu evoluiren, der stellt sich ein Armuthszeugniß aus, der hat sie nicht richtig ausgebildet und zeigt, daß er sie nicht fest in der Hand hat; er entäußert sich bei dem starren, steifen Geradeausreiten auf den Gegner in der Attacke des Hauptfaktors zum Siege, welcher in der gewandten Führung, sowie in der Beweglichkeit und Manövrirfähigkeit der Truppe liegt; es bleiben dann nur die beiden anderen, außer ihm liegenden Faktoren, die physische Stärke, die Ueberlegenheit an Zahl und die moralische Kraft der Truppe übrig, auf welche allein zu bauen und sich zu verlassen nicht rathsam und angemessen erscheint, da sie mehr oder weniger auf Zufälligkeiten und unberechenbaren Einflüssen beruhen, also außer unserer Hand liegen, während der erstbezeichnete Faktor den Führern und Truppen anerzogen, also zur Gewohnheit werden und dann in die Waagschale zum Siege geworfen werden kann. —

13) Die Benutzung des Terrains muß bei allen Bewegungen und Evolutionen im ausgedehntesten Maße stattfinden, insbesondere, um eine verdeckte Annäherung an den Feind zu bewirken, und dadurch überraschend gegen ihn in Flanke oder Rücken plötzlich auftreten zu können, was eine doppelte Wirkung hat; allen Führern muß dies zur zweiten Natur werden, sie dürfen dies niemals versäumen; jede Vertiefung des Terrains, welche die Truppe dem Auge des Gegners entzieht, muß dazu benutzt, auch keine Umwege gescheut werden, wenn sich dadurch die Gelegenheit bietet, die Truppe verdeckt an den Feind zu führen. —. Alle Rendezvous-Stellungen müssen unbedingt verdeckt genommen werden. —

14) Soviel als dies möglich ist, muß nach Signalen und nicht nach Kommandos geritten werden; bei Bewegungen, für welche Signale vorhanden sind, müssen stets diese und nicht die entsprechenden Kommandos ertheilt werden. Im Interesse der Schnelligkeit der Ausführung und des richtigen, nicht zu fehlenden Verständnisses muß die ausgedehnteste Anwendung der uns zu Gebote stehenden Signale seitens der Führer stattfinden. —

15) Da ein jedes Feuergefecht zu Pferde völlig zwecklos, eine reine Vergeudung von Munition und unkavalleristisch ist, und unentschiedene Naturen dadurch bewogen werden, sich lieber auf Schießen einzulassen, als den feindlichen Eklaireurs auf den Leib zu gehen und sie dadurch zu verjagen, so kommt

es auch nur auf Eklairiren und nicht auf Flankiren an; es genügt daher vollständig, daß eine vorgezogene Eskadron, die den vierten Zug vornimmt, nur die vier Flankeurrotten des letzteren auflöst und gegen den Feind zum Eklairiren vorsendet; es wird mithin nicht der ganze vierte Zug aufgelöst.

16) Kein Treffen oder Regiment darf sich während des Gefechtes mit dem Rücken unmittelbar gegen einen Wald, oder gegen ein sonstiges ungangbares Terrain, See, Teich, Sumpf 2c. aufstellen. —

17) Die Batterien, die im Feuer stehen, dürfen niemals bei Flankenbewegungen maskirt werden; es ist also selbst mit Umwegen stets hinter ihnen herum zu gehen; auch bei Vorwärtsbewegungen und beim Zurückgehen müssen sich die Führer bemühen, den Batterien so lange als möglich die Schußlinie freizuhalten, damit dieselben beim Angriff, also bei der Attacke, möglichst lange wirken und beim Zurückgehen die Treffen aufnehmen können. —

18) Spezialbedeckungen für die Artillerie werden nicht gegeben; wenn eine Batterie etwas lange in einer Position stehen bleibt, und beim Zurückgehen dadurch in Gefahr geräth, so haben die nächst bereiten Truppentheile die Verpflichtung, sofort, ohne einen besonderen Befehl abzuwarten, schnell vorzubrechen und durch eine kurze Attacke die Batterien zu degagiren und zu sichern; es ist dies eine Ehrensache, und sind die zunächst haltenden Abtheilungen für die Sicherheit der Artillerie verantwortlich. —

19) Die Treffen und Regimenter haben den Batterien auf das Schnellste Platz zu machen, wenn deren Wirkung erforderlich, oder bei den Friedensübungen im Sinne des Auftrages liegt und befohlen ist; dieselben sind in den Marschkolonnen niemals an die Queue zu nehmen, ebensowenig auf den Rendezvous, sondern stets so weit nach vorne, daß ihre Sicherheit nicht gefährdet ist, und nach demjenigen Flügel, wo sie zur Wirksamkeit gelangen sollen. —

Schlußbemerkungen.

Unsere Richtschnur soll der Fridericianische Grundsatz sein, der seitdem in aller Beziehung die Grundlage für uns geworden ist: „Ordnung und Methode verhelfen immer zum Siege und überdauern alles andere!" Bemühen wir uns daher auf das Angestrengteste, diesen Grundsatz stets zur Geltung zu bringen, dann kann ein entsprechendes Resultat nicht ausbleiben. —

Ich fasse die hauptsächlichsten der in Vorstehendem enthaltenen Grundsätze nochmals kurz zusammen:

1) Schnelles Verständniß der Führer mit den oberen Führern.
2) Selbstständiges Handeln und Eingreifen der Unterführer.
3) Geschickte Wahl und völlige Beherrschung der taktischen Formen, also die Technik der Truppenführung.
4) Vereinigung der größten Schnelligkeit mit der höchsten Ordnung. Schnellste Entwickelungen und überraschendes Vorbrechen. — Immer zuerst zur Stelle, und früher als der Feind.
5) Beweglichkeit bei allen Frontalbewegungen, Fähigkeit und Gewandtheit zu schnellen Direktionsveränderungen, um sich stets auf die Flanke des Gegners zu dirigiren, dieselbe zu umfassen, und um sie überraschend attackiren zu können. —
6) Die festgeschlossene, zweigliedrige Attacke, der ruhige, räumige, lange, flache Galoppsprung, der kurze Choc bis zu 100—150 Schritten.
7) Das schnellste Ralliiren aus der größten Zerstreuung und Unordnung nach jeder beliebigen Direktion, um stets wieder eine geschlossene Abtheilung in der Hand zu haben.

---

b. Die Ausbildung der Brigade als Treffenglied der Division.

Zusammengestellt aus den Cirkularen vom 22. Juli 1873, 22. Juli 1874, 20. August 1874, 19. Juni 1875.

Die Uebungen der einzelnen Brigaden sind lediglich zur Vorbereitung für ihre Aufgaben als Treffen bestimmt. — Die Brigaden reiten hierbei wie die einzelnen Regimenter für sich, nach den Kommandos und Signalen der Brigade- resp. Treffenführer.

Die Brigaden manövriren nicht, sondern sie exerziren und evolutioniren, um sich für das Treffenverhältniß entsprechend vorzubereiten. — Die Zutheilung von Artillerie findet aus dem Grunde nicht statt.

Behufs rationeller Vorbereitung für ihre Aufgaben als Treffenglieder der Division, sind bei den Uebungen der einzelnen Brigaden insbesondere kleinere und größere Direktionsveränderungen in Eskadronskolonnen und in Linie, die Bewegungen zum Flankenangriff, zur Flankendeckung; diejenigen bei denen gleichzeitig beide Anforderungen erfüllt werden, das Degagiren eines geworfenen Treffens, Entwickelungen aus der zusammengezogenen Kolonne und aus Eskadronskolonnen nach der halben und ganzen Flanke, plötzliche Frontveränderungen, kurz alle diejenigen Evolutionen zur Ausführung zu bringen, welche bereits für das Regiment als besonders wichtig für die Treffentaktik bezeichnet worden sind, und die schon in den einzelnen Regimentern geübt sein müssen.*)

Vornehmlich weise ich auf die Halbkolonne hin; das Tempo in derselben darf durchaus nicht wechseln; unter keinen Umständen darf durch Verstärkung desselben geholfen und korrigirt werden, weil das Uebel dann nur um so schlimmer wird, und die Züge sich ganz in einander schieben. —

Im Besonderen wird in Nachstehendem außerdem noch auf die Ausführung zweier Bewegungen aufmerksam gemacht:

1) Wenn in der Brigade aus zusammengezogenen Kolonnen, die sich ohne Entwickelungsabstand neben einander befinden, deployirt wird, so geschieht dies ganz analog wie im Regiment; das heißt, das der neuen Front (wo das Deployirsignal ertheilt wurde) zunächst befindliche Regiment deployirt, wie für das einzelne Regiment vorgeschrieben; das andere trabt weiter bis seine nächste Eskadron sich entwickeln kann, worauf dieselbe einschwenkt und bis an das erste Regiment vorgeht; alle anderen Eskadrons des zweiten Regimentes folgen in gleicher Weise, bis die Brigade vollständig in der neuen Front entwickelt ist. —

2) Die Schwenkungen in der zusammengezogenen Brigadekolonne, bei welcher sich die Regimenter ohne Entwickelungsabstand unmittelbar neben einander befinden, nach vorwärts und rückwärts, werden nicht regimenterweise, sondern in der Brigade ausgeführt. —

---

c. **Gesichtspunkte für die Wechselwirkung und die Beziehungen der verschiedenen Treffen untereinander.**

Zusammengestellt aus den Cirkulairen vom 22. Juli 1872, 17. August 1872, 22. Juli 1873, 22. Juli 1874, 19. Juni 1875.

1) Bei der Formation und Verwendung einer Kavalleriedivision wird stets die Dreitheilung derselben in erstes, zweites und drittes Treffen, oder in Avantgarde, erstes und zweites Treffen beobachtet werden.

Diese drei Treffen stellen sich im Wesentlichen dar:

        das erste als das schlagende Treffen,
        das zweite als das Manövrirtreffen,
        das dritte als das Bereitschaftstreffen.

Aus diesen Bezeichnungen geht schon hervor, aus welchen Waffen,

---

*) Siehe Abschnitt III., das Regiment, unter 3g und 4. — Anmerkung des Zusammenstellers.

wenn überhaupt ein Unterschied zwischen schweren und leichten Regimentern gemacht werden soll, die verschiedenen Treffen in der Regel zu bestehen haben; das erste aus Kürassieren und Ulanen; das zweite, welches der größten Manövrirfähigkeit und Leichtigkeit bedarf, aus Dragonern und Husaren; das dritte ebenfalls aus leichten Regimentern, weil von ihm auch große Raschheit und Beweglichkeit, die Zurücklegung verhältnißmäßig bedeutender Terrainstrecken in möglichst kurzer Zeit verlangt werden kann; doch würden in demselben auch schwere Regimenter zur Verwendung gelangen können, nicht aber in der Regel im zweiten Treffen. Da die drei Treffen während des Gefechtes nicht unverändert ihre ursprünglichen Nummern beibehalten, ihre Benennung vielmehr mit ihrer Verwendung und mit ihrem Platze wechselt, der letztere wiederum sich nach der jedesmaligen Gefechtslage richtet, so werden selbstverständlich vorübergehend auch öfters schwere Regimenter in das zweite Treffen gelangen. Hieraus folgt also, daß die vorstehenden Gesichtspunkte nur als Anhalt für die ursprüngliche Eintheilung einer Kavallerie-Division dienen sollen. —

Um Verwechselungen und Mißverständnissen vorzubeugen, werden die Brigaden (Treffen) stets mit dem Namen ihrer Führer bezeichnet.

Die drei Treffen, in welchen die Division formirt ist, haben ganz bestimmte Obliegenheiten und bewegen sich im Verhältniß zu einander in bestimmten Formationen. Grundformationen sind die Eskadronskolonnen und die zusammengezogene Kolonne, je nachdem das Vordertreffen formirt ist. Die Linie ist selbstverständlich die einzige Angriffsform. —

Die Hauptformen, in denen sich die einzelnen Treffen vorzugsweise in der Regel bewegen, sind für

das erste Treffen die Eskadronskolonnen und die Linie,

das zweite Treffen die Eskadronskolonnen und die zusammengezogene Kolonne mit Entwickelungsabstand zwischen den beiden Regimentern,

das dritte Treffen die zusammengezogene Kolonne mit oder ohne Entwickelungsabstand zwischen den beiden Regimentern.

Einklang im Verfahren, gegenseitige Unterstützung, Zusammenhang in den drei Abtheilungen bleiben unter allen Umständen die Hauptsache.

Für alle drei Treffen ergeben sich aus den Bewegungen des Feindes und aus den Bestrebungen des ersten Treffens, die feindliche Flanke zu gewinnen, kleinere und größere Direktionsveränderungen, durch welche die Truppe ihre Manövrirfähigkeit an den Tag legt, indem sie die leichteste Beweglichkeit zeigt und die Fähigkeit darthut, überraschend, schnell nach jeder Richtung hin zur Waffenwirkung überzugehen, worauf es vornehmlich ankommt. —

Die Momente für uns sind kostbar; einmal verpaßt kommen sie nicht wieder; sie müssen auf das Schnellste wahrgenommen werden, und zwar meistentheils ohne Befehle abzuwarten, wenn die Situation eine klar ausgesprochene ist; sonst sind verspätete Attacken, oft Lufthiebe, die gar nichts effektuiren, die unangenehme Folge hiervon.

Das erste Treffen ist anfänglich in zusammengezogener Kolonne formirt; dasselbe zieht sich beim Verlassen der Rendezvous-Stellung in Eskadronskolonnen auseinander und marschirt so spät als möglich in Linie zur Attacke auf. —

Das zweite Treffen ist auf dem Rendezvous in zusammengezogener Kolonne formirt, geht auch in dieser Formation, das erste Treffen auf dem gefährdeten Flügel bordirend vor und zieht in der Regel zu Eskadronskolonnen auseinander, wenn das erste Treffen in Linie aufmarschirt. — Es werden Eskadronen desselben (gewöhnlich zwei) als Unterstützungs-Eskadronen in Linie oder in Zugkolonne mit großen Intervallen auf 100 bis 150 Schritt Abstand vom ersten Treffen an das letztere abgegeben. Der Rest des zweiten Treffens verbleibt in einem Abstande von 300 Schritt vom ersten Treffen. Das zweite Treffen kann, wenn noch ein drittes Treffen vorhanden ist, ganz zur Unterstützung des ersten Treffens, nämlich zur Ausfüllung der durch Direktionsveränderungen in demselben entstandenen Lücken, zu Flankenangriffen und Deckungen, um die Entscheidung herbeizuführen, den Sieg zu erringen und den Feind zu werfen, verausgabt werden. Sollte dagegen ausnahmsweise kein drittes Treffen vorhanden sein, so darf dies niemals geschehen, sondern der Führer des zweiten Treffens muß dann stets einen Theil desselben für eventuelle Fälle intakt behalten, sich reserviren, entweder, um einem plötzlichen Flankenangriff des Feindes entgegenzutreten, oder, das geworfene erste Treffen aufzunehmen, indem der dasselbe verfolgende Feind attacirt wird. — Für den Nothfall muß der Führer des zweiten Treffens dann also stets noch etwas in der Hand behalten. — Mit dem zweiten Treffen werden die Direktionsveränderungen ausgeführt, wenn das erste Treffen schon so nahe an den Feind gelangt, daß dies mit demselben nicht mehr möglich ist, und des Feindes Bewegungen doch solche nothwendig machen. —

Das dritte Treffen (die Reserve) folgt dem ersten Treffen auf 450 Schritt hinter dem Flügel, wo sich das zweite Treffen nicht befindet; dasselbe ist in zusammengezogener Kolonne formirt, die beiden Regimenter in der Regel mit Entwickelungsabstand nebeneinander.

Bei Direktionsveränderungen, und wenn es nothwendig wird, dem Feinde in der Flanke entgegenzutreten, wird dies durch das zweite resp. dritte Treffen ausgeführt; das dritte Treffen wird dann oft günstige Gelegenheit zum Einwirken und Attackiren auf die Flanke des Feindes finden; wenn das zweite Treffen denselben in Front angreift. —

2) Bei den Uebungen der Kavalleriedivisionen wird es darauf ankommen, die folgenden, sich aus der Sache selbst ergebenden Momente stets zur Erscheinung zu bringen, da dieselben sich ganz ebenso in der Wirklichkeit ergeben:
1) Die Rekognoszirung.
2) Die Vorbereitung zum Angriff.
3) Die Entwickelung zum Angriff.
4) Die Attacke.
Die letztere entweder:

a. gelungen mit Handgemenge, also mit aufgelöster Ordnung des ersten Treffens;	Stets folgen mehrere Escadrons des ersten Treffens zur Verfolgung en debandade, denen immer auf 200 Schritt geschlossene Escadronen folgen.
b. gelungen ohne Handgemenge, wenn der Feind schon vorher das Feld geräumt und die Attacke nicht angenommen hat, also ohne Auflösung des ersten Treffens;	Ebenso Verfolgen mit mehreren Escadrons in der Schwärm-Attacke, denen einige Escadrons geschlossen folgen.
c. abgebrochen; man ist selbst zurückgegangen, ohne zu attackiren, weil die Verhältnisse sehr ungünstige waren;	Sich abziehen unter dem Schutz von einer Escadron, die Flankeure zurück läßt. —
d. abgeschlagen; man ist nicht reussirt und geht in Auflösung zurück.	Zurück so schnell als möglich auf das Signal „Appell!" — Aufnahme durch Attacke des zweiten Treffens, oder Einschreiten des dritten Treffens.

5) Direktionsveränderungen.
Der Feind erscheint in der Flanke auf dem Schlachtfelde; das zweite resp. das dritte Treffen gehen so schnell als möglich in der Direktion, wo der Feind erschienen, vor. —

Die Rekognoszirung und Einleitung zum Angriff wird naturgemäß stets durch die Avantgarde; die Durchführung desselben durch das erste Treffen, resp. mit Unterstützung des zweiten Treffens; die Entscheidung durch dieses letztere resp. durch einen Theil des dritten Treffens (der Reserve) erfolgen. —

Gewöhnlich wird die Avantgarde, sobald die Rekognoszirung, Einleitung und Entwickelung beendigt ist, das dritte Treffen formiren und als solches zur Verwendung gelangen, — sobald also das erste Treffen in die Aktion tritt. —

Erscheint der Feind plötzlich in der Flanke, so werden Direktions=veränderungen stets durch das zweite resp. dritte Treffen zur Ausführung kommen, während das erste Treffen vorläufig stehen bleibt und in das zweite resp. dritte Treffen genommen wird, wenn die ursprüngliche Front nicht mehr bedroht ist.

Kein Treffen darf es verabsäumen, Gefechtspatrouillen in den Flanken zur Beobachtung zu geben. Ingleichen muß die bisherige Front, wenn dieselbe verlassen worden, um in einer Flanke vorzugehen, durch eine Es=kadron mit vorgenommenen Gefechtspatrouillen dauernd beobachtet werden. Dies darf von den Treffenführern niemals verabsäumt werden. —

3) Als feststehender Grundsatz gilt es, daß schon das erste Treffen beim Angriff auf Kavallerie sich stets so dirigirt, daß es den einen Flügel der feindlichen Kavallerie umfaßt, also in schräger Direktion auf die feindliche Front attackirt, während das zweite Treffen mit einem Theil die andere feindliche Flanke angreift und sich mit dem übrigen Theil bereit hält, den etwa auftretenden feindlichen Reserven bei ihrem Erscheinen sofort entgegenzutreten. Ein vollständiges Zusammentreffen, ein sogenanntes Klappen der Attacken des ersten und zweiten Treffens auf das feindliche erste Treffen ist durchaus nicht nothwendig und auch unnatürlich; vielmehr verspricht die geschlossene Flanken=Attacke des zweiten Treffens einen um so größeren Erfolg, wenn sich der Feind in Folge des Handgemenges in voll=ständiger Auflösung befindet; selbstverständlich darf dieses Eingreifen des zweiten Treffens aber auch nicht zu spät erfolgen; bei den Friedensübungen muß es daher nach der ungefähren Dauer des wirklichen Handgemenges bemessen werden.

Demzufolge ist es dringend geboten, daß der Führer des zweiten Treffens seinen Abstand vom ersten Treffen niemals größer werden läßt, wie 300 Schritte, denn sonst ist sein rechtzeitiges Eingreifen stets in Frage gestellt; ganz besonders nothwendig, aber auch schwierig ist dies, wenn das erste Treffen zur Attacke vorgeht, da die Gangarten sich dann sehr ver=stärken. — Trotzdem ist dies aber doch sehr wohl ausführbar, wenn der Treffenführer nur mit der gespanntesten Aufmerksamkeit den Bewegungen des ersten Treffens folgt, und in umsichtiger, schnell entschlossener Weise sein Treffen mit Rücksicht auf das erste führt. — Ein Säumen darf aller=dings dabei nicht stattfinden, denn sonst tritt das „zu spät" ein, der schlimmste Vorwurf, der uns zu Theil werden kann. —

4) Niemals ist es ein Fehler des zweiten Treffens, mit einem Theil

seiner Kräfte offensiv und konzentrisch in das Gefecht des ersten Treffens einzugreifen, falls dasselbe keinen ausdrücklichen Befehl hierzu erhalten, oder ein Mißverständniß vorgekommen sein sollte. — Weit übler ist ein unthätiges Verharren, ein Mangel an Entschluß und Thatkraft.

5) Das Treffenverhältniß, die Verbindung unter allen Treffen muß unter allen Umständen fest aufrecht erhalten werden. Unter keinen Umständen darf es vorkommen, daß ein Treffen oder ein Regiment auf die Flanke eines Vordertreffens attackirt; die Führer müssen völlig orientirt sein, richtig sehen und ihre Truppe auf den richtigen Fleck (Flanken oder Rücken des Feindes) in der entsprechenden Direktion zur Attacke führen. — Kein Hintertreffen darf, ohne daß das erste Treffen sich im Kontakt mit dem Feinde befindet, ein Eingreifen also nicht geboten ist, in die Linie des ersten Treffens vorkommen. — Ebensowenig darf es aber vorkommen, daß ein Treffen gänzlich verschwindet und gar nicht wieder aufzufinden ist, ohne daß dasselbe einen Auftrag erhalten hat. Niemals dürfen das zweite und dritte Treffen in derselben Direktion, wie das erste Treffen attackiren, neben dem letzteren fort; sie attackiren dann in die Luft, ohne Objekt, vorausgesetzt, daß das erste Treffen seinen Angriff richtig angesetzt und auf die Flanke des Feindes gerichtet hat. — Die Attacke muß stets in konzentrischer Direktion gegen die Flanke des Gegners ausgeführt werden, was nicht oft genug wiederholt werden kann.

6) Wenn die Avantgarde sich vor einem überlegenen Feinde hat zurückziehen müssen, und die Treffen gehen hierauf seitwärts der Avantgarde gegen den Feind vor, so muß die Avantgarde diese Angriffsbewegung durch ein Vorgehen unterstützen, überhaupt sich in fortdauernder, unausgesetzter Verbindung mit dem Gros erhalten, um nach den Umständen richtig und zweckentsprechend eingreifen zu können; nichts ist fehlerhafter, als sich zu isoliren und ohne Kenntniß von dem was auf den Flügeln vorgeht zu bleiben; es widerspricht ein solches Verfahren dem ersten Grundsatz der Treffentaktik, welcher einheitliches, konzentrisches, nachhaltiges Einwirken, gegenseitige Unterstützung verlangt. — Dies muß festgehalten, und hiernach selbstständig verfahren werden.

7) Niemals, ebensowenig beim Vorgehen, wie beim Zurückgehen eines Treffens darf ein Durchziehen durch die Intervallen eines anderen Treffens stattfinden.

8) Es gilt als Grundsatz, daß eine jede geworfene Abtheilung nur senkrecht zu ihrer Frontlinie zurückgehen kann, also nicht auf einer schrägen Linie zu ihrer Front; es ist für eine solche Abtheilung unmöglich, Evolutionen nach ihren Flanken nach abgeschlagener Attacke auszuführen, da angenommen werden muß, daß sie vom Feinde verfolgt wird. Eine solche

geschlagene Abtheilung kann sich daher nur so schnell als möglich auf gerader Linie zurückziehen und seitwärts-rückwärts vom nächsten intakten Treffen, resp. von der Reserve wieder sammeln. (80 bis 100 Schritte seitwärts-rückwärts des zweiten Treffens, resp. der Reserve.)

Das zweite Treffen hat mit Berücksichtigung dieses Grundsatzes zu verfahren, d. h. also den Platz in senkrechter, gerader Linie zur Frontlinie der attackirenden Truppe frei zu machen, um nicht übergerannt zu werden, und um ein freies, klares Gefechts- und Attackenfeld gegen den Feind vor seiner Front zu behalten. —

Dagegen darf eine jede fest in sich geschlossene, in der Retraite zurückgehende Abtheilung unter keinen Umständen gerade auf das zweite Treffen oder auf die Reserve zurückgehen und diese Unterstützungs-Abtheilungen dadurch in ihren Bewegungen hemmen und behindern, wohl gar Unordnungen in dieselben bringen; vielmehr müssen sich alle zurückgehenden oder geworfenen Abtheilungen, die noch im Stande sind, zu evolutioniren, die also noch in Ordnung sind, bemühen, stets die Flanken der intakten, zum Gefechte vorgehenden Abtheilungen zu gewinnen und deren Front völlig frei zu machen, auch die Ersteren durch sofortiges Frontmachen und Wiedervorgehen bei ihrem Angriff zu unterstützen. —

9) Schwadronen, resp. Regimenter, welche sich von früheren Aufträgen her noch vor der Front befinden, wenn das erste Treffen zur Attacke vorgeht, haben nicht allein die Verpflichtung, die Front möglichst schnell durch Seitwärtsgehen frei zu machen, sondern sie müssen auch die Attacke des ersten Treffens durch eine gleichzeitige Attacke auf die feindliche Flanke energisch und entschlossen unterstützen, ohne dazu einen besonderen Befehl abzuwarten. Sie dürfen dazu nicht zu spät kommen, denn ihr rechtzeitiges Eingreifen ist viel leichter, als wenn Eskadronen von rückwärts vorbrechen müssen.

10) Für den Fall, daß die Treffen in getrennten Kolonnen auf verschiedenen Kolonnenwegen marschiren, haben dieselben ein für alle mal eine Spezial-Avantgarde zur Aufklärung des Vorterrains vorzusenden, welche mit den Spezial-Avantgarden der Nebenkolonnen Verbindung zu halten hat. Sobald die Konzentration der Division und deren Formirung in Treffen erfolgt, rücken die Spezial-Avantgarden sofort wieder ein. —

11) Befindet sich eins der hinteren Treffen in größerer Nähe des ersten Treffens zum Eingreifen in dessen Gefecht bereit, so muß das Blasen solcher Signale, welche leicht zu Mißverständnissen Veranlassung geben, vermieden werden; im Uebrigen können auch bei diesen Treffen die gewöhnlichen Signale geblasen werden; dem Ermessen der betreffenden Führer bleibt es anheimgestellt, in dieser Beziehung nach den Umständen zu verfahren. —

12) Zur größeren Uebersicht wird in Nachfolgendem eine Zusammenstellung derjenigen Maßnahmen und Bewegungen gegeben, welche die Treffen aus eigener Initiative, ohne ausdrücklichen Befehl auszuführen haben:

a. Das erste Treffen zieht sich in Eskadronskolonnen auseinander sowie es zum Angriff vorgeht.

b. Das erste Treffen manövrirt sich auf die Flanke des Feindes, welche ihm nach den obwaltenden Verhältnissen als die gefährdetste und am besten anzugreifende erscheint, und nimmt zu dem Zweck kleinere oder größere Direktionsveränderungen vor; kleinere durch Wechsel in der Direktion der Richtungs-Eskadron; größere mit Anwendung der Halbkolonne und darauffolgendem Aufmarsch in Eskadronen und Regimentern oder durch Schwenkungen der Teten der Eskadronskolonnen. —

c. Das erste Treffen entwickelt sich in Linie in entsprechender Entfernung vom Feinde, und hat auch da seine Bestrebungen, denselben zu umfassen und zu überflügeln, noch fortzusetzen.

d. Das erste Treffen schwächt seine Front nicht durch Anhängen von Eskadronen auf den Flügeln oder durch Zurücklassen von Unterstützungs-Eskadronen hinter der Front; es überläßt dies vielmehr dem zweiten Treffen, welches unter allen Umständen für Sicherung der Flanken und des Rückens des ersten Treffens zu sorgen hat. —

e. Wenn der Feind durch das Handgemenge geworfen worden ist, so haben die Flügel-Eskadronen auf das Signal „Fanfare!" in der Karriere die Verfolgung anzutreten; die übrigen Eskadronen ralliren sich so schnell als möglich im Vorgehen auf die Signale: „Regiments- und Eskadronsruf!" des Treffenführers und der übrigen Führer. —

f. Ist die Attacke des ersten Treffens abgeschlagen worden, so geht dasselbe auf das Signal „Appell!" in der Karriere senkrecht zu seiner Frontlinie geradeaus zurück; 80 bis 100 Schritte seitwärts-rückwärts der intakten Reserven (des dritten Treffens) hat sich dasselbe auf das wiederholte Signal „Front!" des Treffenführers und der übrigen Führer so schnell als möglich wieder zu ralliren.

g. Das zweite Treffen folgt dem ersten in zusammengezogener Kolonne (mit zwei Drittel Entwickelungsabstand, da zwei Eskadronen als Unterstützungs-Eskadronen abgehen) oder in Eskadronskolonnen auf höchstens 300 Schritt Abstand; in der Regel hat sich dasselbe aus der zusammengezogenen Kolonne auseinander zu ziehen, wenn das erste Treffen sich in Linie entwickelt, und sich fest an dasselbe heran zu halten, um den Abstand nicht größer, wie vorgeschrieben, werden zu lassen; dasselbe debordirt das erste Treffen auf dem gefährdeten äußeren Flügel.

h. Das zweite Treffen sendet zwei Eskadronen (von jedem Regiment eine) auf 100—150 Schritte Abstand an das erste Treffen als Unterstützungs-Eskadronen vor; dieselben haben sich in Linie oder in Zugkolonne hinter die Mitte eines jeden Regiments des ersten Treffens zu setzen; sie sind zur nächsten Unterstützung desselben bestimmt und haben den Auftrag, alle in dem ersten Treffen, sei es durch Direktionsveränderungen, oder beim Handgemenge etwa entstehenden Lücken sofort auszufüllen und zu diesem Zweck dann in die Linie des ersten Treffens hineinzugehen, unter dessen Befehl sie treten. Ist der Feind geworfen, so folgen sie mit den ralliirten Eskadronen den verfolgenden Eskadronen als Soutien. —

i. Das zweite Treffen muß das entschiedene Bestreben haben, möglichst aktiv und offensiv in das Gefecht des ersten Treffens einzugreifen, während sich dasselbe im Handgemenge befindet und durch eine Attacke auf des Feindes Flanke, welche nicht vom ersten Treffen umfaßt worden, wenn möglich auch auf des ersteren Rücken, die Entscheidung herbeizuführen. — Ist ein drittes Treffen, eine Reserve vorhanden, so kann das ganze zweite Treffen hierzu in Wirksamkeit treten. Sollte dagegen ein drittes Treffen ausnahmsweise nicht vorhanden sein, so muß ein Theil des zweiten Treffens unter allen Umständen zur eventuellen Verwendung intakt erhalten werden, vornehmlich, um das erste Treffen zu degagiren, wenn demselben ein Unglück widerfahren sollte.

k. Das zweite Treffen hat bei seinen Flanken-Attacken auf das feindliche erste Treffen seine eigene, äußere, gefährdete Flanke unter allen Umständen stets durch mehrere Eskadronen gegen das etwa vorbrechende zweite Treffen des Feindes durch eine Flankendeckung zu sichern.

Hat dasselbe zwei Eskadronen als Unterstützungs-Eskadronen an das erste Treffen abgegeben, so verbleiben demselben noch sechs Eskadronen; davon würde dasselbe nur zwei bis drei zur Flanken-Attacke, gegen den Flügel des feindlichen ersten Treffens, der nicht vom diesseitigen ersten Treffen umfaßt worden ist, zu verwenden haben. Die übrigen drei bis vier Eskadronen würden als Flankendeckung gegen die feindlichen Reserven bereit zu halten sein, wenn dem zweiten Treffen nicht der ausdrückliche Befehl zugeht, mit seiner ganzen Stärke die Flanken-Attacke auszuführen, da das dritte Treffen gegen die feindlichen Reserven verwandt werden würde.

l. Das zweite Treffen muß nach Umständen mit seiner ganzen Stärke, exkl. der an das erste Treffen vorgesandten Unterstützungs-Eskadronen, dem gegen das erste Treffen in der Flanke vorgehenden feindlichen zweiten Treffen entschieden entgegentreten und dasselbe zurückweisen.

m. Es muß hierzu bereit und im Stande sein, auch wenn es bereits die Bewegung zur Attackirung der Flanke des feindlichen ersten Treffens begonnen hat, und das feindliche zweite Treffen erscheint plötzlich in seiner Flanke. Es muß daher stets Eklaireurs vorsenden, damit die Annäherung des feindlichen zweiten Treffens rechtzeitig gemeldet wird.

n. Die Schwadronen des zweiten Treffens, welche durch eine Flanken-Attacke in das Gefecht des ersten Treffens eingegriffen haben, setzen sich, nachdem der Feind geworfen ist und verfolgt wird, durch Haltenbleiben wieder in ihr Verhältniß. Nur die äußerste Flügel-Eskadron desselben, welche sich dem Feinde zunächst befindet, hat sich ebenfalls der Verfolgung der beiden Flügel-Eskadronen des ersten Treffens von selbst anzuschließen. Da hierbei die verfolgenden Eskadronen des ersten mit der des zweiten Treffens verschiedene Direktionen haben, so muß die Eskadron des zweiten Treffens, um Unglück und gegenseitiges Niederreiten zu verhüten, auf das Entschiedenste angewiesen werden, so schnell als möglich die Direktion des attackirenden ersten Treffens anzunehmen.

o. Falls das erste Treffen geworfen wird, hat das zweite Treffen dasselbe durch eine rechtzeitige, unmittelbar hinter dessen Rücken in die Verfolger hinein ausgeführte Flanken-Attacke zu degagiren. Da hierbei die allergrößeste Schnelligkeit geboten ist, wenn das Degagement wirksam sein soll, so empfiehlt es sich, mit Echelons in Eskadronen den aufgelöst verfolgenden Feind in die Flanke zu attackiren; die Entwickelung zu einer Front von mehreren Eskadronen hält viel zu lange auf; es kommt hierbei auch gar nicht auf große, lange Fronten an, sondern auf das schleunigste Eingreifen intakter, geschlossener Abtheilungen in den aufgelösten Feind. Nur die schnellste Hülfe nutzt hier etwas. —

p. Das dritte Treffen hat sich regimenterweise in zusammengezogener Kolonne mit Entwickelungsabstand, etwa in der Entfernung von 400 bis 450 Schritt vom ersten Treffen, debordirend hinter demjenigen Flügel desselben zu halten, hinter welchem das zweite Treffen sich nicht befindet (innerem).

q. Dasselbe zieht sich in der Regel in Eskadronskolonnen auseinander, sowie das zweite Treffen in die Aktion tritt, und begiebt sich schnell auf die Stelle des zweiten Treffens, sowie dasselbe verausgabt wird. — Das dritte Treffen hat dann ganz die Funktionen des zweiten Treffens, dessen Stelle es ersetzt, wahrzunehmen; doch darf es niemals ganz im Gefecht verwandt werden; vielmehr ist stets ein Theil desselben für alle Eventualitäten intakt zu erhalten.

r. Alle Treffen haben beim Vorgehen stets Erklaireurs vor ihre Front zu nehmen, welche die Wege zu zeigen und zu verhüten haben, daß im Vorgehen in Folge von Terrainhindernissen Stockungen eintreten.

s. Ebenso müssen alle Treffen kleine Gefechtspatrouillen, von einem Offizier oder einem sehr zuverlässigen Unteroffizier geführt, in die Flanken geben, um dieselben zu decken und den Feind zu beobachten.

t. Wird es nach einem Gefecht, in welchem der Feind geworfen worden, in Folge des Auftretens neuer feindlicher Streitkräfte in der Flanke, nothwendig, eine Direktionsveränderung vorzunehmen, in Folge dessen sich die Treffen nach dieser Flanke neu formiren, so hat dasjenige Treffen, welches das letzte am Feinde war und welches nunmehr in das dritte Treffen rückt, stets eine Eskadron zur weiteren Beobachtung des geworfenen Feindes, und um zu verhüten, daß derselbe dort wieder auftritt, zurückzulassen. Diese Eskadron hat Gefechtspatrouillen zu entsenden, welche am Feinde bleiben und sehen, wo derselbe bleibt.

u. Die Hintertreffen haben bei Direktionsveränderungen des ersten Treffens, welche die Regel sind, stets die Front des ersten Treffens auf den allerkürzesten Wegen, welche durch die schrägen Linien repräsentirt sind, in ihrem Verhältniß aufzunehmen; die großen Bogen, welche viel Raum und Zeit kosten, und welche die Hintertreffen außer alle Verbindung mit dem ersten Treffen bringen, müssen durchaus vermieden werden. —

v. Wird bei einer Direktionsveränderung plötzlich eins der Hintertreffen erstes Treffen, so hat dasselbe sofort von selbst die Formation des ersten Treffens, Eskadronskolonnen, anzunehmen. —

Es ist von der allerhöchsten Wichtigkeit, daß sich die Treffenführer die vorstehenden Grundsätze recht vergegenwärtigen und zu eigen machen, da nur durch ihr selbstständiges Handeln in den bezeichneten Fällen der Zusammenhang, die innere Verbindung und der Einklang des Verfahrens erhalten, sowie die gegenseitige, nachhaltige, schnelle Unterstützung der Treffen ermöglicht werden kann, auf welche es vor allen Dingen ankommt, und welche ja der eigentliche Kern- und Fundamentalpunkt der Gliederung nach der Tiefe ist. —

Alles Uebrige, was vorkommt, muß stets vom Oberkommandirenden persönlich befohlen oder durch Adjutanten und Ordonnanz-Offiziere bestellt werden. —

13. Jedenfalls wird es sich empfehlen, wenn ein jeder Treffenführer sich die nachstehenden Fragen vorlegt und über deren Beantwortung klar macht:

a. Welche Formationen haben die drei Treffen anzunehmen;
1) wenn sich das erste Treffen noch in Eskadronskolonnen befindet?
2) wenn sich das erste Treffen in Linie zum Gefecht entwickelt?
3) wenn das zweite Treffen in das Gefecht des ersten Treffens eingreift?

b. Welche ungefähren Entfernungen haben sie von einander zu halten?
c. Wie verfährt das dritte Treffen, wenn das zweite ganz in das Gefecht eingreift und völlig verausgabt wird?
d. Wie verfährt das zweite Treffen, wenn das erste zur Aktion kommt und also nicht mehr freien Spielraum hat, sondern in seinen Bewegungen vom Feinde abhängig ist?
e. Wie verfährt das zweite Treffen, wenn das erste zur Attacke übergeht,
  1) wenn ein drittes Treffen vorhanden,
  2) wenn kein drittes Treffen vorhanden? —
f. Wie verfährt das zweite Treffen, wenn das erste in der Flanke vom Feinde bedroht wird?
g. Wie verfährt das zweite Treffen, wenn Lücken im ersten Treffen entstehen?
h. Wie verfährt das zweite Treffen, wenn es im Begriff steht, die feindliche Flanke des mit dem ersten Treffen engagirten Feindes zu umfassen, und es nun selbst vom zweiten Treffen des Feindes in der Flanke bedroht wird?
Welche Vorsichtsmaßregeln hat das zweite Treffen dagegen zu nehmen?
i. Wie verfährt das zweite Treffen, wenn es in seiner Stellung hinter dem ersten Treffen plötzlich senkrecht in seiner Flanke vom Feinde bedroht wird?
k. Wie verfährt das zweite Treffen, wenn das erste Treffen vom Feinde geworfen ist?
l. Wie verfährt das dritte Treffen wenn es in zusammengezogener Kolonne plötzlich vom Feinde bedroht wird?
m. Wie verfährt das erste Treffen, wenn die feindlichen Bewegungen kleine Direktionsveränderungen nothwendig machen, oder dasselbe sich aus eigener Bewegung zu denselben veranlaßt sieht, um sich auf die Flanke des Feindes zu manövriren?
n. Wie werden von den Treffen am schnellsten größere Direktionsveränderungen ausgeführt, um so schnell als möglich in möglichst ausgedehnter, entwickelter Front zur entscheidenden Waffenwirkung übergehen zu können?
o. Welche Bewegungen sind die schnellsten und zugleich die einfachsten für das zweite, beziehungsweise für das dritte Treffen, um Flankenangriffe und Flankendeckungen in möglichst ausgedehnter Entwickelung ausführen zu können? Ingleichen mit einem Theil der Kräfte, den Flankenangriff, mit dem übrigen Theil die Flankendeckung?

p. Wie hat sich das zweite Treffen zu verhalten, wenn das erste des Feindes geworfen ist?

q. Darf das ganze zweite Treffen verausgabt werden zur Unterstützung des ersten?

r. Darf das ganze dritte Treffen verausgabt, in seiner ganzen Stärke verwandt werden?

Ehe wir auf dem Platze erscheinen, ist es nothwendig, daß wir uns über alle diese Fragen klar geworden sind, da auf diesen die praktische Ausführung beruht; nur dann werden wir entsprechend auf die Uebung vorbereitet sein. —

Die für die drei Treffen in den verschiedenen einzelnen Fällen als zweckmäßig erkannten Bewegungen und Evolutionen sind in den nachstehenden Unterabtheilungen: aa3; bb4; cc4, welche die Direktiven für die Bestimmung, Formation und Aufgaben der drei Treffen im Besonderen enthalten, eingehend aufgeführt werden. —

Es soll damit keine Schablone gegeben werden, sondern dadurch nur ein Hinweis auf die einfachsten Mittel, welche uns das Reglement bietet, erfolgen, um den nothwendigsten Anforderungen der Treffentaktik gerecht zu werden. —

aa. Direktiven für die Bestimmung, Aufgabe, Formation und die Bewegungen des ersten Treffens.

Zusammengestellt aus den Cirkularen vom 22. Juli 1872, 17. August 1872, 19. Juni 1875.

1) Das erste, schlagende Treffen ist dazu bestimmt, in den Feind einzubrechen, ihn womöglich im ersten Anlauf niederzurennen. Hat es dies ausgeführt, so hat dasselbe völlig seine Schuldigkeit gethan; es kann nicht mehr thun, als überreiten. Das Weitere fällt dem zweiten und dritten Treffen zu; sie müssen dem ersten Treffen den festen Halt geben, die Unterstützung verleihen, gegen die feindlichen Reserven, resp. gegen des Feindes zweites Treffen auftreten, das Gefecht weiter durchführen und den Sieg vervollständigen, die etwa gewonnenen Trophäen aufsammeln. Nur in der zweckmäßigen Verwendung des zweiten und dritten Treffens liegt der Kern für die erfolgreiche Taktik unserer Waffe; ohne diese bleiben alle Kraftanstrengungen, alle Bravour des ersten Treffens mehr oder weniger nur Lufthiebe; dies müssen wir uns stets vor Augen halten.

2) Als feststehender Grundsatz muß es bezeichnet werden, daß der Führer des sich am Feinde befindenden ersten Treffens auf 500 Schritt Abstand von demselben fertig mit allen seinen Bewegungen sein muß und keine Flankenbewegungen mehr vornehmen kann, daß er auf 600 Schritt

Abstand dagegen noch Seitenbewegungen mit Zügen, sowohl mit Zügen rechts und links, als mit Zügen halbrechts und halblinks bewirken und auf 1000 Schritt Abstand noch größere Seitenbewegungen ausführen darf.

Stets muß hierbei das eifrigste Bestreben vorherrschen, die Flanke des Feindes zu gewinnen, auf seine Flanke zu manövriren, also vorwärts-seitwärts zu gehen, um konzentrisch auf ihn attackiren zu können, wozu sich besonders die Halbkolonnen empfehlen, die mit der größten Sicherheit eingeritten sein müssen.

3) Für das erste Treffen speziell kommen vornehmlich die nachstehend bezeichneten Bewegungen und Evolutionen zur Anwendung:

a. Geringere Direktionswechsel nach der Richtungs-Eskadron beim Vorgehen in Linie, rechts und links. —

b. Größere Direktionswechsel sowohl in Eskadronskolonnen, wie in entwickelter Linie nach der halben Flanke durch Abschwenken mit Zügen halbrechts, resp. halblinks und sofortigem Aufmarsch in Eskadronen, dann in Regimentern und demnächst in der Brigade; aus Eskadronskolonnen auch durch Schwenken der Eskadronsketten, demnächstigem Aufmarsch zu Eskadronen, in Regimentern und in der Brigade; oder durch Abschwenken zur Halbkolonne und Formation der Zugkolonne auf das betreffende Signal in der schrägen Direktion, — Galopp, Einschwenken und Attacke in schräger Direktion auf die Flanke des Feindes. —

c. Kürzeste und einfachste Bewegungen des ersten Treffens, welches den Feind geworfen, um bei einer allgemeinen Frontveränderung nach der Flanke, die das zweite und dritte Treffen bereits bewirkt haben, sich in das zweite resp. dritte Treffen zu setzen:

> Aus der Linie mit Zügen rechts (links) schwenken, die Tetenzüge umkehrt; „Trab!" —
>
> Aus den auf diese Weise gebildeten Eskadronskolonnen, Zusammenziehen auf irgend eine Eskadron, je nach dem Terrain und nach den anderweitigen Verhältnissen. —
>
> Schwenken der zusammengezogenen Kolonne nach der neuen Front (rechts oder links) in der Inversion. —

bb. **Direktiven für die Bestimmung, Aufgabe, Formation und die Bewegungen des zweiten Treffens.**

Zusammengestellt aus den Cirkulairen vom 22. Juli 1872, 17. August 1872, 22. Juli 1874, 20. August 1874, 19. Juni 1875.

1) Das zweite Treffen ist dazu bestimmt, um das erste Treffen beim Manövriren gegen den Feind

a. von jeder Sorge für Sicherung seines Rückens und seiner Flanken frei zu machen;
b. beim Attactiren erforderlichenfalls dasselbe durch rechtzeitiges eigenes Vorgehen zur Attacke zu unterstützen, um mit dem bereits engagirten ersten Treffen gemeinschaftlich den Sieg zu erringen und den Feind zu werfen;
c. mit etwa noch disponiblen Reserven den geschlagenen Feind zu verfolgen, den Sieg auszubeuten und den durch die Attacke aufgelösten Abtheilungen Zeit zum Ralliiren zu verschaffen.
d. das erste Treffen aufzunehmen, zu degagiren, falls dasselbe geworfen werden sollte. —

Sollte ausnahmsweise kein drittes Treffen vorhanden sein, so muß ein Theil in Reserve zurückbehalten werden, da bei sonst gleichen Verhältnissen dem Theil der Sieg zufällt, der die letzte intakte Reserve, selbst von geringerer Stärke, ins Gefecht; und, wie immer wenn möglich, auf des Feindes Flanke wirft.

2) Das zweite Treffen folgt dem ersten auf 300 Schritte in Eskadronskolonnen oder in zusammengezogener Kolonne debordirend, möglichst auf dem äußeren, gefährdeten Flügel; sein Abstand darf nicht größer werden, da sonst eine gegenseitige Verbindung und Unterstützung aufhört, ein jedes Treffen für sich allein agirt, und dadurch die Vortheile der Formation des zweiten Treffens ganz aufgehoben werden, auch ein rechtzeitiges Eingreifen in Frage gestellt wird. — Der Abstand beider Treffen von einander darf aber auch nicht kleiner werden wie 300 Schritt, da sonst das zweite Treffen gar zu leicht in das Gefecht des ersten Treffens unwillkürlich verwickelt wird und nicht freie Hand für seine Bewegungen behält, was durchaus erforderlich und Grundbedingung für dasselbe ist.

3) Das zweite Treffen muß sein Handeln, seine Bewegungen nach denen des ersten richten und bemessen; so lange das erste Treffen nicht mit dem Feinde engagirt ist, was sehr leicht aus dessen Bewegungen vom Führer erkannt werden kann, folgt das zweite Treffen blos auf Treffendistanz, und kann sich auch während dieser Zeit noch in zusammengezogener Kolonne befinden; tritt aber das Gefechtsverhältniß ein, oder marschirt das erste Treffen in Linie zur Attacke auf, so müssen in der Regel die Eskadronskolonnen gebildet werden; es muß dann die richtige Direktion genommen werden, um in der erforderlichen Front aufmarschiren zu können.

Sehr oft wird der Führer des Ganzen durch kurze Bestellungen seine Befehle ertheilen, z. B.:

„Das zweite Treffen soll mit drei Eskadronen in die Linie des ersten rücken, zwei Eskadronen auf dem rechten Flügel zurückhalten;" oder:

„Das zweite Treffen soll mit drei Eskadronen in Zugkolonne zur Flanken-Attacke gegen den rechten Flügel des Feindes vorgehen, drei Eskadronen hinter dem linken Flügel des ersten Treffens auf Treffendistanz folgen lassen;" oder:

„Das zweite Treffen soll mit einigen Eskadronen in die Linie des ersten Treffens vorrücken, die anderen Eskadronen hinter einem, oder hinter beide Flügel und hinter die Mitte vertheilen" u. s. w.

Die Unterstützung des ersten Treffens seitens des zweiten erfolgt mithin dadurch, daß dasselbe

a. mit einem Theil bei entstehendem Handgemenge des ersten Treffens Flanke und Rücken des Feindes umklammert;
b. mit dem anderen Theil oder auch in seiner ganzen Stärke dem feindlichen zweiten Treffen, welches die Flanke des diesseitigen ersten Treffens bedroht, nach außen entgegentritt.
c. das geworfene erste Treffen dadurch aufnimmt und degagirt, daß es eine Flankenbewegung zur schrägen Direktion ausführt und so den das erste Treffen verfolgenden Feind in der Flanke attackirt;
d. wenn es sich zu schwach fühlt, mit dem ersten Treffen den Rückzug antritt, demselben geschlossen folgt und dessen Abzug zu decken sucht.

Flankenbewegungen bewirkt das zweite Treffen am zweckmäßigsten in der Zugkolonne, da diese leichter zu dirigiren ist, ihre Bewegungen den Terrainformen besser anzupassen sind, und die Front aus derselben schneller, als aus sich seitwärts bewegendenden Eskadronskolonnen herzustellen ist.

Die Führung des zweiten Treffens ist schwieriger, als die des ersten, auch werden an die Regimenter des zweiten Treffens höhere Anforderungen in Bezug auf Schnelligkeit und Manövrirfähigkeit gestellt.

4) Für das zweite Treffen können die nachfolgenden Fälle eintreten, die dessen Handeln bedingen:

a. Es entstehen bedeutende Lücken in der Linie des ersten Treffen.
b. Das erste Treffen ist mit dem Feinde engagirt, und das zweite Treffen greift offensiv in das Gefecht des ersten Treffens durch Umfassung der Flanke und des Rückens des Feindes ein, und zwar:
1) wenn ein drittes Treffen vorhanden ist;
2) wenn kein drittes Treffen vorhanden sein sollte.
c. Das erste Treffen ist mit dem Feinde engagirt; das zweite Treffen will offensiv in das Gefecht des ersten Treffens durch Umfassung von des Feindes Flanke und Rücken eingreifen und hat die dahin zielende Bewegung bereits begonnen, als das zweite Treffen des Feindes zu gleichem Zwecke erscheint, welchem also entgegengetreten werden muß.

d. Das erste Treffen geht zur Attacke vor; es wird in einer Flanke durch das feindliche zweite Treffen bedroht, dem das diesseitige zweite Treffen entgegenzutreten hat.

e. Der Feind erscheint plötzlich in der Flanke des zweiten Treffens; dasselbe muß ihm sofort dahin entgegentreten; es ist Gefahr im Verzuge.

f. Das erste Treffen ist geworfen; das zweite Treffen muß unter allen Umständen degagiren, den Feind am Verfolgen hindern und denselben in der Flanke attackiren.

g. Das erste Treffen attackirt, die feindliche Front verlängert sich; das zweite Treffen soll als Echelon attackiren.

Es würden nun vornehmlich die folgenden Bewegungen und Evolutionen für das zweite Treffen speziell zur Ausführung kommen:

ad a. So schnell als möglich so viele Eskadronen als nothwendig erscheint, zur Eindoublirung in die entstandenen Lücken vorschicken, um die Linie des ersten Treffens auszufüllen. Zu diesem Zweck sind bereits die Unterstützungs-Eskadronen verwandt worden.

ad b 1. Es kann das ganze zweite Treffen in das Gefecht hineingeworfen werden.

aa. **Flanken-Angriff aus der zusammengezogenen Kolonne:**
Tetenschwenken der Kolonne (Drehung der Tete nach der richtigen Direktion).
Abbrechen mit Eskadronen.
Einschwenken zur Front.
Attacke in schräger Direktion auf die feindliche Flanke. —

bb. **Flanken-Angriff aus Eskadronskolonnen:**
Die Teten ein Achtel schwenken.
Signal: „Zugkolonne formiren!" und „Galopp!"
Einschwenken gegen den Feind.
Attacke in schräger Direktion nach innen.

ad b 2. Es kann nur ein Theil des zweiten Treffens zur offensiven Unterstützung des ersten Treffens in das Gefecht geworfen werden, während der andere Theil intakt erhalten wird für eventuelle Fälle:

aa. **Mit drei Eskadronen Flankenangriff, mit drei Eskadronen Flankendeckung aus der zusammengezogenen Kolonne:**
Tetenschwenken der Kolonne des ersten Regimentes ein Achtel.
Abbrechen mit Eskadronen.
Einschwenken zur Front.

Attacke in schräger Direktion auf die feindliche Flanke. — Das zweite Regiment folgt ebenfalls mit Tetenschwenken der Kolonne ein Achtel; Auseinanderziehen zu Eskadronskolonnen; Vorgehen in dieser schrägen Direktion im Galopp hinter dem ersten Regiment zur Deckung von dessen Flanke.

Aufmarsch und Attacke auf die heranrückenden Reserven des Feindes.

bb. Mit drei Eskadronen Flankenangriff, mit drei Eskadronen Flankendeckung aus Eskadronskolonnen:

Das erste Regiment: Die Teten ein Achtel schwenken;

Signal: „Zugkolonne formirt!" und „Galopp!"

Einschwenken gegen den Feind;

Attacke in schräger Direktion nach innen.

Das zweite Regiment: Mit Zügen ein Achtel schwenken zur Halbkolonne;

Aufmarsch in Eskadronen;

Aufmarsch im Regiment;

Attacke in schräger Direktion nach außen;

oder mit Zügen ein Achtel schwenken zur Halbkolonne;

Signal: „Eskadronskolonnen formirt!" In dieser Formation hinter dem ersten Regiment schnell vorgehen bis über dessen äußeren Flügel hinaus und dort abwarten, und sobald das feindliche zweite Treffen erscheint: Aufmarsch im Regiment;

Attacke in schräger Direktion nach außen mit möglichster Umfassung und Ueberflügelung einer Flanke des Feindes. —

ad c. Das zweite Treffen ist bereits **in Zugkolonne formirt,** um zum Flanken-Angriff vorzugehen, als es durch das Erscheinen der feindlichen Reserven genöthigt wird, sofort zur Flankendeckung gegen dieselben überzugehen:

aa. Aufmarsch zu Eskadronen und demnächst Aufmarsch zum Regiment auf das Signal: „zum Deployiren!"

bb. Schwenken des Tetenzuges; dirigiren desselben so, daß die Flanke des Feindes dadurch bedroht wird; Alignementstrab oder Galopp, event. mit Aufmarsch der letzten Eskadronen, die noch nicht auf dem Haken geschwenkt haben, wenn das Signal: „Front!" zum Einschwenken erfolgt.

Attacke event. in zwei Echelons; das zweite aus den aufmarschirten Eskadronen gebildet.

cc. Die Eskadronsteten halbrechts (halblinks) schwenken;
Aufmarsch in Eskadronen;
Attacke in Echelons, oder wenn noch so viel Zeit:
Aufmarsch im Regiment und Attacke. —

dd. Mit Zügen halbrechts (halblinks) schwenken;
Aufmarsch in Eskadronen und event. im Regiment; —
Attacke. —
NB. (ist noch schneller auszuführen wie ad cc.)

ee. Signal zur Formirung der Eskadronskolonnen in der Direktion der Tete;
Signal zum Aufmarsch im Regiment und Attacke. —
NB. (diese Formation dauert am längsten und nimmt nach vorwärts den meisten Raum in Anspruch, empfiehlt sich mithin am wenigsten, und steht gegen die ad aa, bb, cc und dd bezeichneten Bewegungen zurück.)

Es ist für das zweite Treffen bei Ausführung eines solchen Flanken=
angriffs unter allen Umständen gerathen, einige Eskadronen auf dem äußeren Flügel in Eskadronskolonnen behufs event. Bildung einer deckenden Flanke anzuhängen und intakt folgen zu lassen. —

ad d; aa. Flankendeckung aus der zusammengezogenen Kolonne:
Tetenschwenken der Kolonne (Drehen der Tete nach der richtigen Direktion).
Auseinanderziehen zu Eskadronskolonnen;
Attacke auf die heranrückenden Reserven des Feindes.
NB. (Die Wirkung auf die Flanke des Feindes muß auch hier der parallelen Attacke vorgezogen werden.)
oder: wenn der Feind schon näher ist und daher nach vorwärts der Raum fehlt:
Tetenschwenken der zusammengezogenen Kolonne (vollständige Drehung nach der richtigen Direktion in der Flanke.)
Signal „zum Deployiren!" oder:
Abbrechen mit Eskadronen zur Zugkolonne; Einschwenken und Attacke.
Dieses letztere Verfahren ist besonders deshalb vorzuziehen, weil es durch geschicktes Dirigiren der Tete gestattet, mit Leichtigkeit auf die Flanke des Feindes zu wirken. —

bb. Flankendeckung aus Eskadronskolonnen:
Das erste Regiment:
Mit Zügen ein Achtel schwenken zur Halbkolonne;

Aufmarsch in Eskadronen und im Regiment;
Attacke in schräger Direktion nach außen. —

Das zweite Regiment folgt, geht hinter dem ersten Regiment fort auf die äußere Seite desselben und alignirt sich entweder, wenn noch die erforderliche Zeit vorhanden, oder es attackirt als zweites Echelon auf der äußeren Seite,

oder: Mit Zügen ein Achtel schwenken zur Halbkolonne;
Signal: „Eskadronskolonnen formirt!"
Signal: „Aufmarsch im Regiment!"

ad e; aa. Der Feind erscheint plötzlich in der halben Flanke.

Das zweite Treffen befindet sich in zusammengezogener Kolonne:

Tetenschwenken der zusammengezogenen Kolonne ein Achtel seitens des ersten Regiments.

Aufmarsch der beiden Flügel-Eskadronen nach beiden Seiten;
Vorgehen derselben zum Flankenangriff;
Aufmarsch der beiden übrigen Eskadronen nach beiden Seiten, sowie der Raum dazu vorhanden ist und Attacke. —

Das zweite Regiment dreht die Tete der Kolonne nach innen, bricht mit Eskadronen zur Zugkolonne ab, schwenkt nach außen ein und folgt als zweites Echelon zur Attacke; oder es bricht sofort mit Eskadronen zur Zugkolonne ab, dirigirt den Tetenzug, schwenkt nach außen ein und geht gegen die Flanke des Feindes zur Attacke vor. —

bb. Der Feind erscheint überraschend in der senkrechten Flanke.

Das zweite Treffen befindet sich in Eskadronskolonnen, und soll dessen Entwickelung nach der senkrechten Flanke schleunigst ausgeführt werden; das bedrohte Regiment, nach welchem die Entwickelung stattfindet, verfährt in der nachstehend bezeichneten Weise:

Die bedrohte Flügel-Eskadron schwenkt sofort nach dem Feinde zu ein, die beiden nächsten Eskadronen bleiben geradeaus, schwenken mit ihren Teten nach der bedrohten Flanke und marschiren im Alignement der eingeschwenkten Eskadron auf; die beiden entferntesten Eskadronen schwenken wie die bedrohte Flügel-Eskadron ein und marschiren auf der der bisherigen Marschrichtung entgegengesetzten Seite en éventail auf. Alles muß mit äußerster Schnelligkeit im schärfsten Galopp geschehen.

(3. B. Die rechte Flanke ist bedroht.*)

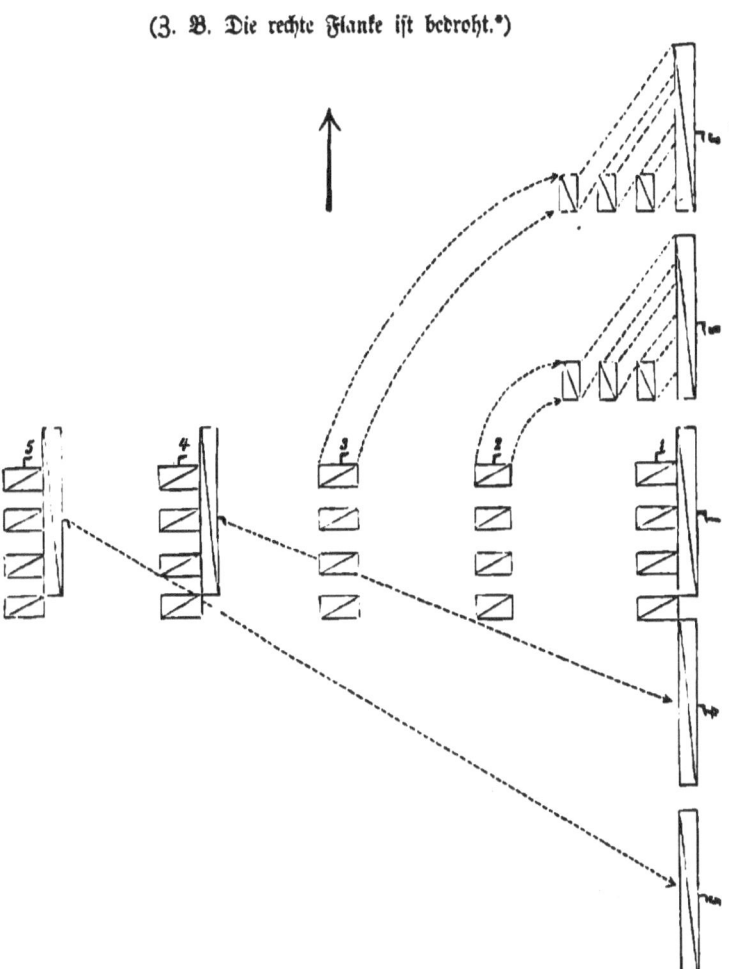

Diese Bewegung kann auch ausgeführt werden, indem die beiden nächsten Eskadronen (im vorliegenden Falle also die

---

*) Das Regiment ist hier zu fünf Eskadronen angenommen worden, in der Regel wird es sich nur um drei bis vier Eskadronen handeln, da eine Eskadron als Unterstützungs-Eskadron für das erste Treffen abgeht, und bei der Kriegsformation überhaupt nur vier Eskadrons in Frage kommen. — Die Entwickelung würde bei drei Eskadrons jedoch ganz entsprechend sein, indem nur die nächste Eskadron geradeaus bleibt, und die folgende einschwenken würde u. s. w.

Instruktionen d. Generalmaj. C. v. Schmidt ꝛc.

zweite und dritte) mit Zügen halbrechts zur Halbkolonne schwenken und sodann in dieser Formation aufmarschiren. —

Das zweite Regiment, welches nicht das zunächst bedrohte ist, entwickelt sich nicht auf diese Weise; dasselbe zieht vielmehr die Eskadronskolonnen zusammen, entweder nach vorwärts wenn es geboten erscheint, sich dort als zweites Echelon zu formiren, oder durch Kehrtschwenken mit Zügen, nach rückwärts, wenn es als Echelon dort besser zur Wirksamkeit gelangen kann. Sobald das Regiment bis auf den betreffenden Punkt schnell vorgegangen ist und durch entsprechendes Schwenken der Tete (Drehen der Kolonne) die zweckmäßigste Direktion erhalten hat, um auf die Flanke des Feindes zu wirken, deployirt dasselbe sodann und geht zur Attacke vor.

ad f. Degagiren.

aa. Aus der zusammengezogenen Kolonne:

Das den Zurückgehenden zunächst befindliche Regiment läßt sofort mit Zügen nach der betreffenden Flanke einschwenken und die an der Tete befindliche Eskadron sogleich zur Attacke auf die Verfolgenden in schräger Direktion im Galopp vorgehen.

Die nächste Eskadron folgt sofort dieser Bewegung als Echelon, indem sie ihre Direktion auf einen anderen Theil der Verfolgenden nimmt, mithin die Direktion der Teten Eskadron nicht beibehält.

In dieser Weise folgen auch die übrigen Eskadronen, und auch die des zweiten Regiments echelonweise, indem eine jede ein anderes point de vue in die Verfolgenden hineinnimmt.

bb. Aus Eskadronskolonnen:

Sofort mit Zügen ein Achtel schwenken zu Halbkolonnen in der Direktion der Verfolgenden.

Aufmarsch zu Eskadronen auf das Signal, und Echelonattacke in Eskadronen; oder:

Mit Zügen ein Viertel zu Eskadronsfronten einschwenken und Attacke in Echelons;

Eine jede Eskadron nimmt sich dann ihr eigenes point de vue in den verfolgenden Feind; oder:

Die Eskadronsteten links (rechts) schwenken;

Die Tete halbrechts (halblinks) schwenken; „Galopp, Marsch!"

Alles schwenkt auf dem Haken;

Einschwenken zur Front und sofortige Attacke mit möglichster Schnelligkeit; es wird oft hierbei der Aufmarsch des noch nicht auf dem Haken geschwenkten letzten Theils der Kolonne nothwendig werden, wenn der Feind nahe verfolgt. Dieser Theil folgt dann als Echelon der Attacke des bereits eingeschwenkten Theiles.

Es ist immer Eile für uns vorhanden, wenn wir etwas effektuiren wollen; in den vorstehenden Fällen muß aber die Eile noch verdoppelt werden, um der gestellten Aufgabe, das erste Treffen von der Verfolgung zu befreien, zu genügen. —

ad g; aa. aus der zusammengezogenen Kolonne:
zur parallelen Front: Schwenken der Kolonnentete ein Viertel;
Deployement nach dem Signal, oder
Abbrechen mit Eskadronen zur Zugkolonne;
Einschwenken und Attacke.

Zur schrägen Front zur Flankirung des Feindes, die unter allen Umständen vorzuziehen ist:
Achtelschwenkung der Kolonnentete;
Abbrechen mit Eskadronen, richtiges Dirigiren des Tetenzuges;
Einschwenken und Attacke in schräger Front.

bb. Aus Eskadronskolonnen:
zur parallelen Front: Tetenschwenken der Eskadrons zur Formirung der Zugkolonne;
Einschwenken, und Attacke in gerader Front;
zur schrägen Front, welche auf alle Fälle vorzuziehen, um flankirend auf den Feind zu wirken:
Ein Achtel Schwenkung der Eskadronsteten;
Formirung der Zugkolonne auf das betreffende Signal;
Einschwenken, und Attacke in schräger Direktion.

cc. Direktiven für die Bestimmung, Aufgabe, Formation und die Bewegungen des dritten Treffens.
Zusammengestellt aus den Cirkulairen vom 22. Juli 1872, 17. August 1872, 22. Juli 1874, 22. Juli 1874, 19. Juni 1875.

1) Das dritte Treffen ist die ultima ratio, mit welchem die Entscheidung erzwungen werden muß, wenn dieselbe nicht schon vorher herbeigeführt worden ist.

Niemals darf das dritte Treffen in seiner ganzen Stärke verausgabt werden; sondern der Führer desselben muß immer einen Theil zur Verwendung für eventuelle Fälle, für den Nothfall in der Hand haben.

2) Das dritte Treffen folgt anderthalb Treffendistanz, 4 bis 500 Schritte hinter demjenigen Flügel des ersten Treffens, wo sich das zweite Treffen nicht befindet. So lange nichts anderes bestimmt wird, oder nicht die Gefechtsverhältnisse den Kommandeur dieses Treffens zu selbstständigem Handeln verpflichten, folgt dasselbe stets in demselben Verhältniß zum ersten Treffen; der Führer kann sich dahin begeben, wo er seine Gegenwart für nöthig hält, um die ganze Gefechtslage übersehen zu können. —

3) Greift das ganze zweite Treffen in das Gefecht ein, wird dasselbe zur Unterstützung des ersten Treffens völlig verausgabt, so wird das dritte Treffen gewöhnlich in Eskadronskolonnen auseinanderziehen, um sich in Gefechtsbereitschaft zu setzen; es begiebt sich dann schnell auf die Stelle, wo sich das zweite Treffen befand, dessen Funktionen übernehmend. Es gilt dann für dasselbe alles, was für das zweite Treffen bestimmt ist.

4) Was die Bewegungen und Evolutionen betrifft, welche speziell für das dritte Treffen zur Ausführung kommen, so hat dasselbe, insofern es bereits in die Stelle des zweiten Treffens getreten ist, ganz in derselben Weise wie das letztere zu verfahren.

Es kann aber vorkommen, daß dieses dritte Treffen sich noch auf seiner Stelle in zusammengezogener Kolonne befindet und selbst in der Flanke plötzlich vom Feind bedroht wird; dann würde es die nachstehend bezeichneten Evolutionen auszuführen haben:

a. **Der Feind erscheint in der senkrechten Flanke:**

Das unmittelbar bedrohte Regiment deployirt sofort nach der bedrohten Flanke, entweder nach vorwärts oder nach rückwärts (in letzterem Falle, nachdem mit Zügen umkehrt geschwenkt worden ist) je nach dem Terrain und nach der Anmarschrichtung des Feindes, wobei stets ohne Rücksicht auf die Inversion, die zunächst bedrohte Eskadron nach dem Feinde einschwenkt, und die folgenden Eskadronen hinten weg deployiren. Das nicht unmittelbar bedrohte Regiment bricht je nach dem Terrain und nach dem Anmarsch des Feindes nach vor- oder rückwärts mit Eskadronen zur Zugkolonne ab, giebt dem Tetenzuge die entsprechende Direktion, wobei erforderlichenfalls auf dem Haken geschwenkt wird, um sich in die Flanke des Gegners zu manövriren und denselben, nachdem zur Front eingeschwenkt worden, zu attackiren.

b. **Der Feind erscheint in der schrägen Flanke:**

Das unmittelbar bedrohte Regiment schwenkt mit der Tete halbrechts (halblinks) läßt sofort die beiden Flügel-Eskadronen nach außen aufmarschiren und beordert dieselben zum Flankenangriff. — Demnächst Aufmarsch der beiden nächsten, frei gewordenen Eskadronen nach Außen und Vorgehen zur Attacke. (Siehe Zeichnung S. 162.)

Das zweite, nicht unmittelbar bedrohte Regiment verfährt am zweckmäßigsten wie vorstehend ad a. —

dd. **Direktiven für die Bestimmung und Aufgaben der Unterstützungs- und Flügel-Eskadronen.**

Zusammengestellt aus den Cirkulairen vom 22. Juli 1872, 17. August 1872, 22. Juli 1873, 25. Juni 1874.

1) Die Unterstützungs-Eskadronen werden stets vom zweiten Treffen gegeben, und zwar in der Regel zwei, von jedem Regiment eine; sie folgen dem ersten Treffen auf 100 bis 150 Schritte Distanz in Linie oder in Zugkolonne, und vertheilen sich so, daß sich hinter der Mitte jedes Regiments des ersten Treffens eine derselben befindet.

Die Unterstützungs-Eskadrons müssen ihre Obliegenheiten als solche genau kennen und für dieselben ausgebildet sein. Sie haben die sich bei Direktionsveränderungen bildenden Lücken in der Front, wenn die Attacke den ersteren unmittelbar folgt, auf das Schnellste auszufüllen; sind sie dagegen im Augenblick des Zusammenstoßes mit dem Feinde noch nicht zur Verwendung gekommen, so haben sie dem Ausfall des Handgemenges circa 100 bis 150 Schritte hinter der Front mit der größten Aufmerksamkeit zu folgen, und wenn sich dasselbe an irgend einer Stelle zum diesseitigen Nachtheil wendet, was sich durch Abbröckeln dokumentirt, mit geschlossenen Abtheilungen, sei es mit Zügen, mit halben Eskadronen oder mit der ganzen Eskadron, je nachdem an einzelnen oder mehreren Stellen ein solches Abbröckeln eintritt, oder dasselbe in höherem oder geringerem Grade auftritt, in dasselbe hinein zu attackiren, um das Gefecht sofort wieder her- und den günstigen Ausfall desselben sicher zustellen. Dies müssen sie als ihre Hauptaufgabe betrachten; denn sie sind dazu bestimmt, dem ersten Treffen die nächstbereite und augenblickliche Hülfe zu gewähren.

Unterstützungs-Eskadronen, welche zur Schließung von Lücken in das erste Treffen eingerückt sind, bleiben, bis ein anderer Moment eintritt, auf ihrem Fleck im ersten Treffen und werden nicht zurückgeschickt. Ist der Feind geworfen, so folgen sie mit den ralliirten Eskadronen den in aufgelöster Ordnung verfolgenden Flügel-Eskadronen als Soutien.

— 262 —

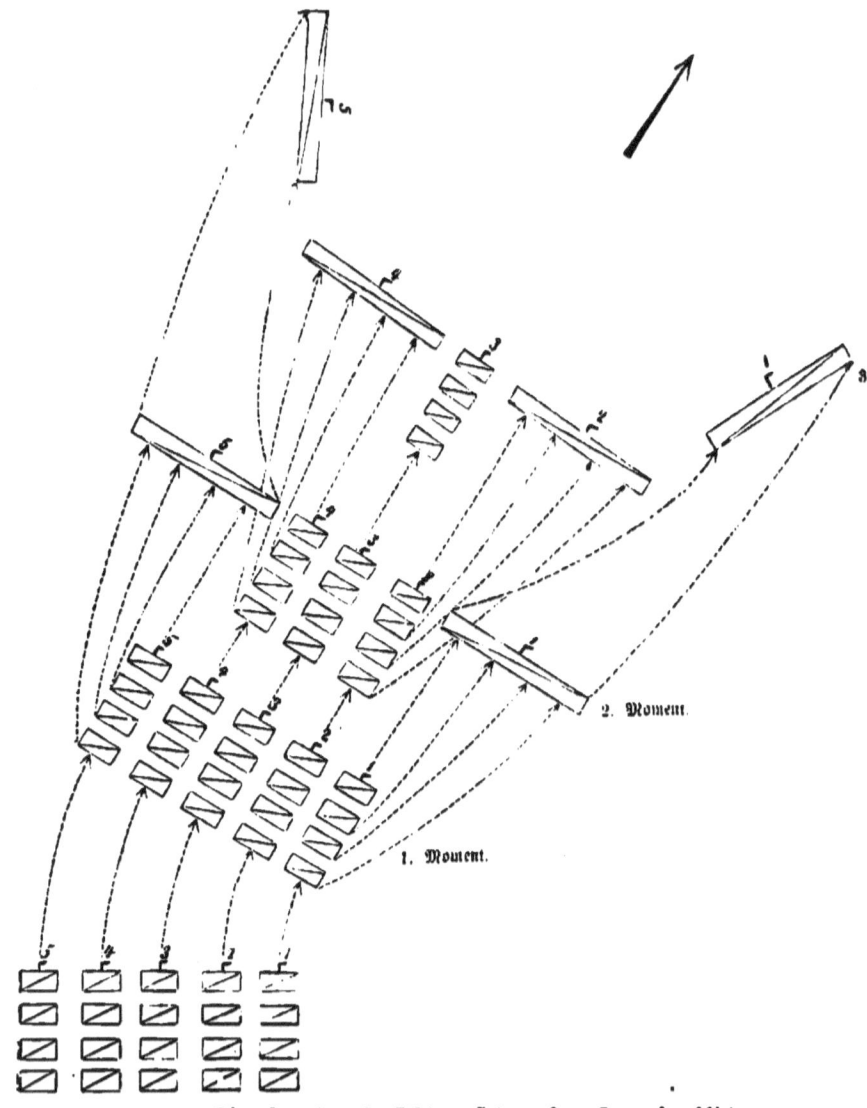

Die erste und zweite Eskabron sind zur Inversion aufmarschirt.

2) Die Flügel-Eskadronen haben die Aufgabe, je nachdem das Zusammentreffen mit dem Feinde bei der Attacke sich gestaltet, zur **Flankendeckung** (bei Ueberflügelung durch den Feind) oder zum **Flankenangriff** (wenn der Feind durch unsere Linie überflügelt wird) behufs Umfassung des Feindes auf das Schnellste aus eigener Bewegung selbstständig aus der Front vorzubrechen, ohne dazu erst den Befehl abzuwarten. —

Zu dem Zweck sind dieselben nicht in Zugkolonne hinter den Flügeln anzuhängen, sondern sie verbleiben stets in der Front, weil ihre Führer von dort weit besser zu übersehen vermögen, welche Entwickelung das Gefecht nimmt, als wenn sie sich hinter der Front befinden, und weil die von ihnen zurückzulegenden Wege dadurch auch erheblich abgekürzt werden.

Wenn Flankenangriffe aus der Front in Linie hervorbrechen sollen, so sind die Eskadronen, resp. Divisionen auf dem rechten Flügel stets in rechts abmarschirter Halbkolonne, auf dem linken Flügel stets in links abmarschirter Halbkolonne, entweder durch Abbrechen mit Zügen oder durch Schwenken mit Zügen ein Achtel zu formiren; im ersteren Falle ist dann zur Front einzuschwenken, im letzteren Falle erst auf Vorderrichtung zu gehen und dann einzuschwenken. Diese Bewegungen müssen aber sehr schnell ausgeführt werden, um den Feind zu überraschen, denn sonst gewinnt derselbe Zeit zu Gegenmaßregeln, welche den Erfolg gefährden; auch müssen die Attacken in Front und Flanken möglichst gleichzeitig erfolgen.

Zu Flankendeckungen sind die Eskadronen am zweckmäßigsten auf dem rechten Flügel stets in links abmarschirter Halbkolonne, auf dem linken Flügel stets in rechts abmarschirter Halbkolonne durch Abbrechen mit Zügen zum Vorbrechen über die Flanke hinaus gegen einen etwaigen Angriff des Feindes auf dieselbe zu formiren. Sie halten sich daher in gleicher Höhe mit der Linie und attakiren gleichzeitig mit ihr nach auswärts. Nach vollführter Attacke müssen sie in der Verlängerung der Linie stehen. —

Die dritte Aufgabe der Flügel-Eskadronen besteht endlich darin, aus dem Handgemenge heraus nach der Attacke, wenn sich dasselbe zu diesseitigen Gunsten gestaltet hat, die Verfolgung des fliehenden Feindes zu übernehmen und demselben in aufgelöster Ordnung in der Karriere zu folgen. —

d. Die Attacke.*)

Zusammengestellt aus den Cirkulairen vom 22. Juli 1872, 22. Juli 1873, 12. September 1873, 22. Juli 1874, 19. Juni 1875.

1) Die Attacke ist das Lebenselement unserer Waffe, denn in derselben beruht die Einwirkung auf den Feind; sie ist daher die Pointe, die Spitze, der Prüfstein unserer ganzen Ausbildung, und ihre Ausführung bestimmt den Werth der Truppe. Ich lasse daher in Nachstehendem die an sie zu stellenden Anforderungen folgen:

 a. Die größte Geschlossenheit, festes Zusammenhalten nach der Mitte von beiden Flügeln, Bügel an Bügel.

 b. Die rapideste, schnellste, entschiedenste Karriere 100 bis 150 Schritte lang, um den Feind mit vollstem Ungestüm anzufallen, und etwas moderirt nach der möglichst entwickelten Schnelligkeit der schwächeren Pferde, damit die Geschlossenheit gewahrt bleibt.

 c. Keine Tiefe, die Glieder gerichtet, nicht mehr als zwei vorhanden; das zweite Glied, was entschieden mitzureiten hat, und von welchem kein Reiter zurückbleiben darf, drei bis sechs Schritt vom ersten entfernt.

 d. die Offiziere weit vor der Front, allgemein sichtbar.

 e. Der allongirte Galopp 600 bis 800 Schritte lang, ruhig, gleichmäßig, flach über den Erdboden fort, ohne Unruhe und ohne Stürmen; die Pferde so in der Hand, daß die Zuversicht vorhanden, es werde aus dem langen Galopp nicht unwillkürlich die Karriere entstehen, und die Pferde aus der Hand gehen.

 f. Während der Attacke stets Evolutionen, Manövrir- und Vorwärts-Seitwärts-Bewegungen ausführen, Frontveränderungen vornehmen, den Chok immer in einer anderen Direktion machen, wie ursprünglich zur Attacke angeritten wurde. Möglichst viel auf der Diagonale attackiren, schräge Linien, und viel in Halbkolonne reiten, um sich auf des Feindes Flanke dirigiren zu können.

---

*) Die für die Attacke maßgebenden Grundsätze und Kapitalanforderungen sind zwar schon an anderer Stelle eingehend behandelt worden, so daß es vielleicht als eine Wiederholung erscheint, daß dieses Kapital hier nochmals berührt wird. — Ueber etwaige Bedenken in dieser Beziehung muß sich jedoch die Zusammenstellung hinwegsetzen, da sie es nicht als ihre Aufgabe betrachtet, Wiederholungen peinlich zu vermeiden, vielmehr dem Zweck dieser Arbeit entsprechend, von dem Gesichtspunkte ausgeht, die von dem verstorbenen General aus bestimmten Veranlassungen ertheilten Direktiven an der Stelle wiederzugeben, die nach dem Sinne der Originalien hierzu die passende ist, ohne Rücksicht darauf, ob ein oder derselbe Gegenstand hierdurch auch mehrere Male, wenn auch in anderer Weise, berührt wird. —

g. Recht häufige Uebung der Attacke auf bewegliche Objekte (einzelne Reiter).

h. Beim Vorgehen zur Attacke möglichst lange in Eskadronskolonnen verbleiben, um dadurch allen Eventualitäten und widrigen Einflüssen weniger ausgesetzt zu sein.

i. Recht oft in der Inversion attackiren, damit dies der Truppe zur Gewohnheit wird, und sie nichts Besonderes hierin mehr findet.

k. Stets Eklaireurs vor der Front; von jeder Eskadron zwei bis drei gut ausgebildete Mannschaften, welche die besten Wege zu zeigen und dafür zu sorgen haben, daß man nicht in eine Sackgasse geräth, in klein unpassirbares Terrain kommt oder vor einem Hohlwege kehrt machen muß.

l. Beim Chok selbst muß die Front der attackirenden Eskadronen und Regimenter unbedingt vollkommen frei sein; alle Detachirten und Eklaireurs müssen sich daher so schnell als möglich seitwärts nach den Flügeln ziehen, sich ralliiren und gleichzeitig mit den attackirenden Abtheilungen auf des Feindes Flanke werfen, sie müssen die Front durch ihren Anschluß verstärken, nicht etwa theilnahmlos halten bleiben. Kein Säbel, keine Lanze darf bei der Attacke unthätig bleiben; es muß hierauf auf das Strengste gehalten werden.

Unter keinen Umständen dürfen diese Detachirten aber rückwärts auf die eigene Front losstürzen und dadurch Unordnung in dieselbe bringen. —

m. Der Führer muß vor der Attacke den Feind rekognoszirt haben, um dessen Flanke zu erspähen, und danach richtig führen und die Direktion der Attacke bestimmen zu können.

n. Niemals darf er sich vom Feinde attackiren lassen, ihn niemals stehenden Fußes erwarten, sondern er muß stets den Feind zuerst attackiren, stets die Initiative dazu ergreifen, und ihm entschieden auf den Leib gehen.

o. Er muß ihn mit der blanken Waffe angreifen, unter keinen Umständen mit der Schußwaffe.

p. Der Führer muß den günstigen Moment zur Attacke wahrnehmen, und attackiren, ohne den Befehl dazu abzuwarten und ohne anzufragen; er ist dafür verantwortlich, wenn der günstige Moment verpaßt wird und ungenützt vorübergeht. Der günstige Moment ist aber der, wenn der Feind in Unordnung geräth.

q. Bei der Attacke ist stets eine Reserve für alle Eventualitäten zurück und bereit zu halten, denn die letzte Reserve (geschlossene intakte Abtheilung) und der Angriff in die Flanke entscheiden den Ausgang des Kampfes.

r. Der geworfene Feind ist nur mit einem Theil der attackirenden Linie sofort zu verfolgen; derselbe bleibt ihm in vollster Auflösung auf den Hacken; der übrige Theil ralliirt sich so schnell als möglich und folgt den Verfolgenden als Soutien. —

2) Die charakteristischen Grundsätze für die Attacken auf die drei verschiedenen Waffen des Feindes sind die nachstehend bezeichneten:

a. Auf die Kavallerie des Feindes:

Es wird stets die Front attackirt und die Flanke umfaßt; letzteres entweder bereits durch das erste Treffen, welches sich beim Vorgehen vorwärts-seitwärts geschoben hat, oder durch das zweite Treffen.

b. Auf die feindliche Infanterie:

Es wird stets allein deren Flanke mit mehreren hintereinander folgenden Echelons attackirt; es kommt darauf an, daß die auszuführenden Stöße kurz hintereinander folgen, daß die Echelons sich also nicht überflügeln, sondern decken. Der Galopp muß von dem Augenblick an, wo man in die wirksamste Feuersphäre gelangt, geritten werden, also mindestens 800 Schritt weit. Die Front der Infanterie muß mithin stets umritten werden. — Es gilt als feststehende Regel, daß niemals eine einzelne Eskadron ein intaktes Karree attackiren darf, sondern mindestens stets zwei in einem Echelon, und daß, wie schon betont, die Attacke auf Infanterie überhaupt stets nur in mehreren hintereinander folgenden Echelons zu mindestens zwei Eskadronen stattfindet. —

Demzufolge ist es nothwendig, daß die Regimenter und Brigaden die folgende, sehr einfache Bewegung ausführen, als einfachstes Mittel, um in die betreffende Formation zu gelangen:

Aus der Zugkolonne: Alignementstrab oder Galopp mit Hakenschwenken, wenn irgend möglich außerhalb des feindlichen Feuers, um die entsprechende Front zu gewinnen; Einschwenken zur Linie mit den beiden Teten-Eskadronen, und Vorgehen zur Attacke, während die beiden letzten Eskadronen des ersten Regiments die frühere Bewegung hinter den einschwenkenden fortsetzen (der Tetenzug der dritten Eskadron muß rechtzeitig avertirt werden, daß er geradeaus zu bleiben hat), sobald diese beiden Eskadronen Vordermann auf die beiden ersten gewonnen haben, schwenken auch sie ein und folgen denselben als zweites Echelon zur Attacke. — In gleicher Weise geschieht es in der Brigade; das zweite Regiment formirt in ganz analoger Weise durch Hinterfortgehen das dritte und vierte Echelon. — Selbstverständlich können auch Eskadronen aus beiden Regimentern unter Umständen in ein und demselben Echelon verwandt werden, wenn z. B. Echelons zu drei und drei Eskadrons in Folge der obwaltenden Verhältnisse gebildet werden müssen. —

Bieten sich beim Vorgehen mehrere Attacken-Objekte dar (mehrere Schützenschwärme hintereinander, Soutiens, Vordertreffen, erstes, zweites Treffen), oder ist die Aufstellung des Feindes in seiner Flanke eine so tiefe, daß die ursprünglich angenommene Front-Ausdehnung der einzelnen, sich folgenden Echelons eine zu geringe ist, um die gesammte feindliche Stellung in ihrer ganzen Tiefe, resp. alle einzelnen Objekte gleichzeitig attackiren zu können, so sind die letzteren seitens der hinteren Echelons, die dann ihren Vordermann auf das Teten-Echelon zum Theil aufgeben und entsprechend andere Direktionen annehmen müssen, zu attackiren; es würde dann allerdings ein unmittelbares Folgen sämmtlicher Echelons hintereinander nicht stattfinden, sondern dieselben würden zum Theil divergirend auseinandergehen, indem nur diejenigen den vorderen Echelons in derselben Direktion folgen, denen sich kein besonderes Attacken-Objekt mehr bietet. —

Dieses Verhältniß kann aber durchaus nicht als ein günstiges bezeichnet werden, da in der Regel nur die wiederholt, kurz hintereinander, in derselben Direktion, also auf Vordermann, von mehreren Echelons ausgeführten Attacken auf die Flanke der feindlichen Infanterie nachhaltige Erfolge versprechen.

Es ist daher von der größten Wichtigkeit, den Feind und seine Stellung vorher möglichst genau rekognoszirt zu haben, um hiernach die erforderliche Frontausdehnung der einzelnen Echelons richtig und nicht zu schwach zu bemessen.

Wie zahlreiche historische Vorgänge aus der Zeit unseres höchsten Ruhmes und Glanzes zur Genüge beweisen, liegt es keineswegs im Bereiche der Unmöglichkeit, selbst Regimenter und noch mehr Schwadronen in einem Echelon zu verwenden; in Folge dessen dann allerdings selbstverständlich die Verwendung mehrerer Treffen, ja Divisionen in entsprechender Stärke zum nachhaltigen Angriff auf die Flanke der feindlichen Stellung in der Schlacht erforderlich ist.

Gut ausgebildet, zweckmäßig gegliedert und gut geführt werden wir aber auch jetzt noch im Stande sein, Erfolge zu erringen, die würdig sind, jenen von damals an die Seite gestellt zu werden.

c. **Auf die feindliche Artillerie:**

Stets in Front durch eine sich weit in die Breite ausdehnende Schwärmattacke, um das Feuer abzulocken, während geschlossene Eskadronen, resp. Regimenter gleichzeitig in der Flanke die Batterien attackiren.

Die Dirigirung in die Flanke muß möglichst verdeckt geschehen, damit die Attacke überraschend erfolgt. —

---

e. **Verfolgen und Sammeln.**

Zusammengestellt aus den Cirkularen vom 17. August 1872, 12. September 1873, 20. August 1874, 19. Juni 1875.

aa. **Verfolgen.**

Wenn die feindliche Kavallerie durch das Handgemenge mit dem ersten Treffen, oder in Folge des rechtzeitigen Eingreifens des zweiten Treffens geworfen worden ist und verfolgt werden soll, so erfolgt dies auf das Signal „Fanfare!" durch die beiden Flügel-Eskadronen des ersten und durch die äußere Flügel-Eskadron des zweiten Treffens, welche in der Karriere und in vollster Auflösung dem Feinde auf den Hacken zu bleiben haben.

Die äußere Flügel-Eskadron des zweiten Treffens muß hierbei so schnell als möglich die Direktion der Eskadrons des ersten Treffens annehmen, um gegenseitiges Niederreiten zu verhüten.

Die übrigen Eskadronen des ersten Treffens werden sofort nach diesem Signal durch den Regimentsruf und die Eskadronsrufe nach vorwärts gesammelt und den Verfolgenden geschlossen im Trabe nachgeführt.

Die Verfolgung seitens der Flügel-Eskadronen muß so weit ausgebeutet werden, als dies Athem und Kräfte der Pferde, das Terrain und die weiteren Maßnahmen des Feindes irgend gestatten.

Treten überlegene feindliche Reserven zur Aufnahme oder Degagirung der geworfenen Abtheilungen auf, so wird die weitere Verfolgung durch das Signal „Appell!" unterbrochen, auf welches die verfolgenden Eskadronen, die Front der nachfolgenden geschlossenen Abtheilungen möglichst schnell freimachend, sich nach rückwärts auf den Flügeln wieder sammeln, um event. von dort aus gegen die Flanke der nachrückenden feindlichen Reserven vorzugehen und dadurch die Frontal-Attacke auf dieselben zu unterstützen.

bb. Sammeln.

Bei jeder durch den Choc wirklich ausgeführten Attacke muß es stets zum Zusammenstoß, also zum Handgemenge mit dem Feinde, mithin zur völligen Auflösung kommen. Dies muß schon bei den Friedensübungen stets dadurch markirt werden, daß die Glieder sich völlig auflösen und die größte Zerstreuung eintritt, damit die nachstehend bezeichnete Uebung, eine der allernothwendigsten, recht oft vorgenommen werden kann, nämlich das rasche Ralliiren nach jeder beliebigen Direktion hin, auf das Signal, nach dem Säbel des Führers und nach der Direktion, in welcher derselbe selbst reitet.

Dieser Uebung, dem Uebergange aus der aufgelösten Ordnung in die geschlossene, kann, wie immer von Neuem wiederholt werden muß, nicht genug Werth beigelegt werden; sie kann nicht oft genug zur Ausführung gelangen; die Ordnung, die geschlossenen Glieder können nicht schnell genug wieder hergestellt werden; es muß dies sowohl im Vorgehen in Linie auf das Signal „Regimentsruf!" „Eskadronsruf!" und in Eskadrons= kolonnen auf das nach dem Ruf zu ertheilende betreffende Signal, wie aus dem Zurückgehen auf das Signal „Front!" geschehen.

Im letzteren Falle, beim Ralliiren aus dem Zurückgehen muß selbst= verständlich das Signal „Appell!" vorangegangen sein, welches bedeutet, daß die Attacke abgeschlagen worden ist; erfolgt dann das Signal „Front!" so machen alle Reiter einzeln Front, und formiren so schnell als möglich wieder die Glieder.

Ist in der Inversion attakirt worden, so muß auch in der Inversion wieder ralliirt werden; dies ist unbedingt festzuhalten.

Zur Vorbeugung eines jeden Mißverständnisses wiederhole ich also: auf das Signal: „Regimentsruf!" („Eskadronsruf!") wird stets nach vorwärts, auf das Signal: „Appell!" stets rückwärts ralliirt.

Das schnelle Ralliiren ist der Prüfstein der ganzen Ausbildung, sowohl der technischen wie der intellektuellen. Wo die Mannschaften die Pferde nicht völlig in der Gewalt haben, wo dieselben nicht sehr gewandt gemacht sind, wo die Reiter nicht die vollste Aufmerksamkeit haben und sich in der größten Spannung befinden, wo sie nicht an den schleunigsten Gehorsam und an den raschesten Appell auf die Kommandos und Signale gewöhnt sind, da wird diese Uebung stets sehr mangelhaft ausgeführt werden; dieselbe ist aber ein Hauptmittel, die Truppe fest und sicher in die Hand ihres Führers zu bringen.

Der große König legte auf dieses schnelle Ralliiren der Eskadronen aus der vollkommensten Zerstreuung den allergrößesten Werth. Zu dem Regle=

ment für die Husaren-Regimenter vom 1. Dezember 1743 III. Titel XVII. Artikel heißt es:

„Den gemeinen Husaren muß wohl imprimiret werden, daß sie sehr attentif auf das Appellblasen sind, und sich ein jeder, wenn Appell geblasen wird, auf das allergeschwindeste bei seiner Eskadron einfindet und in sein Glied reitet. Wobei, wie schon gesagt, nicht nöthig ist, daß sie ihre rechten Neben und Vordermänner haben;" und weiter:

„NB. Se. Königliche Majestät werden zum meisten darauf sehen, daß die Eskadrons sich lernen geschwind zu ralliiren."

Gehen wir hin und thuen wir desgleichen; wir werden dann auf dem champ de bataille die letzte geschlossene Abtheilung in der Hand haben, und damit nach allen Erfahrungen Herr desselben bleiben; wer am längsten aushält, am zähesten und ausdauerndsten, am nachhaltigsten ist, dem kann der Erfolg nicht fehlen.

---

f. Defilee-Uebergänge vorwärts und rückwärts.

Zusammengestellt aus den Cirkulairen vom 22. Juli 1872, 22. Juli 1873, 17. August 1873, 26. April 1874, 19. Juni 1875, 29. Juli 1875.

1) Es muß als erster Grundsatz bezeichnet werden, daß, wenn das Passiren von Defileen, Dörfern 2c. vermieden werden kann, es besser und gerathener ist, sie während eines Gefechtes zu umgehen; sind dieselben aber nicht zu vermeiden, so müssen sie wenigstens zuvor gründlich aufgeklärt sein; denn es giebt keine traurigere Lage für die Kavallerie, als im Defilee stecken zu bleiben, oder gar in demselben noch angegriffen zu werden, was stets dem Führer zur Last fällt.

2) Die sehr häufig vorkommende Entwickelung nach dem Passiren eines Defilees in schnellster Gangart aus der Marschkolonne zu Dreien, rechts oder links abmarschirt, aus den auf das Uebungsterrain mündenden Defileen, muß auf das Gründlichste eingeübt werden. Es kann dies nicht schleunig genug im starken Galopp ohne Verkürzung des Tempos der Tete, sobald das Terrain sich erweitert, unter Festhaltung der größten Ordnung geschehen. Die Zugführer müssen sich nach der Queue ihres Zuges umsehen, und die Kommandos zum Aufmarschiren der Züge müssen bereits erfolgen, wenn die Queue des Zuges sich noch im Defilee befindet, wenn der letzte Abmarsch im Begriff steht, aus demselben herauszutreten; es geschieht dies gewöhnlich viel zu spät; ebenso sind die Kommandos zum Aufmarschiren in Eskadronen zu ertheilen, wenn der letzte Zug noch

nicht formirt ist, so daß nicht die mindeste Zeitversäumniß dabei vorkommt. Vor allem ist es dabei nothwendig, daß die Zugführer ihre Teten festhalten und richtig dirigiren. Dies muß schon in Regimentern vorbereitet sein; es ist eine sehr wichtige Uebung, da sie die Entwickelung zum Gefecht betrifft. Die größte Schnelligkeit und die strengste Ordnung sind hier geboten.

Außerhalb des Gefechtes bleiben die Eskadronen in Zugkolonne, und marschiren, sobald sie formirt, im Regiment zu Eskadronskolonnen auf. Zum Gefecht marschiren sie sogleich, sowie der letzte Zug im Begriff steht, sich zu formiren, in Front auf; es ist hierbei streng festzuhalten, daß immer zuerst die Eskadron formirt und erst dann im Regiment aufmarschirt wird; ein unmittelbarer Aufmarsch aus Zügen zum Regiment ist mithin völlig ausgeschlossen. Ist Gefahr im Verzuge, so kann ausnahmsweise mit Echelons in Eskadronen attackirt werden; die Regel bleibt aber, daß die Attacke so viel als möglich in entwickelter Regimentsfront erfolgt; ist noch so viel Zeit vorhanden, daß sich das zweite (hintere) Regiment mit dem vorderen aligniren kann, so ist die Attacke in der Brigade als Treffen auszuführen, ist nicht so viel Zeit vorhanden, so erfolgt die Attacke echelonweise in Regimentern.

3) Nach dem Vorgehen über ein Defilee ist es dringend geboten, da man sich selbstverständlich und naturgemäß bemühen wird, das Defilee für die nachfolgenden Abtheilungen gegen den andrängenden Feind offen zu halten, daß diejenigen Eskadronen, welche sich bereits formirt haben, eine solche Direktion beim Vorgehen gegen den Feind zu gewinnen suchen müssen, daß sie, für den Fall sie geworfen werden sollten, nicht gerade in das Defilee, sondern seitwärts desselben ihren Rückzug haben, damit der Aufmarsch der folgenden Eskadronen nicht durch sie gehemmt und gehindert wird. Die formirten Eskadronen müssen daher derartige Bewegungen vornehmen, daß ihr Rücken nicht gerade dem Defilee zugekehrt ist.

Wenngleich ein jedes Defilee vor seiner Passirung, wie schon betont, auf das Sorgfältigste rekognoszirt sein muß, um nicht in Gefahr zu gerathen, während des Debouchirens vom Feinde attackirt zu werden, dadurch im Defilee stecken zu bleiben oder in dasselbe hineingeworfen zu werden, so kann doch die Gefechtslage es bedingen, daß die vorderen Eskadronen, nachdem sie das Defilee passirt, unter Beachtung der vorstehend unter 2 für die Echelonattacke ertheilten Bestimmungen, sofort zur Attacke vorgehen müssen, ehe die hinteren Eskadronen formirt sind; werden nun hierbei einzelne der vorderen Eskadronen durch den überlegenen Feind geworfen, so können dieselben allerdings noch nicht mit der ihr unmittelbar folgenden Eskadron wieder zur Attacke vorgehen, da ihnen die zum Ralliiren nöthige Zeit fehlt und sie noch nicht den erforderlichen Halt wieder gewonnen haben werden; aber gute Ausbildung, gute Reiterei, Disziplin und Appell in einer so geworfenen Eskadron vorausgesetzt, wenn also die Mannschaften ihre Pferde in der Hand haben und die Kommandos, Signale und den Zuruf ihrer Vorgesetzten befolgen, wird dieselbe im Stande sein, mit der zweitnächsten Eskadron, welche sich nach dem Passiren des Defilees formirt hat, wieder mit vorzugehen und zu attackiren.

Es ist dringend erforderlich, daß die Kräfte sich bei einer solchen Gelegenheit, in einer so schwierigen Lage, wo man ein Defilee hinter sich, einen bereits formirten, überlegenen Feind, der den moralischen Eindruck für sich hat, vor sich weiß, erhöhen und verdoppeln. Dies kann nur durch die schnellste Entwickelung, bei welcher die größte Ordnung herrschen muß, durch das schnellste Ralliiren etwa geworfener Abtheilungen und durch sofortiges Anschließen an die zur Attacke vorgehenden Eskadronen, um so viel Kräfte wie möglich auf einmal in das Gefecht zu bringen, geschehen, was von den Führern stets im Auge behalten werden muß.

Napoleons I. Vorschrift: „se multiplier par la vitesse!" findet hier vorherrschend Anwendung.

4) Bei einem Rückzuge, Abzuge über ein Defilee im Angesicht des Feindes ist es feststehender Grundsatz, daß durch Vorstöße, also durch das offensive Element der intakt gehaltenen Abtheilungen, der Abzug der am Feinde gewesenen, also in Unordnung gerathenen Abtheilungen unterstützt, ermöglicht und gedeckt wird, und daß durch mehrere mit Karabinern bewaffnete Eskadronen das Defilee mit abgesessenen Mannschaften stark besetzt wird. Ich bemerke aber hierzu, daß die offensiv vorgehenden Abtheilungen nur kurze Vorstöße zur Degagirung der zurückgehenden ausführen dürfen, damit sie denselben schnell folgen können, sowie der Feind zum Haltmachen gezwungen ist; sie dürfen sich nicht zu lange aufhalten, denn hierdurch würde ihre ganze Wirksamkeit in Frage gestellt werden. Schnelles Verschwinden ist hierbei die Hauptsache, und die ganze Pointe der Sache ist die, daß das Defilee nicht durch geworfene, in Unordnung zurückgehende Abtheilungen verstopft wird, was aber stets der Fall ist, wenn sich die letzteren so lange vor demselben aufhalten. Es ist dies der allergrößte Fehler, der gewöhnlich bei den Friedensübungen zur Erscheinung tritt, wo sich die Abtheilungen häufig viel zu lange vor dem Defilee aufhalten, gar nicht vom Feinde loskommen können und immer wieder attackiren.

g. Die Verwendung der Artillerie.
Entnommen aus den im Jahre 1878 erlassenen Direktiven.

1) An die Spitze stelle ich, daß der Hauptzweck der der Kavallerie beigegebenen reitenden Artillerie, wie der der Kavallerie selbst, ein offensiver ist, und daß daher von derselben stets in diesem Sinne und Geiste verfahren werden muß.

2) Der reitenden Artillerie fällt eine bedeutende Rolle bei dem Auftreten und bei den Gefechtsverhältnissen der Kavallerie zu. Sowohl
   a. zum Schutz von deren Entwickelungen, wie
   b. bei der Vorbereitung des Angriffs derselben, wie
   c. bei der Verfolgung zur Vervollständigung des Sieges

wird ihre Wirksamkeit eine große und tief eingreifende sein, wenn sie es versteht, frühzeitige und zweckmäßige Aufstellungen zu nehmen, aus denen sie richtig und lange wirken kann.

Von den vier verschiedenen Momenten, die sich in den Gefechtsverhältnissen der Kavallerie markiren, der Rekognoszirung, Vorbereitung des Angriffs, Entwickelung zu demselben, der Attacke und Verfolgung können die Batterien mindestens bei zweien in volle Wirksamkeit treten, nämlich bei der Vorbereitung desselben und bei der Entwickelung zu demselben. Eine mehr begrenzte Wirksamkeit werden dieselben bei der Attacke selbst und bei der Verfolgung haben. Es wird ganz von der schnellen Erfassung des richtigen Moments und von ihrem Auffahren auf dem richtigen Fleck abhängen, wie sie wirken, und ob sie recht lange in Wirksamkeit bleiben können, worauf alles ankommt.

3) Bei den Uebungen der Kavallerie-Divisionen, welche deren Aufgaben im rangirten Gefecht in Verbindung mit den übrigen Waffen zum Zweck haben (Entscheidungstaktik), werden die reitenden Batterien unter dem Kommando ihres Abtheilungskommandeurs auch taktisch meistentheils vereinigt auftreten.

Die reitende Abtheilung bleibt bei diesen Uebungen zur alleinigen Disposition des Divisionsführers; dagegen werden die reitenden Batterien bei den Uebungen, welche die Aufgaben der Kavallerie-Division als alleinstehender, selbstständiger Truppenkörper zum Zweck haben, d. h. bei Rekognoszirungen, Demonstrationen, Deckung des Anmarsches der Armee ec. (Detachementstaktik) den drei Brigaden feststehend zugetheilt, und werden dieselben hierbei ein noch größeres Feld für ihre Thätigkeit finden, wie bei der Entscheidungstaktik, denn bei der Detachementstaktik hat die Artillerie der Kavallerie die Wege zu bahnen.

4) Die Batterien folgen allen Bewegungen der Division nach der Truppeneintheilung, die für einen jeden Tag gegeben wird; sie halten den nöthigen Abstand, um stets noch bequem Seitenbewegungen ausführen zu können. Gewöhnlich folgen sie hinter der Mitte der Treffen, denen sie zugetheilt sind; doch werden die Gefechtsverhältnisse häufige Abweichungen davon erforderlich machen.

5) Die Kavallerie ist angewiesen, den Batterien überall sofort zum Vorbrechen Platz zu machen, falls sie sich bereits in aufmarschirter Linie befindet; es muß dies Vorbrechen dann möglichst mit Benutzung der Regiments- und resp. Eskadrons-Intervallen geschehen.

6) Als Grundsatz muß hingestellt werden, daß, sowie das Gefecht wirklich begonnen hat, sowohl ein Vorgehen, wie ein Zurückgehen staffelweise stattfindet, so daß das Feuer nicht unterbrochen wird; die eine Batterie steht und feuert, während die andere fährt; beim Rückzuge nimmt eine Feuerlinie die andere auf.

7) Alle Aufstellungen müssen nach Möglichkeit, insbesondere bei der Vorbereitung und Einleitung des Angriffes schräge genommen werden, also in einem stumpfen Winkel zur diesseitigen Front, um den Feind möglichst in der Flanke mit dem Feuer zu fassen und schräge flankirend auf ihn zu wirken, was den moralischen Eindruck erhöht und die Wirksamkeit vermehrt.

8) Für eine jede Frontveränderung, einen jeden Aufmarsch in der Flanke, dienen die Batterien als Stütze, als Schutz, als Pivot.

9) Eine Spezialbedeckung wird den Batterien nur dann beigegeben werden, wenn ihre isolirte Position oder die bei der Kavallerie augenblicklich eingetretenen Gefechtsverhältnisse dies als nothwendig erscheinen lassen. Im Uebrigen sind die nächstbefindlichen Kavallerie-Abtheilungen selbstverständlich angewiesen, den Schutz der Artillerie zu übernehmen und dieselbe unter keinen Umständen im Stiche zu lassen, wozu im Ernstfalle wohl keine besondere Anweisung oder Aufforderung nothwendig sein wird.

10) Bei der Entwickelung der Kavallerie und zur Vorbereitung von deren Angriff werden die Batterien in der Regel vorwärts eines der Flügel derselben ihre Aufstellung finden, und zwar desjenigen Flügels, welcher der allgemeinen Gefechtslage, resp. der Supposition nach, als der gesicherte innere angenommen wird, oder der als Pivot für Frontveränderungen dienen soll, damit sie dort möglichst lange in Wirksamkeit bleiben können. Beispielsweise werden sich dieselben bei der Entwickelung nach rechts, vorwärts des linken Flügels, bei einer Frontveränderung des bezüglichen Treffens nach der linken Flanke auf- oder vorwärts dessen linken Flügels eine günstige Position aufzusuchen haben.

11) Hört ihre Wirksamkeit, welche im Augenblick des Vorgehens der Kavallerie zur Attacke eine erhöhte und verstärkte sein muß, auf, nachdem das erste Treffen zur Attacke vorgegangen ist, so nimmt die Artillerie, wenn es das Terrain und die Distanz erfordert, eine neue Position mehr nach seitwärts, um aus derselben je nach dem Ausgange und Verlauf der Attacke zur weiteren Verwendung in Bereitschaft zu sein, sie darf sich jedoch grundsätzlich nicht beim Offensivstoß betheiligen, um nicht in das Melee hineinzugerathen.

Es kann nur ganz ausnahmsweise ihre Mitwirkung beim Offensivstoß der Kavallerie eintreten, wenn sehr günstige Terrainverhältnisse vorhanden sind, die sowohl ihre Wirksamkeit ermöglichen, wie ihren Schutz vermitteln.

So lange die Batterien nicht durch die vorgehende Linie maskirt sind, was so spät als möglich geschehen muß, um sie möglichst lange wirken zu lassen, also während des ersten Theils der Attacke, haben dieselben in Position zu bleiben und zu feuern.

Weiter, wie bis zum zweiten Treffen werden die Batterien, welche den Angriff des ersten Treffens vorbereitet haben, in der Regel nicht zurückbleiben dürfen, da sie sonst nicht zur rechten Zeit auftreten können, weder zur Verfolgung des geschlagenen Feindes, noch zur Aufnahme des geworfenen ersten Treffens, es sei denn, daß sie eine sehr günstige Position haben, von der aus sie auch diesen Anforderungen zu genügen vermögen.

12) Ist der Feind geworfen, so müssen die Batterien in schnellster Gangart zur Vervollständigung des Sieges vorgehen, um in der Höhe des ersten Treffens aufzufahren und den geschlagenen Feind, soweit dies ohne Nachtheil für die verfolgende Kavallerie möglich ist, durch ihr Feuer zu verfolgen; auch um etwa neu anrückende feindliche Kräfte (Reserven) zu beschießen und zu erschüttern. Eine energische, entschlossene, kühne, echelonweise Verfolgung ist hier geboten.

13) Muß bei dieser Gelegenheit über ein Defilee vorgegangen werden, so empfiehlt es sich für die Artillerie, vom diesseitigen Rande das Debouchiren der Kavallerie durch ihr Feuer vorzubereiten; mindestens eine Batterie hat jedoch der Kavallerie sogleich schnell zu folgen, wenn das Tetenregiment das Defilee passirt und vorwärts das nöthige Terrain gewonnen hat.

14) Wird dagegen diesseits der Rückzug angetreten, so haben die Batterien schnell in der Direktion des Rückzuges vorauszufahren, um aus möglichst guten, wenn ausführbar auch verdeckten Stellungen, den Feind zu beschießen und im Nachdringen aufzuhalten. Hier tritt ebenfalls das echelonweise Zurückgehen ein, um das Feuer stets ununterbrochen auf den verfolgenden Feind einwirken zu lassen. Beim Abzuge der Kavallerie

wird die Artillerie vermöge des ihr innewohnenden vorherrschend defensiven, abweisenden Elements die Hauptrolle übernehmen; alles wird dort unter ihrem Schutze ausgeführt. Offensive Vorstöße der intakten Hintertreffen werden derselben alsdann ihre schwierige Aufgabe erleichtern.

15) Beim Abzuge über ein Defilee nach rückwärts müssen die Batterien echelonweise zuerst über das Defilee dirigirt werden, um frühzeitig von jenseits des Abschnittes ihr Feuer eröffnen zu können, und dadurch dem Feinde das Nachdringen zu erschweren.

16) Wenn die Division oder die einzelnen Treffen überraschend auftreten und auf die feindliche Flanke wirken sollen, ist Artilleriefeuer als Vorbereitung der Attacke nicht zweckentsprechend, da der überraschende Eindruck der Attacke dadurch aufgehoben wird; erst in späteren Gefechtsmomenten wird dann die Artillerie zur Unterstützung resp. Verfolgung oder Aufnahme der Kavallerie zur Verwendung gelangen.

Liegt es jedoch in der Absicht, demonstrativ zu wirken, soll also die Kavallerie die feindliche Aufmerksamkeit vom eigentlichen Angriffspunkte ablenken, so müssen die Batterien frühzeitig ihr Feuer eröffnen.

Ebenso wird die Artillerie in der Lage sein, die Attacken selbst zu unterstützen, wenn die Kavallerie einen Umfassungsangriff um den eigenen Schlachtflügel herum ausführt, ohne daß eine Ueberraschung dem Terrain nach möglich ist; sie würde in diesem Falle nach dem betreffenden äußersten Flügel unserer Infanterie (also auf dem inwendigen unserer Kavallerie), wo sie geschützt ist, und wo sie die Kavallerie nicht hindert, schnell vorausgesandt werden, von wo aus sie möglichst durch Schrägfeuer flankirend auf den gegenüberstehenden feindlichen Flügel auf das Energischste zu wirken, und dadurch die Attacke auf diesen Flügel vorzubereiten hat.

17) Bei den Friedensübungen muß eine jede Position mindestens durch einen Schuß markirt, bedeutendere Gefechtsmomente und verstärktes Auftreten dagegen durch mehrere Schüsse bezeichnet werden.

18) Um den Batterien stets zur rechten Zeit ein Avijo zugehen lassen zu können, empfiehlt es sich, daß sich der Abtheilungskommandeur möglichst in der Nähe des Divisionsführers aufhält, wo er im Stande ist, sich am besten über die allgemeine Gefechtslage zu orientiren, und von wo er dann den Batterien seine Befehle ertheilen kann.

19) Der Schutz der Entwickelung, die Vorbereitung des Angriffs, die Aufnahme, die Ausnutzung günstiger, die Ausgleichung ungünstiger Wendungen des Gefechtes, die Vervollständigung des Sieges, das sind im Allgemeinen zusammengefaßt, die Aufgaben der der Division beigegebenen reitenden Batterien. Wird in diesem Sinne von denselben verfahren, so wird es selbst bei den Frie=

denzübungen nicht nothwendig sein, ihnen stets in jedem einzelnen speziellen Falle ausdrücklich Befehle über den Ort ihrer Aufstellung zugehen zu lassen, so schwierig es auch sein mag, in die Ideen des Kavallerieführers einzugehen, wenn der Feind nur ein supponirter ist.

20) So schnell als möglich in die Aufstellung fahren, den richtigen Punkt zum Auffahren wählen, von dem gut und möglichst lange mit flankirendem Feuer gewirkt werden kann, und recht lange auf demselben in Position und in Wirksamkeit bleiben und ausharren, das werden als die Haupterfordernisse und als die Gesichtspunkte für die gemeinschaftliche Waffenwirkung und die Unterstützung der Gefechtslagen der Kavallerie bezeichnet. Auf diese Art und Weise wird die Artillerie das Gefecht der Kavallerie wesentlich erleichtern und kräftigen, ohne sie in ihren Bewegungen zu behindern, und ohne selbst gefährdet zu sein.

---

h. Leitende Grundsätze für die Friedensübungen einer Kavallerie-Division in der Treffenverwendung, und konventionelle Bestimmungen in formeller Beziehung.

Zusammengestellt aus den Cirkulairen vom 22. Juli 1872, 17. August 1872, 22. Juli 1873, 22. Juli 1874, 19. Juni 1875.

1. Anlage der Uebungen.

Die Aufgabe der obersten Führung besteht darin, mit der Division als mit einem geschlossenen Körper, als Ganzem im Terrain zu manövriren, um das gegenseitige Verständniß unter den Führern zu entwickeln, rechtzeitiges Eingreifen in das Gefecht, richtiges Erfassen des Moments, sachgemäße Beurtheilung der Situation und die Grundsätze über das Verhalten der verschiedenen Treffen in den vorkommenden Gefechts- und Terrainverhältnissen zur Anschauung zu bringen. Diese Treffen dürfen hierbei jedoch nur innerhalb des Rahmens der Division evolutioniren, nie selbstständig manövriren.

Die Uebungen schlagen entweder in das Gebiet der Entscheidungstreffentaktik oder in das der Detachementstaktik, oder sie bilden den Uebergang aus der letzteren Verwendungsart unserer Waffe in die erstere. —

Wenn auch schon aus dem Auftrage für die Kavallerie-Division hervorgehen muß, welchem von den bezeichneten Gebieten jede Uebung angehört, so empfiehlt es sich doch, dies bei jeder täglichen Uebung ausdrücklich anzugeben, und die Uebung als aus dem Gebiete der Entscheidungs- oder Detachementstaktik entnommen, zu bezeichnen, um der Phantasie zu Hülfe kommen, da im ersteren Falle die Supponirung der eigenen Schlachtstellung der übrigen Waffen angenommen werden muß. — Es wird hierdurch den Führern erleichtert werden, sich in die gegebene General-Idee, sowie in den Spezial-Auftrag, also in die ganze Anlage der Uebung, in die Situation, welche überhaupt so klar und präzise wie möglich hingestellt werden muß, recht hineinzudenken, und dann auch an der Hand dieses Fadens, in diesem Rahmen, der durch die Kriegs- und Gefechtslage gebildet wird, in einheitlichem Sinne, das gemeinsame Ziel stets vor Augen, in konzentrischer Weise, entschlossen und entschieden zu verfahren und einzuwirken.

Wenn nicht in zwei Abtheilungen gegen einander oder gegen einen markirten Feind manövrirt wird, so wird es sich dabei allerdings immer nur um Suppositionen handeln; diese betreffen aber stets nur den Feind und niemals das Terrain, welches stets nach seiner wirklichen Formation genommen und benutzt werden muß, so wie es wirklich ist.

Bei der Supponirung des Feindes wird der Phantasie der Führung ein größerer Spielraum gelassen; die Führer sind in ihrem Handeln weniger beschränkt; sie sind hinsichtlich der Richtung, in welcher die Attacken auf den Feind erfolgen, nicht so gebunden; die Ausführung ist daher viel leichter, als bei der Markirung des Feindes durch einzelne Flaggen oder durch kleinere Truppenabtheilungen aller Waffengattungen, von denen jede mit einer Flagge versehen ist. Es wird allerdings durch das letztere Verhältniß, in welchem die Uebungen gegen einen durch Infanterie, Kavallerie und Artillerie markirten Feind stattfinden, die Sache insofern erleichtert, als der Phantasie zu Hülfe gekommen wird; es sind aber andrerseits bestimmte Attackenobjekte vorhanden, welche die eigenen Bewegungen genau vorschreiben, und ein rechtzeitiges Eingreifen in der richtigen Direktion erfordern.

Beiläufig sei hier gleichzeitig erwähnt, daß durch den markirten Feind niemals ein Gefecht entschieden werden kann, daß mithin die Zahl der Flaggen einflußlos ist; es können niemals Truppen durch ihn geworfen werden. Durch den markirten Feind wird vielmehr nur die feindliche Stellung, die vorderste feindliche Linie bezeichnet, nicht aber wirkliche Truppenkörper. Ueber das Gelingen oder Mißlingen des Angriffs entscheidet allein die Anordnung des Divisionsführers. Der markirte Feind dient also lediglich als Scheibe; er ist nur Objekt ohne subjektiven Willen; er steht fest oder bewegt sich höchstens im Schritt, indem er seine Bewegungen nach denen der Truppe richtet.

Was endlich die dritte Periode, die Uebungen zweier Abtheilungen gegen einander, die Feldmanöver, betrifft, so ist die Ausführung die schwierigste; sie kommt dem Ernstfall am nächsten, und werden die höchsten Anforderungen sowohl an die Führer, wie an die Truppe gestellt. Erste Anforderung ist hierbei, daß die Grundsätze der Treffentaktik stets zur vollsten Anwendung gelangen, daß mithin ebenso verfahren wird, wie wenn die feindliche Stellung nur markirt wird, daß also keine Ausdehnung in die Breite, sondern nachhaltige, sparsame, ökonomische, zähe Unterstützung aus der Tiefe zur einheitlichen, konzentrischen Waffenwirkung und zu größter Kraftentwickelung stattfindet. Kein Manövriren der einzelnen Treffen.

2. Befehlsertheilung.

a. Für die höchstmögliche Ausbeutung der Waffenwirkung ist das gegenseitige schnelle Verständniß zwischen dem oberen Führer und den Unterführern, sowie der letzteren unter sich unumgänglich nothwendig. Es muß daher schon bei den Friedensübungen das Bestreben darauf gerichtet sein, dieses gegenseitige Verständniß auf alle Art und Weise herbeizuführen und sich zu dem Zwecke der möglichsten Kürze und der präzisesten Ausdrucksweise zu befleißigen; die im Abschnitt V*) festgesetzte Terminologie wird dabei erheblich zur Unterstützung beitragen und die Sache sehr erleichtern; die dort aufgestellten technischen Bezeichnungen lassen keine Mißverständnisse zu und müssen daher bei den Truppen zur festen Gewohnheit werden.

Die Ausgabe mündlicher oder schriftlicher Dispositionen an die Unterführer oder an die Truppe darf niemals stattfinden; es muß aus dem Sattel geführt werden. — Was erforderlich ist, wird durch Adjutanten und Ordonnanz-Offiziere rechtzeitig bestellt; vieles muß aber aus eigener Initiative, in richtiger Erkennung des Augenblicks und der Sachlage ausgeführt werden. Niemand darf sich an das, was er aus eigener Bewegung zu thun hat, erinnern lassen.

In der Regel wird es nothwendig sein, bestimmt bestellen zu lassen: Attacke auf Kavallerie, auf Infanterie, auf Artillerie, Flankenangriff gegen Kavallerie, Flankendeckung gegen Kavallerie; ferner die Direktion, in welcher der Feind angenommen wird, oder in welcher die Attacke stattfinden soll. Den Hauptanhalt wird in dieser Beziehung allerdings die tägliche, dem Manöver zu Grunde gelegte General-Idee und der Speziel-Auftrag geben, wonach die Führer ihre Maßnahmen zu treffen haben.

Dem selbstständigen, entschlossenen Eingreifen der Führer, insbesondere der Treffenführer auf dem richtigen Fleck ist der höchste Werth beizulegen,

---

*) Des Neuabdrucks des Exerzir-Reglements für die Kavallerie.

da die Entscheidung vornehmlich hierdurch herbeigeführt wird. Der Erfolg eines Angriffs muß stets von dem richtigen, rechtzeitigen Eingreifen der Hintertreffen abhängig gemacht werden; der ganze Verlauf der Uebung muß dadurch bestimmt werden.

b. Sämmtliche der Kavallerie-Division zugetheilten Truppentheile erhalten vor Beginn der Uebungsperiode die den Uebungen zum Grunde gelegte General-Idee, welche die supponirte, allgemeine Kriegslage giebt, und die in der Regel schon für die in kriegsmäßiger Weise ausgeführten Vormärsche der Regimenter aus den Garnisonen nach dem Uebungsterrain der Kavallerie-Division maßgebend gewesen sein wird. Ebenso hat die Mittheilung der Orde de bataille zu erfolgen. —

Den Brigaden, Regimentern 2c. empfiehlt es sich dann täglich nach Beendigung der Uebungen auf dem Platze die Aufgabe für den nächsten Tag auszugeben; dieselbe enthält den Spezial-Auftrag für die Division, die Truppeneintheilung, insofern dieselbe von der Orde de bataille abweicht und die Rendezvous für die drei Treffen. Hieraus ergeben sich alle zu ergreifenden Maßregeln; alles andere wird, wie schon gesagt, an Ort und Stelle persönlich von dem Divisionsführer angeordnet oder durch Adjutanten bestellt. Die Entsendung von Schreibern und Ordonnanzen in das Divisions-Stabsquartier wird hierdurch beseitigt; es ist überhaupt dringend geboten, überall die Entsendung von Ordonnanzen auf das äußerste Maß zu beschränken und alles an die untergebenen Truppentheile vorsorglich auf dem Platze abzumachen, damit sich keine Pferde unnöthig auf den Landstraßen umhertreiben, wodurch die Rottenzahl geschwächt wird.

Ferner muß der Anspruch gestellt werden, daß die sämmtlichen Offiziere am Morgen jedes Uebungstages beim Erscheinen auf dem Uebungsterrain vollständig orientirt über die Anlage der Uebung nach den Festsetzungen der Division sind.

3. Ertheilung von Signalen.

a. Das Signal: „Appell!" darf nur allein auf Befehl des Divisionsführers ertheilt werden; es wird stets damit bestimmt, ob eine attackirende Abtheilung als geworfen anzusehen ist.

b. Wenn die Ertheilung des Signals: „Das Ganze!" erfolgt, was selbstverständlich nur auf Anordnung des Höchstkommandirenden geschehen darf, so haben die sämmtlichen Trompeter dies ohne alles Säumen nachzublasen, damit hiernächst das Ausführungssignal, entweder „Halt!" oder „Gewehr ein!" sobald als möglich ertheilt werden kann.

c. Auf das Signal: „Das Ganze!" müssen alle Abtheilungen sofort auf ihrer Stelle Halt machen; auf das Signal: „Halt!" wird sogleich abgesessen; erfolgt sodann das Signal: „Offizierruf!" so haben sich sämmtliche Führer bis inkl. der Escadron- und Batteriechefs, sowie die Adjutanten zum Divisionsführer zu begeben. Werden demnächst die Signale: „Das Ganze, Marsch!" ertheilt, so wird zur Fortsetzung der Uebung wieder aufgesessen; werden dagegen die Signale: „Das Ganze, Gewehr ein!" ertheilt, so kann sofort nach den Kantonnements abmarschirt werden, auch wenn durch das Signal: „Offizierruf!" die Führer zusammen berufen werden.

d. So wünschenswerth es auch ist, den Gang der Uebung gefechtsmäßig verlaufen zu lassen, so darf doch nicht davor zurückgescheut werden, denselben durch die Signale: „Das Ganze! Halt!" zu unterbrechen, wenn etwas gänzlich mißglückt ist, um das völlig Verfehlte wieder herzustellen oder nochmals zu üben.

e. Die zum Divisionsführer kommandirten Ordonnanztrompeter müssen den Regimentsruf sämmtlicher Regimenter der Division kennen und blasen können; sie haben sich mithin damit bekannt zu machen.

f. Wird eins dieser Benennungssignale ertheilt, so ist dasselbe nur von den Trompetern des betreffenden Regiments nachzublasen, und selbstverständlich ebenso auch dann alle darauf folgenden Ausführungssignale nur von diesen, bis das Signal: „Das Ganze!" geblasen wird.

g. Das Signal: „Achtung!" nach Beendigung der Uebung haben die sämmtlichen Trompeter sofort nachzublasen, und alle Truppentheile müssen auf dieses Signal, fest in sich geschlossen, auf der Stelle halten bleiben. — Beim Abwinken des „Achtung!" müssen die Trompeter sofort mit Blasen aufhören.

4. Gesichtspunkte in konventioneller Beziehung für die Ausführung der Attacke, des Handgemenges, des Verfolgens und des Sammelns.

a. Die Attacken auf die drei verschiedenen Waffen des Feindes müssen sich, auch wenn wir keinen Feind vor uns haben, völlig charakteristisch unterscheiden; die für den Ernstfall maßgebenden Grundsätze in dieser Beziehung müssen bei der Ausführung streng festgehalten werden; eine jede Attacke muß sofort Jedermann darin kenntlich sein, auf welche Waffe des Feindes dieselbe ausgeführt worden ist.

b. Nach der Karriere wird durch Signal in den Trab übergegangen, wobei noch alles fest geschlossen bleibt, bis das Kommando: „Zum Einzelgefecht auseinander!" erfolgt, worauf, ohne zum Halten überzugehen, die vollständigste Auflösung der Glieder, wie im Ernstfall beim

Handgemenge, eintritt. Dieselbe wird entweder durch das Signal: „Regimentsruf!" welchem die Eskadronsrufe folgen, oder durch das Signal: „Appell!" welches letztere, wie schon erwähnt, nur auf Befehl des Divisionsführers gegeben werden darf, beendigt. Auf die erstbezeichneten Signale ralliirt sich alles wieder mit der größten Schnelligkeit hinter den betreffenden Führern im Vorwärtsreiten in der Direktion, welche dieselben angeben; auf das Signal: „Appell!" welches eine abgeschlagene Attacke andeutet, macht alles schnell links um kehrt und reitet in der Direktion, von wo die Attacke herkam, in der Karriere bis seitwärts-rückwärts des intakten dritten Treffens zurück, wo auf das Signal: „Front!" welches mehrfach zu blasen und nachzurufen ist, alles unter dem Schutze des intakten Treffens wieder rasch Front macht und sich auf das Schnellste ralliirt.

c. Alle Attacken werden stets vollständig ausgeritten, d. h. inkl. der Karriere ausgeführt und nicht blos markirt; die Führer haben die Verpflichtung, sich die Attacken nach der Entfernung und dem Ort des Attackenobjektes richtig einzutheilen.

d. Bei den Attacken auf Infanterie, wo kleinere Truppenabtheilungen dieser Waffe als Attackenobjekte aufgestellt sind, ist in angemessener Entfernung von denselben, wie immer in den Trab überzugehen, und sodann das Kommando zu ertheilen: „Rechts und links auseinander!" worauf, wenn z. B. zwei Eskadronen attackirt haben, die rechte Flügel-Eskadron nach rechts, die linke Flügel-Eskadron nach links an dem Karree, im Feuer desselben, vorbereitet; attackirte ausnahmsweise nur eine Eskadron, so theilt sich dieselbe in der Mitte. Hinter dem Karree wird wieder nach der Mitte zusammengeschlossen und weiter geritten; wird die Attacke hierauf als geglückt angenommen, so erfolgt das Signal: „Ruf!" worauf die sämmtlichen Echelons sich im Trabe nach vorwärts wieder im Treffenverhältniß sammeln; soll die Attacke dagegen als abgeschlagen bezeichnet werden, so wird auf das Signal: „Appell!" nach rückwärts im Trabe gesammelt. — Ein Haltmachen oder Zurückgehen in geschlossener Ordnung vor Karrees bei den Uebungen ist ausdrücklich untersagt, da dies auch im Ernstfall nicht vorkommt. —

e. Eine attackirende Abtheilung hat nach ausgeführter Attacke nur die Wahl zwischen folgenden Bewegungen:

aa. Die Attacke ist reussirt; der Feind hat dieselbe nicht angenommen und ist derselben ausgewichen.

Nach dem Marsch-Marsch! Signal: Trab! Signal: „Halt!" und Verfolgen durch die Flügel-Eskadronen auf das Signal: „Fanfaro!" während einige Eskadronen geschlossen folgen.

bb. Die Attacke ist gelungen und es ist zum Handgemenge gekommen; der Feind hat also die Attacke angenommen:

Nach dem Marsch-Marsch! zum Einzelngefecht auseinander, um das Handgemenge zu markiren; nachdem der Feind durch dasselbe geworfen, Signal: „Fanfare!" worauf die Flügel-Escadronen in aufgelöster Ordnung die Verfolgung antreten. Alles andere ralliirt sich auf das Schleunigste nach vorwärts auf das Signal: „Ruf!" hinter den Führern und wird im Trabe geschlossen den Verfolgenden nachgeführt.

cc. Es kommt zum Handgemenge; dasselbe fällt aber für uns unglücklich aus.

Auf das Signal: „Appell!" reitet alles en debandade in der Karriere zurück und sammelt sich auf das Signal: „Front!" seitwärts-rückwärts des nächsten intakten Treffens, welches zur Degagirung vorgeht.

dd. Die Attacke wird diesseits nicht angenommen, da der Feind sich in zu überlegener Stärke zeigt.

Aus dem Attackengalopp-Uebergang in den Trab und zurückgehen im Trabe auf das Signal „Retraite!" seitwärts des zweiten Treffens und Frontmachen bei demselben, um nunmehr wieder mit demselben, und durch dasselbe verstärkt, zur Attacke vorzugehen.

Weitere Fälle sind nicht denkbar, können daher auch nicht auf dem Uebungsterrain ausgeführt werden. Ein Seitwärtsziehen nach der Attacke z. B. muß daher gänzlich fortfallen.

5. Formation zum Paradenmarsch.

Soll nach Beendigung der Uebung die Formation zum Paradenmarsch stattfinden, so wird dies durch das Signal: „Trompeterruf!" avertirt. — Auf dieses Signal begeben sich die Regimenter sofort im Trabe auf dem kürzesten Wege, ohne Hin- und Herrücken, in die ihnen zu bezeichnende Aufstellung, in welcher ein Regiment nach Anweisung des Divisionsführers angestellt wird, auf welches resp. vorwärts und rückwärts genau Vordermann und das Alignement zu nehmen ist. Die Aufstellung wird in geschlossener Regimentskolonne, alle Escadronen ohne Distanz aufgerückt, genommen. Die schließenden Offiziere aller Regimenter begeben sich an die Teten-Escadron, auf deren rechten Flügel sie sich aufstellen; alle Regimenter bleiben dicht auf bis an die schließenden Offiziere; von dort aus wird erst von einem jeden Regiment die Paradedistanz genommen. Die Aufstellung kann nicht schnell genug eingenommen, es muß auf das Strengste darauf gehalten werden, daß die rechten Flügel-Unteroffiziere dicht an die Pferde der aufgestellten Points heran und nicht nach links fortreiten. Stehen die Eskadronen einmal nicht in der Normal-Aufstellung nach der Nummer bei der Aufstellung zum Parademarsch, so ist die Standarte ein für allemal zu derjenigen Eskadron zu schicken, welche die dritte von der Tête ist.

6. Anderweitige, allgemeine Bestimmungen.

a. Die Regimenter müssen täglich zu den Uebungen so stark als möglich erscheinen; es darf keine Schwächung, kein Zusammenschmelzen der Front eintreten; die Beurtheilung der Leistungsfähigkeit der Regimenter geschieht hiernach. Eine Egalisirung der Rottenzahl zwischen den einzelnen Regimentern und auch zwischen den Eskadronen in den Regimentern in sich findet nicht statt.

Was nicht auf dem champ de bataille (Uebungsterrain) vorhanden ist, das schlägt nicht mit; dieser Grundsatz muß auch für unsere Uebungen gelten; es ist ein sehr ungünstiges Zeichen für den inneren Dienst, für die Pferdepflege und für die Reiterei, wenn die Rottenzahl sich erheblich reduzirt.

b. Auf dem Rendezvous wird sofort von den Eskadronen, sowie sie eintreffen, abgesessen, und bleiben alle Truppentheile bis zum Beginn der Uebung abgesessen, auch wenn höhere Vorgesetzte die Aufstellung besichtigen; es sei denn, daß es ausdrücklich anders befohlen werden sollte; doch wird selbstverständlich dabei an die Pferde getreten. Es muß darauf gehalten werden, daß die Eskadronen nicht zu früh auf dem Rendezvous eintreffen; zehn Minuten vor Beginn der Uebung ist ganz genügend. Sofort nach dem Absitzen sind dann Sattelung, Zäumung und die Hufe gründlich durchzusehen.

c. Stehen die Regimenter in der Marschkolonne zu Dreien abgesessen im Defilee auf dem Rendezvous, so sind die Abmärsche, wenn höhere Vorgesetzte die Truppen besichtigen, in der Marschdirektion geschlossen und mit Ordnung so aufzustellen, daß die eine Seite der Straße zum Passiren frei bleibt. Auf das Kommando: „Fertig zum Aufsitzen!" machen dann wiederum die Nummern Eins und die Nummern Drei rechts resp. linksum, um den nöthigen Raum zu gewinnen.

Straßen müssen während der Aktion stets auf der einen Seite zum Passiren frei bleiben.

d. In den Kantonnements ist mit Strenge darauf zu halten, daß kein Mann früher sattelt und eher sein Pferd aus dem Stalle zieht, wie die Signale „Zum Satteln und zum Ausrücken!" ertheilt worden sind.

e. Es empfiehlt sich, daß die Treffenführer und Regimentskommandeure ihre Adjutanten, resp. Ordonnanzoffiziere zur Anweisung der Rendezvousplätze Morgens vorausfenden, damit die Truppen nicht unnütz umherirren und nicht zur Ruhe kommen können.

f. Das Uebungsterrain (champ de bataille) ist von den Eskadronen nur in der Zugkolonne zu überschreiten.

g. Es wird nicht „Richt Euch!" kommandirt, wenn Vorgesetzte sich nähern, sondern die Mannschaften haben nur die Pfeifen oder Cigarren aus dem Munde zu nehmen, wenn sie dem Vorgesetzten vorüber reiten, und denselben unter Annahme des vorschriftsmäßigen Sitzes frei anzusehen.

h. Die Hin- und Rückmärsche müssen abwechselnd im Schritt und im Trabe zurückgelegt werden; die Queue darf nicht nachschleppen, und im Schritt darf kein Pferd zackeln, was am besten dadurch erreicht wird, daß täglich ein anderer Zug an der Tete und an der Queue sich befindet.

i. Bei längeren Märschen müssen die Pferde nach Beendigung der Uebung auf dem Uebungsterrain stets umgesattelt und die Woylachs umgelegt werden. Beim Wiedereinrücken in das Kantonnement sind die Pferde sogleich abzusatteln, tüchtig abzureiben, besonders auf der Sattel- und Gurtstelle, und dann vorläufig lang einzudecken.

Auf das Trocknen der Woylachs ist behufs Vermeidung von Druckschäden besonders Werth zu legen.

i. Schlußbemerkungen.
Entnommen aus dem Cirkulair vom 19. Juni 1875.

Wenn ich mich nun auch in den vorstehenden Aufzeichnungen bemüht habe, die erforderlichen Direktiven und die spezielleren Ausführungen der Vorschriften des Abschnitts V.*) zu geben, um den Fehlern und Verstößen nach Kräften vorzubeugen, welche mir bei verschiedenen Gelegenheiten entgegengetreten sind, und dieselben daher nutzbar für die Uebungen der Kavallerie-Divisionen zu machen, so kann es mir doch dabei nicht einfallen, zu erwarten, daß unerachtet des größten Eifers, des besten guten Willens und der angespanntesten Aufmerksamkeit, die ein Jeder von uns gewiß mit auf den Platz bringt, dieses Ziel vollständig erreicht werden wird; denn dies liegt in der Unvollkommenheit der menschlichen Natur; es werden vielleicht nicht gerade dieselben, sondern andere Fehler

---

*) Neubearbeitung zum Reglement vom 9. Januar 1873.

gemacht werden, aber es werden die Verstöße hoffentlich durch diese Vorbereitung auf ein Minimum verringert werden, indem die Anbahnung des gegenseitigen Verständnisses dadurch erzielt worden ist. Die verschiedenen Aufzeichnungen sollen dazu dienen, die Klärung der Ansichten herbeizuführen und die ganze Angelegenheit in Fleisch und Blut zu übertragen, damit dieselbe wie aus einem Guß komme.

So wünschenswerth es nun auch ist, daß die Zahl der Verstöße gegen die aufgestellten Grundsätze und der Mißverständnisse eine geringe sei, so kommt es doch weit weniger hierauf an. Vor allen Dingen kommt es aber, wie nicht oft genug hervorgehoben werden kann, darauf an, daß wenn Fehler, Verstöße, Mißverständnisse vorkommen, die betreffenden Führer dieselben durch ihr Eingreifen auf das Schnellste koupiren und beseitigen, daß sie dieselben also sofort bemerken, die Sache sofort richtig erkennen und bei der wahren Handhabe anfassen, sich zu dem Zweck schleunigst auf den richtigen Fleck begeben, damit der Fehler sich nicht weiter fortpflanzt und keine größeren Dimensionen annimmt. Es muß Thatkraft, schnelle Entschlossenheit und entschiedenes, eingreifendes Handeln dabei entwickelt werden und zur Erscheinung gelangen, dann haben solche Fehler ihren großen Nutzen, denn sie befördern den kavalleristischen Geist. Aber nur kein laisser aller, kein Laufenlassen der Sache, kein sich Ergeben in das Unvermeidliche, ohne thatkräftig in die Speichen einzugreifen und ohne mit sicherer, fester Hand zu führen und die Sache zu redressiren. Ein jeder Führer bis zum Zugführer und zum Unteroffizier, der den Abmarsch führt, herunter, muß feste Ordnung in seinem Kreise, in seiner Abtheilung erhalten und dieselbe sofort wieder herstellen, wenn sie einmal verloren gegangen ist.

Dies ist die Grundlage zu Allem! — Also nochmals: **Feste Führung, entschiedenes Eingreifen bei Verstößen und Mißverständnissen, beim Verhören von Kommandos, schnellstes Erkennen des entscheidenden Punktes und festes, sicheres in der Hand behalten der anvertrauten Truppe!**

Mein ganzes Bestreben wird es bei den Uebungen sein, zur Erscheinung zu bringen, daß feste Ordnung und Geschlossenheit mit der größten Beweglichkeit, Manövrirfähigkeit und Schnelligkeit sehr wohl vereinbar sind, daß die Inversion nicht die Unordnung, sondern daß sie ein Hauptmittel für die Beweglichkeit und Manövrirfähigkeit ist; daß die Treffentaktik die Handhabe ist und die Mittel gewährt, um eine nachhaltige, einheitliche, konzentrische Unterstützung aus der Tiefe eintreten zu lassen, und daß sie daher mehr Erfolge verspricht wie der Lufthieb eines

Treffens, wenn dies nach weltbekannten, historischen Vorgängen noch irgend eines Beweises bedürfte.

Ich werde bemüht sein, wie schon weiter oben betont, als Tagesaufgaben möglichst prägnant hervortretende Spezialaufträge zu stellen, wie dieselben einer Kavallerie-Division im Ernstfall zufallen, um die Uebungen dadurch so instruktiv wie möglich zu gestalten. Aber alle möglichen Aufträge, selbst nur die Hauptaufträge, welche ganze Kategorien repräsentiren, würden nicht zur Uebung gelangen können, auch wenn die Uebungszeit eine zehnmal längere wäre, als dies der Fall ist; darauf kommt es aber auch nicht an; werden nur die bezeichneten Gesichtspunkte unbeirrt festgehalten, die aufgestellten Grundsätze konsequent beobachtet, wird das Ziel erreicht, daß zwischen den Führern ein leichtes und schnelles Verständniß angebahnt ist, daß die Führung an Umsicht und Gewandtheit gewonnen hat, bei den Truppen Schnelligkeit und Beweglichkeit in Fleisch und Blut übergegangen und zur Gewohnheit geworden ist, und wir es durch alle diese Faktoren erreichen, daß wir stets zur rechten Zeit, in der richtigen Direktion, d. h. gegen Flanke und Rücken des Feindes entwickelt sind, so werden unsere Uebungen direkt zum Ziele führen; wir können dann den kommenden Ereignissen mit einiger Ruhe entgegensehen, weil wir angemessen vorbereitet sind, weil wir immer schneller bei der Hand sein werden, wie der Feind, weil wir stets früher entwickelt sein werden als er, und uns dadurch die Handhabe zum Siege in die Hand gelegt ist. Diese feste Zuversicht kann und muß uns ohne Ueberhebung innewohnen, denn demjenigen, welcher mit offenem, unbefangenem Auge angestrengt arbeitet und auf Gott vertraut hat, dem hat Er noch niemals den Sieg versagt.

Und so wollen wir denn von ganzem Herzen wünschen, daß die wiederholten Gelegenheiten, welche unsere Waffe durch die gnädige Fürsorge unseres Allerhöchsten Kriegsherrn zur wahren kavalleristischen Ausbildung geboten werden, ihren Nutzen und ihre Erfolge für das Ganze und für jeden einzelnen von uns nicht verfehlen mögen. Dies wird unbedingt geschehen, wenn bei den Uebungen stets die richtigen, festen Grundsätze, die in vorstehenden Abschnitten bezeichnet worden sind, unausgesetzt im Auge behalten werden.

2. Die Kavallerie-Division in der detachirten Verwendung.

Zusammengestellt aus den Cirkularen vom 15. Mai 1873, 18. Juli 1873, 5. Juli 1874, 22. Juli 1874, 26. Juli 1874.

a. Einleitung.

Nach den sich immer mehr bei der oberen Armeeleitung wieder zum festen Prinzip gestaltenden Anschauungen wird unsere Waffe in künftigen Kriegen ganz in derselben Weise verwandt werden, wie dies im vergangenen Feldzuge der Fall war, einmal weil die Armeeleitung und die Armee selbst einen sehr erheblichen Nutzen davon gehabt haben, und sodann, weil diese Art von Verwendung dem Wesen unserer Waffe am meisten entspricht, sie besser dadurch wird und an moralischem Werthe gewinnt. — Es wird also dieselbe Aufgabe an uns herantreten, aber diesmal in erschwerterer Weise, da der Feind nicht ermangeln wird, seine Kavallerie-Divisionen ganz in derselben Art zu verwenden, wodurch uns das Sehen und das Nichtsehenlassen, die Aufklärung und die Verschleierung in erheblichem Grade erschwert werden wird. Um so mehr wird es also unsere Pflicht, uns diese unsere Aufgabe völlig klar zu machen und uns die Grundsätze vor Augen zu führen, nach welchen verfahren werden muß, wenn unsere Waffe diesen so überaus wichtigen Theil ihrer Thätigkeit so erfüllen will, wie es das Heil der Armee verlangt.

Hierzu sind durchaus Uebungen nothwendig, welche wir hierin noch nicht gehabt haben; nur die Friedensübung und die Belehrung können unserer Waffe, sowohl den Führern wie der Truppe, diejenige Routine geben, die für diesen wichtigen Dienst so unumgänglich nothwendig ist, da der letztere mehr wie jede andere körperliche und geistige Anspannung, vollste Hingebung und Entwickelung der geistigen Fähigkeiten, der Urtheilskraft, Aufmerksamkeit, Umsicht und Ueberlegung, wie auch der moralischen Kräfte, Entschlossenheit, Kühnheit, Energie in Anspruch nimmt.

Die Uebung muß den Führern dazu dienen, sich alle diejenigen Fälle und Aufgaben vorzuführen, welche im Ernstfall vorkommen können, wie z. B. Entgegentreten von Kavalleriekräften des Feindes auf freier Ebene; Besetzung eines Terrain-Abschnittes durch Kavallerie und Artillerie desselben, plötzlicher Vorstoß von feindlicher Kavallerie gegen unsere Vorposten oder gegen unsere Avantgarde, oder Versperrung einzelner Defileen durch kleinere Abtheilungen feindlicher Infanterie.

In allen diesen verschiedenen Fällen wird stets für uns als leitender Gedanke für unser Handeln der eigentliche Kern unserer Aufgabe

„Sehen und Nichtsehenlassen, Eklairiren und Verschleiern" maß=
gebend sein müssen. —

Da vorzugsweise bei der kriegerischen Verwendung die
Aktion der Kavallerie=Divisionen in der detachirten Verwen=
dung, wie sie die überwiegende Zahl ihrer Aufgaben andauernd
verlangt, in den Vordergrund treten wird, wobei, wie schon gesagt,
die selbstständige Aufklärung und die Abhaltung feindlicher Kavallerie vom
Einblick in die Bewegungen unserer Heerestheile die Hauptanforderungen
sind, welche an uns gestellt werden, so habe ich mich entschlossen, in Nach=
stehendem diejenigen allgemeinen Gesichtspunkte hervorzuheben, auf welche es
mir bei dieser so überaus nothwendigen und für die obere Heeresleitung so
einflußreichen Aufgabe besonders anzukommen scheint, um damit nach Mög=
lichkeit groben Verstößen gegen die Grundsätze für diese so wichtige Verwen=
dung unserer Waffe, welche gewöhnlich als strategischer Avantgardendienst
bezeichnet wird, vorzubeugen.

Ich halte mich um so mehr hierzu verpflichtet, als höhere Instruktionen
hierfür gar nicht bestehen, als die ganze Sache noch eine sehr neue ist, als
die Erfahrungen aus dem letzten Feldzuge, wo diese Verwendung unserer
Waffe in unserer Zeitperiode zum ersten Male wieder eintrat, sehr wenig
ergiebig und durchaus nicht ausreichend sind, indem uns die feindliche
Kavallerie unsere Aufgabe des Aufklärens und Verdeckens in höherem Sinne
nicht im mindesten verwehrte, und endlich, als durch die Militair=Literatur
in neuerer Zeit zum Theil Ansichten aufgetaucht und Prinzipien aufgestellt
worden sind, deren Durchführung in die Praxis ich für sehr verderblich
erachten würde und denen ich daher hier entgegentreten will. —

b. **Maßgebende Gesichtspunkte für die kriegerische Verwendung.**

1) Die beiden Aufgaben der strategischen Aufklärung und Verdeckung
fallen stets zusammen. Die aufklärende Division hat stets auch die Pflicht,
die gleiche Thätigkeit des Feindes zu hindern. —

2) Einer zu beiden Zwecken detachirten Kavallerie=Division werden in
der Regel bestimmte Heerestheile des Feindes zum Objekt gegeben;
nur beim Beginn der Operation, vor Berührung mit dem Feinde und
näherer Kenntniß seines strategischen Aufmarsches, gewisse Terrain=
abschnitte, in denen der Feind erst aufzusuchen ist.

3) Zu beiden Fällen ist es erforderlich, die Brigaden auf der Central=
straße und den nächsten Parallellinien zu schneller Konzentration bei
einander zu halten, die Nebenlinien und Terrainpunkte von sekundärer
Wichtigkeit aber durch Offizierpatrouillen und wenige detachirte Schwadronen
weit voraus absuchen, resp. dauernd beobachten zu lassen. Eine jede

Brigade resp. Marschkolonne hat dann eine Spezial-Avantgarde zu formiren, diese haben unter sich fortdauernd die Verbindung zu erhalten. —

4) Dauernde Detachirungen größerer Abtheilungen als der Schwadron, noch mehr die Formation in breiter Front mit einem System von Soutiens hinter den Spitzen, wozu die Aufgabe der Aufklärung so leicht verführt, sind grundsätzlich zu vermeiden. — Sie schwächen die Offensive und die Widerstandskraft und gestatten gleich starken, aber konzentrirten feindlichen Kräften uns zu durchbrechen und zu trennen.

5) Je mehr der Feind sich nur von ausweichenden, aber stets zurückkehrenden Spitzen und Patrouillen umgeben sieht und nicht von greifbaren Abtheilungen; je sicherer jede Durchbrechung überlegen zurückgewiesen wird, um so weniger kann es ihm gelingen, sich der permanenten Ueberwachung zu entziehen und selbst zu Aufklärungen überzugehen.

6) Es würde sich hiernach beim Vormarsche einer Kavallerie-Division an der Tete der Armee die Formation und Gliederung der ersteren etwa in der folgenden Weise gestalten:

Zwei Brigaden der Kavallerie-Division gehen voran; eine jede nimmt ein Regiment in das erste Treffen; beide werden ungefähr auf einer Front von 4 bis 6 Meilen, also ein jedes auf einer solchen von circa 2 bis 3 Meilen in der Weise entwickelt, daß ein jedes derselben, je nach dem Terrain und den sonstigen Verhältnissen 2 bis 3 Eskadronen in die erste Linie nimmt, und mit dem Rest geschlossen hinter der Mitte in zweiter Linie folgt. Die Eskadronen an der Tete bilden ihre eigene Avantgarde und halten in sich und untereinander fortgesetzt Verbindung, was sich in Bezug auf das letztere Verhältniß auch auf die folgenden Regimenter bezieht. — Hinter dem ersten Regiment folgt demselben das zweite Regiment der beiden vorderen Brigaden etwa auf eine halbe Meile hinter der Mitte konzentrirt, und hinter diesem zweiten Treffen folgt dann auf circa eine Meile Entfernung die dritte Brigade als Reserve (drittes Treffen). Gewöhnlich findet, wie schon früher gesagt, an jede dieser Brigaden die Zutheilung einer reitenden Batterie statt.

Dies würde also in großen Zügen die ungefähre allgemeine Eintheilung einer Kavallerie-Division in der detachirten Verwendung, auf dem Vormarsche an der Tete der Armee, sein; selbstverständlich kann diese Eintheilung nach den Umständen, nach der zu deckenden Front, nach den obwaltenden Terrainverhältnissen u. s. w. Modifikationen erfahren; ich führe sie nur als allgemeine Norm an, um mißverständlichen Auffassungen in dieser Beziehung zu begegnen.

Siehe den anliegenden Plan:

7) Da die Bewegungen des Feindes diejenigen der Division diktiren, so bestimmt sich die Entfernung derselben von der eigenen Armee nach den Fortschritten beider Armeen. Gewöhnlich wird sie zwei bis drei Tagemärsche betragen.

Die Verbindung mit ihrem Oberkommando erhält die Division in der Regel nur durch Relaisposten, resp. durch marschirende Relais-Abtheilungen zur Beförderung zahlreicher Meldungen mit laufender Nummer.

8) Für die Aufklärung selbst werden Ueberflügelungen, Flügelumgehungen, nöthigenfalls auch einmal ein Durchstoßen der feindlichen Linie, verbunden mit Offiziers-Rekognoszirungspatrouillen die zweckmäßigsten Mittel sein, um gründliche und zuverlässige Nachrichten vom Feinde zu erhalten, die geeignet sind, der Armeeleitung für die Operationen zu nutzen und dem großen Ganzen zu dienen, — nicht blos kleineren Zwecken zu genügen, — worauf es ankommt.

9) Zwei Aufgaben müssen daher vor allem an die Spitze gestellt werden; dies sind:
    a. Aufklärung des Vorterrains nach allen Richtungen hin und weit.
    b. Unausgesetzte Verbindung mit einander halten, sowohl beim Marsche, wie im Kantonnement, also Anschluß an die Nebentruppen.

Das erstere geschieht durch Offizierpatrouillen auf den Hauptstraßen auf weite Entfernung und durch kleinere Patrouillen zu zwei bis drei Pferden auf den Nebenwegen und auf den näheren Distanzen.

Das letztere geschieht nur ausnahmsweise durch Offiziere; im Allgemeinen durch kleine Patrouillen.

Auf den Anschluß untereinander, gegenseitige Mittheilung von dem Vorgekommenen, von dem, was erkundet, gesehen und gehört worden, wie der Stand der Sache ist, kann nicht genug hingewiesen und Werth gelegt werden; diese Mittheilungen müssen meistentheils in kurzen Worten schriftlich erfolgen, und vornehmlich bald nach der Annahme der Vorpostenstellung, die dann gleichzeitig mitzutheilen ist.

10) In Betreff des Aussetzens der Vorposten kann ich nicht umhin, der Neigung entgegenzutreten, fortlaufende Vedetten-Chainen zu stellen. Im Operationskriege, der schon an und für sich die Kräfte von Pferd und Reiter außerordentlich in Anspruch nimmt, erscheint dies nicht angemessen; die historische Tradition spricht entschieden dagegen. Von der Avantgarde der schlesischen Armee wurden im Jahre 1813 und 1814 niemals fortlaufende Chainen gestellt; es ist dies eine Vergeudung von Kräften. Nur bei Lagern, Belagerungen, wie im letztvergangenen Feldzuge vor Metz und

Paris, sind ununterbrochene Vedetten-Chainen gerechtfertigt. In Operations-
kriegen genügt es, die zum Feinde führenden Straßen mit Feldwachen zu besetzen und die Flügel zu sichern, letzteres entweder durch
Anlehnung an unpraktikables Terrain oder durch Zurückziehung. Von den
Feldwachen sind einzelne Unteroffizierposten zu detachiren, sogenannte
Kosackenposten, stehende Patrouillen, die weit vorzuschieben sind, und auf
Höhen bei Straßenknoten oder auf sonstigen wichtigen Punkten aufgestellt
werden; nur ein Mann derselben befindet sich zu Pferde, die übrigen sind
abgesessen. —

Es wird hierbei noch einen Unterschied machen, ob der Feind entschieden im Zurückweichen ist und vielleicht kurz vorher einen Stoß erhalten
hat, oder ob derselbe fest steht und Widerstand leistet, oder ob er im Vorgehen und wir im Zurückgehen sind; diese sehr verschiedenartigen Verhältnisse
werden selbstverständlich auch auf die Ausstellung der Vorposten von erheblichem Einfluß sein. Im ersteren Falle wird die Ausstellung weniger
Unteroffizierposten genügen; in den beiden letztbezeichneten Fällen werden
dagegen mehr Posten erforderlich sein, die Sicherung wird gründlicher und
ausreichender stattfinden müssen. — Niemals darf aber dabei aus dem Auge
gelassen werden, daß die bestausgestellteste und ausreichendste Posten- oder
Vedetten-Chaine eine sehr ungenügende Sicherheit gewährt und sehr wenig
nutzt, wenn nicht ein sehr reger, wohlgeregelter Patrouillengang
dazu kommt. Daher nochmals, möglichst wenig Posten, aber viel
Patrouillen, und nicht zu große, nur zu zwei bis drei Pferden. —

11) Von der Nähe, dem Zustande, den Maßnahmen und der Unternehmungslust des gegenüberstehenden Feindes wird es ferner abhängen, ob
es zulässig ist, die in vorderster Linie sich befindenden Escadronen und
Regimenter während des Vormarsches Marschquartiere, Kantonnements, beziehen zu lassen, oder ob es geboten erscheint, dieselben bivouakiren zu lassen,
die letztere Maßregel event. auch noch auf andere Theile der Division aus-
zudehnen. Die im ersteren Falle zu ergreifenden Maßnahmen zur Sicherheit der Truppe, und um dieselbe vor etwaigen Ueberfällen zu bewahren,
werden in erster Linie von der allgemeinen Kriegs- resp. Gefechtslage
wesentlich bedingt, und wird es hiernach häufig geboten sein, die in oder
unmittelbar hinter der Vorpostenlinie gelegenen Kantonnements an den Ausgängen zu verbarrikadiren, die ersteren überhaupt, so weit es die Zeit und
die vorhandenen Mittel gestatten, nach Möglichkeit zur Vertheidigung einzurichten. Der Führer muß daher beim Einrücken ins Kantonnement dasselbe
mit Rücksicht auf eine etwa nothwendig werdende Vertheidigung genau
rekognosziren, sich die eintretendenfalls zu ergreifenden Maßnahmen sorgfältig klar machen und schon vorher an seine Mannschaften alle bezüglichen

Bestimmungen hinsichtlich Besetzung der Lisieren, der nach dem Feinde zu führenden Ausgänge, einzelner hierzu besonders geeigneter massiver Gebäude erlassen, damit im gegebenen Falle auf ein verabredetes Signal Jeder weiß, was er zu thun hat. Es wird oft für Kavallerie, wenn sie sich in exponirten Lagen befindet und überrascht werden sollte, besonders zur Nachtzeit, zweckmäßig sein, sich nur auf die Vertheidigung des innehabenden Kantonnements, einzelner großer Gehöfte oder massiver Häuser zu beschränken, die Pferde aber ruhig in den Ställen stehen zu lassen. — Die Karabiner bleiben deshalb nicht auf den Pferden, sondern die Mannschaften, die in unmittelbarer Nähe der letzteren unterzubringen und dicht zusammenzulegen sind, führen ihn bei sich, um eintretendenfalls nicht ihrer Waffe beraubt zu sein.

In dieser Weise muß verfahren werden, dann wird sich unsere Waffe auch ihre Selbstständigkeit bewahren, und sie wird nicht jeden Augenblick den Ruf nach Infanterie erschallen zu lassen brauchen; denn eine Kavallerie, die nicht befähigt ist, sich unter Umständen ihre Kantonnements selbst vertheidigen zu können, ist den nothwendigerweise an sie zu stellenden Anforderungen nicht gewachsen und erfüllt daher ihre Aufgabe nicht so, wie es unbedingt von ihr verlangt werden muß.

12) Ist die Fühlung mit dem Feinde einmal gewonnen, so darf sie ohne besonderen Befehl nicht wieder aufgegeben werden. Die Division heftet sich dann dergestalt an den Feind und dessen einzelne Kolonnen, daß die Spitzen ununterbrochen Fühlung mit der Front des Feindes halten, während Offizier- und andere Patrouillen seine Flanken begleiten und hier ein besonderes Feld zum geschickten Einblick finden. Ueberflüssig gewordene Detachirungen sind alsdann sofort wieder einzuziehen, und nur noch solche Parallel- und Seitenstraßen dauernd zu beobachten, auf denen nach Maßgabe der Situation feindliche Abtheilungen erwartet werden können. Soll eine Straße, oder ein Terrainabschnitt in dieser Weise dauernd beobachtet werden, so genügen dazu ein bis zwei Offizier-Patrouillen; es dürfen dann nicht etwa ganze Regimenter, oder gar ein ganzes Treffen dahin abgehen.

13) Fortdauernde Verbindung und gegenseitige schleunigste Unterstützung müssen durch lebhaften Patrouillengang und richtige Gliederung innerhalb der einzelnen Abschnitte und Rayons ermöglicht werden und das Mittel sein, um einem Durchbruch des Feindes entgegenzutreten.

14) So wird die Division sowohl im Stande sein, jede Bewegung des Feindes zeitig zu erkennen und zu melden, als jeder Unternehmung desselben zur Abwehr oder eigenen Aufklärung bald in voller Stärke zu begegnen. Offensive und defensive Vor- und Seitenstöße der Division oder angemessener

Detachirungen stellen das normale Verhältniß sogleich stets wieder her, sobald es der Feind durchbrochen haben sollte.

15) Ist es zu einem Zusammenstoß mit dem Feinde auf einem Theile der Linie gekommen, so wird es, wie gesagt, zwar zweckmäßig sein, dieselbe von rückwärts und durch die nächsten Abtheilungen zu unterstützen und den übrigen Abtheilungen davon sofort Kenntniß zugehen zu lassen, dieselben aber doch auch zugleich anzuweisen, mit Entschiedenheit vorwärts zu gehen und durch Einwirkung auf Flanken und Rücken des Feindes ihre Unterstützung eintreten zu lassen, wie ebenso dadurch wenn irgend möglich, Einsicht in Flanken und Rücken des auf dem Gefechtsfelde engagirten Feindes zu gewinnen, was unter allen Umständen die Hauptaufgabe bleibt. Treten ernstliche Offensiv-Absichten des Feindes hervor, so wird bei gleichzeitiger, schleunigster Meldung an das Ober-Kommando der Armee ein Ausweichen der angegriffenen Kavallerie-Abtheilungen zur Nothwendigkeit werden; die Richtung, in welcher dies geschieht, wird von den Absichten des Ober-Kommandos abhängig sein, und wird die zurückweichende Kavallerie womöglich den Feind in einer falschen Direktion hinter sich her zu locken suchen, um günstige Gefechtsverhältnisse dadurch bei der Armee für uns herbeizuführen. Das richtige Handeln wird in diesen Lagen durch genaue Einsicht und durch klares Urtheil über das, worauf es eigentlich ankommt, bedingt sein.

16) Das Schlagen ist nur Mittel zum Zweck und nur dann von besonderem Nutzen, eventuell dem Manövriren und Demonstriren vorzuziehen, wenn die feindliche Kavallerie noch zu viel Selbstgefühl hat und das Aufklären zu hindern sucht. Das Schlagen unterliegt alsdann den Regeln der Treffentaktik, wie sie durch die Neubearbeitung des Abschnitts V. des Exerzir-Reglements und durch Abschnitt IV. 1. dieser Zusammenstellung ertheilt worden sind. —

17) Für den Fall, daß Brigaden zu selbstständiger Aufklärung detachirt werden, verfahren sie im Allgemeinen analog. Gestattet es die Zahl der der Division beigegebenen Batterien, so wird einer solchen detachirten Brigade eine reitende Batterie für die Zeit ihrer Detachirung zugetheilt. —

Schlußbemerkungen.

Bei der Ausführung derartiger Aufträge kommt es mithin vorzugsweise auf die Beobachtung der in Nachstehendem kurz zusammengefaßten hauptsächlichsten Grundsätze an:

1) Recht weites Aufklären des Vorterrains durch kleine Abtheilungen, welche ausweichen und wieder herangehen.

2) Zusammenhalten der größeren Abtheilungen, der Regimenter und Brigaden, auf mehreren nicht zu weit von einander entfernten Wegen zu möglichst schneller Konzentration.
3) Bildung einer Reserve durch Zurückhaltung einer Brigade.
4) Unausgesetztes Halten der Verbindung zwischen den Avantgarden und Marschkolonnen und zwischen diesen untereinander, damit die schnelle Konzentration der Division erforderlichenfalls ermöglicht wird. —

Nach Anleitung und im Sinne dieser Grundsätze würde bei der detachirten Verwendung einer Kavallerie-Division, und ebenso in analoger Weise seitens der einzelnen Brigaden, wenn dieselben selbstständige Aufträge erhalten, zu verfahren sein. —

Es liegt in der Natur der Sache, daß hierfür nur Direktiven gegeben werden können; reglementarischen Anordnungen entzieht sich diese Art der Verwendung selbstverständlich vollständig. Um so mehr ist es aber wünschenswerth, daß an deren Stelle eine gewisse Routine für die Handhabung bei Ausführung dieser wichtigen Aufträge treten möge, eine feste Methode, welche die Sicherheit des Erfolges verbürgt.

Die beste Gelegenheit hierzu geben die in kriegsgemäßer Weise auszuführenden Friedensmärsche der Regimenter, und die Feldmanöver zweier Abtheilungen Kavallerie von möglichster Stärke gegeneinander.

c. Anleitung für die Friedensübungen.

1. **Gesichtspunkte für die Ausbildung des Reiteroffiziers in einer seiner wichtigsten Aufgaben, — der Rekognoszirung. —**

Der letzte Feldzug hat in sehr hervortretender Weise die Nothwendigkeit der Ausbildung des Kavallerie-Offiziers in jeder Art von Rekognoszirungen dargethan, und uns das Bedürfniß einer eingehenden Instruktion und fortgesetzten, vielfachen Uebung in Bezug auf diesen, für unsere Waffe so wichtigen Dienst, für welchen im Allgemeinen bisher so wenig geschehen, nahe gelegt. Es besteht hierin mit eine der Hauptaufgaben, welche an unsere Waffe gestellt werden, denn von der tüchtigen, zuverlässigen, gewissenhaften und gründlichen Genügung derselben hängt oft das Schicksal der ganzen Armee ab.

Der Kavallerie-Offizier kann daher nicht genug daran gewöhnt und dazu erzogen werden, **richtig und genau zu sehen**, das Terrain stets unter einem bestimmten, militairischen Gesichtspunkt zu beobachten und dasselbe immer mit Rücksicht auf die Truppenführung zu beurtheilen und zu verwerthen.

Die kriegsgemäß auszuführenden Vormärsche der Regimenter aus den Garnisonen nach dem Uebungsterrain der Brigaden resp. Kavallerie-Divisionen werden die erwünschte Gelegenheit dazu geben, die Fähigkeit und Brauchbarkeit der jüngeren Offiziere zur Ausführung derartiger Aufträge zu erproben; es empfiehlt sich aber schon zur Vorübung im Laufe des Sommers in den Regimentern den untergebenen Offizieren bestimmte Aufträge zur Rekognoszirung von wichtigen Terrainabschnitten in der Nähe ihrer Garnisonen zu ertheilen, jedoch dabei stets die Benutzung des in Rede stehenden Terrainabschnittes für einen bestimmten, präzise bezeichneten militairischen Zweck, z. B. für eine Avantgarden-Stellung, die Vertheidigung oder den Angriff eines Ueberganges, für eine Flankenstellung, eine Aufnahmestellung, die taktische Umgehung einer Stellung, für welche Waffen Flußübergänge passirbar u. s. w., zum Grunde zu legen, da allgemein gehaltene Aufträge zu Terrain-Rekognoszirungen ohne diese Präzisirung des militairischen Zwecks den beabsichtigten Nutzen nicht gewähren. —

Noch zweckmäßiger und instruktiver ist es, wirkliche Truppenaufstellungen, die verdeckt genommen werden, und in welche die Einsicht verhindert werden soll, deren Stärke und Stellung den Offizieren unbekannt ist, von denselben rekognosziren zu lassen, um ihr Geschick und ihre Gewandtheit in Erfüllung derartiger Aufgaben zu entwickeln, indem sie dabei zu vermeiden haben, auf Patrouillen des Feindes zu stoßen, welche sie zurückweisen und ihnen die Einsicht in dessen Stellung verwehren würden. —

Selbstverständlich kommt es hierbei vor allem auf den praktischen Nutzen dieser Aufträge für die Offiziere, auf die durch dieselben bei ihnen zu entwickelnde richtige Beurtheilung, auf die zur Erfüllung derartiger Aufgaben zu erzielende Gewandtheit und Routine, viel weniger aber auf die anzufertigenden schriftlichen Arbeiten an. Eine klare, deutliche, direkt die Sache im Auge behaltende, kurz und praktisch abgefaßte, etwa in nummerirte Punkte eingetheilte Meldung auf einer sogenannten Meldekarte, auf deren Rande oder Rückseite zur größeren Uebersichtlichkeit und Deutlichkeit, sowie zur Abkürzung der Meldung ein Kroquis, welches im Sattel entworfen und nur Anspruch auf Richtigkeit und Klarheit macht, aufgezeichnet worden, erscheint völlig genügend; es muß hierbei ganz der Maßstab des Feldes angelegt, nichts mehr verlangt und alles unnöthige Beiwerk vermieden werden. —

Diese Uebungen werden nicht allein den großen Nutzen haben, die Ausbildung der Offiziere in diesem wichtigen Dienstzweig zu fördern, sondern sie werden auch sehr bald darthun und zeigen, wo praktisches Geschick und

Talent für derartige Aufträge vorhanden sind, wo der Blick ein geschärfterer, richtigerer, und die Gewandtheit eine größere ist, wo mithin die Befähigung vorhanden, im Ernstfall schwierigen Aufträgen zu genügen.

Ich empfehle daher, in diesem Sinne zu verfahren und der Ausbildung der Offiziere, in Bezug auf diese so wichtige Dienstbranche eingehende Aufmerksamkeit zuzuwenden, auch diese Angelegenheit überhaupt dauernd und nachhaltig im Auge zu behalten, da nur dadurch der beabsichtigte Zweck erreicht werden kann.

2. **Direktiven und Instruktionen für die im Frieden als Vorbereitung für die kriegerische Verwendung auszuführenden kriegsmäßigen Vormärsche aus den Garnisonen, resp. vom Uebungsrayon der zusammengezogenen Regimenter nach dem Uebungsterrain der Kavallerie-Brigaden und Divisionen.*)**

a. Die Mittheilung der Dislokation für die Uebungsperiode der Kavallerie-Division in der Nähe des Uebungsterrains an die betreffenden Regimenter ist erfolgt. Der Vormarsch von den Garnisonen resp. Kantonnements bei den Regiments-Exerzirplätzen bis zu den erstbezeichneten Kantonnements wird nach dem hierzu festgesetzten Marschtableau ausgeführt. (Anlage A.)

b. Der Vormarsch der Regimenter nach dem Uebungsterrain erfolgt in kriegsmäßiger Weise mit allen Sicherheitsmaßregeln während des Marsches und im Stande der Ruhe nach einer General-Idee (Anlage B.), welche die allgemeine Kriegslage, die supponirt ist, enthält und nach einem Spezial-Auftrage für die beiden Kavallerie-Brigaden**) der kombinirten Kavallerie-

---

*) Obige Direktiven sind aus den für die Regimenter der siebenten Kavallerie-Brigade in den Jahren 1873 und 1874, sowie aus den für die aus Regimentern des I. und II. Armeekorps formirten Kavallerie-Division im Sommer 1875 in dieser Beziehung gegebenen Erlassen zusammengestellt worden. Zum allgemeineren und besseren Verständniß werden die General-Idee und die Spezial-Aufträge, sowie das Marschtableau mit der aus demselben für jeden Tag ersichtlichen Vorpostenlinie für den im Sommer 1873 von den Regimentern der siebenten Kavallerie-Brigade ausgeführten Vormarsch nach dem Uebungsterrain der kombinirten Kavallerie-Division des IV. Armeekorps bei Jeßnitz und Raguhn (Herzogthum Anhalt) in besonderen Anlagen mitgetheilt werden.

**) Die erste Kavallerie-Brigade der kombinirten Kavallerie-Division besteht aus dem Magdeburgischen Kürassier-Regiment Nr. 7 und Magdeburgischen Husaren-Regiment Nr 10.

Die zweite Kavallerie-Brigade aus dem Westfälischen Dragoner-Regiment Nr. 7 und Altmärkischen Ulanen-Regiment Nr. 16. —

Die erstere tritt den Vormarsch mit dem Magdeburgischen Kürassier-Regiment Nr. 7

Division, sowie nach einem solchen für jedes der betreffenden Regimenter. (Anlage C.)

c. Die Verwendung erfolgt daher ganz in derselben Weise, wie dies beispielsweise im Juli und August 1870 beim Vormarsch der zweiten Armee durch die Pfalz und beim Einmarsch in Frankreich mit der fünften und sechsten Kavallerie-Division geschah, welche sich zwei bis drei Tagemärsche vor der Armee selbstständig bewegten, um das Terrain so weit als möglich aufzuklären, den Feind zu erspähen, dessen Bewegungen zu erkunden und zu beobachten und daraus seine Absichten zu erkennen, seine Verbindungen zu zerstören und zu unterbrechen, sowie um zu verhindern, daß der Feind den Marsch unserer Kolonnen einsehe, denselben beunruhige und unsere Verbindungen unterbreche.

d. Es kommt nun dabei vornehmlich auf zwei Dinge an:
1) Auf Aufklärung des Vorterrains weit und nach allen Richtungen hin.
2) Auf unausgesetzte Verbindung der vorgeschobenen Abtheilungen unter einander, sowohl beim Marsch, wie im Kantonnement, also Anschluß an die Nebentruppen. —

Das erstere geschieht, wie schon früher gesagt, durch Offizierpatrouillen auf den Hauptstraßen und auf weite Entfernungen und durch kleinere Patrouillen auf den Nebenwegen und näheren Distanzen. Das letztere durch kleinere Patrouillen zu zwei bis drei Pferden, nur ausnahmsweise durch Offizierpatrouillen.

e. Die Rayons für jedes einzelne Regiment sind durch die denselben nach dem Marschtableau (Anlage A.) für jeden Tag zugewiesenen Kantonnements festgestellt; die Hauptrichtungen, die Haupt-Operationslinien, welche vornehmlich zu sichern und zu beobachten, ergeben sich aus der General-Idee (Anlage B.) und dem Spezial-Auftrage für die beiden Brigaden und für jedes einzelne Regiment. (Anlage C.)

f. Nach Ausweis des Marschtableaus (Anlage A.) sind bei einem jeden Regiment vier Eskadronen in die erste Linie gelegt; eine Eskadron mit dem Stabe der Regimenter als Reserve in die zweite Linie zur event. Unterstützung der ersten Linie bei Durchbruchsversuchen des Feindes.

---

aus der Gegend von Halberstadt am 8. August, mit dem Magdeburgischen Husaren-Regiment Nr. 10 aus der Gegend von Aschersleben am 9. August, an. —

Die letztere mit dem Westfälischen Dragoner-Regiment Nr. 7 aus der Gegend von Stendal am 4. August und mit dem Altmärkischen Ulanen-Regiment Nr. 16 aus der Gegend von Gardelegen an dem nämlichen Tage.

Da nur zwei Regimenter*) gemeinschaftlich im Anschluß an einander den Vormarsch bewerkstelligen, so mangelt demselben die erforderliche Tiefe, denn die Unterstützung der bei jeder Brigade in erster Linie marschirenden acht Eskadronen, welchen die Hauptaufgabe zufällt, ist hier nur durch zwei Reserve-Eskadronen vorgesehen. In der Wirklichkeit würde sich beim Vormarsch einer Kavallerie-Division vor einer Armee die Angelegenheit selbstverständlich entsprechend anders gestalten und zwar in der unter IV. 2. b. 6. dieser Zusammenstellung bezeichneten Formation und Gliederung. Es wird dies hier ausdrücklich angeführt, um mißverständlichen Auffassungen in Betreff dieser kriegsmäßig auszuführenden Friedensmärsche zu begegnen, welche natürlich noch von anderen, als den unter IV 2 b behandelten strategischen Rücksichten abhängig sind und die nur für den vorliegenden Zweck möglichst ausgenutzt werden sollen.

g. Da kriegsgemäß vorgegangen wird, so sind die Märsche auch ganz als Kriegsmärsche, also nicht allein mit Avantgarde und Seitendeckungen, sondern auch in der anderweitigen Art als solche in Betreff der Marschkadenz auszuführen. Die Märsche der einzelnen Eskadronen sind nach dem Marschtableau in paralleler Richtung zu einander geregelt. Die Eskadronen marschiren für sich sämmtlich mit Avantgarde und halten unausgesetzt Verbindung unter sich während des Marsches.

Täglich ist ein anderer Zug zur Avantgarde vorzunehmen, und täglich haben die Eskadronen in anderer Art abzumarschiren, also einen anderen Zug an die Tete zu nehmen, wie dies schon bei gewöhnlichen Reisemärschen der Fall sein muß. —

h. Die Bestimmung, in welcher Reihenfolge die einzelnen Eskadronen neben einander marschiren, bleibt den Regimentern überlassen, doch ist darauf zu halten, daß wenn diese Bestimmung beim Beginn des Vormarsches einmal erfolgt ist, die Märsche der einzelnen Eskadronen auch nach dem Marschtableau stattzufinden haben, da dieselben, wie schon gesagt, als Parallelmärsche geregelt sind, und durch eine Nichtinnehaltung der ursprünglich angenommenen Marschdirektionen Kreuzungen der Eskadronen entstehen würden, die nicht allein die Märsche unnöthig vergrößern, sondern auch gegen taktische Grundsätze verstoßen. —

Soll einmal eine Eskadron durch die in Reserve befindliche oder durch eine mehr rückwärts dislozirte Eskadron abgelöst werden, so bleibt dies den Regimentern gänzlich überlassen, doch sind dann die betreffenden Märsche nach den oben ausgesprochenen Grundsätzen, also so zu regeln, daß unter

---

*) Vergleiche die Anlagen A, B und C.

keinen Umständen dadurch Kreuzungen entstehen, und die Märsche auch nicht erheblich dadurch vergrößert werden.

i. Wie der Anschluß und die Verbindung zwischen den einzelnen Escadronen eine sehr rege und lebhafte sein muß, so ist dieser Anschluß auch sobald als möglich zwischen den einzelnen Regimentern aufzusuchen, mithin im vorliegenden Falle*) zuerst zwischen dem linken Flügel des Ulanen- und dem rechten Flügel des Dragoner-Regiments; sodann zwischen dem rechten Flügel des Kürassier- und dem linken Flügel des Husaren-Regiments, nächstdem zwischen dem linken Flügel des Kürassier- und dem rechten Flügel des Ulanen-Regiments. — Dieser Anschluß muß nicht allein von den Vorposten aufgesucht werden, sondern derselbe ist auch auf den Märschen festzuhalten; sobald Flüsse überschritten werden, haben die Escadronen sogleich darauf die Verbindung mit den Neben-Escadronen wieder aufzusuchen.

Im Marschtableau (Anlage A.) ist einer jeden Escadron der vermittelst Brücke oder Fähre zu bewirkende Flußübergang bezeichnet**), der inne gehalten werden muß.

k. Was die Märsche selbst an und für sich betrifft, so empfiehlt es sich, dieselben nicht zu stark zu bemessen, damit die Escadronen mit Ausnahme der auf Vorposten befindlichen Abtheilungen, in Betreff deren ein täglicher Wechsel stattzufinden haben würde, schon nach wenigen Stunden in den Quartieren sein können.

Selbstverständlich ist es erforderlich, die Abmarschzeiten täglich so zu regeln, daß die Märsche von allen Escadronen zu gleicher Zeit aus der Vorpostenlinie angetreten werden, etwa um 7 Uhr Morgens, damit die gegenseitige Verbindung gehalten werden kann und die Eklairirung in gleicher Höhe erfolgt.

Hinsichtlich der Marschgeschwindigkeit versteht es sich ganz von selbst, daß abwechselnd Schritt und Trab geritten wird. — Unter normalen Boden- und Witterungsverhältnissen würde der Normalmarsch von drei Meilen ungefähr in der nachfolgenden Weise zurückzulegen sein:

$1/2$ Meile Schritt = 38 Minuten
Halt zum Stallen ꝛc. = 5 ˮ
$1/4$ Meile Trab = 9 ˮ
$1/4$ ˮ Schritt = 18 ˮ
$1/4$ ˮ Trab = 9 ˮ
$1/4$ ˮ Schritt = 18 ˮ
———
$1 1/2$ Meilen.

---

*) Vergleiche das Marschtableau, Anlage A. und die aus demselben für jeden Tag ersichtliche Vorpostenlinie.
**) Es handelt sich im vorliegenden Falle um die Elb- und Saale-Uebergänge von Tangermünde bis Aeswig resp. von Kl.-Rosenburg bis Rothenburg.

```
Halt zum Absitzen, Ruhe  = 20 Minuten
¼ Meile  Trab     =  9    =
¼   =    Schritt  = 18    =
¼   =    Trab     =  9    =
¼   =    Schritt  = 18    =
¼   =    Trab     =  9    =
¼   =    Schritt  = 18    =
```
3 Meilen = 3 Stunden 18 Minuten.

Hierbei ist der Marschtrab etwas kürzer, wie der Evolutions-Mitteltrab zu 300 Schritt in der Minute angenommen worden.

Den Mannschaften kann hierbei gestattet, auch gelehrt werden, leicht zu traben, oder, wie dies auch genannt wird, englisch zu traben, sich nur einmal werfen zu lassen, um dem Pferde dadurch eine Erleichterung auf dem Marsche zu gewähren, doch darf dies selbstverständlich niemals beim Exerziren oder bei der Bearbeitung der Pferde stattfinden; dagegen ist dies auch einzelnen Mannschaften bei Ordonnanzritten gestattet.

Ich bin nun weit entfernt davon, in Vorstehendem eine Schablone für die Märsche festzustellen, denn die Form, die Schablone untergräbt das wahre Wesen, und wirkt geradezu nachtheilig in fast allen Dingen; hier zumal, wo vielfache Einflüsse sich geltend machen, die bestimmend einwirken, — wie vor allem Witterungs-, Boden-, Terrainverhältnisse, Unterbrechungen der mannigfaltigsten Art u. s. w. — würde eine starre Festhaltung jener Zeiten und Entfernungen nur offenbare Nachtheile mit sich führen; es hat nur eine ungefähre Norm für einen derartigen Marsch hingestellt und darauf hingewiesen werden sollen, daß eine gleichzeitige Zurücklegung der Märsche durch den vorliegenden Zweck geboten erscheint. — Jedenfalls wird ein Marsch von drei Meilen in 3½ bis 3¾ Stunden unter gewöhnlichen Verhältnissen mit leichter Mühe zurückgelegt werden können.

Hufe und Gepäck müssen nach dem Absitzen während der viertelstündigen Ruhepause gründlichst durchgesehen werden. Es muß so abgesessen werden, daß die vier Abmärsche, die Rummern mehrere Schritte Distanz von einander haben, damit die Luft zwischen ihnen durch die Pferde frei streichen kann.

Während dieser Pause stellen sich die Spitzen und Seitenpatrouillen als Bedetten auf. —

1. Aus Vorstehendem erhellt bereits, daß die Eskadronen die Märsche für sich allein zurücklegen und nicht im Regiment gesammelt werden, wenn nicht besondere Vorkommnisse und Umstände dies nothwendig machen, in

Folge deren dies von dem betreffenden Regiment anzuordnen sein würde, doch findet eine tägliche Einwirkung seitens der Regiments-Kommandeure auf die Eskadronen in Bezug auf den Avantgarden- und Vorpostendienst statt. Dieselben müssen als Abschnittsführer der Ausführung ihrer Anordnungen und Befehle auch bei den entferntesten Eskadronen in kürzester Zeit durch einen zuverlässigen und wohlorganisirten Ordonnanzdienst sicher sein.

Es wird sich bei diesem Avantgarden- und Vorpostendienst die sehr wünschenswerthe Gelegenheit zu Bestellungen, Besorgungen und Aufträgen an die Mannschaften bieten, welcher Dienst ein so hochwichtiger für ihre kriegsgemäße Ausbildung ist.

m. Es ist selbstverständlich, daß des Morgens beim Abmarsche der Eskadronen aus den Vorposten die Avantgarde formirt wird, und umgekehrt nach Beendigung des Marsches aus der Avantgarde sich sofort die Vorposten etabliren.

n. Nach Anleitung des Marschtableaus (Anlage A.) sind seitens der Regimenter diejenigen Detachements einer jeden einzelnen Eskadron zu bestimmen, welche täglich den Vorpostendienst während des Standes der Ruhe auszuführen haben, falls nämlich eine oder die andere Eskadron mehrere Kantonnements hintereinander, also entfernt von der nach dem Tableau festgesetzten Vorpostenlinie, belegt; als Regel gilt natürlich, daß diejenigen Kantonnements, welche der festgesetzten Vorpostenlinie am nächsten liegen, auch die Vorposten besetzen, und für Sicherung, Eklairirung, Erhaltung der Kommunikation, Verbindung und des Anschlusses Sorge tragen. Liegen mehrere Kantonnements nebeneinander, gleich weit entfernt von der festgesetzten Vorpostenlinie, so hat dies von allen zu erfolgen, insofern bedeutende Kommunikationswege in der Richtung auf den Feind führen, und mithin beobachtet werden müssen. — Die Kantonnements, welche sich in erster Linie an der Vorpostenlinie befinden, sind von Morgens 6 Uhr, resp. vom Einrücken ab bis Abends 7 Uhr, exkl. der Ruhetage, in Kriegszustand zu erklären; die Verbarrikadirung der Kantonnements an den Ausgängen wird supponirt, was in den desfallsigen Regimentsbefehlen jedoch besonders auszusprechen ist, damit darauf hingewiesen wird.

o. Unter der durch das Marschtableau (Anlage A.) gleichzeitig für einen jeden Tag festgesetzten allgemeinen Vorpostenlinie ist nicht eine fortlaufende Vorpostenkette zu verstehen, sondern handelt es sich vielmehr nur um Marschvorposten, im Gegensatz zu Lagervorposten. Jede Eskadron giebt eine Feldwache in der Stärke eines Zuges, von einem Offizier geführt, die event. aus dem der Vorpostenlinie zunächst gelegenen Kantonnement oder aus mehreren derselben zu entnehmen ist. Von der Feldwache werden die erforderlichen Posten vorgeschickt und die Verbindung mit den Feldwachen und Posten der Neben-Eskadronen erhalten.

Wie bereits an anderer Stelle erwähnt, hat die Besetzung der Hauptkommunikationen, Straßenknoten, wichtiger, hochgelegener Punkte durch detachirte Unteroffizier- sogenannte Kosackenposten zu erfolgen, von denen nur ein Mann zu Pferde bleibt. Dies Verfahren empfiehlt sich viel mehr, als das Aussetzen von Vedetten.

Wie nicht oft genug wiederholt werden kann, erfolgt die Hauptsicherung aber durch einen lebhaften Patrouillengang, sowohl nach vorne gegen den Feind, wie nach den Posten der angrenzenden Eskadronen, wie dies stets im Bewegungskriege, bei Operationen der Fall ist. — Im Allgemeinen werden, wie gesagt, viel zu viel Vedetten gestellt, anstatt die Kräfte für den unserer Waffe weit entsprechenderen Patrouillendienst zu schonen. —

p. Die äußersten Flügel, also beim Vormarsch der beiden nördlichen Regimenter, der rechte Flügel des Ulanen-Regiments und der linke Flügel des Dragoner-Regiments; beim Vormarsch der beiden westlichen Regimenter, der linke Flügel des Kürassier- und der rechte des Husaren-Regiments von ihrer Vereinigung an bis zum Einrücken in dieselbe Linie mit den nördlichen Regimentern, von wo ab dies allein den linken Flügel des Dragoner- und den rechten Flügel des Husaren-Regiments trifft,*) sind in einem Bogen nach außen etwas zurückzuziehen, damit auch die Flanken gedeckt sind.

Wo unzugängliche oder schwer zu passirende Terrainverhältnisse auf den Flügeln vorhanden, da sind dieselben zu Flügelanlehnungen zu benutzen. Straßen oder Wälder, wenn letztere nicht sehr dicht sind, können dagegen niemals zu Flügelanlehnungen dienen.

q. Die Eskadronen und Kantonnements, welche an Flüsse**) grenzen, haben deren Thalränder zu besetzen, damit das Thal beobachtet ist; die Verbindung mit den am anderen Ufer stehenden Vorposten ist nur hierdurch zu erhalten, wenn keine Brücken vorhanden sind. Vermittelst Fähren würde die Verbindung nicht zu erhalten sein.

r. Bei andauerndem, heftigem Regenwetter können die Feldwachen und die detachirten Unteroffizierposten, mit Ausnahme der Auslugeposten bei den letzteren, in Schuppen und Scheunen der nächsten Gehöfte unterziehen, ohne abzusatteln.

---

*) Siehe das Marschtableau, Anlage A.
**) Es handelt sich im vorliegenden Falle um die Thalränder der Elbe und Saale.

s. Die Vorposten stehen von dem Einrücken an bis Abends 7 Uhr; Morgens um 6 Uhr müssen dieselben jedoch überall wieder ausgesetzt sein, und muß der Patrouillengang dann auch bereits begonnen haben. An den Ruhetagen wird der Vorpostendienst eingestellt. — Für die erforderliche Kontrole der Vorposten muß seitens der Regimenter und Eskadronen ausreichend Sorge getragen werden.

t. Den Offizieren, welche zur Rekognoszirung des Vorterrains die Führung von Offizierpatrouillen erhalten, sind durch die Regimentskommandeure bestimmte Spezial-Aufträge zu ertheilen, wobei für den Vormarsch besonders wichtige Verhältnisse ins Auge zu fassen sind, Rekognoszirungen des Terrains unter ganz bestimmt bezeichneten militairischen Gesichtspunkten. — Ueber das Resultat dieser Rekognoszirungen haben die betreffenden Offiziere ganz kurz zu berichten, und diesem Bericht ein vom Sattel über die Situation entworfenes, klares und deutliches Kroquis beizufügen. —

u. Die Eskadronen haben dem Regiment von allen Vorfällen beim Vormarsch Meldung zu erstatten, und dabei die getroffenen Sicherheitsmaßregeln, die Art und Weise der Aufstellung ihrer Vorposten, ob die Verbindung mit den Nebenvorposten und mit welchen hergestellt ist, welche Rekognoszirungen ins Vorterrain stattgefunden haben, wohin sie abgesandt worden sind und welches Resultat sie gehabt haben, kurz anzugeben. Diesen Meldungen ist das Resultat über die ausgeführten Offizierpatrouillen beizufügen. —

v. Ueber diesen ganzen Avantgarden- und Vorpostendienst ist sowohl bei den Eskadronen, wie bei den Regimentern ein genaues Journal zu führen, aus welchem ersichtlich wird, welche Eskadronen den Vorpostendienst gethan haben, wie viele Feldwachen ausgestellt gewesen sind, wo dieselben gestanden haben, welche Posten dieselben ausgesetzt hatten, in welcher Weise der Patrouillendienst geregelt, mit welchen Eskadronen und zu welcher Zeit die Verbindung mit denjenigen hergestellt war, u. s. w.

w. Die erforderlichen Quartiermacher können, wie bei den Friedensübungen, vorausgesandt werden.

x. Schließlich bemerke ich noch, daß durch diesen kriegsgemäßen Anmarsch selbstverständlich keine Flurschäden erwachsen dürfen.

y. Alle übrigen näheren Anordnungen und Spezialbefehle müssen seitens der Regimenter im Sinne und Geiste der vorstehenden Direktiven erlassen werden.

3. Schlußbemerkungen.

Nachdem nunmehr in Vorstehendem diejenigen Punkte bezeichnet worden sind, auf welche es vornehmlich bei Durchführung dieser Uebungen ankommt, um dieselben unter den obwaltenden Verhältnissen möglichst nutzbringend für die Führer und für die Truppe zu machen, erübrigt nur, nochmals auf die unter 2. b. des IV. Abschnittes dieser Zusammenstellung dargelegten maßgebenden Gesichtspunkte für die kriegerische Verwendung hinzuweisen, indem dort bereits der Zweck der ganzen Uebungen, und die für dieselben maßgebenden Grundsätze eingehend niedergelegt worden sind, und dieselben nur der allgemeinsten Beachtung angelegentlichst empfohlen werden können. —

V. Das Gefecht zu Fuß.

1. Allgemeine Gesichtspunkte.

Zusammengestellt aus den Cirkulairen vom 15. Juli 1872, 3. Dezember 1872, 9. Juli 1873, 2. August 1873, 19. Juni 1875 und aus verschiedenen, im Nachlaß vorgefundenen Manuskripten.

Die Verwendung unserer Waffe, wie sie im letzten Feldzuge stattgefunden hat, fordert von derselben eine größere Selbstständigkeit und Unabhängigkeit von den übrigen Waffen, was ihr nur zur größten Freude und Genugthuung gereichen kann, da ihr hierdurch ein sehr erhöhtes Feld der Thätigkeit zugewiesen wird, und eine Herunterdrückung zur Hülfswaffe dadurch unmöglich gemacht ist. — Unausgesetzte Thätigkeit, frisches Leben, selbstständiges Handeln und Unternehmungslust, das sind ihre Lebenselemente; nur unter diesen kann sie gedeihen! —

Aber die Erfahrungen des letzten Feldzuges haben zugleich unwiderleglich dargethan, daß es eine unumgängliche Nothwendigkeit für die Reiterei ist, sich eine gewisse Leistungsfähigkeit und Brauchbarkeit im Gefecht zu Fuß anzueignen, wenn sie den Aufgaben gewachsen sein soll, welche ihr nach Lage der Dinge, ohne zu viel von ihr zu verlangen, im Ernstfalle zufallen, und welche ihr nicht erspart werden können. —

Wenn auch abnorme Verhältnisse in der letzten Kampagne die Nothwendigkeit für die Kavallerie, behufs Erfüllung des ihr ertheilten Auftrages abzusitzen und die blanke Waffe mit der Schußwaffe zu vertauschen, vielleicht häufiger hervortreten ließen, so werden doch auch in zukünftigen Feldzügen ähnliche Verhältnisse eintreten und jene Nothwendigkeit zur Folge haben, vornehmlich, wenn feindliche Kavallerie-Divisionen den diesseitigen zur Verhinderung der Deckung und Aufklärung entgegentreten, und dies durch Besetzung von Defileen und Abschnitten mit abgesessenen Mannschaften zu erreichen streben. Wenn in solchen Fällen dann stets sogleich aus der Ka=

vallerie der Ruf nach Infanterie ertönt, so degradirt sich die erstere selbstmörderisch zur Hülfswaffe, und der letzte Rest ihrer Selbstständigkeit geht verloren. So werthvolle Dienste in manchen Fällen den Kavallerie-Divisionen durch permanente Zutheilung einzelner Bataillone Infanterie auch erwachsen können, so würde diese Maßregel doch für die ersteren im weiteren Verlaufe der ganzen Operationen mit dem entschiedensten Nachtheil verbunden sein und wie ein Bleigewicht an ihren Füßen wirken, da Schnelligkeit und Beweglichkeit, die Hauptstärke der Waffe, dadurch die äußerste Beeinträchtigung erfahren würden. —

Die erstrebte größere Selbstständigkeit und Unabhängigkeit von den übrigen Waffen legen der Kavallerie nun aber auch bestimmte Pflichten auf, da sie nur bei gewissenhafter Erfüllung derselben im Stande ist, die ihr zu Theil werdenden Aufträge unter allen Terrainverhältnissen zu erfüllen. Durch die Fähigkeit dies zu können, wird dieselbe sowohl an Selbstständigkeit und Selbstvertrauen, wie an Brauchbarkeit und Leistungsfähigkeit unter allen Umständen außerordentlich gewinnen.

Wenn es vermöge der Terrainverhältnisse und der feindlichen Besetzung von Abschnitten und Defileen nicht möglich ist, den ihr gewordenen Auftrag zu Pferde auszuführen, auch einer Umgehung des betreffenden Terrainabschnittes erhebliche Schwierigkeiten entgegenstehen, also ein Erfolg von dem Gefecht zu Pferde absolut nicht zu erwarten, Infanterie nicht zur Stelle ist, so bleibt der Kavallerie nichts weiter übrig, als abzusitzen, und sich durch den Angriff zu Fuß mit der Schußwaffe die Wege zu öffnen, um ihren Auftrag durchzuführen.

Auf diese Weise haben sich ganz einfach im verflossenen Feldzuge die Gefechte entwickelt, in welchen die Reiterei zu Fuß aufgetreten ist. — Ganz aus denselben Gründen werden solche in künftigen Kriegen, wo unserer Waffe eine gleiche Verwendung, selbstständig auf mehrere Tagemärsche der Armee voraus, in Aussicht steht, durch die Natur der Verhältnisse hervorgerufen, unwillkürlich entstehen, ja wahrscheinlich noch in größerer Ausdehnung, da der Feind nicht ermangeln wird, uns seine Kavallerie-Divisionen entgegenzusenden, und diese, bei der ausgesprochenen Neigung der französischen Kavallerie zum Gebrauch der Schußwaffe, bemüht sein werden, unserem Vordringen an Uebergängen, Defileen ꝛc. Einhalt zu thun. Es kommt ihr dabei zu statten, daß fast alle Kavallerie-Regimenter mit einem guten, weittragenden Gewehr ausgerüstet sind, mithin in größerer Ausdehnung wie bis jetzt bei uns.

Es ist wohl das Geringste was von uns beansprucht werden kann, daß wir im Stande sind, den Widerstand einer solchen abgesessenen Kavallerie zu bewältigen! Auch schwache Infanterie-Abtheilungen dürfen uns nicht zurufen: Bis hierher und nicht weiter! — Wir müssen uns hiernächst selbstständig unsere Kantonnements sichern und gegen Angriffe vertheidigen; wir müssen auch im Stande sein, besonders weit vorliegende, wichtige Punkte mit abgesessenen Mannschaften schnell zu besetzen und gegen feindliche Angriffe so lange zu halten, bis unsere Infanterie eingetroffen ist. —

Dies sind die Aufgaben, welche uns zufallen, und auf welche wir uns vorzubereiten haben. — Wir werden dadurch noch lange keine berittene Infanterie, was gewiß auch völlig außerhalb unserer Wünsche liegt; es fällt uns dabei nicht ein, den Aufgaben genügen zu wollen, welche die Infanterie zu lösen hat, sondern nur in den ebenbezeichneten Grenzen werden sich unsere Leistungen zu bewegen haben, wodurch sich aber unsere Brauchbarkeit ausdehnen und erhöhen, wodurch sich das Feld unserer Thätigkeit außerordentlich erweitern, und wodurch uns Gelegenheit geboten werden wird, uns auf dem Gebiete des Aufklärungs- und Sicherheitsdienstes große Verdienste zu erwerben, wie die ältere und neueste Kriegsgeschichte in zahlreichen Beispielen lehrt, namentlich auch die des siebenjährigen Krieges, der glorreichsten Zeit der Reiterei. Hierbei wird uns die Initiative, die Unternehmungslust, der Thatendrang, der uns als Kavalleristen, die wir unbedingt bleiben wollen, beseelt, außerordentlich zu statten kommen.

Es ist nicht unsere Aufgabe in gedeckten Stellungen im Feuergefecht festzuliegen; wir müssen vielmehr an den Feind herangehen und bemüht sein, ihn zu delogiren.

Dazu ist aber erforderlich, daß ein jeder Kavallerist im Gebrauche der Feuerwaffe gründlich geübt, im zerstreuten Gefecht zu Fuß mit Benutzung des Terrains und seiner Deckungen völlig ausgebildet ist, und daß Offiziere und Unteroffiziere mit den Elementen der Infanterietaktik so weit vertraut sind, daß sie das angriffs- und vertheidigungsweise Feuergefecht einer selbstständig auftretenden Kompagnie und eines detachirten Bataillons, wie dasselbe durch die Aufgaben des kleinen Krieges geboten ist, bei deren Lösung die Findigkeit und Gewandtheit des einzelnen Mannes und die Geschicklichkeit der Führer kleiner Abtheilungen vorzugsweise in Anspruch genommen wird, durchzuführen vermögen.

Es treten daher in erster Linie nachstehende Anforderungen an uns heran:

1. **Erhöhte Ausbildung mit der Schußwaffe**, in erhöhterem Maße, wie dies größtentheils geschehen, wo dieser Dienst vielfach hintenan gesetzt wurde, anstatt ihn ebenso wie einen jeden anderen zur Ausbildung der Mannschaften und zum Vortheil des Königlichen Dienstes gründlich auszunutzen. Ein erhöhter Zeitaufwand dafür ist durchaus nicht erforderlich, wenn die Schießübungen nur gründlich, mit dem regsten Interesse und

Verständniß nach der uns vorliegenden guten Instruktion und mit dem dann sicherlich nicht ausbleibenden Erfolge betrieben werden. Nächstdem:

2. Eine bessere und erweiterte Schulung im Gefecht zu Fuß mit zweckmäßigerer Benutzung des Terrains, denn wir haben mit vollem Recht den Vorwurf auf uns geladen, der uns auch vielfach von Militairschriftstellern nach dem letzten Feldzuge gemacht worden ist, daß wir die Feuerwaffe nicht anzuwenden und zu Fuß nicht zu kämpfen verstünden. Wir können uns nicht verhehlen, daß wir im verflossenen Feldzuge völlig unvorbereitet in dieser Beziehung auf dem Kampfplatz erschienen sind, und die particellen Erfolge, welche wir demungeachtet erreicht, nur den haltungslosen Neuformationen des Feindes und der anerkennungswerthen Bravour der Regimenter, nicht aber ihrer zweckentsprechenden und guten Ausbildung nach dieser Richtung zu verdanken haben.

Wenden wir demnach die Zeit des Friedens besser an, bereiten wir uns gründlicher und rationeller zu den Aufgaben vor, welche uns bevorstehen, und gewöhnen wir durch die nothwendig werdenden Uebungen unsere Mannschaften an den Gedanken, daß sie auch unter Umständen und besonderen Verhältnissen berufen und bestimmt sind, dem Feind zu Fuß auf den Leib zu gehen; es wird ihnen dann eine solche Verwendung im Ernstfall, wo sie etwas leisten sollen, nicht überraschend kommen. Bedenken wir stets dabei, daß nur dasjenige, was auf den Uebungsplätzen zur Gewohnheit, zur zweiten Natur geworden ist, auch im Ernstfall zur Anwendung gelangt und Erfolge verspricht.

Als erster Grundsatz ist festzuhalten, wie nicht oft genug wiederholt werden kann, den erhaltenen Auftrag um jeden Preis auszuführen; ist dies zu Pferde möglich, dann zu Pferde mit der blanken Waffe, ist dies jedoch nicht möglich, dann absitzen und sich die Wege mit der Feuerwaffe öffnen. Der Auftrag oder der Wille, die Absicht müssen unter allen Umständen durchgesetzt werden; nur dadurch kann auch der Geist gehoben werden, nicht aber durch Abstehen von dem, was man sich vorgenommen hat oder was einem aufgetragen worden ist.

Nach meiner Ueberzeugung würde unsere Waffe den Aufgaben der heutigen Kriegführung sich nicht gewachsen zeigen, wenn sie nicht lernte und befähigt wäre, unter Umständen mit Geschick zu Fuß zu fechten sie würde dann der Opfer nicht werth sein, welche der Staat für sie bringt. Ein selbstständiges, erfolgreiches Auftreten von Kavallerie=Divisionen ist nicht denkbar, wenn die Kavallerie nicht im Stande ist, selbst regimenterweise ein Gefecht mit der Feuerwaffe durchzuführen, sowohl offensiv, wie defensiv beim Angriff von Lokalitäten, wie bei der Vertheidigung ihrer Kantonnements.

Eine Schmälerung des kavalleristischen Geistes, des frischen, wagenden Geistes der Initiative, des Herangehens steht davon keineswegs zu befürchten, vielmehr wird dadurch, wie die Erfahrung gelehrt hat, nur die Thatkraft und Unternehmungslust, auf welche alles ankommt, unendlich befördert, gehoben und gekräftigt werden.

Unser ganzes Streben muß in der möglichsten Annäherung an diejenige Periode der Reiterei bestehen, in welcher sie ihren bis jetzt unerreichten Höhe- und Glanzpunkt errang. Die Exerzir-Reglements Friedrichs des Großen für seine Kavallerie, für Küraßiere, Dragoner und Husaren fordern nicht allein von derselben, daß die Postirungen, die Dörfer defensiv gegen feindliche Angriffe gehalten werden sollen, sondern sie verlangen auch, daß z. B. Kirchhöfe von ihnen angegriffen und genommen werden sollen; sie geben auch die Mittel an, wie dies zu geschehen hat.

In jener unerreichten Glanzperiode der Reiterei büßte dieselbe aber nichts von ihrem Geiste ein; sie verlernte nicht das Einhauen, obgleich sie weit mehr wie jetzt im Gefecht zu Fuß geschult wurde, und obgleich sie sich recht häufig ihre Erfolge durch das Fußgefecht erkämpfen mußte. Was unsere Väter vermochten, und worin sie uns ein so glänzendes Vorbild gegeben, das wollen wir mit allen Kräften wenigstens bemüht sein, auch zu erreichen.

---

2. Direktiven für die Ausbildung der Mannschaften im Gebrauche der Schußwaffe auf den Scheibenständen, und Anleitung für die Schießübungen im Terrain als Vorbereitung für das Gefecht zu Fuß.

a. Einleitung.

Unsere Hauptwaffe ist das Pferd, wie sich von selbst versteht, und zu Pferde kann nur der Signalschuß von Werth sein, wenn Gefahr im Verzuge ist; wir können und werden uns da nicht auf ein Feuergefecht einlassen, wo wir nach dem Terrain zu Pferde verwendbar sind. Ist dies aber nicht der Fall, und sind uns demunerachtet Aufträge zu Theil geworden, deren Erreichung wir grundsätzlich unter allen Umständen, mit allen Mitteln und Kräften anzustreben haben, so bleibt, wie schon an früherer

Stelle gesagt, nichts anderes übrig, als zu Fuß die Feuerwaffe zur Durchführung des uns ertheilten Auftrages zu gebrauchen, in welcher Beziehung wir nicht unvorbereitet auf das champ de bataille kommen dürfen.

Dazu gehören, was wiederholt werden muß:
1) gute Ausbildung der Mannschaften mit der Schußwaffe und
2) Anleitung zur praktischen Benutzung des Terrains, als Schützen, behufs Angriffs und Vertheidigung von Oertlichkeiten.

Wir müssen uns mit dem Gedanken an die uns zufallenden Aufgaben völlig vertraut machen, und unsere Mannschaften durch gute Vorübungen, durch die sorgfältigste Ausbildung derselben mit der Waffe im Treffen und durch Tirailirübungen im Terrain gründlich vorbereiten.

---

b. Ausführungs-Bestimmungen für die Ausbildung im Schießen auf den Scheibenständen.

Die Schießübungen müssen zum Nutzen des Königlichen Dienstes und im Interesse unserer Gebrauchsfähigkeit in einem jeden Terrain, sowie um allen uns zu Theil werdenden Aufträgen zu genügen in Bezug auf Ausbildung der Mannschaften im Gebrauche ihrer Schußwaffe so weit wie möglich getrieben und im höchsten Maße ausgebeutet werden. Es muß bei denselben von dem feststehenden Grundsatz ausgegangen werden, daß die Vorübungen, welche

1) in dem richtigen Stande,
2) in dem guten, vorschriftsmäßigen Anschlage,
3) in dem ruhigen, sicheren Zielen, dem Nehmen des Zieles von unten nach oben und dem Geradehalten des Karabiners,
4) in dem sanften, allmäligen Abdrücken bei fortwährendem Zielen, also dem richtigen Abkommen, und
5) in dem festen Liegenbleiben nach Abgabe des Schusses, in dem festen Hineinsehen in das Feuer, um die erforderliche Ruhe zu bekommen,

bestehen, die Hauptsache sind.

Mithin kann der gute Schütze nur durch die größte Konsequenz bei den letzteren auf den Uebungsplätzen und auf dem Stallhofe ausgebildet werden, nicht aber vor der Scheibe, bei den Schießübungen selbst, wo so wenig als möglich instruirt werden darf, um die Mannschaften nicht zu beunruhigen und zu irritiren. Geht man hiervon aus und kommt man immer wieder darauf zurück, so werden dieselben auch vor der Scheibe gut treffen, und die Resultate der Schießübung werden sich erheblich verbessern und erhöhen.

Es ist hierzu durchaus nicht erforderlich, wie schon weiter oben gesagt, daß mehr Zeit darauf verwandt wird; es kommt nur darauf an, wie die gegebene Zeit für diesen Dienstzweig ausgenutzt wird, ob mit Interesse, Umsicht und Verständniß, oder nur, um der Form und der Vorschrift zu genügen. Wie schon oft ausgesprochen, muß ein jeder Dienstzweig zum Vortheil des Königlichen Dienstes und behufs Schulung und Ausbildung der Mannschaften nach Möglichkeit ausgenutzt werden, denn die Mannschaften werden durch einen jeden, wenn er nur richtig und sachgemäß, rationell und eingehend betrieben wird, in ihrer allgemeinen Gebrauchs- und Leistungsfähigkeit gewinnen, indem sich ihre körperliche Geschicklichkeit und Gewandtheit sowohl, wie ihr Gesichtskreis und Begriffsvermögen erweitert; aber nur die Art und Weise, wie der Dienstzweig behandelt, ob mit Theilnahme, Interesse, Gründlichkeit, mit System und nach praktischen Grundsätzen, bewirkt dies; darauf kommt es allein an, nicht aber darauf, daß er überhaupt nur gethan wird, oberflächlich und ohne Interesse, denn dann nutzt er gar nichts, sondern verdirbt im Gegentheil nur durch Einimpfung der Ungründlichkeit und Flachheit.

Die hauptsächlich vorkommenden Fehler, die bei diesen Uebungen häufig zu Tage treten, bestehen:

1) in dem unrichtigen Stand und Anschlage,
2) in dem sehr oft Verdrehen des Karabiners beim Anschlage,
3) darin, daß das Ziel nicht von unten nach oben genommen wird,
4) in dem scharfen Abreißen beim Abdrücken, wodurch der Karabiner aus der Lage gebracht wird, und endlich
5) darin, daß die Schützen nach Abgabe des Schusses nicht im Anschlage liegen bleiben, obgleich es durch die Instruktion vorgeschrieben ist. Gerade auf dieses Liegenbleiben nach dem Schuß kommt es so sehr an, um den Mannschaften die erforderliche Ruhe zum Schießen beizubringen, um sie schußfest zu machen.

Hat man dies alles durchgesetzt, so treten sofort die günstigen Folgen beim Treffen hervor.

Nicht oft genug können die Lehrer bei den Vorübungen nach ihrem Auge zielen lassen, natürlich ohne geladenen Karabiner; es muß dies immer wieder von Neuem, oft hintereinander geschehen, damit die Mannschaften die unbedingte Geschicklichkeit und Gewandtheit erlangen, sogleich mit dem Karabiner von unten nach oben in die regelrechte Lage zu gehen, und das

Ziel von unten nach oben zu suchen. Es ist dies das vorzüglichste Mittel, um ihnen zielen zu lehren.

Als Grundsatz muß endlich hingestellt werden, daß von jedem Schützen täglich an der Scheibe nur höchstens vier Kugeln verschossen werden dürfen, und daß derjenige, der zweimal einen Fehlschuß macht, an diesem Tage nicht weiter schießen darf, vielmehr mit demselben, ehe er wieder an die Scheibe tritt, erst von Neuem gründliche Vorübungen angestellt werden.

---

c. Anleitung für die Ausführung der Schießübungen im Terrain, als Vorbereitung für das Gefecht zu Fuß.

Nachdem die Ausbildung der Mannschaften im Gebrauche ihrer Waffe erfolgt, und das Schießen auf den Scheibenständen beendigt ist, empfiehlt es sich, öfters in der Nähe der Garnisonen, wenn die Verhältnisse es irgend gestatten, Schießübungen im Terrain, womöglich im kupirten, anfänglich mit Platzpatronen und späterhin mit scharfer Munition, im kriegsmäßigen Avanciren gegen aufgestellte Kavalleriescheiben auf unbekannte Entfernungen von 600 Meter an, vorzunehmen.

Diesen Uebungen würde ein taktischer Zweck zum Grunde zu legen sein, und müssen sich die in Schützenlinien formirten Mannschaften von einer bestimmten Distanz, unter sprungweisem Vorgehen und sorgfältigster Benutzung des Terrains, stets so viel als nur irgend möglich gedeckt, an die aufgestellten Scheiben bis auf etwa 100 Meter heranschießen. Die einzelnen Schüsse werden von den Schützen in liegender oder knieender Stellung, je nach der Bodengestaltung und den sich ihnen darbietenden Deckungen abgegeben. Jedem einzelnen Manne würde eine bestimmte Anzahl von Patronen vor Beginn der Uebung zu übergeben sein, von denen er je eine aus bestimmten Abschnitten, die von dem die Uebung Leitenden während des Vorgehens zu bezeichnen sind, abzufeuern hat. Beispielsweise würde die Abgabe der Schüsse durch die Schützen etwa auf Distanzen von 600, 400, 300, 200 und 100 Meter von den als Ziel dienenden Scheiben erfolgen. —

Bei diesen Uebungen ist stets auf die Formirung eines Unterstützungstrupps und auf die eventuelle Verstärkung der Schützenlinie vom Unterstützungstrupp aus Bedacht zu nehmen. Die Verstärkung erfolgt niemals durch Eindoublirung der Rotten in die ursprüngliche Schützenlinie, sondern stets durch eine von einem Unteroffizier geführte Gruppe, entweder zur Besetzung besonders wichtiger und entblößter Punkte, oder zur Verlängerung der Schützenlinie behufs Umfassung des Gegners, oder zur Ausfüllung von Lücken in der Schützenlinie, je nachdem dies durch das Terrain bedingt ist.

Da diese Schießübungen im Terrain mit Rücksicht auf die obwaltenden Verhältnisse sich nicht oft werden ausführen lassen, so können selbstverständlich keine Kugelfänge errichtet werden; es wird aber behufs Vermeidung von Unglücksfällen nothwendig sein, das Terrain so auszuwählen, daß dasselbe in der Schußrichtung allmälig ansteigt oder von Höhen und Waldungen, die das Weiterfliegen der Kugeln verhindern, begrenzt ist. Außerdem müssen einige Mannschaften zu Pferde dazu verwandt werden, um das Terrain nach den bedrohten Richtungen hin frei zu halten. —

Diese Uebungen werden wesentlich dazu beitragen, uns gründlich für das Gefecht zu Fuß vorzubereiten. Niemandem von uns darf es unerwartet kommen, wenn die Nothwendigkeit im Ernstfall an ihn herantritt, sich auch zu Fuß zu schlagen; denn eine solche Ueberraschung gefährdet den Erfolg und kostet unnütze Opfer, die bei richtiger Ausbildung, und der durch dieselbe bei den Mannschaften erzielten Gewandtheit vermieden werden können.

Thuen wir also bei den Friedensübungen im steten Hinblick auf den Krieg und auf die Erfahrungen, welche wir in demselben gesammelt, mit Umsicht und richtigem Verständniß unsere Schuldigkeit, damit wir bereit sind, und damit uns keine Situation, in die wir vor dem Feinde gerathen können, überrasche und dadurch unfähig mache, die uns gesteckten Ziele zu erreichen. —

3. Anleitung für die Ausbildung im Gefecht zu Fuß, und leitende Grundsätze für die Führung desselben.

a. Allgemeine Gesichtspunkte für die Ausbildung im Gefecht zu Fuß.

Bei der Ausbildung zum Gefecht zu Fuß kommt es vor allem darauf an, die für eine solche Verwendung unserer Waffe hervortretenden charakteristischen Anforderungen im Auge zu behalten. —

Was geschieht, muß schnell geschehen; auf eine lange, langsam genährte, zähe Durchführung des Feuergefechtes können wir uns nicht einlassen. Es wird sich aus den früher in ihren Einzelnheiten entwickelten Gründen stets nur um den Angriff und die Vertheidigung von bestimmten Lokalitäten, um ein Schützengefecht im koupirten Terrain handeln. Hiernach müssen sich die zu ergreifenden Maßregeln richten. Es muß daher sogleich mit Entschiedenheit angefaßt werden, und es müssen gleich von Anfang an möglichst viel Karabiner in Thätigkeit gebracht werden, jedoch ist es erforderlich, ein Soutien behufs event. Verstärkung des Feuers auf gewissen Punkten in der Hand des Führers zu belassen.

Um die Führung der Schützen und die Leitung des Feuers im koupirten Terrain zu ermöglichen, muß die Gruppeneintheilung beibehalten werden; sprungweises Vorgehen in Zügen oder in Eskadronen im Laufschritt aus den augenblicklichen Deckungen, ein Umfassen der Objekte, welche genommen werden sollen, von mehreren Seiten, sind die hauptsächlich zur Anwendung kommenden Grundsätze.

Hieraus ergiebt sich, welche Punkte im Besonderen bei der Ausbildung des Gefechtes zu Fuß ins Auge zu fassen sind:

Der Kavallerist soll zu Fuß in kleineren und größeren Gruppen tirailliren, die Vortheile des Terrains benutzen, die Hemmungen und Hindernisse desselben überwinden, mit seiner Munition haushalten, sie zur rechten Zeit im Schnellfeuer verwerthen, die strengste Feuerdisziplin halten, sprungweise Terrain gewinnen, sich an den Feind heranschießen, mit Geschick, Zähigkeit und durch rechtzeitige Verwendung von Unterstützungstrupps die Stellung behaupten, durch kühnen Anlauf, der durch nachfolgende Soutiens Nachdruck erhält, den Platz gewinnen, und dann ihn besonnen und hartnäckig festhalten lernen.

Hiernach sind, wie oben schon betont, in erster Linie Schützengruppen, in zweiter Linie Unterstützungstrupp zu verwenden. Eine dritte Linie abgesessener Mannschaften als Haupttrupps ist nicht erforderlich, vielmehr hat die Aufgabe derselben, den vorne im Feuergefecht begriffenen Mannschaften den nöthigen moralischen Halt zu gewähren und Krisen abzuwenden, die zu Pferde gebliebene Abtheilung, sei es ein Zug, eine Eskadron oder ein ganzes zweites Regiment, zu übernehmen, welche auch gleichzeitig die Pferde der abgesessenen Mannschaften zu sichern haben. Es sitzt stets nur ein Theil des Ganzen ab, um sich in eine Schützenlinie mit Unterstützungstrupps zu formiren, während der übrige Theil (abgesehen von den Pferdehaltern) zu Pferde bleibt, um zur Verfolgung oder zum Degagiren dienen zu können.

Im Allgemeinen ist der Grundsatz festzuhalten, nicht über das nothwendige Maß an Kräften für das Gefecht zu Fuß zu verwenden.

Eine detachirte Eskadron wird oft nur einen Zug absitzen zu lassen brauchen, mindestens aber muß ein Zug derselben noch zu Pferde bleiben. Bei einem einzelnen Regiment muß wenigstens eine ganze Eskadron die Reserve zu Pferde bilden. Im größeren Verbande können aber ganze Regimenter zum Gefecht zu Fuß verwendet werden. —

Waren die früheren Vorschriften und Instruktionen über das Gefecht zu Fuß als zu wenig eingehend und als unzureichend erachtet worden, so könnte vielleicht den von mir ertheilten Anweisungen und gegebenen Bestimmungen der entgegengesetzte Vorwurf gemacht werden; man könnte vielleicht sagen, es würde zu viel verlangt, es würden zu viel formelle Vorschriften ertheilt, die nur auf dem Exerzirplatz Anwendung fänden; es könnten selbst einige Stimmen soweit gehen, behaupten zu wollen, alle Vorschriften für die Kavallerie in Bezug auf das Gefecht zu Fuß seien überflüssig, indem man vor dem Feinde eben nur abzusitzen brauche, um seine Sache zu machen; doch dem ist nicht so und man würde sich in Trugschlüssen bewegen, was keines weiteren Beweises bedarf, denn die feststehenden und ersten Grundsätze über Erziehung und Ausbildung des Soldaten sprechen dagegen, ebenso sehr die Erfahrungen aus dem letzten Feldzuge. —

Wenn auch, hervorgegangen aus dem Bestreben, eine möglichst gründliche Instruktion aufzustellen, um der Truppe einen festen Anhalt zu geben, und um eine möglichst rationelle, systematische Ausbildung anzustreben, eine Anzahl formeller Vorschriften und Bestimmungen, die dem Exerzir-Reglement für die Infanterie entnommen worden, und die, von geringerem Werth, ohne Nachtheil für die Sache vielleicht fortbleiben können, in jenen Anweisungen Aufnahme gefunden haben, so muß auf der anderen Seite doch wieder der Accent darauf gelegt werden, daß man ohne alle formellen Vorschriften nicht fortkommen und bei der Abneigung, welche gegen diese Fechtart in der Waffe vorhanden ist, auch dann nichts erreicht werden wird. Stelle man auch das Wesen der Sache noch so hoch, dem ich mich gewiß anschließe, so wird dasselbe doch immer einer gewissen Form bedürfen, um für die Truppe, für die Praxis eine Handhabe zu gewinnen, damit das Wesen, der Geist erst Eingang finden kann; denn der beliebigen Auffassung eines jeden Einzelnen wird man bei der Verschiedenartigkeit der Individualitäten die Sache nicht überlassen können.

Meine innigste Ueberzeugung ist es, daß eine völlig entsprechende, und allen billigen Anforderungen genügende Ausbildung der Kavallerie im Gefecht zu Fuß ohne die mindeste Beeinträchtigung der Ausbildung als Reiter, welche selbstverständlich in erster Linie steht, und auch ohne alle Benachtheiligung der übrigen Dienstzweige, der Gymnastik, des Voltigirens, Fechtens, des theoretischen Unterrichtes rc., welche für den Kavalleristen so nothwendig sind, ausführbar ist, wenn das unumgänglich Erforderliche für den Ernstfall festgehalten wird, was in folgenden Punkten zusammenzufassen sein würde:

1) Gründliche Ausbildung mit dem Karabiner, so daß der Kavallerist die möglichste Gewandtheit im Gebrauche der Waffe erhält. Stand,

Anschlag, gründliche Zielübungen, richtiges Abkommen, Verbleiben im Anschlag nach dem Schuß. Günstige Resultate auf dem Scheibenstande.

2) Die schnellste Formation zum Gefecht zu Fuß, Eintheilung in Zügen und Gruppen. Die rascheste Wiederherstellung der Rangirung zu Pferde zum Gebrauch der blanken Waffe.

3) Gewandte Benutzung des Terrains beim Angriff und bei der Vertheidigung von Lokalitäten, Defileen, Ortschaften, Waldlisieren 2c., und im koupirten Terrain. Heranschießen an die Terrainobjekte. Günstige Erfolge bei Schießübungen im koupirten Terrain.

4) Umsichtige Führung der Züge und der Gruppen im zerstreuten Gefecht durch Offiziere und Unteroffiziere. Erzielung einer guten Feuerdisziplin.

b. Formation zum Gefecht zu Fuß.

Die Formation zum Gefecht zu Fuß geschieht, wenn irgend möglich, an einem Punkt, wo die Handpferde gedeckt aufgestellt bleiben. —

Das Absitzen und die Rangirung müssen so schnell als möglich stattfinden, ebenso das Wiederaufsitzen nach Beendigung des Gefechtes, um sich in kavalleristischer Beziehung wieder gefechtsbereit zu machen.

Soll die Verwendung einer Abtheilung zum Fußgefecht eintreten, so läßt der betreffende Zugführer oder Eskadronchef auf das entsprechende Avertissement des höheren Vorgesetzten zuerst das Gewehr einstecken, den Säbel ablegen und demnächst den Karabiner aufnehmen.

Es empfiehlt sich, den Säbel, welcher die Bewegungen der abgesessenen Mannschaften im koupirten Terrain erheblich hindert, abzuschnallen und in der Weise am Sattel zu befestigen, daß das Säbelkoppel durch den an Vorderzwiesel befindlichen Aufhängeriemen bis zur Mitte des Koppels — zwischen Schlepp- und Trageriemen — gezogen, sodann der Säbel eingehakt und hierauf das Koppel selbst zugehakt wird. Der Säbel hindert hierbei nicht und sitzt hinlänglich fest, um bei den Bewegungen der Handpferde nicht verloren zu gehen; ebenso ist das sofortige Ziehen der Klinge durch den wieder aufgesessenen Reiter leicht auszuführen, ohne daß der Säbel angeschnallt zu werden braucht.

Nachdem die Mannschaften sich auf diese Weise so schnell als möglich fertig gemacht haben, kommandirt der Führer: „nter Zug oder nte Eskadron zum Gefecht zu Fuß fertig zum Absitzen! — Abgeseffen!" worauf die im § 11 Theil II. des Exerzir-Reglements vorgeschriebene Formation angenommen wird, und sämmtliche Mannschaften des zweiten Gliedes, sowie diejenigen des ersten Gliedes, welche Nummer Eins zum Absitzen haben, unter Beachtung des für das Absitzen mit aufgenommenen Karabiner maßgebenden Bestimmungen genau nach dem vorgenannten Paragraphen verfahren. Die Mannschaften des ersten Gliedes, welche Nummer Zwei zum Absitzen haben, bleiben zu Pferde und nehmen von den entsprechenden Nummern Eins des ersten Gliedes die ihnen mit linksumkehrt entgegengebrachten heruntergenommenen Trensenzügel der Pferde derselben um den rechten Arm, und die ihnen durch Nummer Eins zweiten Gliedes zu übergebenden gekoppelten Trensenzügel der Pferde von Nummer Eins und Zwei des zweiten Gliedes ebenfalls um den rechten Arm und in die rechte Hand. — Diese Führungsweise hat sich als zweckmäßiger herausgestellt, wie die bisher vorgeschriebene, indem die Nummer Zwei des ersten Gliedes dadurch die Zügelfaust frei behält, und sich die Handpferde besser alle auf der rechten Seite zusammen führen, wie auf beiden Seiten. Der linke Flügel-Unteroffizier jedes Zuges bleibt aufgesessen bei den Pferdehaltern, dazu wenn mehr als ein Zug absitzt, der Wachtmeister, und wenn mehr als zwei Züge absitzen, noch ein Offizier und ein Trompeter, welche vom Eskadronchef zu bestimmen sind. Die Pferdehalter für die Pferde der ebenfalls stets absitzenden Offiziere und Unteroffiziere bestimmt der betreffende Zugführer. Die abgesessenen Mannschaften formiren sich zwölf Schritt vor der Mitte der Eskadron, schnell, unter möglichster Beibehaltung ihrer Rangirung zu Pferde, in zwei Gliedern, und, wenn mehr als zwei Züge abgesessen, in zwei gleichstarken Zügen hintereinander, wobei, wenn eine ganze Eskadron absitzt, die Leute des ersten und zweiten Zuges den ersten (vorderen) Schützenzug, die des dritten und vierten Zuges den zweiten (hinteren) Schützenzug bilden, wenn drei Züge absitzen, die Leute des mittleren Zuges zur Hälfte in den vordersten, zur Hälfte in den zweiten Zug vertheilt werden. Zugabstand sechs Schritt. Karabiner resp. Gewehr werden ohne weiteren Befehl aufgenommen, der Eskadronchef führt, wenn mehr als zwei Züge abgesessen, die zu Fuß fechtenden Abtheilungen, und wird meistentheils auch sein Absitzen geboten sein.

Der kommandirende Offizier behält in seiner Nähe einen Trompeter, um mit Hülfe desselben das Gefecht zu leiten. —

Ein jeder Zug wird möglichst von einem Offizier geführt, zwei Züge erhalten einen gemeinschaftlichen Führer; einem jeden Zuge werden ein Trompeter und mindestens drei Unteroffiziere zugetheilt. Bei zwei abgesessenen Eskadronen übernimmt der etatsmäßige Stabsoffizier das Kommando über dieselben, bei dreien der Regimentskommandeur.

Die abgesessenen Züge werden in Gruppen getheilt, zu drei bis fünf Rotten; wenn nur ein Zug abgesessen, dieser in zwei oder vier Gruppen. Eine jede Gruppe wird von einem Unteroffizier geführt. Wird aus der Zugkolonne abgesessen, so formiren sich die Schützenzüge in gleicher Weise auf der Frontseite, die Tete in der Höhe des ersten Zuges, mit sechs Schritt Intervalle von demselben. Sitzen aus dieser Formation mehrere Eskadronen ab, so werden die Schützenzüge der hinteren Eskadronen, unmittelbar, nachdem sie sich formirt haben, an die Teten=Eskadron herangeführt.

Bei den Ulanen sind die 32 Karabinerschützen gleichmäßig auf die vier Züge vertheilt. Zum Gefecht zu Fuß wird kommandirt: „Karabinerschützen zum Gefecht zu Fuß absitzen!" worauf sämmtliche 32 Karabinerschützen der Eskadron absitzen; diejenigen, welche sich im ersten Gliede befinden, reiten dazu eine Pferdelänge vor, diejenigen aus dem zweiten Gliede ziehen eine Pferdelänge zurück; sie geben ihr Pferd und die Lanze an ihren nächsten rechten Nebenmann ab und formiren sich zwölf Schritt vor der Mitte der Eskadron in einem Zuge. Die vier rechten Flügel=Unteroffiziere sitzen mit ab, und wird ihnen die Führung der Gruppen übertragen; ein Offizier, der vom Eskadronchef zu bestimmen, übernimmt die Führung des Schützenzuges. Die zu Pferde gebliebenen Mannschaften, welche nicht Pferdehalter, schließen, drei Pferdelängen vorrückend, nach der Mitte zusammen. Die 32 Pferdehalter rücken unter einem Offizier nach rückwärts ab, eventuell ist die Zahl derselben dadurch zu beschränken, daß die Lanzen an einem sicheren Ort in die Erde gesteckt werden.

Im Uebrigen wird analog den Vorschriften für die vollständig mit Karabinern bewaffneten Regimenter verfahren.

---

c. Entwickelung einer Schützenlinie.

Auf das Kommando: „Schwärmen!" oder das Signal: „Flankeurs vor!" zieht sich die linke Hälfte des abgesessenen Zuges, oder, wenn zwei Schützenzüge formirt sind, der ganze vorderste Schützenzug derart auseinander, daß die einzelnen Rotten mit halbrechts und halblinks so lange fortgehen, bis die zu besetzende Linie erreicht ist, oder bis das Signal „Halt!" erfolgt. Sind mehrere Eskadronen zum Gefecht zu Fuß abgesessen, so können auch beide Züge einer Eskadron zu gleicher Zeit zum Schwärmen bestimmt werden, während die Züge der anderen als Unterstützungstrupps verbleiben (siehe Passus g.)

Für diesen Fall ist der Grundsatz festzuhalten, daß der Verband eines jeden Zuges aufrecht erhalten wird, mithin der eine Zug nach rechts vorwärts, der andere nach links vorwärts ausschwärmt. Das Gleiche findet Anwendung, wenn mehrere Eskadronen gleichzeitig ausschwärmen.

Die beiden Leute, welche bei der Rangirung zu Fuß eine Rotte bildeten, sind zur gegenseitigen Unterstützung auf einander angewiesen, und haben unter allen Umständen zusammen zu halten; sie bleiben einander deshalb nahe, wobei es gleichgültig ist, ob sie neben= oder hintereinander stehen; die Entfernung zwischen den einzelnen Rotten wird nur durch die Umstände bestimmt. Im ganz freien und ebenen Terrain müssen die einzelnen Rotten nicht über sechs Schritt von einander entfernt und in Verbindung bleiben. Im waldigen oder durchschnittenen Terrain wird natürlich der gleichmäßige Abstand aufgegeben; nur darf die Verbindung niemals ganz verloren gehen, und die Nebenrotten müssen sich sehen können.

Zur genaueren Kontrole durch ihren Führer bleiben die Mannschaften einer Gruppe als eine geschlossene Feuergruppe zusammen.

Zwischen den einzelnen Feuergruppen bleibt (im offenen Terrain) eine Intervalle von einigen Schritten, damit die befehligenden Unteroffiziere ihre Gruppen genau überwachen können. Die Unteroffiziere sind an keinen bestimmten Platz gebunden, sondern begeben sich dahin, wo ihre Gegenwart erforderlich ist.

In der Regel, namentlich aber, wenn sich die Schützenlinie nicht bewegt, sondern auf der Stelle steht, haben die Mannschaften alle Terraingegenstände zu benutzen, um ihre Waffe vortheilhaft gebrauchen, sich selbst aber decken zu können; Zugführer und Trompeter verbleiben, wenn nicht der ganze Zug ausschwärmt, bei dem nicht ausgeschwärmten Theil.

Es dürfen nie mehr Schützen aufgelöst werden, als nach dem Terrain und der Stärke des Feindes erforderlich sind, es sei denn, daß man eine schnelle Entscheidung herbeiführen will, wie es häufig beim Fußgefecht der Kavallerie der Fall sein wird. Eine Schützenlinie aber ist gut aufgestellt, wenn nicht allein jeder Einzelne den möglichsten Vortheil aus der Beschaffenheit des Bodens zieht, sondern auch die der Wirkung des Feuers besonders günstigen Punkte zweckmäßig besetzt, und die unmittelbar vielleicht gar nicht oder doch schwächer vertheidigten Zwischenräume unter dem wirksamen und womöglich kreuzenden Feuer der ersteren liegen. Bei längeren Schützenlinien, deren Flügel nicht durch natürliche Hindernisse gedeckt sind, ist es nöthig, einige Mannschaften unter einem umsichtigen Führer zur Beobachtung seitwärts in die Flanken zu entsenden, oder rückwärts der Flügel besondere Abtheilungen als Echelons zum Schutz der Flanken aufzustellen.

Die vor der Schützenlinie im freien und offenen Terrain im Allgemeinen beizubehaltende Richtung darf nie ängstlich und mit Aufopferung der kleinsten Vortheile des Bodens gesucht werden. In unübersichtlichem

Terrain muß jeder Offizier seinen Zug möglichst zusammen und in der Hand behalten, ihn den Umständen angemessen leiten und, ohne die Verbindung völlig aufzugeben, in den Gang des Ganzen gehörig eingreifen.

---

d. Feuern einer Schützenlinie.

Jeder Mann muß im Liegen, Sitzen und Knieen schießen und laden können, und jeden geeigneten Gegenstand zum Auf= und Anlegen seines Karabiners zu benutzen verstehen. Auch muß er die Entfernungen vom Feinde richtig abschätzen und darnach das Visir nehmen. Die Offiziere und Unteroffiziere müssen im Gebrauch des Karabiners ganz sicher sein, damit sie, wenn der Gefechtsmoment dies gestattet, Probeschüsse selbst abgeben und danach das Feuern regeln können.

Das von ihnen so gegebene Avertissement wird rechts und links in der Schützenlinie durch leisen Zuruf weiter gegeben.

Die beiden Leute, welche eine Rotte bilden, machen in der Art gemeinschaftliche Sache, daß in der Regel einer geladen hat, wenn der andere seinen Schuß weggiebt. Dies sichert im koupirten Terrain, sowie im Gehölz und Dorf 2c. gegen Ueberraschung, doch ist auf den dadurch bedingten Feuerwechsel nicht streng zu halten.

Daß jeder Schütze ohne Aufenthalt wieder ladet, sobald er geschossen hat, versteht sich von selbst. Eine sich bewegende Schützenlinie feuert möglichst wenig und in der Regel nur, wenn es der Abwehr eines feindlichen Angriffs gilt.

Ist die Unterhaltung des Feuers in der Bewegung nothwendig, so werden durch die Gruppenführer oder Offiziere einzelne Mannschaften bezeichnet, welche ihren Schuß abgeben sollen; es geschieht dies vornehmlich, wenn sich ein leicht zu treffendes großes Ziel darbietet oder anderweitige Umstände zu berücksichtigen sind. Beim Feuern im Vorgehen wird immer der, welcher seinen Schuß anbringen will, voran, und der, welcher zuletzt geladen, also still gestanden oder sich langsamer bewegt hat, hinten sein.

Beim Zurückgehen ist der, welcher schießen will, der Nächste am Feinde; hat er seinen Schuß weggegeben, so geht er bei dem Andern vorbei und ladet wieder. Bei einer Bewegung der Schützenlinie mit rechts= oder linksum, tritt der, welcher schießen will, einige Schritte seitwärts gegen den Feind heraus und giebt seinen Schuß ab. Das Feuer darf nicht auf zu große Entfernungen eröffnet werden, um nicht nutzlos Munition zu verschwenden, und muß der Schütze nicht auf vieles, sondern auf richtiges Schießen Werth legen. Auf einzelne Leute darf er nicht weiter, als auf 300 Schritte (240 Meter), auf größere Ziele aber, z. B. Kolonnen, Artillerie auch über 600 Schritt (480 Meter) hinaus feuern. Er darf seinen Schuß nicht eher abgeben, als bis er durch denselben etwas zu bewirken glaubt, und hat er vorzugsweise die feindlichen Offiziere und etwa sichtbare, wenn auch weiter entfernte geschlossene Abtheilungen zum Ziel zu nehmen; gegen Artillerie ist das Feuer hauptsächlich auf die Bedienungsmannschaften, bei ihrem Abfahren auf die Pferde zu richten. —

Das Signal „Feuern!" bezieht sich nur auf ein ruhiges, kadenzirtes wohlgezieltes Feuer.

Soll ausnahmsweise Schnellfeuer gegeben werden, wobei jeder so schnell als möglich, aber immer mit Zielen schießt, so wird solches kommandirt, oder durch schnelle Wiederholung des Signals „Feuern!" signalisirt. Nach dem Signal „Stopfen!" darf kein Schuß mehr fallen.

Wenn die Feuerlinie sich nicht bewegt, resp. die Schützen durch Terrainobjekte nicht gedeckt sind, müssen sie stets liegen.

Für Ergänzung von Munition und Heranbringung derselben aus der Reserve müssen einige Leute bestimmt und mit Säcken oder dergleichen versehen werden. —

e. Bewegungen einer Schützenlinie. Angriff.

Die Bewegungen jedes einzelnen Mannes in der Schützenlinie müssen frei und ungezwungen sein, sie werden in der Regel in raschem, lebhaftem Schritt, und nur ausnahmsweise im Trabe ausgeführt.

Die Mannschaften müssen sorgfältig darin geübt und unterwiesen werden, wie einzelne Bäume, Zäune, Gräben, Mauern und andere Gegenstände, oft nur ganz unbedeutende Erhöhungen oder Vertiefungen des Bodens dazu dienen können, sie gegen das feindliche Feuer zu decken, den Karabiner aufoder anzulegen, um richtiger zu schießen und hinter der Deckung liegend, knieend oder stehend wieder zu laden. Ebenso müssen sie auf die Vortheile hingewiesen werden, welche die Beschaffenheit des Bodens ihnen bietet, um auch während der Bewegung sich dem feindlichen Feuer möglichst zu entziehen. Nie aber darf das Suchen nach deckenden Gegenständen so weit gehen, daß der Hauptzweck jedes Gefechtes, Niederwerfung des Feindes, darüber aus den Augen verloren wird; die Mannschaften haben sich wohl in Acht zu nehmen, bei der Bewegung in die Schußlinie ihrer Nebenleute zu gerathen.

Am leichtesten und faßlichsten wird diese Anleitung gegeben werden, wenn man ganz kleine Abtheilungen einander gegenüberstellt. Nächst der Erzielung körperlicher Gewandtheit muß hierbei das Bestreben darauf gerichtet sein, das Beurtheilungsvermögen der Mannschaften und ihre Intelligenz zu erwecken.

In der Regel werden sich die Bewegungen einer Schützenlinie auf einfaches Vor- und Zurückgehen beschränken (Signal: „Marsch!" und „Retraite!"); dabei kommt es besonders auf Erhaltung der Ordnung und des Zusammenhanges, sowie auf Festhaltung der Direktion an, welche durch Bestimmung von auffallend sichtbaren Direktionsobjekten im Terrain seitens der Führer zu erleichtern ist. Bei Bewegungen innerhalb des feindlichen Feuers ist außerdem noch geschickte Benutzung der Bodeneigenthümlichkeit zur möglichst unbemerkten und gedeckten Annäherung an den Feind geboten. Soll gleichzeitig vorwärts-seitwärts Raum gewonnen werden, so geschieht dies durch den Marsch halbrechts oder halblinks; der bloße Marsch seitwärts erfolgt in rechtsum oder in linksum; beides wird durch den Führer avertirt.

Direktionsveränderungen werden am zweckmäßigsten durch Bezeichnung eines entsprechenden Direktionsobjekts seitens des Führers, unter Verhalten des betreffenden Flügels, ausgeführt; die Verbindung und der Abstand der einzelnen Rotten resp. Gruppen wird dabei von der Mitte ab genommen. — Das Avanciren geschieht entweder im Schritt mit gleichartigem Feuern, oder im Lauf. Muß eine Schützenlinie, um aus einem Terrainabschnitt in den anderen zu gelangen, eine freie Fläche überschreiten, die im feindlichen Feuer liegt, so ist eine schnelle Bewegung geboten.

Kann eine Schützenlinie sich der feindlichen Stellung nicht anders nähern, als indem sie ein vorliegendes freies Feld überschreitet, erlauben es die Umstände nicht, den Feind in den Flanken zu fassen, während er in der Front nur beschäftigt wird, so muß man ein stehendes Feuergefecht vermeiden und versuchen, mit der möglichst verstärkten Schützenlinie im raschen Anlauf den Feind zu vertreiben.

Gilt es eine feindliche Stellung zu nehmen, so muß das Vorrücken der Schützenlinie schnell und sicher, am besten sprungweise erfolgen, mit abwechselndem Niederlegen, Feuern, Aufspringen (auf Kommando des betreffenden Offiziers) und wieder Niederlegen u. s. f., wobei der größere Theil, entweder mehrere Gruppen oder ein ganzer Zug, nach Maßgabe der Stärke der Schützenlinie, ein lebhaftes Feuer auf der Stelle unterhält, während der übrige kleinere Theil schnell vorwärts bis zur nächsten Deckung Terrain gewinnt, und so abwechselnd. Endlich in entsprechender Nähe vom Feinde angelangt, wird im raschen Anlauf mit „Hurrah!" von allen Theilen vereinigt und möglichst konzentrisch, die feindliche Aufstellung angegriffen.

Die Attacke wird also immer zu einer Art Schwärmattacke sich gestalten, und es wird Sache der Uebung sein, den Uebergang aus der Schützenlinie zum Schwärmangriff und aus diesem zur geschlossenen Formation, welche oft bei Gewinnung der feindlichen Stellung schnell wieder anzunehmen sein wird, um feindlichen Soutiens entgegenzutreten, geläufig zu machen. Ein wirklich bis an den Feind mit voller Entschlossenheit und Entschiedenheit herangeführter Angriff wird stets gelingen.

Hat man den Feind aus einer Position geworfen, so darf der Einzelne nicht nachstürmen, sondern muß Befehl abwarten und inzwischen nachfeuern.

Gelang es beim Angriff den diesseitigen Rand eines Terraingegenstandes (Dorf, Waldparzelle) zu gewinnen, so muß die Schützenlinie sogleich suchen, auch den jenseitigen in Besitz zu bekommen. Diesen darf sie aber nicht ohne ausdrücklichen Befehl überschreiten, sondern sie verfolgt nur von dort den Feind mit lebhaftem Feuer.

Bei allen Bewegungen darf der Schütze nie die Aufmerksamkeit auf den Offizier oder Unteroffizier und auf die Kommandos und Signale verlieren.

Den Offizieren ist es gestattet, sich einer kleinen Pfeife zu bedienen, um in einzelnen Gefechtsmomenten, wenn es darauf ankommt, durch Wink oder Zuruf eine Bewegung anzudeuten, die Aufmerksamkeit der Schützen auf sich zu lenken. Bestimmte Signale mit der Pfeife zu verabreden, ist jedoch streng zu untersagen.

---

f. Verstärken, Verlängern, Vermindern einer Schützenlinie, Vertheidigung.

Bedarf die zum Feuergefecht aufgelöste Abtheilung einer Verstärkung, so erfolgt dieselbe immer gruppenweise, und zwar in der Regel durch Verlängerung der Schützenlinie, möglichst immer mit der Tendenz zum Umfassen und Flankiren des Feindes, da dies bei weitem wirksamer ist, als die Vermehrung der in der Front bereits thätigen Schützen; auch ist die unmittelbare Verstärkung einer Schützenlinie durch Einschieben einer neuen Abtheilung oder durch Eindoubliren neuer Rotten nicht zweckmäßig, da sie immer den Nachtheil zur Folge hat, daß Mannschaften verschiedener Abtheilungen durcheinander kommen, und die Befehlsführung, sowie der directe Einfluß der gewohnten Vorgesetzten erschwert wird. Doch kann auch ausnahmsweise, wenn Terrain oder anderweitige Verhältnisse dies nothwendig machen, die Verstärkung durch Eindoubliren der Gruppen stattfinden, wobei aber die führenden Unteroffiziere dafür Sorge zu tragen haben, daß die ihnen anvertrauten Gruppen zusammenbleiben, damit ihnen die Einwirkung auf dieselben erhalten bleibt.

Es muß daher Grundsatz sein, daß in Rücksicht auf die Einheit des Kommandos, sowohl bei der Verstärkung als bei der Verminderung der Schützenlinie die ursprünglichen Züge und Gruppen womöglich nicht getrennt, jedenfalls nicht mit einander vermischt werden.

Auf das Kommando: „Schwärmen!" oder das Signal: „Flankeurs vor!" rückt in dem Falle, daß der Unterstützungstrupp mehrere Gruppen zählt, zunächst die linke Flügelgruppe im lebhaften Schritt, und wenn die Schützenlinie sich in der Bewegung befindet, im Trabe in die beabsichtigte Direktion.

Wünscht der Kommandirende die öftere Wiederholung des Signals „Flankeurs vor!" zu vermeiden, so kann er rechtzeitig die Stärke der aufzulösenden Abtheilung bezeichnen. Es wird auch das Verstärken einer Schützenlinie durch Eindoubliren zum Gegenstand der Uebung zu machen sein, Gruppen zwischen Gruppen oder auch Rotten zwischen Rotten.

Bei einer Verminderung der Schützenlinie muß die Abtheilung benannt werden, welche zurückgenommen werden soll. Die Abberufenen sammeln sich, ohne zu laufen, hinter dem Unterstützungstrupp. Die dadurch in der Schützenlinie entstandene Lücke wird dann durch das Feuer der Stehengebliebenen möglichst auszufüllen sein.

In der Vertheidigung muß sich der feste Wille zeigen, nicht von dem Platze zu weichen, den man halten will. Jeder bleibt liegen und feuert ruhig, und beim Angriff des Feindes, so schnell er kann. Auch hierbei ist das Verlängern der Schützenlinie, eine Aufstellung in der Flanke des Feindes, oder ein Verstärken nur der besonders wichtigen und zur Vertheidigung vorzugsweise geeigneten Punkte in der Linie weit zweckmäßiger, als eine unmittelbare Verstärkung der ganzen Feuerlinie.

Eine im Zurückgehen begriffene Schützenlinie wird nicht unmittelbar durch eine frische, ihr entgegenstehende unterstützt, sondern sie wird durch eine vom Unterstützungstrupp rückwärts oder rückseitwärts gebildete neue Feuerlinie, die einen Terrainabschnitt besetzt, aufgenommen und verstärkt.

Handelt es sich um die längere Festhaltung einer Oertlichkeit, z. B. eines Kantonnements oder dergleichen, oder ist sonst ausreichende Zeit für Vorbereitung einer Stellung vorhanden, so empfiehlt es sich, zur Verstärkung der Vertheidigung, namentlich dort, wo ein Mangel an deckenden Gegenständen obwaltet, Schützengräben aufzuwerfen, zu deren Anlage sich die erforderlichen Spaten wohl ohne Schwierigkeit aus nächst gelegenen Wohnungen werden herbeischaffen lassen.

---

g. Der Unterstützungstrupp.

Der Unterstützungstrupp besteht bei nur einem zum Gefecht zu Fuß formirten Schützenzuge aus der rechten Hälfte desselben, sonst aus dem zweiten Zuge. Sind mehrere Eskadronen abgesessen, so werden mithin, falls nicht eine oder mehrere ganze Eskadronen ausgeschwärmt, und dann ganze Eskadronen als Soutien geschlossen zurückbehalten worden, auch mehrere Unterstützungstrupps vorhanden sein, welche der Kommandeur nach Ermessen zusammenziehen und beliebig hinter der Mitte oder auch hinter einem oder beiden Flügeln vereinen kann.

Der Unterstützungstrupp hat die Aufgabe, die Schützenlinie eventuell zu verstärken, ihr den festen Rückhalt zu geben, sie eventuell aufzunehmen, bei sich zu sammeln, oder beim Angriff den Nachdruck auf den Punkt zu legen, wo dies von besonderem Erfolge sein kann. Begonnene Angriffe müssen möglichst energisch durchgeführt werden; denn ein abgeschlagener oder behufs Erneuerung aufgegebener Angriff zieht die größten Verluste bei den zurückgehenden Mannschaften nach sich.

Dem wirksamen feindlichen Feuer entzogen (am besten durch Hinknieen oder Niederlegen), muß der Unterstützungstrupp doch der Schützenlinie so nahe bleiben, und den Bewegungen derselben so folgen, daß er immer zu schneller Unterstützung derselben bereit steht (auf dem Exerzirplatz circa 150 Schritt).

Werden bei größeren Abtheilungen nach und nach alle Gruppen und Züge zur Schützenlinie verwendet, so muß doch mindestens eine Gruppe hinter der Mitte oder hinter einem der Flügel geschlossen aufgestellt bleiben. In der Regel werden nur einzelne Gruppen und nicht gleich der ganze Trupp zur Unterstützung der Schützenlinie verwendet.

Es ist vortheilhaft, zum Unterstützungstrupp zwei bis drei berittene Ordonnanzen zu kommandiren, um durch dieselben die nothwendigen Meldungen nach rückwärts machen zu lassen, und die fortdauernde Verbindung mit der Reserve zu erhalten.

Im Uebrigen sind für die Bewegungen eines Unterstützungstrupps in der geschlossenen Ordnung ganz die Bestimmungen des 1. Theiles II. Abschnittes des Exerzir-Reglements maßgebend.

h. Sammeln.

Das Sammeln der Schützen erfolgt, wenn man ihrer nicht weiter bedarf, und geschieht unter dem Schutze der zu Pferde gebliebenen Abtheilung auf das Signal: „Appell!" bei mehreren Eskadronen, und, sofern eine ganze Eskadron aus dem Feuer gezogen werden soll, auf das Signal: „Eskadronsruf!" worauf sich Schützenlinie, wie Unterstützungstrupp sofort laufend zu den Pferden begeben, die ihnen nur in dem Falle, wenn ein schützender Terraingegenstand dies ermöglicht, entgegengebracht werden.

---

i. Verhalten der Offiziere und Unteroffiziere.

Von den Offizieren und Unteroffizieren, von dem Grade ihrer Gewandtheit und ihrer Klarheit über die Prinzipien der Fechtart zu Fuß wird die Leistungsfähigkeit einer Truppe in dieser Verwendung vornehmlich abhängen. Sie müssen sich die Fähigkeit aneignen, unter verschiedenen Umständen und Lagen den jedesmaligen Verhältnissen angemessen zu handeln.

Die Führer der Züge und Gruppen dürfen ihre Abtheilungen niemals aus der Hand verlieren, und haben ganz besonders das Feuer derselben fortgesetzt zu leiten. Sie bezeichnen die Distanzen und die Richtung des Feuers, sorgen einerseits dafür, daß die Mannschaften ruhig zielen, nicht auf zu weite Entfernungen schießen und sparsam die Munition verwenden, avertiren andererseits aber auch die Momente und Objekte, welche ein verstärktes Feuer erfordern. Die Gruppen- und Zugführer leiten die Bewegung, indem sie sich vor der Front, das Feuer, indem sie sich hinter der Front befinden. Sie bedienen sich hierbei je nach den Umständen geeigneter Zurufe, der kleinen Signalpfeife (siehe Passus o), sowie der Winke mit Hand und Säbel. Das Blasen der Trompetensignale ist auf seltene Fälle zu beschränken; der Trompeter ist dagegen meist zum Ausrichten von Bestellungen zu verwenden.

In Bezug auf den Angriff haben die Führer unausgesetzt danach zu streben, die Schützenlinie oder einen Theil derselben, unter Benutzung der Beschaffenheit des Bodens, dem Feinde immer näher zu bringen, diesen zu umfassen und zu flankiren, jede Blöße des Gegners zu benutzen, und wenn möglich, durch eine Vereinigung und Steigerung des Feuers gegen einen einzelnen Punkt der feindlichen Stellung, einen unerwarteten Angriffsstoß zu ermöglichen, um hierdurch die feindliche Abtheilung zu sprengen oder aufzurollen. Ist ein Terrainobjekt, Gehöft, Dorf ꝛc. genommen, so haben sie sofort dafür zu sorgen, daß dasselbe durch bestimmte Gruppen resp. Züge fest besetzt wird, um etwaigen Gegenstößen des Feindes erfolgreich entgegentreten zu können. Nur diejenigen Truppen, die nicht hierzu bestimmt worden, dürfen in der Verfolgung des Feindes über das eroberte Objekt hinausgehen. In der Vertheidigung besetzen sie die einzelnen Punkte und Strecken ihrer Linie je nach ihrer Wichtigkeit stärker oder schwächer und suchen, wie dies überhaupt für alle vorkommenden Fälle Regel sein muß, aus den Eigenthümlichkeiten des Terrains den möglichsten Nutzen zu ziehen. Sie haben ferner auf ein ruhiges Vor- und Zurückgehen der aufgelösten Mannschaften, auf Erhaltung der größten Stille und Aufmerksamkeit derselben, sowie dafür zu sorgen, daß die allgemeine Verbindung der Linie niemals verloren gehe, ohne deshalb ängstlich auf Richtung und Fühlung zu halten.

k. Allgemeine Gesichtspunkte für das Verfahren im Gefecht.

1) Bei der Vertheidigung, wie bei dem Angriff solcher Oertlichkeiten, wie dieselben bereits an früherer Stelle näher bezeichnet worden sind, empfiehlt es sich, die Unterstützungstrupps zur Verwendung auf den Flügeln bereit zu halten, entweder um in der Offensive den Gegner zu umfassen, oder in der Defensive einer Umfassung zeitgerecht entgegentreten zu können. Ein dritter Unterstützungstrupp hinter der Mitte wird, wenn die Stärke hierzu ausreicht, dazu dienen, schwache Punkte der Vertheidigung zu unterstützen oder in solche einzubrechen.

2) Der die abgesessenen Mannschaften kommandirende Offizier hat stets dafür Sorge zu tragen, daß eine geschlossene Abtheilung ihm als Soutien zur Disposition und in seiner Hand verbleibt, mit welcher derselbe Theile der Schützenlinie entweder zu unterstützen, oder mit welcher er auch beim Angriff den entscheidenden Nachdruck zu geben vermag. Dasselbe findet in erhöhtem Grade auf die Vertheidigung von Terrainobjekten Anwendung, da es in Rücksicht auf die Initiative des Angriffs dringend erforderlich ist, stets eine Abtheilung für außergewöhnliche Fälle in der Hand zu behalten.

3) Eine Hauptsache ist es, daß sich stets die Führung der Gruppen und Unterstützungstrupps, auch im koupirtesten Terrain, durchgreifende Geltung verschafft, daß die Mannschaften sich mithin nicht vereinzeln, auf eigene Hand verfahren, sondern daß im Sinne der höheren Idee, welche dem Angriff oder der Vertheidigung zum Grunde liegt, von allen Gruppen und Unterstützungstrupps im Einklange, unter gegenseitiger Unterstützung und steter Festhaltung des vorliegenden Zweckes, verfahren wird. — .

4) Es dürfen anfänglich nicht zu viel Gruppen als Schützen aufgelöst werden; der Führer muß ökonomisch mit den ihm zu Gebote stehenden Kräften verfahren, um je nach dem Gange des Gefechtes und den Bewegungen des Feindes stets intakte Abtheilungen zur Verwendung an bedrohten Punkten, zur Verstärkung der Schützenlinie, zur Besetzung wichtiger Terrainobjekte in der Flanke des Feindes, zum entschiedenen Auftreten, wo dies erforderlich erscheint, in der Hand zu haben. —

5) Sowohl beim Angriff wie bei der Vertheidigung muß unterschieden werden zwischen: 1) langsam und ruhig genährtem Feuer, 2) lebhaftem Feuer, 3) heftigem, energischem Feuer.

Die Zug- und Gruppenführer müssen genau wissen, bei welchen Gelegenheiten jede dieser Arten zur Anwendung kommt, um danach ihre Abtheilungen instruiren und das Feuer leiten zu können; z. B. würde beim Angriff aus den entfernteren Deckungen das Feuer langsam zu nähren sein, dagegen würde es beim sprungweisen Vorgehen einer Abtheilung, von denjenigen Abtheilungen, die in den Deckungen liegen bleiben, lebhafter werden müssen; ebenso in der Vertheidigung, wenn der Feind seine Deckungen verläßt und im Laufschritt vorgeht. — Energisch und heftig würde das Feuer aber beim Angriff aus der letzten Deckung unterhalten werden müssen, um die Attacke vorzubereiten; ebenso bei der Vertheidigung, wenn der Feind zur Attacke vorgeht und den Anlauf wagt. —

6) Dem Angriff der in Rede stehenden Terrainobjekte muß deren Rekognoszirung durch den Führer vorausgehen, wenn möglich auch deren Beschießung durch die Artillerie.

7) Der Führer muß nicht blos bestrebt sein, die schwachen Punkte der Vertheidigung im Terrain und in der Besetzung desselben ausfindig zu machen und zu benutzen, sowie den Gegner zu umfassen, sondern er muß stets, auch während des bereits entbrannten Gefechtes, darauf bedacht bleiben, durch berittene Patrouillen auf den Flanken etwa vorhandene Uebergänge zu ermitteln.

8) Unter keinen Umständen dürfen beim Angriff Umwege gescheut werden, um das anzugreifende Terrainobjekt zu nehmen, wenn diese Umwege eine gedeckte Annäherung ermöglichen und daher Verluste ersparen. Eine jede Deckung, die kleinste Anhöhe, die geringste Terrainfalte, eine unbedeutende Allee, Getreidestiege ꝛc. muß von den Schützen benutzt werden. Freies, der Einsicht und dem Feuer preisgegebenes Terrain muß im Trabe, im Laufschritt überschritten werden; im koupirten Terrain wird man sich langsamer bewegen können.

9) Der Führer muß erkennen, auf welchem Wege er nach der Gestaltung des Terrains mit den möglichst wenigen Verlusten, also so lange als

möglich verdeckt, sich dem anzugreifenden Terrainobjekte nähern und dasselbe unter Feuer bringen kann; nur allein diesen Weg muß er wählen. —

10) Das Feuer der Schützenlinie ist so zu leiten, daß es möglichst konzentrisch auf die Mitte der feindlichen Aufstellung gerichtet wird. Dörfer und Waldparzellen z. B. sind an den vorspringenden Punkten der Lisiere stets in umfassender Weise anzugreifen.

11) Unter keinen Umständen dürfen lange und wohl gar gerichtete Schützenlinien sichtbar sein, wenn nicht gerade Wald- oder Dorflisieren besetzt sind, und die Schützen sich also in Deckung befinden. Vielmehr müssen die Züge, resp. die einzelnen Gruppen, für sich zum Angriff vorgehen, von Abschnitt zu Abschnitt, von Deckung zu Deckung unter Benutzung einer jeden Terrainfalte. — Dies Vorgehen muß mithin echelonweise stattfinden und sprungweise in der Art erfolgen, daß die eine Gruppe, der eine Zug, in der Deckung bleibt und ein lebhaftes Feuer unterhält, während die andere Gruppe, der andere Zug, im Laufschritt den nächsten Abschnitt zu erreichen sucht. — Auf diese Weise wird das Feuer niemals schweigen, und die Annäherung der zum Angriff vorgehenden Abtheilungen wird außerordentlich erleichtert und durch das Feuer unterstützt werden. Niemals dürfen also alle Schützen gleichzeitig zum Angriff vorgehen, mit Ausnahme des letzten Angriffes, durch den der Feind aus dem Terrainobjekt delogirt werden soll, wo es dann, unter Aufbietung aller disponibler Kräfte geschehen muß, um durch den moralischen Eindruck den endlichen Erfolg sicher zu stellen. — Dieser letzte entscheidende Angriff hat von den letzten Deckungen aus im Laufschritt und unter lautem Hurrah! aus möglichst naher Entfernung zu erfolgen.

12) Die berittene Reserve muß auch beim Angriff mit der zu Fuß fechtenden Abtheilung durch berittene Ordonnanzen in Verbindung bleiben, damit sie bei unvorsichtiger oder glücklicher Offensive des Gegners rechtzeitig eingreifen kann und bei gelungenem Angriff schnell zur Wiederaufnahme der eigentlichen kavalleristischen Aufgabe bereit ist.

13) Die zu Fuß kämpfende Abtheilung darf sich, wenn der Angriff gelungen, nicht verleiten lassen, nachzustürmen, sondern sie muß sich darauf beschränken, sich in der genommenen Position festzusetzen und dieselbe so lange zu sichern, bis kein Rückschlag, auch keiner mehr für die vorgezogene, nachspähende und rekognoszirende berittene Reserve zu erwarten ist.

14) Die Vertheidigung wird in der Regel mit voller Energie und mit ganzem Geschick auf ein Festhalten der ersten Linie — der Lisiere — Bedacht zu nehmen haben. Vor einem Einnisten in Häusern, vor einem Verstecken des Unterstützungstrupps in Steinbrüchen und tiefen Sandgruben, sowie in dichten Waldgruppen muß ausdrücklich gewarnt werden, weil der

Vertheidigung der ersten Linie dadurch Kräfte entzogen werden, die bei derselben nützlicher zu verwenden sind, und weil eine Entwickelung aus derartigen Deckungen meist zu spät erfolgt.

In der ersten Linie aber ist nichts zu unterlassen, was die Stellung verstärken kann. Barrikaden, Verhaue, Schützengräben sind anzulegen, Häuser zu benutzen und einzurichten.

15) Bei Besetzung der Lisière ist auf eine Flankirung des Feindes Bedacht zu nehmen. Die Vertheidigung ist abschnittsweise zu führen. Die Soutiens sind nahe hinter den schwachen und gefährdetsten Punkten zur Unterstützung und zum Vorbrechen bereit zu halten.

16) Die hinter dem Defilee zurückbleibende berittene Reserve ist nur soweit zurückzuhalten, daß sie der etwa geworfenen abgesessenen Abtheilung noch rechtzeitig durch einen Choc zu Hülfe kommen und ihr die Zeit, sich zu sammeln, verschaffen kann. Die zurückgehende Abtheilung zu Fuß muß den Abzug dann in der Gefechtsformation, d. h. in Schützengruppen bewerkstelligen, und beide Abtheilungen, die zu Fuß und die zu Pferde, haben sich in dieser schwierigen Gefechtslage gegenseitig so zu unterstützen, daß erstere im Stande ist, die Pferde zu erreichen und aufzusitzen.

17) Außerordentlich günstig wird es auf den Erfolg einwirken, wenn es der Kavallerie gelingt, dem Feinde ihre Stärke und die Abwesenheit von Infanterie durch Ausnutzung des Terrains 2c. zu verbergen.

l. Schlußbemerkungen.

Das erhöhte Selbstvertrauen und das Gefühl der Selbstständigkeit, welches jeder einzelne Kavallerist, und die Kavallerie im Allgemeinen durch die Anwendung des Gefechtes zu Fuß gewinnen soll, ist ihr anzuerziehen durch sorgfältige Uebungen, wie dieselben unter 2. dieses Abschnittes eingehend angegeben worden sind, sowie durch Besichtigungen, welche auf eine gute Ausbildung in der Handhabung des Karabiners, im Laden, Anschlag, Zielen und Schießen, in der Feuerdisziplin, in der Terrainbenutzung und in der Führung von offensiven und defensiven Fußgefechten den richtigen Werth legen, ohne dabei den Gesichtspunkt aus dem Auge zu verlieren, daß das Feuergefecht der Kavallerie dieser nur das Mittel und die Hülfe gewähren soll, unter entsprechenden Umständen ihre großen allgemeinen Aufgaben durchzuführen, deren Lösung sie andernfalls aufgeben müßte.

Es wird eine Kavallerie als musterhaft kennzeichnen, wenn sie in dem Kampf zu Fuß dieselben Eigenschaften dokumentirt, welche für eine siegreiche Attacke zu Pferde die nothwendigsten Voraussetzungen sind.

VI. Der Felddienst und die Feldmanöver.

1. Gesichtspunkte für den bei der Ausbildung zu beobachtenden Stufengang.

Zusammengestellt aus den Cirkulairen vom 10. u. 11. November 1867, 21. November 1871, 14. Juni 1872, 5. Juli 1874, 22. Juli 1874, 6. Juli 1875, 29. Juli 1875, und aus Manuskripten, herrührend aus den Jahren 1850 bis 1870.

Unstreitig sind bei allen Dienstverrichtungen gewisse Formen nothwendig; eine Armee ohne alle Formen kann nicht bestehen oder irgend welche Erfolge erreichen.

Wie viel oder wie wenig davon nothwendig, ist sowohl durch die Individualität und den Bildungsgrad des Volkes selbst, als auch durch das Material, woraus dessen Heer besteht, bedingt. Der Eine braucht mehr, der Andere weniger Formen. Nur vor dem Zuviel muß man sich hüten, wodurch das Wesen beeinträchtigt wird, und gilt dies vornehmlich für den wichtigen Dienstzweig des Felddienstes. — Derselbe muß vor allem nach richtigen Grundsätzen und in rationeller, systematischer Weise, die allein tüchtige Resultate verbürgt, betrieben werden.

In diesem Sinne sind die nachstehenden Aufzeichnungen erlassen worden; sie enthalten den Stufengang für die Ausbildung und die Hauptgesichtspunkte, auf welche es hierbei vornehmlich ankommt, um diese für die Ausbildung unserer Waffe so äußerst wichtige Angelegenheit nach festen, einheitlichen Grundsätzen zu regeln.

Was nun zuvörderst den rationellen Stufengang anbetrifft, so würde derselbe sich etwa in folgender Weise gliedern:

1) **Ertheilung des theoretischen Unterrichtes**, der vor allen Dingen darauf hinzuwirken hat, das Denk- und Urtheilsvermögen der Mannschaften zu erwecken und möglichst zu erheben, ihren Ideengang zu regeln und ihren Gesichtskreis zu erweitern, und der sich fern von allem

Einprägen auswendig gelernter Redensarten und Phrasen halten muß. Auf das Verständniß soll hingewirkt, dies soll herbeigeführt werden; die Ausführung, das Können also, soll soviel als möglich durch die Theorie vorbereitet werden; dies geschieht aber nicht durch mechanische Gedächtnißeinprägung, sondern durch wirkliche Aufklärung über die einschlagenden Verhältnisse und möglichste Anregung der Verstandesfähigkeiten. Es muß daher bei gewissen Vorschriften stets auf den Grund, die Ursache, das weshalb dies so, jenes so sein muß, zurückgegangen, und die Mannschaften müssen auch stets nach diesen Gründen und Ursachen gefragt werden, um sie zu nöthigen, sich selbst alles klar zu machen. — Da es ganz unmöglich ist, ihnen alle Fälle vorzuführen, die im Felddienst vorkommen können und ebenso wenig ihnen ihr Verhalten in allen diesen tausend Fällen vorzuschreiben, so müssen gewisse allgemeine Gesichtspunkte gegeben, größere Kategorien aufgestellt werden, in deren Sinn der Mann zu verfahren hat; z. B. wie und wonach muß die Vedette ihr Benehmen, ihr Verhalten, ihre Handlungsweise einrichten?

Antwort: Nach dem was vor ihr beim Feinde vorfällt.

Welcher Art kann dies sein? — Antwort: Dreierlei Art. — Und zwar? Antwort:

1) Es kann etwas Unbestimmtes, nicht genau zu Erkennendes, aber doch Bemerkbares, nicht ganz Unwichtiges dort vorfallen.

2) Es kann etwas Bestimmtes, genau zu Erkennendes, was von Wichtigkeit ist, dort vorkommen, und

3) Es kann etwas Gefahrdrohendes, wo Eile nothwendig ist, vorkommen. —

Welche Vorfälle sind unter dem Ausdruck: Unbestimmtes zu verstehen? Antwort: Auffallendes Geräusch, starkes Hundegebell in den vorliegenden Ortschaften, Schüsse in der Entfernung, Aufsteigen starken Staubes u. s. w.

Welche Fälle sind z. B. in der Kategorie: Bestimmtes enthalten? Antwort: Die Annäherung feindlicher Abtheilungen, starker Patrouillen u. s. w.

Was würde in die Kategorie: Gefahrdrohendes fallen? Antwort: Die schnelle Annäherung starker feindlicher Kavallerie-Abtheilungen, oder der Anmarsch feindlicher, aus allen Waffen zusammengesetzter Abtheilungen u. s. w. —

Was thut die Vedette im ersten Falle? Antwort: Sie reitet Kreise, um die Aufmerksamkeit der Feldwache rege zu machen.

Was thut die Vedette im zweiten Falle? Antwort: Ein Mann derselben reitet zum Melden. —

Wie verfährt die Vedette im dritten Falle? Ein Mann feuert einen Signalschuß in der Richtung auf die Feldwache ab und reitet sofort in der Karriere zum Melden. —

Oder noch ein Beispiel: Was muß eine jede Vedette auf ihrem Posten wissen, wovon muß sie unterrichtet sein? Antwort:
1) Von dem, was vor ihr ist.
2) Von dem, was um sie herum ist.
3) Von dem, was sich hinter ihr befindet. —

Was ist denn vor der Vedette? Antwort: Der Feind und das Terrain. Was muß sie davon wissen? —

Was befindet sich denn um sie herum? Antwort: Die Nebenvedetten und das Terrain zu denselben hin. —

Was befindet sich hinter der Vedette? Antwort: Die Feldwache, die Nebenfeldwachen und das Terrain bis zu denselben, die Wege zu ihnen. —

Wenn auf diese Weise verfahren wird, wenn also nicht spezialisirt, sondern generalisirt wird, so muß der gemeine Mann viel mehr zum Denken, zum Ueberlegen angeregt und hingeführt werden, als wenn man eine Menge von Spezialfällen mit ihm durchgeht, und ihm für jeden einzelnen das einzuhaltende Verfahren vorschreibt. — Bei der Unendlichkeit und Mannigfaltigkeit der Verhältnisse und Umstände kann eine Erschöpfung dieser Fälle niemals stattfinden; die Folge davon ist, daß ein jeder neue Fall Unschlüssigkeit, Unsicherheit und wohl gar ein völlig zweckwidriges Verfahren hervorruft. Sind dem Manne dagegen die allgemeinen Gesichtspunkte im großen Ganzen völlig klar gemacht worden, hat der Lehrer sich im theoretischen Unterrichte bemüht, dessen Denkvermögen, Ueberlegung und Urtheilskraft an Beispielen zu schärfen, so wird es jenem nicht schwer werden, in jedem einzelnen Falle das Richtige zu finden, seine Handlungsweise im Interesse der Sache zu regeln und keine groben Verstöße zu begehen. —

Die Entwickelung des gesunden Menschenverstandes bleibt bei allem theoretischen Unterricht, insbesondere bei dem über den Felddienst, die Hauptsache. Der Lehrer, welcher es am besten versteht, hierauf einzuwirken, wird die Mannschaften am meisten für die Ausführung, für das Können vorbereiten und ihnen dadurch die meiste Selbstständigkeit geben, wohin all unser Streben zielen muß. —

Wenn durch den in dieser Art und Weise gehandhabten, gründlichen theoretischen Unterricht schon die Basis für den weiteren Stufengang zur Ausbildung im Felddienst während des Winterhalbjahres gewonnen ist, so wird demnächst:

2) Zur Uebung des formellen Felddienstes zu Fuß auf dem Stallhofe und den Reitplätzen übergegangen. Es werden hierbei zwei Ab-

theilungen einander gegenübergestellt, und erfolgt die Ausstellung von Posten und Vedetten. Auf diese Weise wird das Anrufen, die Abgabe der Losung und des Feldgeschreies, das Ablösen der Vedetten, das Aufführen derselben, kurz alles dasjenige geübt, wofür gewisse formelle Vorschriften ertheilt und nothwendig sind. —

Wie schon weiter oben betont, sind bei allen Dienstverrichtungen gewisse Formen nothwendig, mithin auch beim Felddienst; doch sind sie, was nicht oft genug wiederholt werden kann, bei diesem Dienstzweige, bei dem das mechanische Wesen vollständig in den Hintergrund tritt, und alles auf eigenes Nachdenken, gesundes Urtheil ankommt, auf das nothwendigste Minimum zu beschränken. Durch zu viele Formen würde das wahre Wesen erheblich beeinträchtigt werden, und ist es in hohem Grade gefährlich, dem jungen Kavalleristen so viel über die zu beobachtenden Formen in jeder Lage einzuprägen, daß er das viel Wichtigere darüber verabsäumt, oder unsicher wird, was das Allergefährlichste ist. — Wenn diese Formen daher auf das Allernothwendigste zu beschränken sind, um den Verstandes= fähigkeiten freien Spielraum zu lassen, so müssen sie doch andererseits recht fest und bestimmt sein, damit sie den Mannschaften zur anderen Natur, zur Gewohnheit werden, und deren Beobachtung sie daher nicht mehr zu stören und ihre Geisteskräfte zu beeinträchtigen vermag. Ebenso müssen dieselben so natürlich als möglich, der Wirklichkeit und dem Bedürfniß entsprechend, festgestellt sein. Es geht unzweifelhaft hieraus hervor, daß es zweckmäßig ist, so wenig als möglich an diesen Formen zu ändern, und sie nicht ohne die zwingendste Veranlassung umzuwandeln, damit sie in Fleisch und Blut übergehen können. Sie sind und bleiben aber die Nebensache, denn von keinem Dienst, wie vom Felddienst, muß so sehr Schematismus, Formalismus, Pedanterie ferngehalten werden; sie sind der Tod für denselben, da es bei ihm allein auf den freien, ungeschmälerten Gebrauch der Geistesfähigkeiten ankommt; das bloße Kommando reicht nicht mehr aus; der Mann soll selbstständig denken, urtheilen und handeln lernen im Sinne der ihm ertheilten Befehle und Vorschriften. Das ist allerdings das Schwierigste, was zu erstreben ist, was aber doch erreicht werden muß und auch erreicht werden kann, wenn nur die richtigen Mittel angewandt und die zum Ziele führenden Wege eingeschlagen werden.

3) Als ein höchst nothwendiges Vorbereitungsmittel für die Ausbildung im Felddienst muß ferner der Unterricht im Kartenlesen für die Unter= offiziere und Unteroffizier=Expektanten bezeichnet werden. Es ist durchaus erforderlich, daß die Unteroffiziere es lernen, sich auf der Karte zurecht zu finden und sich nach derselben auf dem Terrain zu orientiren. Die von der Umgegend der Garnisonen entworfenen Krokuis, sowie überhaupt Karten

im möglichst großen Maßstabe sind hierzu am geeignetsten. — Um den Unterricht hierin instruktiver zu machen, müssen die Eskadronchefs vor allem ihren Unteroffizieren auf diesen Kroquis kleine Aufträge, wie sie täglich im Felddienst vorkommen, sofort vor sich mündlich ausführen lassen und daran die entsprechende Belehrung knüpfen. — Die Anwendung der Fähigkeit des Lesens der Karte, des Verstehens derselben und der leichten Orientirung auf derselben wird sodann sogleich auf das Schlagendste hervortreten. Das hinlänglich bekannte Terrain bei den Garnisonen bietet den Eingang hierzu; an diesem und an dem dieses darstellenden Kroquis wird die Sache am leichtesten erlernt; ist dort hierin Routine erlangt, so wird die Orientirung nach der Karte auf unbekanntem Terrain auch nicht schwer werden. Daß die Unteroffiziere hierbei mit den konventionellen Zeichen der Karte, mit den Charakteren genau bekannt gemacht werden müssen, so daß sie Berg, Wald, Sumpf, Thal, Städte, Dörfer 2c. zu erkennen vermögen, ist selbstverständlich. —

4) Hieran schließt sich unmittelbar eine Maßregel, deren Anwendung nicht genug empfohlen werden kann, und die des allergünstigsten Erfolges niemals verfehlt, wenn der Leitende recht praktisch dabei verfährt. —

Es bezieht sich dies auf das Hinausreiten des Eskadronchefs mit seinen Offizieren, Unteroffizieren und gewandten Gefreiten in das Terrain, um unter den verschiedenartigsten Terrainverhältnissen Aufgaben und Aufträge aus dem Avantgarden-, Vorposten-, Patrouillendienst mit ihnen durchzunehmen und sogleich praktisch von Einzelnen lösen zu lassen. Hierbei findet der Eskadronchef die beste und ausreichendste Gelegenheit, um sich über alle, den Felddienst betreffenden Verhältnissen und Fragen auf das Gründlichste gegen seine Chargirten auszusprechen, und ein einheitliches Verfahren, einheitliche Anschauungen zum Durchbruch zu bringen. — Es wird dies die eigentliche, rechte Schule für die letzteren in diesem so wichtigen Dienstzweige sein, und es wird allein von dem Eskadronchef abhängen, diese Maßregel auf das Aeußerste nutzbringend zu machen, insofern er es versteht, an den verschiedensten Situationen, an den wechselvollsten Terrainverhältnissen die festen Grundsätze über das einzuschlagende Verfahren zur Anschauung und zur Geltung zu bringen. — Die in Rede stehende Maßregel spart Zeit und Kräfte und muß daher den eigentlichen Felddienstübungen mit den Mannschaften stets voraus gehen, damit die Führer derselben wohl instruirt und völlig sicher in ihren Obliegenheiten sind, ebenso in dem, was sie von den Mannschaften zu verlangen haben, ehe die eigentlichen Felddienstübungen beginnen. — Diese wichtige Uebung wird am meisten geeignet sein, den unteren Führern eingehende Kenntniß von dem Terrain und von dessen Einwirkung und Einfluß auf die Bewegungen der Truppen, sowie auf die

Maßregeln bei der Führung der letzteren zu verschaffen; es muß dies stets durch den die Uebung Leitenden an konkreten Beispielen, an bestimmten Aufgaben gezeigt und dargethan werden. —

5) Nunmehr würde die Uebung im Patrouillendienst folgen. Zu diesem Zweck müssen täglich kleine Patrouillen zu vier bis sechs Pferden unter Führung von Unteroffizieren und intelligenten Gefreiten mit ganz bestimmten, schriftlichen Aufträgen entsandt werden; diese letzteren müssen vor ihrem Abreiten mit ihnen durchgenommen werden, um sich zu überzeugen, daß dieselben auch wirklich von ihnen verstanden worden sind. — Diese Aufträge müssen den Weg genau vorschreiben, den die Patrouille zu nehmen hat und die Angabe enthalten, welche Rekognoszirungen durch die Patrouille auszuführen sind. Sie müssen sich ferner auf die verschiedensten Dinge erstrecken, z. B.: Passirbarkeit der eingeschlagenen Straße für die verschiedenen Waffengattungen; Passirbarkeit des Terrains neben der Straße in der Entfernung von einer Achtel- bis einer Viertelmeile für alle Waffen; Passirbarkeit von Defileen, Hohlwegen, Brücken, Flußübergängen auf der Straße; Rekognoszirung von Ortschaften mit Bezug auf deren Belegungsfähigkeit mit Truppen, und in welcher Stärke, oder im Hinblick auf deren Vertheidigungsfähigkeit gegen Angriffe aus bestimmt zu bezeichnenden Direktionen; Passirbarkeit von Flüssen und Bächen, Ermittelung der Uebergänge über dieselben und der Fuhrten; Ermittelung einer Feldwachstellung in einer bestimmten Gegend zur Deckung eines näher bezeichneten Abschnittes; Rekognoszirung einer bestimmt bezeichneten Stellung, eines Terrainabschnittes u. s. w. — Alle diese Aufträge müssen das Terrain unter einem ganz bestimmten, militairisch wichtigen Gesichtspunkt in Betracht ziehen, was Grundbedingung ist; niemals darf der Auftrag nur allgemein gestellt werden, denn dies hat keinen Nutzen. Vortheilhaft ist es, und der Nutzen der Uebung wird sehr erhöht werden, wenn die mündlichen Berichte der Patrouillenführer mit einem kleinen Kroquis, mit Bleistift und auf dem betreffenden Terrain im Sattel ausgeführt, begleitet und belegt werden. Ausnahmsweise empfiehlt es sich, auch zuweilen einen schriftlichen Bericht nach Abstattung des mündlichen zu verlangen. — Die Märsche der Patrouillen sind so viel als möglich so einzurichten und anzuordnen, daß bei der Rückkehr nach der Garnison nicht derselbe Weg zurückgelegt, vielmehr ein Bogen beschrieben wird, damit möglichst verschiedenartiges Terrain von den Patrouillen durchritten wird. — Außerdem ist es zweckmäßig, die Aufträge so zu ertheilen, daß sich zwei Patrouillen stets kreuzen, wodurch eine Art von Kontrole ausgeübt wird, indem beide Patrouillenführer über die Begegnung, den Ort und die Art, wie dieselbe erfolgt, berichten müssen. Die eigentliche Kontrole der Patrouillen hat jedoch durch die Offiziere, welche

ausdrücklich hierzu zu kommandiren sind, zu erfolgen. — Daß diese Patrouillen, wie vor dem Feinde, mit Spitze marschiren, versteht sich von selbst.

6) Hiernächst folgt nun die Uebung des eigentlichen Felddienstes, von den kleinsten Aufgaben beginnend und bis zu den großen allmälig fortschreitend. — Als fester unumstößlicher Grundsatz gilt hierfür, daß derselbe ganz wie vor dem Feinde, unter voller Benutzung des Terrains und unter Festhaltung der Entfernungen, also der Wirklichkeit entsprechend, in aller Beziehung ausgeführt wird. —

Es gehört dazu, daß für jede Uebung stets eine General-Idee gegeben wird, welche die allgemeine Kriegslage feststellt, und daß die sich gegenübertretenden, feindlichen Abtheilungen Spezial-Aufträge erhalten, wenn die letzteren auch noch so unbedeutend sind und nur die Uebung des Felddienstes, kein gegeneinander Manövriren, zum Zweck haben. Ferner muß durchaus festgehalten werden, daß die sich feindlich gegenübertretenden Abtheilungen nicht zu gleicher Zeit gemeinschaftlich aus der Garnison und von ihren Ställen abmarschiren, sondern zu verschiedener Zeit und ganz gesondert; daß beide Abtheilungen in ihrem Aeußeren ganz verschieden sind und auffallende Unterscheidungen an sich tragen; daß die zuerst abmarschirende mit Arrieregarde, die später folgende mit Avantgarde marschirt; daß der Felddienst bei Nacht auch nur bei Nacht geübt wird. — Geschieht dies nicht in solcher Weise, so erhält der Soldat ein ganz falsches Bild und muß zuletzt ganz verwirrt und unsicher werden. —

Ausdrücklich muß in dieser Beziehung noch bemerkt werden, daß die Vorposten-Chainen so weit auseinander stehen müssen, daß die Posten sich nicht sehen können, damit nicht allein ein ausreichendes Feld für den wichtigen Patrouillengang verbleibt, sondern die Aufstellungen auch der Wirklichkeit mehr entsprechen. Ebenso dürfen unter keiner Bedingung mehr Vedetten ausgestellt werden, wie die Nothwendigkeit dies verlangt, und wie es in der Wirklichkeit geschehen würde, wo Oekonomie der Kräfte die Hauptbedingung ist; denn auch hierdurch würden die Mannschaften irre geleitet werden und ganz falsche Vorstellungen, die nachtheilig auf ihr Handeln einwirken, erhalten; und dies muß unter allen Umständen vermieden werden. — Zu dem Zweck müssen auch die ganzen Vorpostenaufstellungen so gewählt werden, wie dies im Ernstfall geschehen würde; also möglichst nicht auf der platten, glatten Ebene, sondern an Abschnitten, auf wechselndem Terrain. —

Ganz unpraktisch ist es, wenn sich die Führer, Unteroffiziere ꝛc. beim Revidiren ihrer Vedetten, anrufen lassen und sich dabei für Deserteure, Parlamentaire, Landleute u. s. w. ausgeben, denn dies ist ebenso nur dazu geeignet, die jungen Mannschaften zu verwirren und unsicher zu machen. — Es dürfte unschwer einzusehen sein, daß es weit besser ist, wenn das, was die Vedette anrufen soll, auch wirklich so erscheint, wie man wünscht, daß es ihr erscheinen soll. —

Mit Rücksicht auf den vorstehend ausgesprochenen Grundsatz ist es selbstverständlich, daß diese Uebung nur zu Pferde und im Terrain vorgenommen wird, wo das Formelle des Felddienstes ganz in den Hintergrund tritt und als etwas Ueberwundenes, auf dem Stallhofe Erlerntes, angesehen wird. — Beides darf nicht mit einander vermengt werden.

Der für die Aufstellung einer zu großen Anzahl von Vedetten oft gehörte Grund: „es sei geschehen, um mehr Mannschaften an der Uebung Theil nehmen zu lassen" ist kein stichhaltiger; die Nachtheile überwiegen außerordentlich diesen vermeintlichen, nicht wirklichen Vortheil. —

Die Festhaltung des vorstehend aufgestellten, und an Beispielen erläuterten Grundsatzes und dessen Durchführung in konsequentester Weise, als eines Hauptfaktors, um die Mannschaften im Felddienst sicher und mit demselben vertraut zu machen, muß auf das Dringendste empfohlen werden.

Daß zu Anfang in Zügen, später in größeren Abtheilungen, je nachdem eine größere Festigkeit und Sicherheit im Auftreten der Mannschaften sich bemerkbar macht, in das Terrain hinausgegangen und das letztere möglichst oft gewechselt wird, darf wohl als selbstverständlich angenommen werden; einer der wundesten Punkte dieser Uebungen bleibt immer der obligate Standort der Vedetten bei den Garnisonen, wodurch alle diese Uebungen die gleiche Physiognomie bekommen; es muß daher das eifrige Bestreben der Leitenden sein, durch wechselnde Kriegslagen und Verlegung der Verhältnisse diesen Uebungen stets ein neues Bild, eine andere Gestalt zu geben, damit sie ihre Gleichförmigkeit verlieren, mehr zum Nachdenken Veranlassung geben, und dadurch instruktiver werden. — Das Hauptziel derselben ist und bleibt immer, die Verstandesfähigkeiten der Mannschaften mehr zu wecken und zu steigern, Denk- und Urtheilsvermögen anzuregen, Aufmerksamkeit und Spannung zu steigern, Frische und Lebendigkeit zu fördern und die Mannschaften in ihrem Handeln so selbstständig als möglich zu machen. Es ist nicht überflüssig, sie, abgesehen von allen nothwendigen, detaillirten Vorschriften, immer wieder darauf hinzuweisen, daß auf ihnen die Sicherheit der ganzen Armee beruht, daß sie das Auge des Feldherrn sind, daß sie also weit reiten, dreist herangehen, richtig sehen, und schnell und sicher melden müssen, wenn sie diesen so wichtigen Aufgaben genügen wollen. — Hierzu sie zu erziehen, muß unser unausgesetztes Bestreben sein; das stumpfe todte Wesen, die Langsamkeit und Theilnahmlosigkeit, die Geistesträgheit und das Phlegma müssen daher mit allen

Kräften bei ihnen überwunden werden; ein Jeder muß es als eine Ehrensache ansehen, sich im Felddienst hervorzuthun und den an ihn herantretenden Anforderungen und Ansprüchen im vollsten Maße Genüge zu leisten.

So sehr dem unnöthigen Abreiten der Pferde, dem sogenannten Juxen, auf das Entschiedenste entgegengetreten werden muß, so wenig kann der wohl oft ertheilte Befehl gebilligt werden, daß keine stärkere Gangart als Trab geritten werden darf. Der Eklaireur muß viel reiten, wenn er etwas sehen will; er muß auch nahe heranreiten, er darf es nicht an sich kommen lassen, er darf sich selbst nicht schonen und sein Pferd nicht am unrechten Ort. Es ist ein sehr bekannter und feststehender Erfahrungssatz, daß diejenigen Regimenter, denen man zuweilen im Frieden zum Vorwurf machte, sie thäten zuviel des Guten hierin, ihre Mannschaften seien zu dreist, zu brav, im Felde am meisten in diesem wichtigen Dienste geleistet haben; der ihnen vielleicht gemachte Vorwurf: „sie hätten ihre Friedensbravour sehr billig", war mithin kein berechtigter und stichhaltiger; die Erziehung im Frieden war eben die richtige gewesen; denn auch hier gilt der Grundsatz, daß der Soldat nur dazu im Felde völlig brauchbar und tüchtig ist, was ihm bei den Friedensübungen zur Gewohnheit und zur anderen Natur geworden ist.

Konsequent muß bei den Meldungen der Mannschaften der Neigung zum Uebertreiben, zum Ueberschätzen der Stärke feindlicher Abtheilungen entgegengetreten werden, denn diese Uebertreibungen steigern sich sehr natürlicher Weise noch im Felde und manchmal bis ins Ungemessene; die Mannschaften müssen deshalb in dieser Beziehung immer etwas heruntergedrückt werden.

7) Nachdem nun in dieser Weise die eigentliche Schule des Felddienstes absolvirt ist, wird zur Anwendung derselben bei den Feldmanövern übergegangen, mit denen wiederum von den kleineren zu den größeren vorgeschritten wird. Ein jeder Offizier und Unteroffizier muß mindestens bei zwei derselben selbstständig verwandt werden; mit den Manövern der Unteroffiziere wird begonnen.

Als unbedingt festzuhaltender Grundsatz für diese Manöver muß vorangeschickt werden: Dasjenige Feldmanöver ist am zweckmäßigsten geleitet und ist das instruktivste, bei welchem das Geheimniß des Auftrages, der gegenseitigen Stärke, der Aufstellug der Märsche rc. zwischen und unter den sich feindlich gegenübertretenden Parteien am meisten bewahrt und erhalten ist, wo der Schleier vor einer jeden Abtheilung also möglichst lange gezogen bleibt und nur erst durch die Maßregeln des Gegners gelüftet oder durchhauen wird. — Hierauf muß der Leitende alle seine Bemühungen verwenden; seine Maßregeln müssen darauf raffiniren, dieses Ziel zu erreichen, und mithin die Schwierigkeiten zu überwinden die sich der Sache in Rücksicht auf die Anwesenheit der Truppen in ein und derselben Garnison, wo alles so leicht bekannt wird, entgegenstellen, was sehr wohl möglich ist. —

Die ganze Uebung hat nur Werth, ist nur von Interesse, erfüllt nur ihren Zweck, sowohl für die Führer, wie für die Mannschaften, wenn ein absolutes Dunkel über den Gegner vorhanden ist. — Zu diesem Zweck empfiehlt es sich daher, die Aufträge den Führern versiegelt, erst unmittelbar vor dem Abmarsch auszuhändigen, die Abtheilungen zu verschiedenen Zeiten, möglichst aus verschiedenen Thoren abmarschiren und nach deren Abmarsch noch eine dritte Abtheilung ausrücken zu lassen, welche sich mit einer der Hauptabtheilungen in Folge besonderen Auftrages in Verbindung zu setzen und mit derselben zu kooperiren hat, was an und für sich schon eine sehr lehrreiche und praktische Uebung ist.

So giebt es noch eine Menge von Mitteln, durch welche jener Zweck erreicht wird. Wer sie am besten anzuwenden versteht, dem wird die Ausbildung in diesem so wichtigen Dienstzweig auch am meisten gelingen; er wird den Scharfsinn in Erkennung der feindlichen Absichten und scheinbar unbedeutenden Anzeichen, den schnellen Entschluß, rasches Handeln bei den Führern zur Entwickelung bringen und ebenso vortheilhaft auf die kavalleristischen Eigenschaften der Mannschaften einwirken.

Die Spannung, die Potenzirung der Geistesfähigkeiten zur Erfüllung des erhaltenen Auftrages und event. zur Ueberwindung der Hindernisse, die der Gegner derselben entgegensetzt, findet nur so lange statt, als die Dichtigkeit des Schleiers zwischen den beiderseitigen Abtheilungen erhalten bleibt. Hat sich erst alles offen dokumentirt, so handelt es sich ganz allein noch für unsere Waffe um die Aufrechterhaltung taktischer Grundsätze, um die Erhaltung der festen Ordnung und Geschlossenheit in der Truppe, wozu vor allem die Ertheilung fester, präziser, exakter Kommandos, also eine sichere Führung in taktischer Beziehung gehört, worauf dann das ganze Augenmerk des Leitenden gerichtet sein muß; denn die häufig vorhandene Aufregung junger, noch unerfahrener Führer reißt durch übereilte, widerrufene Kommandos, oder durch das oft übliche Rufen: „Hierher! Dorthin!" die ganzen Abtheilungen auseinander, so daß dieselben dann in vollster Unordnung an den Feind gelangen; dem kann daher nicht genug entgegengetreten werden.

Ebenso bezieht sich das letztere auf die meistentheils hervortretende Neigung zu Detachirungen, in dem Bestreben, alles zu halten. — Jede Detachirung ist eine Schwächung, wirkt mithin nachtheilig ein und muß daher unterbleiben, wenn sie nicht nach genauester Ueberlegung durchaus nothwendig erscheint. — Soll aber einmal detachirt werden, so muß der Führer sich vorher ganz klar machen, was er dadurch erreichen will; will er blos sehen, so schicke er zwei zuverlässige Leute; will er schlagen, so muß er natürlich die zu detachirende Abtheilung größer machen; dies wird aber bei kleineren Abtheilungen, um die es sich hier überhaupt nur handelt, selten erforderlich sein; es wird sich da meistentheils nur um das Sehen handeln, also um ganz kleine Detachirungen. —

Am entschiedensten muß aber betont werden, daß ein Jeder, der einen Auftrag erhalten hat, denselben richtig zu verstehen und in denselben einzudringen sucht, daß er denselben unbeirrt um alle Nebenumstände und Hindernisse, die der Erfüllung desselben entgegentreten, unablässig und fest im Auge behält und dessen Genügung mit allen seinen Kräften anstrebt. Hiergegen wird sehr häufig von den Führern gefehlt. — Die unbedeutendsten Verhältnisse, geringfügige feindliche Maßregeln veranlassen sofort eine ganz ungerechtfertigte Entfernung von dem erhaltenen Auftrage, der schließlich wohl gar ganz aus dem Gesicht verloren wird, um vielleicht ein vortheilhaftes Gefecht zu liefern oder andere eingebildete, vermeintliche Vortheile zu erreichen. — Dies ist aber grundfalsch; die Erfüllung des erhaltenen Auftrages muß obenan stehen, und nur der entschiedenste, nicht zu bewältigende Widerstand des Feindes kann davon entbinden; die Erlangung noch so erheblicher Vortheile ist nicht genügend, davon zu dispensiren; der höhere Führer, der den Auftrag ertheilt hat, muß sicher und davon durchdrungen sein, daß derselbe richtig ausgeführt wird, und die Abtheilung an dem Punkte ankommt und denselben besetzt, der ihr bestimmt ist, und der erreicht werden soll. — Es muß alles angewandt werden, um alle Führer hierzu zu erziehen, und jede nicht gerechtfertigte Abweichung von diesem Prinzip muß auf das Nachhaltigste beseitigt werden. —

Werden die in Vorstehendem entwickelten Grundsätze mit Konsequenz zur Anwendung gebracht, und wird der daselbst bezeichnete Stufengang bei der Ausbildung in einer unserer wichtigsten Dienstbranchen beobachtet und inne gehalten, so kann ein günstiger Erfolg nicht ausbleiben, und diesen zu erzielen, darauf kommt es an. —

2. Die hauptsächlichsten Grundsätze und Vorschriften für das Verfahren bei Ausübung des Avantgarden-; Vorposten- und Patrouillen-Dienstes.

a. Vorwort.

Die nachstehenden Aufzeichnungen, welche im Laufe der Zeit in unmittelbarer Ausübung der Praxis durch die Erkenntniß der Fehler und Verstöße, die am häufigsten gemacht werden, entstanden sind, enthalten einige Hauptregeln für das Manövriren, die Gefechte und die Vorpostenaufstellungen kleinerer Abtheilungen. Es würde sich empfehlen, diese Regeln für die Felddienstübungen zum Grunde zu legen und dieselben zur Kenntniß der sämmtlichen Offiziere und Unteroffiziere zu bringen, sie außerdem auch bei der Instruktion der letzteren im Felddienst zu benutzen. — Werden diese Grundregeln beobachtet und gehen dieselben allen Führern in Fleisch und Blut über, so werden die hauptsächlichsten, so vielfach vorkommenden Fehler jedenfalls vermieden werden, und in diesem Dienstzweig wird sich einheitliche Behandlung und stets zunehmender Fortschritt bemerkbar machen, was mein angelegentlichster Wunsch und die alleinige Absicht beim Zusammentragen dieser im Laufe vieler Jahre gemachten Aufzeichnungen gewesen ist.

b. Im Allgemeinen.[*]

1) Die Felddienstübungen müssen, wenn sie zu Pferde im Terrain zur Ausführung gelangen, dem Ernstfalle in aller Beziehung völlig entsprechend, gehandhabt werden, da sie nur dann den Mannschaften ein richtiges Bild geben und belehrend auf dieselben einwirken können. —

2) Schon bei der Versammlung, beim Ausrücken der Mannschaften müssen dieselben von ihrem Führer mit den nachstehenden Dingen bekannt gemacht werden:

a. Von wo der Feind zu erwarten, welche Front die bedrohte ist, wohin der etwa nothwendig werdende Rückzug geht, von wo die etwaigen Verstärkungen zu erwarten sind, welches also die gedachte Kriegslage ist.

---

[*] Einige von den hier wiedergegebenen Grundsätzen sind bereits in dem vorhergehenden Abschnitt „Stufengang in der Ausbildung ꝛc." berührt worden, was vielleicht als eine Wiederholung erscheinen mag, die hätte vermieden werden können. — Bei der vorliegenden Arbeit, deren Zweck es, wie bereits wiederholt angedeutet wurde, ist, jeden einzelnen Abschnitt möglichst als abgerundetes und selbstständiges Ganze zu gestalten, mußten diese Bedenken jedoch in den Hintergrund treten, und ist demgemäß in Rücksicht auf die Vollständigkeit und den Zusammenhang verfahren worden.

Zu dem Zweck rückt jedes Detachement resp. mit Avant- oder Arrieregarde vom Platze ab, je nachdem der Feind in der Front oder im Rücken desselben supponirt ist, damit den Mannschaften auch gleich äußerlich die Kriegslage bekannt und deutlich wird.

b. Woran der Feind zu erkennen ist, welche Abzeichen derselbe trägt, um ihn kenntlich zu machen.

c. Welcher Auftrag dem Führer geworden ist. Dies muß im Allgemeinen in kurzen, verständlichen Worten geschehen, damit die Mannschaften ein Bild von der ganzen Uebung bekommen, nicht theilnahmlos blos mitreiten, sondern zum eigenen Denken angeregt werden.

Die Fragen, welche der Vorgesetzte in dieser Beziehung an die Mannschaften richtet, müssen von denselben richtig und bestimmt beantwortet werden können. — Ist dies nicht der Fall, so nutzt die ganze Felddienstübung gar nichts, die Leute sind sich dann völlig unklar über alles, was vorgeht und geschieht, während sie gerade nach ihrer eigenen Ueberzeugung eingreifen sollen, und ihr Begriffsvermögen erweitert, ihr Nachdenken angeregt werden soll. —

3) Vor allen Dingen muß ein jeder Führer sich bemühen, das vollste Verständniß für den ihm ertheilten Auftrag zu erlangen, in denselben einzudringen und ihn sodann unausgesetzt, bestimmt im Auge behalten, sich nicht auf anderweitige Dinge einlassen, die außerhalb desselben liegen; es muß seine Hauptaufgabe und eine Ehrensache für ihn sein, den ertheilten Auftrag um jeden Preis auszuführen; hiernach muß er seine Maßregeln ergreifen, um dazu im Stande zu sein. Je geschickter, überlegter er dabei verfährt, um so eher wird ihm sein Auftrag gelingen. — Manchem gelingen alle, manchem gelingt keiner, je nachdem der richtige Takt, das richtige Gefühl vorhanden ist.

Beispielsweise darf man sich nicht darauf einlassen, wie dies wohl oft geschieht, großartig manövriren zu wollen, den Feind wohl gar zu umgehen suchen oder mit ihm ohne Grund zu batailliren, wenn dies gar nicht im Sinne der Aufgabe liegt. — Bei einer Rekognoszirung z. B. ist das Sehen und nicht das Fechten die Hauptsache, denn letzteres hält vom Sehen ab; der Feind, der ein Interesse dabei hat, daß wir nicht sehen, hindert es dann. Selbst wenn man aber ohne eigene Schuld beim Rekognosziren zum Fechten gezwungen wird, muß das Sehen und so viel als möglich sehen die Hauptsache bleiben.

4) Jeder Führer einer Abtheilung muß einen Stellvertreter ganz bestimmt ernennen, mit seiner Stellvertretung beauftragen, der seine Funktionen und seine Verantwortlichkeit temporair übernimmt, wenn

er sich mal, durch dienstliche Zwecke gezwungen, vorübergehend von seinem Posten entfernt, was natürlich nur so selten als möglich vorkommen darf. Nichts ist nothwendiger als die feste Regelung in der Befehlsführung. — Diese Stellvertretung darf sich nicht von selbst verstehen, wo dann Mißverständnisse die unvermeidlichen Folgen sind, sondern der Stellvertreter muß beim Fortreiten beauftragt und ernannt werden, damit derselbe seine Obliegenheiten kennt und übernimmt, und damit ein jeder Mann bestimmt weiß, an wen er sich zu halten hat. — So muß es bei größeren wie bei kleineren Abtheilungen gehalten werden, denn es ist ein Hauptgrundsatz, daß stets einer die Verantwortlichkeit für die von ihm kommandirte Truppe haben muß.

5) Kein Führer darf im Umkreise von zwei Meilen um seine Garnison falsche Wege einschlagen; selbst auf weitere Entfernungen, bei Manövern und im Felde, in Feindes Land, muß jeder Führer Umwege, falsche Wege so viel als nur irgend möglich vermeiden, was durch Orientirung auf der Karte sehr wohl ausführbar ist. — Umwege machen, falsche Wege marschiren, macht den schlechtesten Eindruck auf die Untergebenen, erschüttert ihr Vertrauen zum Vorgesetzten, zu dessen sicherer, fester Führung, und fatigirt unnöthig die Pferde, deren Kräfte wir besser gebrauchen können. — Jeder Führer muß wohl vorbereitet auf seine Aufgabe sein und alles mit Ueberlegung thun, nichts ins Gelach hinein, so daß seine Maßregeln Hand und Fuß haben. Er darf es nicht versäumen, seine Mannschaften beim Vorreiten auf dem Marsche mit der Gegend, den Namen der Ortschaften, der Richtung der Landstraßen und Wasserläufe, deren Namen und Uebergänge über die letzteren bekannt zu machen. Nichts ist für den Kavalleristen wichtiger und nothwendiger, als sofort richtig orientirt zu sein, sowohl in Bezug auf die Himmelsgegenden, wie auf die Stellung der eigenen Truppen. — Dies gilt nicht nur für den Marsch, sondern auch für das Kantonnement. — Unsere Mannschaften müssen immer wieder darauf hingewiesen und ihnen die Regeln gelehrt werden, nach welchen dies geschieht; es wird dies dazu beitragen, ihren Ortssinn weiter auszubilden; alle kleinen Kennzeichen in der Natur, in den Ortschaften müssen dazu mitwirken, wie z. B. das Moos an den Bäumen und Steinen, die Windrichtung, der Sonnenstand, bei Nacht der Polarstern, die Kirchthürme, die Gräber u. s. w. —

6) Von größter Wichtigkeit ist die Erziehung der Mannschaften zum Erstatten richtiger, klarer Meldungen.

Aus der Form der Meldungen muß sogleich in Kurzem hervorgehen, von woher die Meldung kommt; es muß nicht erst ein Fragen danach nothwendig sein; also z. B.:

Von der Spitze der Avantgarde wird gemeldet, daß:
oder: Der Herr Lieutenant v. N. von der Avantgarde läßt melden:
oder: Der Unteroffizier S. von der rechten Seitenpatrouille läßt melden:
oder: Von der Vedette No. 2 wird gemeldet:
oder: Der Sergeant R. von der Rekognoszirungspatrouille nach O. läßt melden:
oder: Der Unteroffizier N. von der Schleichpatrouille nach S. läßt melden:
oder: Der Herr Lieutenant M. von der Feldwache No. 4 läßt melden: u. s. w.

Bei der Uebung solcher Meldungen halte man aber darauf, daß die Mannschaften wirklich die Namen der ihnen bekannten Vorgesetzten oder bekannter Ortschaften ꝛc. nennen und nicht etwa an deren Stelle bloße Buchstaben, A., B., 3. u. s. w., wie dies in Vorstehendem natürlich nur als Beispiel angeführt worden ist. Unter derartigen unbestimmten Ausdrücken, die sehr gelehrt klingen mögen, denken sich die Mannschaften nichts, und ein solches Verfahren verwirrt daher nur ihre Begriffe, was wir vermeiden müssen, indem wir ihnen stets die Wirklichkeit vor Augen führen.

Der Meldende muß die Stärke des Feindes, ob derselbe blos aus Kavallerie, oder aus Kavallerie und Infanterie, oder aus allen drei Waffen besteht, die Richtung, von wo derselbe kommt und in welcher derselbe marschirt, anzugeben wissen und dieselbe melden können, in welcher Beziehung die Mannschaften vor ihrem Abreiten instruirt werden müssen. —

Eben so wenig bei den Felddienstübungen wie beim Ueben von bloßen Meldungen darf aber unter keinen Umständen gelitten werden, daß die Mannschaften über Dinge Meldungen abstatten, die im Ernstfall keinenfalls von ihnen geduldet werden würden, wie z. B.: daß ein Dorf, ein Gehöft, ein Wald abgesucht und dabei nichts vom Feinde entdeckt worden ist. — Wenn überall da Meldungen gemacht werden sollen, wo nichts vom Feinde vorgefunden worden, so würde kein Aufhören mit Meldungen sein, und die Pferde würden bei den Meldungen schon allein todtgeritten werden. — Es ist daher unbedingt festzuhalten, daß nur dann Meldungen erstattet werden dürfen, wenn der Feind wirklich entdeckt worden ist, wenn Brücken von ihm zerstört worden sind u. s. w.

7) Die Begriffe und verschiedenen Bezeichnungen, wie dieselben beim Felddienst vorkommen, müssen völlig feststehen, streng von einander gesondert und getrennt und den Unteroffizieren und Mannschaften präzise, klar und gründlich erklärt und verdeutlicht werden, denn aus einer

Verwirrung und Durcheinandermengung dieser Begriffe, wie sie so häufig vorkommt, entstehen die übelsten Mißverständnisse und die unangenehmsten Folgen.

Z. B. Vorposten: ein Sammelname für mehrere Abtheilungen.

Avantgarde, Arrieregarde: ebenfalls Sammelname für mehrere Abtheilungen.

Seiten-Patrouillen: nur beim Marsche vorhanden.

Visitir-Patrouillen: nur bei einer Vedetten-Chaine, also nur im Stehen vorhanden, dazu bestimmt, die eigene Vorposten-Chaine und ihre sämmtlichen Posten zu visitiren, deren Aufmerksamkeit zu kontroliren. Beim Feinde haben dieselben nichts zu suchen.

Rekognoscirungs- und Schleichpatrouillen: welche gegen die feindliche Aufstellung und das zwischen beiden Chainen liegende Terrain entsandt werden.

Sind diese Begriffe nicht vollständig und sicher festgestellt worden, dann muß auch die Funktion, die Obliegenheit stets in Zweifel gestellt bleiben.

Hierzu gehört außerdem, daß jeder Detachirte, also jede Vedette, Patrouille, Ablösung ec. genau wissen und angeben können muß, was sie ist, welchen Auftrag sie hat, zu welchem Zweck sie detachirt ist. Wenn der Detachirte also gefragt wird, was sind Sie? so muß er präzise und bestimmt antworten können, z. B.:

Vedette Nr. 2 von der Feldwache des Herrn Lieutenant M., oder Spitze der Rekognoszirungspatrouille des Sergeanten S., u. s. w.

8) Bei Fragen an die Führer und Mannschaften stets nach dem Weshalb? dem Grunde der Sache fragen, damit sie zum Selbstdenken angeregt werden. Nicht dulden, daß Antworten mit auswendig gelernten Phrasen aus dem theoretischen Unterricht ertheilt werden, sondern stets der gesunde Menschenverstand zur Geltung gelange; deshalb stets Klarlegung der Gründe und Ursachen, weshalb etwas so oder so sein muß.

9) Für unsere Mannschaften besteht die Hauptübung bei den Felddienstübungen darin, richtig und viel sehen zu lernen, recht aufmerksam auf alles zu werden und richtig und gut melden zu lernen; hierin konzentrirt sich eigentlich alles; darauf muß der allergrößte Fleiß verwandt werden. Es ist eine Ehrensache für den Kavalleristen, sich nicht vom Feinde überraschen, ihn z. B. nicht in die Vorposten-Chaine hineinreiten zu lassen; deshalb rechtzeitige Meldungen von den Vedetten, und dann mit einer Patrouille oder mit der ganzen Feldwache, je nach seiner Stärke, dem Feinde entgegengehen über die Chaine hinaus und ihn zurückwerfen.

10) Entsendungen, Detachirungen, müssen stets mit ihrem Gros in dauernder Verbindung bleiben, denn nur dadurch erfüllen sie ihren Zweck. Tritt eine Emanzipirung derselben ein, so sind sie nur ein Nachtheil, weil sie eine Schwächung des Gros herbeiführen, ohne irgend etwas zu nutzen. Gerade dieser Fehler wird außerordentlich häufig begangen, denn er liegt in der menschlichen Natur begründet, die nach Selbstständigkeit ringt.

11) Wer alles decken und sichern will, deckt in der Regel nichts. Zu weite Ausdehnung der Vorposten und Zersplitterung der Vorpostendetachements ist nicht zu billigen. Je größer die Gefahr, je näher der Feind, je weniger das Terrain der Aufstellung günstig ist, um so konzentrirter muß die Aufstellung sein, um so mehr müssen die Truppen zusammengehalten werden. Der Neigung, sich zu theilen und in viele Abtheilungen zu zersplittern, in der Absicht, alles zu halten, kann daher nicht entschieden genug entgegengetreten werden. Unser großer König sagt: „Die vernünftigen Leute observiren die Hauptsachen!"

12) Es kann nicht oft genug betont werden, daß es ein großer Fehler ist, zu viel Vedetten auszustellen; dieser Fehler wird sehr oft gemacht, und dadurch reibt der Vorpostendienst die Truppe auf. Der Bewegungs- und Operationskrieg erfordert durchaus keine fortlaufende Vedetten-Chaine, vielmehr nur Besetzung der Straßen, einzelner wichtiger Höhepunkte, die eine weite Aussicht gestatten und von Straßenknoten 2c. durch detachirte Unteroffizier- oder sogenannte Kosackenposten, bei denen nur ein Mann zu Pferde bleibt. Diese Kosackenposten sind überhaupt weit zweckmäßiger, als Vedetten, und wird durch ein solches Verfahren die Sicherheit der lagernden Truppen weit besser erreicht, und die Pferde werden weit weniger angegriffen werden, wie durch fortlaufende Vedetten-Chainen. Die Neigung zu dem letzteren ist meistentheils vorhanden; wozu aber die Kraftvergeudung?! Wo ich mit einer Vedette, mit einem Posten fertig werden kann, da stelle ich nicht zwei oder gar drei aus; wo der Schnarrposten circa 20 bis 30 Schritte von der Feldwache die Vedetten oder Posten übersehen kann, da stelle ich nicht einen Avertissementsposten aus!

Selbstverständlich ist es, daß wenn man sich auf dem Rückzuge befindet und vom Feinde gedrängt wird, die Sicherung durch die Vorposten zu verdoppeln ist, und dann mehr Posten aufgestellt werden müssen, wie beim Vorgehen, wenn der Feind zurückweicht, oder derselbe einen Stoß erhalten hat, durch den seine moralische Kraft geschwächt worden ist.

Vor allem muß aber festgehalten werden, daß ein geordneter, geregelter, richtig geleiteter und recht lebhafter Patrouillengang durch kleine Patrouillen von zwei bis drei Mann, die unausgesetzt Fühlung am Feinde zu halten haben und dessen etwaige Annäherung schnell melden, eine weit größere Sicherheit gewährt, wie eine Vedetten=Chaine, auch wenn dieselbe noch so gut aufgestellt ist. Es ist dabei festzuhalten, daß die Patrouillen nicht stets zu derselben Zeit abgehen und nicht immer dieselben Wege einschlagen dürfen; sie müssen vielmehr stets andere Wege nehmen und dabei die größeren Landstraßen möglichst vermeiden, um weniger bemerkt zu werden, aber besser sehen und erkunden zu können.

13) Aus den vorstehend angeführten Gründen ist es daher von besonderer Wichtigkeit, den Patrouillendienst bei ausgestellten Chainen viel zu üben, um sich tüchtige, gewandte, überlegte, klar und natürlich denkende Patrouillenführer auszubilden. Die für sie gestellten Aufträge müssen ganz bestimmt und präzise lauten; gewöhnlich zerschlägt sich alles an den unbestimmten, unklar gedachten und unbestimmt ausgesprochenen Aufträgen. Solche Aufträge können nicht genau befolgt werden, und die Führer gewöhnen sich dann daran, die Aufträge, die ihnen werden, unbefolgt zu lassen; die Verwöhnung trägt dann die Schuld daran. Dagegen versteht auch der einfachste Mensch den Auftrag: „Sie übernehmen mit drei Pferden eine Rekognoszirungspatrouille gegen den linken Flügel der feindlichen Vorpostenaufstellung, nähern sich derselben so unbemerkt als möglich, erkunden den Standpunkt der dortigen Vedetten, und, wenn es Ihnen gelingt in die Chaine zu kommen, auch den Standpunkt der Feldwache, ihre Stärke und Zusammensetzung ꝛc.", oder: „Sie gehen mit vier Pferden als Rekognoszirungspatrouille gegen die Lauter vor, untersuchen das linke Ufer derselben in Bezug auf dessen Passirbarkeit von da bis da und suchen auf dieser Strecke Furthen zu ermitteln, welche von Kavallerie und Infanterie passirt werden können u. s. w."

Rekognoszirungs= und Schleichpatrouillen dürfen Umwege nicht scheuen, wenn sie verdeckt an den Feind gelangen können; über freies Feld, Blößen ꝛc. müssen sie im Trabe gehen, sich ducken, um ihren Marsch so unbemerkt als möglich zurückzulegen. Ein unnöthiges Attackiren des Feindes, wobei der ertheilte Auftrag ganz aus dem Spiel bleibt und aus dem Auge verloren wird, ist unter allen Umständen zu vermeiden; man zieht dadurch den Feind blos auf sich, muß sich mit ihm schlagen, und kann dann nicht sehen, was für diese Patrouillen die Hauptsache bleibt. Viel und richtig sehen, und richtige, wahre, gute Meldungen über das Gesehene machen, bleibt, was nicht oft genug wiederholt werden kann, die Hauptanforderung. Ein Angriff alarmirt den Feind, der dann auf seiner Hut sein und uns stärkere Abtheilungen entgegenschicken wird, die uns vom Sehen abhalten. Also nicht attackiren, wenn man dazu nicht gezwungen wird. Hat man gesehen, oder ist es einem nicht gelungen, seinen Auftrag auszuführen, dasjenige zu sehen, worüber man berichten soll, und treten der Patrouille feindliche Abtheilungen entgegen, dann schnell zurück, um sich den Augen des Feindes zu entziehen; ein Aufenthalt ist dann ganz unnütz.

14) Es muß darauf gehalten werden, daß bei den Uebungen zwischen den Vorposten=Chainen stets ein solcher Raum vorhanden ist, daß der Patrouillendienst unbemerkt stattfinden kann, daß also stets ein freies, neutrales Gefechtsfeld zwischen den ersteren bleibt. Die Chainen dürfen mithin nicht so nahe von einander aufgestellt werden, daß jede Vedette die feindliche Vedette vor sich ganz deutlich und genau sehen, auch eine jede Patrouille, die aus der Vorposten=Chaine herauskommt, die feindliche Aufstellung sofort entdecken kann. Es hört sonst alle Spannung und Aufmerksamkeit auf, die unter allen Umständen zu erhalten die Hauptsache bleibt.

---

c. Im Besonderen und in formeller Beziehung.

1) Die Formirung der Avantgarde muß sowohl aus dem Stillhalten, wie aus der Bewegung sehr schnell geschehen, und zwar in folgender Weise:

Der betreffende Zugführer kommandirt: Die Spitze Trab! (resp. Galopp=Marsch!) sogleich darauf: Zwischenposten Trab! (resp. Galopp!) ebenso Seitenpatrouillen Trab! (resp. Galopp!), demnächst: Haupttrupp Trab! (resp. Galopp!).

Der sogenannte Unteroffiziertrupp bei der Avantgarde hat nach den neueren Vorschriften aufgehört; es giebt also vor dem Gros der Avantgarde nur noch den Offizier= oder Haupttrupp. Es kann aber oft, im waldigen oder weniger übersichtlichen Terrain sehr nothwendig werden, eine kleine Abtheilung von der Avantgarde nach rückwärts zur Verbindung der letzteren mit dem Gros zu detachiren.

Schon vorher muß alles gehörig abgetheilt sein, damit kein Irrthum beim Vorreiten stattfindet und keine Unordnung entsteht. Die vorreitende Spitze und Zwischenposten nehmen im Vorreiten den Karabiner auf. Alle die einzelnen Theile der Avantgarde traben resp. galoppiren so lange, bis sie rückwärts ihren vorschriftsmäßigen Abstand von einander gewonnen haben, sodann setzen sie sich in die kürzere Gangart und halten nicht ängstlich, aber doch im Allgemeinen ihren Abstand, bleiben in steter Verbindung unter einander und entfernen sich daher nicht zu weit von einander.

Besonders in unübersichtlichem, koupirten Terrain ist es erforderlich, daß die Avantgarde durch einzelne Reiter, die zurückgelassen werden, stets

Verbindung mit dem Gros hält, damit das letztere keine unrichtigen Wege einschlägt.

Die Spitzen der Avant- und Arrieregarde dürfen es niemals verabsäumen, Höhen in der Nähe des Weges, den sie einschlagen, hinanzureiten, um von denselben so weit als möglich um sich zu sehen; sie dürfen sich selbst dabei so wenig als möglich sehen lassen.

Zu dem Zweck empfiehlt es sich, keine sehr hellen, in weiter Entfernung auffallenden Pferde zu Spitzen auszuwählen, besonders nicht bei einem heimlichen, verdeckten Marsch; ebenso wenig Pferde, die die Gewohnheit an sich haben, viel zu wiehern und unruhig zu werden.

2) Was den Uebergang aus der Avantgarde in die Vorposten betrifft, so ist es Regel, daß auf dem Marsch beim „Halt!" aus der Spitze der Avantgarde und aus den Seitenpatrouillen sofort Bedetten resp. Kosackenposten werden, die sich unter einander in Verbindung setzen und den Anschluß aufsuchen; der Offizier- (Haupt-) Trupp hat sich sofort als Feldwache zu etabliren. Dasselbe Verfahren findet in entsprechender Weise umgekehrt statt, wenn wieder zum Marsch angetreten wird; aus den Bedetten resp. Kosackenposten werden Spitze und Seitenpatrouillen, die Feldwache bildet wieder den Offizier- (Haupt-) Trupp.

3) Das Aussetzen der definitiven Vorposten nach Beendigung des Marsches oder Gefechtes muß unter dem Schleier der mit dem Feinde in Berührung gebliebenen äußersten Spitzen- resp. Gefechtsvorposten erfolgen; doch haben die letzteren dann jedes Gefecht mit dem Feinde zu vermeiden, da dies sonst immer größere Dimensionen annimmt; es aber nur darauf ankommt, den Feind zu beobachten.

4) Beim Ausstellen der Vorposten empfiehlt es sich, das folgende Verfahren zu beobachten:

Der Führer, welcher bestimmt wird, eine Feldwache auszusetzen und die lagernde Truppe also durch dieselbe vor plötzlichen Angriffen sicher zu stellen, begiebt sich unter Vorsendung der Spitze und der Seitenpatrouillen auf den Punkt, wo er muthmaßlich seine Feldwache ausstellen wird, und sendet von da aus strahlen- oder radienförmig so viele Bedetten oder Kosackenposten in der Front und in den Flanken nach Umständen gegen den Feind vor, als er nach Beurtheilung der Gestaltung des Terrains und der Ausdehnung des letzteren zur Deckung des betreffenden Abschnittes, den er besetzen soll, muthmaßlich gebrauchen wird. Diese Bedetten resp. Kosackenposten erhalten den Auftrag, sich vorläufig in angemessener Entfernung von der Feldwache provisorisch auf Punkten, von wo sie das vorliegende Terrain so weit als möglich übersehen können, möglichst gedeckt aufzustellen und schon verläufig Verbindung unter einander und mit den etwa vorhandenen

Vedetten und Posten der Nebenfeldwachen zu suchen und zu erhalten. Ebenso werden in der Regel die Spitze und die Seitenpatrouillen sogleich denselben Auftrag erhalten, wenn sie beim Marsch vorausgeschickt waren. Durch ein solches Verfahren ist das lagernde Gros sofort gesichert, selbst dann, wenn die Aussetzung der Vorposten bei Nacht in ganz unbekanntem Terrain erfolgen muß. Dies Verfahren gewährt die meiste Sicherheit. Erst wenn dies geschehen, reitet der betreffende Führer, nachdem er die Feldwache dem ältesten Unteroffizier übergeben, mit einer Patrouille nach einem Flügel seiner Vedetten= resp. Postenchaine und regulirt von dort aus, die Chaine herunterreitend, den Stand seiner Vedetten= resp. Kosackenposten; er berichtigt ihre Aufstellung, kontrolirt sie und vermittelt ihren Anschluß an die Posten der Nebenfeldwachen. Auf diese Art und Weise ist auch die Feldwache sofort gesichert und besser, als wenn der Führer mit allen Vedetten von einem Flügel die Aufstellung derselben übernimmt. Die Vedetten= resp. Kosackenposten stehen dann auch weit schneller. Nach erfolgter Rektifizirung des Standpunktes der letzteren werden dann sofort eine oder mehrere Rekognoszirungspatrouillen gegen den Feind vorgeschickt; denn Patrouillen sichern weit besser, was nicht oft genug betont werden kann, wie stehende Vedetten oder Posten, die allerdings nicht entbehrt werden können; denn die Patrouillen durchschreiten mehr Terrain und kommen näher an den Feind.

Bei Flügel=Feldwachen müssen stets die äußeren Flügel der Chaine etwas zurückgezogen werden und eine Art von Flanke bilden. —

5) Die Feldwache bleibt so lange zu Pferde, bis die Posten ausgestellt werden, nimmt aber ihren Standpunkt schon provisorisch möglichst verdeckt, also z. B. nicht auf freiem Felde, wenn sie nur zwanzig Schritte weit rechts oder links ganz verdeckt in einer Holzlisiere stehen kann, wo sie nicht eingesehen ist. — Es ist erforderlich, den Standpunkt für die Feldwache so auszusuchen, daß die Pferde möglichst horizontal und eben stehen, nicht zur Seite, vorn oder hinten hoch. — Außerdem aber muß die Feldwache von ihrem Standpunkte freie Bewegung vor, zurück und seitwärts so viel als möglich haben; an einer Waldlisiere werden diese Anforderungen meistens am besten erfüllt werden; dort ist auch am meisten Schutz. Wenn möglich ist es zu vermeiden, die Pferde in Sturzacker oder sehr weichen Boden zu stellen; am besten hierzu eignet sich Rasen oder benarbter Boden. —

Grundsatz muß es ferner sein, die Feldwachen in die Nähe der Wege, besonders bei Nacht, zu stellen. —

6) Der Standpunkt der Feldwachen und des Gros der Vorposten muß so wenig als möglich gewechselt werden, damit sobald als möglich abgekocht und gefuttert werden kann. Es kommt darauf an,

daß die Vorposten auf das Schleunigste wieder gefechtsbereit sind, und keine Minute darf in dieser Beziehung versäumt werden. Es müssen schon bei den Friedensübungen Einrichtungen getroffen werden, daß den Vorposten die Bivouaksbedürfnisse und die Lebensmittel auf das Schleunigste zugeführt werden, damit sie sofort nach dem Beziehen des Bivouaks abkochen können. — Bei umsichtiger Voraussicht ist dies sehr wohl ausführbar. —

7) So viel als möglich müssen stets Offiziere zu Kommandeuren der Feldwachen bestimmt werden; denn dies ist für den Kavallerie-Offizier ein Ehrenposten, ein Kommando d'honneur, bei dem ein soulagement ganz am unrechten Ort ist. —

Es empfiehlt sich, dem Feldwach-Kommandeur die Ausstellung seiner Posten ganz allein zu überlassen, ebenso die Wahl des Standpunktes seiner Feldwache; ist er hiermit fertig, dann ist es Sache des höheren Vorgesetzten, die Aufstellung zu kontroliren und erforderlichenfalls zu rektifiziren, sich aber nicht vorher in die getroffenen Anordnungen einzumischen. —

8) Auf der Feldwache darf niemals ein Pferd abgesattelt oder abgezäumt werden, doch ist das Umsatteln der Pferde zu ein Drittel (ein bis zwei Mal innerhalb 24 Stunden) und das Neulegen des Woylachs zu einer ruhigen Zeit, wenn keine Gefahr im Verzuge ist, und sich gerade mehrere Patrouillen am Feinde befinden, keinesfalls zu versäumen, ebenso wenig das Abreiben der Pferde auf der Sattellage, an den Beinen, an Brust und Bauch. — Dies Umsatteln muß selbstverständlich so schnell als möglich geschehen. —

9. Ebenso dürfen Feldwachen niemals in ihrer ganzen Stärke futtern oder tränken, sondern stets nur zu ein Drittel ihrer Stärke auf einmal, damit wenigstens zwei Drittel der Feldwache stets völlig schlagfertig sind. Dies Futtern und Tränken darf niemals in den frühen Morgenstunden geschehen. Das Futtern der Pferde erfolgt etwas zurück und abgesondert von den übrigen Pferden.

Für den Fall, daß gekocht werden darf, muß das Feuer so verdeckt als möglich, im Grunde, in der Tiefe, hinter Gehölz angemacht werden. —

10) Im Gros der Vorposten darf ebenfalls nicht abgesattelt oder abgelegt werden. — Die Pferde dürfen dort zur Hälfte auf einmal umgesattelt werden; die Woylachs sind frisch zu legen, nachdem sie ausgestaubt worden; die Pferde sind tüchtig abzureiben, besonders auf dem Rücken. — Nur wenn es höheren Ortes ausdrücklich erlaubt wird, kann bei Tage die Hälfte der Pferde abgesattelt werden; Nachts bleibt unbedingt bei allen der Sattel liegen. — Gefuttert wird immer nur die Hälfte der Pferde auf einmal, so daß wenigstens die Hälfte der Pferde stets schlagfertig zum Ausrücken ist. — Abgezäumt kann stets die Hälfte der Pferde bei Tage sein,

bei Nacht aber keins. — Selbstverständlich dürfen beim Gros der Vorposten keine Signale geblasen werden. —

Wenn es regnet, muß stets der Sattel im Bivouak auf dem Pferde sein, damit die Woylachs nicht naß werden und das Pferd auch geschützter ist. — Nach dem Aufhören des Regens sind die Pferde tüchtig mit Stroh abzureiben, damit das Haar wieder trocknet, die Pferde wieder wärmer werden, und das Blut wieder mehr nach der Hautoberfläche hingezogen wird. —

Es soll hier gleichzeitig noch einer Sache Erwähnung geschehen, dem Reiten zur Tränke, bei welchem die größte Ordnung erforderlich ist, da bei dieser Gelegenheit nicht selten ungehörige Dinge passiren, Handpferde losgelassen werden, Reiter herunterfallen und sich Arme und Beine verstauchen oder brechen u. s. w. — Deshalb muß stets ein Offizier die Abtheilungen, die zur Tränke reiten, führen; an der Tete reiten die Reiter ohne Handpferde, dann folgen die Reiter mit Handpferden; die Unteroffiziere haben sich zur Führung der Aufsicht auf die ganze Kolonne zu vertheilen. —

11) Was die Hauptpflichten und das Verhalten des Feldwach-Kommandanten betrifft, so sind dieselben in Nachstehendem zusammengefaßt:

a. Der Kommandeur einer Feldwache darf sich durchaus nicht von seinem Posten entfernen, d. h. er muß stets innerhalb seiner Posten-Chaine dienstlich beschäftigt sein. —

b. Er darf sich nicht vom Feinde überfallen lassen, sondern der Feind muß seine Feldwache beim Angriff mindestens in der Posten-Chaine im Sattel finden.

c. Der Feind darf sich nicht unentdeckt durch die Posten-Chaine schleichen, oder gar in dieselbe hineinreiten, damit so wenig der Standpunkt der Vedetten und Posten, wie derjenige der Feldwache von demselben ermittelt werden kann. —

d. Wenn der Kommandeur zeitweise aus anderen dienstlichen Rücksichten seine Feldwache verläßt, so hat er stets, was hier wiederholt werden muß, seinen Stellvertreter, welcher in seiner Abwesenheit das Kommando zu führen hat, ausdrücklich zu bestimmen. —

e. Kein Kommandeur einer Feldwache läßt an die Pferde treten, oder wohl gar aufsitzen, wenn ein Vorgesetzter sich der Feldwache nähert; sondern die Mannschaften bleiben bei ihren Beschäftigungen. — Hingegen setzt er sich selbst zu Pferde, um die bezügliche Meldung abzustatten. —

Die Feldwache sitzt nur auf und tritt auch nur an die Pferde, wenn der Feind dies nothwendig macht. —

f. Jeder Feldwach-Kommandant ist mit seiner Ehre für die Sicherung des ihm anvertrauten Terrainabschnittes unter eigener Verantwortlichkeit responsable. —

12) Der Einzelnposten bei der Feldwache, welcher so zu sagen als ihr Posten vor dem Gewehr anzusehen ist, der aber außerdem noch die Vedetten resp. Kosackenposten zu beobachten und alles zu melden hat, was bei denselben vorgeht, heißt „Schnarrposten" (nicht wie öfters angenommen, „Avertissementsposten"); derselbe steht zu Fuß mit aufgenommener Schußwaffe. —

13) Dagegen heißt der Einzelnposten, welcher zuweilen zur Erhaltung der Verbindung der Feldwache mit den Vedetten resp. Kosackenposten zwischen beiden aufgestellt wird, wenn der Schnarrposten nicht alle Vedetten und Kosackenposten zu sehen vermag, „Avertissementsposten"; derselbe steht zu Pferde mit aufgenommener Schußwaffe und hat seinen Posten nicht zu verlassen; derselbe meldet also nicht an die Feldwache, sondern macht nur die Zeichen nach (Volte reiten, Signalschuß 2c.), welche die Vedetten ausführen. Natürlich wird derselbe event. nur bei Tage aufgestellt und auch dann nur selten. —

14) Für den Fall, daß die allgemeine Kriegslage oder die Gefechtsverhältnisse die Aussetzung einer fortlaufenden Vedetten-Chaine nothwendig machen sollten, müssen die einzelnen Vedetten resp. Posten so ausgesetzt werden, daß dieselben stets ihre Nebenvedetten 2c. sehen können, um mit ihnen unausgesetzt Verbindung zu halten.

15) Detachirte Unteroffizierposten, sogenannte stehende Patrouillen, Kosackenposten haben nur einen Mann zu Pferde als Auslugeposten; die übrigen sind zu Fuß und halten sich bei den Pferden. — Pferde, die sehr unruhig sind, nicht allein stehen wollen, sich nach den anderen langen, sich bäumen, sind nicht zu einzelnen Posten, Avertissementsposten 2c. zu verwenden, sondern zu Vedetten und Patrouillen. —

16) Um jedem etwaigen Mißverständnisse entgegenzutreten, wird ausdrücklich betont, daß die Kosacken-, resp. detachirten Unteroffizierposten nicht aus dem Gros der Vorposten gestellt werden; dies würde unrichtig sein. Feldwachen müssen unter allen Umständen ausgesetzt werden, und diese stellen entweder die detachirten Unteroffizier- resp. Kosackenposten oder auch zuweilen, wie bereits mehrfach hervorgehoben, Vedetten aus. —

17) Sämmtliche Vedetten, Avertissements und Schnarrposten, die einzelnen Reiter der Kosacken- 2c. Posten stehen mit aufgenommener Schußwaffe; ebenso reiten die Spitze, der Zwischenposten und die Seitenpatrouillen mit aufgenommener Schußwaffe. — In gleicher Weise werden alle Meldungen

innerhalb der Vorposten und innerhalb der Avantgarde von den Vedetten und Spitzen ꝛc. mit aufgenommener Schußwaffe und nicht mit aufgenommenem Seitengewehr resp. angefaßter Lanze erstattet. — Dagegen werden Meldungen nach weiter rückwärts mit aufgenommenem Seitengewehr resp. angefaßter Lanze gemacht.

Nach den neueren Festsetzungen reiten Vedetten-Ablösungen jetzt stets innerhalb der Vorposten-Chaine mit einer Spitze; man zeigt auf diese Weise seine Stellung dem Feinde weniger leicht. — Die Ablösung läßt sich bei Nacht durch die Vedette, wie alles, was sich derselben nähert, mit: „Halt! Werda!" anrufen, antwortet: „Ablösung!" worauf die Vedette kommandirt: „Ein Mann vor! Halt! Losung!" worauf die Spitze der Ablösung das erste Wort der Losung giebt, die Vedette das zweite Wort. — Hierauf kommandirt die Vedette: „Etwas näher!" „Halt! Feldgeschrei!" worauf die Spitze der Ablösung das Feldgeschrei giebt, und wenn alles richtig und sicher erkannt worden, kommandirt die Vedette: „Ablösung kann passiren!" Hierauf kommandirt der Führer: „Marsch!" „Halt!" „Ablösung der Vedette Nr. X. vor!" (Die Ablösung muß also vorher richtig abgetheilt sein.) — Jeder Ablösende reitet links neben den Abzulösenden; sie übergeben sich alles, was Besonderes in den zwei Stunden vorgefallen ist, und darauf begeben sich die Abgelösten zur Abtheilung, welche zur nächsten Vedette reitet.

Sollte die Vedette nicht aufgepaßt und die Annäherung der Ablösung nicht frühzeitig genug gehört haben, wird die Vedette daher früher von der Spitze der Ablösung erkannt, wie diese von jener, so ruft die Spitze der Ablösung die Vedette mit „Halt!" „Werda!" an. Die Vedette antwortet mit „Vedette" und muß dann sofort auch „Halt!" „Werda!" rufen, worauf die Ablösung mit „Ablösung" antwortet und das obige Examen beginnt. — Niemals darf sich aber die Vedette durch das Anrufen der Ablösung oder aus sonstigen Veranlassungen dazu verleiten lassen, sich von den Ankommenden examiniren zu lassen, wohl gar das erste Wort der Losung zu geben; dies hat vielmehr stets der Ankommende zu geben, welcher die Chaine passiren will. — Die Vedette ist der Herr, der Befehlende, ihr hat sich Jeder und alles, wer es auch sei, zu fügen, was nicht streng genug festgehalten und den Mannschaften eingeschärft werden kann. —

19) Keine Vedette oder Kosackenposten meldet einem an sie herankommenden Vorgesetzten; sondern sie haben deutlich dessen an sie gerichtete Fragen zu beantworten, ohne sich in ihrer Aufmerksamkeit auf das Vorterrain, resp. den Feind stören zu lassen, und ohne ihren Posten zu verlassen.

20) Es ist selbstverständlich, daß bei Tage von den Vedetten resp. Kosackenposten diejenigen Personen, die sie von Angesicht kennen, weder angerufen noch festgehalten werden.

21) Die Führer von Patrouillen, seien es Unteroffiziere oder Gefreite reiten vor den Mannschaften, nicht auf den Flügeln derselben. — Bei Schleichpatrouillen müssen die Mannschaften einzeln reiten, aber so, daß sie trotzdem untereinander in Verbindung bleiben. —

22) Es ist erforderlich, daß der Feldwach-Kommandeur den Vedetten und Kosackenposten Zeichen anbefiehlt, welche dieselben zu machen haben wenn etwas Unbestimmtes vor der Chaine vorgeht, oder wenn etwas vorgeht, was nicht gerade nothwendig ist, zu melden, wovon aber doch der Führer benachrichtigt werden soll; wie z. B. Feuer in einem Dorfe, starkes Hundegebell u. s. w. — Derartige Zeichen sind: Volten im Schritt, Trab und Galopp, sei es nach rechts, sei es nach links, sei es ein Mann, seien es beide. — Diese Zeichen haben den Zweck, die Pferde zu schonen; dieselben nicht durch zu vieles Reiten zum Melden zu ermüden und die Mannschaften auch mehr in der Chaine zu behalten, damit dieselbe weniger entblößt wird.

Ist Gefahr im Verzuge, drängt der Feind schnell an, so ist der Signalschuß zu geben und zwar in der Richtung nach der Feldwache, wohin er schallen soll, nicht nach dem Feinde. — Derjenige, welcher geschossen hat, reitet aber außerdem noch zur Meldung zur Feldwache, natürlich dann in der Karriere. —

Werden die Vedetten resp. Kosackenposten durch den Feind geworfen, so dürfen sie sich nicht unmittelbar gerade auf die Feldwache zurückziehen, um dem Feinde den Standort derselben nicht zu verrathen, sondern sie ziehen sich seitwärts derselben zurück, um den Feind abzulenken und dadurch der Feldwache Gelegenheit zu einer vortheilhaften Flankenattacke auf den Feind zu geben.

d. Schlußbemerkungen.

Nachdem in vorstehenden Kapiteln die für die Ausbildung im Felddienst und für die Ausführung desselben maßgebenden hauptsächlichsten Gesichtspunkte und Regeln dargelegt worden sind, werden dieselben der allseitigen Beachtung nochmals angelegentlichst empfohlen, um nach Anleitung jener Grundsätze mit der größten Sorgfalt, Umsicht, Verständniß und in recht praktischer Weise zu verfahren, damit durch diesen für unsere Waffe so hochwichtigen Dienstzweig der erwünschte Erfolg erzielt wird. — Ausdrücklich muß in dieser Beziehung besonders auf den bei der Ausbildung zu beobachtenden Stufengang*) und auf die methodische und systematische Handhabung und Entwickelung, wie sie dort gegeben worden ist, im Interesse der Erzielung eines günstigen Resultates hingewiesen werden; denn nur, wenn in solcher Weise richtig verfahren, naturgemäß, sicher und fest von unten aufgebaut wird, kann der Erfolg auch der darauf gerichteten Mühe und dem Zeit- und Kräfteaufwand entsprechen. — Wie nicht oft genug wiederholt werden kann, ist es vor allen Dingen erforderlich, dabei unausgesetzt geistig anregend auf die Mannschaften einzuwirken, sie zum Denken und Ueberlegen zu veranlassen, allen todten Formenkram bei Seite zu lassen und sie dadurch zur Selbstständigkeit zu erziehen und hinzuleiten, da sie nur dann den ihnen sowohl im Ernstfall, wie im Frieden bei den Feldmanövern mit gemischten Waffen zufallenden Aufgaben völlig gewachsen, und im Stande sein werden, sich durch Lebendigkeit und Beweglichkeit rege Theilnahme und Umsicht, korrektes Sehen und Erkennen, sowie richtiges, schnelles, präzises und verständiges Melden auszuzeichnen und einen guten Namen zu machen.

3. Grundsätze und Hauptregeln für die Theilnahme an Feldmanövern mit gemischten Waffen und in Beziehung auf das Gefecht.

Die vielfach gemachten Erfahrungen, daß bei den Feldmanövern nicht immer diejenigen festen Grundsätze, welche sowohl auf den Exerzir- und Uebungsplätzen, wie im Terrain, wo die Waffe allein geübt wurde, als unumstößliches Gesetz gelten, und derselben mit Konsequenz eingeimpft werden, zur Anwendung gelangen; vielmehr noch vielfach der Glaube vorherrscht, als sei dies nur die Schule, die bei der Anwendung, also beim Feldmanöver und vor dem Feinde nach Gefallen und ohne allen Schaden und ohne jede Gefahr abgeschüttelt werden könne, um eigenen Anschauungen Platz zu machen, sind die Veranlassung zu den nachstehenden Bemerkungen, deren Beachtung auf das Angelegentlichste empfohlen werden muß.

a. Als erster Grundsatz muß, wie schon betont, hingestellt werden, daß das auf den Exerzir- und Uebungsplätzen Geübte und Erlernte auch unbedingt beizubehalten und bei den Feld-Manövern zur Anwendung zu bringen ist; denn gerade dafür ist es geübt worden; es ist nicht Selbstzweck; noch weit strenger muß auf dem Manöverterrain dessen Ausführung gefordert werden, wie ebenso vor

---

*) Siehe Abschnitt VI, 1 dieser Zusammenstellung.

dem Feinde, weil von derselben der Erfolg abhängig ist, auf den Alles ankommt. Es betrifft dies ebensowohl die Truppe selbst, wie deren Führung.

Die erstere anlangend, so muß hier das schon oft Ausgesprochene wiederholt werden, daß die unverbrüchlichste Ordnung das Fundamentalgesetz ist; sie muß unter allen Umständen und Verhältnissen fest aufrecht erhalten werden. — So nothwendig diese Feldmanöver sind, so würden sie doch auf das Nachtheiligste einwirken, wenn die Ordnung in den Truppen dabei alterirt und aufgelöst wird; denn dann sind dieselben die schlechteste Vorbereitung für den Ernstfall, der die höchste Ordnung und Geschlossenheit verlangt, wenn nur irgendwie Aussicht auf günstigen Erfolg vorhanden sein soll. — Es kann daher den Regimentern und Eskadronen nicht genug die Aufrechterhaltung dieses Fundamentalgesetzes bei den Feldmanövern in der Division zur Pflicht gemacht werden, vor Allem bei der Attacke, auf welcher allein unsere Einwirkung auf den Feind beruht; eine jede Attacke, welche locker, aufgelöst an den Feind kommt, bei welcher mehr als zwei Glieder vorhanden sind, muß, selbst wenn sie gegen eine schwächere Abtheilung ausgeführt wurde, die aber fest geschlossen attacirte, als abgeschlagen zurückgewiesen werden. — Aber auch alle übrigen Bewegungen müssen mit vollster Sicherheit und Festigkeit, wie auf dem Exerzirplatz, ausgeführt werden. — Vielfach ist es die Führung, übereilte, hastige Kommandos, welche die Unordnung in die Truppe hineinbringen, und dürfen sich die Führer daher in dieser Beziehung vor allen Dingen nicht gehen lassen, sondern müssen den strengsten Ansprüchen in Bezug auf ihre Haltung, ihre Spannung und ihre Kommandos genügen. — In der Kolonne müssen sie die Tete richtig und sicher dirigiren, in der Front und in Eskadronskolonnen die Direktionsobjekte laut und deutlich bezeichnen.

Die Eskadronchefs, auf welchen vornehmlich diese niedere Führung, welche die erste und unerläßlichste Bedingung für die höhere Führung ist, beruht, sind durch den Abschnitt V.*) so selbstständig gestellt worden, daß nunmehr auch mit Recht die Erhaltung der höchsten Ordnung und Geschlossenheit in ihren Eskadronen von ihnen beansprucht werden darf; sie sind persönlich verantwortlich für dieselbe.

Was nun die höhere Führung anlangt, so besitzen wir als Grundlage und als Richtschnur für den Gebrauch und die Verwendung unserer Waffe den Allerhöchst sanktionirten, neu emanirten Abschnitt V.*) zum

---

*) Abschnitt V des Neuabdrucks des Exerzir-Reglements für die Kavallerie vom 9. Januar 1873 — Neubearbeitung — Allerhöchst genehmigt den 4. Juni 1874.

Exerzir-Reglement, welcher bei den Kavalleriedivisions-Uebungen der beiden verflossenen Jahre sowohl,*) wie bei der Brigadeübung im Jahre 1872**) lediglich zur Ausführung gelangt ist. — Die maßgebenden Gesichtspunkte und Grundsätze können daher nicht mehr unbekannt sein. Die dort vorgeschriebenen Formen und Bewegungen, wie sie auf den Uebungsterrains von Altendorf und Berge***) von Raguhn und Jeßnitz,†) von Pietzpuhl und Steglitz††) konsequent und permanent geübt worden sind, haben aber nur den einen Zweck, daß sie vor dem Feinde, also im Frieden bei den, dem Ernstfall am nächsten kommenden Feldmanövern, zur Erringung des Sieges strikte zur Anwendung gelangen; es muß der Waffe, diese Art zu fechten und sich zu schlagen zur Gewohnheit geworden sein; denn nur darin findet sie eine Gewähr für ihre Anstrengungen.

b. Die Grundsätze und Formen, auf welche es bei der Führung und Verwendung unserer Waffe ankommt, sind im IV. Abschnitt dieser Zusammenstellung unter 1. enthalten; es soll daher in dieser Beziehung hier nur noch der Hinweis auf einige der wichtigsten Kapitalanforderungen, deren strikte Erfüllung bei den Feldmanövern ebenso unumgänglich nothwendig ist, erfolgen:

1) Größere Abtheilungen, wie eine Eskadron, sind stets mindestens in zwei Treffen zu formiren, selbst wenn der Gegner eine ausgedehntere, größere Front zeigen sollte. — Da das zweite Treffen stets offensiv wirken und eingreifen soll, so kommt dasselbe immer zur Geltung und dann überraschend und auf die Flanke des Feindes, was die Wirkung verzehnfacht.

2) Es ist unausgesetzt die Wirkung aus der Tiefe, in konzentrischer Richtung festzuhalten, anstatt exzentrisch, zentrifugal nach allen Richtungen auseinander zu gehen und dadurch die Kräfte zu zersplittern.

3) Sollte kein drittes Treffen, keine Reserve vorhanden sein, so darf nicht das ganze zweite Treffen in das Gefecht des ersten Treffens hineingeworfen werden; bestand z. B. das zweite Treffen nur aus einer Eskadron, so muß dieselbe zwei Züge als Reserve zurücklassen, wenn sie

---

*) Im Jahre 1873 und 1874: Uebungen der kombinirten Kavallerie-Division des IV. Armeekorps. —

**) Uebungen der 7. Kavallerie-Brigade. —

***) Uebungsterrain der 7. Kavallerie-Brigade 1872. —

†) Uebungsterrain der kombinirten Kavallerie-Division des IV. Armeekorps 1873. —

††) Uebungsterrain der kombinirten Kavallerie-Division des IV. Armeekorps 1874. —

mit zwei Zügen zur Unterstützung des ersten Treffens vorbricht und die Flankenattacke auf das feindliche erste Treffen ausführt. — Diese zwei zurückbleibenden Züge haben die Bestimmung, dem etwa vorbrechenden zweiten Treffen des Feindes entgegenzutreten und dasselbe dadurch vom Eingreifen abzuhalten; ebenso aber auch das etwa geworfene erste Treffen zu degagiren und den Feind vom Verfolgen abzuhalten.

4) Das erste Treffen muß grundsätzlich stets durch Vorwärts-seitwärts-Bewegungen den einen Flügel vorzunehmen und den entsprechenden Flügel des Feindes zu umfassen suchen; ein bloßer Frontalangriff durch steifes, starres, ungelenkes Geradeausreiten darf durchaus nicht stattfinden, denn der Faktor der Führung muß unbedingt zur Geltung gebracht werden, und einem jeden Führer muß es zur Gewohnheit werden, sich auf die Flanke des Feindes zu manövriren; thut er dies nicht, so erfüllt er seine Aufgabe als Führer nicht, denn starr und steif geradeausreiten auf den Feind zu kann die Truppe auch ohne ihn, dazu gehört keine Kunst.

5) Befindet sich im ersten Treffen ein Regiment so hat das zweite Treffen eine Unterstützungs-Eskadron auf 100 bis 150 Schritt an dasselbe heranzuschicken; oder aber, ist das Regiment im ersten Treffen fünf Eskadronen stark, so sondert dasselbe selbst eine seiner Eskadronen als Unterstützungs-Eskadron aus, welche hinter der Mitte desselben folgt.

Auf vier Eskadronen im ersten Treffen ist eine Unterstützungs-Eskadron hinter der Front zu rechnen; dies darf niemals verabsäumt werden, und ist stets vom Kommandeur des ersten Treffens ins Auge zu fassen. —

6) Alle Rendezvous-Stellungen müssen in zusammengezogener Kolonne genommen werden.

7) Alle Entwickelungen aus der zusammengezogenen Kolonne zu Eskadronskolonnen, und aus Eskadronskolonnen zur Linie werden niemals auf der Stelle, sondern stets in der Bewegung vorgenommen; ebenso alles Zusammenziehen aus Eskadronskolonnen zur zusammengezogenen Kolonne.

8) Es muß so lange als möglich in der Formation der Eskadronskolonnen verblieben und so spät als möglich die Entwickelung zur Linie vorgenommen werden. — Durchaus fehlerhaft ist es, längere Zeit in entwickelter Linie auf der Stelle zu stehen, oder ohne zur Attacke vorzugehen, in entwickelter Linie zu avanciren; dies geschieht alles in Eskadronskolonnen, die sich, je nachdem das Terrain dies nothwendig macht, im Vor- oder Zurückgehen zusammenziehen (ohne alles Kommando von oben) und, wenn das Terrain es gestattet, wieder ihre richtige Aufmarsch-Intervalle nehmen.

Diese Formation hat die Fähigkeit, sich dem Terrain am besten anzupassen, und ist auf diese Weise jede Terrainfuge oder Welle zu verdeckter Aufstellung oder Annäherung auf die leichteste Weise zu benutzen. Dies muß besonders beachtet werden. —

9) Ist es möglich, das Passiren von Defileen, Dörfern ꝛc. zu vermeiden, so umgeht man sie besser während eines Gefechtes; sind sie aber nicht zu vermeiden, so müssen sie wenigstens zuvor gründlich aufgeklärt werden; denn es giebt keine traurigere Lage für die Kavallerie, als im Defilee stecken zu bleiben, oder gar in demselben noch angegriffen zu werden, was stets dem Führer zur Last fällt. —

Jedenfalls muß sowohl im Vor= wie im Zurückgehen stets im Trabe durch ein Defilee ohne Aufenthalt schnell und mit Ordnung gegangen werden. Die Entwickelung nach Passirung eines Defilees kann nicht schnell genug vor sich gehen. —

Geht der Feind durch ein Defilee, durch einen Hohlweg, über einen Damm ꝛc., wo er also in schmaler Front abbrechen und marschiren muß, dann kommt es darauf an, den günstigen Zeitpunkt abzupassen und ihn entschlossen in breiter Front zu attackiren, wenn seine Tete im Begriff ist, aus dem Defilee herauszutreten. —

10) Vor dem Feinde, zumal nach der Attacke, darf durchaus nicht zu Dreien kehrt gemacht, sondern es muß mit Zügen umkehrt resp. abgeschwenkt werden, im letzteren Falle mit Schwenkung eines Flügelzuges umkehrt. —

Ein Brechen der Front in rechts= oder linksum, oder zu Dreien und zu Zweien ist auf dem Manöverterrain überhaupt ganz unstatthaft; die Front darf nur in Zügen gebrochen werden.

Ebenso wird nach rückwärts höchstens im Trabe abgebrochen.

11) Rekognoszirungen, die nur sehen sollen, sind schwach zu machen, ein Zug, eine Offizierpatrouille genügen vollständig. Ganze Eskadronen dazu zu entsenden ist unzweckmäßig, einmal eine Vergeudung von Kräften, die man besser gebrauchen kann, und nächstdem wird der Feind nur aufmerksam gemacht, und derselbe verhindert uns dann am Sehen, worauf es gerade allein ankommt.

Bei Rekognoszirungen wichtiger Art empfiehlt es sich vornehmlich, von den Offizierpatrouillen auskömmlichen Gebrauch zu machen. —

12) Eines Uebelstandes muß hier Erwähnung gethan werden, da derselbe ein sehr weit verbreiteter und sich oft wiederholender ist. — Es ist dies die Emanzipation der abgesandten Detachirungen und Kommandirten. Oft kehren dieselben erst sehr spät, oder gar erst dann zurück, wenn sie nichts mehr helfen können. — Es liegt dies einmal im Menschen begründet.

Im Prinzip kann daher nicht streng genug darauf gehalten werden, daß eintretendenfalls die sofortige Rückkehr der Detachirten erfolgt, sobald ihr Auftrag erfüllt ist, daß sie mithin, wenn dies geschehen, nicht auf ihre eigene Hand agiren.

Grundsatz ist, keine unnöthigen Detachirungen vornehmen, durchaus nicht mehr Eklaireure, Patrouillen ꝛc. entsenden, als wirklich nothwendig ist. — Der Führer muß sich stets strenge und genau davon Rechenschaft geben, ob es unumgänglich erforderlich ist, daß er eine Detachirung, Entsendung vornimmt; ist dies nicht durchaus nothwendig, so muß es unterbleiben, da es die allergrößeste Hauptsache ist, seine Stärke möglichst beisammen zu halten. — Durch die Erziehung muß dies allen Führern eingeimpft werden. —

13) Selbstverständlich darf aber niemals die Entsendung von Gefechtspatrouillen unter Führung eines Offiziers in der exponirten, gefährdeten Flanke nach außen zur Beobachtung des Feindes, verabsäumt werden. — Ein jedes Treffen muß eine solche Gefechtspatrouille zur Deckung seiner Flanke entsenden.

14) Das Entriren eines Feuergefechts zu Pferde, also die Auflösung einer Flankeurlinie, ist unter jeder Bedingung untersagt. — Es wird nur aufgeklärt (eklairirt) aber nicht flankirt; es werden nur Signalschüsse zu Pferde abgegeben, aber man schießt sich zu Pferde nicht mit dem Feinde herum, denn das hat keinen Zweck und vergeudet blos Munition, die man im Gefecht zu Fuß weit besser anwenden kann.

15) Das Versenden von Eklaireurs zum Aufsuchen des besten Terrains beim Vorgehen, darf unter keinen Umständen unterbleiben; eine jede Eskadron hat dafür selbst zu sorgen, selbstständig, damit sie nicht etwa in eine Sackgasse geräth und vor einem Hohlwege Halt machen muß.

Zwei, höchstens drei zuverlässige Mannschaften, die dafür besonders ausgebildet werden müssen, genügen. —

16) Die Verfolgung des geschlagenen Feindes darf niemals mit der ganzen Stärke, welche attackirt hat, geschehen, sondern nur mit den Flügel-Eskadronen und mit der äußersten Eskadron des zweiten Treffens, welches die Flankenattacke ausgeführt hat. — Der übrige Theil folgt als Reserve geschlossen im Trabe. —

17) Alle Detachirten, welche sich vor der Front befinden, haben dieselbe, wenn sie zur Attacke vorgeht, so schnell als möglich frei zu machen, sich auf einem Flügel schleunigst zu ralliiren, um von dort durch einen Flankenangriff den Frontal-Angriff zu unterstützen, die Zahl der Säbel im Gliede und den Chok zu verstärken und dadurch zum Gelingen der Attacke beizutragen. —

Die Gefechtspatrouillen sind jedoch hiervon ausgeschlossen; sie setzen ihre Beobachtung während der Attacke weiter fort und melden event. auf das Schnellste die Annäherung des Feindes in der Flanke.

c. Was nun im Besonderen die Führung und die durch dieselbe zum Ausdruck kommende Einwirkung auf den Feind betrifft, so gelten hierfür die nachstehenden, hauptsächlichsten Grundsätze:

1) Unsere Waffe steht, oder sie geht gegen den Feind vor, oder sie muß zurückgehen, weil sie den Befehl erhalten und alles zurückgeht; mit einem Worte: sie verfährt entschieden, jede ihre Bewegungen muß einen bestimmten, klaren Gedanken repräsentiren; wo dies aber nicht der Fall ist, wo die Kavallerie hin- und hergeht, vor und zurück, rechts und links, da zeigt sie, daß sie nicht weiß, was sie will, daß sie ihre Aufgabe nicht begriffen, daß sie in Unsicherheit ist, was sie eigentlich thun soll. —

Der Führer stellt sich durch ein solches Verfahren, was er unter allen Umständen vermeiden muß, ein sehr ungünstiges Zeugniß aus. —

2) Der Kavallerieführer darf sich unter keinen Umständen rufen lassen, er muß sich à portée, in der Nähe der anderen Waffen halten, um nicht zu spät zu kommen; kann es irgend vermieden werden, so darf er nicht durch die Infanterie vorgehen, um deren Feuer nicht zu maskiren; er darf nicht geradeaus gegen den Feind zur Attacke vorgehen, am wenigsten gegen Infanterie, deren ganzes Feuer er auf sich ziehen würde; er darf die letztere nicht in der Front attackiren, wenn er deren Flanke attackiren kann. —

Dagegen muß er mit dem aufmerksamsten Auge den Feind und den Verlauf des Gefechtes unausgesetzt beobachten und im richtigen Moment, also wenn der Feind Blößen giebt oder sich erschüttert zeigt, sich anschickt zurückzugehen, sich überhaupt günstige Chancen bieten, die Initiative aus eigener Bewegung ergreifen, schnell seine Kräfte vorführen, um den Flügel der eigenen Gefechtsstellung herumgehen und sich in der richtigen Direktion auf die Flanke des Feindes werfen. — Soll er sich dazu aber erst rufen lassen, so ist der günstige Moment längst vorüber, und er nutzt nichts mehr; er muß daher von selbst aus eigener Bewegung zur Stelle sein, wo er wirken kann. —

3) Erhält der Kavallerieführer keine anderen Befehle, so hat er sich stets auf einem der Flügel der eigenen Gefechtsstellung möglichst verdeckt aufzustellen, weil er dort freie Bewegung hat und auch dort am besten im Stande ist, die eigene Gefechtsflanke zu decken und entsprechend in das Gefecht einzugreifen ohne das eigene Feuer zu maskiren.

4) Schlägt sich die Infanterie in Positionen, und ist das Terrain ein so koupirtes, daß ein schnelles Eingreifen der Kavallerie nicht möglich ist, so muß der Führer dieselbe in verdeckter Stellung absitzen lassen, um nach Möglichkeit Kräfte zu sparen, und für seine Person zum Detachementsführer reiten, um dessen Intentionen zu erfahren und vom Gange des Gefechtes Kenntniß zu erhalten. —

5) Weite Umgehungen des Feindes müssen entschieden widerrathen werden. Der sie macht, entfernt sich von seiner Rückzugslinie und wird nicht selten abgeschnitten, wenn der Gegner entschlossen zur Offensive übergeht. —

6) Niemals darf man den Feind stehenden Fußes auf sich attackiren lassen, sondern muß ihm stets entschlossen mit einem geschlossenen Chok entgegengehen. — Das Stehenbleiben würde gegen das erste Element unserer Waffe, die Bewegung, verstoßen, und der gröbste Fehler sein, den der Kavallerieführer begehen könnte.

Es ist ein alter, strenger Befehl Friedrichs des Großen, daß kein Kavallerie-Offizier sich stehenden Fußes attackiren lassen darf vom Feinde; wer dies that, sollte kassirt werden. —

7) Keine Gelegenheit zur günstigen Attacke darf unbenutzt gelassen werden, man muß sie aufsuchen, aber nur dann attackiren, wenn einige Aussicht auf Erfolg vorhanden ist, man also entweder gleich stark oder stärker als der Feind ist; oder man dem Feinde, der stärker ist, aber sich wegen des Terrains nicht auszubreiten vermag, eine gleiche Front entgegenstellen kann; oder sonst günstige Terrainverhältnisse vorhanden sind. — Man darf seine Mannschaften nicht in die Lage bringen, ohne Kommando Kehrt zu machen und geworfen zu werden, denn dies demoralisirt sie, sie gewöhnen sich an den Gedanken, wogegen sie sich dies gar nicht denken können müssen, daß es überhaupt möglich ist, Kehrt zu machen und vor dem Feinde zu fliehen. —

8) Das Terrain, auf welchem man zum Angriff gegen den Feind vorgehen will, muß stets durch einzelne vorgesandte Eklaireurs rekognoszirt werden, damit man nicht während der Attacke durch Gräben, Hohlwege oder sonstige Hindernisse in seinen Bewegungen gehemmt und unterbrochen wird, und dadurch in üble Lagen geräth; dies ist eine Fundamental-Anforderung.

9) In Betreff der Attacke auf Kavallerie muß deren Eintheilung mit Rücksicht auf das zu treffende bewegliche Zielobjekt in richtiger Weise stattfinden. —

10) Es empfiehlt sich, die Infanterie nur zu attackiren, wenn sie durch das Feuer erschüttert ist. —

Intakte Infanterie darf nur aller äußersten Falles attackirt werden, wenn man Zeit gewinnen will, und dies im höheren Interesse durchaus nothwendig ist. —

11) Niemals darf man sich vom Feinde über ein freies Feld abziehen, ohne Flankeure hinter sich zu haben, die den Feind möglichst abhalten, besonders einzelne Flankeure; hier kann die Schußwaffe zu Pferde unter Umständen von Vortheil sein, was sonst für den Kavalleristen Nebensache ist; die blanke Waffe, Säbel und Lanze bleibt aber neben dem entschlossenen, energischen, kühnen Reiten doch stets die Hauptsache. — Wer dem Feind nur geschlossen, energisch, ja verwegen auf den Leib geht, hat schon halb gewonnen. —

12) Eine Hauptpflicht des Kavalleristen besteht darin, stets Fühlung am Feinde zu halten, wenn sich derselbe abzieht. — Die Abtheilungen, welche die nächsten an demselben sind, müssen stets wissen, wo er geblieben ist; hierauf kann nicht genug gehalten werden.

13) Mit Bezug auf die Friedensübungen giebt es nichts Unnatürlicheres und Zweckwidrigeres, als wenn die beiderseitige Kavallerie an einander klebt, sich paralysirt und dadurch von den übrigen Waffen isolirt und emanzipirt. — Dies darf durchaus nicht geschehen. — Ist die Attacke auf einander erfolgt, so hat der eine Theil auf Anordnung der Schiedsrichter zurückzugehen; der andere Theil gewinnt dadurch wieder die Freiheit des Handelns und hat die Verbindung mit den übrigen Waffen wieder aufzusuchen und in dieser Verbindung im Einklange mit denselben, seine Wirksamkeit auf die feindliche Infanterie und Artillerie zu suchen. — Dort wird die Kavallerie diese Wirksamkeit mehr finden, wie beim Kleben an der feindlichen Kavallerie und beim Hinterherreiten hinter jeden Pferdeschweif. — Die drei vereinigten Waffen sind immer stärker, wie eine isolirte Waffe, auch wenn dieselbe an Zahl noch so sehr überlegen wäre. —

Der Geworfene, der also entweder der Schwächere ist, oder der nicht geschlossen, in Unordnung die Attacke ausgeführt hat, geht im Trabe bis auf das Terrain, was ihm Schutz gewährt und ihm zum Ralliiren vortheilhaft ist, zurück; der Sieger läßt ihn ruhig zurückgehen und folgt nach Umständen erst später. —

Wenn Abtheilungen an Infanterie angeprallt sind, dann müssen sie sich sofort schnell im Trabe aus dem feindlichen Feuer zurückziehen, aber vollständig, und sich möglichst verdeckt aufstellen, sie müssen nicht blos auf 5 bis 600 Schritte zurückgehen und dort im Feuer halten bleiben; dies würde ganz unnatürlich sein. —

14) Das Heil unserer Waffe beruht auf der entschlossenen Offensive. — Der erhaltene Auftrag muß vor allem im Auge be-

halten und an dessen Erfüllung alles gesetzt werden, ohne alle Nebengedanken und Nebenerwägungen. — Die Rücksicht auf die eigene Sicherheit muß dem Streben, den erhaltenen Auftrag zur Ausführung zu bringen, unbedingt nachstehen. — Wo dies umgekehrt geschieht, ist es ein Kardinalfehler, der nicht genug getadelt werden kann. — Was man thut, das thue man ganz, entschlossen, energisch, nicht halb, nicht schwankend, nicht unentschlossen; das ist die Hauptsache, die nicht genug betont werden kann; es kommt weit weniger darauf an, was man thut, als darauf, wie man es thut. Daher lieber etwas weniger Gutes, sogar Ungerechtfertigtes, Einfältiges kräftig, entschlossen und entschieden ausführen, als das Beste, Durchdachteste, Ausgezeichnete halb, schlaff und matt, ohne Nerv und Kraft. — Ein **Entschluß**, an welchem es selbst vieles auszusetzen giebt, wird meistentheils, fast immer, von dem glänzendsten Erfolge gekrönt sein und reussiren, wohingegen die zweckmäßigste Maßregel, matt, schlaff und schwankend ausgeführt, gewiß fehlschlägt, nicht zum Ziele führt und keine Erfolge erreicht, vielmehr nur von Unglücksfällen und Niederlagen begleitet ist. — Also nicht nach dem absolut Besten in jedem einzelnen Falle gesonnen, sondern kurz überlegt und das Erfaßte dann mit ganzer Thatkraft, vollster Energie durchgeführt und alles eingesetzt ohne Nebenerwägungen Gehör zu geben; dies muß die Hauptregel für jeden Kavallerieführer sein. —

Anlage B. zu Abschnitt IV, 2 c. 2.

General-Idee.
(Allgemeine Kriegslage)

1) für den Anmarsch der 1. Kavallerie-Brigade (7. Kürassiere und 10. Husaren) der kombinirten Kavallerie-Division des IV. Armeekorps nach dem Uebungsterrain der Division bei Jeßnitz und Raguhn.

Das in der Provinz Hannover stehende X. Armeekorps ist mobil, hat sich um die Stadt Hannover konzentrirt, und beginnt seinen Vormarsch gegen die böhmische Grenze in der Richtung auf Cöthen und Dresden, welches letztere demselben als vorläufiges Operationsobjekt zugewiesen ist. Oestlich Cöthen bei Hinsdorf soll die Vereinigung mit dem von Hamburg anmarschirenden mobilen IX. Armeekorps bewirkt werden.

2) für den Anmarsch der 2. Kavallerie-Brigade (7. Dragoner und 16. Ulanen) der kombinirten Kavallerie-Division des IV. Armeekorps nach dem Uebungsterrain der Division bei Jeßnitz und Raguhn.

Das in den Elb-Herzogthümern stehende IX. Armeekorps ist mobil, hat sich an der unteren Elbe bei Hamburg konzentrirt, und beginnt seinen Vormarsch gegen die böhmische Grenze in der Richtung auf Dessau und Dresden, welches letztere demselben als vorläufiges Operationsobjekt zugewiesen ist. Südlich Dessau bei Raguhn soll die Vereinigung mit dem von Hannover anmarschirenden mobilen X. Armeekorps stattfinden.

Anlage C. zu Abschnitt IV, 2 C. 2.

Spezial=Auftrag
für die 1. Kavallerie=Brigade (7. Kürassiere und 10. Husaren) der kombinirten Kavallerie=Division des IV. Armeekorps
(supponirt dem X. Armeekorps angehörig.)

Die 1. Kavallerie=Brigade der kombinirten Kavallerie=Division des IV. Armeekorps, welche von Hannover aus zur Deckung des Aufmarsches des X. Armeekorps bis in die Provinz Sachsen hinein nach Halberstadt und Aschersleben vorgeschoben worden ist, erhält den Befehl, am 8. und 9. August aus ihren Kantonnements aufzubrechen und über Staßfurt, Bernburg, Cöthen, sowie über Alsleben und Könnern auf Hinsdorf vorzugehen, die Front des auf den bezeichneten Straßen vorgehenden Armeekorps vollständig zu decken, das Terrain gründlich aufzuklären und über den Aufmarsch resp. über die Anordnungen des Feindes und seine Absichten die eingehendsten Meldungen zu machen. Die Avantgarde des X. Armeekorps wird sich 2½ Tagemärsche hinter der Kavallerie=Brigade befinden. Die Brigade stellt ein marschirendes Relais (supponirt), aus einem Offizier und 30 Pferden bestehend, welches auf 3¾ Meilen der Brigade folgt und die Verbindung derselben und der Avantgarde des Korps zu vermitteln hat.

Spezial=Auftrag
für das Magdeburgische Kürassier=Regiment Nr. 7.

Das Magdeburgische Kürassier=Regiment Nr. 7 erhält den Befehl, am 8. August aus seinen Kantonnements bei Halberstadt aufzubrechen und seinen Vormarsch auf Hinsdorf über Wegeleben, Kochstedt, Staßfurt, Bernburg und Cöthen zu bewirken; dasselbe wird zur Sicherung und Eklairirung vier Eskadronen in die erste Linie und eine Eskadron als Reserve in die zweite Linie nehmen. Der Rayon bis zu den Ortschaften Kroppenstedt und Atzendorf im Norden, und bis zu den Ortschaften Hoym und Güsten im

Süden wird seiner Beobachtung und Sicherung übergeben; von Güsten aus hat dasselbe engen Anschluß an das Magdeburgische Husaren=Regiment Nr. 10, von Atzendorf aus enge Verbindung mit dem Altmärkischen Ulanen= Regiment Nr. 16 zu halten.

Spezial=Auftrag
für das Magdeburgische Husaren=Regiment Nr. 10.

Das Magdeburgische Husaren=Regiment Nr. 10 erhält den Befehl, am 9. August aus seinen Kantonnements bei Aschersleben aufzubrechen und seinen Vormarsch auf Hinsdorf über Alsleben und Könnern zu bewirken; dasselbe wird für Sicherung und Eklairung vier Eskadronen in die erste Linie und eine Eskadron als Reserve in die zweite Linie nehmen. Der Rayon bis zu den Ortschaften Gerbstedt, Dalena, Trebbichau und Zehmitz im Süden wird seiner Beobachtung und Sicherung übergeben; von Amesdorf und Warmsdorf aus hat dasselbe engen Anschluß an das Magdeburgische Kürassier=Regiment Nr. 7 zu halten.

Spezial=Auftrag
für die zweite Kavallerie=Brigade (7. Dragoner und 16. Ulanen) der kombinirten Kavallerie=Division des IV. Armeekorps
(supponirt dem IX. Armeekorps angehörig).

Die 2. Kavallerie=Brigade der kombinirten Kavallerie=Division des IV. Armeekorps, welche von Hamburg aus zur Deckung des Aufmarsches des IX. Armeekorps bis in die Altmark nach Gardelegen und Stendal vorgeschoben ist, erhält den Auftrag, am 4. August aus ihren Kantonnements bei Stendal und Gardelegen aufzubrechen und über Dolle, Wolmirstedt, Magdeburg, Schönebeck, Barby, Aken resp. über Jerichow, Genthin, Loburg, Zerbst, Roßlau und Dessau auf Raguhn vorzugehen, die Front des auf den bezeichneten Straßen und auf beiden Ufern der Elbe vorgehenden Armeekorps vollständig zu decken, das Terrain gründlich aufzuklären und über den Anmarsch, resp. die Anordnungen des Feindes und seine Absichten die eingehendsten Meldungen zu machen. Die Avantgarde des IX. Armeekorps wird sich 2½ Tagemärsche hinter der Kavallerie=Brigade befinden. Die Brigade stellt ein marschirendes Relais (supponirt), aus einem

Offizier und 30 Pferden bestehend, welches auf 3³/₄ Meilen Abstand der Brigade folgt und die Verbindung zwischen derselben und der Avantgarde des Korps vermittelt.

Spezial-Auftrag
für das Westfälische Dragoner-Regiment Nr. 7.

Das Westfälische Dragoner-Regiment Nr. 7 erhält den Befehl, am 4. August aus seinen Kantonnements bei Stendal aufzubrechen, und seinen Vormarsch auf Raguhn über Jerichow, Genthin, Loburg, Zerbst, Roßlau und Dessau zu bewirken; dasselbe wird zur Sicherung und Eklairirung vier Eskadronen in die erste Linie und eine Eskadron als Reserve in die zweite Linie nehmen.

Der Rayon bis zu den Orten Gr.- und Kl.-Wulkow, Gollwitz, Graben, Mahlsdorf, Serno und Grochwitz, Koswig, Oranienbaum, Roßdorf und Muldenstein im Osten wird seiner Beobachtung und Sicherung übergeben; auf seinem rechten Flügel hat dasselbe von den Ortschaften Schönewalde, Päthen, Güsen, Hohenziatz, Deetz, Natho, Rodleben, Mosigkau, den engsten Anschluß an das Altmärkische Ulanen-Regiment Nr. 16 zu halten.

Spezial-Auftrag
für das Altmärkische Ulanen-Regiment Nr. 16.

Das Altmärkische Ulanen-Regiment Nr. 16 erhält den Befehl, am 4. August aus seinen Kantonnements bei Gardelegen aufzubrechen und seinen Vormarsch nach Raguhn über Dolle, Wolmirstedt, Magdeburg, Schönebeck, Barby und Aken zu bewirken; dasselbe wird zur Sicherung und Eklairirung vier Eskadronen in die erste Linie und eine Eskadron als Reserve in die zweite Linie nehmen.

Der Rayon bis zu den Orten Clüden, Meseberg, Olvenstedt, Sohlen, Beiendorf und Eikendorf im Westen wird seiner Beobachtung und Sicherung übergeben, auf seinem linken Flügel hat dasselbe von den Orten Mahlpuhl, Kehnert, Lüttgenziatz, Lietzow und Lindau, Bornum, Necken und Chörau engen Anschluß an das Westfälische Dragoner-Regiment Nr. 7, auf seinem rechten Flügel von Eikendorf aus fortdauernde Verbindung mit dem Magdeburgischen Kürassier-Regiment Nr. 7 zu halten.

www.ingramcontent.com/pod-product-compliance
Lightning Source LLC
Chambersburg PA
CBHW022123290426
44112CB00008B/792